L'intelligence économique en Afrique

Sous la direction de
Christian ABOLO MBITA et Roger TSAFACK NANFOSSO

L'intelligence économique en Afrique

Préface de Vera SONGWE

L'Harmattan
Cameroun

5-7, rue de l'Ecole-Polytechnique, 75005 Paris

http://www.editions-harmattan.fr

ISBN : 978-2-336-53706-1
EAN : 9782336537061

Saturnin NGUENDA ANYA, Maître de Conférences (Université de Yaoundé II) ;

Jean NJOYA, Professeur (Université de Yaoundé II) ;

Jean Hugues NLOM, Maître de Conférences (Université de Douala) ;

Françoise OKAH EFOGO, Maître de Conférences (Université d'Ebolowa).

Alain Didier OLINGA, Professeur (Université de Yaoundé II) ;

Janvier ONANA, Professeur (Université de Ngaoundéré) ;

Alain Franklin ONDOUA, Professeur (Université de Yaoundé II) ;

Viviane ONDOUA BIWOLE, Professeur (Université de Yaoundé II) ;

Bruno Emmanuel ONGO NKOA, Maître de Conférences (Université de Yaoundé II) ;

Isaac TAMBA, Maître de Conférences (Université de Yaoundé II) ;

Alphonse Joseph TONYE, Professeur, Université de Yaoundé I ;

Roger TSAFACK NANFOSSO, Professeur (Université de Dschang) ;

Joseph Marie ZAMBO BELINGA, Professeur, Université de Douala,

Christian ZAMO AKOMO, Maître de Conférences (Université de Yaoundé II).

Sommaire

Préface

« L'Intelligence économique au service de la transformation structurelle des économies africaines »

Que sera l'Afrique dans une génération si elle ne procède pas à une modernisation de son économie ? Cette question est au centre des nombreux débats qui nourrissent la réflexion aussi bien dans la recherche scientifique qu'au sein des opinions publiques et des médias. Dans un contexte social qui ne laisse désormais plus de place à la tergiversation, l'Afrique doit se doter des outils de la transformation structurelle de son économie. Pour cela, elle doit procéder à une refonte des modèles jusqu'ici usités et s'engager résolument vers les voies qui ont favorisé la prospérité des autres nations : l'observation, l'industrialisation, l'exportation, ce triptyque qui traduit l'action des grandes puissances devrait constituer la boussole de l'Afrique, en ce sens qu'il a pour point de départ l'acquisition des instruments qui permettent aux institutions et aux entreprises d'avoir une connaissance accrue de leur environnement.

C'est cette perspective qui invite à placer l'intelligence économique au cœur d'une approche nouvelle axée sur la recherche et l'acquisition de l'information, son exploitation à des fins d'intérêt vital et l'usage des connaissances qui en découlent pour la conquête des ingrédients de la prospérité.

L'IE a parfois été considérée comme la « poursuite de la guerre par d'autres moyens » parce qu'elle est une grille de lecture politique et historique de la globalisation. Mais de quels moyens doit se doter l'Afrique pour prendre part à cette logique innovante qui la conduirait à la prospérité partagée de ses peuples ?

Répondre à ces deux questions est le défi gigantesque qu'ont relevé deux professeurs camerounais, Christian Abolo Mbita et Roger Tsafack Nanfosso, en mobilisant au sein des laboratoires qu'ils dirigent, respectivement le LRESTIC (laboratoire de recherche en sciences et techniques de l'information et de la communication) et le REMA (Laboratoire de recherche en microéconomie appliquée), une trentaine de chercheurs de haut niveau d'universités africaines et canadiennes.

Comme on le sait, la trajectoire de développement de notre continent est l'illustration d'un vieux paradoxe, celui d'un potentiel mondialement envié et une déconcertante dissonance, entre un foisonnement de ressources naturelles, le dynamisme d'une jeunesse nombreuse et une étrange et envahissante pauvreté. Il y avait donc urgence en termes de réflexion et d'action. Cet ouvrage sur l'IE en Afrique entend y contribuer en présentant au lecteur un ensemble de travaux de recherche qui dévoilent les quatre dimensions du développement économique contemporain à savoir, la veille et la recherche de l'information, l'exploitation de celle-ci et sa transformation en connaissances utiles à la sécurité, à la compétitivité et à la diplomatie économique.

L'ouvrage que vous tenez entre les mains est ainsi le fruit de recherches méthodiques menées à la fois aux plans théorique et pratique par des enseignants et chercheurs chevronnés qui ont pris pour la première fois l'Afrique, leur continent, pour terrain d'investigation dans ce domaine. Ils y explorent les stratégies, les méthodes et les techniques permettant aux États, aux grands groupes industriels, aux petites et moyennes entreprises et aux très petites entreprises, de mieux comprendre, par l'intelligence économique, leur environnement proche et lointain ainsi que les enjeux de la maîtrise des données qui constituent la semence du développement.

Ce livre aborde un éventail de sujets assez large, mais garde à la fois une certaine logique et une unité thématique rigoureuse qui lui confèrent une cohérence d'ensemble. L'Afrique s'insère-t-elle harmonieusement dans l'économie mondialisée ? Quelle est sa place dans les grands espaces économiques, tels que les BRIC's ? Comment fait-elle vivre et grandir la zone de libre-échange continentale africaine ? Ses entreprises, grandes, moyennes et petites, évoluent-elles dans un environnement propice ? Je me garde bien de dévoiler la quintessence des réponses apportées par les auteurs à ces grandes interrogations en souhaitant que chacun en fasse lecture et édification.

Vera SONGWE

« Ceux qui cherchent à débarrasser un pays de ses liens doivent le faire avec beaucoup de lenteur et de circonspection. Il ne s'agit pas d'arracher des racines, mais d'habituer doucement une plante à pousser dans une direction différente ».

John Maynard Keynes,
« National self-sufficiency », The Yale Review, June 1933, p. 758

« Les profits sont le sang vital du système économique, l'elixir magique sur lequel repose tout progrès. Mais le sang d'une personne peut être le cancer pour une autre »

Paul Samuelson, Conférence à Harvard,
16 août 1976

Présentation générale

L'Afrique subsaharienne est souvent qualifiée de réserve mondiale de développement. Pour que cette ambition se réalise, le chemin à parcourir par les gouvernements, le secteur privé, les sociétés civiles, les médias, etc. est très long, mais surtout parsemé de multiples défis à relever. Face à cette réalité, décideurs, intellectuels, entrepreneurs et chercheurs examinent les différents outils à utiliser pour la transformation structurelle de l'économie africaine mise en perspective ces dernières années avec la création de la Zone de libre-échange continentale africaine (ZLECAf), déjà ratifiée par presque tous les États.

L'intelligence économique (IE) s'est révélée depuis plusieurs décennies, dans les pays industrialisés, comme un instrument de conquête et de consolidation des parts de marché dans tous les segments de l'économie mondiale. Utilisée depuis des décennies par les partenaires économiques de l'Afrique sous des formes diverses, l'IE s'impose de plus en plus comme une culture managériale incontournable des organisations. Par conséquent, elle s'est invitée dans la réflexion sur son insertion harmonieuse au sein des économies africaines, dans l'optique de relever les différents défis du continent en général et de l'Afrique Subsaharienne en particulier. Au plan stratégique, l'Intelligence économique est considérée comme une approche multiméthodologique, mais ses jalons ont pu s'unifier à l'ensemble des disciplines allant de la collecte de l'information à son exploitation. Face aux nouvelles formes que prend l'environnement économique mondial (hyper compétition, incertitude, instabilité), les États, les entreprises, les territoires, les régions et les communes, etc., ont un besoin accru d'informations à forte valeur ajoutée pour anticiper les ruptures potentielles d'un environnement très compétitif, de communiquer plus efficacement ou de maîtriser les techniques d'influence contemporaines (Abolo Mbita, 2020) (cyber-lobbying, e-reputation, soft power, etc.). Pour atteindre cet objectif, l'IE se veut être un outil indispensable et proactif pour aider à la prise de décision. Elle constitue un domaine multidisciplinaire qui vise la collecte, l'analyse et l'exploitation des informations stratégiques, la valorisation, la diffusion et la protection de l'information économique, aux fins de renforcement de la compétitivité, la résilience et la prise de décision éclairée des organisations dans un environnement économique complexe et en évolution rapide.

Elle s'articule autour de la veille, qui consiste à scruter l'environnement économique et à collecter systématiquement des informations pertinentes sur les marchés, les États, les concurrents sectoriels, les évolutions technologiques et réglementaires, afin de détecter les tendances, les opportunités et les menaces qui pourraient impacter une organisation ; la collecte (quelle qu'en soit la méthode) des informations stratégiques provenant de différentes sources, telles que les médias, les bases de données spécialisées, les réseaux sociaux, les entretiens avec des experts, afin d'obtenir des données fiables et pertinentes; l'analyse des données qui revient à traiter et à interpréter les informations collectées, les modèles et les relations significatives. Cela implique l'utilisation de méthodes statistiques, d'outils d'analyse de données et d'autres techniques pour en extraire des connaissances exploitables ; la protection de l'information qui concerne la sécurisation des données sensibles et stratégiques afin d'éviter tout accès non autorisé.

Sont ainsi usitées des techniques, telles que le chiffrement des données, les contrôles d'accès, la sensibilisation à la sécurité, etc. ; l'influence et le lobbying qui consistent à infléchir les décisions politiques, réglementaires et économiques sont décisifs. Cela peut inclure des actions structurées de groupes d'influence plus ou moins puissants issus du monde économique, de la politique, des milieux associatifs (ONG), en termes de plaidoyer, de relations publiques plus ou moins directes, dans le but de promouvoir les intérêts d'une organisation ou d'un secteur spécifique. La gestion des risques qui consiste à identifier et à évaluer les risques pour une organisation (risques politiques, risques de réputation, risques liés à la cybersécurité, etc.) gagne en importance afin de mettre en place des stratégies d'atténuation de ceux-ci et de prise de décisions éclairées.

En l'absence d'un modèle distinct de l'intelligence économique africaine (Tsafack Nanfosso, 2004), du fait de la diversité et de la « mosaïque africaine », de nombreux auteurs ont examiné les enjeux de l'intelligence économique en Afrique (Achab et Harrizi, 2013 ; Azeumo, 2013 ; Dugoin, 2021 ; Guerraoui, 2019 ; Haoudiet Bennagem, 2020 ; Houre, 2020 ; Jeanne-Beylot, 2021 ; Kherraz, 2020 ; Konate et al., 2022 ; Saber, 2020 ; Tchokonte, 2020). De ces analyses, il ressort que des pays africains reconnaissent de plus en plus l'importance de l'intelligence économique pour stimuler le développement économique et renforcer la compétitivité. Pour cela, les gouvernements, les entreprises et les organisations commencent à intégrer des pratiques d'intelligence économique dans leurs stratégies et processus de prise de décision. Certains pays africains ont mis en place des initiatives gouvernementales visant à promouvoir l'intelligence économique. À titre d'exemple, certains gouvernements ont mis sur pied diverses initiatives pour promouvoir l'intelligence économique, notamment la création d'agences de promotion des investissements (API), l'élaboration de stratégies nationales de développement ou de plans stratégiques d'émergence, la création de centres d'intelligence économique, le développement de programmes de formation et de renforcement des capacités, la promotion de l'entrepreneuriat et de l'innovation, ainsi que la collaboration avec des institutions internationales et des partenaires étrangers. Ces initiatives gouvernementales contribuent à créer un environnement propice à la promotion de l'intelligence économique, et visent à renforcer la compétitivité des entreprises, à favoriser l'innovation et à stimuler la croissance économique de ces pays. Bien que ces mesures soient en place, l'état de l'intelligence économique en Afrique subsaharienne peut varier d'un pays à l'autre en raison des différences de développement économique, de la qualité de la gouvernance et du niveau de ressources. Cependant, dans l'ensemble, l'intelligence économique joue un rôle de plus en plus important dans la promotion de la croissance économique et de la compétitivité en Afrique. Alors que la ZLECAf prévoit de supprimer les droits de douane sur 90 % des lignes tarifaires pour accélérer le commerce entre les pays, l'IE s'avère être un outil absolument nécessaire pour mettre en place une politique éclairée de pénétration des marchés intra-africains.

À considérer ces initiatives, majoritairement nationales, le regard porté sur l'intelligence économique en Afrique subsaharienne est d'autant plus sensiblement nuancé. En effet, la plupart des pays ont mis en place des politiques et des stratégies de décentralisation administrative. Cela a entraîné une plus grande liberté pour les régions et autres collectivités territoriales décentralisées afin qu'elles puissent formuler et mettre en œuvre leurs propres stratégies de développement local. L'Intelligence économique au plan national a alors trouvé une correspondance à une échelle décentralisée, qui a fécondé la problématique de l'intelligence territoriale (Tsafack Nanfosso, 2006). Il apparaît par conséquent nécessaire de procéder à un état des lieux et d'examiner les enjeux et perspectives de l'intelligence économique en Afrique subsaharienne.

Le présent ouvrage fait partie des rares initiatives à la fois théorique et empirique sur l'intelligence économique en Afrique Subsaharienne. À ce titre, il s'adresse aux institutions, aux politiques, aux chefs d'entreprise, aux consultants, aux enseignants et chercheurs ainsi qu'aux étudiants, pour lesquels l'économie subsaharienne est un riche potentiel qu'il convient de matérialiser. Il constitue en ce sens un outil d'aide à la décision pour la mise en place de politiques publiques nationales d'intelligence économique et d'intelligence territoriale en Afrique subsaharienne.

Si les auteurs évoqués supra ont beaucoup apporté à la compréhension des idées et pratiques subsahariennes d'IE, il reste encore à interroger cette stratégie dans sa substance, aussi bien au plan théorique que de manière empirique. Cela permettra de répondre à la question globale de l'état des connaissances, de l'appropriation et de la maîtrise de l'IE par les Africains.

Deux parties et six chapitres structurent l'ouvrage.

La première partie propose un état des lieux afin de sonder le niveau d'appropriation des théories et des pratiques d'IE par les institutions, les entreprises et les collectivités territoriales décentralisées africaines. Cette partie est composée de trois chapitres. Le premier met en évidence la conception, l'interprétation et la pratique de l'IE dans les PME, dans un contexte culturel africain particulier. Ayant constaté une faible conceptualisation des modèles théoriques, des méthodes et des outils susceptibles d'aider les gestionnaires, il examine les mécanismes qui soutiennent une approche de l'IE permettant d'accéder aux sources d'information dans les marchés pauvres. S'appuyant sur le cas du secteur financier en raison de son impact sur l'économie et de la forte implication des entreprises de ce secteur dans la modernisation et la protection des données, il suggère un modèle théorique et pratique adapté aux entreprises privées subsahariennes de nature à fournir un cadre robuste pour évaluer et améliorer les pratiques d'IE dans la région. Ce modèle met en œuvre une interaction entre plusieurs dimensions clés : la collecte, l'analyse, l'interprétation et la diffusion stratégique de l'information, et valorise la participation des acteurs dans une approche recherche-action. Le deuxième chapitre identifie et met en évidence l'importance de l'IE dans le management et la gouvernance des institutions publiques. En ce sens, les données et les informations statistiques, qui sont de véritables composantes majeures du développement des stratégies d'IE, méritent de faire l'objet d'une attention soutenue en termes de délais d'acquisition, d'accession aux sources complémentaires que constituent les données classiques (recensements, enquêtes, données administratives), et aux nouvelles sources qu'offrent les réseaux sociaux numériques encore appelés *Big Data*, afin d'améliorer la qualité des statistiques officielles. Ces données nationales devraient favoriser une coopération plus réfléchie des États subsahariens avec leurs partenaires techniques et financiers. L'IE, mode de gouvernance des organisations productives devant rapprocher le secteur public et le secteur privé, peut constituer un levier intéressant dans la prévention des menaces et des risques inhérents à cette ouverture vers l'extérieur et à la décentralisation que plusieurs pays appellent de leurs vœux. Le chapitre entend démontrer le rôle clé de l'IE dans l'attrait des investisseurs étrangers pour les pays africains. Il évalue aussi son impact réel sur les systèmes de sécurité mis en place par les États pour protéger leurs économies dans un monde de plus en plus poreux. Le troisième chapitre, qui se focalise sur les entreprises, notamment les PME, entend étudier l'impact des facteurs critiques de succès (FCS) sur la mise en œuvre de l'IE et la prospérité des micros, petites et moyennes entreprises (MPME). Il évalue aussi les forces et les faiblesses des dispositifs d'IE des sociétés privées subsahariennes en analysant les déterminants internes (culture d'entreprise, stratégie), externes (environnement économique, politique et technologique) et structurels (la taille et le secteur d'activités), ainsi que les facteurs de résilience de ces PME qui, en dépit d'un environnement constamment soumis à des chocs et à une pratique inconsciente de l'IE, parviennent à satisfaire leur clientèle locale. C'est dans cette optique que l'innovation est présentée comme un facteur déterminant en tant qu'elle ouvre les entreprises à la recherche-développement et à une constante adaptation à l'environnement mondial qui tend à unifier les marchés. La seconde partie regroupe des chapitres qui visent à placer l'intelligence économique dans un cadre plus large. Elle propose de prendre une hauteur analytique pour s'immerger dans les stratégies d'IE d'États et d'institutions subsahariennes, en rapport avec l'espace international mondialisé. Les trois chapitres qui la composent analysent, tour à tour, l'économie mondialisée, globalisée et soumise aux influences des grandes puissances au sein desquelles l'Afrique essaye de s'insérer. Ainsi, ZLECAf, BRIC'S, APE, Accord de Samoa, sont passés au crible des auteurs qui tentent de comprendre les mécanismes d'ouverture à ces réseaux, mais aussi les possibles menaces et risques que constituent ces maillages assez complexes pour les économies subsahariennes. Les notions de veille stratégique, d'équilibre et d'égalité qui sous-tendent ces analyses témoignent de la prise de conscience de plus en plus affirmée des Africains quant aux problématiques de rapports de force, de guerre économique et de sécurité. L'intelligence, qu'elle soit économique ou juridique, peut aider à mieux maîtriser ces questions.

Les trente-cinq auteurs, parmi lesquels des enseignants-chercheurs, des spécialistes de diverses disciplines (économie, statistique, technologies de l'information et de la communication, droit, science politique) qui se sont dévoués pour apporter leur contribution à la rédaction de cet ouvrage, sont sincèrement remerciés. Si tous sont Africains, il y a lieu de souligner, pour s'en réjouir, que les sections ont été rédigées par des auteurs de plusieurs nationalités, dont des Camerounais, des Burkinabés, des Ivoiriens, des Guinéens, plusieurs enseignants des universités marocaines, et même des chercheurs des universités d'Amérique du Nord (Canada). Ce travail est donc le fruit d'une collaboration africaine coordonnée par deux laboratoires : le laboratoire de recherche en sciences et techniques de l'information et de la communication (*LRESTIC*) de l'université de Yaoundé II et le laboratoire de recherche en microéconomie appliquée (*REMA*) de l'université de Dschang.

Christian ABOLO MBITA ***Roger TSAFACK NANFOSSO***

PREMIÈRE PARTIE :

IE, institutions et entreprises africaines

Chapitre 1 :

L'intelligence économique en Afrique : opérabilité d'un modèle

Section 1 :

L'intelligence économique : des spécificités révélées pour un modèle inexistant

Sigismond Hervey MVELE

Introduction

La mondialisation ouvre de véritables opportunités en termes de débouchés, de diversification de marchés, d'accès aux technologies et aux Investissements directs étrangers (IDE). Simultanément, elle fait émerger des menaces liées à la sécurité économique, à la compétitivité nationale et à la vulnérabilité aux chocs externes (Kherrazi, 2020). L'intelligence économique s'impose comme un moyen d'accompagnement de la stratégie de développement par tous ses segments : offensifs indispensables à la compétitivité et défensifs indispensables à la sécurité. L'intelligence économique est ainsi appréhendée comme un « outil » de compétitivité nationale, territoriale et d'entreprises. D'ailleurs, au-delà de la vision économique par le soutien aux entreprises via des actions d'intelligence économique, ou la mise en place de projets d'ingénierie locale pour le développement durable en intelligence territoriale (Amairia, 2022), les Régions peuvent adopter une démarche d'intelligence économique territoriale où les deux visions complémentaires (intelligence économique et intelligence territoriale[1]) contribuent à l'Intelligence régionale, puisque les collectivités territoriales décentralisées sont désormais décrites comme des moteurs de développement. Si le but premier de la stratégie est d'adapter l'organisation à son environnement, l'objectif de l'intelligence économique est d'améliorer la compétitivité et la performance des entreprises en adoptant des méthodes de collecte, de traitement et d'analyse des informations stratégiques partant des objectifs internes de rentabilité et externes de compétitivité.

---

[1] L'Intelligence territoriale est une innovation française (juillet & Clerc, 2018) qui est apparue en 1989, au terme de l'expérimentation Catalyse. Cette méthode d'IT mobilisait les informations détenues par la communauté territoriale pour améliorer la pertinence, l'efficience et l'impact des actions de développement conduites à l'échelle d'un territoire (Girardot, 2005).

La compétitivité est une notion qui s'applique indifféremment aux entreprises, aux territoires et aux États. Il semble cependant que le terme lui-même ne trouve pas la même application s'agissant d'un État ou d'une entreprise (Ardinat, 2012). Le concept reste flou bien qu'il bénéficie d'une image plus dynamique et d'une légitimité académique (Porter, 1999). La compétitivité de l'organisation dépend fortement de sa capacité à gérer de manière efficiente l'information. Toute consommation d'information permet à l'organisation de nourrir sa réflexion grâce à sa confrontation avec les connaissances préexistantes. Enrichie par l'organisation, l'information augmente sa valeur. Elle constitue par ailleurs la matière première de l'intelligence économique.

L'intelligence économique est une réponse culturelle et opérationnelle aux problématiques de la globalisation et de la société de l'information (Référentiel de formation en intelligence économique, 2006). Pour Wilensky (1967), l'intelligence économique consiste en « l'activité de production de connaissances servant les buts économiques et stratégiques d'une organisation, recueillies et produites dans un contexte légal et à partir de sources ouvertes ». Il est donc essentiel de bien comprendre cette notion, les opportunités et les menaces qu'elle génère pour les entreprises comme pour les États ainsi que les transformations qu'elle implique. De nombreuses recherches effectuées ces dernières années présentent des développements importants dans l'appréhension de l'intelligence économique[2].

Les PME camerounaises souffrent d'une faiblesse structurelle et organisationnelle, elles sont majoritairement familiales avec une forte concentration du capital (Sangué Fotso, 2011). Leur capital social est constitué par affinité familiale, tribale ou amicale, avec une forte propension aux actionnaires-prête-noms (Wamba, 2001). Dans ce sens, au moins trois raisons peuvent justifier que l'on s'intéresse aux pratiques d'intelligence économique. Premièrement, l'économie camerounaise repose majoritairement sur les PME, qui représentent environ 75 %[3] du tissu économique. De plus, le tissu productif est marqué par la prépondérance de Très Petites Entreprises (TPE) et de Petites Entreprises (PE) qui représentent 98,5 % de l'ensemble des entreprises (RGE2[4], 2016). Deuxièmement, les PME constituent un grand pourvoyeur d'emplois (APME, 2017), même si l'on note l'absence d'un modèle contraignant de pratiques au Cameroun. Troisièmement, plus de 70 %

[2] Observatoire de l'environnement (Martinet et Ribault, 1989), système d'information stratégique (Hunt et Zartarian, 1990), organisation en cellules (Baumard, 1991), organisation trinomiale (Pichot-Duclos, 1994), structure légère et organisation en réseau (Besson et Possin, 1996).

[3] Selon le rapport réalisé par la Banque africaine de Développement au Cameroun, 2012.

[4] Le deuxième Recensement général des Entreprises, réalisé au cours du dernier trimestre 2016, INS.

de PME créées disparaissent après seulement quatre années d'activités (Boubakary, 2020).

Nous partons de l'idée que l'intelligence économique est un ensemble complexe et multidimensionnel, relevant d'un compromis entre les différents acteurs organisationnels dans un territoire donné et à un moment donné, mais également de la capacité cognitive des dirigeants.

L'objectif de cette étude est de mettre en évidence les pratiques « inconscientes » de l'intelligence économique dans les petites et moyennes entreprises (PME), dans un environnement culturel spécifique, qui peut être représentatif de celui de la plupart des pays d'Afrique.

Cette réflexion est structurée autour de 4 sous-sections. La première présente le cadre théorique d'analyse des pratiques de l'intelligence économique. La deuxième précise la démarche méthodologique. La sous-section 3 expose et discute les résultats obtenus et la conclusion intervient dans la dernière.

1. L'intelligence économique, entre hédonisme et utilitarisme

La notion d'intelligence économique s'impose de plus en plus comme un concept dans l'esprit du temps depuis les années 1960. Une abondante littérature installe l'idée dans le champ des débats intellectuels, théoriques et universitaires (Wilensky, 1967 ; Martre, 1994 ; Moinet et Bulinge, 2013 ; Baulant, 2018). Ces travaux présentent l'importance de l'intelligence économique aujourd'hui pour les États en quête de développement. Le concept s'impose dans plusieurs pays du monde comme moyen puissant du développement de la compétitivité et de la performance des entreprises. Toutefois, si l'approche du phénomène débute la plupart du temps comme un effet de mode, les nations qui s'y sont engagées l'adaptent en fonction de leur réalité. En parcourant la littérature sur l'intelligence économique, les grilles de lecture susceptibles d'éclairer, voire d'influencer les praticiens dans leur démarche distinguent quatre grands courants conceptuels (Bulinge et Moinet, 2013) : la guerre, la sécurité, la compétitivité et la diplomatie économique. En effet, l'intelligence économique apparaît aujourd'hui comme une arme de guerre économique nourrie par une logique de sécurité des approvisionnements et d'une volonté d'indépendance dans les secteurs industriels déterminants pour l'autonomie stratégique nationale ou internationale.

L'intelligence économique est définie comme l'ensemble des activités coordonnées de collecte, de traitement et de diffusion de l'information utile aux acteurs économiques ou encore l'ensemble des pratiques destinées à fournir une information utile aux acteurs économiques. Elle consiste aussi bien à collecter l'information qu'à identifier les éléments pertinents, puis à les mettre à disposition de l'utilisateur. Dans le cas des entreprises, il s'agit de l'ensemble des activités permettant d'avoir une information utile et pertinente sur la concurrence, les normes, les règlements, les procédures administratives nationales et transfrontalières, les technologies, bref, l'environnement, au regard de la compétitivité et du positionnement. Cependant, les entreprises ont encore des difficultés à s'approprier le concept et les pratiques de l'intelligence économique. Il s'agit non seulement de développer une culture de l'information, mais également de montrer que l'intelligence économique est un facteur clé de succès. La figure suivante décrit brièvement le processus et peut servir de guide pour identifier les pratiques dans les PME (pratiques de collecte de l'information, de traitement de l'information, l'utilisation de l'information pour la veille, le lobbying, la sécurité, la stratégie, le choix des partenaires ou simplement l'organisation interne).

Figure 1 : Processus d'intelligence économique

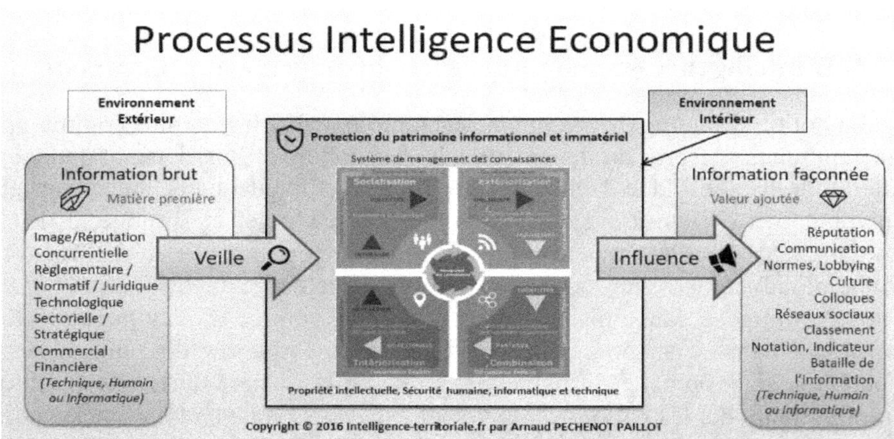

Source : https://intelligence-territoriale.fr/intelligence-economique

L'intelligence économique fournit aux managers la connaissance nécessaire à l'élaboration de leurs tactiques et stratégies sur les marchés et dans l'environnement. L'efficacité organisationnelle d'une telle démarche se traduit d'une part, par l'approche collective et coordonnée de la gestion de l'information et de la connaissance et, d'autre part, par la prise en compte de l'intelligence économique comme outil de protection, instrument de veille, moyen de lobbying ou encore de stratégie d'entreprise.

1.1. L'intelligence économique comme outil de protection

Le concept d'intelligence économique connaît une multitude de définitions (Goria, 2006) depuis son apparition sous forme de *competitive intelligence* aux États-Unis et de *business intelligence* au Royaume-Uni.

Toutefois, l'information constitue le noyau dur de l'intelligence économique sous toute forme qu'elle soit. Selon Pautrat et Giblin (2011), l'intelligence économique consiste à rechercher les informations utiles aux acteurs économiques, donc à les collecter, puis à les traiter et les diffuser. Il ne faut pas la confondre avec l'espionnage industriel, puisqu'elle se fait ouvertement et utilise des sources et des moyens légaux. Il y a donc une fonction de veille afin de repérer les informations stratégiques et une fonction de protection de l'information afin de préserver les secrets de fabrication. Dans ce sens, elle se démarque par « le respect d'une déontologie crédible » contrairement aux pratiques de renseignement et vise à créer une culture collective de l'information (Harbulot et Baumard, 1997). Dès lors, l'examen des rapports des individus face à l'information constitue une étape indispensable à l'analyse des pratiques d'intelligence économique dans les organisations.

L'information se trouve donc élevée au rang de matière première stratégique. La maîtrise de sa gestion - son recueil, son interprétation, sa validation, sa protection, sa distribution- devient un véritable enjeu pour l'organisation (Besson & Possin, 1996). Elle s'effectue désormais à travers la participation aux réseaux multiformes qui organisent le maillage de la planète ; réseaux marchands, financiers, technologiques, réseaux de recherche et développement, réseaux humains d'expertises, réseaux d'entreprises, dont l'impact est amplifié par le développement des technologies de l'information et de la communication. La connaissance, interprétée exclusivement en termes de cognition et de traitement d'informations, a été réduite au moyen technique censé l'obtenir, à savoir l'intelligence et ses mécanismes d'acquisition de données.

La connaissance est la mise en relation d'un sujet et d'un objet par le truchement d'une structure opératoire (Piaget, 1967). En effet, l'auteur caractérise le processus cognitif chaque fois qu'on énonce une proposition traduisant un savoir en trois éléments : le sujet, l'objet et la structure. Si le sujet est en effet seul responsable de la bonne réception des connaissances, il pourrait cependant mal les diriger, les relier maladroitement ou les mélanger. L'intelligence économique est le fruit des échecs, dans le sens des hypothèses parfois non confirmées et reprises pour aboutir à des résultats pertinents, donnant lieu à la généralisation. Sur ce point, on rejoint les résultats de la thèse de Locke pour qui connaître n'est rien d'autre que bien percevoir la liaison et la convenance entre les idées, et se tromper, échouer dans cette opération. C'est cette procédure qui est à la base de la théorie de la connaissance. D'ailleurs, la démarche mise en œuvre par Kant satisfait les exigences d'une théorie de la connaissance et elle n'usurpe pas, à cet égard, l'intérêt que les penseurs lui portent, par la suite.

La théorie de la connaissance s'interroge sur l'origine et la nature des structures que le sujet doit solliciter pour décrire l'objet auquel il est confronté (Besnier, 2019). La convocation de cette théorie dans la réflexion sur l'intelligence économique montre qu'elle peut servir de trame pour son appréhension. Toutefois, l'analyse de la connaissance impose des réquisits qui dépassent largement le niveau des observations dont tout savoir est censé, selon elle, dériver intégralement. Le modèle hiérarchique décrit par Thomas Stearns Eliot en 1934 établit un lien entre les données, les informations et la connaissance. Il permet d'aboutir ainsi au processus de décision. Il a été proposé comme une schématisation du concept d'intelligence économique stratégique.

1.2. L'intelligence économique comme instrument de veille

L'intelligence économique devient une composante majeure de la veille des entreprises ; elle repose sur l'information, socle de tout processus décisionnel. La veille stratégique peut, dans une approche simplifiée, se définir comme l'activité ciblée d'acquisition, de traitement et de diffusion de l'information externe à caractère stratégique pour la pérennité de l'entreprise (Lafaye, 2004). S'il est généralement attribué deux missions principales à la veille stratégique, celle de réduire l'incertitude rencontrée par les dirigeants vis-à-vis de leur environnement, et celle d'aider les dirigeants dans leur processus de décision en produisant des informations et des représentations signifiantes (Maier, Rainer et Snyder, 1997), une analyse des démarches d'intelligence économique distingue trois approches « conventionnelles » :

- La première approche s'inscrit dans la mouvance de l'École d'intelligence sociale qui se réfère aux travaux précurseurs de Wilensky (1967). Cette orientation privilégie l'approche interprétative, ainsi que les stratégies collectives et coopératives dans la production de connaissance comme moteur de l'avantage concurrentiel ;
- une deuxième approche portée par les travaux produits par les experts de l'économie industrielle, spécialisés dans le management technologique et les systèmes locaux d'innovation (Colletis, 1997) ;

La troisième approche est portée par les experts qui travaillent sur les méthodologies de transfert des savoir-faire de la Défense dans l'entreprise pour répondre aux enjeux de la « guerre économique » (Harbulot et Baumard, 1997).

L'innovation, les technologies de l'information et de la communication et l'économie des services utilisent de nouveaux moteurs de croissance - le savoir, les connaissances, la créativité, les technologies - favorables à diverses autres démarches d'intelligence économique. Les pays en développement, en général, s'inscrivent dans le courant de l'École d'intelligence sociale, compte tenu de leur absence d'appropriation des modèles standards d'intelligence économique. La veille stratégique et l'intelligence économique proposent des méthodes, des outils, des procédures, des modes d'organisation et des politiques qui permettent aux entreprises d'améliorer leur maîtrise de l'environnement et des informations, leur capacité d'innovation, leur management de disruption et leur capacité d'influencer l'avenir en tenant compte des tendances du marché (Natou, 2020).

De par ces approches conventionnelles, la veille s'attèle à déceler les mouvements de l'environnement. Elle se fixe comme objectif la recherche, le recueil, le traitement et la diffusion des informations émanant de l'environnement interne et externe de l'entreprise et portant sur les aspects socioculturels, économiques, technologiques, juridiques... La veille économique concerne le recueil de l'information, tandis que l'intelligence économique est une demande de la direction de l'entreprise pour connaître et maîtriser, dans la mesure du possible, la dynamique de son environnement (Monino, 2013). Dans ce sens, plusieurs types de veille peuvent être convoqués, donnant lieu à des pratiques singulières. Toutefois, la veille n'a pas pour fonction de protéger l'entreprise. L'intelligence économique se voit attribuer une finalité d'anticipation des menaces et des opportunités au service de la décision (Natou, 2020). En effet, il faut aguerrir les agents publics et tous les acteurs de l'économie aux enjeux de l'intelligence économique. Cela vaut pour les grands groupes comme pour les artisans. De même, les syndicats qui ont à plusieurs reprises alerté le gouvernement sur les risques de rachats hostiles d'entreprises publiques ont toute leur place dans une démarche d'intelligence économique (Texier, 2023). La fonction de gestion du risque informationnel consiste en la protection de l'information.

1.3. L'intelligence économique pour le lobbying

L'intelligence économique ne peut pas être appréhendée de manière holiste, puisqu'elle s'applique à des régions géographiques bien définies. La création des conditions d'une intelligence économique collective suppose que l'on comprenne le contexte de son application.

Si l'espace communautaire constitue un nœud de lobbying, les acteurs économiques s'efforcent d'orienter dans un sens qui les avantage les décisions qui vont y être prises. La singularité du contexte camerounais tient en premier abord à sa position géographique au centre du continent africain. Le Cameroun est traditionnellement présenté comme une « Afrique en miniature » (Kamdem et Ikellé, 2011) pour plusieurs raisons. Sa diversité tient d'abord de sa géographie (pays situé en zone forestière tropicale et sahélienne semi-désertique) et de son histoire (trois trajectoires coloniales : allemande, française et britannique). Elle tient ensuite de sa culture linguistique (deux langues officielles : français et anglais et une variété de langues nationales). Elle s'exprime enfin à travers sa diversité religieuse (cohabitation fortement tolérée du christianisme, de l'islam, de l'animisme et d'une variété de nouveaux mouvements religieux) et ethnique (plus de 200 ethnies) (Mvele, 2021).

Le Cameroun étant un pays aux cultures anglophone et francophone, il importe de ne pas perdre de vue que cette spécificité pourrait influencer la perception de la performance sous une approche territoriale. Ces deux zones culturelles qui impliquent deux formes organisationnelles ont une influence sur la perception de la performance des organisations comme relevés par certains auteurs (Pascaillon, 1987 ; Olomo, 1987 ; Sogbossi Bocco, 2010), et donc de ses éléments constitutifs.

Les diverses trajectoires coloniales et culturelles, l'appartenance à divers regroupements ou encore la langue constituent autant de leviers sur lesquels peut s'appuyer une nation pour les actions de lobbying. Dans ce sens, le contexte camerounais peut donner naissance à des approches d'intelligence économique particulières. Si la technologie n'est pas développée, les diverses institutions de collecte des données peuvent servir de levier pour une massification de l'information. D'ailleurs, si l'intelligence économique est employée comme une démarche de protection de patrimoine de chaque pays en fonction de son histoire, sa culture, sa situation géographique et ses ressources naturelles (Alloussi et Elkhider, 2024), il existe aussi un lien entre l'entreprise et son pays d'origine, la grande partie de la compétitivité d'une entreprise est liée aux sources et avantages spécifiques de son pays (Porter, 1980). Cette diversité « multinomiale » du Cameroun peut lui permettre d'engager les Organisations non gouvernementales (ONG) dans la mise en œuvre des logiques d'intelligence économique. Car, si les connaisseurs du domaine s'accordent à dire que les ONG maîtrisent les pratiques de lobbying (Soubrouillard, 2022), il faut dire qu'elles savent également faire la veille sur les pratiques des entreprises et au-delà, pratiquent le renseignement d'investigation.

1.4. L'intelligence économique comme stratégie pour l'entreprise

La stratégie consiste à effectuer des choix et à prendre des décisions qui engagent une organisation, en ayant conscience des interactions existant entre l'entreprise, son environnement et ses ressources existantes ou potentielles (Bonnafous-Boucher et Dahl Rendtorff, 2014). C'est dire qu'elle constitue une activité qui sollicite réflexion et action et qui « construit progressivement des ensembles d'opportunités et imagine des trajectoires de développement dans un environnement rapidement changeant et partiellement imprévisible » (Desreumaux et Selzinck, 2009). Dans un tel environnement, l'intelligence économique s'insère comme un outil : l'entreprise est désormais dépendante vis-à-vis de l'environnement et la détermination de sa politique.

Toutefois, l'usage de cet outil est tributaire de l'importance du profil de l'organisation (anticipative/proactive vs réactive/adaptative) comme facteurs d'ouverture ou de fermeture à la perception de l'environnement (Kalika, 1991). L'efficacité stratégique des entreprises repose sur le déploiement de véritables dispositifs d'intelligence économique, leviers majeurs au service de la performance économique et de l'emploi (Hamidou et Grari, 2018). L'École de guerre économique a proposé une cartographie des métiers de l'intelligence économique organisée autour de huit majeures (stratégie, audit et conseil, comptabilité finance, gestion des risques, juridique et ressources humaines, technologies de l'information et de la communication, commerce et marketing, communication et médias) (Marcon, 2024). Dans ce sens, la décision de s'intégrer dans une démarche d'intelligence économique rencontre certains freins dans les PME, notamment le manque de temps, de motivations pour s'engager dans telle ou telle voie, la subjectivité du dirigeant, les ancrages antérieurs. Les préférences des dirigeants au moment de l'acte de la décision soulignent l'importance du concept des biais cognitifs et de la rationalité limitée (Laroche et Nioche, 1994). Si les partisans de la théorie contingente cèdent eux aussi au piège de l'environnement objectif, les décideurs, quant à eux, ne réagissent qu'aux représentations qu'ils se font de la situation » (Martinet, 1984). Plusieurs théories peuvent être convoquées pour redimensionner l'impact de l'environnement de l'entreprise à partir d'un faisceau d'intérêts parfois convergents, mais souvent en conflit.

La théorie des parties prenantes (Freeman et Reed, 1983) enrichit la notion d'environnement stratégique en dépassant les seuls facteurs concurrentiels. Elle se concentre sur l'articulation entre les paramètres structurels de l'environnement et l'entreprise. En considérant un environnement dans lequel les relations sont de plus en plus nombreuses et en interaction, à l'infini, cette théorie ne considère pas que les relations soient exclusivement hiérarchiques entre concurrents. Une théorie plus globale des parties prenantes (Freeman, 1984) se propose de lier des conceptions de l'organisation et de l'entreprise généralement dissociées : conception stratégique, politique, morale, en termes de négociation et de communication. Le management stratégique des parties prenantes repose en premier lieu sur la capacité à comprendre les attentes des parties prenantes comme facteur de développement de l'organisation, ensuite sur leur participation à la création de valeur de l'entreprise (Bonnafous-Boucher et Dahl Rendtorff, *op.cit.*).

La montée en puissance des actes d'intelligence économique part du fait, entre autres, que les acteurs économiques, quelle que soit leur taille, conjuguent en permanence concurrence et coopération. Ce cadre impose aux entreprises des réactions de plus en plus rapides, des modes d'organisations rénovés, des capacités accrues de surveillance des marchés, ainsi que des facultés renforcées d'anticipation et de prospective, d'où la nécessité d'une veille. S'il est avéré que l'intelligence économique est un concept, il n'en demeure pas moins vrai que l'interrogation quant à sa pratique dans certains contextes peut sembler plus proche de la mode que d'une appréhension devant aider les entreprises dans leur recherche de pérennité. En ce sens, l'exploration de sa pratique dans l'environnement pourrait aider à mieux conceptualiser le courant de pensée.

2. Méthodologie d'approche d'analyse de l'intelligence économique

L'information est une réalité économique et politique aux contours flous. Elle repose sur une économie dite de « l'information ». Or, l'information est au cœur de l'intelligence économique. Avec un environnement économique aussi concurrentiel, deux fonctions principales peuvent être reconnues à l'intelligence économique, selon qu'elle cherche à construire une connaissance ou qu'elle cherche à influencer la construction de l'avenir.

La littérature sur l'intelligence économique présente autant de grilles de lecture susceptibles d'éclairer, voire d'influencer les praticiens dans leur démarche. Si Bulinge et Moinet (2013) distinguent quatre courants conceptuels de l'intelligence économique (la guerre, la sécurité, la compétitivité et la diplomatie économiques), il faut dire que notre analyse, qui s'intéresse à la PME, s'articulera principalement sur la compétitivité et la diplomatie économique. Dans ce sens, les travaux de Frank Bournois et Pierre-Jacquelin Romani confirment d'ailleurs que les problématiques d'entreprises ne sont pas exprimées en termes étatiques, leur grille de lecture reposant sur l'analyse stratégique et sur une logique libérale visant la conquête de marchés, la compétitivité à des fins d'avantages concurrentiels.
L'orientation méthodologique de ce travail est qualitative et exploratoire. Elle s'appuie sur l'analyse des discours et des points de vue des acteurs interrogés (Dumez, 2016). Aussi, notre choix épistémologique emprunte-t-il au paradigme interprétativiste (Girod-Seville et Perret, 1999).

L'échantillon sur lequel repose cette analyse se veut représentatif de l'objet d'étude. Il est constitué de dirigeants de PME camerounaises sélectionnés par choix raisonné et dans le but d'une représentativité de plusieurs secteurs d'activité. Les principaux critères ayant conduit au choix des dirigeants sont leur position dans l'entreprise (en tant que fondateur ou principal responsable) et leur niveau d'études, ou encore leur capacité à comprendre l'intelligence économique. En principe, les critères choisis peuvent laisser entendre que les acteurs maîtrisent bien l'activité et sont à même de communiquer sur les activités qui peuvent rentrer dans le processus de l'intelligence économique.

Au final, partant de 15 cas envisagés, nous avons retenu sept (07) dirigeants-propriétaires de PME. Nous avons éliminé les huit (08) autres à cause de leur indisponibilité compte tenu du temps imparti pour l'étude. Les entretiens, menés à partir d'un guide d'entretien, se sont déroulés pendant 01 mois ; leur durée moyenne est de 29 minutes avec comme support de collecte le dictaphone. Le traitement des données s'est fait à partir de l'analyse de contenu thématique (Paillé et Mucchelli, 2012), avec le logiciel Nvivo 10. Cette méthode permet de ressortir l'appréhension du concept étudié et son éventuelle corrélation avec d'autres variables de gestion. L'analyse des données repose sur deux éléments indispensables : la déduction et l'inférence. Une synthèse des caractéristiques de l'échantillon retenu est présentée dans le tableau 1 ci-après.

Tableau1: Principales caractéristiques de l'échantillon

Répondant	Fonction du répondant	Sexe	Âge	Niveau d'études	Nombre d'années dans l'activité	Secteur d'activité	Forme juridique ou type d'entreprise	Nombre d'employés	Durée
R1	Dirigeant propriétaire	M	52 ans	BACC+5	10 ans	Presse et éditions	Société	13	32mins
R2	Dirigeant Copropriétaire	M	34 ans	BACC+5	5 ans	Web media	Société	03	30mins
R3	Dirigeant propriétaire	F	42 ans	BACC+2	3 ans	Production de jus naturels	Entreprise informelle	03	22mins
R4	Dirigeant propriétaire	M	55 ans	BACC+2	7 ans	Vente de matériel informatique	Entreprise individuelle	07	37mins
R5	Dirigeant propriétaire	M	60 ans	Secondaire	22 ans	Vente de matériaux de construction	Entreprise individuelle	15	15mins
R6	Dirigeant propriétaire	M	47 ans	BEPC	20 ans	Commerce des produits alimentaires	Entreprise individuelle	05	25mins
R7	Dirigeant propriétaire	F	36 ans	BACC	3 ans	E-commerce	Entreprise informelle	03	40mins

Source : *Construction de l'auteur*

3. L'intelligence économique : des pratiques avérées pour un modèle révélé

L'intelligence économique est aussi un processus contribuant à modifier les représentations que les acteurs de l'organisation ont de leur environnement. L'interprétation des pratiques inconscientes d'intelligence économique par les dirigeants-propriétaires de PME permet à la fois de comprendre leur perception du concept et probablement les effets desdites pratiques sur le management de leur entreprise. L'analyse de contenu résultant des entretiens avec ces dirigeants a donné lieu à la validation d'un ensemble de mécanismes qui peut être associé à de l'intelligence économique.

3.1. L'appréhension du concept par les dirigeants

L'intelligence économique est une activité de recherche d'information pour le compte d'entreprises qui s'appuie sur différents moyens: lecture et interprétation de documents publiés, investigation sur le terrain par des enquêteurs, recueil d'indiscrétions (Monino, 2013). La discussion avec les dirigeants-propriétaires de PME permet à la fois de comprendre leur perception du concept et probablement les effets que cette dernière peut avoir sur le management de l'entreprise. C'est dire que cette activité peut parfois se dérouler sans que l'initiateur soit conscient du fait de sa nature. Pour certains dirigeants, « *j'ai déjà entendu parler de l'intelligence économique... mais je ne sais pas exactement en quoi ça consiste* » (R5, R6). Pour d'autres, « *c'est un concept proche des armées* (R4), *qui concerne l'environnement macroéconomique* (R7) *et dont la mise en place est coûteuse et donc plus facile pour les États ou les grandes entreprises* (R3). C'est un *« concept qui engage toute forme d'organisation (R1) au vu de la place importante qu'occupe l'information aujourd'hui* » (R2).

L'analyse de contenu résultant des entretiens avec les dirigeants permet de comprendre que les entreprises ne se sont pas encore approprié le concept d'intelligence économique. Il semble que la diffusion du concept ne soit pas adaptée au contexte, d'où sa difficile réception par les entreprises. Cette difficulté peut être d'ordre culturel et économique liée à son propriétaire dirigeant. Certaines caractéristiques propres aux dirigeants permettent de stimuler ou de réduire l'effort de recherche d'information pour la structure. Les caractéristiques organisationnelles spécifiques de la forme de l'entreprise, qui s'en trouvent affectées dans ce sens, déterminent en grande partie la capacité informationnelle de la structure (Torres, 1997).

La non-appréhension collective de l'intelligence économique par les dirigeants implique que ces derniers doivent se former et s'employer à la sensibilisation des autres membres de l'entreprise et instaurer une culture d'intelligence économique et de veille stratégique à travers une méthodologie fondée sur les réseaux humains. Les dirigeants doivent aussi améliorer le degré de formalisation de leurs systèmes d'information en créant des cellules spécifiques de veille stratégique (Natou, 2020).

3.2. Les pratiques de collecte de l'information

L'intelligence économique se nourrit de l'information. Si le besoin d'information est naturel, il est rarement exprimé et difficile à cerner. En effet, les PME n'intègrent pas toujours l'information dans leurs démarches stratégiques, du moins consciemment. *Avoir de l'information coûte cher (R1, R2), les PME n'ont pas les moyens de s'en approprier à leur guise (R3, R7).* Même lorsque cette information est collectée, elle ne fait pas toujours l'objet d'une exploitation et d'un usage opérationnel systémiques. *Nous exploitons les informations qui sont disponibles (R6, R7), parfois même, nous n'avons pas les moyens de les exploiter (R2, R4). Il n'y a pas de moyens légaux pour collecter l'information (R5) puisque celle dont nous avons besoin la plupart du temps est concurrentielle (R6, R3).* L'information est disponible, *nous recourons aux plateformes légales de collecte d'information (R1, R2) ; toutefois, de temps en temps, on rentre dans le circuit informel, mais qu'il faut vérifier avant diffusion (R1). Les sources d'informations sont crédibles (R1, R2), parfois il faut « dépoussiérer » l'information (R1).* L'environnement incite parfois les dirigeants à préférer l'information informelle. Mintzberg (1990) l'avait déjà souligné en arguant que les véritables informations provoquent un intérêt mineur pour plusieurs dirigeants. Dans le même sens, les évolutions de l'environnement sont ressenties par les dirigeants comme des opportunités ou des menaces sans être forcément capables d'en fournir les raisons (Torres, 1997).

En tout état de cause, quoique les entreprises semblent réfractaires aux enjeux de l'information relativement à leur développement, la mise en pratique de l'intelligence économique se conçoit comme une vision utopique au regard du Rapport de Martre (1994). Or, ce rapport peut servir de socle pour l'implémentation de l'intelligence économique dans une organisation ou dans un État. L'intelligence économique vise à une meilleure maîtrise de l'information afin d'être un instrument d'aide à la décision. Pour creuser son avantage compétitif, l'entreprise doit pouvoir créer une asymétrie d'information à son avantage. L'information, même d'apparence dérisoire, peut constituer, après traitements et recoupements, une valeur économique ; l'information s'inscrit donc comme un bien économique, voire patrimonial, pour toute entreprise (Monino, 2013).

3.3. Les pratiques de traitement de l'information

Il est admis qu'il existe des prérequis pour que l'intelligence économique ait une signification et une utilité pour le management d'une PME (Callot, 2006) : d'abord, une vision stratégique qui permet d'asseoir la volonté d'être compétitif ; ensuite, la gestion de l'information, désormais matière première pour l'entreprise ; et, enfin, la posture anticipative ou proactive de la firme.

La gestion d'une entreprise se nourrit d'un ensemble de connaissances à partir desquelles on conçoit le système de management. Les plus pertinentes semblent tourner autour des différentes fonctions de l'entreprise. Ces informations sont variées, mais concernent plus le secteur d'activités concerné. *Mes besoins en information sont plus dirigés vers les sources d'approvisionnement (R3, R4, R5, R6)... vous savez que nous sommes dans un secteur très concurrentiel (R4, R5). Nous avons surtout besoin des informations techniques (production) (R1, R3)... commerciales (R1, R2, R3, R7)... financières, comptables et fiscales (R1, R2, R4, R5, R6), vous savez qu'il ne faut pas blaguer avec les dates du fisc (R4, R5) ; mais aussi sur les ressources humaines (R1). Lorsque nous avons l'information, nous assistons aux soutenances de mémoires de fin d'études des étudiants pour apprécier les travaux et surtout leur façon de se défendre (R1).*

De manière générale, la PME manque de connaissance et d'expérience sur le nouvel environnement technologique et l'utilisation des technologies de l'information et de la communication à des fins managériales, stratégiques ou concurrentielles (Julien, 1997). La vision de cet auteur est toujours d'actualité dans notre contexte. *Parfois, les changements qui s'opèrent dans notre environnement nous échappent parce que nous n'avons pas de capacitation sur nos outils (R1, R2). J'utilise surtout l'ordinateur pour la facturation (R6), c'est mon fils qui fait souvent des recherches pour les partenariats (R5). Je n'ai vraiment pas besoin de l'ordinateur pour cela, le téléphone me suffit, je capte mes informations à partir du « bouche à oreille » (R7). J'ai commencé à livrer chez des amis, puis les associations, par la suite, je me suis constitué un réseau (R3).*

Un autre élément de désaccord dans l'appréhension de l'intelligence économique est sa relation avec la compétence réelle ou supposée des individus dans leur travail. La recherche d'information est questionnée comme une compétence, alors que l'étude voudrait juste évaluer la capacité des dirigeants à rentrer leur entreprise dans un projet stratégique. J*e suis dans ce métier depuis longtemps et je connais bien ses rouages (R5*). Bien que la compétence se développe essentiellement à partir de l'expérience, les dirigeants doivent comprendre que la mise en œuvre d'une culture d'intelligence économique doit suivre une approche multidimensionnelle et globale basée sur plusieurs continuums.

3.4. Les pratiques de diffusion de l'information

L'information est au cœur de l'intelligence économique parce qu'elle est l'activité de production de connaissances servant les buts économiques et stratégiques d'une organisation (Wilensky, 1967). Toutefois, la recherche de l'information n'est pas la seule difficulté dans ce processus ; son exploitation souffre d'une absence de conceptualisation et de formalisation. *Parfois, nous ne savons même pas que cette information est importante, tellement des informations nous parviennent sur les réseaux sociaux (R7).* La culture émergente, mais non maîtrisée des technologies de l'information et de la communication en général et des réseaux sociaux en particulier, n'a pas pu faire asseoir le fait que leur intégration suppose en effet de les maîtriser, mais en avant tout de comprendre leur utilité, dans le cas contraire, elles deviennent plutôt un obstacle (Julien, 1997). *L'information étant notre matière, nous faisons attention dans sa diffusion, d'ailleurs vous savez que les délits de presse sont répréhensibles (R1).* Toutefois, *nous nous nourrissons de l'information... il y va de notre crédibilité (R2). Nous engageons tous les moyens nécessaires pour avoir les informations (R1, R2,*

R4, R7) pouvant nous permettre de nous adapter dans cet environnement dynamique. La maîtrise de l'information est un processus actif qui ne cesse de se développer et de s'enrichir pour être au cœur de toutes les stratégies (Dou et al., 2018b). À l'inverse, sans sa connaissance, l'action devient désordonnée et soumise aux aléas (Busser & Kessler-Rachel, 2022).

En effet, certaines entreprises ont basé leur avantage compétitif sur une asymétrie d'information. Dans ce sens, l'intelligence économique vise une meilleure maîtrise de l'information afin d'être un instrument d'aide à la décision (Monino, 2013). L'information recueillie sert à la plupart pour *se défendre de la concurrence (R4, R5, R6). Les informations servent d'éléments de benchmarking (R3, R7), elles portent principalement sur les marchés, les produits, les concurrents, la réglementation, et les comportements (R1, R2).*

En somme, l'information doit être perçue comme une matière première pour les organisations. Si son exploitation n'est pas toujours pertinente, elle demeure à la base de la prise de décision et permet d'anticiper sur d'éventuelles perspectives managériales.

3.5. L'utilisation de l'information dans les PME

L'intelligence économique dans son déploiement utilise la veille stratégique. C'est le processus informationnel par lequel l'entreprise se met à l'écoute anticipative des signaux faibles de son environnement dans le but de découvrir les opportunités et de réduire son incertitude (Lesca, 1994). Cette définition de la veille stratégique met l'accent sur l'anticipation et la détection de changements et notamment d'éventuelles ruptures. *La quête de l'information avec cet environnement s'opère par des moyens pas toujours orthodoxes* (R 2, R4). En effet, en dehors des moyens réglementaires, les acteurs usent de leur capital social pour avoir l'information ; ainsi l'environnement familial ou amical, l'environnement professionnel et l'environnement religieux sont convoqués dans cette quête. Cet état de fait va dans le sens de Porter (1986), qui propose d'analyser la concurrence par les manifestations publiques (assimilées à des signaux du marché) émises par les concurrents : ces signaux du marché permettent de mieux connaître les intentions et les actions futures des concurrents. *Nous devons anticiper sur les concurrents ou les éventuels changements de l'environnement (R1). N'oubliez pas que l'information se périme* (R2). L'anticipation permet de créer des modèles stratégiques et tactiques sur la base desquels les dirigeants étayent leurs décisions et envisagent leurs actions. *Les informations que nous recevons nous aident à anticiper sur les éventuels problèmes de management de la structure (R4).* L'appui de l'État en termes d'accompagnement des entreprises à l'intelligence économique ne semble pas perceptible. *Je ne sais pas si l'État organise des ateliers à propos (R1, R2), je n'ai pas encore entendu parler au niveau public (R7).* À partir de cette réflexion, on peut suggérer à l'État de développer une politique de vulgarisation nationale des activités en rapport avec l'intelligence économique, auprès des dirigeants d'entreprises, peu importe la taille de ces dernières pour mettre en œuvre cette culture.

Les travaux sur le management de l'information présentent généralement une vision duale de la société de l'information. D'une part, ceux qui la présentent comme l'expression d'un idéal de paix, de savoir et de transparence, qui se traduit par des discours, comme celui du vice-président Al Gore (1994) lorsqu'il a parlé des « autoroutes de l'information » (c'est-à-dire une conception libertine d'accès et ouverte à tous). D'autre part, les auteurs qui pensent que c'est un système générateur d'exclusion reposant sur une hypocrisie entretenue par le mensonge et la désinformation, masquant une guerre économique impitoyable (Lucas et Tiffreau, 2001). L'information, devenue surabondante, cacherait en réalité des secrets, des complots et des manipulations innombrables (Bulinge, 2002).

Notre étude montre que cette méthode d'analyse de l'information reste discutable. En effet, la littérature sur l'entreprise africaine présente des dirigeants d'entreprise sous l'influence de la culture, caractérisée par l'influence de la famille, de la religion, etc., une culture stratégique qui s'oppose à une culture de l'effectuation. Ce sont leurs traits de caractère innés ou acquis combinés aux modes de pensée des différents environnements avec lesquels ils sont en contact qui sous-tendent leur manière d'agir.

Conclusion

L'objectif de cette étude était de mettre en évidence les pratiques « inconscientes » de l'intelligence économique dans les PME au Cameroun. Pour ce faire, nous avons adopté une approche méthodologique qualitative et exploratoire, qui s'est appuyée sur l'analyse des discours et des points de vue de certains dirigeants d'entreprise retenus par choix raisonné. Il ressort de cette analyse que les dirigeants sont conscients du besoin d'information, au vu du caractère stratégique qu'elle représente. Ils s'y emploient par des méthodes de collecte typiques et atypiques (réseaux sociaux, capital social, canaux informels…) et usent des mécanismes de traitement spécifiques à la source de l'information. En prenant appui sur le modèle de Eliot, on peut déduire que, comme « *Monsieur Jourdain faisait de la prose sans le savoir* », les dirigeants d'entreprise posent des actes qui relèvent de l'intelligence économique, bien qu'ils aient une vision approximative du concept. Toutefois, l'absence de formation et d'encadrement étatique et les enjeux de l'intelligence économique aujourd'hui suggèrent la nécessité d'une sensibilisation pour sa promotion. L'État pourrait aussi militer en faveur des programmes de formation aux divers métiers et de l'implémentation d'une culture nationale de l'intelligence économique.

Références bibliographiques

Alloussi, R. Elkhider, A. (2024). « L'impact de l'intelligence économique sur la compétitivité des entreprises », *Alternatives managériales et économiques*, 6, (2), 670-684.

Amairia A. (2022). « Quand l'intelligence économique devient territoriale : principes et agenda de recherche », *Revue internationale d'Intelligence économique*, Appréhender l'incertitude, 14 (1), 85-109.

Ansoff, H. I. (1975). « Managing strategic surprise by response to weaksignals », *California Management Review*, vol. XVIII, n°2, 21-33.

Ardinat, G. (2012). « La compétitivité, un mythe », *Le Monde diplomatique*, n°703, octobre.

Baulant, C. (2018). « Nouveau regard sur l'intelligence économique au Maroc : les enjeux de la cyber sécurité dans la nouvelle économie mondiale », pp 601-638, In P. Clerc, D. Guerraoui, X., Richet, *La Nouvelle Économie mondiale, Transformations structurelles, impacts et réponses des acteurs, Expériences internationales comparées*, sous la direction de Philippe Clerc, Guerraoui. D et Xavier Richet, Paris, l'Harmattan.

Besnier, J-M. (2019). *Les théories de la connaissance*, Que sais-je ? Puf.

Besson, B. et Possin, J-C, (1996). *Du renseignement à l'intelligence économique*, Dunod.

Bonnafous-Boucher, M. et Dahl Rendtorff, J. (2014). *La théorie des parties prenantes*, Collection Repères, La découverte.

Boubakary, B. (2020). « Contribution à la compréhension de la défaillance des PME au Cameroun : une modélisation des multiples facteurs explicatifs du phénomène », *Revue Congolaise de Gestion,* (30), 121-168.

Bulinge. F, (2002). Pour une culture de l'information dans les petites et moyennes organisations : un modèle incrémental d'intelligence économique. Thèse de doctorat, Université de Toulon et du Var.

Bulinge F. et Moinet, N. (2013). « L'intelligence économique : un concept, quatre courants », Sécurité et stratégie*,* 1 (12), 56-64.

Busser, M., & Kessler -Rachel, T. (2022). « La donnée et la guerre : Vers la guerre « donnée -centrée » ? » *Revue Défense nationale*, 9(854), 18 -23.

Callot, P. (2006). Intelligence économique et PME : le paradigme de l'intelligence perceptuelle, *Sciences de Gestion*, 218, 61-71.

Colletis, G. (1997). Intelligence économique : vers un nouveau concept en analyse économique ? In *Revue d'intelligence économique*, mars, n°1.

Desreumaux, A. et Selzinck, P. (2009). « L'organisation comme institution », in Charreire Petit S. et Hault I. (dir.), *Les Grands Auteurs en Management*, Cormelles-le-Royal, Éditions EMS.

Dou, H., juillet, A., & Clerc, P. (2018b). *L'intelligence économique du futur 2 : Une nouvelle approche de la fonction information* (ISTE).

Dumez, H. (2016). *Méthodologie de la recherche qualitative : Les questions clés de la démarche compréhensive*, Vuibert.

Freeman, R.E. (1984). *Strategic Management. A Stakeholder Approach*, Boston, Pitman Publishing, 2010.

Freeman, R.E. et Reed, D. (1983). « Stakeholders Theory: a new perspective on corporate governance ». *A definitive Exploration of the Issues*, Los Angeles, Ucla Extension Press.

Girod-Seville, M. et Perret, V. (1999). « Fondements épistémologiques de la recherche », in R-A. Thiétart (Coord.), *Méthodes de Recherche en Management*, Dunod.

Goria, S. (2006). "Knowledge Management et Intelligence économique : deux notions aux passés proches et aux futurs complémentaires", *Revue ISDM Information Sciences for Decision Making*, n° 27, Granovetter.

Hamidou K. et Grari Y., (2018), « l'intelligence économique, enjeu majeur pour les PME », *Revue du Contrôle de la Comptabilité et de l'Audit*, n° 6, septembre. Institut Atlantique d'aménagement du territoire (IAAT).

Harbulot, C. Baumard, P. (1997). « Perspective historique de l'intelligence économique », *Revue Intelligence économique*, n°11, 1-17.

Hunt, C. et Zartarian, V. (1990). *Le renseignement stratégique au service de votre entreprise*, Paris, First.

Julien, P.A. (1997). *Les Pme bilan et perspective*, Economica.

Kalika, M. (1991). « De l'organisation réactive à l'organisation anticipative », *Revue française de Gestion,* n° 86, nov.-déc.

Kamdem, E., Ikellé, R. (2011). « Management de la diversité et genre au Cameroun : une approche en termes d'accompagnement de l'entrepreneuriat féminin », *Humanisme et Entreprise*,5, (305), 49-64.

Kherrazi, S. (2018). « La recherche marocaine en intelligence économique : dynamique et réseau », *Revue internationale d'Intelligence économique*,1(10), 99-132.

Lafaye C. (2004). La phase de traque d'information sur Internet dans un processus de veille stratégique, une approche longitudinale centrée sur les Agents Intelligents, Thèse de Doctorat en Sciences de Gestion, Université Jean Moulin, Lyon 3, France.

Laroche, H. et Nioche, J-P. (1994). « L'approche cognitive de la stratégie d'entreprise », *Revue française de Gestion*, n° 99, 64-78.

Lesca, H. (1994). *Veille stratégique de l'entreprise* ; Lyon-Villeurbanne : Aster.

Lucas D. et Tiffreau, A. (2001). *Guerre économique et information, les stratégies de subversion,* Paris, Ellipses.

Maier J. L., Rainer R.K.J. et Snyder C.A. (1997). « Environmental Scanning for Information Technology: An Empirical Investigation », *Journal of Management Information Systems*, vol. 14, n°2, 177-200.

Martinet, A.C. (1984). *Management stratégique: organisation et politique,* McGraw-Hill, New York.

Martre, H. (1994), « Intelligence économique et stratégies des entreprises », *Documentation française, Commissariat général du Plan,* France.

Mintzberg, H. (1990). *Le management, voyage au cœur des organisations.* Éditions d'organisation.

Moinet, N. Bulinge, F. (2013). « Intelligence économique : vers une nouvelle dynamique de recherche », *Revue française des sciences de l'information et de la communication,* (3).

Monino, J-L. (2013). « L'information au cœur de l'intelligence économique stratégique », *Marché et Organisations*, 2(18), 25-39.

Mvele, S. H. (2021). « Les hérésies de la RSE en contexte africain: une analyse au prisme de la TPE », *Entreprise & Société*, 2(10),155-176.

Olomo, P. R. (1987). « Comment concilier tradition et modernité dans l'entreprise africaine ». *Revue française de gestion*, (64), 91-94.

Paillé, P. et Mucchielli, A. (2012). *L'analyse qualitative en sciences humaines et sociales*. Armand Colin.

Pascaillon, P. (1987). « Le marketing-management occidental et les pays du Tiers-Monde ». *Revue française du Marketing*, 1987, n° 112/2,19-27.

Pautrat, R. Giblin, B. (2011). « L'intelligence économique : un enjeu de première importance toujours sous-estimé », *Hérodote*, 1(140), 151-156.

Piaget, J. (1967). Logique et connaissance scientifique, Paris, Gallimard, « *Encyclopédie de la Pléiade* ».

Porter, M. (1999). *La concurrence selon Porter,* Éditions Village Mondial.

Porter, M. (1986). *L'avantage concurrentiel*, Paris, Interéditions.

Porter M. (1980). « Competitive Strategy », *The free Press*.

Sangue-Fotso, R. (2011). L'efficacité de la structure de contrôle des entreprises camerounaises, Thèse de Doctorat, Université de Franche-Comté, novembre 2011.

Sogbossi Bocco, B. (2010). « Perception de la notion de performance par les dirigeants de petites entreprises en Afrique », *La Revue des Sciences de Gestion*, (241), 117-124.

Soubrouillard R., (2022). Lobbying, partenariats douteux, développement aux dépens des pays pauvres : la face sombre des ONG, Marianne, 17/11/2022 https://www.marianne.net/societe/lobbying-partenariats-douteux-developpement-auxdepens-des-pays-pauvres-la-face-sombre-des-ong.

Texier, B. (2023). « Plaidoyer pour une intelligence économique offensive », Archimag, février, n° 361.

Torres, O. (1997). *Les PME*, Dominos Flammarion.

Wamba, H. (2001). « L'impact de l'asymétrie d'information dans l'optimisation de la valeur de l'entreprise : l'exemple de la PME camerounaise. », *SCSE*, Montréal, 15.

Wilensky. H.L. (1967). *Organizational Intelligence: Knowledge and Policy in Government and Industry*, New York: Basic. Books.

Section 2 :

Vers une intelligence économique inclusive en Afrique : une approche pour l'accès aux informations dans les marchés pauvres

Majidou FONKOUMOUN MOUCHILI

Introduction

L'Afrique connaît actuellement une croissance économique importante, mais fait face à de nombreux défis majeurs en matière d'inclusion économique et sociale. En 2022, 698 millions d'Africains vivaient dans les zones rurales[5]. Ces populations sont confrontées à des difficultés d'accès aux ressources économiques. Au Cameroun, une enquête de l'INS révèle que 37,7% de la population, soit 10 millions de personnes, vit sous le seuil de pauvreté journalière estimé à 813 FCFA par personne[6]. Ce segment représente plus de 3 020 milliards de FCFA de revenus annuels, ce qui constitue une opportunité pour les entreprises. Ces personnes situées au bas de la pyramide économique[7] (Prahalad et Hart, 2002) sont un atout pour les entreprises du fait de leur énorme volume de clients potentiels, de la possibilité d'ouverture vers des segments de classes moyennes et la faible concurrence qui y est présente (Huet et al, 2012).

Malgré ces avantages, les entreprises peinent à proposer une offre adaptée à ces marchés (Howell et al, 2020). Les consommateurs locaux sont souvent réticents à partager avec les représentants des entreprises leurs identités, connaissances des produits et services des clients, difficultés et préférences de consommation (Nowlin, 2015). Cette réticence à exploiter ces informations est considérée comme l'une des raisons les plus courantes qui expliquent le taux d'échec des nouveaux produits estimé à 42 % (Barczaket al, 2009).

---

[5] https://donnees.banquemondiale.org/indicator/SP.RUR.TOTL?locations=ZG

[6] Les résultats de la cinquième Enquête camerounaise auprès des ménages (ECAM 5), réalisée en 2022 et publiée en 2024 par l'INS.

[7] Estime qu'une « base » importante de la population d'environ 4 milliards de personnes se trouve en dessous du seuil de pauvreté.

Reconnaissant l'importance de ces marchés souvent ignorés par les entreprises, il est essentiel d'explorer de nouvelles approches pour les atteindre efficacement. À cet effet, l'intelligence économique (IE) est souvent présentée comme un outil novateur en management stratégique orienté vers le développement des précieuses informations (Oubrich, 2007). Grâce à ses dimensions défensives et offensives (Harbulot, 2014), l'IE pourrait offrir un cadre d'analyse aux acteurs économiques pour qu'ils saisissent les opportunités offertes par les marchés africains en développement.

Bien que l'IE est à la fois une politique publique, une discipline universitaire d'enseignement, un objet de recherche et une stratégie d'entreprise (D'Hennezel, 2019), la plupart des travaux sur l'IE sont réalisés dans les pays développés. Sur le continent africain, l'enseignement de l'informatique demeure fragmenté entre les pays, malgré quelques recherches (Konaté et coll., 2022 ; Hourenatou, 2020). De ce fait, toute transposition directe de ces travaux sur les marchés pauvres en Afrique peut être problématique. Ces marchés se caractérisent par des relations économiques et sociales enchevêtrées dans une relation de dépendance mutuelle (Morris, 2019), un manque d'infrastructures, des consommateurs analphabètes et sous-scolarisés, avec un accès limité à l'électricité, à la radio, à la télévision et à Internet (Chikweche et Fletcher, 2012). En outre, une partie de l'activité économique sur ces marchés se déroule dans l'économie informelle, ce qui rend difficile la collecte de données par des moyens technologiques. Les logiques socioculturelles et les réseaux informels diffèrent souvent des hypothèses sous-jacentes aux théories existantes.

Ces marchés distinctifs remettent en question l'application des recherches et des méthodes de l'IE telles que décrites dans la littérature existante. Cette faiblesse théorique interpelle à conduire des recherches supplémentaires, afin de comprendre comment adapter les pratiques d'IE aux contextes africains (Kadji et Kamdem, 2023). Par ailleurs, les connaissances pratiques et théoriques restent limitées pour guider les efforts des entreprises à pénétrer efficacement ces marchés. La littérature existante montre que les recherches sur le déploiement de l'IE dans les marchés pauvres en Afrique sont absentes des débats théoriques et institutionnels sur l'IE. L'objectif de cette recherche est d'examiner les mécanismes qui soutiennent une approche d'IE permettant d'accéder facilement aux sources d'informations dans les marchés pauvres d'Afrique. Le présent travail s'articule autour de trois principaux points. D'abord, nous dressons un état des lieux de la littérature sur l'IE. Ensuite, nous exposons les choix méthodologiques retenus pour l'exploration empirique. Enfin, les résultats sont présentés et discutés à partir des réalités tirées du contexte camerounais.

1. L'intelligence économique comme pratique de création de nouvelles connaissances

Dans cette sous-section, nous abordons les contours de l'IE ainsi qu'une revue des modèles majeurs de l'IE dans la littérature. D'autre part, nous présentons des éléments permettant de militer en faveur d'une IE inclusive, intégrant les réalités africaines.

De son terme parent *competitive intelligence* (Alden et al, 1959), l'intelligence économique a fait l'objet de plusieurs travaux à partir desquels trois approches théoriques peuvent être identifiées pour comprendre le concept (Oubrich, 2007). L'approche par définition, qui appréhende l'IE comme l'ensemble des actions coordonnées de recherche, de traitement et de distribution de l'information utile aux acteurs économiques en vue de son exploitation (Martre, 1994). L'approche fonctionnelle affirme que la finalité de l'IE est de produire des renseignements stratégiques et tactiques à haute valeur ajoutée (Besson et Possin, 2002). Enfin, l'approche processuelle qui s'inspire fortement des développements anglo-saxons du cycle de renseignement décrit par Porter (1980). Pour Salam (2013), le processus d'IE constitue un maillon essentiel entre l'information et la prise de décision. Lafrem (2020) conçoit l'IE comme un ensemble d'étapes : identification du besoin en information, identification des sources pertinentes, collecte et analyse, diffusion et la prise de décision. Plus généralement, l'IE est souvent appréhendée à travers les fonctions de veille, de protection du capital et d'influence (Sliman, 2016).

De ces diverses approches, nous pouvons alors distinguer plusieurs modèles d'IE qui sont influencés par la culture, l'histoire et les priorités économiques de chaque pays. Leurs fondamentaux se retrouvent au sein des courants de pensée d'intelligence économique matérialisés dans les systèmes nationaux. Pour illustrer cette dynamique, nous avons choisi quelques exemples de modèles majeurs d'intelligence économique de certains pays développés.

En France, l'IE est une politique publique, une approche inspirée par l'État. Elle trouve son origine à partir du terme *Competitive Intelligence* qui peut être considéré comme son équivalent en anglais (Monino et Sedkaoui, 2013). Le rapport Martre (1994) a formalisé ce modèle, mettant en avant la nécessité d'une approche globale de gouvernance structurée autour de trois pôles : la veille stratégique, la sécurité de l'information et l'influence avec une déclinaison au niveau des territoires à travers le concept d'intelligence territoriale. Cela vise à rendre les entreprises plus performantes et compétitives (Carayon, 2003). Les États-Unis se distinguent par un modèle d'IE axé sur le concept de *competitive intelligence* basé sur la surveillance de la concurrence et du marché (Larivet, 2006). Cette logique est le résultat d'une concurrence acharnée que se livraient les entreprises américaines qui dominaient les marchés mondiaux jusqu'au milieu des années quatre-vingt.

L'Allemagne, première puissance économique d'Europe, repose sur un modèle d'intelligence économique basé sur l'unité stratégique entre les banques, les entreprises et l'État. Ce modèle est soutenu par un sentiment collectif de patriotisme économique, favorisant la coopération entre les différents acteurs (Martre et al, 1994). Les flux d'informations convergent vers un centre d'intérêts communs, optimisant ainsi la prise de décision au niveau national. Le Royaume-Uni a misé très tôt sur l'importance de l'information et a développé un système de veille en réseau. La stratégie offensive du gouvernement Blair visait à combler le retard britannique en innovation, intégrant des stratégies de lobbying et d'influence. Les *business links*[8]et le réseau *Global* Watch[9] illustrent l'engagement du gouvernement à soutenir les entreprises dans leur quête d'informations stratégiques. Ce modèle britannique diffère du modèle français d'IE et se rapproche du modèle allemand où les échanges entre le secteur privé et le gouvernement sont limités (Wright et coll., 2004).

Le Japon a fait de l'information un levier majeur de son développement depuis l'ère Meiji, en intégrant la veille comme une ressource collective. Le système japonais repose sur des synergies entre les stratégies technologiques, industrielles et commerciales, avec une forte culture de l'information (Martre et al, 1994). Les entreprises japonaises favorisent un soutien mutuel, permettant une compétition économique perçue sur le long terme, contrairement à la logique occidentale de liquidation des entreprises temporairement déficitaires. La Chine, quant à elle s'inspire des pratiques des États-Unis tout en développant son propre système d'intelligence économique (Clerc, 2007). Le pays a adopté une approche unique en matière d'intelligence économique, influencée par des concepts traditionnels comme le *Guan xi* (Milliot, 2006), qui valorise les relations personnelles. Selon Liu et Boutin (2012), le *Guan xi* est un état d'esprit qui permet de mobiliser les réseaux de relations à partir du moment où l'on se trouve face à un problème décisionnel. Le ministère du Commerce extérieur joue un rôle central, et les réseaux d'influence sont vastes, intégrant des éléments tels que les diasporas chinoises.

En somme, ces modèles occidentaux et asiatiques de l'IE sont fondés sur des structures formelles qui se sont développées dans des contextes institutionnels, réglementaires et infrastructurels plus avancés et bien établis. Par conséquent, si l'on ignore les disparités entre les pays et dont on

---

[8] Réseaux territoriaux d'appui et de diffusion de pratiques et d'informations utiles aux entreprises.

[9] Réseaux de veille et de lobbying international au service des entreprises britanniques.

examine la situation à partir d'une grille d'analyse spécifique à un observateur américain, asiatique ou européen, on risque de répliquer maladroitement sur les marchés pauvres d'Afrique, les méthodes de l'IE qui ont pourtant fait leurs preuves ailleurs. Ce qui peut s'avérer inefficace, car les méthodes conventionnelles de communication et de distribution ne conviennent pas à ces marchés (Prahalad et Hart, 2002), en raison des conditions uniques en termes de faible niveau d'éducation, de ressources financières limitées et des défis infrastructurels et technologiques (Chikweche et Fletcher, 2012).

Bien que les spécialistes du marketing se soient historiquement concentrés sur les segments de clientèle à revenus moyens et élevés, les marchés pauvres constituent un terrain fécond pour le développement d'une intelligence économique inclusive. Les approches Bop (Bottom of the Pyramid) ainsi que les approches postcoloniales et décoloniales sont des réponses théoriques pertinentes pour repenser l'IE dans le contexte des marchés pauvres en Afrique. L'approche BoP remet en cause l'idée reçue selon laquelle « *les pauvres n'ont pas de pouvoir d'achat et ne représentent donc pas un marché viable* » (Prahalad, 2004, p.22). En effet, au-delà d'une meilleure connaissance de ces nouveaux marchés, les entreprises pourront s'ancrer dans l'écosystème et y gagner en légitimité. En associant les questions économiques et socio-économiques, l'approche Bop plaide pour une économie intelligente et inclusive, en intégrant les populations démunies dans la sphère de la consommation. Les approches postcoloniales et décoloniales remettent en cause l'hégémonie du modèle américain et la suprématie des méthodes positivistes (Westwood et Jack, 2007). Ces courants analysent les influences de la colonisation sur les pays colonisés (Dar, 2018). Ils visent à remettre en question de manière radicale l'universalisme autoproclamé de la tradition des Lumières, et à reconnaître, d'autre part, une diversité épistémique par la valorisation des savoirs et des pratiques des pays colonisés (Yousfi, 2021). Cette observation s'étend au concept d'IE.

2. Méthodologie de la recherche pour une IE inclusive dans les marchés pauvres

Cette recherche adopte une approche épistémologique pragmatiste. Selon Martinet (2020, p.186), « *elle part des données empiriques et des pratiques africaines pour construire des problématiques, des conceptualisations et des théorisations adaptées* ». L'approche qualitative basée sur l'étude de cas intrinsèque a été retenue (Stake, 1994). Elle permet d'explorer un cas particulier afin de développer de nouveaux fondements théoriques. Cette méthode qui convient bien à la démarche pragmatique (Krupicka et Moinet, 2015) est conseillée pour des recherches peu investies (Wacheux, 1996). L'entreprise retenue est une filiale d'une multinationale du secteur des télécommunications. Par souci de confidentialité, l'entreprise et les répondants restent anonymes. Deux raisons justifient ce choix : d'une part, le degré de couverture du marché des télécommunications qui a enregistré 21 006 452 d'abonnés mobiles[10], soit un taux de pénétration de 78%. D'autre part, les activités de l'IE sont intégrées à l'entreprise. Les équipes commerciales, la chaîne de distribution de chaque région commerciale, sont en contact permanent avec le marché. Ils collectent, diffusent les informations sur ces marchés et appliquent les décisions formulées par la direction générale dans leur zone commerciale respective.

L'approche ethnographique est mobilisée pour accéder aux données (Creswell, 2007). Contrairement à la perspective cognitiviste, cette approche explique les actions à travers des motivations sociales et culturelles, en tenant compte des contextes sociaux au sein desquels ces actions sont réalisées (Elliot et Jankel-Elliot, 2003). Comme dans la plupart des travaux ethnographiques (Fuentes, 2015), cette étude se concentre sur un seul cas (mais pas sur un seul site) en combinant entretiens, observations et analyse des artefacts textuels et non textuels. Trois types de données ethnographiques ont été produits. Tout d'abord, nous avons mené 20 observations sur une période de 08 mois. Le travail de terrain a commencé en octobre 2021 et l'observation finale a été effectuée en mai 2022. Ces observations ont été réalisées dans certains villages et villes des régions de l'Extrême-Nord et du Nord-Ouest[11]. Les observations ont duré de 10 à 45 minutes et les notes de terrain ont été rédigées directement afin de garantir la rétention de plus de détails possible[12]. Ensuite, sept entretiens ont été menés avec des commerciaux pour comprendre leurs pratiques d'accès aux connaissances. Les entretiens d'une durée moyenne de 45 minutes ont été retranscrits. Afin de saisir comment les méthodes de l'IE sont développées pour favoriser l'acquisition de savoirs, nous avons interrogé cinq cadres (deux directeurs régionaux, un directeur régional adjoint, un responsable de la gestion de la clientèle et un gestionnaire opérationnel). Les entretiens d'une durée moyenne de 50 minutes ont également été retranscrits. L'intérêt pour ces acteurs se justifie par le fait qu'il a été prouvé que les départements du marketing et de la R&D sont ceux qui pratiquent le plus l'IE (Bloch, 1999). Sous l'encadrement du logiciel Nvivo12, les données sont traitées par la technique de l'analyse de contenu selon les procédures d'analyse de Bardin (2013). Les unités d'analyse retenues sont des mots et expressions. Les résultats obtenus sont présentés à la suite de notre développement.

---

[10] Agence de régulations des télécommunications, *observatoire annuel 2022 du marché des communications électroniques au Cameroun.*

[11] Selon ECAM5, les pauvres au Cameroun vivent principalement en milieu rural où l'incidence est de 56,3%. Les régions de l'Extrême-Nord (69,2%), du Nord-Ouest (66,8%), du Nord (61,1%), de l'Adamaoua (45,1%) et de l'Est (41,5%) sont les plus touchées par la pauvreté, avec des niveaux supérieurs à la moyenne mondiale.

[12] Ces observations ont permis d'identifier les faits, les gestes, les actions, les pratiques, les parties prenantes et la nature de leur relation avec les entreprises.

3. Résultats de la recherche : analyses et discussions

Les résultats mettent en évidence plusieurs mécanismes, pratiques et activités de natures variées qui caractérisent une intelligence économique inclusive pour faciliter l'accès aux informations sur les marchés pauvres en Afrique. Cette approche est adaptée aux réalités africaines qui valorisent les pratiques locales et les relations humaines.

3.1. Le lobbying, une pratique essentielle pour obtenir des informations

La figure 1 ci-dessous montre que le terme *lobbying* est employé dans les discours des répondants. D'après ces derniers, le lobbying est une pratique mobilisée pour faciliter l'accessibilité aux sources d'informations dans les marchés pauvres.

Figure : Le lobbying, une pratique clé pour accéder aux informations

*R10 « on fait le **lobbying**, c'est toucher des personnes capables d'influencer d'autres personnes pas forcément politiques ».*

*R12 « Il faut être très créatif, car on est dans un contexte de concurrence, c'est la raison pour laquelle on fait le **lobbying** pour pénétrer ce marché ».*

Mots	Nombre occurrences
Lobbying	19
Fraternelle	7
Quelqu'un	6
Contact	5
Informations	5

*R1 « ça dépend aussi du **lobbying**, du **lobbying** de ta capacité relationnelle comment est-ce que tu vas persuader le gars qui a les informations ».*

*R8 « on ne place pas le **lobbying** à tort dans les 12 P, ça a une force de puissance parce qu'avec le **lobbying** je peux savoir ce que vous faites ici sans être ici parce que je suis en contact avec quelqu'un qui est en contact avec vous cette personne me doit allégeance et du coup elle me donne les informations sur ce que vous êtes en train de faire »*

Source *: auteur à partir des données issues du terrain*

Le lobbying tel que perçu par les acteurs est ancré dans les valeurs de fraternité et les structures sociales existantes. Il repose sur des relations interpersonnelles et la capacité à influencer des individus. Il permet de créer un réseau d'influence. Les acteurs s'appuient sur des relations personnelles pour obtenir des informations cruciales sur les dynamiques de marché. Ceci démontre l'importance de la confiance et de la réputation dans ces interactions.

3.2. L'engagement direct avec les leaders communautaires et les autorités locales

L'intermédiation des acteurs locaux est une stratégie clé pour accéder à l'information. Les acteurs s'immergent dans les communautés pour établir des relations avec des acteurs clés qui jouent un rôle crucial dans la diffusion d'informations et l'acceptation des initiatives. Il s'agit des chefs traditionnels et des autorités religieuses qu'il faut rencontrer préalablement pour bien s'implanter dans une zone et obtenir le soutien de la population locale.

R10 « Je veux que les gens connaissent qu'il y a du nouveau, je demande qui a l'église dans cette zone »
R6 « c'est de descendre sur le terrain, aller à la source rencontrer les autorités qui peuvent être soit des leaders, soit des chefs traditionnels ou les autorités religieuses parce que ce sont des personnes qui, curieusement sont très écoutées par leur population et qui ont aussi une source d'informations très importante. Quand nous sommes allés dans le Mayo Rey, nous avons pris attache directement chez les LAMIDO. Actuellement, nous avons toutes les facilités possibles pour travailler dans ce département, tout simplement parce que nous sommes passés par le lamida ».

Ces autorités sont très influentes, respectées et écoutées par la population. Les chefs religieux peuvent utiliser les sermons, les rassemblements et les écoles religieuses, pour diffuser des informations. Ces autorités locales peuvent aider à établir des liens de confiance, à négocier des accords équitables et à résoudre les conflits potentiels, favorisant ainsi un accès plus efficace aux connaissances locales. Leur rôle peut varier d'une région à l'autre. Une approche inclusive, collaborative et respectueuse des spécificités culturelles et protocoles locaux est nécessaire pour tirer pleinement parti de leur potentiel en tant que partenaires pour atteindre les populations. La deuxième forme de prise de contact consiste à collaborer avec des leaders d'opinion, les « djaworo[13] », les « aladji[14] », les ONG et des micro-entrepreneurs locaux, afin de mieux convaincre les populations. Ces partenaires locaux ont une connaissance des marchés, de leur fonctionnement et des opportunités qui s'y présentent.

R2 « Quand on arrive, le Djaworo qui prend la parole pour expliquer en langue locale ce qu'on est venu faire »
R11 « Quand je veux convaincre, je recherche une personne influente dans la zone, par exemple un aladji ou un jeune influent que je vais présenter aux clients comme une personne qui utilise le produit. Lorsque les clients comprennent que la personne qu'ils respectent utilise le produit, ils deviennent ouverts ».
R7 : « Nous avons installé les points de contact dans des zones éloignées pour entrer en contact avec la population. » On choisit une personne qui est un peu plus connue et éveillée dans un village reculé, on le forme, on l'habille. Si la population a un problème, elle contacte cette personne qui fournit des

[13] Chef de village ou chef de quartier en langue fufuldé.
[14] Prénom masculin d'origine arabe qui signifie particulièrement en Afrique « homme riche et respecté ».

Il est essentiel de se rendre sur le terrain et d'établir un dialogue direct avec ces acteurs pour accéder aux informations pertinentes. L'implication de ces représentants communautaires permet en outre de diversifier les risques liés aux investissements commerciaux (Prahalad et Hammond, 2002). Les réseaux commerciaux informels permettent de réduire les coûts de transaction. Les membres de la communauté peuvent avoir des relations de confiance établies depuis longtemps, ce qui réduit le besoin de contrats formels et de garanties. Cela permet aux entreprises de réaliser des économies dans les transactions.

3.3. Le symbolisme des présents dans l'établissement des contacts avec les cibles

Dans de nombreuses cultures africaines, les présents (cadeaux) jouent souvent un rôle symbolique et culturellement significatif. Lorsqu'il s'agit de relations commerciales entre les entreprises et les parties prenantes des marchés pauvres en Afrique, le symbolisme des présents peut avoir plusieurs implications. Les techniques de fidélisation des clients, comme l'offre de cadeaux (cartes SIM) et des crédits de communication gratuits, visent à créer une relation de confiance, une dépendance et une loyauté des consommateurs envers l'entreprise.

R10 « j'achète le bon vin même de 50 000 FCFA, ou 100 000 FCFA que j'offre à ces personnes »
R9 « tu as un régime de plantain, tu achètes, tu pars lui donner »
R1 : « Tu peux te rendre au village et y acheter des tissus pour les femmes et des gandouras. Ensuite, tu pars offrir ces cadeaux aux lamidos, ce qui permettra de sceller un pacte avec eux. » R5 : « Parfois, le chef d'agence nous demande d'aller dans une zone spécifique, non pas pour vendre, mais seulement pour distribuer des cartes SIM gratuitement. »
R12 « Parfois, on leur offre des crédits gratuitement pour les fidéliser, maintenir leur confiance ».
R6 « je lui ai remis une SIM gratuitement, je l'ai identifié par la suite et je lui ai donné aussi une carte rechargeable de 2 000 FCFA gratuitement comme c'est mon enseignant. J'ai activé la connexion dans son téléphone ».

Les présents peuvent être utilisés pour établir des relations positives avec les chefs traditionnels et religieux. Ils sont considérés comme une porte d'entrée pour entamer des discussions commerciales et développer une relation de confiance et d'échange d'informations. Cette pratique a une importance symbolique dans le contexte africain, particulièrement au Cameroun, où les individus perçoivent la distribution de la nourriture comme le point de départ de toute relation d'équivalence et de reconnaissance de l'humanité de l'autre (Godong, 2022). Ils peuvent également être perçus comme un moyen d'échange culturel entre les entreprises et les chefs traditionnels et religieux en reflétant la culture et les valeurs de l'entreprise, tout en reconnaissant et en honorant la culture locale. Cela favorise un sentiment de compréhension mutuelle et de respect des différences culturelles. Les présents peuvent exprimer la gratitude de l'entreprise envers les autorités locales pour leur soutien, leur participation ou leur contribution à des initiatives commerciales. Toutefois, l'échange de présents dans les relations commerciales doit être fait de manière respectueuse, éthique et conforme aux pratiques locales. Il est essentiel de se conformer aux normes culturelles et aux protocoles appropriés. Les entreprises doivent éviter toute forme de corruption, de favoritisme ou d'influence indue qui pourrait compromettre l'intégrité de la relation commerciale et la confiance mutuelle.

3.4. L'engagement communautaire des entreprises

R4 « Quand on arrive dans un village, c'est la main-d'œuvre locale qu'on privilégie et on dit à cette main-d'œuvre que c'est un projet pour vous amener le téléphone ».
R7 « Il peut arriver aussi qu'un événement, comme l'introduction d'un chef dans sa zone, survienne. On appelle cela une intronisation. Cela signifie que la population et les autorités seront mobilisées. De là, on se prépare à intervenir sur le terrain afin de soutenir cet événement. »

L'engagement des entreprises auprès des communautés locales est perçu comme une forme de responsabilité sociale. Ceci implique pour les entreprises de participer à des événements communautaires et parrainer des initiatives locales.

Le recrutement de la main-d'œuvre locale permet de créer un lien de confiance avec la communauté et de mobiliser son soutien pour les activités commerciales. Travailler en partenariat avec des artisans ou d'autres créateurs locaux est une excellente façon de soutenir la culture locale. Ceci peut se traduire par l'utilisation d'œuvres d'art locales dans les visuels, la promotion de produits artisanaux locaux ou le parrainage d'événements culturels. S'engager dans des initiatives philanthropiques importantes pour la communauté peut être un moyen puissant de montrer le respect et l'appréciation des coutumes locales. Cela peut prendre la forme de dons, de partenariats avec des organisations locales ou de projets de responsabilité sociale d'entreprise qui répondent aux besoins spécifiques de la communauté. Cela permet de renforcer les liens avec la communauté, d'obtenir des informations contextuelles et d'établir une relation de confiance avec les populations locales.

3.5. La capacité à communiquer dans les langues locales

La compréhension de la langue est un défi majeur dans les interactions avec les acteurs qui ne parlent pas toujours le français ou l'anglais. Les entreprises doivent connaître les codes culturels et s'adapter aux langues locales (fulfulde[15] ; pidgin[16]...) pour mieux se faire comprendre. Ces aspects sont essentiels pour établir une communication efficace et une relation de confiance avec les populations.

R3 « On s'assure que tu connais la langue locale, ou à défaut, le pidgin ». R2 « Ici, c'est un très grand atout pour un commercial de parler la langue locale, nous sommes souvent confrontés à de nombreuses situations. Le chef d'agence est en bas, c'est un monsieur de l'Ouest qui ne parle pas le fufuldé. Quand il a une situation complexe ou qu'un client s'énerve, il demande à son collègue, responsable de la clientèle, de l'aider. Ce dernier, originaire du Nord, s'exprime très bien en fufuldé. Quand je parle le fufuldé, là, on finit par se comprendre. J'ai un ami qui parle la langue des gens de POUSS, quand on arrive là-bas et que les clients de cette zone se revolent dès qu'il parle en leur patois, ils se calment. »

En adaptant leur argumentation commerciale aux valeurs et aux traditions spécifiques d'une culture locale, les entreprises peuvent créer une connexion plus profonde avec les consommateurs. Elles peuvent ainsi améliorer leur acceptation sur le marché local, renforcer leur image de marque et mieux comprendre les préoccupations des acteurs. Les clients peuvent être agressifs à exprimer leurs problèmes avec l'entreprise. Il est recommandé d'adopter une approche personnalisée et sensible aux réactions des clients en s'adaptant à leur humeur et à leur niveau de compréhension afin d'établir un dialogue constructif et inclusif. Ceci implique d'éviter les comportements agressifs ou les attitudes négatives qui risqueraient d'aggraver les tensions.

4. Discussions des résultats

Cette recherche vise simplement à introduire la discussion sur les caractéristiques d'une approche africaine de l'IE pouvant faciliter l'accès aux sources d'informations dans les marchés pauvres. L'intelligence économique (IE) étant un domaine en perpétuelle mutation, elle ne peut être abordée et mise en pratique sans être alignée sur les valeurs fondamentales de chaque communauté (Kadji et Kamdem, 2023). Les modèles d'IE développés dans les pays occidentaux et asiatiques tels que présentés dans ce travail, reposent souvent sur des principes de rationalité économique et managériale, d'innovation technologique et d'analyses stratégiques (Monino

[15] Langue vernaculaire des Peuls la plus répandue dans les régions du Grand Nord Cameroun (Extrême Nord, Nord et Adamaoua).

[16] Créole à base lexicale anglaise parlé principalement des régions du Nord-Ouest et du Sud-Ouest du Cameroun.

et Sedkaoui, 2013) en ignorant totalement les philosophies et traditions anthropologiques africaines.

Contrairement aux modèles occidentaux qui mettent l'accent sur les données quantitatives et l'analyse, l'IE accorde de l'importance aux connaissances locales et aux pratiques culturelles pour accéder aux sources d'informations dans les marchés pauvres. Comme discuté dans les résultats de la recherche, elle se distingue nettement des modèles occidentaux par son ancrage communautaire, ses pratiques culturelles et son adaptation aux réalités locales. Ces facteurs sont essentiels pour naviguer dans des environnements complexes et souvent non structurés. Chacune de ces catégories joue un rôle complémentaire dans l'établissement d'un réseau d'informations efficace. Les modèles occidentaux utilisent généralement des réseaux d'affaires formels, tandis que, dans les marchés pauvres, l'approche de l'IE s'appuie sur des réseaux informels et des relations de confiance établies dans les communautés. Le réseau est construit et soutenu par le lien communautaire[17]. Il permet l'accès, le transfert d'information, voire la production de nouvelles connaissances par des effets de proximité, par la confiance, par une identité partagée autour des valeurs. Pour accéder aux sources d'information, les entreprises sont ainsi contraintes de satisfaire les règles de la communauté à travers des contrats implicites (Causse et Biwolé-Fouda, 2020).

Malgré ces différences, certaines similitudes sont notables. Ces deux approches d'IE valorisent l'information comme un atout stratégique et la création de réseaux pour accéder aux acteurs. La pratique de lobbying est autant plus cruciale dans les contextes occidentaux que dans les marchés pauvres, même si, dans ces derniers, elle est plus ancrée dans les valeurs communautaires.

Dans l'ensemble, ces résultats montrent la nécessité d'une réévaluation des méthodes d'IE pour les adapter aux réalités locales. Cela permettrait d'accéder aux sources d'information dans les marchés pauvres en Afrique. Ils suggèrent d'éviter de faire une apologie excessive des modèles occidentaux d'intelligence économique sur les marchés africains. Ils remettent ainsi en question les théories post-modernes (Alexander, 1995) qui soutiennent que les pays africains devraient adopter les principes et les pratiques des pays développés pour accéder au progrès technique, économique et scientifique.

---

[17] L'attachement à la communauté peut être l'ethnie, la religion, la langue, le village d'origine, etc.

Conclusion

L'objectif de cette recherche était d'examiner les mécanismes qui sous-tendent une approche d'IE permettant d'accéder facilement aux sources d'informations dans les marchés pauvres en Afrique. Deux approches théoriques militent pour une intelligence économique revisitée sur les marchés pauvres en Afrique. L'approche BoP invite les entreprises à modifier leur modèle d'affaires et encourager des innovations pour prendre en compte les spécificités des pauvres et y apporter une offre adaptée et satisfaisante. Les approches postcoloniales et décoloniales développent une critique qui consiste à démasquer les ramifications actuelles de la domination politique, économique et épistémique de la colonisation. Pour parvenir aux résultats, une méthodologie qualitative basée sur l'approche ethnographique a été adoptée. Vingt observations et douze entretiens ont été réalisés auprès des managers et commerciaux des régions les plus pauvres au Cameroun. Les résultats montrent que l'accès à l'information dans les marchés pauvres influence l'adoption d'une approche d'IE ancrée dans les pratiques culturelles, où le respect des coutumes et l'engagement communautaire sont prioritaires. Le symbolisme des présents, la valorisation des savoirs traditionnels et l'importance du dialogue direct avec les acteurs locaux en sont des exemples. Dans un contexte de forte concurrence, cette démarche pourrait non seulement favoriser une meilleure intégration des entreprises sur ces marchés, mais aussi contribuer à un développement économique plus inclusif et durable.

L'étude repose sur un échantillon restreint, avec une seule entreprise dans le secteur des télécommunications. Cela limite la généralisation des résultats à d'autres secteurs ou contextes géographiques en Afrique. Les résultats ne peuvent pas s'appliquer à d'autres pays africains avec des contextes socio-économiques et culturels différents, car la recherche est menée en contexte camerounais. Les marchés africains étant en constante évolution, notamment avec l'essor des technologies numériques, l'article n'a pas pris en compte l'impact de ces évolutions sur les pratiques d'intelligence économique dans les marchés pauvres. Ces limites suggèrent qu'il serait bénéfique d'approfondir les recherches futures en élargissant l'échantillon, en intégrant des données quantitatives et en tenant compte de l'évolution rapide des contextes économiques et technologiques.

Références bibliographiques

Alden, B. H., Campbell, B. C., Courtney, T. W., Chandaria, A. M., Ewald, A. A., Griner, J. A. & Moffatt, J. B. (1959) *Competitive intelligence: information, espionage, and decision-making, a special report for businessmen.* Watertown MA, C. I. Associates.

Alexander, J. (1995). Modern, Anti, Post, Neo. *New Left Review*, (I/210), 63-101.

Alexander, J. (1995). "Modern, Anti, Post, Neo". *New Left Review*, (I/210), 63-101.

Barczak, G., Griffin, A. & Kahn, K.B. (2009). "Perspective: trends and drivers of success in NPD practices: results of the 2003 PDMA best practices study". *Journal of Product Innovation Management*, 26 (1), 3–23.

Bardin, L. (2013). *L'analyse de contenu,* Paris, Presses universitaires de France.

Besson, B., et Possin, J., C. (2002). *L'audit d'intelligence économique.* Dunod, Paris.

Bloch A. (1999). *L'intelligence économique*, Economica.

Carayon, B. (2003). *Intelligence économique, compétitivité et cohésion sociale.* Paris : Documentation française (La).

Causse, G. et Biwolé Fouda, J. (2020). « L'entreprise africaine frugale et agile : la théorie des organisations revisitée ». *Revue française de gestion*, 4 (289), 120-142.

Chikweche, T., & Fletcher, R. (2012). "Revisiting the marketing mix at the bottom of pyramid (BOP): from theoretical considerations to practical realities". *Journal of Consumer Marketing*, 29 (7), 507-520.

Clerc, P. (2007). *L'influence des cultures stratégiques en Chine, au Royaume-Uni et au Maroc,* in Comprendre l'intelligence économique, IHEDN, Paris, Economica.

Creswell, J. (2007), *Qualitative Inquiry and Research Designs: Choosing Among Five Traditions*, 2nd ed., Sage Publications, Thousand Oaks, CA.

D'Hennezel, C. (2019). « Vers une modélisation de l'intelligence économique dans les petites entreprises ». *Revue internationale d'intelligence économique*, 2(2), 159-181.

Dar, S. (2018). « De-colonizing the boundary-object ». *Organization Studies*, *39*(4), 565-584.

Elliot, R., & Jankel-Elliot, N. (2003). Using Ethnography in Strategic Consumer Research. *Qualitative Market Research: An International Journal* 6(4), 215–223.

Fuentes, C. (2015). "How green marketing works: practices, materialities, and images." *Scandinavian Journal of Management*. 31(2), 192–205.

Godong, S.A. (2022). « L'Afrique à la recherche du « manager idéal » : Ce que gérer une entreprise « africaine » veut dire ». *Annales des Mines - Gérer et comprendre*, 4(150), 76-86.

Harbulot, C. (2014). « La culture française de l'intelligence », *Géoéconomie*, 71 (4), 27-37.

Hourenatou (2020). « La pratique de l'intelligence économique dans les entreprises au Cameroun : enjeux et perspectives », *Journal of the Cameroon Academy of sciences,* 15(3), 181-192.

Howell, R., Sinha, K. M., Wagner, N., Doorn, N., & van Beers, C. (2020). “Consumption of bottled water at the bottom of the pyramid: Who purchases first ?” *Journal of Macromarketing*, 40(1), 31–50.

Huet, J.M., Labarthe, P et Abeille, A. (2012). « Les promesses du « bas de la pyramide ». » *L'Expansion Management Review*, 1(144), 10-21.

Kadji, M., et Kamdem, E. (2023). « Les difficultés d'appropriation de l'intelligence économique : une exploration dans les PME camerounaises ». *Revue internationale d'intelligence économique*,1(15), 67-88.

Konate, L., Mortier, S., et Darankou, E. (2022). *Manuel de l'Intelligence économique en Afrique*, édition VA Presse.

Krupicka, A., et Moinet, N. (2015). « L'intelligence marketing au service de la co-innovation. Le rôle clé des communautés stratégiques de connaissance ». *La Revue des Sciences de Gestion,* 5 (275-276), 67-74.

Lafrem, M. (2020). « L'intelligence économique comme outil de prise de décision stratégique : une étude exploratoire qualitative dans les organismes publics marocains ». *Revue internationale d'intelligence économique*, 1(12), 90-109.

Larivet, S. (2006). Intelligence économique : Un Concept managérial. *Revue Market Management,* 6 (3), 22-35.

Liu, P., et Boutin, E (2012). « Le Guanxi en Chine : un concept opératoire de l'intelligence économique ». *Communication et organisation.*

Martinet, A., C. (2020). « Quelle épistémologie pour la recherche en management en Afrique ? » In E. Kamdem, F. Chevalier et M. Payaud (dir.), *La recherche enracinée en management. Contextes nouveaux et perspectives nouvelles en Afrique* (p. 175-193). Éditions EMS.

Martre, H., Clerc, P., et Harbulot, C (1994). *Intelligence économique et Stratégie des Entreprises*. Paris : La Documentation française.

Milliot, E. (2006). « L'intelligence économique dans un pays à contexte culturel fort : cas de la République Populaire de Chine ». *Revue Marketing & Communication*, 3, 72-83.

Monino, J., L., et Sedkaoui, S. (2013). « Les TIC un outil indispensable pour une démarche d'intelligence économique ». *Marché et organisations*, 2(18), 173-188.

Morris, J. (2019). “The Informal Economy and Post-Socialism: Imbricated Perspectives on Labor, the State, and Social Embeddedness”. *Demokratizatsiya*27 (1), 9–30.

Mourad Oubrich, M. (2007). « L'intelligence économique : Un outil de management stratégique orienté vers le développement de nouvelles connaissances ». La Revue des Sciences de Gestion, 4(226-227), 77-88

Nowlin, E.L., Anaza, N.A., & Anaza, E. (2015). “<Salesperson Resistance to Sharing Market Intelligence in Sub-Saharan Africa”. *Journal of Marketing Channels*, 22(2), 93-107.

Porter, M.E. (1980), *Competitive Strategy: Techniques for Analyzing Industries and Competitors*, Free Press, New York.

Prahalad C.K. (2004), *Fortune at the bottom of the pyramid: eradicating poverty through profits*, Upper Saddle River NJ, Prentice Hall.

Prahalad, C., K., & Hart, S., L. (2002). "The fortune at the bottom of the pyramid". *Strategy +Business*, (26), 1-14.

Salam, G. (2013). « Qui dit intelligence économique dit partage d'information ». *Marché et organisations*, 2(18), 41-66.

Sliman, M. (2016). « Les dirigeants des PME face au défi de l'intelligence économique : cas de trois entreprises marocaines. » *Marché et organisations*, 2(26), 259-281.

Stake, R.E. (1995). *The Art of Case Study Research.* London : Sage Publications.

Wacheux, F. (1996). *Méthodes qualitatives et Recherche en Gestion.* Paris: Economica.

Westwood, R. & Jack, G. (2007). Manifesto for a post-colonial international business and management studies: A provocation. *Critical Perspectives on International Business*, 3(3), 246-265.

Wright, S., Badr, A., Weiss, W. & Pickton, D. (2004). Competitive Intelligence Through UK Eyes. *Journal of Competitive Intelligence and Management*, 2(2), 68-87.

Yousfi, H. (2021). "International management, should we abandon the myth of cultural hybridity? A re-examination of the contribution of postcolonial and decolonial approaches". *Management*, 24(1), 80-89.

Section 3 :

Évaluation de l'intelligence économique dans les pays d'Afrique subsaharienne : Une Application d'un modèle théorique adapté au secteur financier

Soussi NOUFAIL OUTMAN
et
Hind BOURASS

Introduction

Dans le paysage économique dynamique de l'Afrique subsaharienne, l'intelligence économique émerge comme un levier stratégique crucial pour stimuler le développement financier et favoriser une croissance inclusive. Cette région, riche en opportunités, mais confrontée à des défis complexes, est le théâtre d'une exploration passionnante de l'application de l'intelligence économique dans le secteur financier.

Dans ce contexte, le secteur financier en Afrique subsaharienne joue un rôle vital, mais est confronté à ses propres défis. Malgré une diversité d'institutions allant des grandes banques commerciales aux institutions de microfinance, l'accès limité aux services financiers, la faible profondeur des marchés financiers et la volatilité des taux de change et des taux d'intérêt sont des problèmes récurrents. De plus, le manque d'infrastructures financières et technologiques entrave le développement du secteur financier dans la région.

Cependant, l'intelligence économique émerge comme une solution prometteuse pour relever ces défis. En permettant la collecte, l'analyse et l'interprétation des données économiques et financières pertinentes, l'intelligence économique aide les décideurs politiques, les institutions financières et les entreprises à prendre des décisions éclairées et stratégiques. Elle contribue également à anticiper et à atténuer les risques, à identifier les opportunités de croissance et à promouvoir le développement économique durable dans la région.

En outre, l'intelligence économique joue un rôle fondamental dans l'amélioration de la transparence et de la gouvernance dans le secteur financier. L'un des freins majeurs à la croissance de ce secteur réside dans l'absence de systèmes efficaces de gestion de l'information et dans une gouvernance défaillante. Grâce à des outils d'intelligence économique, les acteurs financiers sont en mesure de mieux comprendre leur environnement, d'anticiper les évolutions et de prendre des décisions éclairées. Cela contribue à renforcer la confiance des investisseurs et des consommateurs, deux facteurs essentiels au développement du secteur.

Dans ce travail, nous plongerons dans le contexte économique et financier de l'Afrique subsaharienne, identifierons les défis spécifiques auxquels sont confrontés les acteurs du secteur financier, mettrons en lumière un modèle théorique adapté au secteur financier qui revêt une importance particulière.

Enfin, nous explorerons en profondeur l'importance de l'intelligence économique dans ce contexte, démontrant comment elle peut servir de catalyseur pour une prise de décision stratégique, une gestion efficace des risques et une promotion de l'inclusion financière.

1. Intelligence économique dans les régions en développement : Leçons pour l'Afrique subsaharienne

L'intelligence économique (IE) est devenue un levier stratégique majeur pour le développement des économies dans de nombreuses régions du monde. Toutefois, son application varie considérablement en fonction des contextes économiques, institutionnels et politiques propres à chaque région. Dans les pays en développement, l'IE offre une réponse adaptée aux défis de compétitivité, de stabilité et d'innovation. Cependant, son déploiement reste inégal. Cette première section se concentre sur l'analyse de l'intelligence économique dans les régions en développement avant de tirer des leçons applicables à l'Afrique subsaharienne. L'objectif est d'étudier comment ces expériences internationales peuvent éclairer la mise en œuvre de stratégies d'IE efficaces en Afrique subsaharienne, une région qui fait face à des défis structurels uniques. Il sera entre autres question de comprendre pourquoi l'Afrique subsaharienne nécessite une approche distincte pour maximiser le potentiel de l'IE, et comment les réussites et les échecs d'autres régions peuvent guider l'élaboration de politiques adaptées à ce contexte unique.

1.1. Intelligence économique dans les régions en développement

Les recherches sur l'intelligence économique (IE) montrent des variations significatives dans son application, notamment dans les régions en développement, où ces différences sont largement influencées par les spécificités des contextes régionaux. Par exemple, en Asie du Sud-Est, des recherches indiquent que l'IE est employée pour renforcer la compétitivité des industries exportatrices. Elles mettent l'accent sur l'analyse stratégique des marchés internationaux et l'adaptation technologique (OCDE, 2024). Des pays comme Singapour et la Malaisie ont su tirer parti d'infrastructures numériques avancées et d'un soutien institutionnel solide pour intégrer l'IE dans leurs stratégies de développement économique[18] (Soh, C., & Markus, M. L., 1995). En Amérique latine, des nations telles que le Brésil et le Mexique ont également adopté des pratiques d'IE, principalement pour surveiller les fluctuations du marché et l'instabilité politique, qui sont des facteurs cruciaux pour les entreprises locales[19]. Cependant, l'application de l'IE dans cette région est souvent entravée par des obstacles institutionnels et une réglementation insuffisante, ce qui limite son efficacité. Ces expériences soulignent l'importance d'un cadre institutionnel robuste et de la coopération entre acteurs publics et privés (Pérez, C. (2008).

En comparant ces expériences à celles de l'Afrique subsaharienne, il apparaît que cette région fait face à des défis uniques nécessitant une approche distincte. Contrairement à l'Asie du Sud-Est et à l'Amérique latine, où les infrastructures sont plus développées, de nombreux pays d'Afrique subsaharienne doivent encore surmonter des obstacles liés à la connectivité, à la stabilité politique et à la régulation financière [20](Ncube et Al. (2014). De plus, l'intelligence économique dans le secteur financier de cette région reste largement inexploitée, bien qu'elle ait le potentiel d'accroître la résilience des institutions face aux risques économiques et politiques (Amairia, 2022). Les leçons tirées des autres régions en développement suggèrent qu'une stratégie d'intelligence économique réussie en Afrique subsaharienne nécessiterait un renforcement des capacités institutionnelles et technologiques ainsi qu'une meilleure coordination entre les entreprises locales, les régulateurs et les investisseurs internationaux. Cette adaptation régionale est essentielle pour garantir que l'IE joue un rôle central dans le développement économique durable de la région (Amairia, 2022).

---

[18] Les infrastructures numériques et les systèmes d'information sont utilisés dans des pays comme Singapour pour créer de la valeur économique, ce qui peut être lié à l'intégration de l'intelligence économique dans leurs stratégies de développement.

[19] En Amérique latine, et plus particulièrement au Brésil et au Mexique, les politiques industrielles et de développement reposent sur des stratégies visant à relever les défis économiques et politiques. Ces pays ont notamment recours à l'intelligence économique pour surveiller les fluctuations du marché et gérer l'instabilité politique, des facteurs essentiels pour assurer la compétitivité et la résilience de leurs entreprises.

[20] Il convient de souligner que les pays d'Afrique subsaharienne font face à des défis uniques, notamment en ce qui concerne les infrastructures, la connectivité, la stabilité politique et la régulation financière. Ces obstacles se distinguent de ceux rencontrés dans d'autres régions en développement, telles que l'Asie du Sud-Est et l'Amérique latine.

1.2. Défis spécifiques en Afrique subsaharienne

Les pays d'Afrique subsaharienne se caractérisent par des spécificités économiques, réglementaires et sociopolitiques qui influencent fortement leur capacité à déployer des stratégies d'intelligence économique (IE). Sur le plan économique, la région est marquée par une grande diversité, allant d'économies relativement développées, telles que l'Afrique du Sud et le Nigéria, à des pays à faible revenu, comme la République centrafricaine et le Soudan du Sud, souvent en proie à une instabilité chronique (Banque Mondiale, 2023). Cette hétérogénéité génère des défis communs, notamment une faible profondeur des marchés financiers, une dépendance excessive aux exportations de matières premières, ainsi qu'un accès limité aux services financiers pour une grande partie de la population (FMI, 2015). Par ailleurs, les infrastructures économiques, notamment les systèmes de télécommunications et les réseaux bancaires, restent largement insuffisantes, entravant la collecte et la diffusion des informations stratégiques indispensables à l'intelligence économique.

Les entreprises qui évoluent dans ces milieux doivent également composer avec des fluctuations monétaires, une inflation volatile et une exposition accrue aux chocs externes, ce qui complique davantage la mise en œuvre de stratégies d'IE efficaces. Face à ces obstacles, la création de solutions adaptées est rendue d'autant plus difficile par des infrastructures inadéquates, limitant ainsi la capacité des acteurs économiques à exploiter pleinement les avantages de l'intelligence économique pour la prise de décision stratégique et la gestion des risques.

Sur le plan réglementaire et sociopolitique, l'Afrique subsaharienne est marquée par des systèmes de gouvernance fragiles, une corruption omniprésente et une instabilité politique persistante dans plusieurs pays. Ces facteurs créent un climat de méfiance entre les acteurs publics et privés, freinant ainsi la coopération indispensable au partage et à l'exploitation des informations stratégiques. Les régulateurs financiers, souvent sous-équipés, peinent à suivre le rythme rapide des innovations technologiques, telles que les services bancaires mobiles, qui prolifèrent sans être accompagnées d'un cadre législatif adéquat. Cette lacune législative entrave l'intégration de ces nouvelles technologies dans les pratiques financières régulées.

De plus, l'absence de politiques publiques cohérentes et structurées pour encourager le développement de l'intelligence économique empêche de nombreuses institutions financières d'adopter ces pratiques de manière efficace. Face à ces défis spécifiques, une approche distincte est impérative pour évaluer et promouvoir l'intelligence économique dans le secteur financier de la région. Il est essentiel d'adapter les modèles d'évaluation aux réalités locales en prenant en compte l'instabilité institutionnelle et les contraintes infrastructurelles, tout en renforçant la coordination entre les acteurs locaux, les gouvernements et les partenaires internationaux afin de maximiser l'impact des stratégies d'intelligence économique.

2. L'Intelligence économique en Afrique subsaharienne : Défis, Opportunités et Perspectives de Développement

L'intelligence économique (IE) est présentée comme un outil stratégique crucial pour favoriser le développement durable et améliorer la compétitivité économique en Afrique subsaharienne. Dans un contexte où la région fait face à divers défis socio-économiques et politiques, l'IE propose une approche multidisciplinaire permettant de collecter, analyser et utiliser des informations stratégiques pour soutenir les initiatives économiques. L'analyse mettra en évidence le rôle central de l'IE dans la promotion de la compétitivité économique, le soutien au développement durable et l'importance croissante du secteur financier. Elle identifiera aussi les défis et les occasions qui se présentent pour l'IE en Afrique subsaharienne, en mettant l'accent sur son potentiel à favoriser une croissance économique inclusive et durable.

2.1. Conceptualisation de l'intelligence économique dans ce contexte spécifique

L'intelligence économique (IE) dans la région subsaharienne constitue un champ d'études dynamique et crucial pour soutenir le développement économique dans un contexte marqué par une diversité de défis socio-économiques et politiques. Cette discipline englobe un ensemble de pratiques visant à collecter, analyser et exploiter l'information stratégique pour renforcer la compétitivité des entreprises et des institutions publiques.

En complément des travaux de Boughzala et Kolski (2017) et Kamdem (2018), plusieurs autres chercheurs ont contribué à la compréhension de l'IE dans le contexte subsaharien, enrichissant ainsi le débat académique et pratique. D'autres comme, Afeikhena et Nwaobi (2019) ont examiné les liens entre l'IE et les stratégies de développement en Afrique, mettant en lumière les défis spécifiques et les opportunités uniques dans cette région.

Par ailleurs, des chercheurs comme Kpodar et Andrianaivo (2018) ont abordé l'IE en Afrique subsaharienne en se concentrant sur ses enjeux et perspectives, offrant ainsi une vision panoramique des défis et des opportunités dans différents secteurs économiques. Leurs recherches mettent en évidence l'importance d'une approche globale de l'IE pour répondre aux besoins spécifiques de la région.

En outre, des contributions de chercheurs locaux, comme celle de Njoya (2016), ont permis d'approfondir notre compréhension des réalités locales et des dynamiques socio-économiques qui influencent la pratique de l'IE en Afrique subsaharienne. Leurs travaux offrent des perspectives essentielles pour adapter les concepts et les méthodologies de l'IE aux contextes spécifiques de la région, en tenant compte des contraintes et des opportunités uniques.

Par conséquent, l'étude de l'IE dans la région subsaharienne nécessite une approche multidisciplinaire qui intègre une variété de points de vue et de contributions académiques. En intégrant les travaux de chercheurs, tels qu'Afeikhena et Nwaobi (2019), Kpodar et Andrianaivo (2018), ainsi que Njoya (2016), cette sous-section vise à offrir une compréhension approfondie des spécificités de l'IE dans la région, tout en soulignant son importance cruciale pour le développement économique et la compétitivité.

2.2. Objectifs spécifiques de l'évaluation de l'IE en Afrique Subsaharienne

Dans le contexte dynamique de l'Afrique subsaharienne, la promotion de la compétitivité économique et le soutien au développement durable sont des impératifs essentiels pour favoriser la croissance et le bien-être à long terme dans la région. Ici, l'on se penche sur les objectifs spécifiques de l'évaluation de l'intelligence économique en Afrique subsaharienne, mettant en lumière son rôle crucial dans la réalisation de ces objectifs ambitieux.

i. Promotion de la compétitivité économique

L'Afrique subsaharienne fait face à de nombreux défis qui entravent sa compétitivité économique sur la scène mondiale. Des infrastructures sous-développées aux barrières commerciales en passant par la faible productivité, ces obstacles nécessitent des stratégies novatrices et une utilisation efficace de l'intelligence économique (IE). En comprenant les défis propres à chaque pays et en identifiant les opportunités de croissance, l'IE peut jouer un rôle crucial dans l'amélioration de la compétitivité économique. Elle facilite l'accès à l'information stratégique, améliore la prise de décision et favorise l'innovation et la productivité, aidant ainsi à transformer les économies nationales et à renforcer leur position sur les marchés mondiaux.

Dans ce contexte, l'IE peut également stimuler le développement durable en Afrique subsaharienne. En facilitant la collecte, l'analyse et la diffusion d'informations pertinentes sur les défis environnementaux, sociaux et économiques, l'IE permet aux décideurs de prendre des décisions éclairées pour orienter les politiques et les initiatives de développement. Par exemple, en identifiant les secteurs économiques à fort potentiel de croissance verte, l'IE peut aider les gouvernements à orienter leurs investissements vers des domaines tels que les énergies renouvelables, l'agriculture durable et l'écotourisme. Cela contribue à la création d'emplois, à la réduction de la pauvreté et à la préservation de l'environnement.

Les recherches de Mekongh et al. (2020) ont souligné l'importance de l'IE dans l'amélioration de l'accès à l'information stratégique et dans l'encouragement d'une prise de décision informée pour renforcer la compétitivité économique en Afrique subsaharienne. De même, les travaux d'Ouédraogo (2018) ont mis en évidence les stratégies nécessaires pour surmonter les obstacles et améliorer la compétitivité économique dans la région.

ii. Stimulation du développement durable

Dans le contexte complexe de l'Afrique subsaharienne, la promotion du développement durable est une priorité essentielle pour garantir un avenir prospère pour les générations futures. Outre la promotion de la compétitivité économique, l'intelligence économique (IE) joue un rôle crucial dans la stimulation du développement durable dans la région. Cette dernière est confrontée à une série de défis multidimensionnels, allant de la pauvreté et du chômage à la dégradation environnementale, qui nécessite une approche intégrée et holistique pour être surmontée.

La lutte contre la pauvreté et le chômage est un impératif majeur pour promouvoir le développement durable en Afrique subsaharienne. L'IE peut contribuer à cette lutte en identifiant les opportunités de croissance économique qui favorisent l'inclusion sociale et la création d'emplois de qualité pour tous. Les recherches de Kabore (2019) ont souligné le rôle crucial de l'IE dans la promotion d'une croissance économique inclusive, qui permet de réduire la pauvreté et de stimuler le développement humain dans la région.

Parallèlement, la préservation de l'environnement est un enjeu majeur pour assurer un développement durable en Afrique subsaharienne. La dégradation de l'environnement, y compris la déforestation, la désertification et la pollution, menace la stabilité des écosystèmes et la santé des populations. Pour relever ce défi, il est essentiel d'intégrer les considérations environnementales dans les politiques de développement régionales. Les travaux d'Ibrahim (2017) soulignent l'importance de cette intégration pour assurer un développement durable en Afrique subsaharienne, en mettant en lumière les liens étroits entre la santé de l'environnement, la prospérité économique et le bien-être social.

iii. Importance du secteur financier en Afrique subsaharienne

Le secteur financier en Afrique subsaharienne a connu une expansion remarquable au cours des dix dernières années, principalement en raison des réformes structurelles entreprises dans plusieurs pays de la région (Kasekende, 2010). Cette expansion se manifeste par des améliorations significatives des indicateurs de développement financier, tels que le ratio « crédit au secteur privé/PIB » et le ratio « masse monétaire au sens large M2 /PIB », qui ont tous deux augmenté de manière substantielle entre 2019 et 2020. Cependant, malgré ces progrès, les systèmes financiers de la région demeurent en moyenne moins développés que ceux d'autres régions du monde en développement.

En 2019, le ratio moyen M2/PIB en Afrique subsaharienne était de 45 %[21], contre 65 % dans d'autres régions. Ce retard peut être attribué à plusieurs facteurs, dont la petite taille des marchés financiers en termes absolus, une diversification économique limitée et des infrastructures souvent inadéquates. Ces éléments constituent des goulets d'étranglement critiques pour le développement des marchés financiers au-delà d'un certain seuil. Néanmoins, le secteur financier de la région continue de montrer des signes de maturation progressive. Le ratio M1/M2, bien qu'en baisse au cours de la dernière décennie, reste plus élevé en Afrique subsaharienne que dans des régions comme l'Amérique latine et les Caraïbes, indiquant une transition vers des systèmes financiers plus complexes et développés.

L'importance du secteur financier en Afrique subsaharienne ne se limite pas à ces indicateurs de croissance. Le développement du secteur financier est également essentiel pour améliorer l'accès au crédit, soutenir les entreprises locales et promouvoir une inclusion financière plus large. Les innovations technologiques dans les services de paiement, telles que les paiements mobiles, jouent un rôle crucial en surmontant certaines des limitations structurelles actuelles. Ces innovations permettent des transactions plus rapides et sécurisées, ce qui est particulièrement important dans des régions où les infrastructures bancaires traditionnelles sont limitées.

Les initiatives d'innovation dans les paiements mobiles, largement adoptées dans plusieurs pays africains, illustrent comment la technologie peut compenser les faiblesses du système financier. En offrant des moyens de paiement alternatifs aux espèces, ces innovations contribuent à élargir l'accès aux services financiers, ce qui est vital pour l'inclusion financière et la réduction de la pauvreté. Par ailleurs, elles facilitent une meilleure gestion des finances personnelles et des transactions commerciales, stimulant ainsi la croissance économique locale.

[21] Estimation de la Banque Mondiale.

En conclusion, bien que le secteur financier en Afrique subsaharienne soit encore en phase de rattrapage par rapport à d'autres régions du monde, les réformes et les innovations en cours démontrent un potentiel considérable pour un développement économique inclusif et durable. Renforcer ce secteur est crucial pour surmonter les défis économiques actuels, favoriser la croissance et améliorer la résilience économique de la région. Les efforts pour développer le secteur financier doivent donc se poursuivre, en mettant l'accent sur l'infrastructure, la diversification économique et l'innovation technologique, afin de réaliser pleinement le potentiel économique de l'Afrique subsaharienne.

3. Cadre méthodologique de l'approche Recherche-Action pour l'évaluation de l'IE

L'évaluation du système d'intelligence économique (IE) chez les institutions en Afrique subsaharienne nécessite une approche méthodologique flexible et participative pour comprendre les défis et les opportunités uniques de la région. L'approche recherche-action offre une méthodologie puissante en combinant la recherche académique avec des actions pratiques sur le terrain, cette approche permet une exploration approfondie des dynamiques économiques locales et une co-création des connaissances avec les acteurs locaux. Dans cette sous-section, nous allons examiner les principes de base de l'approche recherche-action et son application dans le domaine de l'IE en Afrique subsaharienne. Nous discuterons également des avantages de cette approche, notamment son potentiel pour renforcer la collecte, l'analyse et l'utilisation des informations stratégiques dans un contexte dynamique et en évolution rapide.

3.1. Cadre méthodologique : l'approche Recherche-Action

L'approche recherche-action dans l'évaluation de l'intelligence économique se définit comme une méthodologie participative et itérative qui combine la recherche académique avec des actions pratiques sur le terrain pour générer des connaissances pertinentes et des solutions adaptées aux besoins spécifiques des acteurs locaux et des communautés. Cette approche implique une collaboration étroite entre chercheurs et acteurs locaux tout au long du processus d'évaluation, favorisant ainsi une compréhension approfondie des dynamiques économiques locales et une appropriation des résultats de l'évaluation par les parties prenantes. En intégrant les principes de participation, de co-création des connaissances, d'action réflexive et d'autonomisation, l'approche recherche-action vise à promouvoir un développement économique durable et inclusif en Afrique subsaharienne. De plus, l'approche recherche-action émerge comme une méthode prometteuse pour aborder cette complexité et engager les acteurs locaux dans le processus d'évaluation. Kurt Lewin, pionnier de la recherche-action, a posé les fondements théoriques de cette approche dans son ouvrage classique "Action Research and MinorityProblems" (Lewin, 1946), soulignant l'importance de l'engagement communautaire dans la recherche.

Dans le contexte africain, William Foote Whyte a également joué un rôle clé en illustrant, à travers son étude classique "Street Corner Society", comment la recherche-action peut être appliquée pour comprendre les dynamiques sociales et économiques dans les communautés locales. En utilisant des méthodes participatives, Whyte a démontré comment les chercheurs peuvent collaborer avec les membres de la communauté pour générer des connaissances significatives et des solutions pratiques aux problèmes économiques.

De même, les travaux de Mamadou Diallo, dans son livre "Participatory Action Research in Africa", ont examiné l'application de la recherche-action dans le contexte africain. En se basant sur des études de cas dans plusieurs pays africains, Diallo a mis en lumière les défis et les opportunités de cette approche pour évaluer et renforcer l'intelligence économique en Afrique subsaharienne.

3.2. Fondements épistémologiques du paradigme Recherche-Action

La recherche-action est une méthodologie novatrice qui génère des connaissances scientifiques en plaçant les participants locaux au cœur du processus de recherche. Contrairement aux approches traditionnelles des sciences sociales, elle valorise l'intégration des savoirs théoriques et pratiques. Dans ce cadre, les participants jouent un rôle actif dans l'acquisition, la négociation et la validation des informations, permettant ainsi de co-créer des solutions adaptées aux réalités locales.

Cette méthode repose sur une approche multi-méthodes, où la validité des résultats est continuellement testée dans l'action. En remettant en question la hiérarchie classique entre le savoir académique et le savoir pratique, la recherche-action souligne que la véritable validité des connaissances se mesure à leur capacité à résoudre des problèmes concrets et à améliorer la situation des participants.

De surcroît, la recherche-action s'inspire de la théorie des systèmes généraux (GST), qui envisage le monde comme un ensemble de systèmes interconnectés. Cette approche pragmatique permet d'aborder des problèmes complexes en favorisant une collaboration étroite entre chercheurs et participants. À l'inverse de la recherche sociale conventionnelle, qui tend souvent à simplifier la réalité pour faciliter l'analyse théorique, la recherche-action traite les enjeux de la vie réelle dans toute leur complexité et leur historicité.

Son objectif est de co-générer des solutions pratiques qui encouragent l'action sociale tout en enrichissant la compréhension collective des problématiques étudiées. Ainsi, la validité des connaissances produites est évaluée en fonction de l'efficacité des actions mises en œuvre et de leur impact sur la capacité des participants à maîtriser les situations auxquelles ils font face.

4. Quel modèle pour estimer le caractère favorable du système d'intelligence économique chez les institutions financières en Afrique subsaharienne

Le succès de l'intelligence économique peut être défini comme la valeur ajoutée qu'une organisation retire de son investissement dans un système d'intelligence économique (Wells, 2003). La mise en place d'un tel système confère également un avantage concurrentiel sur le marché dans lequel l'organisation évolue. Toutefois, la définition du succès de ce système varie en fonction des bénéfices spécifiques que l'organisation espère tirer de son initiative d'intelligence économique (Miller, 2007).

L'évaluation des pratiques d'intelligence économique au sein d'une organisation peut se manifester sous différentes formes de succès. Cela peut inclure des réalisations telles qu'une amélioration de la rentabilité (Eckerson, 2003), une réduction des coûts (Pirttimaki et al., 2006) ou encore une augmentation de l'efficacité opérationnelle (Wells, 2003).

4.1. Construction du modèle théorique

La question du succès des pratiques d'intelligence économique (IE) au sein des organisations, en particulier dans les entreprises financières de la région subsaharienne, est un sujet de débat actuel. Ces organisations doivent optimiser leurs pratiques en matière d'IE afin de relever divers défis, notamment l'accès limité au financement, la volatilité économique et les infrastructures insuffisantes. Cependant, les recherches antérieures révèlent des lacunes, notamment en raison de la variabilité des tailles d'organisation, ce qui complique l'évaluation générale du succès des systèmes d'IE.

Le modèle proposé vise à comprendre et à évaluer les pratiques liées à l'utilisation de l'IE. Le paradigme de la recherche-action est pertinent ici, car il va au-delà de la simple amélioration des situations existantes pour inclure une compréhension et une évaluation des pratiques (Lavoie, Marquis et Laurin, 1996).

L'étude se concentre sur deux dimensions des aptitudes liées au système d'IE : les capacités techniques et les effets des capacités organisationnelles et stratégiques. La présence de fonctionnalités décisionnelles est cruciale pour évaluer le succès d'un système d'intelligence artificielle. Une hypothèse fondamentale stipule que, si une organisation envisage ses besoins en fonction de son environnement décisionnel et ajuste ses solutions en conséquence, son système d'IE sera plus efficace.

Figure 1 : Modèle théorique de la recherche

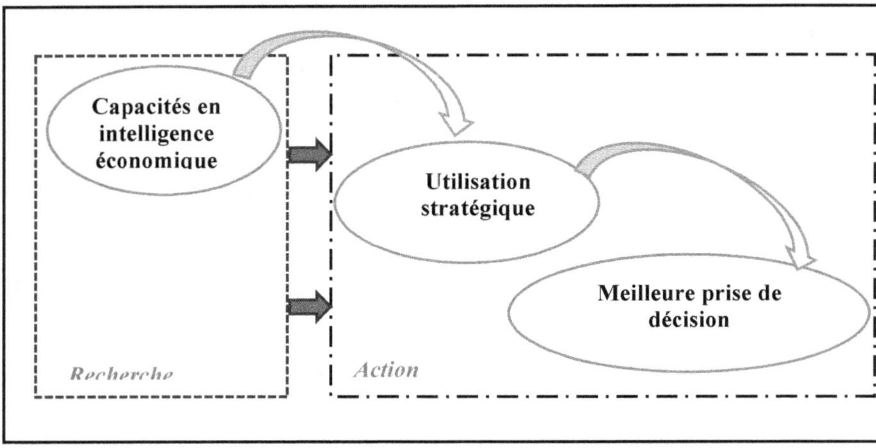

4.2. Opérationnalisation des variables et proposition du modèle conceptuel d'EI pour les institutions financières

Dans ce travail, l'accent est mis sur les capacités liées à l'évaluation de l'intelligence économique. Ces capacités se scindent en trois dimensions : la collecte de l'information est une dimension fondamentale de l'évaluation de l'intelligence économique, particulièrement dans les pays d'Afrique subsaharienne où les contextes économiques et financiers peuvent varier considérablement d'un pays à l'autre. Cette dimension implique plusieurs variables cruciales qui déterminent l'efficacité et la pertinence des données recueillies. L'approche recherche-action joue un rôle clé en garantissant que la collecte des informations soit adaptée et satisfaisante pour les besoins locaux aux besoins locaux. La deuxième dimension évalue la capacité d'analyser les données et de transformer ces données collectées en informations utilisables pour en tirer des insights exploitables et aussi une meilleure prise de décision stratégique. Plusieurs variables sont essentielles dans cette dimension, et leur application adéquate garantit la fiabilité et la pertinence des conclusions tirées de l'analyse des données. La troisième dimension est la diffusion de l'information : une dimension essentielle de l'intelligence économique, où les décisions stratégiques et politiques dépendent fortement de l'accès à des informations précises et opportunes. Cette dimension englobe les méthodes et stratégies utilisées pour partager les résultats de l'analyse et de l'interprétation des données avec les parties prenantes concernées. Trois variables clés sont fondamentales pour cette dimension : les canaux de communication, l'audience cible et les mécanismes de feedback et rétroaction.

L'objectif final de l'évaluation de l'IE est l'utilisation stratégique des informations recueillies. Cette dimension implique l'utilisation des informations pour informer la prise de décision et l'élaboration de politiques dans le secteur financier. Marchand et al. (2001) montrent que l'intégration des résultats de l'évaluation dans les processus de planification stratégique et de gestion des risques peut améliorer la résilience et la compétitivité des institutions financières. L'évaluation de l'impact des actions entreprises est également essentielle pour garantir une utilisation efficace et stratégique des informations.

Figure 2 : Modèle conceptuel de l'évaluation de l'intelligence économique

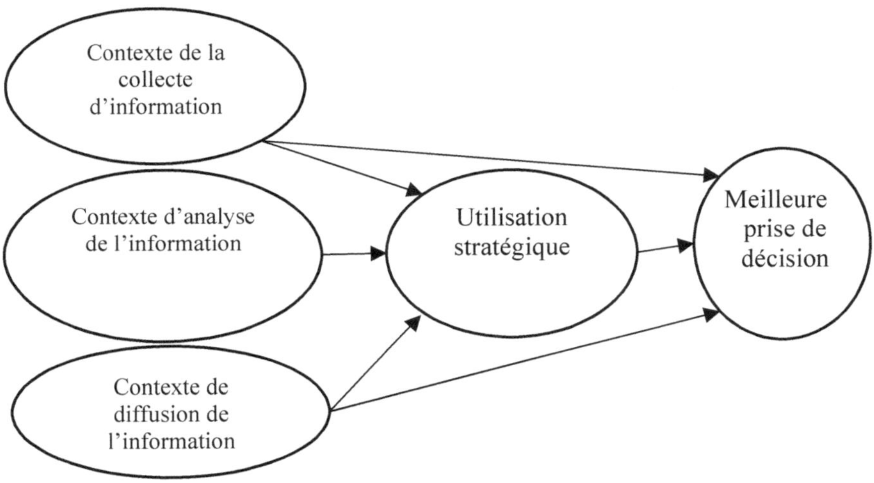

En outre, le modèle tient compte des facteurs contextuels qui influent sur la mise en œuvre de l'intelligence économique. L'environnement politique et réglementaire, le contexte économique et les dynamiques du marché jouent tous un rôle crucial dans la façon dont l'intelligence économique est pratiquée et perçue dans le secteur financier.

L'application d'un modèle théorique adapté doit également garantir que les informations stratégiques recueillies sont utilisées de manière efficace et stratégique. Cela inclut l'intégration des résultats de l'évaluation dans les processus de planification stratégique et de gestion des risques des institutions financières locales. De plus, l'un des objectifs principaux de l'évaluation de l'IE en Afrique subsaharienne est de promouvoir un développement économique durable. Cela nécessite une approche holistique qui prend en compte les dimensions de collecte de l'information, de traitement et de diffusion de l'information utile pour prendre une meilleure décision. Kabore (2019) a souligné que l'IE peut jouer un rôle crucial dans la promotion d'une croissance économique inclusive, en intégrant les considérations environnementales et sociales dans les politiques de développement.

Pour étayer ce modèle théorique, des références académiques pertinentes peuvent être consultées. Par exemple, les travaux de Blom et al. (2016) sur les pratiques de l'intelligence économique en Afrique subsaharienne fournissent des insights précieux sur les défis et les opportunités rencontrés dans la région. De même, les recherches de Du Plessis (2019) sur les dynamiques spécifiques de l'intelligence économique dans les économies émergentes offrent des perspectives importantes pour comprendre les réalités contextuelles du secteur financier dans la région.

Conclusion

L'évaluation de l'intelligence économique (IE) en Afrique subsaharienne, à travers l'application d'un modèle théorique adapté au secteur financier, constitue une démarche novatrice et essentielle pour promouvoir le développement économique et social de la région. En intégrant le paradigme de recherche-action, ce modèle favorise une collaboration étroite entre plusieurs acteurs, assurant que les solutions proposées sont adaptées aux spécificités locales et que les informations collectées et analysées sont pertinentes.

Notre modèle théorique se structure autour de quatre dimensions interconnectées à savoir : la collecte d'information, l'analyse et le traitement de l'information, la diffusion de l'information et l'utilisation stratégique. Ces dimensions interconnectées garantissent une approche holistique et intégrée, où la collaboration entre acteurs locaux et experts disciplinaires enrichit la qualité et la pertinence des analyses réalisées.

Ce modèle théorique propose une approche structurée et participative pour l'évaluation de l'intelligence économique en Afrique subsaharienne. Il favorise une compréhension approfondie des dynamiques locales et encourage une utilisation stratégique des informations pour soutenir un développement durable.

En intégrant les principes de l'approche recherche-action, cette démarche favorise également l'apprentissage continu et l'amélioration des pratiques. Elle encourage la rétroaction des parties prenantes et la réévaluation régulière des stratégies mises en place, assurant ainsi une adaptation constante aux dynamiques économiques et aux besoins changeants de la région.

En conclusion, l'évaluation de l'intelligence économique en Afrique subsaharienne est un processus évolutif et collaboratif qui vise à renforcer les capacités locales et à stimuler un développement économique inclusif, durable et un avenir plus prospère pour la région.

Références bibliographiques

Achchab, B., Harrizi, D. (2013). « Les défis de l'intelligence économique au Maroc ». *La Revue Gestion et Organisation*, 5 (2), 130-137.

Afdie. (2004), *Modèle d'intelligence économique*. Éditions Economica.

Afeikhena, J., Nwaobi, G. (2019). *Intelligence économique et stratégies de développement en Afrique*. Paris : L'Harmattan.

Amairia, A. « Quand l'intelligence économique devient territoriale : principes et agenda de recherche ». *Revue internationale d'Intelligence économique*, 2022, Appréhender l'incertitude, 14 (1), pp.85-109. ffhal-04527302.

Banque Mondiale. (2023). Afrique - Vue d'ensemble.

Bell, R. (2007), "Gut instincts give business intelligence a new flavor", *Financial Times*, p.2.

Bender, S. et Fish, A. (2000), "The transfer of knowledge and the retention of expertise: the continuing need for global assignments", *Journal of Knowledge Management*, Vol. 4, N°. 2, pp. 125-137.

Bernard, C. (2003), Intelligence économique, compétitivité et cohésion sociale. Rapport au Premier ministre.

Besson, B. et al. (2004), *Modèle d'intelligence économique*, AFDIE, Economica

Besson, B. et Poussin, J. C. (1996), *Du renseignement à l'intelligence économique : Détecter les menaces et les opportunités de l'entreprise*, Dunod, Paris.

Blom, A., Fourie, E., & Botha, N. (2016). *Strategic intelligence management in emerging economies. Pretoria :* Van Schaik Publishers.

Borgatti, S. P., & Cross, R. (2003). "A Relational View of Information Seeking and Learning in Social Networks." *Management Science*, 49(4), 432-445.

Boughzala, I., &Kolski, C. (2017). *Intelligence économique : Enjeux et perspectives*. Paris : Presses universitaires de France.

Braibant, G., & Sallé, A. (2015). « Intelligence économique et gestion des risques en Afrique subsaharienne : Quelle(s) perspective(s) d'avenir ? ». *Revue internationale de psychosociologie et de gestion des comportements organisationnels*, 21(54), 59-77.

Bryson, J. M. (2011). *Strategic Planning for Public and Nonprofit Organizations: A Guide to Strengthening and Sustaining Organizational Achievement*. Jossey-Bass.

Business France. (2023). Les opportunités du monde des affaires de l'Afrique subsaharienne : Diversité et perspectives.

Diallo, M. (2005). *Participatory Action Research in Africa.*

Fonds Monétaire international (FMI). (2023). Perspectives économiques régionales pour l'Afrique subsaharienne.

Guerraoui, D. (2019), *L'intelligence économique en Afrique, Expériences nationales et Partenariats africains,* L'Harmattan, 296 p.

Greenwood, D. J., & Levin, M. (2007). *Introduction to Action Research: Social Research for Social Change.* SAGE Publications.

Hostmann, B., Rayner, N., & Friedman, T. (2007). *Framework for Business Intelligence.*

Ibrahim, A. (2017). "Strategies for promoting sustainable development in Sub-Saharan Africa: The role of economic intelligence.", *Journal of SustainableDevelopment*, 24(2), 189-205.

Jeanne-Beylot, F. (2021), *Atlas de l'intelligence économique en Afrique*, édition VA. Presse, 196 p.

Johnson, R. B., & Onwuegbuzie, A. J. (2004). *Mixed Methods Research: A Research Paradigm Whose Time Has Come.* EducationalResearcher.

Kamdem, F. D. (2018). *L'intelligence économique au service du développement en Afrique. Yaoundé* : Éditions Clé.

Kherraz, I, S. (2020) « Les spécificités de la pratique d'intelligence économique dans un contexte émergent – Le cas marocain », *Revue internationale d'Intelligence économique* 2020/1(Vol.12), p.13-33

Konate, L., Mortier, S., Darankou, E. (2022) *Manuel de l'Intelligence économique en Afrique*, édition VA Presse, 500 p.

Kpodar, K., & Andrianaivo, M. (2018). *L'intelligence économique en Afrique subsaharienne : Enjeux et perspectives.* Washington, DC : Fonds monétaire international.

Lewin, K. (1946). *Action Research and Minority Problems.*

Miller, G. T. (2001). *Environmental Science : Working with the Earth.*

Mrhari, A., Dinar, Y. « L'intelligence économique : quel apport pour la régionalisation avancée ? » *Revue du Contrôle de la Comptabilité et de l'Audit.* ISSN : 2550-469X. Numéro 7 : Décembre 2018.

Ncube, M., Anyanwu, J. C., & Hausken, K. (2014). *Inequality, Economic Growth, and Poverty in the Middle East and North Africa* (MENA). African Development Bank Group.

Ndong, J. A., & Ntsame, S. L. (2019). « Intelligence économique et développement en Afrique subsaharienne : Enjeux et perspectives ». *Revue internationale des Sciences de Gestion*, 14 (4), 53-72.

Ndoume, L. A., & Koumba, F. O. (2020). « L'intelligence économique comme levier de compétitivité des banques en Afrique subsaharienne : Cas des banques gabonaises ». *Journal of African Finance and Economic Development*, 1(1), 32-47.

Njoya, E. (2016). *L'intelligence économique en Afrique : Entre mythe et réalité.* Dakar : CODESRIA.

OCDE (2024), Perspectives économiques de l'OCDE, Rapport intermédiaire, septembre 2024 : L'économie mondiale à un tournant, Éditions OCDE, Paris, https://doi.org/10.1787/f3e84c18-fr.

Ouedraogo, A. (2018). "Strategies for enhancing economic competitiveness in Sub-Saharan Africa". *Journal of African Economies*, 27 (5), 610-628.

Porter, M. E. (1985). *Competitive Advantage: Creating and Sustaining Superior Performance.*

Pérez, C. (2008). "Technological change and opportunities for development as a moving target". *In Transforming Economies: Making Industrial Policy Work for Growth, Jobs and Development* (pp. 29-46).

Rapport de la Banque européenne d'Investissement. (2016) : Tendances récentes dans le secteur bancaire en Afrique subsaharienne.

Reason, P. (1994). *Action Research and Participatory Research: In Search of a World with a Human Face.*

Reason, P., Bradbury, H. (2008). *The Sage Handbook of Action Research: Participative Inquiry and Practice.* SAGE Publications.

Rogers, E. M. (2003). *Diffusion of Innovations.*

Sani, A., & Daouda, H. (2018). « Intelligence économique et gouvernance des entreprises bancaires en Afrique subsaharienne : Cas de la BCEAO ». *Journal of Banking and Financial Studies*, 5(2), 87-104.

Silverman, D. (2013). "Doing Qualitative Research"*: A Practical Handbook.* SAGE Publications.

Soh, C., Markus, M. L. (1995). "How IT creates business value a process theory synthesis". In *Proceedings of the Sixteenth International Conference on Information Systems* (ICIS) (pp. 29-41).

Tchouassi, G. T., &Djeukoua, R. K. (2017). « L'intelligence économique et la gestion des risques dans les institutions financières en Afrique subsaharienne : Cas de la BEAC ». *African Journal of Economic and Management Studies*, 8(3), 275-293.

Tsafack Nanfosso, R. (2004), « Quelle intelligence économique en Afrique ? Diplomatie économique et développement : bilan et perspectives ». Colloque IRIC, Yaoundé, 14 et 15 juin.

Whyte, W. F. (1943). *Street Corner Society.*

Section 4 :

L'intelligence territoriale : relecture actualisée en Afrique

Roger TSAFACK NANFOSSO

Introduction

C'est dans la première dizaine des années 2000 que j'ai commencé à cogiter sur l'intelligence économique et son extension territoriale (Tsafack Nanfosso, 2004, 2006, 2009). J'observais alors que l'irruption de la mondialisation, comme expression analytique explicative des importants bouleversements observés dans le monde depuis quelques décennies, favorisait l'émergence de nouveaux concepts qui s'emparaient de la vie économique et sociale des organisations, quelles qu'elles soient, et s'efforçaient d'en caractériser les dynamiques. On parlait ainsi de globalisation, d'autoroutes de l'information, de start-up, d'info-guerre, etc. L'intelligence économique est alors un de ces concepts, beaucoup moins récent qu'il n'y paraît.

L'intelligence économique est aussi vieille que le monde, puisqu'elle recouvre l'analyse et le contrôle de la menace et des risques susceptibles de porter atteinte aux institutions, à l'intégrité du territoire, des personnes et des biens, aux intérêts fondamentaux des pays, à l'ordre public, et à la santé économique et financière des entreprises. Mais dans son acception contemporaine, l'intelligence économique remonte à l'ouvrage de Harold Wilensky, *Organizationnal intelligence : knowledge and policy in government and industry*, paru aux États-Unis d'Amérique à la fin des années 1960, puis popularisé dans l'enseignement de la gestion d'entreprise sous l'impulsion de Porter (1980) et de Freeman (1984)[22]. Ce n'est qu'avec la chute du mur de Berlin que le concept s'échappe des couloirs académiques et intéresse le monde des affaires, en quête d'une tentative de riposte analytique et opérationnelle au phénomène de globalisation en marche, vecteur de ce qu'on nommera alors la « guerre économique mondiale » (Esambert, 1991).

[22] En Europe, on doit à Stéphan Dedijer la création par l'Université de Lund en Suède dès 1960, d'un centre de recherche en intelligence sociétale puis à partir de 1976, la mise en place d'un enseignement spécifique organisé au profit des étudiants doctorants.

Bien que déformée, amendée, appliquée ou paraphrasée, la définition la plus souvent avancée est celle du Rapport Martre de 1994 : « l'intelligence économique peut être définie comme l'ensemble des actions coordonnées de recherche, de traitement et de distribution en vue de son exploitation ; de l'information utile aux acteurs économiques. Ces diverses actions sont menées légalement avec toutes les garanties de protection nécessaires à la préservation d'un patrimoine de l'entreprise, dans les meilleures conditions de qualité, de délais et de coût... La notion d'intelligence économique implique le dépassement des actions partielles désignées par les vocables de documentation, de veille (scientifique et technologique, concurrentielle…), de protection du patrimoine concurrentiel, d'influence (…). Ce dépassement résulte de l'intention stratégique et tactique, qui doit présider au pilotage des actions partielles et au succès des actions concertées, ainsi que de l'interaction entre tous les niveaux de l'activité auxquels s'exerce la fonction d'intelligence économique : depuis la base (interne à l'entreprise) en passant par des niveaux intermédiaires (interprofessionnels, locaux) jusqu'aux niveaux nationaux (stratégies concertées entre les différents centres de décision), transnationaux (groupes multinationaux) ou internationaux (stratégies d'influence des États-nations) »[23].

Or, en Afrique comme ailleurs dans le monde, les territoires se situent évidemment à un niveau intermédiaire, qu'il faut cependant se garder d'enchaîner dans des délimitations hâtives. En effet, le territoire est muni de la métrique des distances géographiques, qui permet de le maîtriser et de le représenter dans l'espace euclidien. Le territoire est une œuvre humaine et un espace approprié, qui est à la base géographique de l'existence sociale. Toute société a en général plusieurs territoires, voire une multitude : pour habiter, pour travailler, pour se recréer et même pour rêver ; des espaces vécus et des espaces subis ; des cellules locales et des réseaux ramifiés. De la sorte, un territoire est fait de lieux qui sont liés. Il est de l'ordre du réel, possède une réalité complexe ; ce qui explique pourquoi il existe plusieurs sortes de territoires et plusieurs échelles de capture (territoire de l'Europe, territoire de l'Afrique, national, régional...) (Vidal, 1997). La globalisation des économies, la mobilité nationale et internationale des facteurs de production ainsi que du capital, la concurrence entre espaces et lieux de vie, la compétition entre pays et entre territoires (dans et hors du même pays) mettent certainement en évidence des besoins en intelligence économique. Cette notion correspond à des besoins informationnels orientés vers l'environnement externe et interne, et qui apportent une aide à la prise de décision des acteurs territoriaux.

---

[23] Le Rapport Martre provient de ce qu'entre 1993 et 1994, le gouvernement français a décidé, par le truchement du Commissariat général au Plan, de mener une vaste réflexion collective sur les enjeux de la société de l'information. Sous le titre *Intelligence économique et stratégie des entreprises*, ce travail fut dirigé par Henri Martre, alors Président de l'Agence française de Normalisation.

La politique de décentralisation, qui a commencé à être timidement implémentée en Afrique dans les années 1970 et 1980, est la principale stratégie d'organisation, d'aménagement et de développement des territoires dans le monde. Evah-Manga (2023) constate que, si, dans les années 90, la décentralisation a fondé ses espoirs dans l'ambition de relance du développement et de la démocratisation des États africains, les années 2000 ont vu la confirmation du mouvement lancé pendant la décennie précédente avec l'inscription de la décentralisation à l'agenda des pays africains, mais surtout la concrétisation des ambitions et des objectifs de développement et de démocratisation, avec la conceptualisation et la mise en œuvre concrètes des cadres institutionnels et juridiques. La « Charte africaine sur les valeurs et les principes de la décentralisation, de la gouvernance locale et du développement local » de 2014 de l'Union Africaine a éclairci l'horizon en adoptant la définition suivante de la décentralisation : « le transfert des pouvoirs, des responsabilités, des capacités et de ressources du niveau national à tous les niveaux sous-nationaux de gouvernement afin e renforcer la capacité des gouvernements sous-nationaux afin de promouvoir la participation des populations et la fourniture des services de qualité » (UA, 2014, p. 2).

L'importance des besoins liés à la maîtrise d'un environnement à la fois interne et externe justifie l'originalité de la démarche en intelligence économique des territoires ainsi mis en relief. Ceux-ci sont en effet dans une situation intermédiaire entre entreprise et pays, et expliquent pourquoi on assiste au glissement d'une « intelligence économique »[24] à une « intelligence économique territoriale », qui serait le stade transitoire avant l'avènement définitif de l'« intelligence territoriale » soutenue par la décentralisation et, donc la forte attention désormais accordée aux territoires. (2009) indiquait que « c'est ce qui explique très probablement l'émergence et la raison d'être de la notion d'intelligence territoriale. Toutefois, à la différence de l'intelligence économique qui, aujourd'hui, a atteint un stade avancé de maturité intellectuelle, l'intelligence territoriale n'en est qu'à ses balbutiements. C'est encore un concept en gestation, aux contours encore

[24] On le sait, l'intelligence économique est un intrant stratégique aux plans politique et économique. C'est un art dans l'utilisation de l'information environnementale dans une perspective de gestion stratégique et tactique, une méthode pour collecter, évaluer et diffuser de l'information utile, et finalement une approche globale mêlant la compréhension de l'environnement, les stratégies relationnelles et la gestion des ressources technologiques et humaines. Le mot *information* apparaît ainsi comme étant l'épicentre de l'intelligence économique. La maîtrise de cet élément, d'une importance capitale pour acter en intelligence économique, induit depuis quelques années l'émergence de ce qu'on appelle *l'intelligence économique offensive* et que l'on assimile généralement à la guerre de l'information ou *info-guerre*, qui « cible les informations et les fonctions informationnelles de l'ennemi tout en cherchant à protéger son propre système, avec pour objectif de dégrader le système de décision ou de commandement adverse » (Guichardaz et al., 1999, p. 13).

fluctuants. Il est, en particulier, difficile d'évaluer son degré d'autonomie en tant que champ de connaissance potentiel par rapport à celui de l'intelligence économique » (p. 292).

Avec en mémoire l'Afrique, je discute brièvement de cette intelligence économique territoriale avant d'évoquer tour à tour les acteurs de l'intelligence territoriale, ses vecteurs, le territoire intelligent et le plan de développement territorial.

1. L'intelligence économique territoriale.

L'intelligence économique recouvre en fait l'ensemble des réflexes que doit acquérir ou développer toute organisation pour la recherche, le recueil, le traitement, la protection, le partage et l'utilisation tactique au bon moment d'informations multiples, difficiles à valider dans la surabondance (Bloch, 1999 ; Gérard, 2001). Mais cette intelligence procède d'une logique qui peut être différente en fonction des organisations, notamment selon qu'il s'agit de l'entreprise (et son rapport à la concurrence) ou de l'État (et son rapport à la géoéconomie), comme le suggère le tableau suivant :

Tableau 1 : Les logiques de l'intelligence économique.

Intelligence économique : entreprises	Intelligence économique : États
1. Développement de l'entreprise 2. Les produits 3. L'information centrée sur les métiers 4. Le lobbying 5. Le marché privé de l'information 6. Le PDG 7. La culture d'entreprise	1. Préservation de la puissance 2. Le marché mondial 3. L'information centrée sur les réseaux 4. L'influence 5. Le processus stratégique 6. Le cadre stratégique 7. La culture du renseignement
Rapport concurrentiel	**Rapport géoéconomique**
1. Les accords de l'OMC 2. Les accords entre entreprises conjointes, filiales ou transnationales 2. Les lois du marché 3. Les principes de la libre concurrence 4. La primauté des intérêts individuels	1. Les divergences entre intérêts nationaux 2. La connivence nationale 3. Les principes de sécurité économique 4. Les dispositifs nationaux d'intelligence économique 5. La primauté des intérêts collectifs

Source : Adapté de Harbulot (1992).

Les logiques, les domaines d'impact et les moyens affichés dans le tableau 1 imposent des adaptations fondamentales au niveau des collectivités territoriales décentralisées, composées d'entreprises et d'acteurs publics et privés qui interagissent et forment une communauté hétéroclite de décideurs qui ne permet pas de dégager une vision unique des enjeux (Bertachini, 2000). Effectivement, un territoire est un produit socio-économique élaboré par les acteurs locaux qui s'unissent pour résoudre un problème commun ou pour mener à bien un projet de développement collectif (Gilly et Perrat, 2003). La mise en cohérence des comportements d'ensemble impose comme contrainte de fédérer la diversité de ces aspects pour construire une logique territoriale.

Dans ce contexte, l'intelligence économique territoriale a pour objectif de veiller à l'attractivité permanente du territoire par les voies et moyens de l'intelligence économique. C'est donc l'art de dénicher et d'exploiter les bonnes informations avant les autres, l'art de prévenir, préparer et gérer une crise, la capacité d'influer sur son environnement, la gestion stratégique du travail en réseau et l'amélioration des processus de décision, qui permettent à tous les acteurs territoriaux d'adopter une posture de séduction. Comme l'écrit Geffroy (2003, p. 8), « l'intelligence économique territoriale est bien la fusion d'une constante et d'une variable représentée respectivement par la démarche d'intelligence économique et son appropriation par les acteurs du développement économique du territoire ». On s'attend donc à ce que la maîtrise des concepts, des méthodes et des outils de l'intelligence économique territoriale donne aux responsables des collectivités territoriales décentralisées la *situational awareness* c'est-à-dire la conscience de l'environnement qui assure une attractivité pérenne du territoire dans un univers de plus en plus concurrentiel.

Comme pour l'intelligence économique, l'information constitue la clé en intelligence économique territoriale. Par conséquent, le réseau territorial en structuration devra favoriser une approche par le point d'origine de l'information. Il devra identifier méthodiquement les « sources d'intérêt territorial », validées et qualifiées selon des critères précis. Le réseau mis en place dans le cadre de l'intelligence économique territoriale ne peut se limiter aux seules sources humaines, mais doit considérer la totalité des sources ouvertes. Il prendra l'appellation générique de « réseau de sources d'intérêt territorial ». Cette dernière devra faire l'objet d'une véritable stratégie de construction (Geffroy, 2003).

Les besoins informationnels formulés par les acteurs territoriaux en termes de connaissance de leur environnement compétitif revêtent deux formes complémentaires : la première a trait à la connaissance environnementale des filières ou des secteurs innovants, selon la stratégie adoptée par le territoire ; et la seconde se préoccupe davantage de la connaissance environnementale intraterritoriale. Les développements issus de la nouvelle économie géographique peuvent alors être d'une utilité décisive ici.

Le principal apport de la nouvelle économie géographique (Neary, 2001) est en effet de traiter des questions traditionnelles de l'économie régionale et urbaine relatives à la localisation dans un cadre théorique cohérent, et d'expliquer les processus endogènes qui sont à l'origine des phénomènes de concentration géographique de l'activité économique et de l'émergence de structures centre-périphérie. La maîtrise des mécanismes des économies d'agglomération (selon lesquelles la concentration spatiale crée elle-même un environnement économique favorable), des économies de localisation (associées aux entreprises appartenant à un même secteur), des économies d'urbanisation (associées à la présence des entreprises, tous secteurs confondus, en un même lieu) et des effets de congestion (selon lesquels la concentration entraîne une augmentation des coûts des facteurs locaux non mobiles et des biens, qui peut conduire à un processus inverse de dispersion de l'activité économique) doit servir de guide à la stratégie d'intelligence économique territoriale adoptée (Krugman, 1991)[25].

2. Les acteurs de l'intelligence territoriale

François (2008) pose que « l'intelligence territoriale est un concept naissant qui consiste à appliquer les principes de l'intelligence économique au niveau du territoire afin d'en améliorer la compétitivité. Prônant une circulation fluidifiée de l'information, l'intelligence territoriale doit permettre aux acteurs économiques non seulement de maîtriser l'information stratégique, mais aussi de favoriser sa protection et la mise en œuvre d'actions d'influence » (p. 13). Apparu en 1998[26], le terme « intelligence territoriale » est « une forme d'intelligence collective développée sur et autour d'un territoire pour y réfléchir et agir » (Bourret et Mayer, 2014, p. 639).

[25] Selon la nouvelle économie géographique, le processus de caractère cumulatif dérivant de la concentration spatiale de l'activité économique est lui-même le résultat de plusieurs facteurs : les économies d'échelle, les coûts de transport et les relations amont-aval des entreprises, dont l'interaction détermine la localisation de l'activité économique. En présence de rendements d'échelle croissants, chaque producteur est incité à concentrer sa production en un seul endroit. Afin de minimiser les coûts de transport, le producteur aura tendance à se localiser là où la demande locale est la plus importante. Mais la demande se concentre précisément là où les autres entreprises se sont déjà localisées. Si une activité économique spécifique se développe davantage dans une région donnée, en raison de l'histoire, celle-ci attirera les entreprises des autres régions, renforçant ainsi l'avantage dérivant de la taille de son propre marché. Ce processus circulaire de causalité cumulée entraîne finalement la concentration de l'industrie dans une seule région. Les effets de la concentration géographique de l'activité économique peuvent être renforcés par l'existence d'économies d'échelle externes, comme la diffusion de la technologie et des connaissances à travers l'amélioration des flux d'information (contacts informels facilités par la proximité), l'accès des entreprises à une plus grande variété de produits intermédiaires et de services complémentaires à l'activité industrielle, et les avantages liés à la disponibilité d'une main-d'œuvre qualifiée spécialisée.

[26] Le terme « intelligence territoriale » est apparu en 1998, même s'il est tantôt attribué à Jean-Jacques Girardot, tantôt à une thèse de doctorat soutenue à Marseille en France. Le terme aurait été utilisé pour illustrer une méthode d'observation scientifique, systématique et multidisciplinaire du développement des territoires baptisée « Méthode CATALYSE », et reposant à la fois sur les technologies d'information et de communication, les méthodes multicritères et les analyses spatiales impliquant des praticiens dans le processus d'observation et d'interprétation des résultats (Nlimi et Bouaoulou, 2021 ; Ouassou et Boukar, 2024).

Même si l'on peut distinguer une approche descendante et une approche ascendante de la notion (Maud, 2009 ; Coussi, 2022 ; Ouassou et Bakour, 2024), il reste que l'intelligence territoriale est un concept complexe,[27] car il ne s'agit pas seulement de supprimer le mot « économique » dans l'expression « intelligence économique territoriale ». Parce qu'il s'agit d'une démarche éminemment intrinsèque, l'intelligence territoriale peut être définie comme l'organisation innovante, mutualisée et en réseau, de l'ensemble des informations et connaissances utiles au développement, à la compétitivité, à l'attractivité d'un territoire, collectivement et pour chacun de ses acteurs. Coussi (2022, p. 138) estime qu'elle « se définit d'abord comme la capacité d'un territoire à anticiper les changements socio-économiques et à gérer les connaissances qui en découlent. Pour cela, elle renvoie à la maîtrise de l'information stratégique, à sa collecte, à son partage et à son utilisation au profit des acteurs économiques. Plus précisément, l'intelligence territoriale propose de relier la veille informationnelle (concurrentielle, technologique, juridique…) et l'action publique au service du développement économique et industriel d'un territoire ».

Concrètement, et à partir de principes et méthodes à la portée de toutes les organisations, l'intelligence territoriale a pour fonction la transformation de l'intelligence et de la compétence individuelle en intelligence et compétence collectives au niveau décentralisé. C'est aussi la transmission de la recherche vers les publics intéressés, de nouveaux rapports entre culture et innovation à l'échelle des territoires, l'intégration des nouvelles pratiques dans le développement[28].

Le commentaire de Ferrari (2005) est précis à cet égard : l'intelligence territoriale est un processus informationnel et anthropologique (voir Annexe 1), régulier et continu, initié par des acteurs locaux physiquement présents et/ou distants qui s'approprient les ressources d'un espace en mobilisant, puis en transformant l'énergie du système territorial en capacité de projet. De ce fait, l'intelligence territoriale peut être assimilée à la territorialité qui résulte du phénomène d'appropriation des ressources d'un territoire, puis aux transferts des compétences entre des catégories d'acteurs locaux de culture différente (Schéma 1). Ce processus se met en œuvre à partir de trois composants liés aux acteurs territoriaux : ils échangent de l'information (énergie) ; ils accordent du crédit à l'information reçue (information) ; et, sur la base du processus de communication ainsi établi, ils construisent les réseaux appropriés et transfèrent leurs compétences (projet).

[27] Les Premières Assises de l'intelligence territoriale tenues à Deauville (France) en novembre 2003 ont souligné l'existence d'au moins 14 façons de définir l'intelligence territoriale…
[28] Voir le site : www.i-KM.org

Schéma 1 : Les acteurs locaux de l'intelligence territoriale.

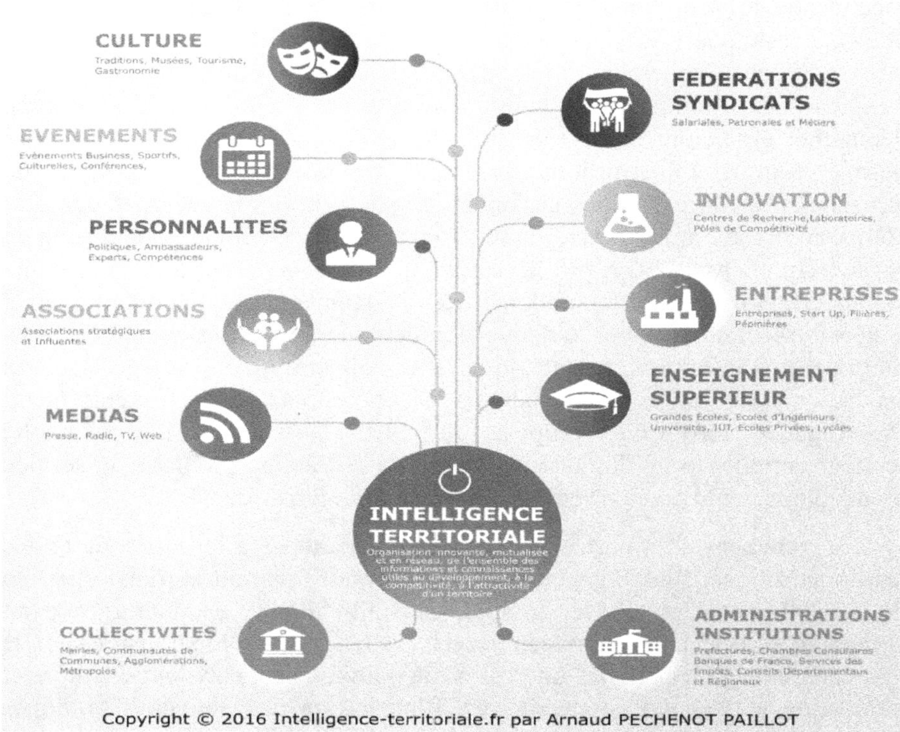

Source *: Penechot Paillot (2016)*

Ces acteurs locaux sont divers, car incluant des administrations, institutions et collectivités régionales et locales en Afrique et ailleurs qui doivent conjuguer avec différents acteurs socio-économiques pour le développement du territoire. Il s'agit de mettre en place une synergie holistique avec les préfectures, les chambres consulaires, la banque centrale, les services des impôts, les conseils régionaux, les départements (administrations et institutions) ; les communautés de communes, les mairies (collectivités) ; les universités, les grandes écoles, les écoles d'ingénieurs, les IUT, les instituts et les écoles privées, les lycées, les collèges (enseignement) ; les grandes entreprises, les PME, les TPE, les start-up, les filières, les pépinières (entreprises) ; les centres de recherche, les laboratoires, les pôles de compétitivité, les incubateurs, les accélérateurs (innovation) ; les organisations des salariés et des patrons (syndicats) ; la presse, la radio, la télévision, le Web (médias) ; les hommes politiques, les ambassadeurs, les experts, les autres compétences (personnalités ressources) ; les événements business, sportifs, culturels, les conférences (manifestations) ; et la tradition, les musées, le tourisme, la gastronomie (culture).

3. Les vecteurs locaux de l'intelligence territoriale

Le « processus informationnel » qu'évoque Ferrari (2005) nécessite des outils territoriaux pour : (i) recenser, identifier, analyser : thématiques, sources, centres de documentation, production des universités et grandes écoles, réseaux d'experts, bases de connaissances, acteurs pertinents en fonction des thèmes ; (ii) « auditer » et identifier les productions, études, observatoires et « l'intelligence grise » du territoire ; introduire une culture de l'évaluation, pour orienter ce qui est entrepris vers une exploitation cohérente, efficace, mesurable ; et pour (iii) mutualiser, capitaliser, faire circuler les savoirs produits grâce aux réseaux et plates-formes qui permettront aux acteurs de s'ajuster bien plus directement et de manière pertinente (Blancherie, 2001).

La *situational awareness* des responsables territoriaux est alors fondamentale parce qu'avec la décentralisation et les crises multiformes (changement climatique, sociopolitique, terrorisme, COVID-19, etc.), les territoires évoluent désormais dans un environnement concurrentiel qui exige de travailler à accroître l'attractivité territoriale. Cet univers concurrentiel a exacerbé la nécessité de renforcer la compétitivité des territoires, qui s'est à son tour illustrée par l'émergence d'une stratégie territoriale à deux volets : une approche endogène, dont l'objectif est de valoriser les acquis du territoire, et une approche exogène, davantage fondée sur la compétence du territoire, et dont le but est de veiller à la sédimentation par l'enracinement de compétences nouvelles (Schéma 2).

Schéma 2 : Les stratégies de l'intelligence territoriale.

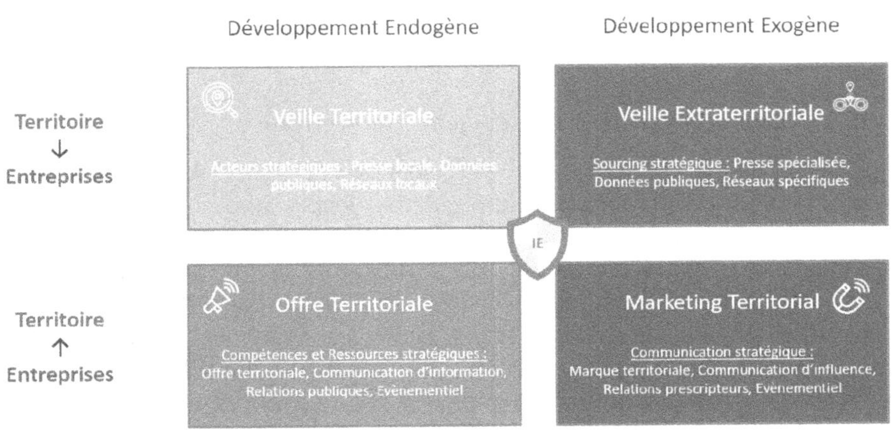

Source *: Penechot Paillot (2020).*

Le développement endogène s'appuie sur la veille territoriale pour que le territoire aille vers les entreprises (surveiller les acteurs endogènes stratégiques afin de les aider dans le maintien ou développement de leur activité), et sur l'offre territoriale pour que les entreprises aillent vers le territoire (référencer les compétences et les ressources stratégiques afin de les mettre en adéquation avec les besoins des potentiels acteurs socio-économiques). De son côté, le développement exogène se construit autour de la veille extraterritoriale pour que le territoire aille vers les entreprises (surveiller l'environnement exogène afin d'anticiper les futures mutations qui pourraient avoir des impacts pour le territoire), et sur le marketing territorial pour que les entreprises aillent vers le territoire (promouvoir les compétences et les ressources stratégiques afin d'améliorer l'attractivité de son territoire).

L'intelligence territoriale suppose de nombreuses compétences : pluridisciplinarité et intersectorialité, informatique conviviale, analyse des données, système d'information en ligne, édition numérique multimédia, management des projets territoriaux, et évaluation de l'action locale (voir Annexe 1). L'intelligence territoriale constitue surtout une aide à l'action, via l'élaboration des projets, la décision et l'évaluation d'actions de développement territorial. Elle désigne avant tout une activité humaine collective, un processus d'apprentissage qui débouche sur l'action. C'est en participant à la réalisation des systèmes d'intelligence territoriale que les acteurs acquièrent les compétences utiles, avec l'accompagnement pédagogique d'experts qui permet un transfert des connaissances expertes aux acteurs des collectivités territoriales décentralisées (Girardot, 2004). Au-delà des actions à entreprendre (voir Annexe 2), on peut par conséquent poser que la boîte à outils de l'intelligence territoriale contient trois enveloppes de matériaux : la gouvernance de l'intelligence territoriale, la diplomatie territoriale, et le référentiel culturel.

3.1. La gouvernance de l'intelligence territoriale

Certes, la gouvernance locale est constituée de l'ensemble des processus institutionnels qui participent à la régulation locale du système économique territorial. Mais la gouvernance de l'intelligence territoriale devrait être séparée de la gouvernance locale, car, à l'image de la gouvernance nationale, cette dernière pêche généralement par zèle et bureaucratie. Il s'agit de construire ce que Girardot (2007) appelle les Systèmes communautaires d'Intelligence territoriale (SCIT) qui doivent « favoriser le partage d'informations au sein d'un partenariat de développement territorial », « instrumenter l'analyse coopérative des données et l'interprétation participative des résultats » et enfin « introduire la participation citoyenne dans le processus d'élaboration de la décision » (Pelissier, 2009, p. 300).

On a alors besoin d'ériger de véritables Centres d'Intelligence territoriale (CIT), regroupant des unités sectorielles de scannage et d'exploitation de l'environnement interne et externe, ainsi que des agents d'exécution formés dans les instituts spécialisés et savamment disséminés[29]. À l'image des centres de veille sectoriels qu'évoque Geffroy (2003), les CIT agissent comme le décodeur du territoire en étant fournisseurs et consommateurs des informations de toutes les composantes névralgiques de son rayon d'action (entreprises, administrations, forces de la société, organisations non gouvernementales, etc.). Les CIT doivent mettre en œuvre un maillage du territoire pour mettre à la disposition des acteurs territoriaux l'information nécessaire, mener des actions de sensibilisation, de formation, de conseil, etc.

3.2. Diplomatie territoriale

De même qu'il existe une diplomatie économique ou éco-diplomatie, il faut mettre en place les éléments adéquats d'une diplomatie territoriale ou terri-diplomatie. La diplomatie territoriale n'est plus seulement la diplomatie commerciale ou économique, bien qu'elle s'en nourrisse. Elle prend sa source dans l'interrelation de plus en plus croissante et inéluctable entre les intérêts politiques et économiques des nations, ainsi que l'autonomisation grandissante des régions et territoires dans le monde et à l'intérieur des pays (à la faveur de la décentralisation). Elle relève des rapports de plus en plus inextricables entre les enjeux des relations internationales, des relations territoriales et des relations économiques. Du fait de la mondialisation, les règles du jeu économique deviennent des enjeux diplomatiques, et aucune activité de politique internationale et de politique régionale ou territoriale ne peut plus se dispenser d'une dimension économique qu'il faut négocier, évaluer, organiser. L'OMC, les regroupements régionaux, l'aide aux pays en développement, la gestion de la dette internationale dans les clubs de Londres et de Paris, les programmes spéciaux pour les régions défavorisées, les mouvements migratoires, les délocalisations, la supranationalité des entreprises, les investissements transnationaux, le tourisme, l'engagement international des régions, etc., sont tous des sujets complexes qui se situent au croisement de l'économie, du territoire et de la diplomatie.

L'utilisation de la diplomatie territoriale doit être assise sur le socle robuste du patriotisme économique territorial. Ce dernier, fondé sur une identité économique territoriale (à construire dans bien des cas, notamment pour le tourisme territorial), consiste en une politique systématique de sensibilisation aux intérêts économiques et stratégiques du territoire, à ses

[29] La France a ainsi mis en place un Haut fonctionnaire de défense au sein du ministère en charge de l'économie, qui a qualité pour nommer des chargés de mission défense économique où nécessaire…

singularités, ses spécificités et ses atouts, dans l'optique d'une participation active et concrète de tous à l'idéal de son développement. À ériger en « priorité territoriale », le patriotisme économique territorial doit avoir pour sujets de harangue la jeunesse, la société civile, les acteurs économiques, les agents de l'État et du secteur privé, et être transformé en sujet de valeur et de fierté. Le patriotisme économique territorial exige qu'ensemble, toute la « diaspora » du territoire, les associations de développement, les chercheurs, les responsables politiques, les dirigeants d'entreprises, la société civile y contribuent tous activement.

La diplomatie territoriale permet également de constituer un système de réseautage efficace entre des espaces qui partagent des préoccupations communes, grâce à des programmes qui favorisent la mise en place d'ensembles régionaux et interrégionaux de connaissances qui facilitent transferts technologiques et mutualisation d'outils. Il s'agit ainsi de se situer par rapport à l'action de réseaux pour fédérer le travail et la réflexion dans certains domaines. Les territoires ont besoin de laboratoires communs pour imaginer les outils qui leur permettront interactivité et fonctionnement en réseau, afin d'accroître leur attractivité et par-delà leur diplomatie (Vitoria, 2004).

3.3. Référentiel culturel

Or, pour que de telles démarches puissent se développer, il est une condition majeure à remplir qui réside dans une vraie prise de conscience et gestion de l'identité territoriale. Sans la prise en compte des horizons culturels qui sont ceux des collectivités territoriales décentralisées, la plupart des programmes d'intelligence territoriale pourraient ne pas être couronnés de succès. Le référentiel culturel des territoires n'est absolument pas technique. Il relève davantage des traditions, des arts et de l'informel, trois formes d'expression qui peuvent être d'une utilité certaine en intelligence territoriale, à cause de la similarité de leurs prérequis d'avec ceux de l'info-guerre, de la complémentarité à développer entre informel d'imitation et informel de création, de la fécondité du « patrimoine culturel » si cher à Koïchiro Matsuura[30].

Parce que le « patrimoine culturel » touche au vivant, il ne s'agit plus seulement des arts primitifs ou modernes, des danses, des célébrations, etc., mais également les recettes alimentaires, les normes vestimentaires, les festivals, la médecine primitive, les modes culturaux, l'aménagement du scalp, la polygamie, les chants, le culte des anciens, bref, tout ce qui a trait au rapport de l'homme avec son environnement et avec son vécu quotidien. Le référentiel

[30] Koïchiro Matsuura a été Directeur général de l'UNESCO. L'une de ses contributions contemporaines majeures aura été son attachement à la mise en perspective du concept de « patrimoine culturel ».

culturel devient ainsi important pour la diplomatie territoriale parce qu'il permet une valorisation certaine des atouts originaux du territoire. Bien utilisé et si possible « industrialisé », ce référentiel contribue aussi à l'attractivité. Les polarités économiques et les effets d'agglomération développés par la nouvelle géographie économique s'inscrivent dans une forte recomposition du système productif global, où la place des vecteurs culturels peut s'avérer déterminante dans les domaines de la création à l'échelle des territoires. Cela est d'autant plus vrai que la capacité à produire des connaissances et à gérer les savoirs est un facteur clé pour la localisation des entreprises.

Le référentiel culturel devient ainsi outil de diplomatie territoriale. Depuis quelques années, à titre d'illustration, les déploiements des chefs traditionnels africains dans d'autres continents à l'occasion des manifestations officielles (invitations portées par les ministères en charge de la culture) ou officieuses (organisées par les populations concernées de la diaspora) sont des moments de dialogue interculturel. Ils permettent de nouer des liens qui alimentent l'attractivité des territoires.

4. L'intelligence territoriale et le territoire intelligent

L'intelligence territoriale met les infrastructures matérielles et immatérielles au service de la reconversion perpétuelle du territoire. La reconversion est basée sur l'exploitation optimale des informations sociétales, industrielles et technologiques et leur impact sur le développement futur d'une région. Les technologies de l'information jouent dans cette approche le rôle pivot de véritable levier du développement local. Elles participent à la mise en place d'une culture de la participation dans les territoires favorables à l'émergence de projets, et contribuent à la fédération des compétences comme un capital formel des territoires (Ferrari, 2005).

Internet (l'intranet et tous les réseaux assimilés) est certainement un des instruments les plus déterminants, car c'est le moyen le plus simple et le plus économique pour mener des activités de veille[31]. La singularité du Net est cependant que l'information devient une ressource stratégique dans la prise de décision et dans l'action. Dans ces conditions, si la collectivité territoriale décentralisée, notamment en Afrique, doit cesser d'en être simplement consommateur, sa production, sa gestion et son utilisation dans les déclinaisons économiques de l'info-guerre doivent être organisées dans l'intérêt du territoire ; mais aussi dans la ruse, arme redoutable du faible. Une stratégie de e-formation particulièrement volontaire et surtout efficace est donc d'abord le fait d'inscrire les collectivités décentralisées dans un

[31] Très simplement, de nombreux portails proposent aujourd'hui un abonnement gratuit pour vous tenir automatiquement informé (vous recevez juste un mail dans votre boîte) de toutes nouveautés sur le site et même parfois sur des sites liés…

statut de « territoire apprenant » pour combler les lacunes existantes en matière d'utilisation de cet outil (Vitoria, 2004).

Car les territoires n'échappent pas à la révolution du digital et leur dynamique contemporaine passe de plus par le recours massif au numérique et aux données pour gérer leurs services publics dans une vision plus décentralisée des politiques publiques. « Le territoire apprenant » doit progressivement devenir un « territoire intelligent », c'est-à-dire « un territoire dans lequel, à travers différents outils numériques, des services publics et des politiques publiques sont pilotés par la donnée » (Coussi, 2022, p. 7). Le territoire intelligent met en exergue l'enjeu de la gouvernance des données, de la qualité des services rendus au public territorial afin d'éviter le transfert au niveau local d'une potentielle fracture numérique, mais aussi de la souveraineté des technologies utilisées, de la protection des données et de la cybersécurité.

Dès lors, outre les instruments classiques, des logiciels didactiques et des systèmes d'information adaptés comme *Pelerman* (comment le dire en fonction de l'auditoire), *Schopenhauer* (avoir toujours raison), *Isocrate* (détecter la désinformation adverse), *Pressed* (agrégation des informations pour des besoins d'alerte et de veille économique et politique) ou *Gorgias* (tromper l'adversaire : quoi dire pour savoir quoi faire faire) peuvent être d'un apport positif ou décisif dans le comportement intelligent du territoire. En tout état de cause, comme le souligne Coussi (2022), les domaines de déploiement des territoires intelligents concernent une large palette de l'action publique, comme la citoyenneté, l'environnement, l'aménagement du territoire, la mobilité, l'administration, l'espace public, la sécurité, le patrimoine, la gestion des déchets, l'énergie, l'éclairage, le tourisme.

5. Le plan de développement territorial

Les collectivités décentralisées doivent toutes élaborer un plan de développement stratégique territorial (régional, communal ou autre). Pour s'inscrire dans une logique d'intelligence territoriale, elles ont besoin d'outils concrets en termes de pratiques.

Schéma 3 : Les pratiques de l'intelligence territoriale.

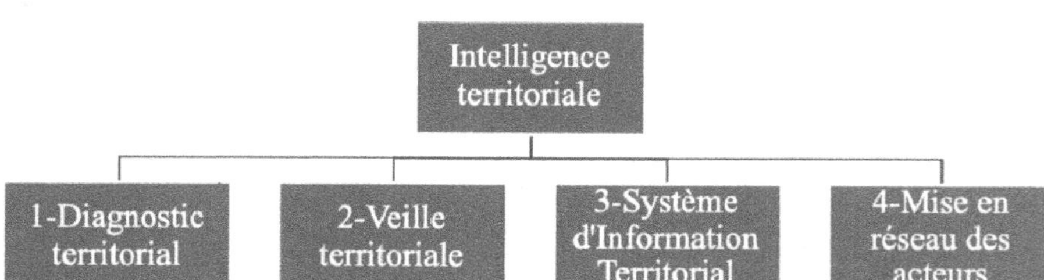

Source *: À partir de Nmili et Bouaoulou (2021, p. 1077).*

5.1. Le diagnostic territorial

Le diagnostic territorial représente un moment d'association des acteurs du territoire pour définir des orientations partagées. Il s'agit de faire un état des lieux (une analyse organisée des faits et des actions caractérisant un territoire, ainsi que ses éléments structurants et des relations liant ces éléments) ; de procéder à une détermination des enjeux (formuler en termes économiques, sociaux ou environnementaux, les enjeux liés aux dynamiques du territoire et les risques encourus) ; de choisir une stratégie (en hiérarchisant les enjeux en fonction des dynamiques et des objectifs) ; puis de proposer des pistes d'action possibles (des mesures ou des actions entraînant le changement dans le sens désiré par les acteurs) (Lardon et Piveteau, 2005).

5.2. La veille territoriale

La veille territoriale, c'est-à-dire la stratégie grâce à laquelle l'information est recherchée et collectée par les acteurs locaux pour se mettre à l'écoute anticipative des signaux de son environnement, nécessite un cadre cohérent qui exploite des axes de veille identifiés et ciblés au niveau local. Ces axes peuvent être les structures ou équipements économiques, commerciaux, industriels ; l'environnement naturel, physique, matériel ; les comportements sociaux, individuels et collectifs ; les représentations et dispositifs sociaux (individuels et collectifs) ; les situations sociales dans lesquelles se trouvent les habitants et leurs conditions de vie ; mais aussi des phénomènes ou des faits économiques, sociaux, culturels (précarité sociale, logement, modes de vie).

Le Système d'Information territorial (SIT) est quelque peu différent du Système communautaire d'Intelligence territoriale (SCIT) dont parle Girardot (2007). Le SIT est « un système permettant l'échange d'informations entre les différents services de l'État d'un même territoire ; en général, il est techniquement structuré sur un Extranet, et le territoire est soit le département, soit la région (...). Présenté comme cela, le système d'information territorial a une vocation restreinte aux administrations du territoire : les professionnels et le grand public n'y ont pas accès » (Prax, 2007). Bien entendu, un tel système qui collecte, traite et produit des informations utiles à la prise de décision doit fonctionner de manière systématique en impliquant les habitants du territoire ainsi que les partenaires directs ou indirects de la collectivité (autres territoires, experts, administrations, parties prenantes).

La mise en réseau des acteurs est un impératif de l'intelligence territoriale pour encourager les liens entre les compétences en suivant un mode de fonctionnement transversal et horizontal. Les collectivités territoriales décentralisées opèrent au sein d'un territoire qui représente un milieu d'interactions intenses et complexes, qui nécessitent l'établissement des connexions entre différents intervenants pour renforcer la synergie entre eux. Car le réseau produit un processus d'apprentissage qui peut être de deux types : cognitif (par acquisition des connaissances : information et savoir-faire) et relationnel (co-construction de la confiance entre partenaires qui permet d'asseoir durablement de la crédibilité et ainsi de renforcer les accords de coopération) (Voisin, et al., 2004).

L'évaluation concrète de ces principes a conduit à l'expérience menée au Maroc par Nmili et Bouaoulou (2021) sur un échantillon de treize communes. Leur étude (qu'il faudrait sans doute dupliquer dans d'autres pays) a montré que toutes les communes font du diagnostic territorial même avec d'importantes différences et méthodologies ; seulement deux communes possèdent des structures de veille territoriale ; seules quatre sont en train de mettre en place un SIT, et enfin, toutes les communes mobilisent heureusement des outils pour la mise en réseau des acteurs.

Conclusion

L'intelligence territoriale est le fait d'instituer une organisation motivante dont l'objectif final est de placer la collectivité territoriale décentralisée (région ou commune) dans une dynamique d'utilisation de l'ensemble des ressorts possibles pour accélérer son développement. Elle puise son fondement dans l'intelligence économique et s'inspire de l'intelligence économique territoriale pour imaginer des solutions originales à des préoccupations endogènes compte tenu de l'environnement local contraint par des données exogènes. L'intelligence territoriale a des acteurs, des vecteurs, peut conduire à un territoire intelligent et améliorer le plan de développement territorial.

Les acteurs de l'intelligence territoriale concernent les composantes sociologiques du territoire, à savoir les administrations et institutions, les collectivités décentralisées, les institutions d'enseignement, les entreprises de toutes tailles, les instituts d'innovation, les syndicats, les personnalités ressources. On peut aussi mentionner le rôle prépondérant joué par les médias et les manifestations culturelles organisées par ces acteurs.

L'intelligence territoriale prend appui sur quatre vecteurs principaux (veille territoriale, veille extraterritoriale, offre territoriale, et marketing territorial) auxquels il faut ajouter la gouvernance de cette intelligence pour réduire autant que possible les nuisances des asymétries d'information ; la diplomatie territoriale pour vendre (marketing territorial), mais aussi pour s'insérer dans le système international et, le référentiel culturel pour valoriser sa singularité et produire une attractive et rentable nouveauté.

L'intelligence territoriale peut conduire à un territoire intelligent si l'Internet et toutes formes de réseau numérique sont utilisés à bon escient pour accroître la disponibilité et la fluidité de l'information. Les services publics et la gestion du territoire s'en trouvent améliorés, car le déploiement des territoires intelligents touche entre autres la citoyenneté, l'environnement, l'aménagement du territoire, la mobilité, l'administration, l'espace public, la sécurité, le patrimoine, la gestion des déchets, l'énergie, l'éclairage, le tourisme.

L'intelligence territoriale permet enfin d'améliorer le plan de développement territorial, en particulier si les pratiques qui la caractérisent sont apprivoisées et mises en œuvre : le diagnostic territorial, la veille territoriale, le système d'information territorial et la mise en réseau des acteurs.

Références bibliographiques

Bertachini, Y. (2000), *Informations et veille territoriale*, Université Aix Marseille.

Blancherie, J. M. (2001), *Intelligence territoriale : les voies d'un développement durable*, www.i-KM.org

Bloch, A. (1999), *L'intelligence économique*, Economica, Poche, Paris.

Bourret, C. et Meyer, C. (2014), « Une grille d'analyse de situations en intelligence territoriale : le cas d'une commune rurbaine en Île-de-France », *Revue Économie et Sociétés* – série Économie et Gestion des Services, Vol. 15, n° 4, pp. 631-655.

Coussi, O. (2022), « L'intelligence territoriale, un outil d'analyse pour l'action collective », in, Ferru, M. et Chauchefoin, P., *Espaces Vécus. Territoires-Etat des savoirs et des pratiques*, Atlantique – Édition de l'Actualité Nouvelle-Aquitaine, Poitiers, pp. 137-144.

Esambert, B. (1991), *La guerre économique mondiale*, Olivier Orban, Paris.

Evah-Manga, E. (2023), *La décentralisation en Afrique : une approche comparative par sous-région*, https://encyclopedie.wikiterritorial.cnfpt.fr/xwiki/bin/view/fiches/LadecentralisationenAfrique-uneapprochecomparativeparsous-region

Ferrari, E. (2005), *Sur le concept d'intelligence territoriale, Commentaire de l'article* « Entre information et processus de communication : l'intelligence territoriale ».

François, L. (2008), *Intelligence territoriale – L'intelligence économique appliquée au territoire*, Éditions Tec & Doc – Lavoisier, Paris.

Freeman, R.E. (1984), *Strategic management: a stakeholder approach*, Boston : Pitman.

Geffroy, P. (2003), *De l'intelligence économique à l'intelligence territoriale : une première approche organisationnelle par le dispositif lorrain d'intelligence économique territoriale* DECiLOR, Conférence « Intelligence économique : recherches et applications », 14-15 avril.

Gérard, B. (2001), « L'intelligence économique, art de la guerre d'influence économique et culturelle », Échanges, n° 178, juin, pp. 30-36.

Gilly, J.-P. et Perrat, J. (2003), *La dynamique institutionnelle des territoires entre gouvernance locale et régulation globale*, XXXIXe Colloque de l'ASRDLF sur le thème « Concentration et ségrégation, dynamiques et inscriptions territoriales », septembre.

Girardot, J.-J. (2004), *Intelligence territoriale et participation*, Troisièmes Rencontres « TIC et territoires : quels développements », Lille, mai.

Guichardaz, P. ; Lointier, P. et Rosé, P. (1999), *L'infoguerre*, Dunod, Paris.Harbulot, C. (1992), *La machine de guerre économique*, Economica, Paris.

Krugman, P. (1991), *Geography and trade*, The MIT Press, Cambridge, Mass.

Lardon, S. et Piveteau, V. (2005), « Méthodologie de diagnostic pour le projet de territoire : une approche par les modèles spatiaux », Géocarrefour, Vol. 80, n° 2, pp. 24-41.

Lucas, D. (2001), *Introduction à l'intelligence économique et stratégique : vers un nouveau paradigme de l'interaction concurrentielle*, Document de Travail, Université de Laval, Québec, Février.

Neary, P. (2001), « Of hype and hyperbolas: introducing the New Economic Geography », *Journal of Economic Literature*, Vol. 39, pp. 536-561, June.

Nmili M. et Bouaoulou M. (2021), « Les pratiques de l'intelligence territoriale dans le cadre de la préparation du plan d'action communal », *Revue internationale du Chercheur*, Vol. 2, n° 2, pp. 1069-1092.

Ouassou, S. et Bakour, C. (2024), « Intelligence territoriale : état de l'art théorique », *International Journal of Accounting, Finance, Auditing, Management and Economics*, Vol. 5, n° 4, pp. 597-613.

Pelissier, M. (2009), « Étude sur l'origine et les fondements de l'intelligence territoriale : l'intelligence territoriale comme une simple déclinaison de l'intelligence économique à l'échelle du territoire ? », *Revue internationale d'Intelligence économique* n° 1, pp. 291-304.

Penechot Paillot, A. (2016), Intelligence-territorial.fr

Penechot Paillot, A. (2020), Intelligence-territorial.fr

Porter, M. (1980), *Competitive strategy*, The Free Press.

Prax, J.Y. (2007), *Le manuel du knowledge management : mettre en réseau les hommes et les savoirs pour créer de la valeur*, Dunod, Paris.

Tsafack Nanfosso, R. (2006), « Quels outils pour l'intelligence économique territoriale ? », Article présenté aux Premiers Entretiens internationaux du Développement et de l'Aménagement du Territoire, sur le thème « Les territoires face à la mondialisation », 4-5 avril, Rabat.

Tsafack Nanofosso, R. (2004), « Quelle intelligence économique en Afrique ? », Conférence, Rencontre internationale de Tétouan (Maroc).

Tsafack Nanfosso, R. (2009), « Intelligence territoriale », *Enjeux* n° 29, FPAE, Yaoundé.

UA (2014), Charte africaine sur les valeurs et les principes de la décentralisation, de la gouvernance locale et du développement local, Malabo, 27 juin.

Vidal, P. (1997), *Territoire, Environnement et Aménagement,* Mémoire de DEA, Université de Toulouse, Toulouse.

Vitoria, L. G. (2004), *Les villes de la connaissance : des programmes territoriaux d'intelligence économique*, Journées d'Éducation à l'Esprit de Défense, Verdun, 3 et 4 mai.

Voisin, C., Edouard, S., Ben Mahmoud-Jouini, S. (2004), *Les réseaux : dimensions stratégiques et organisationnelles*, Economica, Paris.

Annexe 1 : Le processus d'intelligence territoriale.

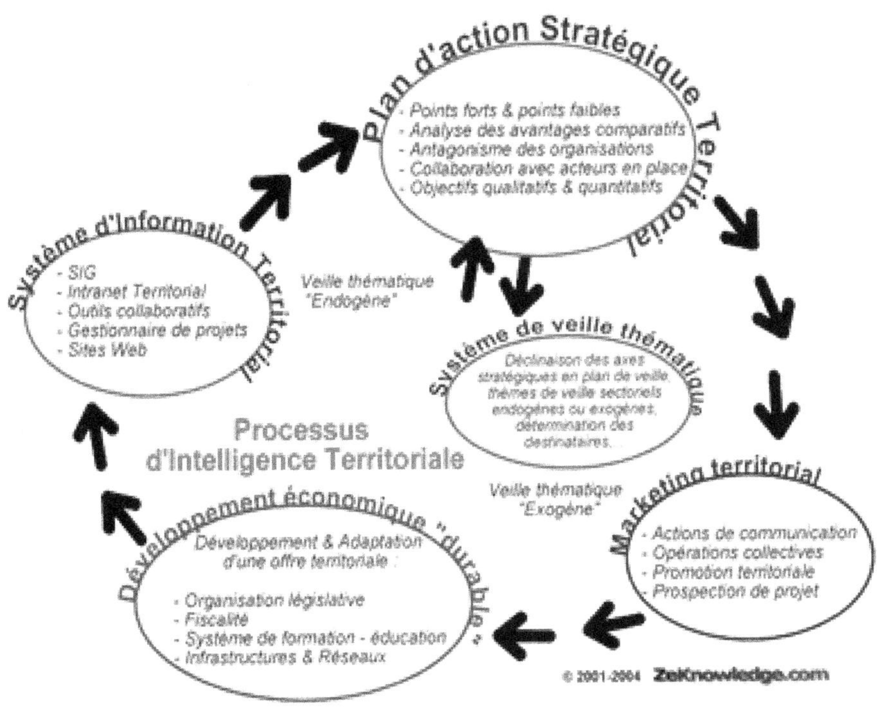

Annexe 2 : Guide pratique de l'intelligence territoriale : les 20 actions à entreprendre

1. Identifier et valoriser les points forts, les atouts

2. Se positionner sur des niches ; mener des actions ciblées sur ces niches en se positionnant dans un espace beaucoup plus élargi

3. S'appuyer sur des compétences présentes sur le territoire, les mutualiser

4. Concentrer les ressources du territoire sur la base d'une stratégie

5. Déterminer les axes prioritaires de la politique d'aménagement du territoire à partir de l'aide à l'émergence et au développement de pôles de compétitivité ; faire l'inventaire des technologies clés

6. Identifier les quatre ou cinq domaines technologiques qui renouvelleront demain le tissu économique du territoire

7. Trouver un « terrain fertile » (projet) sur lequel tous les acteurs vont pouvoir travailler ensemble

8. Décloisonner public et privé ; optimiser les relations entre acteurs publics et acteurs privés ; développer « l'esprit club »

9. Mettre à disposition des acteurs économiques les informations publiques, les expertises, du soutien opérationnel

10. Analyser les données et études (souvent très nombreuses) concernant le territoire : expertiser le territoire

11. Être réactif : la chance sourit davantage aux rapides qu'aux puissants

12. Être efficace : l'organisation est plus importante que la taille

13. Mailler de manière dense et systématique les acteurs du développement technologique et économique du territoire

14. Bâtir un véritable « écosystème » relationnel, c'est-à-dire vivre ensemble avec du dynamisme, du partage d'informations et d'idées pour qu'il y ait un ancrage territorial d'activités, de services, d'entreprises, d'acteurs

15. Sensibiliser et former le personnel territorial (qui est trop souvent encore dans une approche administrative plutôt qu'offensive) à l'intelligence territoriale

16. Valoriser le territoire, c'est-à-dire développer aussi bien sa notoriété que mettre en avant ses savoir-faire

17. Construire et disposer d'une grille de lecture : grille de lecture des relations publiques et privées ; grille de lecture des relations économiques internationales ; effectuer systématiquement une radiographie du territoire

18. Doter les représentations permanentes dans les regroupements régionaux d'un outil d'anticipation (Vigie)

19. Faire du benchmarking, apprendre à se comparer et essayer de consolider les bonnes pratiques

20. Créer un guide des bonnes pratiques en intelligence territoriale pour être capable de diffuser les outils, les instruments, les méthodes et les approches qui ont fonctionné.

Source : Premières Assises nationales de l'Intelligence territoriale, Deauville, France, novembre 2003

Chapitre 2 :

Gouvernance institutionnelle et intelligence économique

Section 1 :

Bonne Gouvernance des finances publiques, dette extérieure et croissance économique : rôle stratégique de l'intelligence économique

Fatima-Ezzahra RAFIE
et
Mostafa LEKHAL

Introduction

La gouvernance des finances publiques est l'ensemble des règles de droit, des politiques et des procédures qui régissent les ressources et les dépenses du secteur public, et qui ont pour objectif d'améliorer la qualité et l'efficacité du service public. Parry (2010) énumère quatre dimensions de la gouvernance des finances publiques à savoir la soutenabilité budgétaire, la gestion efficace des performances et optimisation des ressources, la gestion du risque fiduciaire et la transparence et la responsabilité de l'information financière. ACCA (2010) avance que la bonne gouvernance des finances publiques stimule la croissance économique, améliore l'efficacité et l'efficience des politiques de gestion des ressources nationales et augmente la confiance dans le secteur public.

Le souci de promouvoir le développement de l'économie conduit les pays émergents à accumuler des niveaux importants de dette publique extérieure, étant donné que les ressources internes sont insuffisantes pour financer les politiques de développement et les projets d'investissement. L'atteinte de l'objectif de stimuler la croissance économique par la mobilisation du financement extérieur est conditionnée par des politiques économiques qui renforcent la stabilité macroéconomique ainsi par l'orientation des montants empruntés vers le financement des projets rentables. L'absence de l'allocation optimale des fonds levés contribue à l'accumulation des niveaux insoutenables de dettes qui entravent la croissance économique, puisque les ressources de l'État seront mobilisées pour rembourser la dette.

Dans ce contexte complexe de bonne gouvernance des finances publiques, l'intelligence économique est perçue comme un levier stratégique crucial. Elle transcende les frontières traditionnelles de la gouvernance, en offrant une perspective éclairée sur les enjeux économiques, financiers et institutionnels qui sous-tendent l'allocation des ressources. En effet, l'intelligence économique offre bien plus qu'une simple analyse des indicateurs macroéconomiques. Elle représente un processus continu de collecte, d'analyse et d'utilisation stratégique de l'information économique (David, 2007 ; Besson & Possin, 2002 ; Revelli, 2000). En intégrant les données financières, les tendances économiques mondiales, les risques géopolitiques et les comportements des acteurs économiques, elle offre une vision holistique sur les facteurs qui influencent la santé financière d'un pays et la dynamique de sa dette publique.

En plus des pratiques de bonne gouvernance et les politiques macroéconomiques, la structure de la dette par maturité et par créancier impacte la croissance économique. Tiruneh (2004) avance que la dette multilatérale peut stimuler la croissance économique, tandis que la dette bilatérale a un effet négatif. La maturité aussi joue un rôle important dans la mesure où elle expose le pays aux risques financiers et impacte la charge de la dette. Selon Gómez-Puig et al. (2022), si la part des dettes à court terme est importante, l'effet négatif de la dette sur la croissance économique sera amplifié.

Au Maroc, la conséquence de l'accumulation des niveaux importants de dettes dans les années 70 était la détérioration des équilibres internes et externes au début des années 80, et le lancement par la suite du Programme d'Ajustement structurel (PAS) avec l'appui du Fonds monétaire international et la Banque mondiale. L'implantation de ce programme a affecté la composition de la dette publique marocaine, et a permis de réduire le niveau de la dette extérieure (% PIB) de 128 en 1985 à 70 en 1994 et ainsi de maintenir le service de la dette (% de recettes courantes) à un niveau inférieur à 36 %. Depuis l'année 2000, l'État marocain dépend largement des ressources domestiques pour le financement de ses besoins. Cependant, l'encours de la dette publique extérieure reste important, en représentant 34,4 % du PIB à fin 2020. Le financement des politiques publiques et le renforcement de la soutenabilité de la dette constituent un défi qui est confronté par la poursuite des réformes structurelles et des amendements de la loi régissant les finances publiques.

Les réformes entreprises par le Maroc visant l'assainissement des finances publiques ont pour finalité premièrement de renforcer le rôle de la loi des finances. Celle-ci devrait constituer l'outil principal du déploiement des politiques publiques et des stratégies sectorielles. Cela permet une collecte parfaite des données sur les ressources et les dépenses des établissements étatiques, un renforcement de l'efficacité, l'efficience et la cohérence des politiques publiques, une amélioration de la transparence et de la lisibilité budgétaire, ainsi qu'un accroissement du contrôle et de l'évaluation des finances publiques. Ces mesures mettent en évidence l'ancrage de l'intelligence économique dans la gouvernance financière au

Maroc, vu qu'elle est basée sur la collecte, l'identification et l'évaluation pour orienter de manière proactive les politiques de gestion.

Ainsi, cette étude se focalise sur l'analyse la dette publique extérieure du Maroc entre 2000 et 2020, avec un éclairage particulier sur le rôle de l'intelligence économique dans la gouvernance des finances publiques. Elle cherche à comprendre les facteurs contribuant à l'accumulation de la dette, en tenant compte des aspects internes, externes, économiques ou de gouvernance. De même, elle examine l'impact de l'emprunt sur la croissance économique, en considérant la structure de la dette par créancier et en mettant en lumière les implications des pratiques de gouvernance.

Ce travail se déploie en trois volets. La première sous-section présente le contexte de recherche à travers une analyse descriptive de l'évolution de la dette publique extérieure entre 2000 et 2020. La deuxième se consacre à la revue de littérature. Enfin, la troisième présente l'étude empirique, incluant la modélisation et les résultats.

1. Contexte de recherche

L'amélioration de la performance économique dépend essentiellement du secteur public dans les pays émergents. L'État s'engage dans des programmes et des stratégies de développement qu'il ne peut pas financer avec les ressources internes provenant des impôts, des exportations ou de la dette nationale. D'où le recours massif à la levée des fonds à l'international. D'après la banque mondiale (World Bank, 2020), depuis 1970, l'accroissement de la dette dans les pays émergents est passé par quatre vagues, chacune ayant entraîné des changements importants au niveau du système financier mondial, augmentant, ainsi, les vulnérabilités et les préoccupations concernant l'efficacité des dépenses des fonds empruntés. La première vague s'étend des années 70 aux années 80. Elle concerne particulièrement les pays de l'Amérique latine, les Caraïbes (ALC) ainsi que ceux de l'Afrique subsaharienne (ASS) à faible revenu. Les gouvernements de ces pays ont profité de taux d'intérêt faibles et de crédits syndiqués pour accumuler des niveaux importants de dette. La deuxième vague a duré de 1990 jusqu'au début des années 2000, marquée par une augmentation de l'encours de la dette privée extérieure dans les pays de l'Asie de l'Est et Pacifique (AEP) et de la dette souveraine en Europe et Asie centrale (EAC). Cette vague a pris fin par une crise dans les deux régions. Depuis 2001 jusqu'à la crise financière mondiale de 2008-2009, la troisième vague est caractérisée par une accumulation de la dette dans les pays avancés et une augmentation des prêts transfrontaliers directs sur le marché interbancaire par l'intermédiaire des filiales des banques américaines et européennes sur le marché de la dette des pays émergents. Depuis 2010, le paysage financier mondial est impacté par la montée de la quatrième vague que la banque mondiale qualifie de vague d'accumulation de la dette la plus large, la plus rapide et la plus globale (World Bank, 2020, chapitre 4).

L'accumulation de la dette peut être une source de vulnérabilités macrofinancières pour le pays, étant donné qu'il est difficile d'assurer la soutenabilité des finances publiques avec des volumes importants de dette. Pour atténuer cet effet, les États instaurent des cadres réglementaires pour promouvoir les pratiques de la bonne gouvernance des finances publiques. Au Maroc, l'État a entrepris plusieurs réformes de la loi régissant les finances publiques, la loi organique relative à la loi des finances, depuis sa première version adoptée en 1963 jusqu'à la dernière entrée en vigueur en janvier 2016. Ces réformes sont axées sur la performance, la transparence et la reddition des comptes. Elles visent à renforcer le rôle de la loi des finances dans le déploiement des politiques publiques, à améliorer l'efficacité et l'efficience du service public, à accroître la soutenabilité et la transparence des finances publiques, et à accroître le rôle du parlement dans l'évaluation des politiques publiques et dans le débat budgétaire. L'ensemble des réformes législatives portant sur la gouvernance des finances publiques, visant la stimulation de la croissance économique, sont influencées tant par les mutations et exigences de l'environnement international que par les changements sociaux, politiques et économiques au niveau national, notamment le programme d'ajustement structurel dans les années 80. En conséquence de l'adoption de ces réformes, le déficit budgétaire s'est inscrit dans une tendance baissière de 2001 à 2008, puis il s'est aggravé pendant la crise de 2008-09 avant de baisser pendant la période s'étendant entre 2012 et 2017. En ce qui concerne la dette publique extérieure, le ratio dette publique/PIB a augmenté depuis 2008.

Ces changements ont impacté la stratégie étatique de gestion du portefeuille, dont le volume de dette, le choix de maturité et la structure par créancier sont des paramètres parmi d'autres influencés par le changement des orientations, et que nous détaillerons ci-dessous :

1.1. Volume et qualité des émissions :

Au cours des deux dernières décennies, l'émission obligataire sur le marché financier international (MFI) par les pays émergents était faible, notamment par les pays de la région Moyen-Orient Afrique du Nord au début de la période avant de repartir à la hausse, notamment en périodes de crise. En effet, l'accumulation de la dette extérieure, à l'échelle internationale, a atteint, depuis la Deuxième Guerre mondiale, un niveau record en 2020 suite à la crise Covid-19, selon le Fonds monétaire international (IMF, 2021). La notation des pays émergents a connu trois principales phases. Elle s'est inscrite dans une tendance de dégradation du début de la période jusqu'à 2007, où plusieurs pays ont passé de la catégorie spéculative à la catégorie investissement avant qu'elle se dégrade en 2020.

Le Maroc a lancé le processus de notation en 1997 qu'il a confié aux agences de notation internationales Moody's et Standard and Poor's. Suite aux notes attribuées par les deux agences, le Maroc a été classé en catégorie spéculative. Ce classement n'a changé qu'en 2007 en confiant pour la première fois l'évaluation à l'agence de notation Fitch. La notation attribuée a permis au Maroc de passer à la catégorie « *investment grade* ».

Au cours de la période s'étendant entre 2000 et 2020, les sorties du Maroc sur le MFI sont ponctuelles. La première émission obligataire du trésor sur cette période était en 2003 pour un montant de 400 millions d'euros. Quatre ans après, le Maroc est revenu sur le marché international pour une levée de 500 millions d'euros. La troisième émission sur le compartiment d'euro était en 2010. Elle avait pour objectif l'amélioration de la liquidité de la dette marocaine sur le MFI. En 2012, le trésor a effectué la première émission sur le compartiment de dollar, visant ainsi l'établissement d'un benchmark d'emprunt et la diversification de la base des investisseurs, dans un contexte d'allégement de la pression sur le marché domestique suite à la rétrogression des soldes extérieur et budgétaire.

En 2013, le Maroc a procédé à une deuxième émission obligataire sur le compartiment du dollar. Il s'agissait d'une réouverture de la ligne de 2012. Cette émission a bénéficié de la baisse de la prime de risque due à l'accord avec le Fonds monétaire international concernant la ligne de précaution et de liquidité (LPL), ce qui a accru la confiance des investisseurs étrangers.

Les emprunts mobilisés en 2014, 2019 et 2020 par le trésor sur le MFI sont motivés principalement par la stratégie d'arbitrage entre marché domestique et marché international ainsi que la recherche d'allégement de la pression sur les réserves de change.

1.2. Encours de la dette :

L'évolution de l'encours de la dette publique extérieure marocaine dépend des crises. L'encours augmente dans les périodes de crises et baisse hors de ces périodes. Entre 2000 et 2008, le ratio de la dette publique extérieure au PIB a diminué de 24 %. Cette diminution est liée à la baisse de la dette du trésor suite à la mobilisation des dons, la conversion de l'emprunt extérieur en investissement public-privé ainsi que le remboursement par anticipation de la dette rééchelonnée à l'égard du club de Londres en 2007. La même tendance a été enregistrée entre 2018 et 2019, passant d'un encours de dette, relativement au PIB, de 31,3 % en 2017 à 29,5 % en 2018 et 2019.

Entre 2009 et 2017, la dette publique extérieure par rapport au PIB a augmenté de 10,5 %, passant de 20,8 % à 31,3 %. Une deuxième hausse de l'encours durant les deux décennies était en 2020. En une année, et relativement au PIB, l'encours de la dette publique extérieure par rapport au

PIB a augmenté de 4,9 %, culminant à 34,4 %. D'après l'IMF (2021), l'encours de la dette publique extérieure dans les pays émergents a atteint 50 % du PIB à la fin de 2018 et 60 % du PIB à la fin de 2020. Ce qui montre que l'encours de l'emprunt public extérieur reste relativement faible, même en période de crise.

1.3. La maturité originale :

Au début des années 2000, le choix de maturité des pays en développement montrait la préférence de ces pays au long terme plus que le moyen terme avec une faible préférence au court terme. Cette tendance a changé depuis 2008-2009. Certes, la structure par maturité de la dette publique extérieure est prédominée par une structuration à long terme, cependant, la vision à court terme a doublé (United Nations, 2019).

La structure de la dette publique extérieure du Maroc est prépondérée par la maturité à long terme sur le moyen terme en absence du court terme. Cette structure est restée quasiment inchangée pendant les deux dernières décennies.

1.4. Structure par créanciers :

La structure par créancier de la dette publique extérieure pendant la période 2000-2020 a enregistré une tendance à la hausse des dettes multilatérales, représentant ainsi la source principale des financements extérieurs mobilisés par l'État marocain.

La dette mobilisée auprès des partenaires bilatéraux a connu trois phases : d'abord, elle s'est inscrite sur une tendance d'atténuation au début des années 2000, avant qu'elle rebondisse pendant la crise de 2008, et diminue après la crise.

Sur la même période, le recours au crédit bancaire ou à l'émission des Eurobonds s'est inscrit sur une tendance haussière. En effet, la part des banques commerciales et du MFI dans la structure par créancier de la dette publique extérieure est améliorée par 11 % entre 2010 et 2020.

2. Revue de littérature

La littérature financière s'est penchée de manière approfondie sur l'endettement public extérieur : les facteurs qui le favorisent, son impact sur la croissance économique, les risques financiers qui y sont inhérents et les moyens de les gérer. Le point commun entre les travaux qui étudient les facteurs contribuant à l'accumulation de la dette ou ceux qui évaluent la relation entre croissance et dette extérieure, c'est qu'ils considèrent que les politiques publiques et les pratiques de la bonne gouvernance soient les composantes essentielles qui impactent le niveau de la dette extérieure d'un pays et son effet sur la croissance économique. Easterly (2002) avance que les hauts niveaux de dette publique extérieure accumulés par les pays pauvres très endettés (PPTE) sont le résultat des politiques macroéconomiques des gouvernements de ces pays. Anoruo et al. (2006) ont mené une étude sur les déterminants de l'accumulation de la dette publique extérieure dans 29 PPTE de l'Afrique subsaharienne (ASS) entre 1984 et 2000. Les résultats obtenus montrent qu'il existe une forte corrélation entre la politique de change, le service de la dette, la corruption et l'instabilité politique. Ils montrent également que la corruption fausse la croissance économique et réduit l'efficience du secteur public. Gómez-Puig et al. (2022) analysent l'hétérogénéité du lien entre croissance économique et emprunt public extérieur en utilisant des données de panel de 115 pays sur la période s'étendant entre 1995-2016. Les auteurs avancent que l'impact négatif du financement extérieur peut être atténué par la qualité institutionnelle et les dépenses gouvernementales productives, tandis que la maturité et le niveau de l'endettement accentuent l'effet négatif. Ces conclusions concordent avec les avancées de Wang et al. (2021). Ces auteurs avancent que la dette extérieure publique conduit vers une fragilité macroéconomique et impacte négativement la croissance économique sur le court terme et le moyen terme, et que cet effet peut être amorti en présence de la qualité institutionnelle.

Parmi les études analysant l'impact négatif de la mobilisation du financement extérieur sur la performance économique, l'étude menée par Qureshi et Liaqat (2020) sur un échantillon important de pays de différentes catégories de revenus, qui affirme que cet effet est significatif dans toutes les catégories. Ces travaux peuvent être scindés en deux groupes : le premier groupe défend l'idée qu'il existe un seuil commun entre tous les pays au-dessus duquel l'emprunt public extérieur nuit à la croissance économique. Selon Mohsin et al. (2021), ce seuil est estimé à un niveau de dette publique extérieure qui dépasse 58 % du PIB, alors que Reinhart & Rogoff (2010) le fixe à 90 % du PIB. Pattillo et al. (2011) ont mené une étude sur 93 pays émergents et ont conclu que le niveau de l'emprunt public qui ralentit la croissance économique est entre 35 % et 45 % du PIB et 160 % et 170 % des exportations. Le deuxième groupe (Eberhardt & Presbitero, 2015 ; Gómez-Puig et al., 2022) diffère du premier par la prise en compte de l'hétérogénéité des pays et conclut que le niveau de la dette accumulée qui impacte négativement la croissance économique est spécifique à chaque pays.

La stratégie étatique de mobilisation du financement a un impact important sur la performance économique. Makun (2021) compare l'impact de la dette intérieure sur la croissance économique de la République des Fidji à celui de la dette extérieure. Le résultat de l'étude montre que l'emprunt extérieur a un impact négatif plus fort et qui s'aggrave quand la dette atteint un certain niveau. L'auteur recommande une gestion budgétaire par objectif et des dépenses publiques bénéfiques pour stabiliser la dette. De même, l'étude empirique de Jibir et al. (2018), portant sur le lien entre la dette extérieure et la croissance économique au Nigéria au cours de la période s'étendant entre 1981-2006, affirme que le financement extérieur ralentit la croissance économique sur le court terme et le long terme, tandis que la mobilisation des ressources domestiques stimule la croissance. Ramzan et Ahmad (2014) analysent l'effet de l'endettement public extérieur sur la croissance économique au Pakistan entre 1970 et 2009, en prenant en compte les indices des politiques macroéconomiques et la structure par créancier (bilatéral ou multilatéral). Le résultat indique l'existence d'un effet négatif qui s'accentue à mesure que la mobilisation du financement auprès des partenaires bilatéraux est plus importante que celle auprès des multilatéraux. Une politique macroéconomique efficiente et efficace est susceptible d'atténuer cet effet négatif.

Siddique et al. (2016) évalue la relation entre dette publique extérieure et performance économique à court et à long terme en prenant un échantillon de 40 pays pauvres très endettés entre 1970 et 2007. Les auteurs affirment l'impact négatif sur le court et le long terme, étant donné qu'une large partie du PIB est orientée au service de la dette au lieu de l'investissement.

Les travaux précités indiquent que l'impact négatif n'apparaît qu'après que la dette dépasse un certain seuil. Cela signifie que cet effet n'est pas causé par la dette extérieure elle-même, mais il est plutôt le résultat d'un ensemble d'insuffisances économiques et de gouvernance qui conduit les pays à accumuler des niveaux insoutenables de dette, et, par conséquent l'objectif des levées de fonds à l'international change du financement des projets pour stimuler la croissance à un objectif de remboursement des anciennes dettes contractées. Plusieurs travaux soulignent les facteurs qui contribuent à l'augmentation de l'encours de la dette publique extérieure. Selon Siddique (1996), l'envolée de la dette extérieure est causée à la fois par des facteurs internes et externes. Edo, (2002) étudie le problème de la dette du Maroc et du Nigéria entre 1980 et 1999 et conclut que l'augmentation des dépenses budgétaires, l'aggravation du déficit de la balance des paiements et le taux d'intérêt global, notamment lorsqu'il est composé et flottant, constituent les trois éléments critiques qui expliquent les niveaux de dette dans les deux pays. Une autre étude qui analyse la dette au Nigéria menée par Adamu et Rasiah (2016) montre que l'envolée de la dette publique extérieure dépend du prix du pétrole, du taux de change, du service de la dette, de l'épargne nationale et du déficit budgétaire. Ces conclusions concordent avec les avancées d'Abdullahi et al. (2015) qui affirment que les taux d'intérêt et le déficit budgétaire élevés, ainsi que le faible niveau d'épargne nationale et la dépréciation permanente du taux de change contribuent à l'accumulation des niveaux insoutenables de dette. Et, par conséquent, les revenus de l'exportation sont utilisés pour le remboursement de la dette, ce qui est considéré par les auteurs comme une dépense publique inefficiente qui nuit à la croissance économique. Feyen et al.

(2015) avancent que les conditions financières favorables du marché international encouragent les pays émergents à lever les fonds à l'international. Kose et al. (2021) affirme que l'accumulation de la dette publique extérieure dans les pays émergents est entraînée par les politiques économiques des pays développés qui maintiennent l'inflation et les taux d'intérêt à des niveaux bas.

Selon Chowdhury (2001), six facteurs conduisent les pays émergents à accumuler des niveaux importants de la dette publique extérieure à savoir les chocs défavorables sur les termes de l'échange, le manque des politiques d'ajustement soutenues, les politiques adoptées par les créanciers pour gérer les prêts et les refinancements, la mauvaise gestion de la dette du côté du maintien des finances publiques soutenables, structure de la dette par devise inefficiente et l'instabilité politique. Tiruneh (2004) explore les déterminants de la dette publique extérieure dans les pays émergents dans les années 80 et 90. Le résultat montre que le niveau insuffisant d'épargne, l'instabilité du revenu, le service de la dette et la fuite des capitaux sont les principaux facteurs de l'envolée de la dette dans ces pays. Dans le même sens, l'étude de Greenidge et al. (2010) montre que le taux de change réel, le coût réel de la dette extérieure, la baisse de la production et les dépenses publiques courantes impactent l'encours de la dette dans la communauté caribéenne.

Le développement des pays émergents dépend essentiellement de l'intervention étatique, vu la fragilité du secteur privé. Les gouvernements sont face aux défis d'assurer un service public de qualité et de stimuler la croissance économique qui dépassent les ressources de l'État. Et donc, pour remédier à ce problème, ils mobilisent le financement extérieur. Et la situation devient de plus en plus délicate en période de crise. Selon Niemann and Pichler (2020), la politique budgétaire optimale peut être expansionniste en période de récession. Et, par conséquent, les dépenses publiques et la dette souveraine augmentent. Murwirapachena et Kapingura (2015) explorent les moteurs d'accumulation de la dette extérieure en Afrique du Sud entre 1980 et 2010. Le résultat montre que l'encours de l'emprunt public extérieur augmente suite aux dépenses importantes en infrastructure et au rythme lent de la croissance économique. Alors que des niveaux élevés de performance économique et de réserves de change peuvent baisser cet encours. Selon Bayale (2020), l'aide publique au développement, l'ouverture commerciale, les dépenses militaires et infrastructurelles, l'équilibre budgétaire, le taux de change réel, le service de la dette, en plus de la stabilité et le régime politique, constituent les facteurs qui justifient les niveaux élevés de la dette publique extérieure dans le continent africain. Une autre étude sur les pays africains précisément de l'ASS a été menée par Chiminya et al. (2018), qui affirment l'importance du régime politique dans l'accumulation de la dette. En effet, les pays avec des régimes politiques démocratiques accumulent plus de dettes extérieures que les régimes autocratiques, de même les démocraties parlementaires en accumulent plus comparativement aux régimes présidentiels.

Les travaux traitant la problématique de l'emprunt public extérieur du Maroc soulignent des résultats différents concernant l'effet de la mobilisation du financement extérieur sur la croissance économique. Bettioui & Ouia 2018 ; Es-Sounboula & Hefnaoui (2019) supportent l'idée que l'impact de la dette sur l'économie est positif, puisque le niveau de la dette n'a pas dépassé le seuil, et que le service de la dette a un effet négatif. Les résultats des travaux menés par (Aboudi & Khanchaoui, 2021 ; Msatfa & Meskini, 2021 ; Oumansour & Chkiriba, 2019) montrent que l'impact est négatif sur le court et le long terme, ainsi Oumansour & Chkiriba, (2019) précisent que cet effet est plus important sur le court terme que sur le long terme. Le résultat de l'étude de Tatouti et al. (2021) diffère des conclusions précitées, en démontrant que l'impact de la dette est insignifiant. Les facteurs d'accumulation de la dette publique extérieure au Maroc faisaient l'objet de l'étude de El-Qasemy & Alaoui (2021) qui révèlent que le solde du compte courant de la balance des paiements et le service de la dette justifient l'encours de la dette publique extérieure, soulignant que la préoccupation des autorités marocaines est de maintenir les réserves de change à des niveaux adéquats.

3. Analyses empiriques de la dette souveraine extérieure marocaine

L'étude empirique de l'emprunt public extérieur du Maroc sera présentée dans cette section en se focalisant sur deux éléments à savoir les moteurs de l'accumulation de la dette qui feront l'objet de la première sous-section et l'impact de ce financement extérieur sur la croissance économique qui sera étayé dans la seconde.

Afin de déterminer les facteurs d'accumulation de l'emprunt public extérieur, nous utilisons les données annuelles couvrant la période s'étendant entre 2000-2020, de 8 pays du continent africain, y compris le Maroc, classés par la banque mondiale en tant que pays à revenu intermédiaire, tranche inférieure. L'analyse longitudinale aura permis à la fois de trouver une explication de l'encours de dette publique extérieure élevé dans les pays africains en général et le Maroc en particulier, ainsi d'établir une comparaison entre le Maroc et d'autres pays africains qui appartiennent à la même classe de revenu.

L'impact de l'emprunt public extérieur sur la performance économique dépend d'un seuil qui diffère d'un pays à un autre. Cela justifie notre choix d'analyser le lien entre dette publique extérieure et croissance économique pour le cas du Maroc strictement sans procéder à une étude des données de panel.

Les variables des deux modèles ont été fixées en se référant à la revue de littérature. Nous avons utilisé principalement la base de données de la banque mondiale « Indicateurs du développement dans le monde » pour la collecte des données. À l'exception de la dette publique extérieure (% PIB) du Maroc qui a été collectée du site web du ministère des Finances du Maroc ainsi que l'indicateur « Productivité globale des facteurs » qui est disponible sur la plateforme *Penn World Table.*

Nous adoptons le modèle Pooled Mean Group panel ARDL pour tester la relation entre les variables des 8 pays de l'échantillon. Ce modèle prend en considération les facteurs non observés entre les sections, en permettant l'hétérogénéité des coefficients à court terme. Il limite les similitudes des coefficients à long terme. Ce modèle est approprié à notre étude pour deux raisons : d'une part, il peut être appliqué sur des variables intégrées à différents niveaux. Les tests de stationnarité que nous avons menés [Augmented Dickey–Fuller (ADF) et Phillips Perron (PP) en plus des tests Levin, Lin et Chu (LLC) et Im, Pesaran, and Shin (IPS)] montrent que les variables sont intégrées à de différents niveaux. D'autre part, la cohérence des estimations du modèle même sur un échantillon réduit.

Afin de choisir la méthode appropriée à appliquer, pour estimer la relation entre croissance économique et dette publique extérieure, nous avons effectué les tests de stationnarité Augmented Dickey–Fuller (ADF) et Phillips Perron (PP) sur les variables du deuxième modèle. Selon Shrestha et Bhatta (2018), la stationnarité des variables est le principal critère de sélection du modèle approprié pour analyser les séries temporelles. Si toutes les variables sont stationnaires, les méthodes des moindres carrés ordinaires (MCO) ou le Vecteur autorégressif (VAR). Cependant, dans le cas des variables non stationnaires, les auteurs affirment l'utilisation du test Johansen. Si les variables sont mixtes (stationnaires et non stationnaires), les analyses des séries temporelles doivent être réalisées à l'aide des modèles autorégressifs à retards échelonnés (ARDL).

Deux méthodes d'analyse (ADF et PP) ont été appliquées à la fois en niveau et en première différence avec et sans tendance. Les résultats montrent que les variables ne sont pas intégrées du même ordre (composé de I (0) et I (1)). Donc, le modèle ARDL sera utilisé pour estimer l'impact de l'emprunt extérieur sur la croissance économique.

3.1. Les déterminants d'accumulation de la dette publique extérieure

Dans cette sous-section, nous allons étayer le modèle d'estimation des facteurs d'accumulation de la dette publique extérieure, les résultats obtenus ainsi que le test de causalité.

i. Modélisation

L'investigation des facteurs qui contribuent à l'envolée de la dette publique extérieure dans les pays africains est basée sur un échantillon composé de l'Égypte, l'Eswatini, Ghana, Kenya, Maroc, Nigéria, Tanzanie et la Tunisie. L'objectif est d'examiner si seuls les facteurs d'ordre économique conduisent ces pays à lever des fonds à l'international ou même les facteurs de gouvernance jouent un rôle dans la mobilisation du financement extérieur. Dans ce sens, nous avons retenu sept variables pour expliquer l'encours de la dette extérieure : le « taux de change (EXC) », puisque ces pays ne peuvent pas émettre d'obligations sur le marché financier international dans leur devise nationale, mais sont exposés aux fluctuations du taux de change ; l'« épargne nationale (SAV) », qui sert au financement de l'investissement, et tout écart est généralement comblé par la dette ; le « service de la dette (DSER) », étant donné qu'à un certain niveau d'encours de dette, les pays empruntent pour rembourser leurs obligations antérieures ; l'« efficacité des pouvoirs publics (GE) », qui indique la qualité du service public, dont l'amélioration est l'un des objectifs principaux de mobilisation du financement extérieur ; l'« État de droit (RL) », qui reflète le degré d'intervention de l'État ; la « qualité de réglementation (RQ) », qui saisit la capacité du gouvernement à promulguer des politiques rationnelles ; et finalement, la variable « voix et responsabilité (VA) » indiquant le degré d'influence des citoyens sur les priorités du gouvernement.

Donc l'équation de la dette publique extérieure sera :

$$EXD_{i,t} = f(EXC_{i,t}, SAV_{i,t}, DSER_{i,t}, GE_{i,t}, RL_{i,t}, RQ_{i,t}, VA_{i,t})$$

Conformément au modèle d'Abdullahi et al. (2015), l'équation devient :

$$EXD_{i,t} = \alpha_0 + \alpha_1 EXC_{i,t} + \alpha_2 SAV_{i,t} + \alpha_3 DSER_{i,t} + \alpha_4 GE_{i,t} + \alpha_5 RL_{i,t} + \alpha_6 RQ_{i,t} + \alpha_7 VA_{i,t} + \varepsilon_{i,t}$$

Nous procédons à l'estimation par PMG\ARDL, ainsi l'équation du modèle devient :

$$\begin{aligned} lEXD_{i,t} = {} & \sum_{i=1}^{p_{lEXD^i}} \vartheta_{it}\, EXD_{i,t-1} + \sum_{i=1}^{p_{lEXC^i}} \vartheta_{it}\, EXC_{i,t-1} + \sum_{i=1}^{p_{lSAV^i}} \vartheta_{it}\, lSAV_{i,t-1} \\ & + \sum_{i=1}^{p_{lDSER^i}} \vartheta_{it}\, lDSER_{i,t-1} + \sum_{i=1}^{p_{GE^i}} \vartheta_{it}\, GE_{i,t-1} + \sum_{i=1}^{p_{RL^i}} \vartheta_{it}\, RL_{i,t-1} + \sum_{i=1}^{p_{RQ^i}} \vartheta_{it}\, RQ_{i,t-1} \\ & + \sum_{i=1}^{p_{VA^i}} \vartheta_{it}\, VA_{i,t-1} + \varphi_{it} \end{aligned}$$

Avec, $\varphi_{it} = \delta_i Q_t + \omega_{it}$ / $i = \{1; 2; 3; 4; 5; 6; 7; 8\}$ / $t = \{1; 2; 3; 4; 5; \ldots\ldots; 21\}$

ii. Résultats

Le nombre des sections du panel est inférieur au nombre des séries temporelles. Ainsi, le test de multiplicateur de Lagrange est le test le plus approprié dans ce cas pour tester la dépendance des sections. Les résultats sont présentés dans Tableau 1. Donc, on conclut qu'il n'y a pas de corrélation des résidus.

Tableau 1 : Test de dépendance des résidus entre sections

Test	Statistique	d.f	Probabilité
Breusch-Pagan LM	11.09595	28	0.00982
Pesaran CD	0.467919		0.6398

Source : Calculé par les auteurs à l'aide d'Eviews 12

À long terme, le taux de change, l'État de droit et la qualité de la réglementation ont un impact positif sur la dette, tandis que cette dernière est impactée négativement par l'épargne, le service de la dette, l'efficacité des pouvoirs publics, et voix et responsabilités. Cependant, l'impact de toutes ces variables est insignifiant.

Tableau 2 : Résultat de l'estimation panel ARDL

Variable	Coefficient	Std. Error	t-Statistic	Prob.*
	Long Run Equation			
LEXC	16.51859	95.67360	0.172656	0.8634
LSAV	-14.05979	82.17692	-0.171092	0.8646
LDSER	-8.742500	54.36661	-0.160806	0.8727
GE	-0.886139	5.184012	-0.170937	0.8647
RL	0.932320	5.391247	0.172932	0.8631
RQ	0.287013	1.729663	0.165936	0.8686
VA	-0.230278	1.312113	-0.175502	0.8611
	Short Run Equation			
COINTEQ01	-0.009733	0.004024	-2.418985	0.0178
D(LEXD(-1))	0.159706	0.162938	0.980166	0.3300
D(LEXC)	-0.164250	0.159748	-1.028183	0.3070
D(LSAV)	-0.133703	0.111988	-1.193902	0.2360
D(LDSER)	0.086050	0.067990	1.265628	0.2093
D(GE)	0.008665	0.008882	0.975628	0.3322
D(RL)	-0.002013	0.007825	-0.257197	0.7977
D(RQ)	0.001619	0.008686	0.186442	0.8526
D(VA)	-0.013332	0.010181	-1.309582	0.1941
C	1.225905	0.598800	2.047269	0.0439

Source : Calculé par les auteurs à l'aide d'Eviews 12

La deuxième partie du Tableau 2 présente les coefficients du court terme. Le coefficient de co-intégration est négatif (-0.009733) et signifiant (P=0.0178), cela signifie que les variables convergent à long terme, cependant, la vitesse de convergence est très faible 0.9733 %. Le taux de change et l'État de droit ont un impact négatif sur la dette à court terme et qui change à long terme. De même, l'effet positif de l'efficacité des pouvoirs publics et du service de la dette devient négatif sur le long terme, mais toujours statistiquement insignifiant.

Les résultats soulignant l'impact à court terme de chaque variable sur la dette publique extérieure de chaque pays de l'échantillon sont présentés en annexe. L'Égypte, le Ghana et la Tanzanie seront écartés de l'analyse, étant donné que les résultats révèlent l'absence de convergence à long terme, contrairement aux cinq autres pays dont l'équation de co-intégration est significative au seuil de 5 % et (10 % pour le cas du Nigéria) avec une vitesse de convergence très faible.

L'impact de toutes les variables sur l'accumulation de la dette dans les cinq pays est statistiquement significatif, à l'exception du taux de change qui a un impact négatif, mais statistiquement insignifiant sur l'accumulation de la dette au Maroc. Le même impact est observé dans le cas de l'Eswatini et la Tunisie, mais il est signifiant. L'effet est positif au Nigéria et Kenya. L'impact de l'épargne sur la dette du Kenya est positif, alors qu'il est négatif dans le cas des autres pays. Le service de la dette impacte positivement l'accumulation de la dette au Maroc, Eswatini, Kenya et Tunisie, et négativement au Nigéria.

L'efficacité des pouvoirs publics et la qualité de réglementation ont des effets positifs sur la dette dans tous les pays. L'accumulation de la dette au Maroc et à l'Eswatini est négativement impactée par l'État de droit, contrairement à celle au Nigéria, Kenya et Tunisie qui est impactée positivement. Les résultats montrent l'impact négatif de l'indicateur voix et responsabilité dans tous les pays, objet de l'analyse, à l'exception de la Tunisie, dont l'impact est positif.

iii. Test de Causalité au sens de Granger

Les données de panel de notre étude sont indépendantes. Pour vérifier la causalité entre la dette extérieure publique et les autres variables économiques et de gouvernance, nous appliquons le test de causalité dans un modèle hétérogène de Dumitrescu-Hurlin. Les résultats présentés dans le tableau 3 affirment une relation de causalité dans les deux sens entre la dette et le taux de change. Le test révèle également que l'épargne, l'État de droit, la qualité de réglementation et la voix et responsabilité causent l'accumulation de la dette. Une causalité inverse lie la dette et son service. Aucune relation de causalité n'a été confirmée entre l'emprunt et l'efficacité des pouvoirs publics.

Tableau 3 : Test de causalité en panel de Dumitrescu-Hurlin par paires

Hypothèse nulle	W-Stat.	Zbar-Stat.	Probabilité	Conclusion
lEXC does not homogenousely Cause lEXD	5.41679	3.15895	0.0016	Causalité bidirectionnelle
lEXD does not homogenousely Cause lEXC	5.65645	3.40447	0.0007	
lDSER does not homogenousely Cause lEXD	4.03547	1.74381	0.0812	Causalité unidirectionnelle EXD cause DSER
lEXD does not homogenousely Cause lDSER	11.3903	9.27865	0.0000	
lSAV does not homogenousely Cause lEXD	5.98123	3.71970	0.0002	Causalité unidirectionnelle SAV cause EXD
lEXD does not homogenousely Cause lSAV	2.77985	0.45191	0.6513	
GE does not homogenousely Cause lEXD	5.06916	2.80281	0.0051	Absence de causalité
lEXD does not homogenousely Cause GE	3.13918	0.82557	0.4090	
RL does not homogenousely Cause lEXD	5.21868	2.95598	0.0031	Causalité unidirectionnelle RL cause EXD
lEXD does not homogenousely Cause RL	1.18480	-1.17665	0.2393	
RQ does not homogenousely Cause lEXD	7.98539	5.79043	7.E-09	Causalité unidirectionnelle RQ cause EXD
lEXC does not homogenousely Cause RQ	3.57860	1.27575	0.2020	
VA does not homogenousely Cause lEXD	7.01715	4.79848	2.E-06	Causalité unidirectionnelle VA cause EXD
lEXC does not homogenousely Cause VA	3.81714	1.52014	0.1285	

Source : Calculé par les auteurs sous Eviews 12

3.2. L'effet du financement extérieur sur la croissance économique

Le modèle ARDL appliqué pour estimer le lien entre emprunt public extérieur et performance économique, ses résultats et l'évaluation de sa robustesse feront l'objet de cette sous-section.

i. Modélisation

Afin d'étudier la relation entre la dette publique extérieure et la croissance économique, nous considérons la théorie néo-classique de croissance économique, et nous appliquons le modèle de (Solow, 1956), présenté comme suit :

$$y_t = A_t k_t^{\alpha} \quad ,0 < \alpha < 1 \qquad (1)$$

Avec, y_t est le PIB/habitant, A_t est le progrès technologique, k_t capital et α est la part du capital.

Le progrès technologique, selon le modèle de Solow, correspond à $A_t = A_0 e^{gt}$ (2)

la variable exogène qui détermine la croissance.

G est le progrès technologique exogène alors que A_0 représente le stock initial.

L'objectif principal est d'étudier l'impact de l'emprunt public extérieur sur la croissance économique. Nous analysons le lien entre ces deux variables en permettant l'interaction entre la dette et d'autres indicateurs économiques et les indicateurs de la bonne gouvernance.

La première variable de contrôle est « les exportations *(Exports)* », qui sont considérées en tant que moteur principal de la croissance économique (Edo et al., 2020). On intègre « l'inflation *(INF)* » et « la productivité globale des facteurs *(TFP)* » en tant que variables de contrôle, puisqu'elles impactent significativement la croissance économique (Fischer, 1993 ; C. A. Pattillo et al., 2002). Selon Tiruneh (2004), la dette multilatérale *(MD)* a un impact positif et significatif sur la performance économique, et tenant compte de sa part dans la structure par créancier de la dette publique extérieure du Maroc, il nous parait important de la prendre en considération dans l'estimation du modèle.

En ce qui concerne les variables de la bonne gouvernance, nous nous contenterons de quatre indicateurs des six déterminés par la banque mondiale. Ces variables sont l'efficacité des pouvoirs publics *(GE)*, voix citoyenne et responsabilité *(VA)*, État de droit *(RL)* et la qualité de réglementation *(RQ)*.

Donc, $A_t = f(EXD_t, Exports_t, INF_t, TFP_t, MD_t, GE_t, VA_t, RL_t, RQ_t)$ (3)

Ainsi, $GDP_t = A_0 e^{\alpha_1 EXD_t + \alpha_2 Exports_t + \alpha_3 INF_t + \alpha_4 TFP_t + \alpha_5 MD_t + \alpha_6 GE_t + \alpha_7 VA_t + \alpha_8 RL_t + \alpha_9 RQ_t} k_t^{\alpha_{10}}$ (4)

Afin de faciliter le calcul et l'interprétation, nous convertissons le modèle en log.

$$lGDP_t = \alpha_0 + \alpha_1 lEXD_t + \alpha_2 lExports_t + \alpha_3 lINF_t + \alpha_4 lTFP_t + \alpha_5 MD_t + \alpha_6 GE_t + \alpha_7 VA_t + \alpha_8 RL_t + \alpha_9 RQ_t + \alpha_{10} k_t + \varepsilon_t \qquad (5)$$

Nous utilisons le modèle ARDL développé par Pesaran et al. (2001), permettant d'explorer la relation entre la performance économique et l'emprunt public extérieur sur le long et le court terme. L'équation du modèle est la suivante (6) :

$$\begin{aligned}\Delta lGDP_t = {} & \alpha_0 + \alpha_1 lGDP_{t-1} + \alpha_2 k_{t-1} + \alpha_3 lEXD_{t-1} + \alpha_4 lExports_{t-1} + \alpha_5 lINF_{t-1} \\ & + \alpha_6 lTFP_{t-1} + \alpha_7 MD_{t-1} + \alpha_8 GE_{t-1} + \alpha_9 VA_{t-1} + \alpha_{10} RL_{t-1} + \alpha_{11} RQ_{t-1} \\ & + \sum_{i=0}^{n} \beta_{1i}\, \Delta lGDP_{t-i} + \sum_{i=0}^{n} \beta_{2i}\, \Delta lk_{t-i} + \sum_{i=0}^{n} \beta_{3i}\, \Delta lEXD_{t-i} \\ & + \sum_{i=0}^{n} \beta_{4i}\, \Delta lExports_{t-i} + \sum_{i=0}^{n} \beta_{5i}\, \Delta lINF_{t-i} + \sum_{i=0}^{n} \beta_{6i}\, \Delta lTFP_{t-i} \\ & + \sum_{i=0}^{n} \beta_{7i}\, \Delta lMD_{t-i} + \sum_{i=0}^{n} \beta_{8i}\, \Delta lGE_{t-i} + \sum_{i=0}^{n} \beta_{9i}\, \Delta lVA_{t-i} + \sum_{i=0}^{n} \beta_{10i}\, \Delta lRL_{t-i} \\ & + \sum_{i=0}^{n} \beta_{11i}\, \Delta lRQ_{t-i} + \varepsilon_t\end{aligned}$$

Avec, α_0 est une constante ; α_i et β_i représentent le long terme et le court terme respectivement ; $i = \{1; 2; 3; 4; 5; 6; 7; 8; 9; 10; 11\}$ n est le décalage optimal.

L'existence de la co-intégration signifie qu'il n'y a pas de relation entre les variables à long terme, et tous les coefficients des variables retardées deviennent nuls. Donc, l'équation sera (équation 7) :

$$\begin{aligned}\Delta lGDP_t = {} & MCE_{t-1} + \sum_{i=0}^{n} \beta_{1i}\, \Delta lGDP_{t-i} + \sum_{i=0}^{n} \beta_{2i}\, \Delta lk_{t-i} + \sum_{i=0}^{n} \beta_{3i}\, \Delta lEXD_{t-i} \\ & + \sum_{i=0}^{n} \beta_{4i}\, \Delta lExports_{t-i} + \sum_{i=0}^{n} \beta_{5i}\, \Delta lINF_{t-i} + \sum_{i=0}^{n} \beta_{6i}\, \Delta lTFP_{t-i} \\ & + \sum_{i=0}^{n} \beta_{7i}\, \Delta lMD_{t-i} + \sum_{i=0}^{n} \beta_{8i}\, \Delta lGE_{t-i} + \sum_{i=0}^{n} \beta_{9i}\, \Delta lVA_{t-i} + \sum_{i=0}^{n} \beta_{10i}\, \Delta lRL_{t-i} \\ & + \sum_{i=0}^{n} \beta_{11i}\, \Delta lRQ_{t-i} + \varepsilon_t\end{aligned}$$

Avec, MCE est le modèle à correction d'erreur et Δ est l'effet du court terme.

ii.Résultats

Conformément au modèle de Pesaran et al., (2001), l'approche ARDL permet de déterminer la co-intégration à long terme en se basant sur le test de Fisher. La valeur F estimée est comparée aux valeurs des limites critiques. Si F est entre les deux bornes, aucune conclusion ne peut être faite. La co-intégration est confirmée si F est supérieure de la borne supérieure et elle est rejetée si F est inférieure de la limite inférieure. Le résultat de l'estimation du modèle ARDL de co-intégration (équation 7) est présenté dans le Tableau 4.

Tableau 4 : Résultat de co-intégration

F-Bounds Test		Null Hypothesis: No levels relationship		
Test Statistic	Value	Signif.	I(0)	I(1)
			Asymptotic: n=1000	
F-statistic	7.078010	10%	1.6	2.72
k	10	5%	1.82	2.99
		2.5%	2.02	3.27
		1%	2.26	3.6
Actual Sample Size	17		Finite Sample: n=35	
		10%	-1	-1
		5%	-1	-1
		1%	-1	-1
			Finite Sample: n=30	
		10%	-1	-1
		5%	-1	-1
		1%	-1	-1

Source : Calculé par les auteurs à l'aide d'Eviews 12

La valeur de Fisher obtenue est supérieure à la borne supérieure au seuil de signification de 5 %, ce qui confirme la co-intégration des variables à long terme.

La co-intégration étant prouvée, la phase suivante consiste à déterminer les coefficients du long et court terme.

Le résultat de l'estimation des coefficients du long terme figure dans le Tableau 5. À long terme, la dette publique extérieure a un impact négatif, mais statistiquement insignifiant sur la performance économique du Maroc. Le capital, l'efficacité des pouvoirs publics ainsi que la voix citoyenne et responsabilité impactent négativement la croissance économique, quoique l'effet soit insignifiant. Les indicateurs qui impactent positivement la performance économique sont les exportations, l'inflation, la productivité globale des facteurs, la dette mobilisée auprès des partenaires multilatéraux, la qualité de réglementation et l'État de droit. L'impact estimé est statistiquement insignifiant.

Tableau 5 : les coefficients du long terme

Levels Equation Case 1: No Constant and No Trend				
Variable	Coefficient	Std. Error	t-Statistic	Prob.
LEXD	-11.45988	179.2839	-0.063920	0.9511
LEXPORTS	20.16091	311.4197	0.064739	0.9505
LINF	0.000506	2.409150	0.000210	0.9998
LKSTOCK	-49.96425	779.9629	-0.064060	0.9510
LTFP	67.48975	1095.899	0.061584	0.9529
LMD	7.405557	109.9730	0.067340	0.9485
LGE	-3.444822	63.71056	-0.054070	0.9586
LRL	24.62469	381.3412	0.064574	0.9506
LRQ	6.598409	101.3977	0.065075	0.9502
LVA	-29.37154	464.0424	-0.063295	0.9516

EC = LGDP - (-11.4599*LEXD + 20.1609*LEXPORTS + 0.0005*LINF -49.9643 *LKSTOCK + 67.4897*LTFP + 7.4056*LMD -3.4448*LGE + 24.6247*LRL + 6.5984*LRQ -29.3715*LVA)

Source : Calculé par les auteurs à l'aide d'Eviews 12

Tableau 6 : coefficient du court terme

ECM Regression Case 1: No Constant and No Trend				
Variable	Coefficient	Std. Error	t-Statistic	Prob.
CointEq(-1)*	-0.002879	0.000200	-14.40908	0.0000

Source : Calculé par les auteurs à l'aide d'Eviews 12

L'estimation des coefficients à court terme montre que le modèle à correction d'erreurs MCE_{t-1} est négatif et signifiant. Donc, la co-intégration des variables à long terme est confirmée. La valeur négative du coefficient MCE_{t-1} = -0.002879 indique une vitesse d'ajustement vers l'année qui suit de 0.2879 % qui est extrêmement faible pour ajuster le déséquilibre en une année.

iii. Contrôles de robustesse

La robustesse du modèle est prouvée par le contrôle de la stabilité des coefficients. Nous utiliserons la somme cumulée des carrés (CUSUM) pour tester la robustesse. Les résultats sont présentés dans la Figure 1.

Figure 1 : Test de Stabilité (CUSUM TEST)

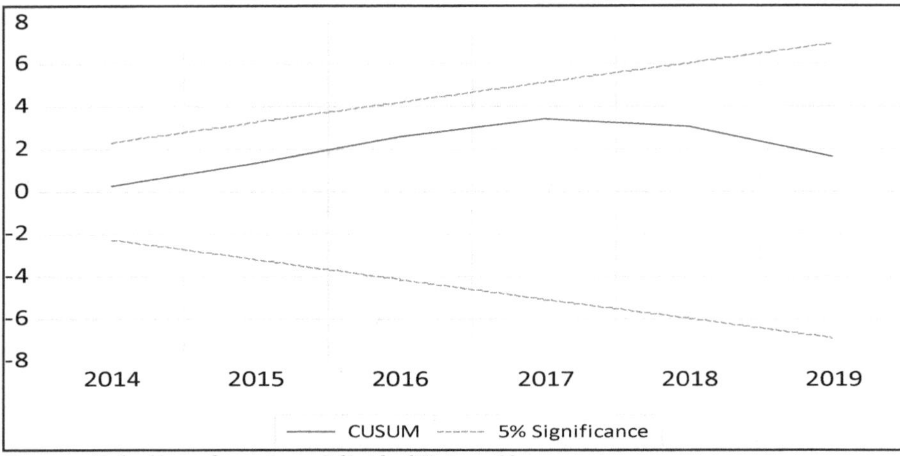

Source : Calculé par les auteurs à l'aide d'Eviews 12

La somme cumulée des carrés ne franchit pas les limites correspondant au seuil de signification de 5 %, ainsi, la stabilité du modèle est confirmée.

D'autres tests peuvent être menés pour vérifier la robustesse du modèle à savoir le test de normalité, le test d'autocorrélation, le test d'Hétéroscédasticité ainsi que le test de spécification. Les résultats présentés dans le Tableau7 montrent que le modèle est homoscédastique, bien spécifié et suit une loi normale.

Tableau 7 : Tests de diagnostic

Tests techniques	Statistiques	Probabilités
Serial Correlation LM test	0.044761	1.0000
Hétéroscédasticité	11.17661	0.4286
Test de normalité	0.658341	0.719520
Ramsey reset test	0.400916	0.5544

Source : Calculé par les auteurs à l'aide d'Eviews 12

Conclusion

Cette étude explore l'accumulation de la dette publique extérieure au Maroc, ses facteurs et son impact sur la croissance économique, prenant en considération le rôle des pratiques de la bonne gouvernance, sur la période s'étendant entre 2000 et 2020. L'approche ARDL a été utilisée dans les deux analyses empiriques. La première étude est une estimation des déterminants de l'emprunt public extérieur du Maroc et un échantillon des pays africains à revenu intermédiaire, tranche inférieure, basée sur des données de Panel. Les résultats obtenus montrent que l'envolée du financement extérieur en Égypte, Eswatini, Ghana, Kenya, Maroc, Nigéria, Tanzanie et la Tunisie, est justifiée sur le long terme et le court terme par le taux de change, l'épargne nationale, le service de la dette, l'efficacité des pouvoirs publics, l'État de droit, la qualité de réglementation et la voix et responsabilité. Cependant, l'impact de ces facteurs est statistiquement insignifiant. Le test de causalité au sens de Granger révèle que les trois indicateurs de gouvernance à savoir l'État de droit, la qualité de réglementation et la voix et responsabilité causent le recours au financement extérieur, tandis que les résultats ne soulignent aucune relation entre l'efficacité des pouvoirs publics et la dette. La relation de causalité entre le taux de change et la variable à expliquer est bidirectionnelle. L'analyse des effets à court terme pour chaque pays indique que toutes ces variables ont un impact statistiquement signifiant sur l'accumulation de la dette publique extérieure au Maroc.

La deuxième étude examine l'impact de l'encours de dette extérieure publique sur la croissance économique sur la période 2000-2020, en utilisant le modèle ARDL de co-intégration. Les résultats soulignent le lien entre performance économique et emprunt public extérieur à long terme et à court terme, ainsi que l'impact insignifiant des variables. La dette, le capital, l'efficacité des pouvoirs publics et l'indicateur voix et responsabilité ont un impact négatif sur la croissance économique, contrairement aux exportations, l'inflation, la productivité globale des facteurs, la dette multilatérale, l'État de droit et la qualité de réglementation qui l'impactent positivement.

Les résultats statistiquement significatifs obtenus de l'analyse des effets à court terme entre les sections montrent que l'accumulation de la dette publique au Maroc est influencée par les politiques économiques et les stratégies de gouvernance. Ce qui signifie que l'objectif derrière l'emprunt extérieur est de stimuler la croissance économique. Cependant, les résultats du deuxième modèle indiquent que l'impact de la dette extérieure sur la performance économique est insignifiant. Par conséquent, le service de la dette peut nuire à la croissance économique à long terme, étant donné que la croissance est maintenue à des niveaux bas face à des niveaux importants du service de la dette. Ce qui met en question la gouvernance des finances publiques au Maroc.

Annexe : Les effets à court terme

Egypt

Variable	Coefficient	Std. Error	t-Statistic	Prob.*
COINTEQ01	-0.032927	0.037401	-0.880367	0.4435
D(LEXD(-1))	-0.673354	0.036931	-18.23291	0.0004
D(LEXC)	-0.067588	0.010005	-6.755340	0.0066
D(LSAV)	0.376422	0.008593	43.80789	0.0000
D(LDSER)	0.185391	0.007333	25.28021	0.0001
D(GE)	0.021770	2.03E-05	1073.765	0.0000
D(RL)	-0.011234	3.07E-05	-365.4741	0.0000
D(RQ)	0.003727	7.86E-06	473.9875	0.0000
D(VA)	0.002867	1.85E-05	154.6683	0.0000
C	4.805284	9.403410	0.511015	0.6446

Kenya

Variable	Coefficient	Std. Error	t-Statistic	Prob.*
COINTEQ01	-0.001252	6.00E-05	-20.86729	0.0002
D(LEXD(-1))	0.302368	0.021390	14.13566	0.0008
D(LEXC)	0.426365	0.107223	3.976436	0.0284
D(LSAV)	0.032072	0.002277	14.08713	0.0008
D(LDSER)	0.142086	0.002140	66.40691	0.0000
D(GE)	0.010058	3.18E-05	316.3128	0.0000
D(RL)	0.002871	4.12E-05	69.63546	0.0000
D(RQ)	0.004242	3.80E-05	111.5220	0.0000
D(VA)	-0.001512	1.27E-05	-119.1848	0.0000
C	0.166893	0.077927	2.141649	0.1217

Eswatini

Variable	Coefficient	Std. Error	t-Statistic	Prob.*
COINTEQ01	-0.001502	7.82E-05	-19.21027	0.0003
D(LEXD(-1))	0.185921	0.060248	3.085933	0.0539
D(LEXC)	-0.093717	0.026566	-3.527687	0.0387
D(LSAV)	-0.027253	0.001197	-22.77279	0.0002
D(LDSER)	0.161698	0.024686	6.550070	0.0072
D(GE)	0.006969	1.19E-05	588.0100	0.0000
D(RL)	-0.018228	1.29E-05	-1412.142	0.0000
D(RQ)	0.004140	1.98E-05	209.5094	0.0000
D(VA)	-0.006172	0.000101	-61.34366	0.0000
C	0.175254	0.044758	3.915607	0.0296

Maroc

Variable	Coefficient	Std. Error	t-Statistic	Prob.*
COINTEQ01	-0.000820	3.06E-05	-26.80371	0.0001
D(LEXD(-1))	0.547951	0.015507	35.33538	0.0000
D(LEXC)	-0.015469	0.024891	-0.621463	0.5783
D(LSAV)	-0.338417	0.032148	-10.52697	0.0018
D(LDSER)	0.155483	0.002304	67.48242	0.0000
D(GE)	0.005938	4.82E-06	1231.894	0.0000
D(RL)	-0.009439	1.79E-05	-527.9900	0.0000
D(RQ)	0.026747	2.06E-05	1301.430	0.0000
D(VA)	-0.007888	1.49E-05	-528.1882	0.0000
C	0.149968	0.198848	0.754184	0.5055

Ghana

Variable	Coefficient	Std. Error	t-Statistic	Prob.*
COINTEQ01	-0.017595	0.010209	-1.723449	0.1833
D(LEXD(-1))	-0.082220	0.022635	-3.632400	0.0359
D(LEXC)	-0.545004	0.197832	-2.754883	0.0705
D(LSAV)	0.155166	0.005548	27.96564	0.0001
D(LDSER)	0.043534	0.056333	0.772811	0.4959
D(GE)	-0.032008	8.78E-05	-364.7387	0.0000
D(RL)	-0.037163	0.000155	-239.6564	0.0000
D(RQ)	0.011794	5.42E-05	217.5219	0.0000
D(VA)	0.008345	0.000212	39.44949	0.0000
C	2.757963	2.332992	1.182157	0.3223

Nigéria

Variable	Coefficient	Std. Error	t-Statistic	Prob.*
COINTEQ01	-0.010228	0.003492	-2.929292	0.0610
D(LEXD(-1))	0.783650	0.026949	29.07903	0.0001
D(LEXC)	0.338453	0.118604	2.853630	0.0649
D(LSAV)	-0.532635	0.021179	-25.14906	0.0001
D(LDSER)	-0.361902	0.008129	-44.52020	0.0000
D(GE)	0.053497	6.89E-05	776.2903	0.0000
D(RL)	0.014747	0.000363	40.60137	0.0000
D(RQ)	0.016021	0.000106	150.7575	0.0000
D(VA)	-0.079523	0.000137	-581.2233	0.0000
C	0.970788	0.523506	1.854398	0.1607

Tanzanie

Variable	Coefficient	Std. Error	t-Statistic	Prob.*
COINTEQ01	-0.012683	0.005780	-2.194331	0.1158
D(LEXD(-1))	-0.182735	0.033195	-5.504963	0.0118
D(LEXC)	-0.920568	0.744787	-1.236016	0.3044
D(LSAV)	-0.436265	0.212648	-2.051580	0.1326
D(LDSER)	0.267063	0.019386	13.77580	0.0008
D(GE)	-0.013749	0.000338	-40.72743	0.0000
D(RL)	0.035502	0.000502	70.69431	0.0000
D(RQ)	-0.055522	0.000230	-240.9466	0.0000
D(VA)	-0.026592	0.000381	-69.70434	0.0000
C	0.586152	1.038823	0.564246	0.6120

Tunisie

Variable	Coefficient	Std. Error	t-Statistic	Prob.*
COINTEQ01	-0.000857	2.79E-05	-30.69179	0.0001
D(LEXD(-1))	0.396068	0.034697	11.41518	0.0014
D(LEXC)	-0.436473	0.079519	-5.488928	0.0119
D(LSAV)	-0.298711	0.032265	-9.258068	0.0027
D(LDSER)	0.095046	0.006796	13.98581	0.0008
D(GE)	0.016847	3.76E-05	448.3598	0.0000
D(RL)	0.006844	1.96E-05	349.6310	0.0000
D(RQ)	0.001806	2.08E-05	86.62206	0.0000
D(VA)	0.003817	5.57E-06	685.5149	0.0000
C	0.194936	0.076902	2.534877	0.0851

Références bibliographiques :

Abdullahi, M. M., Bakar, N. A. Bt. A., & Hassan, S. B. (2015). "Determining the Macroeconomic Factors of External Debt Accumulation in Nigeria: An ARDL Bound Test Approach". *Procedia - Social and Behavioral Sciences, 211*, 745-752. https://doi.org/10.1016/j.sbspro.2015.11.098

Aboudi, S. E., & Khanchaoui, I. (2021). "Exploring the Impact of Inflation and External Debt on Economic Growth in Morocco: An Empirical Investigation with an ARDL Approach". *Asian Economic and Financial Review, 11*(11), Article 11. https://doi.org/10.18488/journal.aefr.2021.1111.894.907

ACCA. (2010). *Improving public sector financial management in developing countries and emerging economies | ACCA Global.* https://www.accaglobal.com/gb/en/technical-activities/technical-resources-search/2010/june/improving-public-sector-financial-management-in-developing-countries-and-emerging-economies.html

Adamu, I. M., & Rasiah, R. (2016). *On the Determinants of External Debt in Nigeria* (SSRN Scholarly Paper 2865568). Social Science Research Network. https://doi.org/10.2139/ssrn.2865568

Anoruo, E., Dimkpah, Y., & Ahmad, Y. (2006). *Dynamics of external debts among heavily indebted poor countries (hipcs): a panel data approach. 5*(1), 41-52.

Bayale, N. (2020). *Empirical Investigation into the Determinants of Public Debts in Africa : New Insights Using a Panel Bayesian Model Averaging Approach* [Preprint]. In Review. https://doi.org/10.21203/rs.3.rs-35686/v1

Besson, B., & Possin, J.-C. (2002). *L'audit d'intelligence économique : Mettre en place et optimiser un dispositif coordonné d'intelligence collective* (2e éd.) [Texte imprimé]. Dunod.

Bettioui, R. E., & Ouia, A. (2018). "L'impact du financement par la dette extérieure publique sur la croissance économique marocaine : investigation quantitative". *Finance & Finance internationale, 10*, Article 10. https://revues.imist.ma/index.php/FFI/article/view/11202

Chiminya, A., Dunne, J. P., & Nikolaidou, E. (2018). "The Determinants of External debt in Sub-Saharan Africa." In *School of Economics Macroeconomic Discussion Paper Series* (2018-02; School of Economics Macroeconomic Discussion Paper Series). School of Economics, University of Cape Town. https://ideas.repec.org/p/ctn/dpaper/2018-02.html

Chowdhury, A. (2001). External Debt and Growth in Developing Countries : A Sensitivity and Causal Analysis. *WIDER-Discussion Papers*, 27.

David, A. (2007, avril 24). *Regard scientifique sur le concept d'intelligence économique.* La Veille sur l'Internet du libre accès : entre objet scientifique réflexif et management stratégique de l'information économique. https://inria.hal.science/inria-00167035

Easterly, W. (2002). "How Did Heavily Indebted Poor Countries Become Heavily Indebted? Reviewing Two Decades of Debt Relief". *World Development*, *30*(10), 1677-1696. https://doi.org/10.1016/S0305-750X(02)00073-6

Eberhardt, M., & Presbitero, A. F. (2015). "Public debt and growth : Heterogeneity and non-linearity". *Journal of International Economics*, *97*(1), 45-58. https://doi.org/10.1016/j.jinteco.2015.04.005

Edo, S. (2002). "The External Debt Problem in Africa: A Comparative Study of Nigeria and Morocco." *African Development Review*, *14*, 221-236. https://doi.org/10.1111/1467-8268.00052

Edo, S., Osadolor, N. E., & Dading, I. F. (2020). "Growing external debt and declining export : The concurrent impediments in economic growth of Sub-Saharan African countries". *International Economics*, *161*, 173-187. https://doi.org/10.1016/j.inteco.2019.11.013

El-Qasemy, M., & Alaoui, L. Z. O. (2021). "Les moteurs de l'endettement extérieur public du Maroc : Investigation empirique 1998-2019". *International Journal of Accounting, Finance, Auditing, Management and Economics*, *2*(3), Article 3. https://doi.org/10.5281/zenodo.4787451

Es-Sounboula, H., & Hefnaoui, A. (2019). "La dette extérieure publique et son impact sur la croissance économique marocaine, étude économétrique." *Revue du contrôle, de la comptabilité et de l'audit*, *3*(2), Article 2. https://revuecca.com/index.php/home/article/view/352

Feyen, E., Ghosh, S., Kibuuka, K., & Farazi, S. (2015). *Global Liquidity and External Bond Issuance in Emerging Markets and Developing Economies* [Working Paper]. World Bank. https://doi.org/10.1596/1813-9450-7363

Fischer, S. (1993). "The role of macroeconomic factors in growth". *Journal of Monetary Economics*, *32*(3), 485-512. https://doi.org/10.1016/0304-3932(93)90027-D

Gómez-Puig, M., Sosvilla-Rivero, S., & Martínez-Zarzoso, I. (2022). "On the heterogeneous link between public debt and economic growth". *Journal of International Financial Markets, Institutions and Money*, *77*, 101528. https://doi.org/10.1016/j.intfin.2022.101528

Greenidge, K., Drakes, L., & Craigwell, R. (2010). "The external public debt in the Caribbean Community". *Journal of Policy Modeling*, *32*(3), 418-431. https://doi.org/10.1016/j.jpolmod.2010.02.004

IMFBlog. (2021, décembre 15). "Global Debt Reaches a Record $226 Trillion." *IMF Blog*. https://blogs.imf.org/2021/12/15/global-debt-reaches-a-record-226-trillion/

Jibir, A., Abdullahi, S., Abdu, M., Buba, A., & Ibrahim, B. (2018). "External Debt-Growth Nexus in Nigeria Revisited". *Asian Economic and Financial Review*, *8*(1), Article 1. https://doi.org/10.18488/journal.aefr.2018.81.117.130

Kose, M. A., Nagle, P., Ohnsorge, F., & Sugawara, N. (2021). *Global Waves of Debt : Causes and Consequences*. World Bank. https://doi.org/10.1596/978-1-4648-1544-7

Makun, K. (2021). "External debt and economic growth in Pacific Island countries : A linear and nonlinear analysis of Fiji Islands". *The Journal of Economic Asymmetries*, *23*, e00197. https://doi.org/10.1016/j.jeca.2021.e00197

Mohsin, M., Ullah, H., Iqbal, N., Iqbal, W., & Taghizadeh-Hesary, F. (2021). "How external debt led to economic growth in South Asia: A policy perspective analysis from quantile regression". *Economic Analysis and Policy*, *72*, 423-437. https://doi.org/10.1016/j.eap.2021.09.012

Msatfa, Z., & Meskini, E. (2021). "La dette externe et la croissance économique au Maroc : Une investigation empirique via ARDL". *Revue internationale des Sciences de Gestion*, *4*(1), Article 1. https://revue-isg.com/index.php/home/article/view/519

Murwirapachena, G., & Kapingura, F. M. (2015). "Determinants of external debt in South Africa : A VAR-based approach". *International Journal of Economic Policy in Emerging Economies*, *8*(2), 138-152.

Niemann, S., & Pichler, P. (2020). "Optimal fiscal policy and sovereign debt crises". *Review of Economic Dynamics*, *37*, 234-254. https://doi.org/10.1016/j.red.2020.02.003

Oumansour, N.-E., & Chkiriba, d. (2019). External public debt and economic growth in Morocco: assessment and impacts. *International Journal of Economic Sciences*, *VIII*(2). https://doi.org/10.20472/ES.2019.8.2.006

Parry, M. (2010). *The Four Dimensions of Public Financial Management*. *10*(1), 98-106.

Pattillo, C. A., Poirson, H., & Ricci, L. A. (2002). *External Debt and Growth* (SSRN Scholarly Paper ID 879569). Social Science Research Network. https://papers.ssrn.com/abstract=879569

Pattillo, C., Poirson, & Ricci, L. A. (2011). "External Debt and Growth". *Review of Economics and Institutions*, *2*(3), Article 3. https://doi.org/10.5202/rei.v2i3.45

Pesaran, M. H., Shin, Y., & Smith, R. J. (2001). "Bounds testing approaches to the analysis of level relationships". *Journal of Applied Econometrics*, *16*(3).

Qureshi, I., & Liaqat, Z. (2020). "The long-term consequences of external debt : Revisiting the evidence and inspecting the mechanism using panel VARs". *Journal of Macroeconomics*, *63*, 103184. https://doi.org/10.1016/j.jmacro.2019.103184

Ramzan, M., & Ahmad, E. (2014). "External debt growth nexus : Role of macroeconomic polices". *Economic Modelling*, *38*, 204-210. https://doi.org/10.1016/j.econmod.2013.12.014

Reinhart, C. M., & Rogoff, K. S. (2010). "Growth in a Time of Debt". *American Economic Review*, *100*(2), 573-578. https://doi.org/10.1257/aer.100.2.573

Revelli, C. (2000). *Intelligence stratégique sur Internet : Comment développer des activités de veille et d'intelligence économique sur le Web* (2e éd.). Dunod.

Shrestha, M. B., & Bhatta, G. R. (2018). "Selecting appropriate methodological framework for time series data analysis". *The Journal of Finance and Data Science*, *4*(2), 71-89. https://doi.org/10.1016/j.jfds.2017.11.001

Siddique, A., Selvanathan, E. A., & Selvanathan, S. (2016). "The impact of external debt on growth : Evidence from highly indebted poor countries". *Journal of Policy Modeling*, *38*(5), 874-894. https://doi.org/10.1016/j.jpolmod.2016.03.011

Siddique*, M. a. B. (1996). "The Eternal Debt Problem of Sub-Saharan Africa : 1971–1990". *South African Journal of Economics*, *64*(2), 122-133. https://doi.org/10.1111/j.1813-6982.1996.tb01123.x

Solow, R. M. (1956). "A Contribution to the Theory of Economic Growth". *The Quarterly Journal of Economics*, *70*(1), 65. https://doi.org/10.2307/1884513

Tatouti, R., Jabhaoui, S. elislam, & Mabrouki, H. (2021). "L'impact de la dette extérieure publique sur la croissance économique au Maroc : Essai d'une modélisation économétrique". *International Journal of Economic Studies and Management (IJESM)*, *1*(2), Article 2. https://doi.org/10.52502/ijesm.v1i2.192

Tiruneh, M. W. (2004). "An Empirical Investigation Into the Determinants of External Indebtedness." *Prague Economic Papers*, *13*(3), 261-277. https://doi.org/10.18267/j.pep.242

United Nations. (2019). *External debt sustainability and development* (17 ; A/74/234).

Wang, R., Xue, Y., & Zheng, W. (2021). "Does high external debt predict lower economic growth? Role of sovereign spreads and institutional quality". *Economic Modelling*, *103*, 105591. https://doi.org/10.1016/j.econmod.2021.105591

World Bank. (2020). *Global Economic Prospects, January 2020 : Slow Growth, Policy Challenges*. World Bank. https://doi.org/10.1596/978-1-4648-1468-6

Section 2 :

Intelligence économique et révolution des données : Expérience du Cameroun

Joseph TEDOU
et
Erith NGHOGUE

Introduction

1. Contexte

Le monde est de plus en plus confronté à deux impératifs : disposer d'informations de qualité et disponibles à temps pour prendre des décisions fondées sur les faits, et exploiter efficacement les nombreuses nouvelles sources de données offertes par les réseaux sociaux. D'où les démarches et approches stratégiques initiées et mises en œuvre par les États et organisations, surtout les pays africains qui souffrent d'un important déficit en ressources humaines, technologiques et financières, pour transformer et moderniser leur système statistique national (SSN) pour la révolution des données.

Le Cameroun n'est pas en reste. À l'instar des autres pays africains, il a souscrit à l'engagement de généraliser le développement durable et la croissance économique inclusive, se conformant ainsi à l'agenda 2030 des Nations Unies sur les Objectifs de Développement durable (ODD) qui ambitionne de « *ne laisser personne derrière - no one behind),* à l'Agenda 2063 de l'Union africaine sur « *l'Afrique que nous voulons* », et de la COP21 sur le changement climatique. Grâce à ces engagements, le Cameroun incite son Système national d'information statistique (SNIS) à fournir en temps réel des données de qualité pour alimenter les cadres de suivi et d'évaluation des progrès vers l'atteinte des cibles fixées à chaque étape.

La révolution des données peut ainsi servir de catalyseur à une transformation sociale, économique et environnementale positive en Afrique. Au niveau national, la reconnaissance de l'importance de cette révolution s'est manifestée à travers la Stratégie nationale de Développement 2020 - 2030 (SND30). Au plan politique, les cadres légal et réglementaire ont été revus, visant à moderniser et renforcer le SNIS à travers la qualité, l'actualité, l'utilité, la disponibilité et l'accessibilité aux données. Il s'agit de la Loi No 2020/010 du 20 juillet 2020 régissant l'activité statistique au Cameroun et du Décret No 2021/690 du 02 décembre 2021 fixant les modalités d'application de la Loi susvisée. Le cade de référence de la production des statistiques officielles est la Stratégie nationale de Développement de la Statistique (SNDS) ; l'actuelle couvrant la période 2021-2030 (SNDS30*)*.

In fine, l'ambition du Cameroun est de passer du Système général de Diffusion des Données améliorées (SGDD-a) actuellement appliquées à la Norme spéciale de Diffusion des Données (NSDD) recommandée par le FMI aux pays candidats au statut des pays émergents.

2. Relation entre l'intelligence économique et la révolution des données

Dans son article intitulé « l'information au cœur de l'intelligence économique stratégique » publié en 2013, Jean-Louis Monino reprend à son compte la définition d'Harold Wilensky qui définit *« l'intelligence économique comme l'activité de production de connaissances servant les buts économiques et stratégiques d'une organisation, dans un contexte légal et à partir des sources ouvertes ».*

Klaus Knorr poursuit en disant que *« l'intelligence économique est l'opération permettant de se procurer et de traiter l'information relevant de l'environnement externe par laquelle une organisation tend à maximiser l'atteinte de ses différents buts. L'intelligence économique devient alors une composante majeure de la stratégie d'une organisation ; elle repose sur l'information, socle de tout processus décisionnel. »*

Pour un pays, l'intelligence économique permet d'anticiper les risques liés à l'environnement à travers plusieurs types de veilles, définis en fonction des objectifs stratégiques et des besoins du pays qui sont de plusieurs ordres : la veille réglementaire, la veille sectorielle, la veille concurrentielle, ou la veille technologique.

Le Groupe consultatif d'experts indépendants de l'Organisation des Nations Unies (ONU) sur la révolution des données pour le développement durable, la définit comme une *« explosion du volume des données, de la vitesse à laquelle elles sont produites, du nombre de leurs producteurs, de leur diffusion et de la variété des sujets sur lesquels elles portent, occasionnée par les nouvelles technologies, telles que la téléphonie mobile et l'« Internet des objets », ainsi que d'autres sources, notamment les données qualitatives, les données citoyennes et les données de perception »*.

La révolution des données combine deux phénomènes qui se lient : l'Open Data ou données ouvertes, et le Big Data ou données massives. Elle s'accompagne, selon le consortium PARIS21, d'un accent renouvelé et d'un plaidoyer plus fort en faveur de la transparence et de la responsabilité dans la production, l'accès et l'utilisation des données. Elle a considérablement suscité l'intérêt pour les nouvelles sources de données, principalement les Big Data. Leur utilisation est explicitement encouragée dans les Principes fondamentaux de la statistique officielle (PFSO) ; surtout qu'ils sont susceptibles d'être exploités pour la mise en œuvre des ODD.

Le présent article se penche sur les questions touchant à la transformation que doivent connaître les écosystèmes de données pour passer de la situation actuelle à une configuration plus ambitieuse qui soit à même de mieux appuyer les processus décisionnels et le développement durable, et d'exploiter à cette fin, aussi bien les données de sources conventionnelles que les nouvelles sources, ainsi que les contributions d'une variété de communautés de données (Big data, etc.).

Outre l'introduction qui situe le contexte et la relation entre l'intelligence économique et la révolution des données (Sous-section I), la conclusion et les recommandations (sous-section V), l'article est structuré en trois sous-sections à savoir les innovations au sein du Système statistique national au Cameroun : état des lieux (Sous-section II) ; le rôle des données dans l'accélération de la connaissance (sous-section III) ; et les contraintes/exigences pour les statistiques officielles/opportunités offertes pour la transformation et la modernisation des SSN (sous-section IV).

3. Innovations au sein du Système national d'Information statistique (SNIS) : état des lieux

Avec l'adoption de la SND30, le pays dispose désormais d'un nouveau cadre de référence pour son action de développement. Celui-ci s'appuie sur les leçons de la mise en œuvre du Document de Stratégie pour la Croissance et l'Emploi (DSCE), dont elle prend le relais jusqu'en 2030, dans la perspective de l'accomplissement des objectifs de la Vision 2035 qui ambitionne de faire du Cameroun « un pays émergent, démocratique et uni dans sa diversité ». Dans ce cadre, les objectifs visés par la Vision sont : (i) atteindre une croissance économique proche de deux chiffres ; (ii) atteindre le seuil de 25 % comme part de la production manufacturière dans le PIB ; (iii) réduire significativement la pauvreté en ramenant son incidence à moins de 10 % en 2035 ; et (iv) consolider le processus démocratique et renforcer l'unité nationale dans le respect de la diversité.

La SND30 a été élaborée en cohérence avec les objectifs de l'agenda 2030 des Nations Unies sur les ODD, et prend également en compte les grandes orientations des autres agendas supranationaux, dont l'Agenda 2063 de l'Union africaine (UA) ou encore la 21e Conférence des parties à la Convention-cadre des Nations unies sur les changements climatiques (COP21). Dans le cadre de la mise en œuvre de la SND30, le SNIS est appelé à accompagner le Gouvernement en produisant et en rendant accessibles à temps des données et informations statistiques de qualité pour le suivi et l'évaluation des différentes politiques et actions menées aux plans macroéconomique, sectoriel et local.

Cette sous-section va passer en revue les principales innovations et expériences enregistrées dans le paysage du SNIS visant à « révolutionner » l'écosystème des statistiques du pays.

3.1. Cadre législatif et réglementaire

i. Loi statistique de 2020

La loi N° 2020/010 du 20 juillet 2020 régissant l'activité statistique au Cameroun fixe les principes de base pour la production des statistiques officielles, les règles déontologiques, le cadre institutionnel relatif à la production statistique et les modalités de coordination de l'activité statistique. Elle institue formellement le SNIS dans la mission de collecte, de traitement et de diffusion des données officielles. En outre, cette loi place la Stratégie nationale de Développement de la Statistique (SNDS) au cœur de l'activité statistique nationale pour plus de cohérence et d'efficacité. De façon précise, l'article 3 de cette loi stipule que « la production des statistiques officielles s'effectue dans le cadre des programmes définis dans la Stratégie nationale de Développement de la Statistique ». Elle reconnaît également les principes fondamentaux de la statistique officielle des Nations Unies ainsi que la charte africaine de la Statistique (Article 7).

ii. Décret 2021 d'application de la Loi statistique

Le Décret 2021/690 du 02 décembre 2021 fixe les modalités d'application de la loi statistique. Les travaux et activités statistiques sont régis par les principes fondamentaux de la statistique officielle, notamment (i) la pertinence, l'impartialité et le droit d'accès de tous à l'information statistique ; (ii) la fiabilité, la qualité et la sécurisation des statistiques utilisées ; (iii) le secret statistique et le principe de confidentialité et (iv) le respect de la périodicité et des délais de diffusion.

L'article 15 de ce décret fixe les missions du SNIS qui est de fournir aux administrations publiques, aux institutions régionales et internationales, aux entreprises et organisations non gouvernementales, aux médias, aux chercheurs et au public, des informations statistiques à jour se rapportant à l'ensemble des domaines de la vie de la Nation, notamment économique, social, démographique, culturel et environnemental.

Figure 2 : Organisation du SNIS

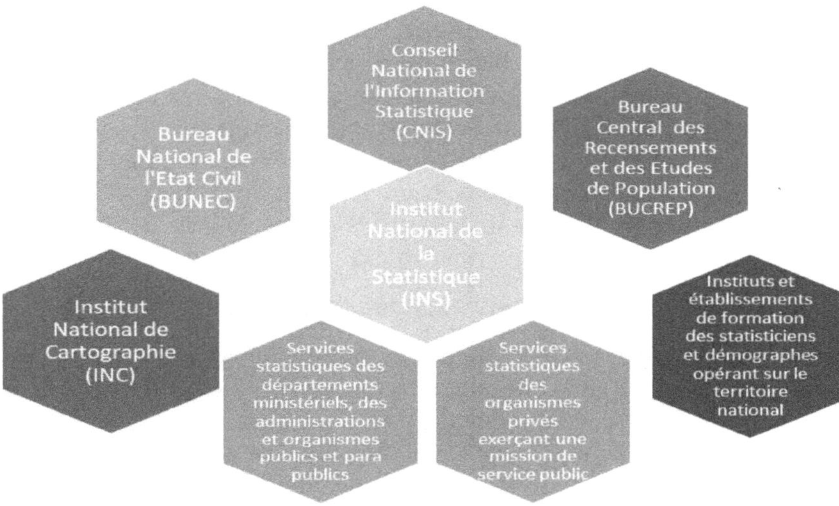

Source : République du Cameroun (2021). Décret d'application de la loi statistique.

Selon l'article 18 du Décret, l'Institut National de la Statistique (INS) est l'organe d'animation du SNIS, chargé de la coordination de la statistique officielle produite par le SNIS. En outre, l'INS élabore un cadre national d'assurance qualité (CNAQ), qui est institué en vue de garantir la crédibilité et la qualité des statistiques produites et diffusées. Le CNAQ a notamment pour rôle de préciser les normes, les standards et de définir les indicateurs de qualité en matière statistique.

iii. Stratégie nationale de développement de la statistique 2021-2030 (SNDS30)

La SNDS30 constitue le socle du dispositif statistique d'appui à la gestion de la performance des politiques publiques et programmes de développement, en alimentant les systèmes de suivi et d'évaluation d'outils d'appréciation de l'atteinte des résultats de la SND30 dont il faudra rendre compte, dans un contexte de Gestion axée sur les Résultats (GAR).

Dans un contexte marqué par la loi du 24 décembre 2019 portant Code général des collectivités territoriales décentralisées (CTD), une demande sans cesse croissante est exprimée en faveur de la statistique locale. Elle concerne l'élaboration ou l'actualisation des plans locaux de développement, la programmation et la budgétisation au sein des administrations locales, ainsi que l'évaluation de la performance de la CTD. La SNDS30 devra ainsi accompagner la politique de décentralisation, avec la production régulière des statistiques au niveau des CTD, des régions et des communes.

3.2. Innovations en matière de technologies et plateformes de données

Pour qu'il bénéficie du pouvoir de transformation de la révolution des données, le Cameroun doit investir considérablement dans les ressources humaines, les capacités, les plateformes et les outils technologiques, ainsi que dans les cadres de gouvernance nécessaires pour régir la production, le traitement, la protection, la propriété, la qualité, l'ouverture, l'actualité, l'utilité, l'accessibilité, l'harmonisation, l'interopérabilité et l'utilisation des différents types de données, quels qu'en soient les producteurs ou les propriétaires. Cette sous-section examinera les principales innovations entreprises par le pays pour faciliter la diffusion des données et l'exploitation des métadonnées des productions statistiques.

i. Innovations dans la collecte des données statistiques

Depuis 2014, le Cameroun a fait un saut technologique en matière de conception d'applications informatiques robustes et performantes pour la collecte de données par la méthode CAPI « Computer Assisted Personal Interviews ». La première opération statistique d'envergure nationale à bénéficier de cette avancée est la quatrième Enquête camerounaise auprès des Ménages (ECAM 4) de 2014. Depuis cette date, la plupart des enquêtes statistiques sont réalisées selon l'approche CAPI. En outre, l'approche CAWI (Computer Assisted Web Interviewing) qui permet aux répondants de renseigner directement le questionnaire en ligne a connu un début de mise en œuvre pour certains types d'enquête. Cependant, elle n'a pas encore produit les fruits escomptés.

ii. Diffusion des statistiques en ligne

a. Page nationale récapitulative des Données (PNRD)

Le Cameroun a souscrit en 1998 au Système général de Diffusion de Données (SGDD), l'une des deux normes de diffusion instituées par le Fonds Monétaire international (FMI) à la suite de la crise économique des années 90, pour une meilleure surveillance économique et financière des pays du monde.

En 2016, le Cameroun est éligible au Système général de Diffusion de Données améliorées (SGDD-a). La PNRD permet de stocker et diffuser les données macroéconomiques et financières, notamment les comptes nationaux annuels et trimestriels, l'indice des prix à la consommation, le tableau des opérations financières de l'État central, la dette publique et extérieure, les statistiques monétaires, la balance des paiements, le commerce extérieur, les indices de la production et de prix à la production, etc. Elle a été mise en place en 2017, dans le cadre de la participation au SGDD-a. Cependant, les statistiques qui y sont présentées ne couvrent pas l'ensemble des informations produites. Elle est disponible en ligne à l'adresse suivante :

https://nso-cameroon.opendataforafrica.org/xkrcbs/page-nationale-r%C3%A9capitulative-des-donn%C3%A9es.

b. Plateforme informatique pour la diffusion des indicateurs des Objectifs de Développement durable (ODD)

Le Cameroun a présenté en 2019 sa première revue sur les ODD au Forum Politique de Haut Niveau (FPHN) sur le développement durable. En 2022, il a renoué avec l'Examen national volontaire (ENV) sur la mise en œuvre des ODD afin de partager ses réalisations, ses bonnes pratiques, ses défis avec les autres pays membres ainsi que de tirer davantage de leçons dans la perspective d'accélérer la mise en œuvre des ODD. Les informations et statistiques sur les dix-sept objectifs ainsi que les cibles disponibles sont accessibles en ligne à l'adresse suivante http://cameroon.opendataforafrica.org/sdg.

Pour rappel, les priorités de la SND30 sont axées sur l'accélération de la croissance économique, l'amélioration des conditions de vie des populations, le renforcement des mesures d'adaptation et d'atténuation des effets des changements climatiques, et l'amélioration de la gouvernance. Il intègre de manière exhaustive les ODD et les résultats visés sont cohérents avec les cibles associées auxdits objectifs, comme l'illustre le tableau 1 ci-après :

Objectifs généraux	Objectifs spécifiques	ODD rattachés
Mettre en place les conditions favorables à la croissance économique et l'accumulation de la richesse nationale et veiller à obtenir les modifications structurelles indispensables pour l'industrialisation du pays	*Porter le taux de croissance annuel de 4,5% à 8,1% en moyenne sur la période 2020-2030* *Porter la croissance du secteur secondaire (hors pétrole) à plus de 8% en moyenne* *Ramener le déficit de la balance commerciale de 8,8% du PIB en 2018 à moins de 3% en 2030*	8, 9, 11, 12 1, 2, 3
Améliorer les conditions de vie des populations et leur accès aux services sociaux de base en assurant une réduction significative de la pauvreté et du sous-emploi	*Ramener le taux de pauvreté de 37,5% en 2014 à moins de 25% en 2030* *Ramener le sous-emploi de 77% en 2014 à moins de 50% en 2030* *Porter l'IDH de 0,52 en 2016 à 0,70 en 2030* *Porter l'ICH de 0,39 en 2018 à 0,55*	4, 5, 6, 7, 10
Renforcer les mesures d'adaptation et d'atténuation des effets des changements climatiques et la gestion environnementale pour garantir une croissance économique et un développement social durable et inclusif		13, 14, 15
Améliorer la gouvernance pour renforcer la performance de l'action publique en vue de l'atteinte des objectifs de développement		16, 17

***Source** : République du Cameroun (2022). Examen national volontaire des ODD au Cameroun.*

c. Plateforme informatique sur les statistiques du genre

L'intégration du genre est une stratégie organisationnelle visant à introduire une perspective de genre dans tous les aspects des politiques et des activités d'une institution, grâce au renforcement des capacités et à la responsabilité en matière de genre.

L'analyse selon le genre, ou analyse sexospécifique, consiste à recueillir et à étudier systématiquement les informations concernant les différences et les relations sociales reliées au genre. Cette analyse a pour but d'identifier, de comprendre et de réduire les inégalités fondées sur le genre. L'intégration du genre dans la production statistique requiert au préalable l'identification des indicateurs pertinents pouvant être produits par des méthodologies valides.

Les indicateurs du genre disponibles couvrent les domaines du social (santé et éducation), économique, politique, et des droits fondamentaux. Ils sont disponibles en ligne à l'adresse suivante : https://cameroon.opendataforafrica.org/sepdtyg/liste-minimale-d-indicateurs-de-genre-education.

d. Plateforme informatique sur les données de population

Les informations disponibles concernent principalement le recensement général de la population et de l'habitat de 1976, 1978 et 2005. Elles sont accessibles à l'adresse suivante :
https://cameroon.opendataforafrica.org/rfdefze/census-data.

e. Plateforme informatique sur les données régionales

Cette plateforme permet d'avoir accès en ligne aux données socio-économiques sur les régions. Ces données sont issues des Annuaires statistiques régionaux produits par les Agences Régionales de l'INS et des monographies régionales élaborées à l'issue de l'enquête complémentaire de la quatrième enquête camerounaise auprès des ménages de 2016 (EC-ECAM 2016). Actuellement, les pages Open Data régionales sont disponibles seulement pour trois régions pilotes : Extrême-Nord, Littoral et Sud. La plateforme est accessible à l'adresse suivante :

https://cameroon.opendataforafrica.org/zerxslf/regions.

f. Les autres sites Internet du SNIS

Le site Internet de l'INS qui publie les résultats des opérations réalisées par l'INS. Il s'agit des études, enquêtes et recensements statistiques (enquêtes démographiques et sociales, enquêtes et recensements entrepris, enquêtes sur les emplois, comptabilité nationale, etc.) qui fournissent les indicateurs et informations statistiques sur la situation socio-économique globale du pays. Les informations disponibles sont accessibles à l'adresse : ***https://ins-cameroun.cm/***

Le site Internet du BUCREP, qui diffuse les données de population issues des recensements et des projections, ainsi que les résultats d'études démographiques. Il est accessible à l'adresse ***http://www.bucrep.cm/***

Le site Internet du FEICOM qui rassemble une grande quantité d'informations relatives au fonctionnement des communes et au développement local. Il est accessible à l'adresse : ***https://feicom.cm/***

Les sites Internet des administrations sectorielles qui sont utilisées, entre autres, pour diffuser l'information statistique produite par chaque entité.

iii. Accessibilité aux bases de données d'enquêtes et recensement

La base de données ANADOC /NADA est une plateforme permettant d'archiver les métadonnées et documents techniques des enquêtes et recensements réalisés par les administrations du SSN. Jusqu'ici, les activités y relatives se sont limitées à un nombre restreint d'administrations, et des efforts devraient être consentis pour archiver toutes les productions du SNIS.

Le défi majeur relevé ici demeure celui de l'exhaustivité de l'information. Elle est accessible en ligne à l'adresse suivante :
https://stat.cm/nada/index.php/catalog/history

3.3. Satisfaction des utilisateurs des statistiques officielles

La demande croissante des produits statistiques exprimée au cours de ces dernières années appelle au renforcement du SNIS pour améliorer la transparence, la responsabilité des politiques et la prise de décisions. Il est donc important d'évaluer périodiquement si le système national de production de données satisfait ou non les besoins des utilisateurs. C'est dans ce cadre que l'INS a réalisé au niveau national en 2022, la première Enquête sur la Satisfaction des Utilisateurs des Statistiques officielles (ESUSO1).

Les analyses ont porté sur l'utilisation des statistiques officielles, l'appréciation des utilisateurs et leur accessibilité à ces statistiques. La connaissance des structures du SNIS par les utilisateurs et leurs besoins supplémentaires a été également abordée.

Dans l'ensemble, le niveau de satisfaction des utilisateurs des statistiques publiques est jugé globalement satisfaisant. Plus de neuf répondants sur dix sont satisfaits de la qualité des analyses et interprétations des données, de l'utilité des produits et du langage technique utilisé. Seule près de la moitié des répondants (48,1 %) ont facilement ou très facilement accès aux statistiques et produits statistiques. Environ 3 répondants sur 10 n'ont pas vérifié l'existence des documents permettant la compréhension des métadonnées. Six utilisateurs des statistiques officielles sur dix ont déjà visité le Site Web de l'INS. L'appréciation des produits statistiques du SNIS dans toutes dimensions (pertinence, fiabilité, accessibilité et présentation) est satisfaisante. Toutefois, la dimension accessibilité est la moins appréciée comparativement aux autres dimensions.

Enfin, les utilisateurs souhaiteraient avoir accès aux données désagrégées par ville, sur les marchés et détaillées sur le genre. Les autres thématiques d'informations recherchées sont relatives, entre autres, aux données sur le tourisme, communication et loisirs, les statistiques sur les BTP, la comptabilité environnementale, les données sur la société civile, les données sur les terres, les données sur la diaspora, les données sur l'agriculture, les données sur la sécurité alimentaire, les données sur la crise sécuritaire, les données sur le commerce transfrontalier et les données détaillées sur le climat.

4. Rôle des données dans l'accélération de la connaissance

Comme indiqué dans la sous-section I, la révolution des données est nourrie par deux phénomènes (ou mouvements) distincts, mais liés de façon croissante : l'Open Data, ou « données ouvertes », et le Big Data imparfaitement traduit par « données de masse » ou « méga données ».

4.1. Open Data

Le rapport 2018 sur la révolution des données en Afrique définit les données ouvertes comme « des données publiquement disponibles qui peuvent être universellement et facilement accessibles, utilisées et redistribuées gratuitement. Elles sont structurées pour être faciles d'utilisation et de traitement informatique ».

Au Cameroun, la Loi du 20 juillet 2020 régissant l'activité statistique stipule en son article 10 que « l'accès aux statistiques officielles publiées est libre et gratuit pour tous les utilisateurs, sous réserve du respect de la vie privée des personnes physiques et morales dont les informations ont été utilisées pour leur élaboration ». En outre, « l'utilisation des statistiques officielles est libre, à condition d'en indiquer la source ». Les statistiques officielles sont donc considérées comme un bien public.

Les enjeux de l'Open Data sont divers et variés : éducatif et culturel, politique, économique et technique :

- Sur le plan éducatif et culturel, l'accès aux données constitue une source de savoir et un moyen d'épanouissement par l'acquisition des connaissances.
- Sur le plan politique et citoyen, la transparence des données publiques permet à tout un chacun d'évaluer les politiques publiques et de participer activement au renforcement de la démocratie.

- L'enjeu est économique en ce sens que la veille informative sur les données permet de maintenir un niveau d'information à jour et pertinente, et de faire de la prospective.
- Sur l'aspect technique, dès la production, il faut songer à l'avenir de la donnée et de la pérennité en choisissant un format interopérable et en la qualifiant sémantiquement selon des standards permettant des utilisations ou des comparaisons diverses dans le temps et l'espace.

L'indice d'ouverture des données (IOD) est réalisé par l'Observatoire des Données ouvertes (Open Data Watch, ODW) pour 195 pays du monde. Il évalue la couverture et l'ouverture des statistiques officielles pour identifier les lacunes, promouvoir des politiques de données ouvertes, améliorer l'accès et encourager le dialogue entre les offices nationaux de statistique (ONS) et les utilisateurs de données. Le score global de l'IOD de chaque pays est calculé sur la base des cinq critères suivants : couverture et ouverture des données diffusées, les statistiques sociales, économiques et financières, et environnementales. Ces critères regroupent près de 89 indicateurs.

En 2022, Singapore occupe le premier rang mondial avec un score de 90 sur cent. Il est suivi par la Pologne (87), le Danemark (87), la Finlande (86) et la Norvège (85). Il convient de noter que les États-Unis d'Amérique occupent le 22e rang avec un score de 72, tandis que la Chine est classée à la 149e position avec un score de 37.

Figure 3 : Classement des pays africains à partir de l'IOD 2022

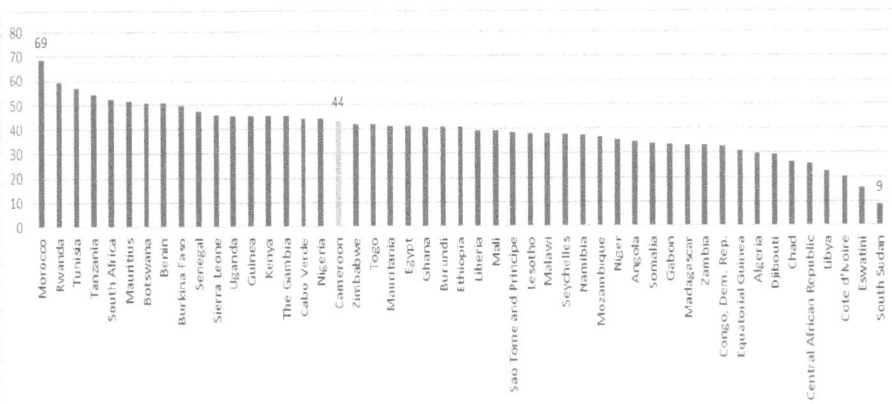

Source : Open Data Inventory *(https://odin.opendatawatch.com/Report/rankings)*

Le premier pays africain est le Maroc, classé 35e au classement mondial, avec un score global de 69 sur cent. Il est suivi par le Rwanda (59), la Tunisie (57), la Tanzanie (54) et l'Afrique du Sud (53). Le Bénin, le Burkina Faso et le Sénégal sont les trois premiers pays francophones et occupent respectivement la 8e, 9e et 10e position en Afrique. **Le Cameroun occupe le 18e rang en Afrique et le 118e au classement mondial, avec un score global de 44 sur 100, comme le montre la figure 2.**

Figure 4 : Indice d'ouverture des données des pays de l'Afrique centrale, 2022

Pays	Global	Couverture	Ouverture	Statistiques sociales	Statistiques économiques	Statistiques environnementales
Angola	35	38	32	28	52	25
Cameroun	44	42	46	42	49	40
Gabon	33	26	40	34	52	15
Guinée Équatoriale	31	33	29	29	43	22
République centrafricaine	26	25	26	29	31	16
République Démocratique du Congo	33	28	37	35	44	20
São Tomé et Príncipe	39	47	33	43	47	26
Tchad	27	25	28	30	40	10

Source : Open Data Inventory (*https://odin.opendatawatch.com/Report/rankings*

Dans la sous-région de l'Afrique centrale, le Cameroun occupe le premier rang en termes d'IOD comme le montre la figure 3. En termes de sous-indices, l'ouverture des données publiées montre que le Cameroun est le meilleur parmi les huit pays de la sous-région et obtient un score de 46. S'agissant de la couverture des données, le pays occupe la deuxième place (42) derrière São Tomé et Príncipe (47). Le Cameroun occupe également la première place concernant la disponibilité des statistiques sociales, économiques et environnementales.

4.2. Enjeux des données de masse ou « Big data »

La Société royale de statistique du Royaume-Uni affirme que les données sont, au vingt-et-unième siècle, ce que la vapeur a été au dix-neuvième et le pétrole au vingtième. Elle voit en elles « *l'élément moteur de la prospérité, la ressource révolutionnaire qui transforme la nature de l'activité sociale et économique, le potentiel qui fait la différence entre la société qui réussit et celle qui échoue* ».

Dans ce contexte, les guerres technologiques et numériques, la bataille de leadership sur l'intelligence artificielle et le chatGPT, le métaverse et la cybersécurité sont autant d'enjeux géostratégiques qui bouleversent nos schémas traditionnels de vie. Les États-Unis d'Amérique et la Chine se livrent une bataille technologique et digitale sans précédent et imposent leurs « hégémonies numériques » au reste du monde, à l'instar de la prédominance des Gafam (Google, Apple, Facebook, Amazon, Microsoft) et des Batax (Baidi, Tencent, Alibaba, Xiaomi)[32].

L'Union européenne n'est pas restée en marge, en définissant ces dernières années une politique de souveraineté technologique et numérique. Les pays émergents, comme l'Inde et la Corée du Sud ont mis en place pendant ces vingt dernières années des stratégies offensives de positionnement sur certains segments de l'informatique et du numérique, pour l'externalisation de services vers l'étranger, puis pour leurs marchés intérieurs.

L'Union africaine a défini un plan de gouvernance des données en 2022, afin d'harmoniser les systèmes juridiques et d'éviter les distorsions de marchés, dans un contexte de mise en place de la Zone de libre-échange continentale africaine (ZLECAf) et de développement du commerce électronique. La Banque africaine de Développement participe activement à la mise en œuvre de ce plan. Dans ce cadre, elle a organisé en octobre 2023 à Johannesburg, en Afrique du Sud, le *Symposium Innovate Africa* ayant permis aux participants de s'engager dans le partage des expériences réussies et d'explorer de nouveaux modèles de collaboration soutenus par des compétences africaines. L'intérêt est de pouvoir réduire progressivement la dépendance de l'Afrique. Car, comme le souligne Alvin Toffler (dans le *Choc du futur* en 1970 et la *Troisième Vague* en 1980), nous entrons dans un monde fondé principalement sur le savoir et la communication. L'information devient alors un enjeu de pouvoir. Dans la communauté statistique, d'aucuns parlent du pouvoir des données.

Toutefois, quels que soient les types d'infrastructures et de systèmes d'information utilisés en Afrique, les données, de leur production à leur utilisation, en passant par leur stockage et leur traitement, dans les différents domaines que sont la consommation, la santé, l'environnement, la gestion des ressources naturelles, etc., doivent être considérés comme de véritables patrimoines immatériels, gages de richesses sociales et économiques. Or, il apparaît que très peu d'États africains ont érigé des infrastructures numériques fiables et ont une réelle stratégie endogène de production, de collecte, de stockage et de traitement de leurs données. Actuellement, les statistiques révèlent que 70 pour cent des données (souveraines, entreprises et personnelles) de l'Afrique sont stockées en dehors de l'Afrique.

En somme, l'un des enjeux majeurs de ces compétitions mondiales est celui de ce que d'aucuns appellent le « nouvel or », les datas, c'est-à-dire les données. En effet, celui qui possède et « contrôle » les données aurait le vrai pouvoir économique et géopolitique. Les données seraient la matière

[32] Roland Portella (2022). Big-Data : l'Afrique a-t-elle une carte à jouer ?

première des temps modernes, à tel point que certains États et groupes d'entreprises l'utiliseraient comme une arme de dissuasion, de manipulation et de nouvel impérialisme. Il apparaît donc que les Big Data ne sont généralement pas les données ouvertes.

5. Contraintes, exigences et opportunités pour les statistiques officielles

Cette section analyse les opportunités des Big Data pour la statistique officielle ainsi que ses défis, contraintes et exigences.

5.1. Opportunités des Big Data (niveau national, régional et international)

La statistique officielle s'est appuyée, depuis longtemps, sur ses propres sources de données, issues de recensements et enquêtes qui suivent des normes internationales stables afin de garantir la cohérence des statistiques dans le temps et maintenir leur comparabilité internationale.

L'avènement des Big Data, c'est-à-dire les données digitales générées par l'activité humaine, constitue, pour la statistique officielle, une opportunité d'utiliser une source riche d'informations. Ces sources sont caractérisées par : (i) le Volume (échelle de données) (ii) la Vélocité (analyse des données en continu) (iii) la Variété (différentes formes de données) (iv) la Volatilité (changement de technologie et environnement d'affaires) et (v) la Véracité (incertitude des données).

L'avènement de ces nouvelles sources de données peut permettre de produire de nouveaux indicateurs statistiques pertinents et à jour, de remplacer ou de compléter les indicateurs produits par les sources traditionnelles, de réduire les coûts, d'élargir la taille des échantillons et de réduire le fardeau des répondants.

Une revue des initiatives internationales, régionales et nationales présente un inventaire des Big data ayant un potentiel pour la statistique officielle, notamment les données issues des téléphones mobiles, les données de caisse, les données issues de l'imagerie satellitaire, et les données issues du Webscraping. Le tableau 2 présente le potentiel des sources de données de masse pour la statistique officielle.

Tableau 8 : Potentiel des sources Big Data pour la statistique officielle

Source Big Data	Type de statistique	Exemple d'usage
Données de la téléphonie mobile	Démographie	Étude de la ségrégation sociale (Galiana, 2020) Estimation du nombre d'habitants (Salgado, 2021) Analyse comportementale (Reed, 2016)
	Mobilité	Co-présence et profils de mobilité (Picornell, 2015) Estimation de la mobilité (Ahas, 2010 ; Kishore,2020) Cartographie de la mobilité (Deville, 2014) Régularité de la mobilité (Gonzaléz, 2008)
	Économie	Ciblage de la lutte contre la pauvreté (Aiken, 2022) Prévision de la pauvreté (Pokhriyal, 2020) Cartographie des activités (Tu, 2017)
	Santé	Propagation d'une épidémie (Tizzoni, 2014) Propagation de Covid-19 (Oliver, 2020 ; Grantz, 2020)
	Tourisme	Tourisme international en France (Cousin, 2018) Statistiques touristiques de l'Italie (Dattilo, 2016) Statistiques touristiques de l'Estonie (Ahas, 2008)
	Transport	Matrices origine-destination (Bonnel, 2017)
Données de caisses	IPC	Indice des prix à la consommation en France (IPC) (Leclair, 2019)
Données issues de l'imagerie satellitaire	Environnement	Indicateurs de l'environnement (Dao, 2021)
	Indicateurs (ODD)	Indicateurs des Objectifs du Développement durable (Anderson, 2017 ; Persello, 2022 ; Traganos, 2022)
	Transport	Statistiques de transport en Europe (CEE-ONU, 2019)
	Énergie	Énergie verte au Pays bas (De Broe, 2019)
Données du Webscraping	Emploi	Offres d'emploi publiées en ligne (De Maricourt, 2022)
	IPC	IPC de 11 villes des États-Unis (Benedetti, 2022)
	Tourisme	Hébergement en Indonésie (Adhinugroho, 2020)
	Habitat	Marché de l'immobilier britannique pendant la crise de Covid19 (Bricongne, 2022)
	ICC	Indicateurs de la confiance des consommateurs (ICC) Pays-Bas (Van den Brakel, 2017) ICC de l'Italie (Carciotto, 2021)

Source : Rachid ETTAOUFIKI et al. (2022).

5.2. Défis, contraintes et exigences des Big Data pour la statistique officielle

Malgré les opportunités qu'elles offrent, les données de masse soulèvent également des questions sur leur accès, leur fiabilité, leur stabilité, leur financement, la capacité de les exploiter à des fins statistiques ainsi que des questions méthodologiques et éthiques.

i. Formation aux nouveaux métiers (data science, informatique, etc.)

L'un des défis engendrés par l'usage des Big Data pour la statistique officielle concerne les barrières technologiques et le manque de savoir-faire liés au traitement de données variées et de volume très large. En effet, au-delà du développement des datas center, cloud computing, plateformes digitales nationales et sectorielles, il est impératif pour l'Afrique d'investir également dans les ressources humaines pour avoir plus de spécialistes de la data science : mathématiciens, statisticiens, informaticiens, ingénieurs et techniciens, analystes marketing, etc.

Ils seront capables d'analyser et de modéliser les données afin que celles-ci deviennent de la valeur pour les entreprises, les administrations publiques, les universités et les centres de recherche. À titre d'illustration, il convient de noter que certains pays, comme l'Afrique du Sud, le Maroc, la Côte d'Ivoire et le Sénégal ont investi dans l'achat de supercalculateurs, afin de produire des données de masse (Big Data) sur la sécurité, le climat, l'agriculture, etc.

ii. Augmentation des ressources financières en fonctionnement et investissement

La disponibilité des ressources financières détermine le niveau global d'ambition des SNIS concernant le processus de transformation et de modernisation dans un pays donné. Les SSN doivent accroître leurs ressources financières, en priorité dans des infrastructures de base bien entretenues, telles que les bâtiments, les ordinateurs, les transports, la connectivité Internet et l'électricité ainsi que dans l'utilisation de la technologie, en particulier de la technologie numérique pour la collecte et le traitement des Big Data.

iii. Sécurité des fichiers et préservation de la vie privée

Les défis posés par les méga donnés ne doivent pas être considérés comme des questions uniquement technoscientifiques. En effet, les données et les statistiques, détenues ou élaborées par les administrations ou les entreprises, ont en général été construites à partir d'informations individuelles, ce qui pose la question de la protection des sources, c'est-à-dire de la vie privée.

Compte tenu des progrès constants de la science et des processus de traitement, il se pose la question de comment établir et maintenir la confiance du grand public, partie prenante numéro un, tout en respectant l'équilibre entre la promesse de confidentialité et l'utilisation des données personnelles recueillies ? Le fait que nous ne puissions pas connaître à l'avance l'usage qui sera fait de nos données privées pose un problème éthique. Pouvons-nous refuser certains usages de nos données a posteriori ? Aujourd'hui, la réponse est négative, car, par exemple, pour utiliser les réseaux sociaux ou avoir accès à une ligne téléphonique, chaque utilisateur donne son « consentement » à la réutilisation de ses données personnelles, sans savoir quel usage en sera fait dans le futur.

Toutefois, pour apporter des éléments de réponse à ces préoccupations, deux approches complémentaires sont suggérées : l'une est réglementaire, car les États ont pris conscience depuis longtemps de la nécessité d'établir des garde-fous juridiques ; et l'autre vise à s'appuyer sur la technologie en dressant des obstacles techniques pour empêcher la diffusion de données contre le gré des individus.

iv. Partenariats public, privé et individu

Avec l'irruption du secteur privé, la production de données décrivant la sphère publique n'est plus un monopole d'État. Le dialogue doit donc s'élargir, s'ouvrir aux entreprises, à la société civile, aux collectivités locales, etc. Puisque tous ces acteurs sont concernés, il faut créer un nouveau contrat social. Pour que cela puisse se faire au service des citoyens, il faut leur permettre de pouvoir participer aux débats, d'avoir une voix aux échanges. L'atteinte de cet objectif passe par la réduction de la fracture numérique et renforcer la data « literacy », la familiarité des populations avec les données. À ce jour, il n'existerait pas de système qui permettrait la mise à disposition de données privées ouvertes, mais protégées, pour servir à l'élaboration et au suivi de politiques publiques et au développement d'indicateurs statistiques complémentaires ou plus granulaires. Il est nécessaire de développer des partenariats avec les parties prenantes, notamment les offices nationaux de statistique, les régulateurs des télécommunications, les opérateurs et fournisseurs de réseaux de télécommunications et les autorités chargées de la confidentialité des données.

v. Aspects méthodologiques

Outre les défis engendrés par l'usage, des Big data liés à la formation et le coût engendré par l'accès et le traitement des données, il est également évoqué les problèmes techniques concernant la représentativité des données, l'absence d'informations qualitatives sur les utilisateurs et la continuité de la disponibilité des données dans le temps.

6. Conclusion et recommandations

6.1. Conclusions

Cet article a principalement pour objet, dans un contexte où l'intelligence économique fait désormais partie intégrante des stratégies de développement durable, le partage de l'expérience en matière de révolution des données en vue d'anticiper la prise de décisions basées sur les faits. À cette fin, il a abordé les défis ou contraintes liés à l'exploitation, le filtrage, et l'interprétation des Big data, en complément aux données et informations statistiques issues de sources traditionnelles.

En ce qui concerne l'état des lieux des innovations au sein du SNIS, la promotion de l'intelligence économique s'est faite par la mise en place de la SND30, élaborée en cohérence avec les objectifs de l'agenda 2030 des

Nations Unies sur les ODD, l'Agenda 2063 de l'UA, ou encore la COP21. Pour la mise en œuvre de cette stratégie, le SNIS a subi des transformations sur le cadre législatif et réglementaire, notamment l'adoption d'une nouvelle Loi statistique en 2020 ainsi que son décret d'application en 2021, l'élaboration de la SNDS30 comme socle du dispositif statistique d'appui à la gestion de la performance des politiques publiques et programmes de développement et la mise en place des plateformes numériques de diffusion en ligne. En dépit des progrès réalisés, l'enquête de satisfaction réalisée auprès des utilisateurs des statistiques officielles a permis d'identifier les axes de satisfaction ainsi que les pistes d'amélioration souhaitées par les utilisateurs.

En ce qui concerne le rôle des données dans l'accélération de la connaissance et de l'action, il en ressort que la révolution des données est concomitamment alimentée par l'open data (données ouvertes) et le Big Data (données de masse). Les données ouvertes sont des données administratives ou issues du secteur public et mises à disposition des citoyens et des entreprises, généralement sous une forme structurée. L'indice d'ouverture des données (IOD) révèle que le Cameroun se situe à la 118e place mondiale, 18e rang en Afrique et première position en Afrique centrale avec un indice global de 44 sur cent. Des progrès importants restent à réaliser dans toutes les dimensions de l'indice, à savoir la couverture et l'ouverture des données diffusées, les statistiques sociales, économiques et financières, et environnementales.

Pour ce qui est des Big Data, une grande partie revêt un caractère personnel. Elles sont émises par les individus, traitées, puis stockées, par des entreprises privées. Elles sont un complément des statistiques publiques plutôt que substitution. Toutefois, des règles de contrôle sont indispensables concernant la qualité des données, la rigueur statistique et la protection des informations personnelles.

Au plan national, il y a lieu de souligner que le Cameroun n'a presque pas d'expérience dans l'utilisation des Big Data aux fins d'amélioration de la connaissance à travers la production des statistiques officielles. Des initiatives sont entreprises dans le domaine de la démographie et de l'aménagement du territoire, notamment l'estimation de la population sur les petites surfaces et les projections de population entre deux recensements, en combinant les données cartographiques, de dénombrement sur le terrain et satellitaire.

En outre, il est recommandé d'exploiter les Big Data pour produire de nouveaux indicateurs statistiques pertinents et à jour, pour remplacer ou compléter les indicateurs produits à partir des sources classiques, pour réduire les coûts ou élargir la taille des échantillons, enfin pour réduire le fardeau des répondants aux questionnaires de collecte statistique.

Le potentiel des Big data pour la statistique officielle concerne notamment les données issues des téléphones mobiles, les données de caisse, les données issues de l'imagerie satellitaire, et les données issues du webscraping. Cependant, ces nouvelles sources présentent également de nombreux défis pour les SNIS en Afrique, notamment la formation aux métiers innovants, les ressources financières, la sécurité et la préservation de la vie privée, les partenariats à développer entre public, privé et individu ainsi que les aspects méthodologiques liés à la représentativité des échantillons statistiques.

6.2. Recommandations

Dans cette perspective, pour tirer pleinement profit des avantages offerts par la révolution des données pour accélérer le développement durable, les pays d'Afrique devraient procéder à la transformation et à la modernisation de leur SNIS. Il s'agira notamment de :

- Adapter ou actualiser les textes législatifs et réglementaires dans le but de mieux assurer la protection de la vie privée des citoyens et la souveraineté des États face aux multinationales (Google, Facebook, TikTok, YouTube, etc.) ;
- Renforcer et former de nouvelles compétences ;
- Augmenter les ressources financières en vue d'opérer la transformation et la modernisation des statistiques officielles ;
- Renforcer la collaboration et la coopération Sud-Sud, ainsi qu'avec les universités et les chercheurs pour le partage des connaissances ;
- Négocier avec les structures internationales et nationales détenant les Big Data (Google, Facebook, TikTok, WhatsApp, les opérateurs et agences de régulation de la téléphonie mobile, les grandes surfaces commerciales, les agences de météo et de changements climatiques, les agences satellitaires, etc.) de manière stratégique et rigoureuse ;
- Promouvoir les outils et logiciels libres (par exemple R) pour la production statistique.

Dans cet environnement régional, le Cameroun devrait se retrouver parmi les pays africains constituant le peloton de tête de cette révolution des données ; surtout qu'il ambitionne son éligibilité à la Norme spéciale de Diffusion des Données (NSDD) avant 2035, horizon retenu pour son classement parmi les pays émergents. Dans ce sens, le Gouvernement devrait entamer les négociations avec certaines entreprises pour accéder à ces nouvelles sources des données, notamment dans le secteur de la téléphonie mobile (Camtel, MTN, Orange), de l'électricité (ENEO), et de l'eau potable (CAMWATER).

Il y a lieu de souligner l'appui qu'apporte la Banque africaine au Développement (BAD) à travers son initiative « *Autoroute de l'information en Afrique (AIA »)* mise en œuvre depuis 2016. Le Cameroun fait partie des pays pilotes et envisage de mettre en place, avec l'appui de ce partenaire et de la Banque Mondiale, un Laboratoire des Sciences des Données (Data Science Laboratoire) et d'y former les compétences à l'utilisation des outils d'accès et de valorisation des Bige Data à des fins de production des statistiques officielles. Le secteur de la santé a été ciblé pour l'expérimentation.

En outre, la mise en œuvre du projet régional d'harmonisation et d'amélioration des statistiques en Afrique de l'Ouest et du Centre (HISWACA) financé par la Banque Mondiale pourrait être une opportunité pour des avancées numériques et technologiques notables en matière d'exploitation des données issues des Bige Data pour l'amélioration de ses connaissances au service du développement durable.

Sigles et abréviations

CAMTEL	Cameroon Telecommunication
CNAQ	Cadre national d'Assurance Qualité
CNIS	Conseil National d'Information statistique
CTD	Collectivité territoriale décentralisée
ENEO	Energy of Cameroon
FMI	Fonds Monétaire International
HISWACA	Projet régional d'harmonisation et d'amélioration des statistiques en Afrique de l'Ouest et du Centre
INS	Institut National de la Statistique
IOD	Indice d'Ouverture des Données
MTN	Mobile Télécommunication Network
NSDD	Norme spéciale de Diffusion des Données
ODD	Objectifs de Développement durable
PARIS21	Partenariat statistique pour le développement au 21e siècle
SND30	Stratégie nationale de Développement
SNDS	Stratégie nationale de Développement de la statistique
SNIS	Système national d'Information statistique
SSN	Système statistique national

Références bibliographiques

CEA, PNUD, WF et OD4D (2016). Rapport 2016 sur la révolution des données en Afrique. Faits marquants de l'évolution des écosystèmes de données en Afrique.

Emmanuel L'Ebouzé (2018). *Mobiliser et humaniser la Révolution des Données pour la statistique publique, le développement et la démocratie. Data-pop Alliance.*

Jean-Louis Monino (2013). « L'information au cœur de l'intelligence économique stratégique ». Dans *Marché et Organisation* 2013/2 (N° 18).

Jean-Paul Van Belle et al. (2018). Rapport 2018 sur la révolution des données en Afrique. Statut et impacts émergents des données ouvertes en Afrique.

Institut National de la Statistique (2022). Première enquête sur la satisfaction des utilisateurs des statistiques officielles au Cameroun (ESUSO1).

Rachid ETTAOUFIKI et al. (2022). « Les Big Data comme levier de transformation de la statistique officielle : Opportunités et enjeux ». *Journal of information sciences* (JIS), volume 21, Issue 2, 2022, 232-245.

République du Cameroun (2022). Examen national volontaire des objectifs de développement durable (ODD) au Cameroun.

République du Cameroun (2021). Décret N° 2021/690 du 2 décembre 2021 fixant les modalités d'application de la loi N° 2020/010 du 20 juillet 2020 régissant l'activité statistique au Cameroun.

République du Cameroun (2021). Stratégie nationale de Développement de la Statistique 2021-2030 (SNDS30).

République du Cameroun (2020). Stratégie nationale de Développement 2020-2030 (SND30).

République du Cameroun (2020). Loi N° 2020/010 du 20 juillet 2020 régissant l'activité statistique au Cameroun.

Tassin, Philippe (2018). « Introduction – Les apports des big data ». *Économie et Statistique / Economics and Statistics*, 505-506, 5–15.

Sites web :

https://odin.opendatawatch.com/Report/multiCountry, consulté le 13 mai 2024

https://odin.opendatawatch.com/?year=2022, consulté le 13 mai 2024

https://www.lepoint.fr/afrique/big-data-l-afrique-a-t-elle-une-carte-a-jouer-22-02-2024-2553124_3826.php#11, consulté le 15 mai 2024

https://journals.openedition.org/rfsic/3491?lang=en, consulté le 17 mai 2024

Section 3 :

Les cabinets d'intelligence dans les économies informelles : le cas camerounais

Thomas ATENGA

Introduction

Cette contribution tire son origine d'un paradoxe : le secteur informel représente près de 90 % de l'économie camerounaise, selon une enquête de l'Organisation internationale du travail (OIT) parue en 2017. Des données corroborées par l'Institut national de la statistique (INS) en 2023 et reprises dans *Cameroon Tribune* du 08 novembre de la même année et indiquant qu'il existe plus de 3,4 millions d'unités de production informelles (UPI) au Cameroun, dont 63,7 % en milieu urbain et 36,3 % en milieu rural. 36,4 % d'entre elles exercent dans les services, 35,2 % dans le commerce et 28,4 % dans l'industrie. Dans le même temps, des cabinets d'intelligence économique foisonnent et s'institutionnalisent. Nous ambitionnons donc dès lors de comprendre comment, dans ce contexte de faible industrialisation, ils justifient leur utilité sociale. En d'autres termes, que vendent-ils aux entreprises existantes pour se fabriquer une légitimité socio-économique ? Quelles représentations ont-ils de l'intelligence économique qu'ils proposent aux organisations publiques, parapubliques et privées comme impératif managérial stratégique ? Pour répondre à ces interrogations, nous avons procédé à une analyse documentaire au sens de Waller et Masse (1999 : 16) à savoir : opération professionnelle technique, démarche intellectuelle visant à déterminer l'organisation des idées d'un document, leur formulation, l'articulation des mots employés afin de voir comment ils enrichissent les connaissances ou l'objet à connaître. La documentation étant comme un recueil de toutes les sources écrites, théoriques et empiriques pertinentes sur un sujet. L'analyse documentaire a été combinée à celle des plateformes numériques, comme l'énonce Casilli (2022). Des entretiens d'explication avec des responsables de cabinets d'intelligence économique complètent cette démarche. D'après Vermersch (2018) l'initiateur de cette forme d'entretien, l'idée centrale est de dépasser l'implicite, d'exprimer ce qui spontanément reste tacite dans la réalisation d'une action. Lors d'un entretien explicatif, il est important de bien distinguer la description des commentaires, des jugements, de la discussion du contexte ou des circonstances. L'objectif est de donner la parole aux personnes interrogées pour qu'elles puissent exprimer leur vécu. Son but est de rendre intelligible le déroulement des actions finalisées et productives par la description détaillée de chacune des étapes. Il se base sur un accès à la mémoire d'évocation du vécu, sur la mise en place d'une demande d'autorisation, et des questions précises et non inductives. L'entretien d'explicitation est un entretien qui vise une description aussi fine que possible d'une activité réalisée par une personne en situation de pratique professionnelle ou engagée dans la réalisation d'une tâche. Il permet d'accéder à des dimensions du vécu de l'action qui ne sont pas immédiatement présentes à la conscience de la personne avec qui on s'entretient (Vermesch, 1994). À partir de ce qui précède, le premier moment de cette proposition traite des cabinets d'intelligence économique au Cameroun comme des dispositifs polymorphes. Le second rend compte des représentations que ces cabinets ont de l'intelligence économique en entreprise au Cameroun.

1. Les cabinets d'intelligence économique au Cameroun : des dispositifs managériaux stratégiques polymorphes

La compétition économique mondiale se durcit et les enjeux et défis pour survivre et rester compétitifs sont de plus en plus nombreux. Ce contexte fait dire que la mondialisation a exacerbé la guerre économique (Conesa, 2003). Elle fait appel à la maîtrise non seulement de la connaissance scientifique et technologique, mais aussi à des techniques offensives et défensives par les entreprises. L'intelligence économique est donc partie intégrante de la guerre économique et de la guerre de l'information, notamment, de la gestion de l'information concurrentielle. Au Cameroun, elle n'est plus du seul ressort des entreprises. De nombreux acteurs investissent ce secteur en proposant des interventions aussi bien au niveau macro-économique qu'au niveau micro-économique.

1.1. Les cabinets d'intelligence économique au Cameroun : des acteurs hétéroclites aux pratiques difficiles à typifier

Il n'existe pas à date, un répertoire national des cabinets d'intelligence économique, encore moins des regroupements connus tentant d'organiser le domaine. Nos recherches ont permis d'établir que, quand on parle d'intelligence économique au Cameroun, on fait référence à un ensemble de cabinets-conseils hétéroclites et aux missions pas toujours clairement définies. C'est par exemple le cas des quatre (4) cabinets auprès desquels nous avons enquêté. Il s'agit du Service d'intelligence économique au Cameroun (CBI Cameroun)[33] ; de GMS Consulting Group[34], du Centre

[33] https://cbicameroun.com/intelligence-economique-cameroun

Action d'intelligence et de veille économique (CAVIE)[35] de RS Intelligence et Lobbying[36]. Sur leurs plateformes numériques, on peut voir qu'elles offrent plusieurs services, dont : des études économiques générales ; des études de faisabilité de projets et de marchés ; la négociation de conventions et d'agréments à l'investissement ; la négociation des permis ou autorisations d'exploitation minière ; le suivi des projets et investissements ; l'organisation de missions économiques à l'étranger et au Cameroun ; la promotion des investissements, des partenariats techniques et technologiques, financiers, commerciaux et des joint-ventures ; l'accueil des investisseurs.

Une profusion de manières de faire et d'expertises qui ne renvoient pas toujours à l'intelligence économique prise comme ensemble des pratiques et des stratégies d'utilisation de l'information utile, développées au cœur d'un pays à ses différents niveaux d'organisation : celui de l'État, du gouvernement, de l'industrie, des entreprises, de l'éducation, et même de la population (Salvetat & Le Roy, 2007). Une plasticité de la notion qui n'est pas toujours en concordance avec l'acception que lui donne Buquen (2010) à savoir que l'intelligence économique consiste à collecter, analyser, valoriser, diffuser et protéger l'information économique stratégique, afin de renforcer la compétitivité d'un État, d'une entreprise ou d'un établissement de recherche. Elle contribue à la croissance ainsi qu'au soutien à l'emploi sur le territoire national, en préservant la compétitivité et la sécurité des entreprises françaises, et des établissements publics de recherche. Toujours d'après lui, en matière d'intelligence économique, l'information est effectivement importante non seulement pour alimenter les bases de données, mais également en retour d'expérience pour faire de la prévention. Même si les actions peuvent être menées par des ressortissants ou des concurrents dans des pays étrangers, ça ne veut pas dire que les acteurs n'ont aucun moyen d'action.

Rodrigue Soffo, promoteur de RS Intelligene & Lobbying, ne dit pas autre chose quand il reconnaît « qu'au Cameroun ce domaine en émergence attire toutes sortes de pseudo-experts, qui brouillent le fait que l'intelligence économique est une déclinaison de la guerre économique. Ce qui demande, de la part de ceux qui la pratiquent, une culture très pointue dans différents aspects de cette problématique, comme la définition de la stratégie d'un client ; la gestion de sa réputation et le management de ses risques vis-à-vis des personnes, des opérations, de la sécurité, etc. »[37].

---

[34] https://www.geconsultingcm.com/notre-expertise/
[35] https://acci-cavie.org
[36] http://www.rodriguesoffo.com/
[37] Entretien avec l'auteur, Douala, le 16 février 2025.

Pour **Guy Gweth,** Président exécutif du CAVIE, l'intelligence économique est une opportunité pour les acteurs publics et privés du Cameroun et du continent africain de se familiariser avec les nouvelles avancées de l'Intelligence artificielle et de découvrir comment cette technologie peut les aider à améliorer leur performance et leur compétitivité au quotidien.

Il déplore cependant que le domaine soit envahi par le manque de professionnalisme, conséquence des insuffisances dans la formation. Il note que le champ de l'intelligence économique au Cameroun se caractérise par un déficit de rigueur dans l'analyse, le traitement et la recherche de solutions[38].

À CBI Cameroun, affilié au Syndicat national des détectives privés du Cameroun, et qui évolue néanmoins dans le domaine de l'intelligence économique, on estime que, pour une pratique performative de cette dernière, l'information utile est celle dont ont besoin les différents niveaux de décision de l'entreprise ou de la collectivité, pour élaborer et mettre en œuvre de façon cohérente la stratégie et les tactiques nécessaires à l'atteinte des objectifs définis par l'entreprise dans le but d'améliorer sa position dans son environnement concurrentiel. Ces actions, au sein de l'entreprise, s'ordonnent en un cycle ininterrompu, générateur d'une vision partagée des objectifs à atteindre[39].

À GSM Consulting Group, l'intelligence économique est un dérivé de la guerre de l'information comme on peut le voir à travers l'action chinoise en Afrique. Elle est une composante stratégique de sa politique étrangère visant à renforcer son influence économique, politique et culturelle. Elle utilise une combinaison de médias, de diplomatie publique, de coopération économique et de soft power, pour positionner la Chine comme un partenaire indispensable pour le développement de l'Afrique, tout en contrant les critiques et en renforçant ses alliances internationales.

Pour eux, la guerre de l'information menée par les États-Unis en Afrique, par exemple, est une stratégie complexe visant à promouvoir les intérêts américains sur le continent, contrer les influences concurrentes, notamment celles de la Chine et de la Russie, et soutenir les valeurs de démocratie et de droits de l'homme. Les États-Unis utilisent une combinaison de médias, de diplomatie publique, de coopération économique et de soutien à la société civile pour atteindre ces objectifs. Ils en appellent à une véritable politique

---

[38] Entretien avec Alain Nanga, https://www.camer.be/84643/11:1/cameroun-dr-guy-gweth-la-veille-lintelligence-economique-sont-essentielles-a-toute-strategie-de-puissance-cameroon.html

[39] Manifeste présent sur leur plateforme https://cbicameroun.com/intelligence-economique-cameroun

publique nationale de l'intelligence économique qui va sortir ce secteur du cafouillage et le positionner comme un levier stratégique dans l'atteinte des objectifs d'industrialisation et de développement du pays.

1.2. L'intelligence économique au Cameroun : des pratiques managériales à professionnaliser et à légitimer

Ces acteurs qui se revendiquent à leur manière comme parmi les plus professionnels du domaine s'accordent sur l'idée que les pratiques d'intelligence économique au Cameroun méritent d'être professionnalisées afin d'accroître leur légitimation au sein des entreprises et autres organisations privées. Ils estiment qu'il faut l'ériger au rang d'instrument de coordination des activités stratégiques. Elle doit intervenir en soutien de la politique économique du patronat camerounais.

Les acteurs interrogés estiment que, au Cameroun, l'ingénierie stratégique de l'information est très faiblement externalisée, tandis que la mobilité qu'elle implique est très forte. Les cadres ne sous-traitent pas ce qu'ils peuvent effectuer eux-mêmes au sens strict du terme. La recherche d'informations concernant de nouvelles sources possibles relève du métier de chasseur de têtes, et chaque cadre est censé s'y consacrer (Larivet, 2006).

Du coup, l'intelligence économique n'est pas très prise en compte dans la résolution des contradictions entre logiques managériales nationales et logiques de produits. Or, la résolution de cette tension dans des économies à l'industrialisation naissante est essentielle en termes de transfert de connaissances technologiques entre les différentes entités. Ce transfert est opéré du bas vers le haut, afin de réduire le temps de remontée de l'information (Oubrich, 2007).

Dans un contexte de décentralisation comme celui du Cameroun, la fonction d'intelligence économique peut avoir pour unique objectif l'interprétation et l'analyse. Dans cette configuration, les entreprises ne désirent pas multiplier les processus formels de recueil d'informations en dehors de leur organisation matricielle (Harbulot & Baumard, 1997).

En effet, dans sa quête d'émergence, le Cameroun a placé les entreprises nationales, les investisseurs et les entrepreneurs devant des défis majeurs : l'internationalisation, l'innovation radicale, la gestion des risques et menaces, la désinformation sciemment organisée par les puissances étrangères pour attenter à la réputation de l'économie du pays, la concurrence déloyale, le marché noir où se vendent les produits contrefaits (produits de substitution), les attaques subversives, les pratiques anticoncurrentielles, l'espionnage avec pour conséquence des vols de formules confidentielles ou de prototypes, etc. Autant de défis qui appellent à une professionnalisation du secteur de l'intelligence économique.

Cette dernière implique la prise en compte de l'entrée de nouveaux concurrents sur le marché, le lobbying, l'influence, la contre-influence, etc. Il s'agit dès lors pour les décideurs et acteurs économiques de prendre des décisions avec un niveau élevé de certitude. Lesquelles décisions permettent d'éviter des crises aiguës. L'intelligence économique, en fournissant des renseignements stratégiques, fiables, impartiaux et tactiques à haute valeur ajoutée, est à cet égard un instrument stratégique déterminant.

2. Pour une politique publique nationale de l'intelligence économique

Les acteurs interrogés appellent à la mise en place d'une politique publique nationale de l'intelligence économique dont l'État et ses démembrements ainsi que les entreprises peuvent tirer profit. Cette politique publique peut prendre la forme de ce que les Anglo-saxons appellent l'*Advocacy Coalition Framework* (ACF). Que ce soit en politique politicienne ou en matière économique, l'ACF cherche à expliquer les changements de l'action publique sur des périodes de dix ans ou plus (Sabatier et Jenkins-Smith, 1993). Elle suppose que le processus de fabrication d'une politique se produit en premier lieu parmi les spécialistes (du domaine de cette politique) qui cherchent régulièrement à influencer la décision en la matière à l'intérieur d'un sous-système de politique publique particulier. Son principe de base est que des acteurs sont regroupés en une ou plusieurs coalitions de cause, dont les membres partagent un ensemble de croyances normatives et de perceptions du monde, et qu'ils agissent de concert afin de traduire leurs croyances en une politique publique. L'ACF convient tout particulièrement pour comprendre et gérer les problèmes « retors » (*wicked*), c'est-à-dire ceux qui impliquent des conflits en termes d'objectifs, des controverses techniques et de multiples acteurs issus de différents niveaux de gouvernement. L'intelligence économique en fait partie.

L'ACF comporte deux éléments fondamentaux : 1) sa conception des sous-systèmes de politique publique nichés à l'intérieur d'un système politique plus large ; 2) son modèle de l'acteur individuel de politique publique (*individual policy actor*).

Faire de l'intelligence économique une politique publique signifie qu'on l'appréhende comme un sous-système composé d'acteurs issus d'agences et d'institutions législatives à tous les niveaux de gouvernement, de leaders de groupes d'intérêt, de chercheurs et de journalistes qui cherchent régulièrement à influencer les décisions politiques à l'intérieur d'un domaine particulier. Les acteurs qui partagent un système de croyances lié à l'action publique et coordonnent leurs comportements dans une certaine mesure peuvent être regroupés en une ou plusieurs coalitions de cause. Chaque coalition développe un ensemble de stratégies, incluant l'utilisation de ses ressources politiques (argent, informations, autorité légale, etc.) dans le but de contrôler la politique publique. Les décisions politiques (lois, décrets, allocations budgétaires) produisent alors des résultats (*outputs*) et des impacts, qui entraînent des réactions (*feed back*) dans les stratégies et les systèmes de croyances de chaque coalition. Toutefois, si 90 % des processus de *policy-making* se passent à l'intérieur des sous-systèmes, deux séries de variables externes affectent également les politiques publiques : la première série concerne les facteurs – tels que la distribution des ressources naturelles, les valeurs culturelles fondamentales ou les règles constitutionnelles – qui restent relativement stables dans le temps, mais qui peuvent affecter les contraintes et les ressources des acteurs d'un sous-système. La seconde série de variables externes comprend les changements qui se produisent dans les conditions socio-économiques, l'opinion publique, les partis politiques dominants ou les productions des autres sous-systèmes. Ces variables peuvent potentiellement générer des changements majeurs en termes de politiques publiques sur des périodes de dix ans ou plus.

Le second élément fondamental est le modèle de l'acteur individuel de politique publique. L'ACF suppose que les croyances normatives soient empiriquement découvertes et n'exclut pas *a priori* la possibilité d'un comportement altruiste. Elle souligne la difficulté de changer de croyances normatives et la tendance qu'ont les acteurs à percevoir le monde à travers toute une série de filtres composés de croyances préexistantes difficiles à modifier. Ainsi, des acteurs issus de coalitions différentes sont amenés à percevoir la même information de façon très différente, ce qui conduit à de la méfiance mutuelle. L'ACF emprunte aussi la proposition clé de la *prospect theory* selon laquelle les acteurs évaluent mieux les pertes que les gains, ce qui implique que les individus se souviennent davantage des défaites que des victoires. Ces propositions interagissent pour produire le « penchant diabolique » (*devil shift*), soit la tendance qu'ont les acteurs à voir leurs opposants comme moins dignes de confiance, plus mal intentionnés et plus puissants qu'ils ne le sont probablement. Cela contribue à cimenter les relations à l'intérieur des coalitions et à exacerber le conflit entre coalitions. Les filtres de perception tendent également à écarter les informations dissonantes et à réaffirmer les informations conformes, rendant ainsi le changement de croyances entre les coalitions relativement difficile. L'ACF conçoit le système de croyances des élites d'une politique publique sous la forme d'une structure tripartite. Au niveau le plus profond et le plus large se trouvent les croyances du noyau central (*deep core beliefs*). Elles comprennent des hypothèses normatives et ontologiques très générales concernant, par exemple, la priorité relative de la liberté individuelle sur l'égalité sociale ou le rôle propre du gouvernement par rapport à celui du marché, ces hypothèses s'appliquant à tous les domaines de politique publique. La traditionnelle échelle gauche/droite joue par exemple à ce niveau du noyau central. Largement produites par la socialisation au cours de l'enfance, ces croyances du noyau central sont extrêmement difficiles à changer. Au niveau suivant se trouvent les croyances propres à une politique particulière (*policy core beliefs*). Il s'agit des croyances du noyau central appliquées à tout un sous-système de politique publique et elles comprennent des sujets comme la priorité de différentes valeurs, l'autorité relative des gouvernements et des marchés, ou la plus ou moins grande gravité d'un problème public ainsi que ses causes. Parce que les croyances du noyau propre à une politique publique sont générales à un sous-système et ont à voir avec des perceptions fondamentales et des choix généraux de politique publique, elles sont également très difficiles à faire évoluer. Enfin, le dernier niveau est composé des croyances secondaires (*secondary beliefs*), qui sont relativement restreintes (moins larges que l'ensemble du sous-système). Elles concernent, par exemple, les règles détaillées et les applications budgétaires à l'intérieur d'un programme spécifique. Parce que ces croyances secondaires sont plus restreintes que les croyances du noyau propre à une politique, il est moins nécessaire, pour les modifier, d'accumuler les preuves et de multiplier les accords entre les acteurs du sous-système ; le changement est ainsi moins difficile.

2.1. L'intelligence comme politique publique pour l'État

Cette approche peut aider l'État à surmonter les défis économiques les plus complexes et difficiles en déployant des mécanismes de surveillance de l'environnement concurrentiel et en récoltant des informations macro-économiques qui peuvent nourrir ses orientations. Ce qui pourrait permettre d'éviter la navigation à vue.

Les renseignements obtenus par l'État permettent de comprendre l'environnement concurrentiel, les différentes chaînes d'approvisionnement. Ils sont une valeur ajoutée nécessaire pour surmonter les défis économiques les plus complexes et difficiles. Ils contribuent à mettre en place des mécanismes de surveillance de l'environnement de sécurité économique des pays voisins. Ils examinent les structures organisationnelles de ces pays, les intérêts cachés, la gestion des infrastructures opérationnelles et les risques opérationnels, les situations financières, les évasions fiscales, les réseaux de blanchiment d'argent, les risques de corruption, les risques de réputation, les risques politiques, les cercles d'influence et bien plus encore.

Selon un consultant en la matière : *« Une fois qu'un risque pour votre entreprise est identifié, nous évaluons sa gravité, déterminons sa probabilité de survenance, identifions les points critiques et enfin proposons des méthodes visant à réduire l'incertitude liée à la non-connaissance du futur (capacité préventive). Nous sommes aussi une force de conseil et de proposition avec une solide culture dans le domaine du décisionnel ».*

En somme, l'intelligence économique comme politique publique pour l'État permet :

d'avoir une vue holistique du marché et de saisir les opportunités géopolitiques, géostratégiques, technologiques, etc.;

de rendre le pays plus attractif et compétitif, d'accroître son influence et de défendre ses actifs corporels et incorporels,

de prévenir et mettre à l'écart les situations pouvant perturber la vie de la nation comme organisation économique ;

de protéger les entreprises nationales contre tous les risques et menaces liés à la sécurité, à la sûreté, à l'environnement et au management ;

de comprendre la contre-performance en cas de baisse de production,

de gérer des crises et d'anticiper sur des situations ;

L'intelligence économique comme politique publique permet de bâtir un système économiquement durable et totalement sécurisé, dans les secteurs divers (primaire, secondaire, tertiaire et quaternaire), les multinationales, les sociétés gouvernementales, etc. Les mésaventures du groupe Fokou au Gabon sont à cet égard une alerte et un appel à une prise de conscience au plus haut sommet. Une telle approche va à coup sûr favoriser l'atteinte des objectifs économiques de l'Agenda 2063 (une économie bleu/océan pour une croissance économique accélérée : objectif 6) et de l'Agenda 2030 (promouvoir une croissance économique soutenue, inclusive et durable : objectif 8).

Cette politique publique de l'intelligence économique peut s'organiser autour de trois axes : la veille stratégique sur les évolutions et défis auxquels est confrontée l'économie camerounaise ; le renforcement de la sécurité économique des entreprises et des établissements de recherche ; le soutien à la compétitivité de l'économie nationale et la capacité de transfert des établissements de recherche.

Comme le montrent la Chine, la Russie, la Turquie, etc., la gestion stratégique de l'information économique est devenue l'un des moteurs essentiels de la performance globale des entreprises et des nations. En effet, le processus de mondialisation des marchés contraint les agents économiques à s'adapter aux nouveaux équilibres qui s'établissent entre concurrence et coopération. Désormais, la conduite des stratégies industrielles repose largement sur la capacité des États à accéder aux informations stratégiques pour mieux anticiper les marchés à venir et les stratégies des nations concurrentes. Comme politique publique, l'intelligence économique peut être définie comme l'ensemble des actions coordonnées de recherche, de traitement et de distribution en vue de son exploitation, de l'information utile aux acteurs économiques. Ces diverses actions sont menées légalement avec toutes les garanties de protection nécessaires à la préservation du patrimoine de l'État et des entreprises, dans les meilleures conditions de qualité, de délais et de coût (Fonvielle, 2022). Il s'agit, comme aux États-Unis, de développer une véritable communauté d'intelligence économique qui rassemble tous les secteurs de la société, incluant parfois des membres des forces armées. Tout est mis en place pour contrer les problèmes de coordination et d'intégration de ces activités.

2.2. L'intelligence économique comme politique pour les entreprises

Ici, elle a une visée plus pragmatique que directionnelle. Il s'agit de surveiller l'environnement pertinent ; de traiter et analyser l'information stratégique ; de manager l'information et la connaissance ; de protéger le patrimoine immatériel ; d'influencer son environnement.

À la différence du marketing qui tend à analyser l'environnement en termes de marchés, de produits, d'offres et d'avantages concurrentiels, l'intelligence économique s'intéresse aux responsables ainsi qu'aux processus de décision des concurrents. Ainsi, une action courante d'intelligence économique consiste dans la réalisation de profils d'intentions et de capacités. Cette lecture de l'environnement s'oppose à celle du marketing. Son unique objet d'intérêt porte sur l'articulation entre les intentions et les capacités relatives à leur mise en œuvre. Considérant que l'intention constitue le motif réel des actions, l'expert en intelligence économique analyse systématiquement les "intentions" liées aux actions qu'il a identifiées. D'après Baumard et Benvenuti (1998), pour les entreprises, l'intelligence économique revêt plusieurs intérêts.

Elle est un critère de compétitivité : en ce sens que sa pratique intensive n'est pas uniquement la résultante d'acquis historiques et culturels. Elle permet d'avoir un avantage culturel concurrentiel décisif sur les concurrents.

L'intelligence économique est une matière première d'une nouvelle industrie c'est-à-dire qu'elle a introduit une industrie de l'information caractérisée par la taille et la nature des activités des sociétés de conseil en management.

L'intelligence économique fonde une culture écrite dans l'entreprise en ce sens qu'elle permet à l'information d'exister dans le temps et la durée en la mettant en mémoire. Un des défauts majeurs des entreprises étant la perte continue d'informations et même de savoir-faire due à l'absence de traces écrites. La mise à la retraite d'un salarié de l'entreprise aboutit souvent à une rupture dans la chaîne de transmission des connaissances ainsi qu'à la perte pure et simple d'informations clés. Les économies nationales les plus performantes ont su engendrer, dans les entreprises et les administrations, une pratique favorable au transfert de savoir sur les méthodes de collecte et de traitement de l'information utile. L'information n'est plus un capital personnel destiné avant tout à la valorisation des individus dans la structure hiérarchique. Elle est intégrée comme bien immatériel à l'outil de travail. Elle est à ce titre une source collective de profit et une des garanties de la pérennité de l'entreprise. Garder l'information par-devers soi devient une faute professionnelle grave, dans la mesure où un tel acte individuel peut être considéré comme une menace pour la compétitivité de l'entreprise et donc pour la collectivité salariale.

L'intelligence économique est source de concertation État/entreprises/collectivités territoriales : contrairement à ce qui est enseigné par les tenants du libéralisme anglo-saxon, les entreprises ne sont pas les seuls acteurs du marché. Les collectivités territoriales et les administrations jouent un rôle essentiel dans l'optimisation des flux d'information. C'est le cas dans plusieurs pays d'Asie, par exemple. La circulation opérationnelle de l'information entre les entreprises, les collectivités territoriales et les administrations représente, sur le plan offensif comme sur le plan défensif, un facteur clé de compétitivité vis-à-vis de la concurrence étrangère. Elle permet de déboucher sur des actions économiques constructives pour l'intérêt national, d'encourager l'intégration ethnique afin de renforcer la cohésion nationale et bénéficier de leurs ancrages culturels extérieurs ; de réduire le gaspillage de plusieurs milliards de dollars que les agences et les entreprises génèrent chaque année dans leur mauvaise maîtrise des technologies de l'information ; de repenser la protection de la chaîne nationale de l'information (commandement, contrôle, communications, ordinateurs). Toute information diffusée est potentiellement une exportation de connaissance.

En guise de conclusion

Il y a lieu de rappeler que le propos qui précède avait pour but de montrer que l'intelligence économique est partie intégrante de la guerre économique comprise comme :

> l'utilisation de la violence, de la contrainte et de moyens déloyaux, ou illégaux, pour protéger ou conquérir un marché, gagner ou préserver une position dominante qui permet de contrôler abusivement un marché. La guerre économique s'exerce en temps de guerre comme de paix. Elle est pratiquée par les États, les entreprises, les associations et même les individus. Sachant que rien n'échappe à la marchandisation dans un monde néolibéral, la guerre économique s'applique aussi bien à tous les produits et services qu'à tous les biens immatériels, comme les pensées (guerre des idées), les croyances (guerre des Églises) et la connaissance (guerre cognitive). La politique n'a jamais eu le monopole de la violence. La violence a toujours existé dans le champ économique (Laïdi Ali, 2019 : 43-54).

Dans le cas du Cameroun, ce secteur qui s'institutionnalise doit rapidement faire l'objet d'une politique publique, faute de quoi le réveil sera brutal, car la guerre de l'information est au cœur des enjeux de la survie de tous les États aujourd'hui. De fait, aujourd'hui, les « États carnivores » tentent de saper et d'affaiblir les fondements de ces sociétés, par des campagnes de manipulation de l'information notamment, en jouant sur leurs propres contradictions.

Pour un pays qui aspire à l'émergence, comme le Cameroun, c'est un impératif de gouvernement. En effet, l'essor de la société de l'immatériel a fait de l'information un outil hautement stratégique dont l'usage peut aussi bien être défensif, offensif ou encore un vecteur d'amélioration. Le caractère stratégique que revêt désormais l'information est l'aboutissement de plusieurs décennies de bouleversements technologiques dans les domaines des communications et des réseaux de transmission notamment. Le développement fulgurant des dispositifs sociotechniques de l'information et de la communication (DISTIC) a propulsé le monde dans l'âge de l'Internet et aujourd'hui de l'intelligence artificielle, qui annonce de nouveaux défis que l'intelligence économique prépare à affronter.

Bibliographie

Baumard, P. (1992). Guerre économique et communauté d'intelligence. *La Revue politique et parlementaire.*

Bosserelle, É. (2011). La guerre économique, forme moderne de la guerre ? *Revue française de socio-économie*, (2), 167-186.

Buquen O. (2010) Communication lors du colloque *Pratiques de l'intelligence économique en entreprise Outils, méthode et organisation*, Paris, CDSE

Casilli A. (2022) « Plateformes numériques » in Didier Fassin (dir.) *La société qui vient*, Paris, Seuil, pp. 185-201.

Conesa, P. (2003). L'intelligence économique et stratégique : la diplomatie d'influence au service de la guerre économique. *Revue internationale et stratégique*, (4), 153-160.

Coulomb, F. (2003). Pour une nouvelle conceptualisation de la guerre économique. *Guerre et économie.*

De Maison Rouge O. (2016) *Le droit du renseignement. Renseignement d'État ; Renseignement économique*, Paris, LexisNexis,

Fontanel, J., & Bensahel, L. (1992). La guerre économique. *Arès*, *13*(4), 9-50.

Fonvielle D. (2022) *De la guerre... économique*, Paris, PUF.

Harbulot, C., & Baumard, P. (1997). Perspectives historiques de l'intelligence économique. *Revue d'intelligence économique*, *1*(1), pp-50.

Laïdi Ali (2019) « Une histoire de la guerre économique » in Christian Harbulot, *Manuel d'Intelligence économique*, Paris, PUF.

Larivet S. (2006). L'intelligence économique : un concept managérial. *Market Management*, *2*(3), 22-35.

Martre H. Philippe C., & Harbulot C. (1994) "Intelligence économique et stratégie des entreprises." *Rapport du commissariat général au Plan, Paris, La documentation française* 17 (1994) : 82-94.

Oubrich, M. (2007). L'intelligence économique. *La revue des sciences de gestion*, *226227*(4), 77-88.

Sabatier Paul A. (2014) « Advocacy Coalition Framework (ACF) », *in* Laurie Boussaguet *et al.*, *Dictionnaire des politiques publiques*, Presses de Sciences Po (P.F.N.S.P.) « Références », 2014 (4e éd.), p. 49-57.

Salles, M. (2003). Stratégies des PME et intelligence économique. *Éditions Economica.*

Salvetat, D., & Le Roy, F. (2007). Coopétition et intelligence économique. *Revue française de gestion*, *176*(7), 147-161.

Vermersch P. (1994) L'entretien d'explicitation en formation continue et initiale, Paris, ESF.

Vermersch P. (2018) *Économie et management*, n° 169, pp. 64-70.

Waller S. & Masse C. (1999) *L'analyse documentaire : une approche méthodologique*, Paris, ADBS Éditions.

Section 4 :

Rôle des forces de sécurité camerounaises en matière de sécurité économique : une approche par l'intelligence économique

Victor KITIO,

Arsène MBA FOKWA
et
Gilles Brice M'BAKOP

Introduction

La politique de sécurité économique a pour objet la protection, face aux menaces extérieures et internes, des actifs, matériels et immatériels, stratégiques pour l'Économie. Au cœur de la mise en œuvre de cette politique se trouvent les composantes civiles, paramilitaires et militaires des Forces de sécurité, notamment la Douane, la Police ou Sûreté nationale et la Gendarmerie nationale (Boulanger E. 1945).

Pour préserver de manière dynamique cette sécurité économique au Cameroun dans un contexte de vulnérabilité, de compétitivité et de concurrence économique internationale, les pouvoirs publics envisagent de doter le pays d'un dispositif national robuste mobilisant adéquatement l'Intelligence économique (IE). Plus spécifiquement, il est question : « ... *(i) d'adapter le cadre légal et réglementaire de la défense nationale en l'articulant avec la protection de l'espace économique et la protection civile ; (ii) d'élaborer et de mettre en œuvre une stratégie d'Intelligence économique ; et (iii) de définir un cadre incitatif rigide pour la promotion des Petites et Moyennes Entreprises (PME) locales et de la sous-traitance* »[40]. Cette ambition s'inspire de plusieurs études menées en Afrique (Dugoin C. 2021) et ailleurs (Paturel R. et Richomme K, 2010).

En effet, à l'ère de la mondialisation, la guerre quitte de plus en plus le champ de bataille où les États s'affrontent physiquement avec les armes pour

[40] Ministère de l'Économie, de la Planification et de l'Aménagement du territoire (MINEPAT), 2020 : Stratégie nationale de Développement (SND 30).

se déployer sur le champ économique avec l'usage de nouvelles méthodes et stratégies. Il s'agit de la guerre économique, qui se caractérise par l'usage de cette puissante arme qu'est l'IE avec pour levier principal l'information et comme acteurs, les Services de Renseignement et les réseaux diplomatiques. Dans un tel contexte, les États qui tiennent à se défendre et à préserver la sécurité de leur économie s'attèlent à maîtriser les contours de l'IE et ses modes d'emploi (Nicolas. M, 2011).

Cette étude s'inscrit dans cette logique, car elle vise globalement à analyser succinctement les contours du concept « IE » et le rôle que peuvent jouer les forces de sécurité dans le cadre de sa mise en œuvre pour garantir la sécurité des entreprises camerounaises. Plus spécifiquement, il est question de (i) présenter les différentes acceptions du concept IE ainsi que ses piliers organiques qui en font une arme redoutable au service de la sécurité économique, et (ii) de déterminer les actions pratiques et opérationnelles que peuvent mener les unités et les services de sécurité pour accroître la sécurité des entreprises en général, et des PME en particulier, dans le cadre de la stratégie d'IE du Cameroun.

Le double intérêt de l'étude se situe aux plans scientifique et professionnel. Au plan scientifique, ce travail est un essai de valorisation des métiers du renseignement et de sécurité en vue de la protection du tissu économique national. En effet, au Cameroun, on note l'existence de quelques études théoriques qui établissent un lien entre l'IE et la sécurité économique, comme celles de Leonetti X. (2008), Delesse C. (2010), Sagne J. (2013), Haoudi et Bennagem (2020), Mbozoo H. (2021). De façon globale, ces études présentent l'IE comme une opportunité pour les entreprises en vue du déploiement d'une bonne stratégie commerciale et de la sécurisation des systèmes d'information. Toutefois, on peut déplorer une carence d'études scientifiques qui mettent en lumière le rôle institutionnel de l'État en général et plus particulièrement celui des forces de sécurité dans ce domaine. De ce fait, cette étude est la proposition d'une démarche scientifique qui met en symbiose, dans le cadre des Initiatives Public-Privé (IPP), les actions d'un État-stratège et celles d'un secteur privé constitué d'entreprises dynamiques pour la sauvegarde des intérêts nationaux dans un contexte de guerre économique tel que défendu par Leonetti (Op.cit).

Au plan professionnel et pratique, l'étude permet de mettre en lumière l'opportunité et la pertinence pour les acteurs des Forces de Sécurité de se pencher sur cette nouvelle mission étatique qui se rapporte à leur domaine d'intervention statutaire. En effet, les Forces de Sécurité, en s'appuyant sur leurs cadres organiques et leurs maillages territoriaux et diplomatiques à l'extérieur, peuvent apporter une grande contribution à ce nouveau dispositif en cours d'implémentation sur les volets sécuritaires défensif et offensif. Suivant les recommandations des auteurs phares comme Martre H (1994),

Didier et Harbulot (2006) et Clerc (2022). Les mesures de défense à court terme devraient permettre de protéger et de sécuriser toutes les entreprises nationales. À moyen et long terme, les actions offensives viseront à transformer les PME en champions nationaux, équipés et expérimentés pour affronter la concurrence féroce des multinationales étrangères sur le marché mondial. En l'état actuel de leur fonctionnement, les Forces de sécurité camerounaises jouent un rôle non négligeable en matière de sécurité économique ; elles assurent globalement la sécurité des biens, des entreprises et celle des personnes ; elles mènent une lutte acharnée contre la contrebande, la contrefaçon, la criminalité économique et financière ainsi que le blanchiment d'argent. Analyser le rôle des pays dans une perspective d'IE revient à questionner l'existant pour que ces forces deviennent plus proactives face aux nouveaux risques et menaces géoéconomiques.

La suite de l'étude s'articule comme suit : la sous-section 2 est consacrée à la méthodologie ; la sous-section 3 présente les résultats et les discute ; la section 4 conclut en insistant sur les implications de politique publique.

1. Méthodologie

Pour atteindre les objectifs de l'étude, nous adoptons une triple démarche : une analyse théorique basée sur la recherche documentaire, une étude qualitative basée sur des entretiens semi-directifs et une analyse de contenu par le traitement des données.

Le premier objectif qui consiste à présenter les différentes acceptions du concept IE et ses enjeux pour l'État et les entreprises est atteint par une analyse théorique basée sur la recherche documentaire ainsi que l'analyse des référentiels de politiques publiques *« policy network analysis »* formulées par Jobert et Muller (1987). Cette démarche permet de présenter, dans le cadre d'une revue de littérature sélective, les concepts « sécurité économique » et « intelligence économique » avec en prime le rôle des Forces de sécurité et les services de renseignement (Martre, op.cit ; Carayon, 2003 ; Lienemann-Lemoyne, 2023)

Le deuxième objectif qui consiste à déterminer les actions pratiques et opérationnelles à mener par les services de renseignement et unités de sécurité dans le cadre de la sécurité économique au Cameroun s'appuie sur une étude empirique à partir d'une enquête par questionnaire semi-directif. La base de l'analyse est constituée avec les données des entreprises et des Administrations de sécurité publique recueillies auprès d'un échantillon représentatif de trente-huit (38) PME qui opèrent sur le territoire national dans les secteurs primaire, secondaire et tertiaire ainsi que les unités stratégiques de sécurité et de renseignement, notamment la Gendarmerie nationale (GN), la Sûreté nationale (SN), la Direction générale du Renseignement extérieur (DGRE), la Douane Camerounaise et l'Agence

Nationale des Technologies de l'Information et de la Communication (ANTIC). Le choix exclusif de ces unités est orienté et motivé par leur rôle statutaire en matière de sécurité économique et leur appartenance au système national de sécurité du Cameroun conformément au cadre légal et normatif de leur création[41].

Sur la base d'un échantillon fourni par le ministère des Petites et Moyennes Entreprises sur des PME (10 à 49 employés) réputé avoir de bonnes performances, nous avons administré un questionnaire aux dirigeants de ces PME reparties sur quatre régions économiquement actives du pays à savoir le Littoral, le Centre, l'Ouest et le Nord. L'effet recherché ici consiste à analyser les capacités de ces PME à anticiper les menaces et vulnérabilités grâce à un dispositif de veille et assurer la protection de leurs informations et systèmes d'information. Les variables en étude ici sont choisies suivant le modèle du « Jeu des 8 familles d'atteintes à la sécurité économique » mis sur pieds en 2019 par l'Institut National des Hautes Études de la Sécurité et de la Justice (INHESJ) et la Direction générale de la Gendarmerie nationale (DGGN) française. Ces variables qui recensent les risques et vulnérabilités[42] sont :

- Les **atteintes physiques** qui concernent essentiellement les intrusions, les destructions, des vols de matériels et de matériaux ;
- Les **désorganisations et fragilisations** qui sont des actions exogènes à l'entreprise et parmi lesquelles on retrouve la raréfaction des approvisionnements, les nouvelles concurrences étrangères ou encore le harcèlement en contentieux ;
- Les risques cyber représentent aujourd'hui un véritable fléau pour les entreprises, en raison de nombreux rançongiciels, de faux ordres de virement et d'autres vols de données. On peut également citer toutes les vulnérabilités ouvertes par les usages numériques (Cloud, BYOD, Télétravail ...) ;
- Les **risques financiers** qui ne constituent généralement pas d'infraction au sens du droit pénal, mais qui sont des outils de prédation par excellence. L'injection de capitaux étrangers, notamment dans une entreprise, peut déboucher, par exemple, sur une

[41] Loi N0 67/LF/9 du 12 juin 1967 portant organisation générale de la Défense au Cameroun ;
Décret no 2001/181 du 25 juillet 2001 portant organisation de la Gendarmerie nationale ;
Décret no 2012/540 du 19 novembre 2012 portant organisation de la Délégation générale à la Sureté nationale ;
Décret no 60/280 du 31 décembre 1960 portant sur le service de la Gendarmerie nationale ;
Décret portant organisation de la Douane camerounaise ;
Décret no 67-DF-486 du 15 novembre 1967 portant organisation des forces auxiliaires

[42] L'objet de l'étude portant spécifiquement sur la sécurité économique, notre intérêt est plus porté sur l'analyse des risques et vulnérabilités qui sont du domaine de compétence des forces de sécurité et moins sur les menaces qui sont du ressort des Forces de Défense.

délocalisation, un changement dans la gouvernance de l'entreprise, voire une cessation d'activité ;

- Les **atteintes aux savoir-faire** qui sont essentiellement relatives aux questions de propriété intellectuelle, dont la contrefaçon, la contrebande et les débauchages de personnels.
- Les **atteintes à la réputation** qui sont grandement favorisées par les moyens modernes de communication, en particulier les réseaux sociaux. Il n'est pas rare de voir la société civile (ONG, associations, collectifs…) militer contre une entreprise ou un secteur d'activité.
- Les **fragilités humaines** qui constituent également une vulnérabilité face aux menaces d'atteintes à la sécurité économique : corruption, sabotage, dérives sectaires.
- Les **intrusions consenties,** qui sont également des facteurs très importants de risque. Permettre à des personnes (prestataires, stagiaires, visiteurs...) d'entrer dans l'entreprise peut avoir pour corollaire la divulgation d'informations sur sa structure, ses produits et ses procédés.

Sur ce plan méthodologique enfin, les données collectées sur les PME ont subi des traitements statistiques par le tri à plat à l'aide du logiciel SPSS qui permet d'identifier les tendances et faire des prédictions.

2. Résultats et discussion

Nous présentons de manière itérative les principaux résultats par objectifs (2.1) ; ensuite, nous discutons ces résultats par confrontation aux autres études menées dans le contexte camerounais et ailleurs (2.2).

2.1. Les principaux résultats

Tout d'abord, nous présentons l'essentiel de la revue des travaux explicitant les différentes acceptions et contours des notions « Intelligence économique » et « sécurité économique » (i) ; ensuite, un benchmark ING comparatif entre les cas français et camerounais autour du rôle des Forces de sécurité en matière de sécurité économique (ii) et enfin ; l'état empirique de mise en œuvre de la Veille et la sécurité économique dans les PME et les Administrations de sécurité publique (iii) au Cameroun.

i. Des différentes acceptions des notions « Intelligence économique » et « sécurité économique » et cadre réglementaire de leur mise en œuvre dans les Forces de sécurité camerounaises

Le concept « Sécurité économique » est entendu comme la matérialisation d'une politique publique de l'État visant à protéger et à promouvoir les intérêts économiques et stratégiques de la nation. Dans son volet défensif, il regroupe les activités de protection du patrimoine, la délimitation des périmètres industriels et technologiques critiques et la lutte contre les activités de renseignement économique étrangères. Dans une perspective offensive, il s'agit notamment d'accompagner le développement à l'international des firmes nationales. La sécurité économique s'inscrit globalement dans la politique publique de l'IE, car elle s'appuie sur la collecte et le traitement de l'information ainsi que la sauvegarde de cette information (Houerenatou, 2020).

S'agissant du concept « Intelligence économique », Martre (Op.cit.) le présente comme l'ensemble des actions de collecte, d'analyse et de diffusion de l'information utile aux différents acteurs économiques. Globalement, c'est le domaine d'activité qui consiste à assurer une veille permanente pour obtenir des informations pertinentes au bon moment, à protéger ses propres informations, à prendre les bonnes décisions et à mettre en place les meilleurs moyens d'action face à la concurrence. Elle prend en compte trois grands aspects encore appelés piliers ou fonctions : la veille stratégique, la protection ou sécurité économique et l'influence. De cette définition et de cette formalisation, on comprend aisément que l'IE a toujours existé, et qu'elle ne date pas d'aujourd'hui.

L'IE est une pratique qui ne date pas de ces dernières décennies, car, surveiller, scruter, être attentif et veiller sont des activités naturelles pour l'être humain. Depuis l'antiquité, l'IE était liée aux informations ramenées par les explorateurs et les commerçants qui constituaient des mines d'informations utiles pour les nations et les grandes entreprises. Le terme « Intelligence économique » est alors apparu aux États-Unis dans le domaine militaire et son évolution de ce domaine à celui des affaires a connu différentes étapes. Wilensky H.L. (1967) définissait alors l'IE comme l'activité de production de connaissances servant à réaliser des buts stratégiques pour le bien de l'organisation à partir d'un contexte légal.

Contrairement à d'autres pays européens, comme l'Allemagne, la Grande-Bretagne ou le Portugal, la France, qui est notre référentiel analytique, a compris tardivement l'importance de l'IE. C'est la publication, en 1994, du rapport Martre, intitulé « Intelligence économique et stratégie des entreprises », qui marqua réellement le début de l'IE en France et dans plusieurs autres pays. Dans ce rapport on peut lire : « *... l'intelligence économique peut être définie comme l'ensemble des actions coordonnées de recherche, de traitement et de distribution, en vue de son exploitation, de l'information utile aux acteurs économiques. Ces diverses actions sont menées légalement avec toutes les garanties de protection nécessaires à la préservation du patrimoine de l'entreprise, dans les meilleures conditions de délais et de coûts. L'information utile est celle dont ont besoin les différents niveaux de décision de l'entreprise ou de la collectivité, pour élaborer et* *mettre en œuvre de façon cohérente la stratégie et les tactiques nécessaires à l'atteinte des objectifs définis par l'entreprise dans le but d'améliorer sa position dans son environnement concurrentiel. Ces actions, au sein de l'entreprise, s'ordonnent autour d'un cycle ininterrompu, générateur d'une vision partagée des objectifs de l'entreprise ».*

S'agissant de la sécurité économique, elle constitue un pilier ou une fonction de l'IE. Larivet (2006) énumère trois fonctions principales de l'IE : une fonction de renseignement ou de veille stratégique, une fonction de gestion de risque ou de sécurité économique et une fonction d'influence. Ces trois fonctions sont les plus considérées et utilisées dans la littérature. Elles se résument parfaitement par la figure ci-dessous.

Figure : Fonctions ou piliers organiques de l'Intelligence économique

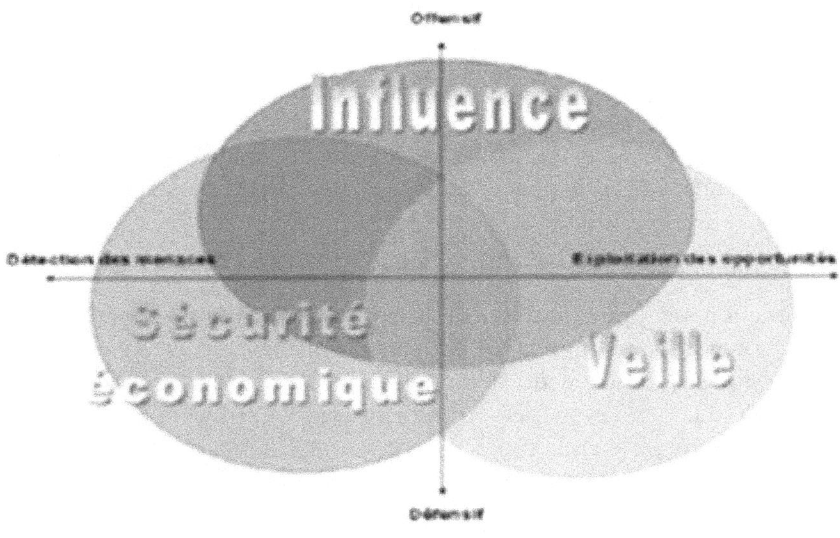

Source *: Larivet, 2002*

a. La fonction de veille stratégique ou de renseignement

Selon Aguilar (1967), pionnier de la recherche en matière de veille, la veille stratégique consiste à saisir les informations relatives aux événements et aux relations prenant place dans l'environnement externe de l'entreprise ou l'organisation, informations dont la connaissance est susceptible d'aider l'équipe dirigeante dans ses choix stratégiques relativement au futur de l'entreprise ou l'organisation. On retrouve bien dans cette définition les notions d'environnement, d'information et de futur. Selon Romagni et Wild

(1998, P.92), la veille stratégique est une analyse attentive des différentes facettes de l'environnement afin de développer la proactivité et de préparer au mieux la prise de décision d'une organisation. Lesca et Castagnos (2000) définissent la veille stratégique comme « *le processus volontariste par lequel l'entreprise (ou une partie de celle-ci) traque et assimile des informations à caractère anticipatif concernant les changements de son environnement socio-économique, dans le but de se créer des opportunités d'affaires, de réduire ses risques liés à l'incertitude, et d'agir vite et au bon moment* ». Dans une approche simplifiée, la veille stratégique est l'activité ciblée d'acquisition, de traitement et de diffusion de l'information externe à caractère stratégique pour la pérennité de l'entreprise (Lafaye C. 2004)

Au final, la veille stratégique est une expression générique qui englobe plusieurs types de veilles spécifiques, comme la veille technologique, la veille concurrentielle, la veille commerciale, la veille juridique et la veille environnementale. En ce sens, la veille n'est plus seulement une activité exclusive des entreprises, mais davantage celles de l'État. Les forces de sécurité se trouvent donc au cœur de la veille portée par l'État. Les concepts de veille stratégique et d'intelligence économique sont presque devenus des synonymes dans le langage courant. Pourtant l'étude attentive de leur définition montre le côté plus pratique et plus opérationnel de la veille stratégique.

b. La fonction de Protection ou de sécurité économique

La fonction de protection ou de gestion du risque informationnel ou sécurité économique marque la différence entre l'intelligence économique et la veille stratégique, car cette dernière n'a pas pour fonction de protéger l'entreprise ou les systèmes d'information. La gestion du risque informationnel consiste en la protection des informations détenues ou émises par l'entreprise ainsi que les systèmes d'information. Elle revient à garantir la sûreté et la sécurité informationnelles de l'entreprise. Cette protection consiste concrètement à capitaliser des connaissances de l'entreprise afin d'assurer la sauvegarde du patrimoine immatériel (technologies, savoir-faire, portefeuille client, connaissance des marchés) et de mettre en place une culture de la sécurité par une sensibilisation de l'ensemble des salariés et des partenaires. Selon Larivet (Op. cit.), il existe quatre façons pour les dirigeants d'assurer la sécurité de leur entreprise : la sécurité mécanique (mettre des documents dans un coffre, utiliser une broyeuse, contrôler l'accès aux locaux), la sécurité logique (renouvellement des mots de passe, audit de piratage, copies régulières des documents...), la sécurité humaine (membres de l'entreprise discrets, formation, sensibilisation, qualification de ses prospects...) et la sécurité juridique (dépôt de brevet, inclusion de clauses de non-divulgation, utilisation du secret professionnel, respect du droit d'auteur). Cette fonction doit également être prise en compte par les Forces et services de sécurité nationale.

c. La fonction d'influence

La fonction d'influence est l'art pour l'entreprise et/ou pour l'État d'utiliser l'information afin de projeter son influence sur ses marchés à l'intérieur et/ou hors des frontières. Elle consiste en l'utilisation exclusive de l'information comme moyen de pousser un acteur à agir, que cet acteur soit conscient ou non du processus. Les stratégies d'influence consistent alors à mettre en œuvre une série de pressions indirectes sur les acteurs influents du marché (la plupart du temps ses régulateurs) afin de forcer le maintien ou la prise d'une position concurrentielle. La revue de la littérature identifie principalement deux catégories de pratique d'influence : le lobbying et les stratégies d'influence dans le champ concurrentiel. Au niveau de l'État, les réseaux diplomatiques et consulaires ainsi que les missions militaires ont un rôle de premier plan en matière d'Influence (Martre, op. cit.). C'est également à ce niveau qu'on parle de « Soft power ».

ii. Du rôle des Forces de sécurité économique en matière de sécurité économique : benchmarking entre les approches françaises et camerounaises.

a. L'approche française

Dans la politique de sécurité économique française, les Forces de sécurité et plus particulièrement la Gendarmerie nationale s'intègrent dans un paysage institutionnel à caractère interministériel. Dans ce dispositif interministériel, le rôle de la GN s'articule plus particulièrement autour de trois points spécifiques : sensibiliser le tissu économique des PME à la sécurité économique, contribuer à la remontée de l'information stratégique utile dans le cadre de la politique publique et diffuser une culture de la sécurité économique.

L'activité de la gendarmerie nationale en matière de sécurité économique porte essentiellement sur la prévention des atteintes, la détection de menaces, voire la prise en compte judiciaire de faits en cas de constatation d'infractions. Elle a ainsi développé un réseau territorial de référents en IE, mis en place des modes d'action spécifiques et adaptés à la formation de ses personnels. Cette action s'intègre pleinement dans sa mission quotidienne de sécurité. Au contact direct des entreprises, les brigades territoriales et les compagnies peuvent ainsi identifier les entreprises les plus exposées. Elles sont en mesure de leur apporter une première sensibilisation et de recueillir des informations permettant d'identifier d'éventuelles menaces[43].

---

[43] République française : Livre blanc de la sécurité intérieure de 2008.

Les groupements et les régions peuvent quant à eux développer des actions de prévention plus ciblées et un réseau composé de plus de deux cents officiers et sous-officiers de gendarmerie est en mesure de répondre aux sollicitations des entreprises. Ils entretiennent annuellement plusieurs milliers de contacts avec des entreprises, lors des conférences de sensibilisation ou de visites lors desquelles ils peuvent accompagner la réalisation d'un « diagnostic vulnérabilités ». Ils sont en mesure d'apporter différents conseils de prévention ou, le cas échéant, d'orienter vers des opérateurs spécialisés pour les sollicitations sortant de leur cadre d'action. Par ailleurs, aux côtés des autres Forces de sécurité, la Direction générale de la Sécurité extérieure (DGSE) dans sa mission de promotion et de protection des intérêts français à l'étranger sur les plans politique, économique et sécuritaire, joue un rôle de premier plan dans le cadre de la sécurité économique pour le grand bénéfice des entreprises françaises. La DGSE, en tant que service secret, est rattachée au ministère des Armées.

b. Le cas camerounais

Au Cameroun, il n'existe pas encore de politique publique en matière d'IE, ni même de politique sur la sécurité économique. Dans ce contexte, les tâches de surveillance et de protection sont assumées de manière fragmentaire et parallèle par différentes administrations gouvernementales, des unités et des corps chargés de la sécurité publique. Il s'agit précisément de l'ensemble des Forces militaires et civiles chargées de la protection et de la sécurité des personnes et des biens, ainsi que du maintien de l'ordre public. Selon l'article 20 de la loi N0 67/LF/9 du 12 juin 1967 portant organisation générale de la Défense, ces unités de sécurité sont classifiées en force régulières et en force auxiliaires.

Au terme des articles 2 et 3 du décret n° 2001/181 du 25 juillet 2001 portant organisation de la Gendarmerie nationale camerounaise et des autres dispositions du Décret n° 67-DF-486 du 15 novembre 1967 portant organisation des forces auxiliaires, nous notons que la Gendarmerie nationale camerounaise et la Sureté nationale (SN) constituent le bras séculier de l'État dans le cadre de l'accomplissement de la mission de sécurité publique et partant la sécurité économique. Plus précisément, ces missions sont dévolues : aux Services de Renseignement (SR) et des Transmissions du Secrétariat d'État à la Défense chargée de la Gendarmerie nationale (SED/GN) ainsi qu'aux unités territoriales (Compagnies de Gendarmerie, Brigades territoriales ; Postes de Gendarmerie) ; aux services de renseignement (Direction des Renseignements généraux, Direction de la Surveillance du Territoire,) ; aux services extérieurs et aux services de Sécurité publique de la Sûreté nationale (unités de sécurité publique et de renseignement).

S'agissant des Forces supplétives ou auxiliaires, l'Administration des Douanes joue un rôle très déterminant dans le cadre de la sécurité économique ; elle assure, entre autres attributions, des missions économiques de surveillance et d'assistance aux autres Administrations, ainsi que la lutte contre la criminalité économique. Les actions de ses unités de surveillance sont très capitales, notamment : le groupement actif ; les subdivisions actives (brigades mobiles, postes des douanes) ; les connexions collectivement organisées aux principaux dispositifs internationaux de renseignement numérique (CEN, CENCOM, I-24/7).

Enfin, les missions de sécurisation de l'information et des systèmes d'information sont dévolues par décret N°2002/092 du 8 avril 2002 modifié et complété par le décret N° 2012/180 du 10 avril 2012 à l'Agence Nationale des Technologies de l'Information et de la Communication (ANTIC) ; à ce titre, l'ANTIC est chargée de la veille sécuritaire, de l'audit des systèmes d'information, des certifications électroniques, de la promotion des technologies de l'information et de la communication ainsi que la Gouvernance de l'Internet. Dans le même sens, la DGRE a une mission de premier plan dans le cadre de la veille et la sécurité économique ; à ce titre, elle dispose de tout un service chargé des enquêtes économiques et financières ; de par son maillage à l'intérieur du territoire national et à l'extérieur, elle se charge également de la contre-IE.

iii. De l'état empirique de la veille, la sécurité économique et l'Influence dans les entreprises et les Administrations publiques camerounaises.

Les résultats du test sur les différentes vulnérabilités et risques auxquels sont confrontées les PME en tant que personnes morales ainsi que les personnes physiques font état d'une situation d'insécurité économique globale du fait de plusieurs facteurs ; tout d'abord, des risques qui touchent l'ensemble des PME occasionnant un manque à gagner considérable tel que présenté dans le tableau 1 ci-dessous. Cette situation est sans doute inhérente à l'état sous optimal de la mise en œuvre des dispositifs d'IE et de sécurité économique dans les PME telle que présentée dans l'appendice du présent article. Elle est accentuée par la prise en compte timide des problématiques de sécurité économique dans les Administrations publiques en charge de la sécurité suivant les résultats du tableau 2 ci-dessous.

Tableau1 : Résultat de l'enquête sur le « jeu des 8 familles d'atteintes à la sécurité économique » administrée sur l'échantillon de 38 PME et 05 Administrations publiques de sécurité au Cameroun

	Menaces/risques/vulnérabilités	**Nombre en 2023**	**Nature de la structure/personnes victimes**	**Valeur du préjudice subi en milliers de FCFA**	**Source de données**
1	**Faux comptes**	1098	PME- Administrations - Opérateurs économiques	/	ANTIC-GN-SN
2	**Scamming**	313	PME- Administrations - Opérateurs économiques	350 000	ANTIC-GN-SN
3	**Faux investissement**	17	Opérateurs économiques	400 000	ANTIC-GN-SN
4	**Cyber-attaques 1**	-	Établissements financiers	1.75 000 000	ANTIC
5	**Cyber-attaques 2**	28	Stes web Administrations Pub	/	ANTIC/DGRE
6	**Cyber-crimes**	89	Expatriés et touristes	500 000	ANTIC-GN-SN
7	**Contrebande et contrefaçon**	745 PV++	PME- GE	647 661 676	GN-Douanes

***Source** : auteurs à base de données des enquêtes.*
(+) : PME= Petite et Moyenne Entreprise
(++) : Procès-verbaux d'interpellation

Suivant le tableau 1 ci-dessus, les PME camerounaises sont victimes de 8 principaux risques et vulnérabilités ; il s'agit précisément de 1098 cas de création de faux comptes à travers lesquels les personnes physiques et morales sont arnaquées, de 313 cas de scamming, 17 cas de faux investissements ou entreprises fictives ; une multitude de cas de cyber-attaques dont sont victimes en majorité les banques et autres établissements financiers : de 89 cas de cyber-crimes qui touchent les touristes et autres expatriés en visite sur le territoire national et une multitude de cas de contrebande et contrefaçon. Les cas de contrebande touchent principalement les secteurs brassicoles et pharmaceutiques. Il faut relever que ces atteintes occasionnent au préjudice des PME, un manque à gagner estimé au-delà d'un milliard de FCFA uniquement pour l'année 2023.

Le manque à gagner qui se dégage du tableau 1 peut dans une large mesure s'expliquer par le niveau bas de l'implémentation de la Veille et la Protection des systèmes d'information dans les PME comme synthétisé dans l'appendice du présent article.

Des résultats du tri plat synthétisés dans l'appendice, il ressort que seulement 13,15 % des PME camerounaises disposent d'un dispositif de veille. L'analyse suivant le découpage territorial du résultat obtenu donne les proportions de 7,89 %, 2,63 %, 0 et 2,63 % de PME dotées de dispositifs de veille respectivement dans les régions du littoral, du centre, de l'ouest et du nord Cameroun. S'agissant du niveau de sécurisation, le taux global est de 34,21 % pour les PME qui se sont dotées d'un dispositif de protection de l'information et des systèmes d'information. Les PME des régions du centre et du littoral fournissent plus d'efforts de sécurisation avec les taux respectifs de 17,66 % et 14,6 % ; elles sont suivies par la région de l'ouest avec un taux régional de protection de 2,44 %. La région du Nord affiche un niveau 0 % de protection des informations et systèmes d'information dans les PME.

Les résultats présentés dans le tableau 2 ci-dessous, sur l'état de la pratique de l'IE à travers ses trois fonctions que sont : la veille, la sécurité économique et l'influence dans les administrations publiques de sécurité, sont nettement plus reluisants comparativement à la pratique dans les PME. Il en ressort que la veille, dans toutes ses variantes est une activité quotidienne et permanente menée par tous les services et unités de la Gendarmerie nationale, de la Sureté nationale, de la Douane camerounaise. Cette activité est principalement menée au moyen des Bulletins quotidiens de Renseignement (BRQ) comme outils de collecte de données ou des informations. L'ANTIC quant à elle, fait exclusivement dans la veille technologique. À propos de la sécurité économique, il ne s'agit pas d'une activité très dense et particulièrement suivie ; celle-ci se rapporte plus à la lutte contre la contrebande et la contrefaçon, qui sont des activités menées par les services de la Douane à travers l'opération « Halte au Commerce illicite » (HALCOMI), les groupements, compagnies et brigades de gendarmerie et de la Sureté nationale. Pour toutes ces administrations, la seule activité relevée dans les résultats se rapportant à la fonction « Influence » concerne l'import substitution, qui relève de la politique gouvernementale visant à substituer une bonne partie de la commande publique nationale à l'extérieur par la même demande orientée vers la production locale. Ces administrations entendent adresser une bonne partie de leur commande de matériel d'équipement de bureau vers les PME locales faisant dans les métiers de bois et menuiserie.

Enfin, il n'a été identifié dans ces administrations et unités aucune structure expressément dédiée à l'IE ou à la coordination des fonctions de celle-ci.

Tableau 2 : Résultats de l'enquête sur la mise en œuvre de l'IE, la Veille et la sécurité économique dans les administrations de sécurité camerounaises

	Administrations /services	Activité de veille	Type de veille effectuée	Intensité de sécurité éco	Mode de collecte	Stratégie d'influence	dispositif ie
1	**ANTIC**	OUI	Technologique	Faible			NON
2	**Gendarmerie nationale**	OUI	sécuritaire	Faible	BRG +	IMPT SUBS++	NON
3	**Sureté nationale**	OUI	sécuritaire	Faible	BRQ	IMPT SUBS	NON
4	**Douane Camerounaise**	OUI	Sécu+économique	Élevée	BRG	IMP SUBS	NON
5	**DGRE**	OUI	multiforme	Élevée	BRG + autres	/	NON

Source *: auteur à base de données des enquêtes.*
(+) Bulletin quotidien de Renseignement
(++)=Import Substitution

2.2. Discussion des résultats

Du point de vue de l'analyse théorique, les résultats de cette étude sont conformes à ceux des pionniers qui montrent dans le contexte camerounais que l'IE est un outil de maîtrise de l'information et des connaissances stratégiques susceptibles d'accompagner les entreprises et d'aider les pouvoirs publics dans la mise en œuvre de leurs stratégies de développement (Azeumo 2013 ; Sagne op. cit. ; Haoudi et Bennagem op. cit., Hourenatou op.cit., Mbozoo op.cit). Le constat selon lequel seulement 13,15 % des PME camerounaises disposent d'un dispositif de veille, alors que 34,21 % d'entre elles ont un dispositif de protection de l'information et des systèmes d'information, corrobore les études de Fokam (Op. cit.) et Mbozoo (Op. cit.) sur le faible niveau d'implémentation de la démarche d'IE au Cameroun.

3. Conclusion et recommandations

Le rappel de la quintessence conclusive (3.1) est indispensable dans la formulation des recommandations de politique publique susceptibles de permettre une implémentation effective de la démarche d'IE au Cameroun (3.2).

3.1. Conclusion

L'IE est, comme souligné dans le rapport Martre, une approche globale qui concerne aussi bien l'entreprise que les acteurs économiques, les collectivités et les États ; la réussite du processus d'IE est subordonnée à la coordination entre les différentes étapes et les actions des différents acteurs. Il ne s'agit plus seulement d'un art d'observation ou une pratique offensive et défensive de l'information ; mais de la collecte, l'analyse, la valorisation, la diffusion et la protection de l'information économique stratégique afin de renforcer la compétitivité d'un État, d'une entreprise ou d'un établissement de recherche.

Au même moment où l'État camerounais ambitionne de mettre sur pied une stratégie d'IE, les constats clairs et consolidés de cette étude sont ceux d'une multitude de risques et de vulnérabilités auxquels sont exposées les PME. Ces risques occasionnent des pertes chiffrées à hauteur de milliards pour la seule année 2023. Aussi, ces entreprises et les Administrations publiques en charge de la sécurité n'ont pas encore une bonne maîtrise de la démarche d'IE. Toute chose qui inspire quelques recommandations de politique publique.

3.2. Recommandations de politiques publiques

Un cadre logique d'actions bien planifiées et mises en œuvre de façon itérative pourrait favoriser une implémentation réussie de la démarche d'IE au Cameroun. Dans cette proposition de cadre logique, nous suggérons des actions et activités à mener par les Forces de Sécurité, l'État et les entreprises.

Proposition 1 : La définition et l'implémentation d'une politique publique de sécurité économique

L'absence d'une politique de sécurité constitue un obstacle fondamental dans l'élaboration d'une stratégie nationale de renseignement économique. En effet, c'est de ce document stratégique sur la sécurité du pays que découle la politique nationale de sécurité économique ainsi que celle du renseignement économique.

La politique de sécurité économique consistera à construire, à mettre en place et à dynamiser le dispositif de veille technologique et stratégique nécessaire à la détection des risques et vulnérabilités auxquels sont exposées les entreprises nationales. La sécurité économique au service de la souveraineté de l'État, consistera à mieux anticiper les risques économiques qui pèsent sur le pays, et d'être en mesure de les affronter. Elle vise également à une potentielle anticipation et gestion des crises, en mettant en place des structures de mobilisation permanente, aptes à intervenir pour faire face aux menaces en temps réel et disposer des facultés d'adaptation et de réarticulations nécessaires à la maîtrise des scénarios les plus inattendus.

La mise en œuvre de cette politique se traduit par la maîtrise du cycle complet du renseignement ainsi que des informations relatives aux risques et actes de délinquance économiques. Cette maîtrise passe par une amélioration du mode de collecte d'information actuel des Forces de sécurité moyennant une densification du renseignement économique au moyen des BRQ.

Proposition 2 : La priorisation du « made in Cameroun » dans la commande et les dépenses budgétaires des Forces de Sécurité

Les FS pourraient défendre les intérêts nationaux en orientant davantage l'essentiel de leurs dépenses de fonctionnement et d'investissement vers la consommation des produits fabriqués localement par les PME nationales. C'est la logique de la politique de l'Import Substitution, l'un des piliers importants de la SND 30, qui est en cours d'élaboration : il s'agit de privilégier le « Made in Cameroun » ou le « Consommer camerounais ». Les dépenses militaires et sécuritaires représentant une part très importante du Budget de l'État du Cameroun. Orienter ces dépenses vers le « made in Cameroun » passe par les actions suivantes :

- La production locale de tout le matériel d'Habillement, Couchage, Campement et Ameublement (HCCA) destiné aux Forces de Sécurité ;

La production locale des armes et munitions de petits calibres.

Proposition 3 : l'intensification de la lutte contre les fraudes commerciales, la contrebande et la contrefaçon

La protection des PME devrait avoir pour leviers, la lutte contre la fraude, la contrebande et les grands trafics internationaux dans un triple objectif de facilitation, de sécurité et de contrôle des normes de qualité. Il s'agit notamment de filtrer les frontières économiques nationales, favoriser la transparence des marchés, garantir la libre concurrence, éviter des monopoles néfastes, et promouvoir la mise en œuvre des pratiques saines qui permettent de maintenir la solvabilité et la crédibilité du système financier dans son ensemble.

Proposition 4 : l'intensification des opérations d'influence en Afrique et dans le monde à travers la formation initiale et continue

L'ouverture des formations en IE pour contribuer à la formation initiale et continue des ressortissants des pays frères et amis dans les universités camerounaises et différents Centres d'instruction des Forces de Sécurité pourrait rehausser l'image de marque du Cameroun. Ces actions sont de nature à renforcer le capital humain national en matière d'IE et, partant, à labéliser le « made in Cameroon ».

Les Écoles et centres d'instruction, vecteurs de ces actions d'influence à travers la formation, sont entre autres :

- Les Universités ;
- L'École Internationale des Forces de Sécurité (EIFORCES) ;
- L'École Supérieure Internationale de Guerre (ESIG) ;
- L'École d'État-Major ;
- L'École Nationale d'Administration et de la Magistrature ;
- Le Commandement des Écoles et Centres d'Instruction de la Gendarmerie (CECIG) ;
- L'École Nationale Supérieure de Police (ENSP) ;
- L'École Militaire interarmées (ÉMIA) ;
- Le Centre d'Instruction Douanière (CID) ;
- L'Institut des Relations internationales du Cameroun.

Proposition 5 : Réformer et adapter le cadre juridique et réglementaire en vigueur des forces de sécurité à la démarche d'IE

Pour réformer ce cadre juridique et réglementaire, il est d'abord nécessaire d'établir des normes contraignantes qui obligeront les entreprises à informer l'État en général et les forces de l'ordre en particulier sur les problèmes de sécurité qu'elles rencontrent. D'autre part, elles devront s'engager dans des réformes structurelles compatibles avec la mise en œuvre de l'IE dans leurs organisations. Il revient également aux pouvoirs publics d'initier la révision de la loi de 1967 portant sur la Défense nationale en y intégrant les éléments de la sécurité économique et de l'IE, en précisant les missions des FS et des différents services de renseignement dans ce domaine. Il s'agit de donner, de façon pratique et opérationnelle à travers le cadre organique réglementaire, des missions d'intelligence territoriale aux unités de la Gendarmerie nationale, la sureté nationale, la Douane Camerounaise et la Direction générale du Renseignement extérieur.

Proposition 6 : la création d'une Mission intersectorielle d'Intelligence économique camerounaise (MIIEC)

La MIIEC proposée a pour ambition de se démarquer fondamentalement du modèle de renseignement et de sécurité économique classique, en vigueur au Cameroun, et de se situer aux antipodes des autres services de renseignement existants. Le modèle d'organisation proposé ici renvoie à celui d'une entité de renseignement exclusivement économique et s'occupant spécifiquement du renseignement économique. Elle serait composée d'un personnel polyvalent, issu de tous les bords, de tous les corps de métier et de tous les secteurs d'activité pouvant être employés, et en mesure d'opérer dans les sphères telles que : le renseignement d'affaires, la veille stratégique, la veille technologique, la sécurité économique, la sûreté, la cybersécurité, le management et l'e-réputation, les actions de lobbying et le management d'influence. À cet effet, la MIIEC devrait procéder au recrutement diversifié des profils en provenance de plusieurs champs disciplinaires : des ingénieurs, des économistes, des comptables, des spécialistes de la finance, des douaniers, inspecteurs des finances, des juristes, des policiers, gendarmes, militaires, détectives, des archivistes, des documentalistes, des informaticiens, des communicateurs, des markétistes, des administrateurs civils, des linguistes, etc. Ces différents métiers représentent autant de profils et de compétences dont une Mission de renseignement économique a besoin pour atteindre ses objectifs dans une démarche d'IE aboutie.

La MIIEC pourrait être placée directement sous l'autorité du Président de la République et rattachée au Conseil national de sécurité.

Références bibliographiques :

I- Ouvrages scientifiques

Achab B. et Harrizi, D. (2013) « Les défis de l'Intelligence économique au Maroc », *La Revue Gestion et Organisation*, vol. 5 No.2 1 pp.130-148.

Aguilar F.J. (1967), *Scanning the business environment*, Mac Millan, Wiley, 239p

Alain, B. (1999), *L'intelligence économique,* Paris, Economica.

Azeumo, w. (2013), *intelligence économique camerounaise* ; l'Harmatan.

Boulanger E. (1945) : « notion de sécurité économique au Japon et sa dynamique depuis 1945 », in *Analyse et perspectives, Groupe de recherche en économie et sécurité*, Volume 2, No. 4, novembre 2000, Chaire Téléglobe Raoul Dandurrand.

Bulinge F. (1967), « De l'espionnage au renseignement : la France à l'âge de l'information ».

Bouzat, E. (2008), « Le rôle des think tanks dans la définition de la politique scientifique et technologique aux États-Unis », rapport d'études, ambassade de France à Washington, mission pour la science et la technologie.

Clerc P. (2022), « Intelligence économique en Chine et au Royaume-Uni : exemples et pratiques », téléchargé sur le site www.veillemag.com le 7 décembre 2022 à 2 heures 47 minutes.

Delesse C. (2010), « Regard sur l'intelligence économique marocaine : la prise en compte d'un devenir social inscrit dans un contexte de sécurité globale », CEREBEM, centre de recherche de Bordeaux France, école de management, No. 136, 10 février 2010.

Didier L. et Harbulot C. (2006), « La main visible des puissances : les affrontements économiques de la mondialisation », la Revue défense nationale et sécurité collective, juillet.

Dugoin C. (2021) « L'influence comme lien entre géopolitique et intelligence économique en Afrique : étude de cas de l'influence russe au Sénégal et à Madagascar. », *Revue internationale d'intelligence économique*, Vol. 13 No.1, pp. 37-52.

Delebecque E. et Fayol J.-R. (2012), *Intelligence économique*, Vuibert, 2012.

Fokam K. P. (2016), *L'intelligence économique, une arme redoutable dans la bataille économique mondiale*. Afredit.

GICAM (2020) « livre blanc sur l'économie camerounaise ».

Haoudi, A. et Bennagem T. M. (2020), « les TIC en intelligence économique : quels développements en Afrique ? ». *Recherches en Économie et Gestion*, Dossier 9. No 1, pp. 121-138.

Harbulot C. (2006), « le Renseignement au service de la puissance », mars 2006, téléchargé sur www.sociétéstratégie.fr le 13 janvier 2023.

Heidi et Alvin Toffler (1994), *Guerre et contre Guerre*, Paris, Fayard.

Hourenatou (2020) « la pratique de l'intelligence économique dans les entreprises au Cameroun : enjeux et perspectives », *Journal of the Cameroon academy of sciences*, vol. 15 No. 3.

Jeanne-Beylot F. (2021), « Atlas de l'intelligence économique en Afrique dans un contexte émergent », éditions *VA Presse*, 196 P.

Jobert, B. et Muller, P. (1987), *l'État en action, corporatisme et politiques publiques*, Paris, PUF.

Kherrazi, S. (2020), « Les spécificités de la pratique d'intelligence économique dans un contexte émergent - le cas marocain », *Revue internationale d'intelligence économique*, 2020, vol. 12, pp. 13-33.

Konate L., Mortier S. Darankou E. (2022) « Manuel de l'intelligence économique en Afrique », *édition VA Presse*, 500 P.

Lesca H. et Castagnos, (2000), « Signaux faibles et méthode cible. Quelques retours d'expérience », Les Conférences de l'AIM, Montpellier, 16 p, CD Rom, pp. 24-26, mai.

Mbono A. (2022), « Cybercriminalité : enjeux d'une régulation maîtrisée ».

Nicolas M. (2011), « Intelligence économique : Mythes et réalités ».

Robert Paturel et Katia Richomme –Huet (2010), « Vers la mise en œuvre d'une démarche d'Intelligence économique pour l'artisanat en région PACA », *Revue Management & Avenir*, N°. 40, *Management Prospective.*

Romagni P. et Wild V. (1998), *l'intelligence économique au service de l'entreprise*, éditions Les Presses du Management, Paris, p.92.

Romain B., Gweth G. et Harbulot C. (2022), *Intelligence économique en Afrique*, téléchargé le 15 décembre 2022.

Saber H. (2020), « L'intelligence économique dans la Zone de Libre-échange Continentale africaine : Enjeux et défis », *Dossiers de recherches en économie et Gestion*, vol. 9, No. 1, pp. 11-23.

Larivet S. (2006) : « Pour une appropriation du concept d'Intelligence économique par les sciences de gestion », *Cahier de Recherche ESCE*, CR6.

Tsafack N. R. A. P. (2006), « Quels outils pour l'intelligence territoriale ? » Colloque « Entretiens internationaux du développement et de l'aménagement des territoires ». Première édition sur le thème « Les territoires face à la mondialisation » Rabat, 4 et 5 avril.

Wilensky H.L. (1967), "Organizational intelligence: knowledge and policy in government and industry" New York, Basic Books Inc, Publishers.

II- Thèses

Lafaye C. (2004), « La phase de traque d'information sur Internet dans un processus de veille stratégique, une approche longitudinale centrée sur les Agents Intelligents », Thèse de Doctorat en Sciences de Gestion, Université Jean Moulin, Lyon 3, France.

Larivet S. (2002), « Les réalités de l'intelligence économique en PME », Thèse de doctorat, Université de Toulon et du Var, Toulon.

Leonetti X. (2008), « État, entreprises, intelligence économique : quel rôle pour la puissance publique ? ». Thèse de Doctorat en Droit, présentée et soutenue publiquement le 07 novembre 2008 en France.

Leveugle d. et Sautreau a. (2008), « l'intelligence économique et la veille stratégique ou la valeur ajoutée de l'information », Master 2, ICD-mention GIDE, année universitaire 2007-2008.

Mbozoo H. (2021), « la mondialisation, la guerre économique et la nécessité d'une stratégie nationale d'intelligence économique au Cameroun » Thèse de Doctorat/PhD présentée et soutenue publiquement le 14 décembre 2021 à l'Université de Yaoundé II SOA.

Sagne J. (2013), « La politique publique d'intelligence économique du Cameroun ».

III- Rapports parlementaires

Carayon B. (2003), « Intelligence économique, compétitivité et cohésion sociale », rapport du Premier ministre.

Lienemann-Lemoyne (2023), « L'intelligence économique, outil privilégié de reconquête de la souveraineté économique nationale ».

Martre H. (1994), « Intelligence économique et stratégie des entreprises », Commissariat général au plan, février.

IV- Textes législatifs et réglementaires

Loi n° 67/LF/9 du 12 juin 1967 portant organisation générale de la Défense au Cameroun.

Loi n° 2009-971 du 3 août 2009 portant organisation générale de la Gendarmerie nationale (France).

Décret n° 2001/181 du 25 juillet 2001 portant organisation de la Gendarmerie nationale (Cameroun).

Décret n° 2012/540 du 19 novembre 2012 portant organisation de la Délégation générale à la Sureté nationale.

Décret n° 60/280 du 31 décembre 1960 portant sur le service de la Gendarmerie nationale.

Décret no2019/150 du 22 mars 2019 portant organisation et fonctionnement de l'Agence Nationale des Technologies de l'Information et de la Communication.

Décret portant organisation de la Douane camerounaise.

Décret no 67-DF-486 du 15 novembre 1967 portant organisation des forces auxiliaires.

République française : Livre blanc de la sécurité intérieure de 2008.

MINEPAT, 2020 : « Stratégie nationale de Développement 2020-2030 ».

Arrêté du 13 juillet 2022 portant organisation de la Direction générale de Sécurité extérieure (DGSE)[44].

---

[44] Legifrance.gouv.fr

Appendice 1 : Résultats du tri plat sur la situation de mise en œuvre de la Veille et la Protection des systèmes d'information dans les Petites et les Moyennes Entreprises au Cameroun (taux globaux et par régions)

NOM DE L'ENTREPRISE	RÉGION D'IMPLANTATION	ACTIVITÉ PRINCIPALE	EXISTENCE D'UN DISPOSITIF DE VEILLE STRATÉGIQUE/CONCURRENTIELLE	TAUX DE RÉALISATION DE DISPOSITIFS DE VEILLE (%)	EXISTENCE D'UN SYSTÈME DE PROTECTION DE DONNÉES ET SYSTÈMES D'INFORMATION	TAUX DE PROTECTION DES SYSTÈMES D'INFORMATION (%)
ETS DREAM SERVICES		AGROALIMENTAIRE	NON		**OUI**	
ABN CONSULTING		CONSEIL	NON		NON	
SMART FOODS SARL		MANIOC	NON		NON	
SOCIÉTÉ NATIONALE DE TRANSIT		TRANSIT	NON		**OUI**	
PARTNER FOR INFORMATIONS		CONSEIL EN SI	**OUI**		NON	
HOSAMINE SARL		PHYTOSANITAIRE	NON	7,89	NON	14,66
ETS COSAFRIC	LITTORAL	COSMÉTIQUE	NON		**OUI**	
HOMELEX SARE		ÉNERGIE				
OWLS SARL		SÉCURITÉ ÉLECTRIQUE	**OUI**		**OUI**	
AGROBUSINESSS		TRANSFORMATION	NON		**OUI**	
ETS ALPHA BIOCARE		FABRICATION DE CALCIUM BIO	NON		NON	
CROISSANCE SARL		COMMUNICATION	NON		**OUI**	
SOCIÉTÉ FEUDIM SARL		TRANSFORMATION	**OUI**		NON	
ARCHIDIA SARL		DÉPÔT DE SABLE	NON		NON	
DIGITAL MOTION		MARKETING	NON		NON	
CHALLENGE		PRESTATION SERVICES	NON		**OUI**	
ETS ENTRE NOUS		PRODUIT COSMÉTIQUE	NON		**OUI**	
SYS-ELECTRON		GÉNIE ÉLECTRIQUE	NON		**OUI**	
SOCAPA		AGRICULTURE	NON	2,63	NON	
ARBRE DE VIE	CENTRE	AGROALIMENTAIRE	NON		NON	17,66
ETS SOLEOMIR SERVICE		PRESTATION DE SERVICE	NON		**OUI**	
M&M PRODUCTION SARL		PRODUCTION SAVON	**OUI**		**OUI**	
GIC PRODUIT D'EDEN		PRODUIT ALIMENTAIRE	NON		**OUI**	
AGRILON COOP-CA		TRANSFORMATION	NON		NON	
CBB		GÉNIE CIVIL	NON		**OUI**	
FC TÔLES CAMEROUN		COMMERCE	NON		NON	
KING FIRE CREATOR		PRESTATION ET ENTREPRENEURIAT	NON		NON	
ETS NJITA		PRESTATION	NON		NON	2,44

ENTREPRISE						
ETS NGUEGUIM NINTEDEM CYR	OUEST	BOISSON HYGIÉNIQUE	NON	0	NON	
MIBUMA COMPAGNY		PRESTATION DE SERVICE	NON		**OUI**	
ETS DEFO ET FILS		RÉCUPÉRATION	NON		NON	
CENTRE DE FORMATION PROFE		FORMATION	NON		NON	
SOCIÉTÉ GEMA SARL		PRESTATION	NON		NON	
CONCEPTS TECH	NORD	BTP	NON	**2,63**	NON	**0**
TANKALATOU EXPRESS		BTP	NON		NON	
PHAMACIE		PHARMACIE	**OUI**		NON	
HIGH TECH PRO		SECRÉTARIAT	NON		NON	
TAUX GLOBAL DE VEILLE ET PROTECTION				**13.15**		**34.21**

Source *: Auteur sur la base des données d'enquête à partir de l'échantillon des PME fourni par le ministère des Petites et Moyennes entreprises*

Chapitre 3 :

L'intelligence économique dans le management des entreprises

Section 1 :

Les pratiques stratégiques (intelligence économique et veille) dans les approches managériales des agents économiques et des dirigeants des entreprises et des organisations (PME, PMI, Multinationales, administrations) africaines

Christian ABOLO MBITA

Introduction

Le paysage économique africain laisse observer des entreprises et des organisations faisant face à des défis multiples et plus ou moins significatifs. Les plus illustratifs sont la conséquence de l'insuffisance des infrastructures et de la gouvernance (notamment en matière de gestion des ressources humaines et financières). Ces aspects sont constamment décriés dans un environnement où les réalités économiques et sociales divergent considérablement d'un pays à l'autre, voire d'une région à l'autre. Toutefois, malgré ces défis, l'Afrique offre également des opportunités substantielles de développement managérial (Saumyaranjan et coll., 2024), parmi lesquelles la jeunesse de sa population active, l'essor prodigieux des Technologies de l'Information et de la Communication (TIC), l'expansion rapide, mais encore peu structurée, des marchés régionaux et l'intérêt croissant des investisseurs internationaux. Ces dynamiques sont susceptibles d'y façonner un environnement propice à l'innovation, à l'entrepreneuriat, à la consolidation d'un tissu industriel et à l'émergence de pratiques stratégiques (Hassine, 2021) susceptibles de repositionner ce vaste espace économique dans la compétitivité mondiale.

La nécessité de relever les défis associés à une gestion plus rigoureuse en Afrique a donné lieu à une nouvelle conception du management des entreprises et des organisations, inspirée par les Objectifs de Développement durable (ODD), notamment l'ODD-9 de l'agenda 2030 des Nations unies, visant à bâtir une infrastructure résiliente, promouvoir une industrialisation durable qui profite à tous, et encourager l'innovation. L'intelligence économique et la veille, malgré les risques dont ils peuvent être porteurs, offrent des opportunités pour une nouvelle approche managériale des entreprises et des organisations africaines. L'évolution rapide des réseaux de communication, l'Internet des objets (IoT), l'intelligence artificielle, les *big data,* etc. influent sur les approches managériales des agents économiques et des dirigeants des entreprises et organisations africaines.

Le management, processus continu visant à renforcer les compétences, les connaissances et les capacités des gestionnaires et des leaders au sein d'une organisation, englobe une gamme d'activités conçues pour renforcer le leadership, la prise de décision stratégique, la gestion des ressources humaines, la communication intersubjective et médiatique ainsi que d'autres aspects essentiels de la gestion (Levet et Paturel, 1999). Bien plus, il vise à doter les dirigeants et les agents économiques d'outils nécessaires pour relever les défis complexes du monde des affaires, favoriser l'innovation et la croissance organisationnelles, et créer un environnement propice à la réussite individuelle et collective. Dans un contexte de mondialisation croissante des économies, les tendances actuelles du management des entreprises et des organisations invitent à un leadership agile et adaptatif, à la gestion de la diversité et de l'inclusion, au développement du leadership à distance, à l'usage de la technologie pour le renforcement des compétences et une appropriation harmonieuse des pratiques stratégiques (Anjaningrumet al., 2024).

L'accès aux pratiques stratégiques importe à la mise en œuvre du nouvel agenda industriel qui vise un développement durable et une responsabilité sociétale de l'entreprise. L'émergence de l'intelligence économique a facilité le développement managérial, la modernisation des entreprises et leur gestion intelligente (Chardavoine, 2015.). L'interconnexion croissante des entreprises et les partenariats avec les parties prenantes concernées consolident des solutions évolutives. Selon Porter (1980), les pratiques stratégiques sont les méthodes, les processus et les décisions utilisés par une organisation pour atteindre ses objectifs à long terme et créer un avantage concurrentiel durable sur le marché. Elles englobent un éventail d'approches, de méthodes et de processus conçus pour définir les objectifs organisationnels, identifier les voies pour les atteindre et allouer efficacement les ressources pour y parvenir. Elles guident les décisions à tous les niveaux de l'organisation, de la planification à long terme à la résolution de problèmes quotidiens, en passant par la gestion des risques et l'adaptation aux changements du marché. Dans ce contexte dynamique, les pratiques stratégiques jouent un rôle essentiel dans le développement managérial des entreprises africaines. En effet, la capacité à élaborer et à mettre en œuvre des stratégies efficaces est devenue un impératif pour les entreprises cherchant à prospérer dans un environnement concurrentiel en mutation constante. Dans un monde des affaires dynamique et compétitif, les pratiques stratégiques jouent un rôle crucial dans la détermination de la performance organisationnelle. Les décisions prises par les dirigeants et les gestionnaires ont un impact direct sur la capacité d'une organisation à atteindre ses objectifs à long terme, à s'adapter aux changements du marché et à maintenir un avantage concurrentiel (Mamavi, (2016). Dans cette perspective, l'intelligence économique émerge comme le Management stratégique de l'information (Lesca, 2003), et la veille comme l'ingénierie de l'information (Bournois et Romani, 2000).

Selon un rapport de l'Union africaine publié en 2018, l'Afrique ne représente que 1,5 % des dépenses mondiales en recherche et développement, ce qui limite la capacité des entreprises africaines à innover et à se démarquer de la concurrence. Deux pratiques stratégiques s'illustrent comme pertinentes : l'intelligence économique et la veille. Elles favorisent deux visions antagonistes. D'une part, la vision optimiste selon laquelle l'intelligence économique et la veille jouent un rôle fondamental dans le développement managérial des dirigeants d'entreprises en leur fournissant les informations et les analyses nécessaires pour prendre des décisions éclairées, anticiper les tendances du marché et gérer efficacement les risques. En intégrant ces pratiques stratégiques dans leur processus décisionnel, les dirigeants peuvent renforcer la compétitivité de leur entreprise, créer un avantage concurrentiel durable et de développement managérial sur le marché. Précisément, l'intelligence économique et la veille permettent aux dirigeants de rester informés sur les tendances du marché, les évolutions réglementaires, les innovations technologiques et les mouvements de la concurrence (Zeryouhet Daabaji, 2022). Cela leur permet d'identifier les opportunités à saisir et les menaces à anticiper. Aussi, à travers la prise de décision éclairée, les dirigeants peuvent-ils adopter des approches éclairées et plus stratégiques, permettant de réduire les risques liés à l'incertitude et consolider les chances de succès de leurs initiatives. En surveillant de près leur environnement, les entreprises peuvent anticiper les changements à venir, qu'il s'agisse de nouvelles réglementations, de nouvelles tendances du marché ou de l'émergence de nouveaux concurrents. De plus, l'intelligence économique et la veille permettent aux entreprises de protéger leurs intérêts, que ce soit en matière de propriété intellectuelle, de sécurité des données ou de réputation. En identifiant les menaces potentielles, elles peuvent mettre en place des mesures de sécurité appropriées pour se prémunir contre les risques. En intégrant l'intelligence économique et la veille dans leur processus décisionnel, les entreprises peuvent améliorer leur compétitivité en développant une meilleure compréhension de leur marché, de leurs clients et de leurs concurrents. Cela leur permet de se différencier sur le marché et de mieux répondre aux besoins de leurs clients.

D'autre part, la vision pessimiste laisse entrevoir l'intelligence économique et la veille comme une source de coût financier et temporel élevé, puis de surcharge d'informations (Maune, 2014). En effet, la mise en place d'un système d'intelligence économique et de veille nécessite des ressources financières importantes pour acquérir les technologies, les logiciels et les données nécessaires. De plus, la collecte, l'analyse et la gestion des informations nécessitent des investissements continus en termes de temps et de personnel qualifié. En outre, l'intelligence économique et la veille comportent des risques liés à la confidentialité et à la sécurité des données. Cela oblige les entreprises à mettre en place des mesures de sécurité robustes pour protéger leurs données contre les cyberattaques et les fuites d'informations, et pour se conformer aux règlements en matière de protection des données. Et enfin, les informations collectées dans le cadre de l'intelligence économique et de la veille proviennent souvent de sources externes, telles que les médias, les rapports de marché et les bases de données publiques.

À l'ère contemporaine, marquée par la diffusion rapide des technologies numériques, la digitalisation est devenue un impératif pour les entreprises et les organisations qui cherchent à rester compétitives et à s'adapter à un environnement en perpétuelle évolution. Dans ce contexte, la convergence entre la digitalisation et les pratiques stratégiques est devenue cruciale. En effet, les entreprises qui intègrent de manière réfléchie les technologies numériques dans leur stratégie globale sont mieux positionnées pour innover, anticiper les changements du marché et répondre aux besoins changeants des consommateurs (Monino et Sedkaoui, 2013). Cette étude vise à explorer en profondeur cette synergie entre la digitalisation et les pratiques stratégiques, en examinant comment les entreprises peuvent tirer parti des outils numériques pour renforcer leur positionnement stratégique, améliorer leur agilité et accroître leur avantage concurrentiel.

L'intelligence économique et la veille contribuent au développement managérial par l'identification des opportunités et des menaces en permettent aux agents économiques et aux dirigeants d'entreprises de surveiller l'environnement concurrentiel, économique, politique et technologique. En identifiant les opportunités émergentes et les menaces potentielles, l'intelligence économique et la veille aident les entreprises à prendre des décisions éclairées sur la direction à suivre et les investissements à réaliser pour leur développement. De plus, l'intelligence économique et la veille permettent aux entreprises de comparer leurs performances et leurs pratiques à celles de leurs concurrents et de leur secteur d'activité. Ces comparaisons fournissent des informations précieuses sur les forces et les faiblesses de l'entreprise, ce qui aide les dirigeants à identifier les domaines à améliorer et les opportunités à saisir pour renforcer leur compétitivité. Ainsi, en surveillant les tendances du marché et les avancées technologiques, l'intelligence économique et la veille aident les entreprises à rester à la pointe de l'innovation, induisant de nouvelles idées de produits ou de services, ainsi que des initiatives de recherche et développement visant à améliorer la compétitivité des entreprises et des organisations.

Dans la littérature, les effets de l'intelligence économique et de la veille ont été explicités par deux groupes de théories. D'une part, la théorie du capital humain, la théorie de l'agence, celle de la firme et celle de l'innovation permettent de cerner les mécanismes sous-jacents à la gestion des ressources humaines et de concevoir des stratégies plus efficaces pour développer les compétences, les connaissances et les capacités des managers et des employés, contribuant ainsi à améliorer la performance organisationnelle (Coase, 1937; Schumpeter, 1942). D'autre part, la théorie de l'information, celle des jeux, celle de l'agence et des coûts de transaction qui permet de mieux comprendre les mécanismes sous-jacents à la collecte, à l'analyse et à l'utilisation de l'information dans le contexte des activités économiques et concevoir des stratégies plus efficaces pour améliorer la compétitivité et la performance des organisations (Jensen et Meckling, 1976 ; Williamson, 1976).

Considérant le cadre théorique existant et s'inspirant des analyses récentes, l'objectif de cette contribution est d'analyser l'effet des pratiques stratégiques dans le développement managérial des agents économiques, des entreprises et des organisations en Afrique. Deux grands axes en ressortent : premièrement, l'analyse du développement managérial sous le prisme de l'intelligence économique et la veille. Deuxièmement, la mise en avant des stratégies spécifiques adoptées par les petites et moyennes entreprises (PME), les petites et moyennes industries, les multinationales et les administrations pour stimuler l'innovation, renforcer leur compétitivité et assurer leur croissance à long terme. L'hypothèse est que l'Afrique, pour répondre aux appels mondiaux sur la digitalisation, concourant aux Objectifs de Développement durable (ODD), notamment l'ODD-9, et à l'Agenda 2063 de l'Union africaine, n'observe encore que modérément les pratiques stratégiques tout en reconnaissant l'importance du développement managérial.

À la suite de cette introduction, le reste de l'article est organisé en deux segments : le premier esquisse conceptuellement les pratiques stratégiques et le développement managérial en Afrique ; le second illustre les pratiques stratégiques comme une nécessité limitée au développement managérial en Afrique. Nous concluons avec quelques suggestions de politique économique.

1. Les pratiques stratégiques et le développement managérial, des procédés peu effectifs en Afrique

Dans le contexte dynamique de l'évolution économique mondiale, l'Afrique se positionne comme un terrain fertile pour l'innovation et la croissance. Les pratiques stratégiques et le développement managérial émergent comme des leviers essentiels pour catalyser ce potentiel inexploité. En effet, dans un paysage où les défis et les opportunités se côtoient de manière inextricable, les entreprises et les organisations qui adoptent des approches stratégiques et managériales efficaces sont mieux équipées pour naviguer dans les eaux changeantes du marché africain. Ainsi, cette étude se penchera sur l'importance cruciale des pratiques stratégiques et du développement managérial en Afrique, explorant les procédés qui se sont avérés non seulement efficaces, mais aussi adaptés aux nuances et aux dynamiques spécifiques de ce continent en mutation constante.

1.1. Les pratiques stratégiques, une action peu effective en Afrique

Bien que l'Afrique regorge d'opportunités économiques prometteuses, elle reste confrontée à des défis uniques qui nécessitent des approches novatrices et adaptées. Parmi ces approches, les pratiques stratégiques occupent une place centrale dans la gestion des entreprises et des organisations. Cependant, malgré leur potentiel indéniable, l'effectivité et l'efficacité de ces pratiques stratégiques en Afrique demeurent remises en question. En effet, les stratégies qui ont fait leurs preuves dans d'autres régions du monde peuvent souvent échouer à produire les résultats escomptés sur le continent africain en raison de divers facteurs, tels que le sous-développement infrastructurel, l'instabilité politique, les défis socio-économiques et culturels, ainsi que les dynamiques de marché complexes (Apoorva et al., 2024). Par conséquent, les dirigeants de ces entreprises, en plus de prêter attention à des facteurs tels que la qualité des produits, la fidélisation de la clientèle, le maintien des liquidités, l'augmentation du taux de retour sur investissement, etc., qui sont nécessaires à la durabilité dans d'autres entreprises, devraient prêter attention à des facteurs tels que l'intelligence économique, l'apprentissage organisationnel, l'innovation, etc. Il est évident que l'attention portée à ces facteurs peut accroître l'efficience, l'efficacité et la durabilité des entreprises innovantes (Minggao et al., 2022).

Les pratiques stratégiques dans les entreprises en Afrique varient en fonction des secteurs d'activité, des tailles d'entreprises et des contextes économiques spécifiques à chaque pays. Cependant, certaines stratégies courantes observées dans de nombreuses entreprises africaines incluent la diversification des produits ou services pour répondre aux besoins changeants des consommateurs (Röller et Waverman, 2001). De plus, ces entreprises tiennent compte de l'investissement dans l'innovation et la technologie pour rester compétitives sur le marché, le développement de partenariats stratégiques pour accéder à de nouveaux marchés ou ressources et la gestion efficace des ressources humaines pour favoriser la croissance et la productivité. Selon une étude menée par le cabinet de conseil en stratégie et en intelligence économique, Knowdys, en 2021, sur un échantillon de 150 entreprises africaines, il en ressort que 67 % d'entre elles pratiquent l'intelligence économique, contre 85 % en Europe. De plus, 54 % des entreprises africaines ont un responsable de l'intelligence économique, contre 75 % en Europe. Seulement 49 % des entreprises africaines ont un budget dédié à l'intelligence économique, contre 69 % en Europe. Dans le contexte actuel, les entreprises africaines s'efforcent de prendre en compte les défis locaux, tels que l'instabilité politique, les infrastructures limitées et les contraintes financières lors de l'élaboration de leurs stratégies pour assurer leur succès à long terme. Cette dimension transformatrice est esquissée par l'Agenda 2063, qui vise à guider les actions des parties prenantes afin de promouvoir l'émergence d'économies fortes à croissance durable et capable de générer des richesses et des emplois décents.

Il y a lieu d'observer que ces pratiques stratégiques sont essentielles pour toute organisation ou entreprise, car elles englobent un ensemble d'actions délibérées et planifiées visant à aligner les ressources, les capacités et les activités sur les objectifs globaux de l'organisation (Coutau-Begarie, 2003). C'est le cas par exemple de : *(i)* l'analyse de l'environnement qui induit la nécessité de comprendre les tendances du marché, les forces concurrentielles, les opportunités et les menaces qui pourraient influencer le succès de l'organisation. Cette analyse fournit le contexte nécessaire pour prendre des décisions stratégiques éclairées ; *(ii)* la spécification des buts qui permet de définir des objectifs clairs et mesurables de nature à guider les actions des entreprises à long terme. Ces objectifs doivent être alignés sur la mission et la vision de l'organisation ; *(iii)* l'élaboration d'une stratégie efficace qui s'articule et qui renseigne sur l'usage des ressources et des compétences distinctives et susceptibles d'impliquer des décisions sur les produits ou services à offrir, les marchés à cibler, les partenariats à établir en matière de développement managérial ; (*iv*) la mise en œuvre des stratégies qui nécessitent une planification détaillée et une allocation efficace des ressources, devant influer sur les changements organisationnels des entreprises ; *(v)* l'évaluation et l'ajustement qui concourent à un suivi régulier des progrès réalisés, ainsi que la capacité à ajuster la stratégie en fonction des changements dans l'environnement externe.

Ces pratiques stratégiques sont un processus continu qui nécessite une planification minutieuse et une exécution efficace pour assurer la croissance et la durabilité des entreprises.

Toutefois, les pratiques stratégiques font face à des défis particuliers, tels qu'un contexte économique et infrastructurel très fragile, l'instabilité politique qui entrave la mise en œuvre de stratégies plus complexes en raison des problèmes, tels que le manque d'accès à l'électricité, les fluctuations politiques et les changements réglementaires fréquents dans certains pays africains peuvent créer un environnement d'incertitude pour les entreprises et les organisations. De plus, les barrières culturelles et linguistiques consolident les défis pour les entreprises et les organisations, rendant leurs stratégies moins efficaces (Coissard, et al, 2010). À ceux-ci s'ajoutent le faible niveau de développement humain, la dépendance à d'autres acteurs économiques et financiers ainsi que la structure du marché qui affectent la capacité des organisations à mettre en œuvre efficacement des stratégies complexes. Il est constant que cette dépendance peut limiter la marge de manœuvre des entreprises pour développer des stratégies diversifiées et durables.

Il est indéniable par ailleurs que les pratiques stratégiques rencontrent des défis significatifs qui limitent souvent leur efficacité en Afrique. Cependant, plutôt que de considérer cette réalité comme une impasse, il est essentiel de la voir comme une opportunité d'innovation et d'adaptation. Cela nécessite une approche holistique et créative, où les entreprises et les organisations s'engagent activement à intégrer ces complexités dans leur processus de planification stratégique. Ainsi, Porter (1982) souligne la nécessité de favoriser le développement des capacités locales et de promouvoir une culture de leadership axée sur l'innovation et l'adaptabilité, par des investissements dans la formation et le développement des talents, ainsi que par la création de partenariats stratégiques pour partager des connaissances et de meilleures pratiques. En surmontant ces défis et en capitalisant sur les opportunités uniques qui caractérisent le paysage africain, les pratiques stratégiques pourront émerger comme des catalyseurs pour les entreprises et les organisations qui adaptent leurs stratégies en conséquence. Elles peuvent encore réussir et avoir un impact positif significatif en Afrique.

1.2. Le développement managérial, une réalité de l'écosystème entrepreneurial en Afrique

L'écosystème entrepreneurial africain est en pleine expansion, nourri par un dynamisme économique croissant et une culture d'innovation émergente. Au cœur de cette effervescence se trouve le développement managérial, une réalité incontournable qui façonne la manière dont les entreprises et les organisations naviguent dans un environnement souvent complexe et en mutation rapide. En effet, dans un continent où les opportunités et les défis coexistent de manière étroite, le développement managérial joue un rôle crucial dans la création et le maintien de structures organisationnelles efficaces, de cultures d'entreprise dynamiques et de stratégies de croissance pérennes.

Le développement est un domaine en constante évolution en Afrique. Il vise à renforcer les compétences et les capacités des gestionnaires et des leaders d'entreprises sur le continent. Les initiatives de développement managérial en Afrique comprennent souvent des programmes de formation et de mentorat pour améliorer les compétences en leadership, en gestion des ressources humaines, en stratégie d'entreprise et en innovations. Ces programmes visent à renforcer les capacités des cadres et des entrepreneurs africains pour les aider à relever les défis spécifiques auxquels ils sont confrontés sur le marché mondial. En investissant dans le développement managérial, les entreprises africaines peuvent améliorer leur efficacité opérationnelle, leur compétitivité et leur capacité à innover, ce qui contribue à la croissance économique et au développement durable de la région. Le développement managérial est un domaine crucial pour la croissance économique durable et l'amélioration des conditions de vie sur le continent, en ce sens qu'il implique le renforcement des compétences des gestionnaires et des leaders d'entreprise à tous les niveaux (Cornesa, 2003). Cela comprend la formation en gestion stratégique, en leadership, en gestion des ressources humaines, en finance, en marketing et en innovation. Les entreprises africaines s'efforcent d'adopter des approches de gestion qui tiennent compte des réalités uniques du continent, y compris les aspects culturels, économiques, politiques et sociaux. Cette propension induit des stratégies adaptées aux marchés locaux, une compréhension approfondie des besoins des consommateurs africains et des pratiques de gestion qui favorisent le développement durable, inclusif et la promotion de l'entrepreneuriat.

Le développement managérial induit, en Afrique, la promotion de l'entrepreneuriat et de l'innovation. C'est ainsi qu'il contribue à encourager la création d'entreprises et à soutenir les entrepreneurs locaux et participe à stimuler la croissance économique, à créer des emplois et à renforcer la compétitivité ainsi qu'à mettre en place des infrastructures physiques (les routes, les ports et les réseaux de communication) et les infrastructures sociales telles (l'éducation et la santé). De plus, l'accès aux ressources financières, technologiques et humaines est essentiel pour soutenir les initiatives de développement managérial en Afrique. Ces initiatives sont consolidées par les partenariats public-privé qui jouent un rôle important dans le développement managérial. De plus, les partenariats peuvent permettre de combiner les ressources et les compétences des deux secteurs pour mettre en œuvre des initiatives de développement économique et managérial efficaces et durables (Surply, 2009). Toutefois, le développement managérial en Afrique nécessite un leadership éthique et responsable. Les gestionnaires et les leaders d'entreprise doivent agir avec intégrité, transparence et responsabilité sociale pour créer un environnement propice à la croissance économique, un climat des affaires sain et le bien-être des communautés.

Les fondements du développement managérial constituent des principes et des compétences essentielles, nécessaires pour exercer efficacement des fonctions de gestion dans une organisation. En développant ces fondements du développement managérial, les individus peuvent devenir des gestionnaires efficaces et contribuer au succès global de leur organisation. Sans prétendre à l'exhaustivité, les principes du développement managérial intègrent le leadership, la communication, la planification stratégique et la prise de décision. Ces principes contribuent à l'atteinte des objectifs organisationnels, à l'évaluation des options et au choix de la meilleure action à entreprendre. L'on peut y ajouter la gestion des ressources humaines, la gestion du temps et des priorités, l'adaptabilité et l'éthique, qui permettent de tenir compte de la gestion des performances, la résolution des conflits et la motivation des employés et le respect des normes morales, des valeurs de l'organisation, ainsi que la prise de décisions équitables et transparentes.

Le développement managérial dans l'écosystème entrepreneurial africain présente à la fois des défis uniques et des opportunités intéressantes. Dans de nombreux pays africains, l'accès à une formation en gestion et à des ressources éducatives de qualité peut être limité. Le développement de programmes de formation spécifiquement axés sur les compétences entrepreneuriales et managériales peut aider à combler cette lacune et à renforcer les capacités des entrepreneurs locaux. De plus, les approches de gestion qui fonctionnent dans d'autres régions du monde peuvent ne pas être directement applicables en Afrique en raison des différences culturelles, sociales et économiques. Les dirigeants d'entreprises et des organisations doivent être sensibles à ces nuances et être prêts à adapter leurs pratiques de gestion en conséquence (Prescott, 1999). L'écosystème entrepreneurial africain est souvent caractérisé par une grande ingéniosité et une capacité à trouver des solutions créatives aux défis locaux. Le développement managérial devrait encourager cette culture d'innovation et soutenir les entrepreneurs dans la création de produits et de services adaptés aux besoins du marché africain. Selon une étude menée par le cabinet de conseil en stratégie et en intelligence économique Knowdys, en 2021, les principaux défis de l'intelligence économique et de la veille en Afrique sont l'accès à l'information (57 %), la fiabilité de l'information (50 %) et le manque de compétences en interne (43 %). De plus, les principaux domaines d'application de l'intelligence économique en Afrique sont la veille concurrentielle (69 %), la veille technologique (61 %) et la sécurité économique (54 %).

En effet, les entrepreneurs en Afrique peuvent faire face à des défis d'accès au financement et aux ressources nécessaires pour développer leurs entreprises. Le développement managérial devrait inclure des stratégies pour aider les entrepreneurs à naviguer dans le paysage financier complexe et à mobiliser les ressources dont ils ont besoin pour croître et prospérer. Les réseaux professionnels et les partenariats stratégiques jouent un rôle crucial dans le succès des entreprises. Le développement managérial devrait encourager les entrepreneurs à établir des relations solides avec d'autres acteurs de l'écosystème entrepreneurial, y compris les gouvernements, les investisseurs, les universités et les autres entreprises. Les entreprises en Afrique sont de plus en plus encouragées à adopter des pratiques commerciales durables et socialement responsables. Cette pratique devrait intégrer ces considérations dans la façon dont les entrepreneurs gèrent leurs entreprises, en veillant à ce qu'elles contribuent de manière positive au développement économique et social de la région.

Le développement managérial émerge ainsi comme un pilier essentiel de l'écosystème entrepreneurial en Afrique. Son impact transcende les frontières des entreprises individuelles pour influencer la santé et la vitalité de l'économie africaine. Toutefois, il est impératif de surmonter certains défis persistants, tels que le manque d'infrastructures adéquates, les barrières réglementaires[45], et les contraintes financières. Cependant, des initiatives innovantes et des partenariats stratégiques émergent pour relever ces défis. Les programmes de formation et de mentorat, les réseaux d'entrepreneurs et les collaborations entre secteur public et privé jouent un rôle crucial dans le renforcement des capacités managériales et la promotion d'une culture d'entreprise dynamique et inclusive. À mesure que l'écosystème entrepreneurial africain s'étoffe, le développement managérial s'ancre au cœur de son évolution, catalysant l'innovation, la croissance économique et la création d'emplois. En investissant dans le renforcement des compétences managériales, en favorisant un environnement institutionnel propice à l'entrepreneuriat et en encourageant la collaboration et l'échange de connaissances, l'Afrique peut tirer pleinement parti de son potentiel entrepreneurial pour façonner un avenir prospère et durable.

Le développement managérial dans l'écosystème entrepreneurial africain nécessite une approche holistique qui tienne compte des défis uniques et des opportunités spécifiques à la région. En investissant dans le renforcement des compétences entrepreneuriales et managériales, les entreprises peuvent jouer un rôle important dans la transformation économique et sociale de l'Afrique.

2. Les pratiques stratégiques, une nécessité limitée du développement managérial en Afrique

Dans le contexte dynamique du développement en Afrique, l'adoption de pratiques stratégiques est perçue comme une voie incontournable vers la croissance et la compétitivité des entreprises. Cependant, une analyse critique révèle que cette nécessité est parfois exagérée et que le développement managérial en Afrique peut être abordé de manière plus nuancée. Les pratiques stratégiques jouent un rôle crucial dans le développement managérial en Afrique, en aidant les entreprises à définir des objectifs clairs, à identifier des opportunités de croissance et à élaborer des plans d'action efficaces. Cependant, ces pratiques stratégiques ne sont qu'un aspect du développement managérial et ne peuvent pas à elles seules garantir le succès des entreprises en Afrique. Dès lors, les pratiques stratégiques

[45] La ZLECAf (Zone de libre-échange continentale africaine) est appelée à jouer ce rôle crucial.

constituent d'une part un levier d'amélioration du développement managérial, et d'autre part, un cadre limité au développement managérial.

2.1. Les pratiques stratégiques, un levier d'amélioration du développement managérial

Dans le paysage complexe et en constante évolution du monde des affaires, les pratiques stratégiques émergent comme des leviers essentiels pour stimuler le développement managérial. En effet, dans un environnement où la concurrence est féroce et les défis en constant accroissement, les entreprises doivent impérativement adopter des approches stratégiques avisées pour prospérer. L'adoption des pratiques stratégiques efficaces permet aux entreprises de mieux aligner leurs objectifs avec les besoins du marché, d'identifier des opportunités de croissance et de gérer les risques de manière proactive (El Haoud, 2011). En effet, ces pratiques stratégiques aident également les entreprises à élaborer des plans d'action et à allouer efficacement leurs ressources pour atteindre leurs objectifs à long terme. En intégrant des pratiques stratégiques solides dans leur approche de gestion, les entreprises africaines peuvent renforcer leur compétitivité, leur agilité et leur capacité à innover, ce qui contribue à leur croissance et à leur succès sur le marché mondial.

De ce fait, les pratiques stratégiques jouent un rôle crucial dans l'amélioration du développement managérial en Afrique en aidant les entreprises à se positionner de manière compétitive sur le marché mondial. À titre illustratif, l'intelligence économique joue un rôle crucial dans l'amélioration du développement managérial en Afrique en aidant les entreprises à prendre des décisions éclairées et stratégiques. En utilisant des outils d'intelligence économique, les entreprises peuvent collecter, analyser et interpréter des informations pertinentes sur le marché, la concurrence, les tendances économiques et les opportunités d'affaires (Dou, 1991). Cela permet de mieux anticiper les changements, de prendre des décisions plus éclairées et de développer des stratégies plus efficaces pour atteindre leurs objectifs commerciaux. En intégrant l'intelligence économique dans leur processus de gestion, les entreprises africaines peuvent améliorer leur compétitivité, leur agilité et leur capacité à s'adapter aux conditions changeantes du marché, ce qui contribue à leur croissance et à leur succès à long terme. Selon une étude de PwC publiée en 2019, 70 % des dirigeants d'entreprises africaines considèrent l'intelligence économique et la veille comme des facteurs clés de leur croissance future. Ainsi, 44 % des entreprises africaines ont subi des pertes financières en raison d'un manque d'informations ou d'une mauvaise gestion de l'information.

L'intelligence économique concourt à l'amélioration du développement managérial en Afrique en permettant aux PME/PMI de recueillir des informations sur les marchés locaux et internationaux, ainsi que sur les tendances économiques et sectorielles. Cette action aide les gestionnaires à identifier de nouvelles opportunités d'affaires et à prendre des décisions stratégiques éclairées concernant l'expansion et la diversification. De plus, l'intelligence économique fournit les bases d'identification et de gestion des risques, de renforcement de la compétitivité, d'innovation et développement en Afrique. Précisément, l'intelligence économique aide les entreprises à identifier et à évaluer les risques potentiels pour leurs opérations en Afrique, de mettre en place des mesures d'atténuation des risques et de prendre des décisions prudentes pour protéger les intérêts de l'entreprise. Il s'ensuit une accessibilité aux informations sur leurs concurrents, y compris leurs stratégies, leurs forces et leurs faiblesses. L'analyse des données contribue à l'élaboration de stratégies concurrentielles efficaces pour renforcer la position de leur entreprise sur le marché africain. L'intelligence économique favorise l'innovation en fournissant aux entreprises des informations sur les nouvelles technologies, les tendances du marché et les besoins des consommateurs. Elle permet aux gestionnaires de développer de nouveaux produits, des services et des processus qui répondent aux demandes du marché et qui permettent aux entreprises de rester compétitives, de maximiser les opportunités de croissance tout en minimisant les risques. De ce fait, l'intelligence économique constitue un outil essentiel pour améliorer le développement managérial en Afrique en fournissant aux entreprises les informations et les analyses nécessaires pour prendre des décisions stratégiques, renforcer leur compétitivité et saisir les opportunités de croissance sur le marché africain.

L'intelligence économique a un impact considérable sur le développement managérial en Afrique. Ce processus s'effectue par différents canaux, tels que : (i) la formation et la sensibilisation, qui permettent d'acquérir les compétences nécessaires pour collecter, analyser et utiliser efficacement les informations stratégiques ; (ii) l'acquisition et l'analyse de données économiques, politiques, sociales et concurrentielles pertinentes pour les PME/PMI, qui impliquent l'utilisation de sources variées telles que les bases de données en ligne, les rapports de recherche, les réseaux sociaux, les enquêtes de terrain ; (iii) la communication interne favorisant la diffusion des informations stratégiques aux différents départements et niveaux hiérarchiques des PME/PMI ; (iv) la prise de décision stratégique, qui nourrit les processus décisionnels en fournissant des perspectives pertinentes sur les opportunités, les risques et les défis auxquels l'entreprise est confrontée sur le marché africain. Les décisions stratégiques prises sur la base des informations issues de l'intelligence économique sont mises en œuvre à travers diverses initiatives et actions au sein de l'entreprise. Cela peut inclure le développement de nouveaux produits ou services, l'expansion dans de nouveaux marchés, l'optimisation des processus internes, etc. Toutefois, les effets de l'intelligence économique sur le développement managérial en

Afrique sont évalués et ajustés en fonction des résultats obtenus, impliquant la surveillance continue de l'environnement concurrentiel et économique, l'analyse des performances de l'entreprise et l'adaptation des stratégies en conséquence pour rester compétitifs sur le marché africain en évolution.

De plus, la veille concurrentielle joue un rôle essentiel dans l'amélioration du développement managérial en Afrique en permettant aux entreprises de mieux comprendre leur environnement concurrentiel et de prendre des décisions stratégiques éclairées. En surveillant les actions, les stratégies et les performances de leurs concurrents, les entreprises peuvent identifier les forces et les faiblesses de ces derniers, ainsi que les opportunités et les menaces potentielles sur le marché. Cela leur permet de s'adapter rapidement aux changements, d'anticiper les tendances du marché et de développer des stratégies compétitives plus efficaces. En intégrant une veille concurrentielle dans leur processus de gestion, les entreprises d'Afrique peuvent renforcer leur position sur le marché, améliorer leur prise de décision et augmenter leur compétitivité, ce qui contribue à leur croissance et à leur succès à long terme. Précisément, la veille concurrentielle est essentielle pour améliorer le développement managérial en Afrique, car elle permet aux entreprises et aux organisations de rester compétitives sur le marché à travers l'identification des tendances du marché, l'analyse des forces et faiblesses des concurrents, l'innovation et le développement de nouveaux produits. Dans cette perspective, la veille concurrentielle permet aux dirigeants des PME/PMI de suivre les tendances émergentes dans leur secteur d'activité, d'ajuster leurs stratégies et leurs pratiques de gestion en conséquence.

Ainsi, en surveillant les activités de leurs concurrents, les dirigeants des PME/PMI peuvent identifier les forces et les faiblesses de ces derniers. Cette analyse comparative peut aider les entreprises à identifier leurs propres avantages concurrentiels et à élaborer des stratégies pour renforcer leurs points forts et exploiter les faiblesses de leurs concurrents. En observant les innovations introduites par les concurrents, les entreprises peuvent être inspirées pour développer de nouveaux produits ou services. La veille concurrentielle fournit des informations sur les besoins des clients et les lacunes du marché, ce qui peut guider le processus d'innovation et de développement de produits. À ces aspects s'ajoutent l'optimisation des processus internes et les anticipations qui confèrent de meilleures pratiques adoptées par les concurrents, et conduisant à une amélioration de l'efficacité opérationnelle et la réduction des coûts. Ainsi, la veille concurrentielle permet aux gestionnaires d'anticiper les menaces émergentes sur le marché, telles que l'arrivée de nouveaux concurrents ou les changements de réglementation[46], ainsi que les opportunités potentielles, comme l'expansion dans de nouveaux marchés ou l'introduction de nouvelles technologies. Cette anticipation proactive permet aux entreprises de prendre des décisions éclairées et de se préparer aux changements à venir. Globalement, la veille concurrentielle joue un rôle crucial dans l'amélioration du développement managérial en Afrique en fournissant aux entreprises les informations nécessaires pour rester compétitives, innovantes et adaptées aux évolutions du marché.

Les informations issues de la veille concurrentielle alimentent le processus de prise de décision stratégique en fournissant des données factuelles sur le marché et les concurrents. Les gestionnaires utilisent ces informations pour ajuster leurs stratégies commerciales, identifier de nouvelles opportunités[47], développer des avantages concurrentiels et minimiser les risques. La veille concurrentielle nécessite des compétences spécifiques en collecte, analyse et interprétation des informations. Les entreprises investissent souvent dans la formation et le développement de leur personnel pour renforcer ces compétences et intégrer la veille concurrentielle dans leur culture organisationnelle. Cette veille concurrentielle est un processus continu qui nécessite une évaluation régulière de son efficacité. Les entreprises évaluent les résultats de la veille concurrentielle en fonction de leurs performances commerciales, de leur positionnement sur le marché, de leurs parts de marché, etc. Cette évaluation permet d'identifier les ajustements nécessaires dans les pratiques de veille concurrentielle[48].

2.2. Les pratiques stratégiques, un cadre limité au développement managérial

Dans le domaine du management, les pratiques stratégiques sont souvent considérées comme un cadre indispensable pour guider les décisions et les actions des organisations. Cependant, il est crucial de reconnaître que, malgré leur importance, ces pratiques ne constituent pas nécessairement une solution universelle pour tous les défis managériaux (Achchab et Harrizi, 2013). Dans de nombreux cas, les pratiques stratégiques peuvent présenter des limites et des contraintes qui influent sur leur efficacité et leur applicabilité dans le contexte du développement managérial. Selon une étude de Deloitte (2021),

---

[46] C'est le cas dans le secteur lucratif des boissons (bières, boissons gazeuses, eaux minérales).

[47] Les opérateurs des télécommunications l'ont bien compris, qui se sont tous engouffrés dans la niche des transferts d'argent, instaurant une rude concurrence avec un autre secteur, les banques.

[48] La baisse des prix du ciment, souhaitée par les usagers du fait de la multiplication des producteurs de cette spéculation, reste une chimère dans un pays tel que le Cameroun, du fait de la stabilité du prix du clinker sur le marché international.

60 % des entreprises africaines ont mis en place des mesures de cybersécurité pour protéger leurs données et leurs informations stratégiques. De même, 42 % des entreprises africaines ont recours à des prestataires externes pour leur veille stratégique et leur collecte d'informations.

Les pratiques stratégiques s'illustrent également comme une entrave au développement managérial en Afrique dans plusieurs contextes. Des explications plausibles tiennent premièrement au manque de flexibilité, dont l'existence des stratégies rigides limite l'adaptabilité des entreprises aux conditions changeantes du marché (Rouach, 1996). Les environnements commerciaux en Afrique sont souvent caractérisés par une grande volatilité et des défis imprévus, nécessitant une approche agile et flexible de la gestion. Des pratiques stratégiques trop rigides peuvent limiter la capacité des entreprises à s'adapter rapidement à ces changements. Deuxièmement, la tendance « court-termiste », dont certaines entreprises peuvent adopter des pratiques stratégiques axées uniquement sur des objectifs à court terme, comme la maximisation des profits au détriment du développement à long terme[49]. Cette mentalité peut entraver le développement managérial en négligeant les investissements dans le capital humain, l'innovation et la durabilité à long terme. Troisièmement, le manque d'alignement avec les besoins locaux. En effet, les pratiques stratégiques importées de l'extérieur peuvent ne pas prendre en compte les réalités du marché africain, y compris les aspects culturels, économiques et politiques. Par conséquent, ces stratégies qui ne sont pas adaptées aux besoins et aux préférences des consommateurs africains peuvent limiter la compétitivité des entreprises et leur capacité à se développer dans la région. Quatrièmement, le sous-investissement dans les ressources humaines explicité par le fait que les pratiques stratégiques qui accordent peu d'importance au développement des compétences et au bien-être des employés peuvent limiter le potentiel de croissance des entreprises. En Afrique, où le capital humain est une ressource essentielle, les entreprises qui négligent l'investissement dans les ressources humaines risquent de rencontrer des obstacles au développement managérial. Cinquièmement, le manque de transparence et de gouvernance qui rendent les pratiques stratégiques opaques ou non éthiques, entraînant un manque de confiance des parties prenantes, et compromettant le développement à long terme des entreprises. Bien évidemment, une mauvaise gouvernance induit des risques juridiques et financiers, limitant ainsi le développement managérial. Pour surmonter ces limites, il est essentiel que les entreprises africaines adoptent des pratiques stratégiques flexibles, alignées sur les besoins locaux, axées sur le développement à long terme, centrées sur les ressources humaines et basées sur la transparence et la bonne gouvernance. Cela permettra de créer un cadre

---

[49] Nombre d'entreprises africaines exercent dans le commerce à court terme (Byam Sellam) en pidgin english.

propice au développement managérial durable et à la croissance des entreprises en Afrique.

Les pratiques stratégiques peuvent également limiter le développement managérial en Afrique par la résistance au changement et le manque d'adaptabilité. Certaines PME/PMI en Afrique sont réticentes à adopter de nouvelles pratiques stratégiques en raison de la peur du changement ou de la complaisance avec les méthodes traditionnelles. Cette résistance peut entraver l'adoption de meilleures pratiques de gestion, la modernisation des processus, et entrainer un faible investissement dans les ressources humaines. Les pratiques stratégiques qui négligent l'investissement dans le développement des compétences et des talents des employés peuvent limiter le potentiel de croissance des entreprises. En Afrique, où le capital humain est une ressource précieuse, le développement managérial peut être entravé par un manque d'investissement dans la formation et le perfectionnement professionnel. Les pratiques stratégiques rigides ou non adaptées à l'environnement africain peuvent limiter la capacité des entreprises à s'adapter aux changements rapides du marché, aux évolutions réglementaires et aux défis économiques. L'incapacité à s'adapter efficacement peut entraîner une perte de compétitivité et un frein au développement managérial. Les PME/PMI qui appliquent des pratiques stratégiques conçues pour d'autres contextes géographiques sans tenir compte des défis locaux en Afrique peuvent rencontrer des obstacles majeurs. Les conditions politiques, économiques, sociales et culturelles uniques en Afrique nécessitent des approches stratégiques adaptées pour favoriser un développement managérial efficace.

Bien que ces pratiques offrent indéniablement des outils précieux pour les gestionnaires afin de naviguer dans un environnement concurrentiel et en constante évolution, il est essentiel de reconnaître leurs limites et leurs contraintes. Les pratiques stratégiques ne sont pas une solution universelle, et leur efficacité peut être entravée par divers facteurs, tels que les différences culturelles, les contextes économiques et politiques spécifiques, ainsi que les dynamiques organisationnelles internes. Elles constituent un élément essentiel du paysage managérial contemporain. En les combinant avec une compréhension approfondie des réalités spécifiques à chaque organisation et à son environnement, les gestionnaires peuvent optimiser leur utilisation et créer des stratégies qui répondent de manière plus précise aux besoins et aux défis uniques auxquels ils sont confrontés. Ces pratiques stratégiques inadaptées, résistantes au changement, sous-estimant les défis locaux et négligeant l'investissement dans les ressources humaines, peuvent limiter le développement managérial en Afrique. Pourtant, les PME/PMI doivent adopter des stratégies flexibles, adaptées au contexte africain, et investir dans le développement des compétences et des talents pour favoriser une croissance durable et pérenne.

Conclusion

L'analyse des pratiques stratégiques dans le développement managérial des dirigeants d'entreprises et d'organisations de diverses envergures et secteurs d'activité révèle une dynamique complexe et multidimensionnelle. Globalement, il en ressort que les pratiques stratégiques ne sont pas seulement des outils, mais également des processus évolutifs qui nécessitent une compréhension approfondie des contextes spécifiques, des défis et des opportunités propres à chaque entité. Que ce soit pour les PME, les PMI, les Multinationales et les administrations visant à répondre aux besoins publics, les pratiques stratégiques revêtent une importance capitale. Précisément, elles permettent aux dirigeants de définir des orientations claires, de mobiliser les ressources de manière efficace, et de s'adapter aux changements rapides de l'environnement concurrentiel.

Cependant, il est essentiel de reconnaître que les pratiques stratégiques ne sont pas une solution universelle. Elles doivent être adaptées et ajustées en fonction des spécificités de chaque organisation, de son marché, de sa culture et de ses objectifs. De plus, dans un monde en constante évolution, les dirigeants doivent remettre en cause leurs stratégies existantes, à expérimenter de nouvelles approches, et à s'engager dans un processus continu d'apprentissage et d'adaptation. Ces aspects induisent la prise en compte de la gestion des ressources humaines, la culture organisationnelle, l'innovation, la durabilité et l'adaptation aux changements du marché. En intégrant les pratiques stratégiques dans une approche globale du développement managérial, les entreprises africaines peuvent renforcer leur compétitivité, leur résilience et leur capacité à prospérer dans un environnement en constante évolution.

À partir de ces analyses, quelques suggestions non exhaustives de politiques économiques peuvent être faites dans le but de consolider le développement managérial en Afrique. Premièrement, investir dans la formation et le développement des compétences afin de promouvoir une culture de l'innovation et de l'entrepreneuriat. Deuxièmement, faciliter l'accès aux financements, propice au soutien financier et logistique des entreprises en démarrage et en expansion. Troisièmement, renforcer les partenariats et la collaboration afin de permettre aux entreprises de tirer parti de partenariats stratégiques, de bénéficier de la promotion de la diversité pour une plus grande créativité. Quatrièmement, améliorer qualitativement les infrastructures physiques et technologiques, propices à l'efficacité opérationnelle et à la connectivité des entreprises en Afrique. Cinquièmement, promouvoir une culture d'ouverture propice aux logiques organisationnelles, qui valorise et soutient l'intelligence économique et la veille concurrentielle.

Références bibliographiques

Achchab, B., & Harrizi, D. (2013). « Les défis de l'intelligence économique au Maroc », in, *La Revue Gestion et Organisation*, 5 (2), 130-137.

Anjaningrum, W. D., Azizah, N., Suryadi, N. (2024). *Spurring SMEs' performance through business intelligence, organizational and network learning, customer value anticipation, and innovation: Empirical evidence of the creative economy sector in East Java, Indonesia. Heliyon*, 10, 27998.

Andoh-baidoo, F. K., Chavarria, J. A., Jones, M. C., & Wang, Y. (2022). Information & Management examining the state of empirical business intelligence and analytics research: a poly-theoretic approach. *Information Management*, 59(6), 103677.

Appelbaum, D., Kogan, A., Vasarhelyi, M., & Zhaokai, Y. (2017). Impact of business analytics and enterprise systems on managerial accounting. *International Journal of Accounting Information Systems*, 25, 29-44.

Apoorva, V. K., Shaji, J., Kanchan, P. P. (2024). Artificial intelligence technology readiness for social sustainability and business ethics: Evidence from MSMEs in developing nations.

Arefin, M. S., Hoque, M. R. & Bao, Y. (2015). The impact of business intelligence on organization's effectiveness: an empirical study. *Journal of Systems and Information Technology*, 17(3), 263-285.

Azeroual, O., & Theel, H. (2018). The effects of using business intelligence systems on an Excellence management and decision-making process by start-up companies: a case study. *International Journal of Managing Science Business Administration*, 4(3), 30-40.

Bournois, F., & Romani, P.J. (2000). *L'intelligence économique et stratégique dans les entreprises françaises*. Economica, Paris.

Caseiro, N., & Coelho, A. (2019). The influence of Business Intelligence capacity, network learning and innovativeness on startups performance. *Journal of Innovations and Knowledge*, 4(3), 139-145.

Chardavoine, O. (2015). *La politique publique d'intelligence économique*. Éditions l'Harmattan.

Cho, Y., Hwang, J., & Lee, D. (2012). Identification of effective opinion leaders in the diffusion of technological innovation: A social network approach. *Technological Forecasting and Social Change*, 79(1), 97-106.

Coase R. H. (1937). *The Nature of the Firm*. Economica,.4, 386-405.

Coissard, S., Fontanel, M., Zecri J. L (2010). « Intelligence économique et pôles de compétitivité : de la gestion du capital informationnel à la création d'avantages compétitifs spécifiques », in, *Management & Avenir*, 32(2), 270-285.

Cornesa, (P). (2003). « L'intelligence économique et stratégique : la diplomatie d'influence au service de la guerre économique ». *Revue internationale et stratégique*, 52, 153-160.

Coutau-Begarie, H. (2003). Traité de stratégie, Paris, Economica, 4e éd. 1040 p.

Corstjens, M., & Umblijs, A. (2012). The power of evil: The damage of negative social media strongly outweighs positive contributions. *Journal of Advertising Research*, 52(4), 433-449.

Crisafulli, B., & Singh, J. (2022). Competence is power: How digital influencers impact buying decisions in B2B markets. *Industrial Marketing Management*, 104, 384-399.

Davenport, T. H., & Prusak, L. (1998). Working Knowledge: How Organizations Manage What They Know. Harvard Business School Press.

Deloitte, (2021). Africa Business Agenda - 22nd edition" - PwC - 2019 "Cybersecurity in Africa: A call for action" - Union africaine - 2018 "Africa Risk Report 2021" -

El Haoud, N. (2011). « L'intelligence économique au service de l'entreprise innovante », *Revue Internationale d'intelligence économique*, 2(3), 175-187.

Frini, A. (2017). A multicriteria intelligence aid methodology using MCDA, artificial intelligence, and fuzzy sets theory. *Mathematical Problems in Engineering,* 1-10.

Hassine, A. B. H. (2021). « The contribution of economic intelligence to the firm performance", *Quantitative Economics and Management Studies*, 2(4), 233-243.

Lesca, H. (2003). *Veille stratégique*, Éditions EMS, Management et société.

Levet, J. L., & Paturel, R. (1999). « Intelligence économique et stratégie des entreprises : pour un management de l'intelligence économique », *Revue d'intelligence économique,* (5), 50-67.

Mamavi, O. (2016). *Intelligence économique et management de l'information stratégique*. ISCPA, Journalisme Communication Production, p.9 ;

Maune, A. (2014). "Competitive Intelligence as an Enabler for Firm Competitiveness: An Overview", *Journal of Governance and Regulation,* 3(2), 29-42.

Jensen, M., & Meckling, W. (1976). *Theory of the Firm: Managerial Behavior, Agency Costs and Capital Structure*.

Minggao, Y., Riza, S., Yahua, Y., Valentina M., Hussam, A. (2022). "The effect of business intelligence, organizational learning and innovation on the financial performance of innovative companies located in Science Park", *Information Processing & Management*, 59 (2), 102852.

Monino, J.L., & Sedkaoui, S. (2013). « Les TIC un outil indispensable pour une démarche d'intelligence économique » *Marché et organisations*, Cairn, Harmattan, N° 18, p.186.

Porter, M. (1980). *Competitive Strategy*. Editions Free Press, New York.

Porter, M. (1982). Choix stratégiques et concurrence, Paris : Economica.

Rouach, D. (1996). *La veille technologique et l'intelligence économique*, Presse universitaire de France, Paris, p 17.

Röller, L-H., & Waverman, L. (2001). « Telecommunications infrastructure and economic development: A simultaneous approach", *The American Economic Review*, 91(4), 909-923.

Saumyaranjan, S., Satish, K., Naveen, D., &Alok, K. S. (2024). "Artificial intelligence capabilities, open innovation, and business performance - Empirical insights from multinational B2B companies". *Industrial Marketing Management*, 117, 28-41.

Schumpeter, J. A. (1934). "The theory of economic development: an inquiry into profits, capital, credit, interest and the business cycle", *Journal of Comparative Research in Anthropology and Sociology* 3(2), 137-148.

Surply, J. (2009). Coopération interentreprises Nord-Sud, *Revue française de gestion*, 191, 49-69.

Williamson, O. (1975). Markets and Hierarchies: Analysis and Antitrust Implications, Free Press.

Zeryouh, A., & Daabaji, A. (2022). « Les enjeux de l'intelligence économique dans le développement territorial : Vers une approche de mise en œuvre de l'intelligence territoriale » *Alternatives Managériales Economiques*, 4(3), 162-174.

Section 2 :

Facteurs critiques de succès dans la mise en œuvre de l'intelligence économique, résurgence de la performance des micros, petites et moyennes entreprises

Zinsou Daniel NAKOU
et
Serge Francis SIMEN NANA

Introduction

Récemment, il a été constaté que le système d'intelligence économique (IE) s'émancipe des besoins et des techniques simples qui évoluent vers les demandes les plus difficiles et leur satisfaction (Humida et al., 2021). Ceci est décrit comme un processus informatif comportant de multiples niveaux de complexité croissante (Skyrius, 2021b). L'IE a été abordée à l'échelle mondiale en raison de sa contribution au succès des entreprises en Asie et en Europe ; cependant, ce n'est pas le cas en Afrique, où les pays en développement comme le Bénin sont toujours aux prises avec une croissance économique et une culture de la concurrence (Wixom & Watson, 2010). Par conséquent, une intégration transparente et un accès à d'autres systèmes doivent garantir une utilisation adéquate des applications d'IE dans les MPME, quel que soit le contexte décisionnel dans lequel appartient la MPME (Gonzales et al., 2019). Entre autres, la plupart des MPME qui ont investi massivement dans l'innovation reconnaissent leur capacité à réduire les coûts de production et à rester compétitives lorsqu'elles utilisent le système d'IE (Wong et al., 2019). En effet, les systèmes d'IE sont utilisés pour aider les entreprises à prendre des décisions tactiques visant à augmenter la rentabilité, réduire les coûts, renforcer les relations clients, contribuer à la croissance de l'entreprise et au succès des MPME (Eriksson & Ferwerda, 2021). Alors que certaines organisations ne parviennent pas à adopter l'utilisation de nouveaux systèmes d'IE, ce qui est lié à une mauvaise gestion, une planification insuffisante et conduisant à des spécifications commerciales non livrées, ont tendance à enregistrer des pertes pour ces entreprises (Hawking & Sellitto, 2010).

De nombreuses MPME des pays en développement sont confrontées à des difficultés pour acquérir des données intelligentes pour la prise de décision sur différents sites opérationnels (Adeyelure et al., 2018).

Reconnaître les compétences entrepreneuriales dont les MPME ont besoin pour réussir tout en améliorant les compétences entrepreneuriales sert de guide aux MPME pour obtenir de meilleurs résultats sur le marché (Tehseen et al., 2015).

L'efficacité d'une organisation peut être mesurée en fonction de son utilisation de l'IE, laquelle peut contribuer à accroître sa rentabilité et sa compétitivité en concevant une stratégie ambitieuse et en prenant des décisions stratégiques (Bach et al., 2016). Pour que les MPME envisagent d'utiliser des technologies avancées telles que l'IE, elles ont tendance à peser l'impact de l'innovation sur l'entreprise et son plan d'affaires. L'utilisation d'IE et son impact sur la prise de décision et les performances des MPME ont été discutés. Les résultats ont révélé que des décisions opportunes étaient prises, entraînant une rentabilité organisationnelle accrue (Gauzelin et Bentz, 2017). Ainsi, la recherche associée aux facteurs critiques de succès (FCS) pour l'IE a été minime et elle est associée aux systèmes d'IE qui sont mis en œuvre comme une amélioration des systèmes de planification des ressources de l'entreprise (ERP) (Gauzelin et Bentz, 2017). L'utilisation d'IE est mise en œuvre dans de nombreuses entreprises en option à leur système ERP et offre une approche analytique des données avec les procédures métiers. En outre, la simple identification des facteurs clés peut constituer un défi initial pour les dirigeants de MPME, mais l'amélioration continue des aspects les plus importants de l'entreprise est une trajectoire ((Sadeghi, 2018 ; Skyrius, 2021b). Avec l'émergence de nouvelles technologies à l'ère de la numérisation, la mise en œuvre réussie d'IE devient transformatrice pour les MPME béninoises. À cet effet, la question qui guide cette recherche est la suivante : comment les facteurs critiques de succès impactent-ils la mise en œuvre d'intelligence économique et le succès des micros, petites et moyennes entreprises au Bénin ?

Pour répondre à cette interrogation, nous nous concentrons sur les FCS clés qui ont été classés comme suit : i) facteurs organisationnels qui incluent la gestion des connaissances, la structure de gestion, les ressources organisationnelles et la culture organisationnelle, et ii) les facteurs d'orientation tels que l'orientation de l'entrepreneur, l'orientation technologique et l'orientation intelligence de marché. Ces facteurs peuvent être utilisés pour explorer les interactions dans la mise en œuvre de l'IE, afin d'améliorer les performances organisationnelles (les MPME dans ce cas).

Afin de conduire cette recherche, nous synthétisons les résultats des travaux antérieurs traitant notre problématique (1) ainsi que la démarche méthodologique adoptée pour la réalisation de la recherche est ensuite abordée (2). Les résultats sont enfin exposés (3) et discutés au regard de la littérature antérieure (4).

1. Revue de littérature et formulation des hypothèses

Après avoir défini les termes clés, tels que l'IE, le MAT sous la lucarne de la TAUT et les FCS, nous allons examiner les relations entre les différentes variables de recherche pour établir des hypothèses de base et proposer notre modèle théorique.

1.1. Intelligence économique

Dans cette sous-section, l'objectif vise à définir l'intelligence économique, présenter son importance et ses pratiques ainsi que ses usages et son applicabilité.

En tant que technique d'analyse commerciale basée sur les données, l'évolution de l'intelligence économique (IE) a été évaluée à l'aide d'une approche inclusive, et cela a été préconisé comme une frontière de la recherche et du développement pour l'innovation et la productivité (Sun, 2020). La chaîne de valeur dominante des entreprises dans les secteurs est directement liée à la croissance dynamique de la mise en œuvre de concepts commerciaux et à la numérisation qui contribue à améliorer l'informatique dans les méthodes commerciales (Jaklič et al., 2018). De plus, avec l'avancement des nouvelles technologies, la mesure des facteurs de réussite (FR) des systèmes d'information/technologies de l'information et les critères d'adoption deviennent essentiels dans les organisations commerciales (Humida et al., 2021 ; Keikhosrokiani, 2020b ; Keikhosrokiani et al., 2012, 2018, 2020 ; Keikhosrokiani, 2021). L'IE démontre la gestion de l'information, facilite le traitement des données, améliore la capacité à prendre des décisions éclairées et permet l'interaction humaine avec les ordinateurs, tout en contribuant à améliorer la capacité de l'organisation. Les organisations ne parviennent pas à adopter l'IE en raison d'une mauvaise gestion, d'une planification insuffisante et de spécifications commerciales non fournies (Skyrius, 2021b).

L'IE peut être utilisée comme un concept général qui englobe de nombreuses opérations, processus et technologies pour la collecte, le stockage, l'analyse et la diffusion d'informations afin d'améliorer la prise de décision (Wanda et Stian, 2015). Différents secteurs des MPME utilisent les applications d'IE pour une prise de décision efficace, ce qui aide les entreprises à rester compétitives. Le besoin d'intégration transparente et d'accès à d'autres systèmes nécessite une utilisation adéquate des applications d'IE dans certaines PME, quel que soit le contexte décisionnel dans lequel appartient la PME (Gonzales et al., 2019). Aussi, les avantages de l'utilisation des systèmes d'information d'aide à la décision sont-ils la traduction des preuves en connaissances utilisables pour tirer des conclusions significatives, la compréhension des facteurs clés au sein d'une organisation (par exemple, les clients, les fournisseurs ou les ressources) et l'utilisation d'un code partagé. De compréhension à travers les différentes divisions, le développement des revenus de l'entreprise et la production d'un avantage concurrentiel (Qushem et al., 2017). De surcroît, ElMalah et Nasr (2019) ont analysé l'utilisation organisationnelle de l'IE avec des technologies avancées, telles que le cloud Software as a Service (Saas) et Platform as a Service (Paas) pour améliorer les performances de l'entreprise avec un coût réduit pour l'entreprise. Sun et coll. (2018) ont expliqué comment l'implantation de l'IE peut être améliorée par d'autres technologies, telles que le big data, l'analyse de données et l'intelligence artificielle (IA). Ces technologies sont utilisées pour résoudre les défis commerciaux actuels en améliorant les performances de l'entreprise et en augmentant l'utilisation et l'acceptabilité des outils d'IE.

Afin d'identifier les critères de réussite, il est essentiel de comprendre les activités des MPME, d'évaluer leurs principaux éléments d'impact et d'identifier plusieurs facteurs clés qui peuvent affecter l'utilisation d'IE dans les MPME (Silesia et al., 2012b ; Sun, 2020). La compréhension du processus métier fournit une perspective claire sur les facteurs de réussite (FR), mais il est difficile de comprendre ces facteurs en raison du manque de données analytiques. La stratégie de choix de ces FR pour l'analyse est basée sur les FR décrits dans des recherches antérieures. Ces facteurs ont aidé d'autres MPME à adopter l'utilisation des systèmes d'IE en intégrant des procédures similaires dans leurs opérations. Magaireah et al., 2017 ; Mandhachitara & Allapach, 2017, ont pu analyser les FR combinés et aborder les problèmes clés liés à l'application et à l'évaluation de ces facteurs conduisant aux réalisations et à l'échec de l'application de l'IE (Tableau 1). En outre, certains facteurs d'interdépendance sont négligés en raison de la mise en œuvre d'une vision isolée de l'investigation de facteurs de performance indépendants. Cette stratégie peut contribuer à une vision peu pratique des relations entre les causes et les effets, ce qui n'est pas acceptable par la direction d'une organisation complexe et dynamique (Lo et al., 2016). Lors de l'évaluation du succès d'IE dans les entreprises, il est impératif de l'aborder en se concentrant sur sa dépendance à d'autres variables. Ces autres variables peuvent renforcer les capacités d'IE, et donc l'efficacité de l'entreprise, sur la base des contextes de modèles conceptuels (Chen & Lin, 2020). En conclusion, certaines MPME garantissent une utilisation adéquate des applications d'IE, quel que soit le contexte décisionnel dans lequel la MPME opère ainsi que les exigences d'accès au système (Gonzales et al., 2019).

Tableau 1 : Quelques exemples d'utilisation de l'IE et de son application dans les MPME

Secteur d'utilisation	Application d'IE
Gestion de la relation client	L'IE peut aider à améliorer les relations avec les clients, les commerciaux sont bien informés sur les besoins des clients et identifient les tendances du marché.
Efficacité des opérations	Efficacité des opérations Améliorer les processus commerciaux et l'efficacité en fournissant des connaissances et de l'expérience, lors du développement et du lancement de nouveaux produits sur le marché.
Finance et budget	Les approches de mise en œuvre de l'IE financière et budgétaire aideront les petites et moyennes entreprises à améliorer leurs performances budgétaires sur des périodes limitées.
Installation de stockage	Installation de stockage Le processus de prise de décision de gestion a été renforcé grâce à une collecte de données intégrée et non volatile et à un entrepôt de données variable dans le temps.

Source : Auteurs

1.2. Modèle d'acceptation technologique sous lucarne de la théorie unifiée de l'acceptation et de l'utilisation de la technologie

La théorie de l'action ainsi que le modèle d'acceptation technologique (MAT) sont tous deux des modèles importants capables d'attirer l'attention de la communauté des systèmes d'information (SI). La décision concernant les nouvelles technologies est basée sur un processus d'acceptation psychologique ; par conséquent, un modèle distinct est construit pour prédire et décrire l'intention d'utiliser le SI (Dillon & Morris, 1996 ; Keikhosrokiani et al., 2014 ; Keikhosrokiani, 2019, 2020 a). Le modèle MAT décrit l'intention des utilisateurs d'adopter des interventions basées sur la technologie ou explique les intentions comportementales des utilisateurs d'obtenir et d'utiliser l'innovation (Luna-Nevarez & Torres, 2015 ; Keikhosrokiani et al., 2020). Le modèle peut être classé en deux variables : l'utilité perçue (UP) et la facilité d'utilisation perçue (FUP). La mesure dans laquelle un individu considère que l'utilisation d'un système spécifique peut améliorer ses performances au travail est définie comme l'utilité perçue, tandis que la facilité d'utilisation perçue est décrite comme « le degré selon lequel un individu pense que l'utilisation d'un système particulier devrait être un effort ». L'exploration de la relation entre FUP et PU est basée sur la théorie originale de l'action raisonnée. La FUP de l'IE est cruciale pour le décideur de MPME, les employés doivent avoir l'initiative que l'outil d'IE est assez facile à utiliser. L'étude a proposé un modèle normatif qui s'appuie sur le modèle MAT standard en incorporant des éléments médiateurs qui reflètent la mise en œuvre de l'approche axée sur la technologie et la qualité des connaissances d'IE. Pour explorer les déterminants de l'utilisation des systèmes d'IE, le modèle proposé constitue la base de la conception de propositions de recherche potentielles. Money et Turner (2005) ont appliqué la procédure MAT pour rechercher l'adoption de systèmes de gestion de l'information en signalant que l'association entre la facilité d'utilisation perçue, l'UP et l'utilisation du système était constante par rapport aux résultats antérieurs. Venkatesh et al. (2003) ont souligné la théorie unifiée de l'acceptation et de l'utilisation de la technologie (TUAUT) comme un outil précieux permettant aux gestionnaires et aux praticiens d'évaluer le succès potentiel des technologies émergentes dans leur mise en œuvre et de les aider à comprendre les facteurs clés qui déterminent leur acceptation. La TUAUT est le modèle centré sur les facteurs qui déterminent l'adoption et l'utilisation potentielle de l'informatique par le personnel des MPME (Dasgupta & Gupta, 2019). Le MAT et la TUAUT ont été explicitement créés pour clarifier que des technologies telles que l'acceptation de l'IE se sont révélées être les plus largement adoptées par les chercheurs pour modéliser l'acceptation des conducteurs. La TUAUT fournit également aux gestionnaires une méthode précieuse pour mesurer la probabilité de réussite en matière d'intégration de la technologie moderne et pour aider à reconnaître les facteurs d'acceptation dirigés vers les groupes de consommateurs qui peuvent être moins susceptibles d'accepter les nouveaux systèmes.

1.3. Facteurs de succès critiques

L'inefficacité de l'utilisation d'IE pourrait être associée au manque de connaissances fondamentales sur ces FR (Farzaneh et al., 2018). Pham (2018) souligne que les entreprises qui accordent une attention particulière à la SF restent toujours compétitives, malgré les difficultés qui peuvent entraver ou favoriser l'implantation de l'IE. Les facteurs, tels que les caractéristiques du marché, l'esprit d'entreprise et les caractéristiques des produits sont considérés comme d'importants moteurs de performance des entreprises. Ainsi, Hawking et Sellitto (2010) et Sadeghi (2018) ont analysé différentes variables ayant le plus grand impact sur l'utilisation des systèmes ERP et IE, telles que le soutien à la direction, l'engagement des utilisateurs et les compétences des équipes. Certaines entreprises ont une structure claire conçue pour évaluer l'utilisation de SF sélectionnés pour l'IE pour aider à la prise de décision dans les organisations. La plupart des procédures de travail des MPME sont soigneusement comprises pour permettre aux chercheurs de mettre en évidence les FR pertinentes dans leur entreprise. Cela indique que plusieurs FR ont des impacts différents sur l'IE dans diverses industries, ce qui a conduit à l'enquête et à l'analyse des différents FR. Les sept facteurs de succès sont examinés dans cette section. Les déterminants ont été divisés en deux catégories : i) facteurs organisationnels et ii) d'orientation. Ces facteurs sont liés au déploiement d'IE et à la performance des MPME. En outre, étant donné la diffusion inégale de l'utilisation de l'IE en Afrique, et plus particulièrement au Bénin, une enquête approfondie a été menée pour assurer qu'on encourage les entrepreneurs à utiliser l'IE dans leurs entreprises. Les résultats de cette recherche fourniront aux MPME béninoises et d'autres pays en développement les ressources nécessaires pour aborder simultanément tous les facteurs de performance. De plus, un analyste de marché peut formuler et exécuter des stratégies de croissance de manière structurée, basées sur la valeur relative de ces facteurs de succès. Il est nécessaire de réévaluer et de valider continuellement les facteurs clés de succès dans les MPME. Ceux-ci peuvent servir de guide pour l'amélioration de l'utilisation d'IE pour faciliter la prise de décision dans un environnement commercial compétitif. Les chercheurs (Gonzales et al., 2019 ; Grublješič&Jaklič, 2015 ; Hawking &Sellitto, 2010 ; Silesia et al., 2012a) ont discuté sur plusieurs FR clés qui ont un impact sur la mise en œuvre d'IE. Ces facteurs varient selon les MPME.

Tableau 2 : Les facteurs de réussite et leur impact sur les MPME

Auteurs	Facteurs de réussite	Impact sur les MPME
Susanto et al. (2021)	Orientation entrepreneuriale (OE)	Cette étude a réexaminé l'impact de l'OE sur les MPME en utilisant le rôle des médias sociaux. L'OE joue un rôle modérateur dans l'utilisation des médias sociaux ainsi qu'un rôle médiateur dans les capacités de marketing et l'utilisation des médias sociaux.
Alvarez-Torres et al. (2019)	Orientation entrepreneuriale (OE)	Ce facteur aide les entrepreneurs à développer les capacités des MPME en favorisant une culture et un développement entrepreneurial
Nofal&Yusof (2013)	Orientation de formation (OF) et Soutien à la gestion (SG)	Ces facteurs contribuent à la sécurité de l'information, garantissant aux chercheurs d'augmenter les performances organisationnelles grâce à une meilleure prise de décision
Ikonen (2019)	Gestion des connaissances (GC)	GC concentre l'attention sur les objectifs de l'organisation qui aideront à réformer les régions qui envisagent de mettre en œuvre l'IE. Contribue également à la prise de décision dans les réformes de la gouvernance.
Yeoh&Koronios (2010)	Gestion du changement (CM) et Qualité des données (QD)	Ces facteurs permettent l'acquisition de connaissances dans un domaine d'intérêt (IE) émergent. Ces facteurs sont tous impliqués dans l'identification du CSF dans la mise en œuvre de l'IE.
Mandhachitara& Allapach (2017)	Orientation marché (OM) et Leadership affirmatif (LA)	Ces facteurs contribuent aux compétences de leadership affirmatif en encourageant l'utilisation de l'intelligence marketing, essentielle à une stratégie bien fondée.
Al-Ansari et al., 2013) 2013	Orientation technologique (OT)	L'OT n'a pas d'influence directe sur les performances de l'entreprise, mais sur le résultat global de la réussite de l'entreprise.

Source : Auteurs

Eu égard à la littérature précédente, les hypothèses (H) suivantes sont formulées :

H1 : Les ressources organisationnelles ont un effet positif sur la réussite de l'IE mise en œuvre dans les MPME.

H2 : La culture organisationnelle a un effet positif sur la réussite de la mise en œuvre d'IE dans les MPME.

H3 : La structure de gestion affecte positivement la mise en œuvre réussie d'IE dans les MPME.

H4 : La gestion des connaissances a un effet positif sur la réussite d'IE mise en œuvre dans les MPME.

H5 : L'orientation technologique influence positivement la mise en œuvre réussie d'IE dans les MPME.

H6 : La connaissance et l'orientation du marché influencent positivement la réussite de la mise en œuvre d'IE dans les MPME.

H7 : L'orientation entrepreneuriale affecte positivement la réussite d'IE mise en œuvre dans les MPME.

H8 : Les variables de mise en œuvre d'IE influencent positivement la réussite de la mise en œuvre d'IE dans les MPME.

De ce cet état de l'art se dégage le modèle a priori suivant :

Figure 1 : Modèle théorique de la recherche

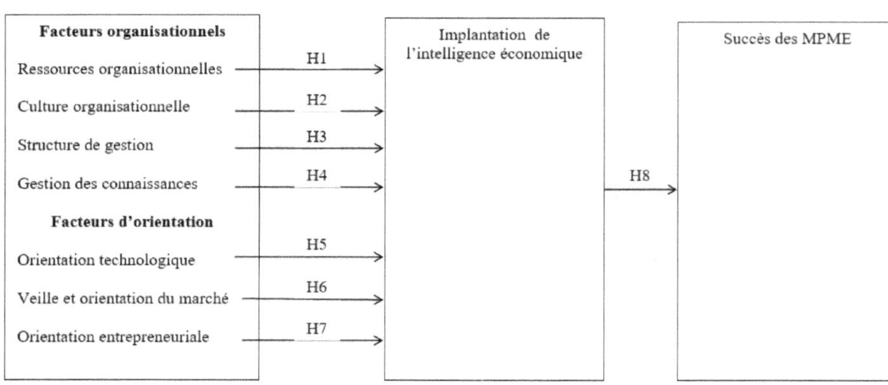

Source *: auteurs*

2. Choix méthodologique et justifications

Cette recherche est une recherche exploratoire qui utilise une analyse quantitative pour étudier les variables de facteurs de réussite. Elle vise à étudier les facteurs clés de succès permettant l'utilisation de la mise en œuvre de l'IE dans les MPME. La méthode d'échantillonnage aléatoire ainsi que la méthode transversale sont utilisées pour cette enquête, car l'enquête impliquera la collecte de données une seule fois auprès des répondants. Les questionnaires ont été distribués pendant trois semaines à partir de décembre 2023. Les répondants étaient des décideurs, des dirigeants, des employés et des vendeurs issus de vingt (20) MPME qui avaient de l'expérience dans l'utilisation des outils technologiques d'IE, des procédures d'analyse et de validation requises.

2.1. Conception et procédure

Cette recherche a été réalisée pour établir l'importance de la mise en œuvre d'IE dans la réussite des MPME. Les hypothèses qui sous-tendent le modèle de la recherche ont réussi à mettre en évidence l'importance des facteurs de succès choisis pour l'investigation. Dans cette recherche basée sur une enquête visant à tester nos hypothèses, les variables sont considérées au sens théorique, ainsi que l'interprétation de l'effet de leurs réalisations sur les MPME. À cette fin, les questionnaires ont été présentés comme un outil de recherche permettant de collecter des données auprès des répondants afin de déterminer l'influence des facteurs de succès sur les processus et les résultats commerciaux des MPME. Ainsi, les participants, en l'occurrence les employés dans les MPME, ont été contactés en leur envoyant une requête d'enquête en ligne, nous permettant d'obtenir un échantillon représentatif en termes de nationalité et de données démographiques. À cet effet, les questions de cette recherche ont été conçues à partir d'un outil précédent basé sur une revue de littérature. Dans ce sens, les questions ont été conçues à l'aide d'une échelle de type Likert en cinq points, où un (01) indique « fortement en désaccord » et cinq (5) signifie « tout à fait d'accord ». Après avoir mené l'étude pilote, le questionnaire a été réaffirmé pour garantir sa cohérence et sa pertinence par rapport au processus de mise en œuvre d'IE et aux progrès des MPME.

Cette recherche implique des employés travaillant dans une MPME et possédant un haut niveau d'expérience dans l'entreprise. L'un des principaux critères d'admissibilité des participants est l'expérience dans l'utilisation des technologies de l'information. Les répondants doivent avoir une compréhension de base d'IE sans avoir besoin d'explications en face-à-face. Si l'employé n'est pas familiarisé avec l'IE, il est exclu de cette recherche.

2.2. Taille de l'échantillon

Plusieurs méthodes ont été discutées pour calculer la taille de l'échantillon à l'aide de la modélisation par équations structurelles (SEM) par Haïr et al. (2014) et Khan et al. (2019). Cependant, pour déterminer la taille d'échantillon appropriée pour cette recherche, l'échantillonnage basé sur les éléments recommandés par la SEM aux moindres carrés partiels

(SEM-PLS) a été utilisé. Le SEM-PLS s'est avéré être une bonne méthode d'analyse pour répondre à une exigence de taille d'échantillon limitée. L'avantage de l'utilisation du SEM permet d'étudier des connexions complexes. De plus, il aide les chercheurs dans la perspective d'utiliser différents types de données et les similitudes entre les différents modèles. Par conséquent, PLS est adéquat pour évaluer le modèle de mesure dans ce chapitre. La taille d'échantillon requise pour cette recherche est indiquée dans le tableau 1, qui est basé sur la taille d'échantillon SEM-PLS recommandée. La taille de l'échantillon peut être déduite en multipliant les indicateurs formatifs par 10 pour évaluer un seul construit, ou en calculant 10 fois le plus grand nombre de cheminements structurels dirigés vers un construit spécifique. Le SEM-PLS devient la méthode la plus importante pour estimer des modèles de trajectoire (complexes) et leurs relations avec des variables latentes. Pour estimer les modèles de chemin à l'aide de SEM-PLS, les bases de la mesure et de la théorie structurelles sont utilisées. Les chercheurs s'assurent que la complexité du modèle et les caractéristiques des données sont liées (Hair et al., 2014).

Le modèle de recherche proposé (Figure 1) révèle que le nombre maximum de flèches pointant vers un seul construit est de huit (08). La taille minimale de l'échantillon serait alors calculée en se concentrant sur le nombre de flèches pointant vers les construits multiplié par 10 c'est-à-dire (10x8 = 80). Le niveau de confiance de cette recherche est un intervalle de confiance de 95 %, ce qui équivaut à un niveau de signification de 5 % avec un minimum de 0,1, en traçant les chiffres sur lesquels le nombre tombera 174. En conclusion, l'échantillon minimum et maximum pour cette recherche est de 80 et 174. Cependant, la taille de l'échantillon collecté pour l'enquête était de 165, c'est le nombre de répondants reçus (Tableau 3).

Tableau 3 : Taille d'échantillon recommandé par PLS-SEM pour une puissance statistique de 80 % (Hair et al., 2014) et (Cohen, 1992)

Nombre maximum de flèches pointant vers un construit	**Niveau de signification**											
	Minimum 99% R^2				Minimum 95% R^2				Minimum 90% R^2			
1	0,10	0,25	0,50	0,75	0,10	0,25	0,50	0,75	0,10	0,25	0,5	0,75
2	158	75	47	38	110	52	33	26	88	41	26	21
3	176	84	53	42	124	59	38	30	100	48	30	25
4	191	91	58	46	137	65	42	33	111	53	34	27
5	205	98	62	50	147	70	45	36	120	58	37	30
6	217	103	66	53	157	75	48	39	128	62	40	32
7	228	109	69	56	166	80	51	41	136	66	42	35
8	238	114	73	59	174	84	54	44	143	69	45	37
9	247	119	76	62	181	88	57	46	150	73	47	39
10	256	123	79	64	189	91	59	48	156	76	49	41

***Source** : Auteurs*

2.3. Procédure de recherche

L'identification des facteurs clés de succès grâce à une revue de la littérature est la première étape. Cela reconnaît les différences dans le domaine de recherche précédent et détermine la portée de cette recherche. L'étape suivante consiste à identifier le domaine pour définir les facteurs clés de succès et structurer un modèle théorique pour développer les hypothèses de la recherche. La troisième phase est la conception de la recherche qui se concentre sur la méthodologie de recherche pour décider de l'échantillon des répondants cibles et de l'outil de recherche à utiliser. Une étude pilote a également été réalisée pour évaluer la validité et la fiabilité de l'outil de recherche. La phase suivante implique l'étape d'analyse et de conclusions. À cette étape, l'analyse descriptive a été analysée à l'aide de SPSS version 26, tandis que l'évaluation de la validité et l'estimation du modèle incluent le test d'hypothèse à l'aide de SEM-PLS. En conclusion, les résultats sont discutés et résumés et des conclusions sont tirées sur la base du résultat.

3. Résultats

3.1. Étude pilote

La phase pilote a été réalisée pour confirmer que le questionnaire est approprié pour déterminer l'objectif de la recherche. Ainsi, l'analyse descriptive, le test de fiabilité et l'analyse de corrélation indiquent que le questionnaire est significatif pour la recherche. Les tests de validité et de fiabilité ont été effectués pour tester la cohérence interne à l'aide d'une analyse factorielle. Sur la base des résultats de l'analyse, la valeur moyenne de la réponse indique que l'initiative des répondants sur les facteurs est similaire. Il existe donc des similitudes dans certaines de leurs réponses. La valeur moyenne du construit variait entre 4,0 et 4,4 ; ce qui indique que les répondants étaient au-dessus de la moyenne. Les résultats significatifs de cette étude indiquent que les répondants comprennent les facteurs clés de succès qui incluent FO, OE, GC, OT et IOM (Tableau 4). L'étude a permis d'établir l'importance de l'utilisation de la mise en œuvre de l'IE dans le succès des PME. Les hypothèses définies pour le modèle de l'étude ont permis de mettre en évidence l'importance des facteurs clés de succès sélectionnés pour la recherche. Cependant, la phase pilote est peu concluante en raison du nombre limité des facteurs clés de succès et du nombre de répondants.

Tableau 4 : L'analyse descriptive de la phase pilote

	Code	Moyenne	Écart-type
Facteurs organisationnels	FO	4,300	0,57124
Orientation entrepreneuriale	OE	4,300	0,57124
Gestion des connaissances	GC	4,350	0,48936
Orientation technologique	OT	4,400	0,50262
Intelligence/Orientation du marché	IOM	4,250	0,55012
Implémentation de l'IE	IIE	4,200	0,69585
Succès des MPME	SMPME	4,00	0,56195

N = 20

3.2. Analyse descriptive

Sept questions liées aux données démographiques des répondants sont représentées (Tableau 2). À cet effet, pour obtenir les détails des répondants, la tranche d'âge, le sexe, le statut d'éducation et la durée de l'emploi ont été examinés. La fréquence et le pourcentage des informations démographiques des répondants sont indiqués dans le tableau 2 pour donner un aperçu de leur statut. Les résultats indiquent que la plupart des personnes interrogées appartiennent à la catégorie d'âge de 35 à 44 ans, suivie respectivement des 25 à 34 ans, des 45 à 54 ans et des plus de 55 ans. La plupart des répondants sont des femmes (55 %), tandis que les hommes représentent environ 45 % des répondants. La majorité des personnes interrogées possèdent au moins un baccalauréat et travaillent depuis 1 à 7 ans. La désignation d'un grand nombre de répondants est liée au rôle de direction, aux ressources humaines/opérations et à l'entrepreneuriat (tableau 5).

Tableau 5 : Caractéristiques sociodémographiques des répondants

		Effectif	%
Âge	25-34 ans	46	27,9
	35-44 ans	61	37,0
	45-54 ans	34	20,6
	>55 ans	24	14,5
Sexe	Masculin	74	45,1
	Féminin	90	54,9
Niveau d'études	Diplôme d'études	35	21,2
	Baccalauréat	85	51,5
	Diplôme d'études supérieures	42	25,5
	Autres	3	1,8
Décideurs	Oui	99	60,0
	Non	66	40,0
Expériences	Moins d'un an	12	7,3
	1 à 3 ans	55	33,3
	4 à 7 ans	65	39,4
	Plus de 8 ans	33	20,0
Désignation	Rôle de direction	45	27,3
	Rôle administratif	27	16,4
	RH/opérations	42	25,5
	Entrepreneurs	44	26,7
	Autres	7	4,2
Statut d'emploi	Emploi à temps plein	114	69,1
	Emploi à temps partiel	51	30,9

Source : Auteurs

Par ailleurs, l'analyse descriptive peut être utilisée pour résumer des données quantitatives afin d'expliquer les caractéristiques de la population dans son ensemble ou d'un échantillon dans une situation donnée. Cela peut être utilisé pour fournir des informations utiles sur les variables de la recherche (Kohler & Kreuter, 2005). Elle est présentée en utilisant le maximum, le minimum, la moyenne et l'écart-type. La moyenne peut être utilisée pour analyser la tendance centrale, et les écarts-types représentent la dispersion de la distribution et l'évaluation de la variance en fonction de la moyenne. À ce titre, la valeur moyenne varie de 4,19 pour les IOM à 4,37 pour la réussite des MPME (tableau 3). Cela indique un résultat positif, qui suggère que l'acceptation par l'utilisateur de l'utilisation d'IE est influencée par chaque composant des facteurs clés de succès (Tableau 6).

Tableau 6 : L'analyse descriptive

	Moyenne	Écart-type	N	Minimum	Maximum
ER	4,30	0,79	165	1	5
GC	4,32	0,661	165	1	5
GS	4,31	0,650	165	1	5
RO	4,21	0,785	165	1	5
CO	4,29	0,716	165	1	5
IOM	4,19	0,662	165	1	5
OT	4,26	0,706	165	1	5
IIE	4,30	0,685	165	1	5
SMPME	4,37	0,683	165	1	5

Source : Auteurs

3.3. Validation des mesures

La procédure d'analyse SEM nécessite deux processus principaux. Le premier processus implique la création de modèles qui impliquent l'ajustement du modèle, la validité, la fiabilité et le facteur de confirmation analysé pour les construits (Jafari-Navimipour & Zareie 2015). Le deuxième processus implique une analyse statistique, pour tester les hypothèses, qui est connectée au modèle de mesure pour déterminer les éléments qui correspondent au modèle et ceux qui n'y rentrent pas. Pour établir la relation entre les constructions, un modèle structurel a été créé pour la recherche. Deux étapes sont nécessaires pour tester le modèle structurel. La première étape consiste à estimer les coefficients de chemin standardisés et la signification statistique pour le test d'hypothèse. L'utilisation de la méthode analytique bootstrapping peut être utilisée pour estimer la signification statistique, les coefficients de chemin et d'autres paramètres pertinents, tels que la moyenne, le poids des éléments, les erreurs standards et les chargements des éléments qui ont été discutés précédemment. La deuxième étape se concentre sur la détermination de la capacité prédictive du modèle structurel qui nécessite l'estimation du coefficient de détermination (R^2) pour les variables endogènes qui est discutée en détail ultérieurement.

La valeur R au carré (R^2) est appliquée pour estimer le coefficient qui identifie la variabilité d'une variable endogène pour tester la capacité de prédiction du modèle structurel. Il est difficile d'estimer la variabilité réelle ; cependant, il est suggéré qu'une variance de 40 à 70 % soit satisfaisante (Warner, 2012). Dans le modèle proposé, la variance entre les variables endogènes pour la mise en œuvre de la performance d'IE et de MPME est respectivement de 77,8 % et de 64,6 % (Tableau 7). Le coefficient de détermination R^2 peut être utilisé pour décrire l'effet de la variable indépendante sur la variable dépendante (Hair et al., 2014 ; Khan et al., 2019). Selon les résultats, les antécédents (ER, GC, SM, RO, CO, IOM) ont pu clarifier la mise en œuvre d'IE avec une valeur R^2 de 77,8 % (0,778) de variance, ce qui est très important pour l'utilisation continue d'IE mise en œuvre. Cette explication s'applique également à la mise en œuvre d'IE comme antécédent du succès des MPME avec une valeur R^2 de 64,6 % (0,646), ce qui indique un effet modéré.

Tableau 7 : Valeur R^2 pour la construction dépendante

	R^2	Effet
IIE	0,778	Fort
SMPME	0,646	Modéré

3.4. Variation de méthode commune

Pour évaluer le modèle de mesure, la fiabilité du construit et de l'indicateur, la cohérence interne, la validité convergente et la validité discriminante, la composante réflexive du modèle de mesure est d'abord évaluée avant d'évaluer le modèle structurel. La validité du contenu et la cohérence du construit formatif dans le modèle de mesure sont ensuite calculées.

La validité convergente est utilisée pour déterminer l'exactitude des variables observables qui calculent les variables latentes. La validité convergente de cette recherche est mesurée à l'aide des méthodes AVE et de fiabilité conceptuelle. La validité convergente, comme l'indiquent les valeurs AVE présentées dans le tableau 8, indique que tous les construits ont des valeurs supérieures à 0,5. Dans une étude récente de Hair et al. (2017), il a été indiqué que la valeur AVE devrait être supérieure ou égale à 0,5, ce qui indique une corrélation positive avec l'indicateur alternatif du même construit. La validité discriminante (VD) est un indicateur du degré auquel le construit n'est lié à aucun autre composant ou construit différent des autres construits. Cela permet d'éliminer le problème d'association de variables pour les variables extérieures aux facteurs parents plutôt que pour la variable du facteur parent (AVE > coefficients de corrélation) (Janz&Prasarnphanich, 2003). Dans la présente recherche, le critère de Fornell-Larcker est appliqué pour l'enquête sur la validité discriminante (Hair et al., 2011 ; Henseler et al., 2015). La racine carrée de la valeur AVE montre des valeurs plus élevées que les corrélations avec d'autres construits (Tableau 8) (Hair et al., 2017). La validité discriminante est donc atteinte. Les éléments diagonaux sont la racine carrée de l'AVE (variance partagée entre les construits et leurs mesures) (Tableau 8). Les éléments hors diagonale sont les corrélations entre les constructions.

Tableau 8 : Fiabilité du construit, validité discriminante et validité convergente

	CR	AVE	1	2	3	4	5	6	7	8	9
1. IIE	0,848	0,582	0,763								
2. OE	0,871	0,574	0,766	0,758							
3. GC	0,855	0,54	0,828	0,782	0,735						
4. IOM	0,862	0,556	0,778	0,734	0,779	0,746					
5. GS	0,867	0,567	0,77	0,814	0,83	0,746	0,753				
6. CO	0,824	0,539	0,727	0,675	0,734	0,771	0,723	0,734			
7. OR	0,875	0,583	0,71	0,643	0,724	0,765	0,635	0,78	0,763		
8. SMPME	0,848	0,582	0,768	0,771	0,795	0,736	0,765	0,671	0,628	0,781	
9. OT	0,824	0,539	0,732	0,675	0,704	0,693	0,710	0,726	0,717	0,700	0,734

Source : Auteurs

3.5. Test d'hypothèses

Un modèle d'équations structurelles (SEM) a été conçu dans cette recherche pour tester nos hypothèses énoncées précédemment. La SEM a été utilisée pour créer le modèle d'équations structurelles basé sur la covariance. En ce qui a trait à l'analyse du cheminement de la recherche, il est indiqué que cinq des hypothèses appuient l'impact de l'adoption de l'IE sur le succès des PME, tandis que trois de ces hypothèses ont été rejetées. En ce qui concerne les facteurs qui influencent l'utilisation de la mise en œuvre d'IE, cinq des hypothèses ont été soutenues par des variables qui déterminent l'utilisation continue d'IE pour rechercher le succès des MPME. Toutefois, certains facteurs ne déterminent pas l'utilisation de l'IE dans les PME. Il s'agit des ressources organisationnelles (RO) (H2), de la culture d'entreprise (CO) (H3) et des facteurs de soutien (GS) (H4), ce qui indique les facteurs qui ne favorisent pas la mise en œuvre de l'IE (tableau 6). Dans la zone de la recherche, les MPME implantées, ces trois facteurs n'ont pas de structure bien définie qui supporte leurs apports au développement des MPME (Tableau 9).

Tableau 9 : Résultat du test d'hypothèses

Relations		Échantillon d'origine	T Statistiques	Valeurs p (Sig)	95 %	Statut
H8	IIE → SMPME	0,768	12,165***	0,000	3,340	Pris en charge
H7	OE → IIE	0,162	1,83**	0,034	0,085	Pris en charge
H6	GC → IIE	0,359	3,243***	0,001	0,327	Pris en charge
H5	IOM → IIE	0,177	1,812**	0,035	0,133	Pris en charge
H4	GS → IIE	0,039	0,376	0,354	0,043	Non pris en charge
H3	CO → IIE	0,047	0,608	0,272	0,038	Non pris en charge
H2	RO → IIE	0,033	0,366	0,357	0,070	Non pris en charge
H1	OT → IIE	0,163	1,974**	0,024	0,166	Pris en charge

*p < 0,10 ; **p < 0,05 ; ***p < 0,01

Source : Auteurs

4. Discussion

Les résultats de cette recherche montrent que plusieurs variables influencent l'utilisation d'IE de différentes manières. Par exemple, l'impact de l'orientation technologique (OT), qui comprend les politiques informatiques des entreprises et les compétences technologiques des employés, sur la mise en œuvre d'IE s'est avéré être une hypothèse valable. Par conséquent, les décideurs continuent de contribuer au développement technologique pour encourager la mise en œuvre d'IE dans leur organisation. Ce résultat correspond aux conclusions d'Al-Ansari et al. (2013) qui montrent qu'OT a une relation positive significative avec l'IE dans un marché émergent.

Le rôle modérateur de l'IOM montre un résultat positif si l'on considère sa relation avec la mise en œuvre d'IE. Cela correspond aux résultats trouvés par Agbobli et coll. (2017) et Pinho et coll. (2013), qui montrent que l'influence de l'IOM sur l'IE a donné un résultat positif.

Cette étude montre que la CO n'a pas d'impact significatif sur la mise en œuvre de l'IE dans les marchés en développement. Il en découle donc que la CO peut avoir un impact direct sur la performance organisationnelle (Harinarain & Bornman, 2013). À ce titre, la CO peut être utilisée comme moyen de motiver et d'encourager les opérations liées à la connaissance en créant un environnement propice.

La RO (Bhatt & Grover, 2005) a défini la capacité informatique comme ayant trois dimensions : i) la qualité de l'infrastructure informatique, ii) les connaissances métiers du groupe informatique et iii) la qualité de la relation entre les équipes informatiques et les groupes de gestion. Pour Pavlou & El Sawy (2006), la capacité informatique est définie en termes de capacité à acquérir des ressources d'infrastructure informatique, à les déployer via des relations informatique-entreprise et à les exploiter via des compétences techniques et managériales. Le résultat de cette recherche indique que la RO n'a pas d'impact significatif sur la mise en œuvre d'IE dans un marché en développement. En outre, une structure de gestion établie qui englobe les compétences commerciales, les compétences organisationnelles et les compétences informatiques des décideurs des MPME pour analyser le rôle de gestion dans l'analyse des données est nécessaire pour que les propriétaires de MPME garantissent la rentabilité et les performances des MPME. Par conséquent, les MPME qui disposent d'une bonne structure de gestion et de compétences en gestion ont tendance à réussir, mais cela ne reflète pas la mise en œuvre d'IE. Les systèmes d'IE s'appliquent à la prise de décision, au traitement de l'information, à la gestion des connaissances et à l'interaction entre les personnes et les ordinateurs. Cette recherche indique que la gestion des connaissances a un impact significatif sur l'utilisation de la mise en œuvre d'IE dans la réussite des MPME. Les systèmes d'IE sont considérés comme responsables de la transformation des données en informations et connaissances, créant ainsi une atmosphère propice à une prise de décision, à une réflexion stratégique et à une action organisationnelle réussies. Le résultat de l'entreprise serait donc déterminé par l'accent mis par la MPME sur la gestion des informations obtenues à partir des données collectées.

L'utilisation croissante de l'IE pour aider les MPME à prendre les bonnes décisions dans des scénarios en temps réel améliore l'efficacité de l'entreprise. Les solutions d'IE doivent faire partie du plan d'affaires d'une MPME, et peuvent être traitées avec plus de précision, impliquer des utilisateurs possédant les compétences requises, ainsi que des données pertinentes et nécessaires. Cette recherche démontre sept variables qui contribuent à améliorer le taux de réussite de la mise en œuvre d'IE. Les MPME doivent continuellement améliorer leur efficacité pour améliorer leurs performances et prospérer dans un environnement très compétitif.

Toutefois, l'orientation technologique (OT) a un impact significatif sur la réussite de la mise en œuvre de l'IE. Ceci est réaffirmé par les résultats d'une étude menée par Al-Ansari & al. (2013) dans laquelle l'OT est un facteur de succès essentiel pour l'adoption de systèmes d'IE. Avec l'augmentation du taux de MPME adoptant des ressources technologiques et les engagements du gouvernement en faveur de la nouvelle ère technologique pour les MPME, l'effet de l'utilisation de la technologie peut être noté. L'engagement des entrepreneurs à adopter le progrès technologique et l'adaptabilité aux tendances technologiques garantira une longévité et une pertinence continues dans un secteur compétitif. L'importance relative de la technologie en tant que déterminant essentiel dans l'utilisation de la mise en œuvre d'IE a été vérifiée par des études antérieures. L'innovation technologique nécessite un vivier approprié de talents, à la fois à l'épreuve du présent et prêts pour l'avenir. Ce défi est une réalité mondiale pour les MPME. Par conséquent, pour rester compétitives et importantes dans un environnement en constante évolution et en évolution rapide, les MPME du monde entier s'efforcent de trouver des moyens créatifs d'attirer et d'engager les talents professionnels. En outre, la ressource organisationnelle (RO) n'a pas d'effet significatif sur la mise en œuvre d'IE dans les MPME. L'hypothèse n'est pas étayée, contrairement à certaines études antérieures où la RO montre un impact significatif sur la mise en œuvre d'IE et les performances des MPME. Les différences dans les résultats de cette recherche peuvent être dues aux différents contextes des différentes ressources des MPME. De même, la culture organisationnelle (CO) n'est pas pertinente pour avoir un impact sur l'utilisation réussie de la mise en œuvre d'IE. Ceci est contraire à une étude précédente de Pinho et al. (2013) où l'utilisation de la méthode SEM-PLS a été utilisée pour déterminer l'impact de la CO sur la performance organisationnelle. Une autre étude de Nasser et coll. (2018) a appliqué la méthode de la hiérarchie analytique floue pour évaluer l'effet de la CO sur l'utilisation de l'adoption d'IE. Le résultat n'est pas significatif, ce qui est conforme aux conclusions de la présente recherche. Cependant, cette recherche indique que la CO n'a pas d'impact significatif sur la mise en œuvre de l'IE, mais qu'elle peut affecter directement l'efficacité organisationnelle. Étant donné que de nombreuses PME n'ont pas pleinement adopté l'utilisation d'IE dans leur CO, la plupart des répondants ont exprimé l'opinion que la CO n'affecte pas directement l'utilisation d'IE. Il a été constaté que la valeur p implique que la structure de gestion n'est pas pertinente pour l'utilisation d'IE dans les MPME béninoises. Cela peut être attribué au fait que la plupart des MPME de Porto-Novo ont besoin d'une structure de gestion bien développée et d'un soutien de direction engagé pour compléter l'utilisation d'IE dans leurs entreprises. Il est important de noter que la connaissance et l'orientation du marché ont un impact significatif sur l'utilisation réussie d'IE. Alors, il est fortement recommandé aux MPME de Porto-Novo de se concentrer sur l'intelligence du marché, car elle permet d'améliorer leurs performances grâce à l'utilisation d'IE. Alfoqahaa (2018) a discuté de l'utilisation de la créativité dans le progrès des opérations des PME à travers les forces et réglementations environnementales. La création de relations entre les MPME et les organismes coopératifs centrées sur leurs initiatives conjointes de marketing, le développement de nouveaux produits, les études de marché et l'échange de connaissances est essentielle à l'innovation et au succès des MPME. En outre, la gestion des connaissances a un impact considérable sur l'utilisation d'IE. Les résultats d'études antérieures montrent que la gestion des connaissances a un effet positif sur l'utilisation d'IE et l'efficacité organisationnelle (Abusweilem & Abualoush, 2019). Les résultats de cette recherche ont également confirmé les recherches antérieures de (Nasser et coll., 2018) qui utilisaient le processus de hiérarchie analytique floue pour vérifier l'impact de la gestion des connaissances sur l'utilisation du système d'IE. L'utilisation continue de la gestion des connaissances a contribué à une meilleure interprétation de l'information et a donc conduit à de meilleurs résultats décisionnels pour les décideurs des MPME.

Les résultats montrent aussi qu'une orientation entrepreneuriale (Œ) a un effet considérable sur l'utilisation de l'IE dans les MPME. La recherche reprend les études antérieures de Machado et coll. (2016) où la modélisation par équations structurelles a été utilisée pour trouver un lien entre l'OE d'une organisation et la performance du projet. Elle contribue aux pratiques organisationnelles et finalement, elle conduit au succès du projet. L'OE est liée aux pratiques et politiques fondamentales pour la mise en œuvre d'actions entrepreneuriales et de prise de décision dans les MPME qui peuvent améliorer leur objectif, favoriser leur vision et créer des avantages concurrentiels. Enfin, l'implantation de l'IE a un effet considérable sur le succès des MPME. Cela peut donc démontrer les objectifs de la recherche suggérant un lien entre la mise en œuvre d'IE et le succès des MPME. Les MPME sont donc encouragées à continuer à intégrer l'utilisation d'IE pour améliorer leur compétitivité sur le marché et une meilleure gestion des ressources d'information.

Conclusion

Ce chapitre consistait à étudier l'impact des facteurs critiques de succès (FCS) sur la mise en œuvre d'intelligence économique (IE) et le succès des MPME. À cet effet, cette recherche a élargi les connaissances théoriques sur les facteurs clés qui ont un impact sur l'utilisation de la mise en œuvre d'IE pour conduire au succès des MPME. Le modèle d'acceptation de la technologie (MAT) et la théorie unifiée de l'acceptation et de l'utilisation de la technologie (TUAUT) ont été utilisés pour déterminer l'impact des FCS sur la mise en œuvre d'IE pour conduire au succès des MPME dans le cadre proposé. Le modèle proposé diffère des autres modèles en raison de l'expansion des facteurs de réussite et de la catégorisation des facteurs en facteurs d'organisation et facteurs d'orientation. Cela justifie ensuite l'étude hypothétique en analysant les sept variables suggérées comme étant les principaux facteurs affectant l'application de l'utilisation d'IE. À cet effet, une étude de cas est utilisée pour cette recherche. Aussi, une méthode de recherche quantitative est-elle utilisée avec un échantillon de 165 répondants parmi les employés qui utilisaient l'IE dans les MPME béninoises. Les données obtenues ont été analysées à l'aide de la modélisation d'équations structurelles des moindres carrés partiels (SEM-PLS). Les résultats de cette recherche montrent qu'il existe certains facteurs clés de succès, tels que la gestion des connaissances, l'orientation technologique, la connaissance du marché, ainsi que l'orientation et l'orientation entrepreneuriale, qui affecteront la mise en œuvre d'IE dans les MPME. Les autres facteurs, tels que les ressources organisationnelles, la structure de gestion et la culture organisationnelle, se sont révélées être des facteurs de succès insignifiants pour la mise en œuvre d'IE dans les MPME.

Cette recherche a des implications théoriques et managériales. Du point de vue théorique, cette recherche fournit une compréhension approfondie des facteurs clés de succès de la mise en œuvre d'IE qui ont un impact sur les résultats commerciaux. D'un point de vue managérial, les résultats de cette recherche permettront aux entrepreneurs et aux universitaires de mettre sur pied un système d'IE capable d'améliorer l'efficacité organisationnelle globale dans un environnement économique en constante évolution. La mise en œuvre d'une veille économique réussie facilitera la prise de décision, favorisera le développement économique des entreprises, favorisera l'innovation dans les entreprises et augmentera les performances et la productivité des entreprises, qui font partie des principaux objectifs de développement durable, tels que ODD 8 et ODD 9.

Cependant, cette recherche présente certaines limites. L'un des inconvénients de cette recherche était de collecter des données auprès des MPME d'une seule ville et nous n'avons pas pu étendre cette recherche à d'autres villes en développement du Bénin. Après une sélection minutieuse des facteurs clés, le défi consistait à s'assurer que ces facteurs avaient un effet sur la plupart des MPME et que les répondants comprenaient ces facteurs clés. L'évaluation des impacts sur les performances de l'entreprise s'est basée sur la fréquence des utilisateurs adhérents à l'IE en utilisant un échantillon plus large. En outre, la méthode d'entretien pour le questionnaire peut constituer une approche plus efficace pour cette recherche et le besoin d'experts pour des recherches plus approfondies sur les facteurs de succès peut affecter l'utilisation des systèmes d'IE. L'analyse peut également inclure d'autres personnes en coulisses, telles que des investisseurs de MPME, des partenaires ou l'équipe de direction. Ce qui ne signifie pas nécessairement qu'il doit s'agir du client ou des employés. Le top management doit être inclus dans les solutions d'IE, en constante évolution et en adaptant les priorités et les défis de l'organisation. Il doit offrir la préparation des ressources humaines, matérielles, technologiques et économiques nécessaires à sa croissance, alignées avec la stratégie de l'organisation (Silésie et coll., 2012a).

À l'avenir, un examen plus approfondi des principales variables pourra être entrepris pour éliminer les problèmes et couvrir l'ensemble du cadre. De plus, en recherchant la véritable cause, l'utilisation d'IE peut être utilisée pour suivre différents aspects du succès d'une entreprise confrontée à différents types de défis. En conclusion, l'utilisation du cadre de réussite d'IE pour toutes les MPME pourrait poser certains défis, car certains facteurs clés particuliers pourraient être plus importants pour certaines MPME que d'autres facteurs mis en évidence. Pour le rendre plus complet et plus compétent, de nombreuses autres fonctions peuvent être appliquées au cadre proposé. La future recherche pourra se concentrer sur un système d'IE pouvant être déployée pour aider les managers à prendre des décisions opérationnelles en temps réel.

Le modèle proposé dans cette recherche peut être utilisé pour améliorer la productivité des MPME en améliorant les capacités d'IE, la fiabilité et la certitude d'améliorer les performances commerciales. Il a été constaté que le sentiment de productivité accrue s'accroît avec le déploiement et l'utilisation optimale d'IE. Les MPME pourront prospérer et surtout prospérer dans les économies émergentes dans diverses opérations. Ce résultat sera visible dans des secteurs notables, tels que la santé, la gestion des stocks, les fournitures humanitaires et la logistique des transports, qui à leur tour contribueront à la réalisation des ODD.

Références bibliographiques

Abusweilem, M. A., & Abualoush, S. (2019). The impact of knowledge management process and busi-ness intelligence on organizational performance. Management Science Letters, 9(12), 2143–2156. https://doi.org/10.5267/j.msl.2019.6.020.

Adeyelure, T. S., Kalema, B. M., & Bwalya, K. J. (2018). A framework for deployment of mobile business intelligence within small and medium enterprises in developing countries. Operational Research, 18(3), 825–839. https://doi.org/10.1007/s12351-017-0343-4.

Agbobli, E. K., Oni, O., &Fatoki, O. (2017). "Market orientation and performance of small businesses in South Africa". *Journal of Economics and Behavioral Studies* (ISSN : 2220–6140), 9(6), 720–722. https://doi.org/10.7868/s0869565217060263.

Al-Ansari, Y., Altalib, M., &Sardoh, M. (2013). "Technology orientation, innovation and business perfor- mance: A study of Dubai SMEs". *The International Technology Management Review*, 3(1), 1. https:// doi.org/10.2991/itmr.2013.3.1.1.

Alfoqahaa, S. (2018). "Critical success factors of small and medium-sized enterprises in Palestine." *Journal of Research in Marketing and Entrepreneurship*, 20(2), 170–188. https://doi.org/10.1108/ JRME-05-2016-0014.

Alvarez-Torres, F. J., Lopez-Torres, G. C., & Schiuma, G. (2019). 'Linking entrepreneurial orientation to SMEs' performance : *Implications for entrepreneurshipuniversitie's. Management Decision*, 57(12),3364–3386. https://doi.org/10.1108/MD-11-2018-1234.

Bach, M. P., Čeljo, A., &Zoroja, J. (2016). 'Technology acceptance model for business intelligence systems: Preliminary research'. *Procedia Computer Science*, 100, 995–1001. https://doi.org/10.1016/j. procs.2016.09.270.

Bhatt, G. D., & Grover, V. (2005). 'Types of information technology capabilities and their role in competitive advantage: An empirical study'. *Journal of Management Information Systems*, 22(2), 253–277. https://doi.org/10.1080/07421222.2005.11045844.

Chen, Y., Lin, Z. (2020). "Business Intelligence Capabilities and Firm Performance: A Study in China." *International Journal of Information Management*, 102232. https://doi.org/10.1016/j.ijinfomgt.2020.102232.

Cohen, J. (1992). "A power primer". *Psychological Bulletin*, 112(1), 155–159. https://doi.org/10.1037/0033- 2909.112.1.155.

Dasgupta, S., & Gupta, B. (2019). "Espoused organizational culture values as antecedents of internet tech- nology adoption in an emerging economy".

Information and Management, 56(6), 103142. https://doi. org/10.1016/j.im.2019.01.004.

Dillon, A., & Morris, M. G. (1996). "User acceptance of new information technology-theories and models". In *Annual Review of Information Science and Technology Publisher Medfo*rd, N.J. Information Today Journal Annual Review of Information Science, 14(4). Medford, N.J.: Information Today.

ElMalah, K., & Nasr, M. (2019). "Cloud business intelligence. Lecture Notes" in *Business Information Processing*, 10(06), 4120–4124. https://doi.org/10.1007/978-3-319-11460-6_26.

Eriksson, M., &Ferwerda, B. (2021). "Towards a user experience framework for business intelligence." *Journal of Computer Information Systems*, 61(5), 428–437. https://doi.org/10.1080/08874417.2019.1693936.

Forzani, M., Isaai, M. T., Arasti, M. R., &Mehralian, G. (2018). "A framework for developing business intelligence systems: A knowledge perspective". *Management Research Review*, 41(12). https://doi. org/10.1108/MRR-01-2018-0007.

Gauzelin, S., & Bentz, H. (2017). "An examination of the impact of business intelligence systems on organizational decision making and performance: The case of France". *Journal of Intelligence Studies in Business,* 7(2).

Gonzales, M. L., Mukhopadhyay, S., Bagchi, K., &Gemoets, L. (2019). "Factors influencing business intelligence-enabled success in global companies: An empirical study". *International Journal of Business Information Systems*, 30(3), 324–347. https://doi.org/10.1504/IJBIS.2019.098246.

Grublješič, T., &Jaklič, J. (2015). "Business intelligence acceptance : The prominence of organizational factors." *Information Systems Management*, 27(3), 425–478. https://doi.org/10.1080/10580530.2015.1080000.

Hage, J. (1965). "An axiomatic theory of organizations". *Administrative Science Quarterly*, 10(3), 289. https://doi.org/10.2307/2391470.

Hair, J. F., Ringle, C. M., & Sarstedt, M. (2011). PLS-SEM : Indeed a silver bullet. *Journal of Marketing Theory and Practice*, 19(2), 139–152. https://doi.org/10.2753/MTP1069-6679190202.

Hair, J. F., Sarstedt, M., Hopkins, L., &Kuppelwieser, V. G. (2014). "Partial least squares structural equa- tion modeling (PLS-SEM): An emerging tool in business research". *European Business Review,* 26(2), 106–121. https://doi.org/10.1108/EBR-10-2013-0128.

Hair, J. F., Jr., Matthews, L. M., Matthews, R. L., & Sarstedt, M. (2017). PLS-SEM or CB-SEM: "Updated guidelines on which method to use". *International Journal of Multivariate Data Analysis,* 1(2), 107. https://doi.org/10.1504/ijmda.2017.10008574

Harinarain, N., &Bornman, C. (2013). "Organisational culture of the South African construction industry". *Acta Structilia*, 20(1), 22–43.

Hawking, P., &Sellitto, C. (2010). *Association for Information Systems*, AIS Electronic Library (AISeL) Business Intelligence (BI) Critical Success Factors Business Intelligence (BI) Critical Success Factors.

Henseler, J., Ringle, C. M., & Sarstedt, M. (2015). "A new criterion for assessing discriminant validity" in *variance-based structural equation modeling*. 115–135. https://doi.org/10.1007/s11747-014-0403-8.

Humida, T., al Mamun, M. H., &Keikhosrokiani, P. (2021). "Predicting behavioral intention to use e-learning system": A case-study in *Begum Rokeya University*, Rangpur, Bangladesh. Education and Information Technologies. https://doi.org/10.1007/s10639-021-10707-9.

Ikonen, A. K. (2019). "Knowledge as a critical success factor in the Finnish social and health-care reform." K*nowledge Management Research and Practic*e, 00(00), 1–12. https://doi.org/10.1080/14778238.2019.1621223.

Jafari Navimipour, N., &Zareie, B. (2015). A model for assessing the impact of e-learning systems on employees' satisfaction. Computers in Human Behavior, 53, 475–485. https://doi.org/10.1016/j.chb.2015.07.026.

Jaklič, J., Grublješič, T., &Popovič, A. (2018). "The role of compatibility in predicting business intelligence and analytics use intentions". *International Journal of Information Management,* 43(June),305–318. https://doi.org/10.1016/j.ijinfomgt.2018.08.017.

Janz, B. D., &Prasarnphanich, P. (2003). Understanding the Antecedents of Effective Knowledge Man- agement: The Importance of a Knowledge-Centered Culture. Decision Sciences, 34(2), 351–384. https://doi.org/10.1111/1540-5915.02328.

Jennings, D. F., & Seaman, S. L. (1990). "Aggressiveness of response to new business opportunities fol- lowing deregulation: An empirical study of established financial firms". *Journal of Business Venturing*, 5(3), 177–189. https://doi.org/10.1016/0883-9026(90)90031.

Keikhosrokiani, P. (2019). "Perspectives in the development of mobile medical information systems: Life cycle, management, methodological approach and application". *In Perspectives in the Development of Mobile Medical Information System*s: Life Cycle, Management, Methodological Approach and Application. https://doi.org/10.1016/C2018-0-02485-8.

Keikhosrokiani, P. (2020a). Chapter 4 – "Behavioral intention to use of Mobile Medical Information System (mMIS)" (P. B. T.-P. in the D. of M. M. I. S. Keikhosrokiani, Ed.). Academic Press, 57–73. https://doi. org/10.1016/B978-0-12-817657-3.00004-3.

Keikhosrokiani, P. (2020b). Chapter 5 – "Success factors of mobile medical information system" (mMIS) (P. B. T.-P. in the D. of M. M. I. S. Keikhosrokiani, Ed.). Academic Press, 75–99. https://doi.org/10.1016/B978-0-12-817657-3.00005-5.

Keikhosrokiani, P. (2021). “Predicating smartphone users’ behaviour towards a location-aware IoMT- based information system: An empirical study”. *International Journal of E-Adoption* (IJEA), 13(2), 52–77. https://doi.org/10.4018/IJEA.2021070104

Keikhosrokiani, P., Kianpisheh, A., Zakaria, N., Limtrairut, P., Mustaffa, N., & Sarwar, M. I. (2012). “A Proposal to Measure Success Factors for Location-Based Mobile Cardiac Telemedicine System (LMCTS)”. *International Journal of Smart Home*, 6(3).

Keikhosrokiani, P., Mustaffa, N., & Zakaria, N. (2018). “Success factors in developing iHeart as a patient- centric healthcare system: A multi-group analysis”. *Telematics and Informatics*, 35(4). https://doi. org/10.1016/j.tele.2017.11.006.

Keikhosrokiani, P., Mustaffa, N., Zakaria, N., & Abdullah, R. (2020). “Assessment of a medical information system: The mediating role of use and user satisfaction on the success of human interac- tion with the mobile healthcare system (iHeart)”. *Cognition, Technology & Work,* 22(2), 281–305. https://doi.org/10.1007/s10111-019-00565-4.

Keikhosrokiani, P., Mustaffa, N., Zakaria, N., &Baharudin, A. S. (2014). “User behavioral intention toward using mobile healthcare system”. In *Healthcare Informatics and Analytics: Emerging Issues and Trends.* https://doi.org/10.4018/978-1-4666-6316-9.ch007.

Khan, G. F., Sarstedt, M., Shiau, W. L., Hair, J. F., Ringle, C. M., &Fritze, M. P. (2019). “Methodological research on partial least squares structural equation modeling (PLS-SEM): An analysis based on social network approaches”. *Internet Research*, 29(3), 407–429. https://doi.org/10.1108/ IntR-12-2017-0509.

Kohler, U., &Kreuter, F. (2005). *Data analysis using Stata*. Stata press.

Lo, M. C., Wang, Y. C., Wah, C. R. J., & Ramayah, T. (2016). *The critical success factor for organiza- tional performance of SMEs in Malaysia: A partial least squares approach.* RevistaBrasileira De Gestao De Negocios, 18(61), 370–391. https://doi.org/10.7819/rbgn.v18i61.3058.

Luna-Nevarez, C., & Torres, I. M. (2015). “Consumer attitudes toward social network advertising.” *Journal of Current Issues and Research in Advertising*, 36(1), 1–19. https://doi.org/10.1080/10641734.2014. 912595.

Machado, F. J., Martens, C. D. P., Martens, M. L., & Freitas, H. M. R. D. (2016). “The effects of entrepre- neurial orientation on project success”, 25th International Conference of the International Association for Management of Technology (IAMOT 2016). Florida.

Magaireah, A. I., Ali, N. A., &Sulaiman, H. (2017). *Theoretical Framework of Critical Success Factors (CSFs) for Business Intelligence* (BI) System.

Mandhachitara, R., Allapach, S. (2017). “Small business performance in Thailand: Key success factors”. *Journal of Research in Marketing and*

Entrepreneurship, 19(2), 161–181. https://doi.org/10.1108/jrme-06-2016-0018.

Money, W., & Turner, A. (2005). Assessing knowledge management system user acceptance with the technology acceptance model. International Journal of Knowledge Management, 1(1), 8–26. https://doi.org/10.4018/jkm.2005010101.

Nasser, A., Zaied, H., Grida, M. O., & Hussein, G. S. (2018). "Evaluation of critical success factors for busi- ness intelligence systems using fuzzy AHP". *Journal of Theoretical and Applied Information Technology*, 15, 19.

Nofal, M. I., & Yusof, Z. M. (2013). "Integration of business intelligence and enterprise resource planning within organizations". *Procedia Technology*, 11(Iceei), 658–665. https://doi.org/10.1016/j.protcy. 2013.12.242.

Pavlou, P. A., & El Sawy, O. A. (2006). From IT leveraging competence to competitive advantage in tur- bulent environments: "The case of new product development". *Information Systems Research*, 17(3), 198–227. https://doi.org/10.1287/isre.1060.0094

Pham, M. (2018). Critical success factors affecting the success of the retail supply chain: Case study in Vietnam. May 2017, 0–4.

Pinho, C., Rodrigues, A. P., &Dibb, S. (2013). "The role of corporate culture, market orientation and organisational commitment in organisational performance The case of non-profit organisations". https://doi.org/10.1108/JMD-03-2013-0036.

Qushem, U. Bin, Abubakar, A., Zeki, A. M., &Akleylek, S. (2017). "The trend of business intelligence adoption and maturity." 2nd International Conference on Computer Science and Engineering, UBMK

2017, 532–537. https://doi.org/10.1109/UBMK.2017.8093455

Sadeghi, A. (2018). "Success factors of high-tech SMEs in Iran: A fuzzy MCDM approach". *Journal of High Technology Management Research*, 29(1), 71–87. https://doi.org/10.1016/j.hitech.2018.04.007

Silesia, U., Olszak, C. M., & Ziemba, E. (2012a). *Critical success factors for implementing business intelligence systems in small and medium enterprises on the example of. 7*.

Silesia, U., Olszak, C. M., & Ziemba, E. (2012b). *Critical success factors for implementing business intelligence systems in small and medium enterprises on the example of. 7*. Skyrius, R. (2021b). *Business intelligence technologies.* 145–185. https://doi.org/10.1007/978-3-030-67032-0_7.

Sun, Z. (2020). "Magic quadrant for analytics and business intelligence platforms". 1–58.

Sun, Z., Sun, L., & Strang, K. (2018). "Big Data Analytics Services for Enhancing Business Intelligence". *Journal of Computer Information Systems*, 58(2), 162–169. https://doi.org/10.1080/08874417.2016. 1220239.

Susanto, P., Hoque, M. E., Shah, N. U., Candra, A. H., Hashim, N. M. H. N., & Abdullah, N. L. (2021). "Entrepreneurial orientation and performance of SMEs: The roles of marketing capabilities and social media usage". *Journal of Entrepreneurship in Emerging Economies*. https://doi.org/10.1108/ JEEE-03-2021-0090.

Tehseen, S., Sajilan, S., Ramayah, T., & Gadar, K. (2015). "An intra-cultural study of entrepreneurial competencies and SMEs business success in whole sale and retail industries of Malaysia: A conceptual model". *Review of Integrative Business Research and Economics,* 4(3), 33–48.

Venkatesh, V., Morris, M. G., Davis, G. B., & Davis, F. D. (2003). "User acceptance of information technology: Toward a unified view". *Inorganic Chemistry Communications*, 67(3), 95–98. https://doi. org/10.1016/j.inoche.2016.03.015.

Wanda, P., &Stian, S. (2015). "The secret of my success: An exploratory study of business intelligence management in the Norwegian industry". *Procedia Computer Science,* 64, 240–247. https://doi.org/10.1016/j.procs.2015.08.486.

Warner, R. M. (2012). *Applied statistics: From bivariate through multivariate techniques.* Sage Publications.

Wixom, B., & Watson, H. (2010). "The BI-based organization". *International Journal of Business Intelligence Research,* 1(1), 13–28. https://doi.org/10.4018/jbir.2010071702.

Wong, L. W., Leong, L. Y., Hew, J. J., Tan, G. W. H., & Ooi, K. B. (2019). "Time to seize the digital evolution: Adoption of blockchain in operations and supply chain management among Malaysian SMEs." *International Journal of Information Management*, 1–19. https://doi.org/10.1016/j.ijinfomgt.2019.08.005.

Yeoh, W., &Koronios, A. (2010). "Critical success factors for business intelligence systems." *Journal of Computer Information Systems*, 50(3), 23–32. https://doi.org/10.1080/08874417.2010.11645404.

Section 3 :

Étude comparative des pratiques de l'intelligence économique développées par les entreprises en Afrique centrale

Fleur Nadine NDJOCK

Introduction

1. Contexte et enjeux de l'intelligence économique en Afrique centrale

L'Afrique centrale, une région riche en ressources naturelles et dotée d'un fort potentiel économique, connaît ces dernières années une croissance économique dynamique. Dans ce contexte de mondialisation croissante et de concurrence accrue, les entreprises de la région font face à des défis majeurs pour maintenir leur compétitivité et assurer leur pérennité. L'intelligence économique (IE) apparaît comme un outil stratégique essentiel pour relever ces défis et permettre aux entreprises d'Afrique centrale de saisir les opportunités offertes par un marché en pleine mutation. L'IE, définie comme l'ensemble des actions mises en œuvre pour acquérir et protéger l'information utile à la prise de décision stratégique, permet aux entreprises d'anticiper les changements de leur environnement, d'identifier de nouvelles opportunités de marché et de se prémunir contre les risques (Martre, 1994) (Revelli, 1998). Elle joue ainsi un rôle crucial dans la compétitivité des entreprises et leur capacité à se développer durablement.

2. Présentation de la problématique et des objectifs de l'étude

Malgré l'abondante littérature sur l'importance et les enjeux de l'IE en Afrique (Achchab & Harrizi, 2013) ; (Azeumo, 2013) ; (Dugoin, 2021) ; (Guerraoui, 2019) ; (Haoudi & Bennagem, 2020) ; (Houre, 2020) ; (Jeanne-Beylot, 2021) ; (Kherrazi, 2020) ; (Konate, Mortier, & Darankou, 2022) ; (Saber, 2020) ; (Tchokonte, 2020), peu d'études se sont penchées sur les pratiques développées par les entreprises en Afrique centrale (Tsafack, 2004). Cette recherche cherche à remédier à cette lacune en offrant une analyse comparative des méthodes de l'IE appliquées par les entreprises de la région.

L'objectif principal de cette étude consiste à identifier et à caractériser les diverses pratiques de l'IE mises en place par les entreprises en Afrique centrale. L'objectif spécifique vise à analyser les facteurs qui influencent l'adoption et la mise en œuvre de l'IE dans ces entreprises. De plus, elle cherche à identifier les défis et les obstacles rencontrés par les entreprises dans la mise en place d'une démarche d'IE performante.

3. Revue de la littérature

L'intelligence économique est un concept complexe et multidimensionnel qui a fait l'objet de nombreuses définitions et approches théoriques (Martre, 1994) (Revelli, 1998). Dans le cadre de cette étude, nous adopterons la définition proposée par Alain juillet, selon laquelle l'IE est "l'ensemble des actions mises en œuvre pour acquérir et protéger l'information utile à la prise de décision stratégique" (juillet, L'intelligence économique, 1996). Cette définition met l'accent sur le rôle central de l'information dans le processus d'IE et sur son importance pour la prise de décision stratégique des entreprises.

La revue de la littérature sur l'IE a permis de mettre en évidence les différentes composantes de cette démarche, notamment la veille informationnelle (Abdessalam & Mustapha, 2015) ; (Accart & Réthy, 2015), l'analyse stratégique (Moinet & Bulinge, 2013) ; (Houre, 2020) ; (Martre, 1994) ; (David, 2007), la protection de l'information et l'influence (El Haoud, 2011) ; (Hourenatou, 2020). La littérature a également montré que l'IE est une démarche adaptative qui doit être ajustée aux spécificités de chaque entreprise et de son environnement (Bensahel & Dahinine, 2016) ; (Monino, 2013) ; (juillet & Racouchot, 2012).

4. Choix du cadre théorique et hypothèses de recherche

4.1. Choix du cadre théorique

Le cadre théorique de cette étude s'appuie sur les travaux des auteurs fondamentaux en intelligence économique (IE), tels qu'Alain juillet, Michael Porter, Gary Hamel et C.K. Prahalad.

- **Le modèle d'Alain juillet (1996) propose une définition exhaustive de l'IE et met l'accent sur son rôle central dans la prise de décision stratégique des entreprises.** Ce modèle servira de base pour identifier les différentes composantes de l'IE mises en œuvre par les entreprises en Afrique centrale.
- **Le modèle des cinq forces de Porter** (1980) sera utilisé pour analyser l'environnement concurrentiel des entreprises et identifier les menaces et les opportunités auxquelles elles font face. Cela permettra

de comprendre comment l'IE peut être utilisée pour lever les obstacles à la concurrence et saisir de nouvelles opportunités de marché.

- **Les concepts de « corecompetencies » de Hamel et Prahalad** (1994) seront mobilisés pour identifier les ressources et les compétences clés qui font l'avantage concurrentiel des entreprises. L'analyse permettra de déterminer en quoi l'IE peut contribuer à protéger et à développer ces ressources et compétences clés.

4.2. Hypothèses de recherche

Sur la base du cadre théorique retenu, les hypothèses de recherche suivantes sont formulées :

H1 : Les entreprises d'Afrique centrale mettent en œuvre différentes pratiques d'IE, qui varient en fonction de leur taille, de leur secteur d'activité et de leur maturité en matière d'IE.

H2 : L'adoption et la mise en œuvre de l'IE dans les entreprises sont influencées par des facteurs internes, tels que la culture d'entreprise, le leadership et les ressources disponibles, ainsi que par des facteurs externes, tels que l'environnement concurrentiel et/ou le contexte réglementaire.

Cette hypothèse permet deux sous-hypothèses :

- Les entreprises ayant une culture axée sur l'innovation et l'apprentissage seront plus enclines à adopter l'intelligence économique. En outre, un leadership visionnaire et engagé dans l'intelligence économique est un facteur clé de succès pour sa mise en œuvre ;
- La présence de concurrents agressifs sur le marché et un cadre réglementaire stable peuvent accélérer l'adoption de l'intelligence économique.

H3 : Les entreprises leaders en matière d'IE en Afrique centrale ont des démarches d'IE performantes qui se caractérisent par une vision claire de la stratégie d'IE, une organisation efficace, des outils et des méthodes adaptés, et une culture d'apprentissage continu.

H4 : L'intelligence économique a un impact positif sur la performance des entreprises, en leur permettant d'améliorer leur compétitivité, de saisir de nouvelles opportunités de marché et de réduire leurs risques.

Ces hypothèses seront testées à l'aide des différentes méthodes de collecte de données choisies, à savoir l'enquête quantitative, les études de cas et les entretiens.

5. Méthodes de collecte de données

5.1. Enquête quantitative

Une enquête quantitative sera menée auprès d'un échantillon représentatif d'entreprises que sont : Ecobank, Olam Gabon, Sanofi, Congo Digital Services. L'enquête permettra de recueillir des données sur les pratiques d'IE mises en œuvre par les entreprises, les facteurs qui influencent leur adoption et leur mise en œuvre, ainsi que l'impact de l'IE sur la performance des entreprises.

5.2. Étude de cas

L'étude de cas portera sur des entreprises de différentes tailles et de différents niveaux de maturité en IE (Forte, intermédiaire, faible) : une entreprise internationale implantée dans la sous-région, comme Ecobank dans le secteur bancaire (veille sur l'environnement réglementaire et les risques économiques, veille géopolitique et analyse des risques sécuritaires) ; des PME dans l'agroalimentaire (Olam Gabon) : approche structurée de l'IE avec une veille stratégique approfondie et une protection du patrimoine informationnel ; Sanofi dans l'industrie pharmaceutique : surveillance des brevets et des innovations concurrentes, analyse des tendances du marché ; Congo Digital Services (utilise l'IE pour identifier de nouveaux clients et opportunités de marché).

5.3. Interviews

Des entretiens seront réalisés avec des experts en intelligence économique et des dirigeants des entreprises sélectionnées. Les interviews permettront de recueillir les points de vue et les expériences des acteurs clés du domaine de l'IE et de compléter les données recueillies par l'enquête quantitative et les études de cas.

5.4. Analyse des données

L'étude s'appuie sur une méthodologie mixte, combinant une approche quantitative et qualitative. L'approche quantitative consiste en une analyse documentaire approfondie des rapports annuels, des communiqués de presse et des sites web des entreprises étudiées. L'approche qualitative consiste en des entretiens semi-directifs menés avec des responsables de l'IE au sein de chaque entreprise.

6. Analyse du niveau de maturité de l'IE

Le niveau de maturité de l'IE sera évalué à l'aide d'un modèle en quatre étapes :

- Veille informationnelle : Il s'agit de la collecte, de l'analyse et de la diffusion systématiques et continues d'informations pertinentes provenant de sources internes et externes afin d'étayer une prise de décision éclairée.
- Analyse stratégique : implique d'évaluer et d'interpréter les informations collectées pour identifier les tendances, les schémas et les menaces ou opportunités émergentes susceptibles d'avoir un impact sur les objectifs stratégiques de l'organisation ;
- Protection de l'information : englobe la protection des informations sensibles contre l'accès non autorisé, la divulgation, la modification ou la destruction afin de préserver l'avantage concurrentiel et la réputation de l'organisation ;
- Influence : implique de communiquer et de façonner de manière proactive la perception de l'organisation et de ses activités auprès des parties prenantes clés, telles que les clients, les partenaires et les entités gouvernementales, pour faire progresser ses objectifs stratégiques.

Component	**Ecobank**	**Sanofi**	**Olam Gabon**	**Congo Digital Services**
Veille informationnelle	Mise en place d'un système de veille efficace, couvrant diverses sources d'information internes et externes.	Système de veille bien établi, alimenté par des sources d'information spécialisées et des outils d'analyse avancés.	Veille informationnelle en développement, avec un focus sur les informations sectorielles et concurrentielles.	Début de mise en place d'un système de veille, avec une collecte d'informations ad hoc.
Analyse stratégique	Capacité à analyser les informations collectées et à identifier des tendances clés, des opportunités et des menaces potentielles.	Analyse stratégique approfondie, permettant d'élaborer des plans d'action concrets et d'anticiper les changements du marché.	Analyse stratégique en cours de développement, avec une capacité à identifier les tendances générales du marché.	Analyse stratégique limitée, avec une focalisation sur les aspects opérationnels.
Protection de l'information	Mesures de sécurité robustes en place pour protéger les informations sensibles.	Culture de sécurité de l'information bien établie, avec des procédures et des formations régulières pour les employés.	Sensibilisation croissante à la protection de l'information, mais des mesures formelles encore à mettre en place.	Prise de conscience limitée de l'importance de la protection de l'information.
Influence	Communication efficace des activités de l'entreprise et de ses réalisations aux parties prenantes clés.	Stratégie d'influence bien définie, permettant de renforcer la réputation de l'entreprise et de positionner ses produits et services.	Efforts d'influence en cours de développement, avec une présence croissante sur les réseaux sociaux et dans les médias.	Communication limitée, principalement axée sur les aspects opérationnels.

Il en ressort que le niveau de maturité global de l'IE :

- Ecobank : Niveau avancé, avec un système d'IE complet et efficace en place.
- Sanofi : Niveau avancé, avec une approche d'IE sophistiquée et intégrée à la stratégie globale de l'entreprise.
- Olam Gabon : Niveau intermédiaire, avec des progrès significatifs dans la mise en place d'un système d'IE.
- Congo Digital Services : Niveau débutant, avec des efforts naissants pour développer une approche d'IE.

Points communs

Les quatre entreprises partagent plusieurs points communs dans leurs approches de l'IE :

- Veille informationnelle : Toutes les entreprises collectent et analysent de l'information à partir de diverses sources internes et externes pour identifier les tendances du marché, les menaces et les opportunités potentielles ;
- Analyse stratégique : Les entreprises réalisent des diagnostics stratégiques approfondis et définissent des objectifs stratégiques clairs pour leur développement à long terme ;
- Protection de l'information : Des mesures de sécurité physiques et informatiques sont mises en place pour protéger les informations sensibles ;
- Influence : Les entreprises entretiennent des relations étroites avec leurs parties prenantes et mettent en œuvre une communication stratégique pour promouvoir leurs valeurs et leurs activités.

Différences

Malgré ces points communs, des différences notables existent dans les pratiques d'IE des quatre entreprises :

- Secteur d'activité **:** Eco Bank et Congo Digital Services opèrent dans le secteur des services financiers, tandis que Sanofi est un géant pharmaceutique et Olam Gabon une entreprise agroalimentaire. Ces différences sectorielles influencent les types d'information collectée et analysée, ainsi que les objectifs stratégiques poursuivis ;
- Taille et maturité : Sanofi est une entreprise multinationale de grande taille avec une longue expérience en matière d'IE, tandis que les autres entreprises sont plus petites et moins matures. Cela se reflète dans le niveau de sophistication de leurs pratiques d'IE et dans les ressources allouées à cette fonction ;

- Approche de l'innovation : Sanofi investit massivement dans la recherche et développement et établit des partenariats stratégiques pour stimuler l'innovation. Olam Gabon adopte également une approche proactive de l'innovation, tandis qu'Ecobank et Congo Digital Services se concentrent davantage sur l'adaptation de technologies existantes à leurs besoins spécifiques.

7. Analyse des Ressources et outils mobilisés

L'intelligence économique (IE) nécessite la mobilisation de ressources et d'outils spécifiques pour collecter, analyser et diffuser l'information pertinente pour la prise de décision stratégique.

Ressources humaines

- Équipes dédiées à l'IE : Les quatre entreprises disposent d'équipes dédiées à l'IE, composées d'analystes, de veilleurs et de spécialistes du renseignement. La taille et la composition de ces équipes varient en fonction de la taille et de la maturité de l'entreprise.
- Expertise sectorielle : Les membres des équipes d'IE possèdent une expertise sectorielle approfondie, ce qui leur permet de comprendre les enjeux spécifiques de leur secteur d'activité et d'analyser l'information de manière pertinente.
- Collaboration avec des experts externes : Les entreprises font appel à des experts externes, tels que des consultants ou des chercheurs, pour bénéficier de compétences et de connaissances spécialisées dans des domaines spécifiques.

Outils technologiques

- Bases de données : Les quatre entreprises utilisent des bases de données pour stocker et organiser l'information collectée. Ces bases de données peuvent être internes ou externes, et peuvent inclure des sources d'information diverses, telles que des articles de presse, des rapports d'analystes, des brevets et des données financières.
- Logiciels de veille informationnelle : Des logiciels de veille informationnelle sont utilisés pour automatiser la collecte et l'analyse de l'information provenant de sources en ligne. Ces logiciels permettent de gagner du temps et d'améliorer l'efficacité du processus de veille.
- Outils d'analyse de données : Des outils d'analyse de données sont utilisés pour traiter et analyser de grandes quantités de données, afin d'identifier des tendances et des modèles pertinents pour la prise de décision stratégique.

- Plateformes de collaboration : Des plateformes de collaboration permettent aux membres des équipes d'IE de partager l'information et de collaborer sur des projets.

Autres ressources

- Réseaux de veille : Les entreprises participent à des réseaux de veille, ce qui leur permet d'échanger de l'information et de bonnes pratiques avec d'autres entreprises et organisations.
- Abonnements à des services d'information : Les entreprises s'abonnent à des services d'information spécialisés pour recevoir des informations actualisées sur leur secteur d'activité et sur leurs concurrents.
- Participation à des conférences et événements : Les entreprises participent à des conférences et événements sectoriels pour se tenir informées des dernières tendances et pour nouer des contacts avec des acteurs clés de leur secteur.

Tableau comparatif

Ressource /Outil	Ecobank	Sanofi	Olam Gabon	Congo Digital Services
Équipes dédiées à l'IE	Petite équipe d'analystes et de veilleurs.	Grande équipe d'analystes, de veilleurs, de spécialistes du renseignement et de stratèges.	Équipe d'analystes et de veilleurs en croissance.	Équipe d'analystes et de veilleurs en cours de constitution.
Expertise sectorielle	Expertise en finance, banque et microfinance.	Expertise en pharmacie, médecine et biotechnologie.	Expertise en agriculture, agroalimentaire et développement durable.	Expertise en technologies numériques, télécommunications et cybersécurité.
Collaboration avec des experts externes	Collaboration ponctuelle avec des consultants en finance et en microfinance.	Collaboration régulière avec des experts en recherche et développement, en propriété intellectuelle et en affaires réglementaires.	Collaboration ponctuelle avec des experts en agriculture, en développement durable et en chaîne d'approvisionnement.	Collaboration ponctuelle avec des experts en sécurité informatique, en intelligence artificielle et en big data.
Bases de données	Bases de données internes et externes sur les marchés financiers, les banques et les clients.	Bases de données internes et externes sur les avancées scientifiques, les brevets et les marchés pharmaceutiques.	Bases de données internes et externes sur les tendances agricoles, les politiques gouvernementales et les acteurs de la chaîne d'approvisionnement	Bases de données internes et externes sur les technologies numériques, les tendances du marché et les concurrents.
Logiciels de veille informationnelle	Logiciels de veille basiques pour la collecte d'information sur les sites web et les réseaux sociaux.	Logiciels de veille avancés pour la collecte et l'analyse d'information à partir de sources multiples.	Logiciels de veille	

8. Comparaison des points forts et des points faibles

Les quatre entreprises analysées ont développé des pratiques d'IE adaptées à leurs besoins et à leurs objectifs stratégiques. Ecobank se concentre sur le développement de son expertise sectorielle et l'utilisation d'outils technologiques de base, tandis que Sanofi investit dans des équipes d'IE dédiées et des outils de pointe. Olam Gabon adopte une approche proactive de l'innovation et utilise l'IE pour l'influence, tandis que Congo Digital Services est encore en phase de développement de ses pratiques d'IE.

Entreprise	Points forts	Points faibles
Ecobank	* Expertise sectorielle approfondie * Utilisation de bases de données et d'outils technologiques * Collaboration avec des experts externes	* Taille de l'équipe d'IE limitée * Manque d'outils d'analyse de données avancés * Intégration insuffisante de l'IE dans la prise de décision quotidienne
Sanofi	* Équipes d'IE dédiées et expérimentées * Utilisation d'outils technologiques de pointe * Culture d'IE forte	* Coût élevé des pratiques d'IE * Complexité des pratiques d'IE * Risque de surinformation
Olam Gabon	* Approche proactive de l'innovation * Utilisation de l'IE pour l'influence * Intégration de l'IE dans la stratégie globale de l'entreprise	* Ressources humaines dédiées à l'IE insuffisantes * Exploitation insuffisante des technologies de pointe en matière d'IE * Nécessité de renforcer la culture d'IE au sein de l'entreprise
Congo Digital Services	* En cours de développement	* À définir

Le choix de la meilleure approche d'IE dépend de divers facteurs, tels que le secteur d'activité, la taille de l'entreprise, la maturité de l'entreprise et les ressources disponibles. Il est important pour chaque entreprise de développer une approche d'IE qui lui permette d'anticiper les changements de son environnement, d'identifier de nouvelles opportunités et de se prémunir contre les risques.

9. Analyse des facteurs de succès et des obstacles à l'application de l'IE

L'analyse qui suit se concentre sur les facteurs clés qui influencent le succès ou l'échec de la mise en œuvre de l'intelligence économique (IE) au sein des organisations, en mettant en lumière le rôle déterminant du soutien de la direction, de la culture d'entreprise et des compétences des équipes dédiées.

Acteurs de succès

- Soutien de la direction générale : L'engagement et le soutien de la direction générale sont essentiels pour le succès d'une démarche d'IE. La direction doit reconnaître l'importance de l'IE et allouer les ressources nécessaires à sa mise en œuvre.
- Culture d'IE forte : Une culture d'IE forte signifie que l'importance de l'IE est bien comprise par tous les employés et que son utilisation est encouragée dans tous les départements de l'entreprise.
- Équipes d'IE dédiées et compétentes : Les équipes d'IE doivent être composées de professionnels expérimentés et qualifiés, possédant une expertise sectorielle approfondie et une maîtrise des outils et méthodes d'IE.
- Processus d'IE structurés et efficaces : Les entreprises doivent mettre en place des processus d'IE clairs et structurés, couvrant toutes les étapes de la collecte à la diffusion de l'information.
- Utilisation d'outils technologiques de pointe : Les outils technologiques peuvent considérablement améliorer l'efficacité des pratiques d'IE. Les entreprises doivent utiliser des outils adaptés à leurs besoins et à leur budget.
- Collaboration avec des partenaires externes : Les entreprises peuvent bénéficier de l'expertise et des connaissances de partenaires externes, comme des consultants, des chercheurs ou des organismes de recherche.

Obstacles

- Manque de compréhension de l'IE : Le manque de compréhension de l'IE parmi les dirigeants et les employés peut constituer un obstacle majeur à sa mise en œuvre.
- Résistance au changement : Les employés peuvent être réticents à adopter de nouvelles pratiques, en particulier si elles remettent en question les méthodes de travail existantes.
- Manque de ressources : La mise en œuvre d'une démarche d'IE peut nécessiter des ressources importantes, en termes de personnel, de budget et d'infrastructures.
- Difficulté à collecter et analyser l'information : La collecte et l'analyse d'information pertinente peuvent être difficiles, en particulier dans des secteurs complexes ou en constante évolution.
- Risque de surinformation : La collecte et l'analyse de grandes quantités de données peuvent conduire à un excès d'information, ce qui peut rendre la prise de décision difficile.

- Manque de coordination entre les différentes parties prenantes : Le succès d'une démarche d'IE nécessite une bonne coordination entre les différentes parties prenantes, telles que les équipes d'IE, les directions opérationnelles et la direction générale.

Tableau comparatif

Entreprise	Facteurs de succès	Obstacles
Ecobank	* Soutien de la direction générale * Culture d'IE en développement * Équipes d'IE compétentes * Processus d'IE en cours de structuration	* Manque de compréhension de l'IE * Résistance au changement * Ressources limitées * Difficulté à collecter l'information financière et bancaire
Sanofi	* Soutien de la direction générale * Culture d'IE forte * Équipes d'IE dédiées et expérimentées * Processus d'IE structurés et efficaces * Utilisation d'outils technologiques de pointe	* Coût élevé des pratiques d'IE * Complexité des pratiques d'IE * Risque de surinformation
Olam Gabon	* Soutien de la direction générale * Culture d'IE en développement * Équipes d'IE compétentes * Processus d'IE en cours de structuration	* Ressources limitées * Difficulté à collecter l'information sur les marchés agricoles et les chaînes d'approvisionnement * Nécessité de renforcer la collaboration entre les différentes parties prenantes
Congo Digital Services	* Soutien de la direction générale * Culture d'IE en développement * Équipes d'IE en cours de constitution	* Manque d'expérience en matière d'IE * Difficulté à collecter l'information sur les technologies numériques et les concurrents * Ressources limitées

Le succès de l'application de l'IE dépend de la combinaison de plusieurs facteurs, tels que le soutien de la direction générale, une culture d'IE forte, des équipes compétentes, des processus structurés et des outils technologiques adaptés.

10. Discussion

Notre étude s'inscrit dans la lignée des travaux de Azeumo (2013), Haoudi et al. (2020), Houre (2020) et Dugoin (2021) qui ont exploré les pratiques d'intelligence économique au sein des organisations. À l'aide d'une étude de cas multiple, nous avons pu nuancer certaines de leurs conclusions, notamment en ce qui concerne le rôle des équipes dédiées à l'IE. Nos résultats suggèrent que, si ces équipes sont essentielles, une culture d'IE partagée par l'ensemble des collaborateurs est tout aussi déterminante pour le succès de la démarche. Nous avons pu approfondir l'analyse des facteurs de succès et des obstacles rencontrés dans la mise en œuvre de l'IE au sein des quatre entreprises africaines et nos résultats, tout en confirmant certaines des conclusions de ces précédents travaux, apportent également de nouvelles perspectives sur l'importance de l'adaptation culturelle et contextuelle des dispositifs d'IE.

Nous proposons ci-après une synthèse des résultats de cette analyse, accompagnée d'une réflexion sur leurs implications tant pour les entreprises étudiées que pour l'ensemble des organisations désireuses de mettre en œuvre des pratiques d'intelligence économique.

Points forts

- Ecobank **:** Expertise sectorielle approfondie, utilisation de bases de données et d'outils technologiques, collaboration avec des experts externes ;
- Sanofi **:** Équipes d'IE dédiées et expérimentées, utilisation d'outils technologiques de pointe, culture d'IE forte ;
- Olam Gabon **:** Approche proactive de l'innovation, utilisation de l'IE pour l'influence, intégration de l'IE dans la stratégie globale de l'entreprise ;
- Congo Digital Services **:** En cours de développement, à définir.

Points faibles

- Ecobank : taille restreinte de l'équipe d'IE, manque d'outils d'analyse de données avancées, intégration insuffisante de l'IE dans la prise de décision quotidienne.
- Sanofi **:** Coût élevé des pratiques d'IE, complexité des pratiques d'IE, risque de surinformation ;
- Olam Gabon **:** Ressources humaines dédiées à l'IE insuffisantes, exploitation insuffisante des technologies de pointe en matière d'IE, nécessité de renforcer la culture d'IE au sein de l'entreprise.

Implications

- L'IE est un outil stratégique essentiel pour les entreprises qui souhaitent maintenir leur compétitivité ;
- Le succès d'une démarche d'IE dépend de la combinaison de plusieurs facteurs ;
- Les entreprises doivent adapter leurs pratiques d'IE à leurs besoins et à leur contexte spécifique ;
- Le développement d'une culture d'IE forte est un facteur clé de succès ;

- L'utilisation d'outils technologiques de pointe peut améliorer considérablement l'efficacité des pratiques d'IE ;
- La collaboration avec des partenaires externes peut apporter une expertise et des connaissances précieuses.

11. Recommandations

Ecobank : Renforcer la taille et les compétences de l'équipe d'IE, investir dans des outils d'analyse de données avancées, intégrer davantage l'IE dans la prise de décision quotidienne.

Renforcer la taille et les compétences de l'équipe d'IE

En s'inspirant des théories des ressources et des capacités, du capital intellectuel et de la veille stratégique (Mintzberg, Raisinghani, & Théorêt, 1976), Ecobank peut renforcer significativement son dispositif d'intelligence économique. En investissant dans le recrutement, la formation et la diversité de ses équipes, la banque développe un avantage concurrentiel durable en améliorant sa capacité à collecter, analyser et interpréter l'information. Cette démarche lui permettra de mieux comprendre son environnement, d'anticiper les évolutions du marché et de prendre des décisions stratégiques plus pertinentes, conformément aux préceptes de la décision rationnelle limitée de Simon (1957).

Investir dans des outils d'analyse de données avancés

En s'appuyant sur les principes de la théorie de l'information de Shannon et Weaver (1949), la banque vise à optimiser la circulation de l'information au sein de l'organisation. L'acquisition de logiciels d'analyse de données, la mise en place de plateformes collaboratives et le développement de tableaux de bord permettent de construire un système d'information plus performant, en ligne avec les travaux de Leonard (1988) sur les systèmes nerveux des organisations.

Cette démarche, en renforçant l'intelligence organisationnelle, telle que définie par Davenport & Prusak (1998), permet à la banque d'accroître sa capacité à créer, capturer et utiliser la connaissance. En automatisant certains processus, la banque libère du temps pour les collaborateurs, leur permettant de se concentrer sur des tâches à plus forte valeur ajoutée. Cette approche s'inscrit dans le cadre des recherches sur la gestion du savoir et l'intelligence collective, qui soulignent l'importance des technologies de l'information pour favoriser l'innovation et la compétitivité.

Intégrer davantage l'IE dans la prise de décision quotidienne

Pour ancrer l'intelligence économique au cœur de sa stratégie, Ecobank doit adopter une approche systémique, inspirée des travaux de Nonaka & Takeuchi (1995) sur la création de connaissances. Une sensibilisation approfondie de l'ensemble des collaborateurs, favorisant le partage de connaissances tacites et explicites, est essentielle pour développer une culture d'entreprise orientée vers l'information.

La mise en place de processus rigoureux pour la gestion de l'information, s'appuyant sur les principes de la gestion documentaire et des systèmes d'information, est également cruciale. En confiant un rôle stratégique à un responsable dédié, l'entreprise assure une coordination efficace de ses activités et garantit une vision à long terme.

En agissant ainsi, Ecobank met en œuvre une démarche d'intelligence économique qui lui permet d'optimiser l'exploitation de ses connaissances, conformément aux travaux de Davenport et Prusak (1998). Cette approche favorise une prise de décision plus éclairée, en permettant d'anticiper les évolutions de l'environnement et d'identifier de nouvelles opportunités, comme le soulignent les recherches de Mintzberg (1973) sur la prise de décision stratégique.

Sanofi: Explorer des solutions pour réduire le coût des pratiques d'IE, simplifier les processus d'IE et mettre en place des mécanismes pour gérer le risque de surinformation.

Explorer des solutions pour réduire le coût des pratiques d'IE

Pour renforcer ses capacités d'intelligence économique, Sanofi peut s'appuyer sur une stratégie combinant des partenariats externes et le développement de compétences internes. En s'inspirant des théories de la collaboration et des réseaux, Sanofi peut bénéficier des expertises complémentaires des acteurs de son écosystème, tout en réalisant des économies d'échelle, comme le soulignent les travaux de Powell & Lovallo (1993).

Parallèlement, le développement de solutions internes et l'exploitation de solutions open-source permettent à Sanofi de renforcer son autonomie stratégique et de favoriser l'innovation ouverte, conformément aux travaux de Chesbrough (2003). Cette approche hybride permet à l'entreprise de mieux maîtriser ses coûts et de s'adapter plus rapidement aux évolutions de son environnement.

En combinant ces différentes approches, Sanofi met en œuvre une stratégie d'intelligence économique dynamique et flexible, lui permettant de s'adapter aux enjeux complexes de l'industrie pharmaceutique. Cette approche, en ligne avec les concepts de veille stratégique et de gestion des connaissances, permet à Sanofi d'anticiper les menaces, d'identifier de nouvelles opportunités et de prendre des décisions éclairées, comme le soulignent les travaux de Mintzberg (1973).

Simplifier les processus d'IE

Afin d'optimiser ses processus d'intelligence économique, Sanofi doit s'inscrire dans une démarche de gestion de la connaissance, comme le préconisent Davenport et Prusak (1998). Cela implique de rationaliser les flux d'information pour réduire les redondances, de standardiser les outils et formats de données afin de faciliter le partage et la collaboration, et d'instaurer des mécanismes de contrôle qualité rigoureux pour garantir la fiabilité des informations. En agissant ainsi, Sanofi améliore la qualité de son intelligence économique, favorisant une prise de décision plus éclairée, conformément aux travaux de Mintzberg (1973) sur la nature du travail managérial.

Mettre en place des mécanismes pour gérer le risque de surinformation

Pour optimiser ses processus d'intelligence économique, Sanofi doit s'inscrire dans une démarche d'amélioration continue, s'inspirant des principes du Lean Management. Cette approche implique de rationaliser les processus, en éliminant les gaspillages et les non-valeurs ajoutées, comme le préconisent Womack & Jones (1996). L'harmonisation des outils et des formats de données, favorisant ainsi l'interopérabilité, est essentielle pour faciliter la collaboration entre les équipes et améliorer la qualité de l'information. Enfin, la mise en place de contrôles qualité rigoureux, inspirés des normes ISO 9001[50], permet de garantir la fiabilité des données et de renforcer la crédibilité de l'intelligence économique produite. En adoptant cette démarche globale, Sanofi améliore significativement la pertinence de ses analyses, favorisant ainsi une prise de décision plus éclairée et plus stratégique.

Olam Gabon : Augmenter les ressources dédiées à l'IE, exploiter davantage les technologies de pointe en matière d'IE, renforcer la culture d'IE au sein de l'entreprise.

Augmenter les ressources dédiées à l'IE

Pour renforcer son dispositif d'intelligence économique, Olam Gabon doit investir dans le développement de ses capacités d'anticipation. Cela implique de renforcer ses ressources humaines et technologiques, comme le préconisent les modèles de veille stratégique. La création d'une équipe dédiée, dotée des compétences nécessaires en analyse et en traitement de l'information, est essentielle. La nomination d'un responsable de la veille

[50] Norme internationale qui spécifie les exigences pour un système de management de la qualité (SMQ). En d'autres termes, c'est un ensemble de règles et de bonnes pratiques que les entreprises peuvent mettre en place pour garantir la qualité de leurs produits ou services.

permettra d'assurer une coordination efficace de ses activités et de garantir une diffusion optimale des informations au sein de l'organisation. En investissant dans ces ressources, Olam Gabon pourra améliorer la qualité et la pertinence de ses analyses, renforçant ainsi sa capacité à identifier les opportunités et à anticiper les menaces, comme l'ont souligné Ansoff (1965) et Drucker (1954). Cette démarche contribuera à positionner l'entreprise de manière plus stratégique sur son marché.

Exploiter davantage les technologies de pointe en matière d'IE

Olam Gabon doit investir dans des outils numériques de pointe. L'acquisition de logiciels d'analyse de données sophistiqués, l'implémentation de plateformes collaboratives et l'exploration des technologies d'intelligence artificielle, comme le préconisent Davenport et Prusak (1998), permettront de transformer les données en véritable actif stratégique. En exploitant le potentiel de ces outils, l'entreprise pourra mieux comprendre les dynamiques de marché, optimiser ses opérations et prendre des décisions plus éclairées. L'intelligence artificielle, en particulier, offre de nouvelles perspectives pour automatiser certaines tâches, améliorer la précision des prévisions et identifier des corrélations complexes dans les données, contribuant ainsi à une meilleure connaissance client et à une plus grande résilience face aux perturbations, comme le soulignent les travaux de Davenport et Kim (1999). En s'appuyant sur ces technologies, Olam Gabon se positionnera comme une entreprise data-driven, capable de saisir les opportunités et de relever les défis d'un environnement économique en constante évolution.

Renforcer la culture d'IE au sein de l'entreprise

Pour faire de l'intelligence économique un véritable levier de performance, il est indispensable de développer une culture d'entreprise fondée sur le partage de l'information et l'esprit d'initiative. En sensibilisant l'ensemble des collaborateurs à l'importance de la veille stratégique, en intégrant l'intelligence économique dans les parcours de formation et en récompensant les initiatives individuelles, l'entreprise créera un environnement propice à l'émergence de nouvelles idées et à l'amélioration continue de ses performances.

Congo Digital Services : Définir une stratégie d'IE claire, constituer une équipe d'IE compétente, mettre en place des processus d'IE structurés, identifier les ressources technologiques nécessaires, développer des partenariats avec des acteurs clés de l'IE.

Définir une stratégie d'IE claire

Pour maximiser l'impact de l'intelligence économique sur la performance globale de l'entreprise, il est crucial d'établir une cohérence étroite entre les activités de veille stratégique et les objectifs stratégiques de l'organisation. Comme le soulignent Mintzberg et Quinn (1996), la stratégie est un processus dynamique qui nécessite une adaptation constante aux évolutions de l'environnement. En réalisant une analyse approfondie de l'environnement externe et interne, en définissant des indicateurs de performance clés (KPI) alignés sur la stratégie, et en élaborant un plan d'action détaillé, l'entreprise peut identifier les opportunités et les menaces, comme l'ont souligné Ansoff (1965) et Porter (1980). Cette démarche permet de développer une vision partagée au sein de l'organisation et de mobiliser les équipes autour d'objectifs communs. En intégrant l'intelligence économique au cœur du processus de décision stratégique, l'entreprise renforce sa capacité d'anticipation et sa résilience, tout en favorisant une culture d'innovation et d'amélioration continue (Drucker, 1954).

Constituer une équipe d'IE compétente

Pour bâtir une équipe d'intelligence économique performante, il est nécessaire de combiner le recrutement de profils expérimentés, la mise en place de formations continues et la promotion d'une culture de collaboration. En investissant dans le développement des compétences de nos collaborateurs, nous leur permettons de maîtriser les outils et les méthodes les plus récents, de partager leurs connaissances et de travailler en synergie pour atteindre les objectifs de l'entreprise.

Mettre en place des processus d'IE structurés

Mettre en place des processus rigoureux et cohérents pour la collecte, l'analyse et la diffusion de l'information. En définissant des procédures claires et en optimisant les flux d'information, nous garantissons une meilleure qualité de l'information traitée et une diffusion rapide vers les décideurs. Ainsi, nous renforçons notre capacité à anticiper les évolutions du marché et à prendre des décisions stratégiques éclairées.

Identifier les ressources technologiques nécessaires

Il est impératif de mener un audit approfondi de nos besoins en outils technologiques afin d'identifier les solutions les plus pertinentes pour soutenir nos activités d'intelligence économique. Cette démarche, s'inscrivant dans une logique d'amélioration continue, comme le préconisent Deming et Juran, permettra d'optimiser l'utilisation des ressources technologiques et d'améliorer l'efficacité de nos processus. En sélectionnant des outils adaptés à notre contexte spécifique et en assurant une formation solide de nos équipes, nous favoriserons l'adoption de ces nouvelles technologies et renforcerons notre capacité à collecter, analyser et diffuser l'information de manière pertinente, conformément aux principes de la gestion de la connaissance défendus par Davenport et Prusak (1998). Cette démarche contribuera à transformer notre organisation en une entreprise data-driven, capable de prendre des décisions plus éclairées et de s'adapter rapidement aux évolutions de son environnement.

Développer des partenariats avec des acteurs clés de l'IE

Afin de renforcer sa position dans le domaine du numérique et stimuler l'innovation, Congo Digital Services doit développer un réseau solide de partenaires. En identifiant et en nouant des relations avec les acteurs clés de l'intelligence économique, l'entreprise pourra accéder à de nouvelles sources d'information, bénéficier d'une expertise complémentaire et collaborer à des projets de recherche ambitieux.

12. Validation des hypothèses de recherche

- ➢ L'analyse comparative des pratiques d'IE d'Ecobank, Olam Gabon, Sanofi et Congo Digital Services a montré que chaque entreprise a des pratiques d'IE spécifiques qui reflètent ses besoins et son contexte particuliers.

- Ecobank dispose d'une expertise sectorielle approfondie et utilise des bases de données et des outils technologiques ;
- Sanofi possède des équipes d'IE dédiées et expérimentées, ainsi qu'une culture d'IE forte ;
- Olam Gabon a une approche proactive de l'innovation et utilise l'IE pour l'influence ;
- Congo Digital Services est en cours de développement et a le potentiel de développer des pratiques d'IE innovantes.

La taille de l'entreprise semble également avoir un impact sur ses pratiques d'IE. Les grandes entreprises comme Ecobank et Sanofi ont généralement des ressources plus importantes et des pratiques d'IE plus formalisées, tandis que les PME comme Congo Digital Services ont des pratiques d'IE plus informelles et adaptables.

Le secteur d'activité de l'entreprise joue également un rôle important dans ses pratiques d'IE. Les entreprises opérant dans des secteurs dynamiques et concurrentiels, comme les TIC et la pharmacie ont généralement des besoins d'IE plus importants que les entreprises opérant dans des secteurs plus stables, comme l'agroalimentaire.

Enfin, la maturité de l'entreprise en matière d'IE influence également ses pratiques d'IE. Les entreprises leaders en matière d'IE ont généralement des pratiques d'IE plus sophistiquées et plus efficaces que les entreprises qui débutent dans l'IE.

Hypothèse 1 - confirmée : Les entreprises mettent en œuvre différentes pratiques d'IE, qui varient en fonction de leur taille, de leur secteur d'activité et de leur maturité en matière d'IE.

➢ L'étude a montré que l'adoption et la mise en œuvre de l'IE dans les entreprises sont influencées par un certain nombre de facteurs internes et externes.

Facteurs internes

- Culture d'entreprise : Une culture d'entreprise favorable à l'IE est essentielle pour l'adoption et la mise en œuvre réussies de l'IE. Cela signifie que la direction et les employés doivent comprendre les avantages de l'IE et être prêts à s'engager dans des activités d'IE ;
- Leadership : Le leadership joue un rôle crucial dans la promotion de l'IE au sein d'une entreprise. Les dirigeants doivent être des champions de l'IE et fournir les ressources et le soutien nécessaires aux équipes d'IE ;
- Ressources disponibles : Les ressources disponibles, telles que le temps, le personnel et le budget, ont également un impact sur l'adoption et la mise en œuvre de l'IE. Les entreprises qui disposent de plus de ressources sont généralement en mesure de mettre en œuvre des pratiques d'IE plus sophistiquées.

Facteurs externes

- Environnement concurrentiel : Un environnement concurrentiel intense peut inciter les entreprises à adopter l'IE pour améliorer leur compétitivité. Les entreprises opérant dans des marchés mondialisés ont généralement des besoins d'IE plus importants que les entreprises opérant sur des marchés nationaux ;
- Contexte réglementaire : Le contexte réglementaire peut également influencer l'adoption et la mise en œuvre de l'IE. Certaines réglementations, telles que les lois sur la protection des données, peuvent rendre plus difficile pour les entreprises de collecter et d'utiliser des informations à des fins d'intelligence économique.

Hypothèse 2 - confirmée : L'adoption et la mise en œuvre de l'IE dans les entreprises sont influencées par des facteurs internes, tels que la culture d'entreprise, le leadership et les ressources disponibles, ainsi que par des facteurs externes, tels que l'environnement concurrentiel et le contexte réglementaire.

➢ L'étude a démontré que les entreprises leaders en matière d'IE ont des démarches performantes en ce domaine qui se caractérisent par un certain nombre de points communs. Elles ont une vision claire de la manière dont l'IE contribuera à la réalisation de leurs objectifs stratégiques. Cette vision est généralement formalisée

Hypothèse 3- confirmée : Les entreprises leaders en matière d'IE ont des démarches performantes qui se caractérisent par une vision claire de la stratégie d'IE, une organisation efficace des outils et des méthodes adaptés, et une culture d'apprentissage continu.

- L'étude a montré que l'IE peut avoir un impact positif sur la performance des entreprises étudiées. Cependant, il est difficile de quantifier cet impact de manière précise en raison de la complexité des facteurs qui influencent la performance des entreprises. Néanmoins, l'étude a permis d'identifier plusieurs exemples d'entreprises qui ont utilisé l'IE avec succès pour améliorer leur compétitivité : En identifiant les forces et les faiblesses de leurs concurrents, les entreprises peuvent développer des stratégies pour se différencier sur le marché.

Hypothèse 4- partiellement confirmée : L'intelligence économique a un impact positif sur la performance des entreprises en leur permettant d'améliorer leur compétitivité, de saisir de nouvelles opportunités de marché et de réduire leurs risques.

Conclusion

L'étude comparative des pratiques d'intelligence économique (IE) d'Ecobank, Olam Gabon, Sanofi et Congo Digital Services met en lumière la diversité des approches et des défis rencontrés par les entreprises dans ce domaine. L'IE est un outil stratégique essentiel pour les entreprises qui souhaitent maintenir leur compétitivité dans un environnement mondialisé en constante évolution. En développant des pratiques d'IE efficaces, les entreprises peuvent mieux comprendre leur environnement, identifier de nouvelles opportunités et prendre des décisions stratégiques éclairées pour assurer leur réussite à long terme. Elle nécessite une adaptation permanente aux changements de l'environnement et aux nouvelles opportunités. Les entreprises qui réussissent à développer des pratiques d'IE efficaces seront mieux armées pour anticiper les menaces, identifier de nouvelles opportunités et prendre des décisions stratégiques éclairées. Elle offre de nombreuses opportunités aux entreprises africaines. En investissant dans la recherche et le développement de l'IE, les entreprises africaines peuvent mieux se positionner pour réussir dans un monde globalisé et en constante évolution.

Perspective de recherche future

L'étude comparative des pratiques d'IE des quatre entreprises a permis d'identifier des points forts, des points faibles, des facteurs de succès et des ressources mobilisées spécifiques à chacune d'entre elles. Cette analyse a également mis en lumière des domaines de recherche future potentiels.

1. Étude des aspects éthiques des pratiques d'IE : l'utilisation de l'IE soulève des questions éthiques importantes, telles que la protection de la vie privée et le respect de la vie privée. Il serait intéressant d'étudier les aspects éthiques des pratiques d'IE dans les entreprises et de développer des lignes directrices pour une utilisation responsable de l'IE. On pourrait ainsi impliquer l'analyse des codes de conduite des entreprises en matière d'IE ou la réalisation d'études de cas sur des incidents éthiques liés à l'IE.

2. Étude de l'impact des nouvelles technologies sur les pratiques d'IE : l'émergence de nouvelles technologies, telles que l'intelligence artificielle (IA), le big data et l'Internet des objets (IoT) a un impact important sur les pratiques d'IE. Il serait intéressant d'étudier comment ces nouvelles technologies sont utilisées par les entreprises pour collecter, analyser et diffuser l'information. L'on impliquerait l'analyse des cas d'utilisation de l'IA en matière d'IE ou l'étude de l'impact du big data sur les processus de collecte et d'analyse de l'information.

Bibliographie

Abdessalam, B., & Mustapha, D. (2015). "Veille stratégique et système d'intelligence économique en Algérie : évaluation et perspectives". *Les cahiers du cread N° 111*, pp. 1-44.

Accart, J.-P., & Réthy, M.-P. (2015). "La veille d'information et l'intelligence économique. *Le Métier de Documentaliste"*, pp. 323-330.

Achchab, B., & Harrizi, D. (2013)." Les défis de l'intelligence économique au Maroc". *La Revue Gestion et Organisation, 5 (2)*, pp.130-137.

Azeumo, S. W. (2013). "L'intelligence économique camerounaise (IEC)". *L'intelligence économique camerounaise (IEC)*, pp.1-94.

Bensahel, W., & Dahinine, B. (2016). "L'impact des pratiques de l'intelligence économique sur le comportement stratégique de l'organisation : perspectives théoriques et managériales". *Revues Scientifiques marocaines Vol 4 N 1*, file:///C:/Users/fbery/Downloads/sara,+2.BENSAHEL+Wassila+13+a+29-2.pdf.

Chesbrough, H. W. (2003). *Open innovation: The new imperative for creating and profiting from technology*. Harvard : Harvard Business Press.

Davenport, T. H., & Prusak, L. (1998). *Working knowledge: How organizations manage what they know.*Harvard : Harvard Business Press.

David, A. (2007). Regard scientifique sur le concept d'intelligence économique. *La Veille sur l'Internet du libre accès : entre objet scientifique réflexif et management stratégique de l'information économique, Université Paris 8, Apr 2007, Paris, France*, Inria-00167035.

Dugoin, C. (2021). "L'influence comme lien entre géopolitique et intelligence économique en Afrique : étude de cas de l'influence russe au Sénégal et à Madagascar". *Revue internationale d'intelligence économique, 13 (1)*, pp. 37-52.

El Haoud, N. (2011). "L'intelligence économique au service de l'entreprise innovante". *Revue internationale d'intelligence économique 2011/2 (Vol 3)*, pp. 175-187.

Guerraoui, D. (2019). *L'intelligence économique en Afrique, Expériences nationales et Partenariats africains.* Paris : L'Harmattan, 296 p.

Haoudi, A., & Bennagem, T. M. (2020). "Les TIC en intelligence économique : quels développements en Afrique ?" *Recherches en Économie et Gestion Dossier 9, n° 1*, pp.139-155.

Houre, N. (2020). Les réalités de la veille stratégique et de l'intelligence économique dans les entreprises au Cameroun. *Dossiers de Recherches en Économie et Gestion, Dossier 9, n° 1*, pp. 121-138.

Hourenatou. (2020). La pratique de l'intelligence économique dans les entreprises au Cameroun : enjeux et perspectives. *Journal of The Cameroon Academy Of Sciences Vol. 15 No. 3*, file:///C :/Users/fbery/Downloads/ajol-file-journals_93_articles_198308_submission_proof_198308-1105-498992-1-10-20200804-1.pdf.

Jeanne-Beylot, F. (2021). *Atlas de l'intelligence économique en Afrique.* Édition VA Presse, 196 p.

Juillet, A. (1996). *L'intelligence économique.* Paris : Éditions Economica.

Juillet, A., & Racouchot, B. (2012). "L'influence, le noble art de l'intelligence économique". *Communication et organisation [Online], 42 | 2012*, https://journals.openedition.org/communicationorganisation/3921.

Kherrazi, S. (2020). "Les spécificités de la pratique d'intelligence économique dans un contexte émergent – Le cas marocain". *Revue internationale d'Intelligence économique 2020/1(Vol.12)*, pp.13-33.

Konate, L., Mortier, S., & Darankou, E. (2022). *Manuel de l'Intelligence économique en Afrique.* Édition VA Presse, 500 p.

Martre, H. (1994). Intelligence économique et stratégie des entreprises. *Paris. La Documentation française.*

Mintzberg, H., Raisinghani, D., & Théorêt, A. (1976). "The structure of unstructured decision processes". *Administrative Science Quarterly, 21(2)*, pp. 246-275.

Moinet, N., & Bulinge, F. (2013). "Intelligence économique : vers une nouvelle dynamique de recherche". *Revue française des sciences de l'information et de la communication [Online], 3 | 2013*, http://journals.openedition.org/rfsic/598 ; DOI : https://doi.org/10.4000/rfsic.598.

Monino, J.-L. (2013). "L'information au cœur de l'intelligence économique stratégique". *Marché et organisations 2013/2 (N° 18)*, pp. 25-39.

Nonaka, I., & Takeuchi, H. (1995). *The knowledge-creating company : How Japanese companies create the dynamics of innovation.* Oxford University Press.

Powell, W., & Lovallo, D. (1993). "Interorganizational collaboration and the locus of innovation: Networks of learning". *Administrative Science Quarterly, 38(1)*, pp. 125-144.

Revelli, C. (1998). *Intelligence stratégique sur Internet.* Paris : Dunod.

Saber, H. (2020). L'intelligence économique dans la Zone de Libre-Échange Continentale Africaine Enjeux et défis. *Dossiers de Recherches en Économie et Gestion, 9(1)*, pp. 283-300.

Simon, H. (1957). "A behavioural model of rational choice." *J. Wiley, News York : In H.A Simon Edition.*

Tchokonte, S. T. (2020). Intelligence économique et projet de renaissance africaine à l'horizon 2063 : de l'asymétrie à la symétrie dans les relations entre l'Afrique et ses partenaires étrangers. *Dossiers de Recherches en Économie et Gestion, 9(1)*, pp. 11-23.

Tsafack, N. (2004). Quelle intelligence économique en Afrique ? Diplomatie économique et développement : bilan et perspectives. *Colloque IRIC*, Yaoundé, 14 et 15 juin 2004.

Womack, J. P., & Jones, D. T. (1996). *Lean thinking: Banish waste and create wealth in your corporation.* Simon & Schuster.

Section 4 :

Adoption des pratiques d'intelligence économique au Burkina Faso : la taille et le secteur d'activités sont-ils pertinents ?

Hippolyte OUMTOGO
et
Bernadette Estelle TAPSOBA

Introduction

L'intelligence économique (IE) est devenue depuis la fin du XXe siècle une des pièces maîtresses de la stratégie des entreprises, des territoires, voire des politiques d'États (Guilhon & Moinet, 2018). En effet, le phénomène de la mondialisation, caractérisé par l'expansion du domaine géographique de la concurrence, l'évolution continue des règles en matière de commerce extérieur et le développement exponentiel des technologies de l'information et de la communication (TIC), contraint les agents économiques à s'adapter aux nouveaux équilibres en place. Dès lors, ceux-ci sont amenés à élaborer des actions et stratégies, notamment des attitudes de collecte, de traitement, de diffusion et de protection de l'information utile à la prise de décision stratégique pour mieux faire face aux changements de paradigme qui s'imposent le plus souvent à eux et surtout anticiper les dynamiques de l'environnement futur aux plans social, économique, environnemental et politique. Bref, l'IE est d'un intérêt incontestable pour les entreprises devant leur permettre d'acquérir ou de conserver une meilleure position stratégique dans un environnement de plus en plus concurrentiel (Dhaoui, 2008). Elle fournit à l'entreprise une compréhension de son environnement à travers les informations internes et externes auxquelles elle a accès (Hamidou & Grari, 2018).

L'IE est motivée par la recherche d'occasions d'affaires (Habhab-Rave, 2007). Pour ce dernier, l'équipe dirigeante, notamment sa culture d'innovation, semble être le fil conducteur de l'adoption de l'IE dans la mesure où elle stimule et oriente la prise de décision. Selon Audet (2003), les PME pratiquent des activités d'IE en fonction du niveau d'incertitude stratégique qu'ils perçoivent ; témoignant ainsi du rôle de l'environnement dans la prise des actions d'IE.

Toutefois, la définition et la conduite des actions et stratégies de l'IE reposent largement sur la capacité des entreprises à accéder aux informations stratégiques. L'adoption de l'IE dépendrait donc des caractéristiques, notamment de la taille et du secteur d'activités de l'organisation. Au demeurant, l'IE s'est imposée rapidement dans les plus grandes entreprises à travers le monde, mais peine à trouver sa place dans les Petites et moyennes entreprises où le concept est souvent perçu, à tort, comme abstrait et inaccessible (Ihadiyan & Sefrioui, 2023). Les très grandes entreprises dans des secteurs dits sensibles (aéronautique, énergie, etc.), comme Air France, Total ou Orange, ont structuré de vraies directions de l'IE rattachées à la stratégie ou au marketing (Guilhon & Moinet, 2016). Les résultats obtenus ont permis d'appréhender la pratique d'intelligence économique dans les PME de haute technologie connaissant du succès. En sus de la taille des entreprises, les utilisations de l'IE seraient aussi très variées selon les secteurs d'activités et la pression concurrentielle dans le domaine (Elhias & Moinet, 2015). En somme, tout porte à croire qu'au-delà de l'immensité des facteurs, la taille et le secteur d'activités apparaissent comme des éléments fondamentaux dans l'adoption de cette démarche.

Or, la majorité des études empiriques portant sur le rôle de ces facteurs dans l'adoption des pratiques de l'IE aboutissent à des résultats peu concluants. En effet, si certains auteurs (Bourcier-Desjardins et al., 1990) considèrent cette pratique comme normale, quels que soient la taille et le secteur d'activités de l'entreprise, d'autres (Ahdil & Achchab, 2019) estiment que les grandes entreprises et celles intervenant dans le domaine technologique sont plus disposées à pratiquer l'IE. Ces résultats contradictoires peuvent être expliqués par une certaine faiblesse méthodologique des recherches antérieures. Comme le soulignait déjà Salvetat (2007), la majorité des travaux sont des études de cas ou mobilisant des échantillons de taille relativement faible ; les quelques études empiriques sont souvent uniquement descriptives. Ces limites constituent des perspectives intéressantes.

Malgré l'importance de l'IE pour les économies en général et les entreprises en particulier, force est de noter que cette démarche reste encore très peu développée en Afrique (Azeumo S. W., 2013). Pour Ourenatou (2020), elle serait à l'état embryonnaire et aurait de la peine à décoller dans les entreprises camerounaises. Le Burkina Faso n'est pas en marge de cet état de fait. En effet, plus de deux décennies de promotion de l'IE (depuis 2000 au moins) à travers notamment la Chambre de Commerce et d'Industrie du Burkina Faso comme pionnière en matière de promotion de cette démarche (CCI-BF) (Maille, 2019), force est de constater qu'elle semble encore peu pratiquée au Burkina Faso. En effet, selon un rapport de la CCI-BF (2022), seulement 26,1 % des chefs d'entreprises interrogés affirment mettre en œuvre une démarche d'IE au sein de leur entreprise. De surcroit, la pratique de l'IE au sein de la plupart des entreprises reste dominée par des pratiques informelles ou non structurées. Suivant le secteur d'activités, il ressort dudit rapport qu'elles ne sont que 21,7 % dans le secteur du commerce et 29,4 % au niveau de l'industrie contre un peu moins de la moitié dans le secteur des services (48,9 %). De même, selon la taille, l'IE est pratiquée par 72,6 % des entreprises ayant un effectif allant de 1 à 29 salariés, contre 16,9 % et 10,5 % respectivement pour un effectif de 30 à 99 salariés et plus de 100 employés.

Au regard de tout ce qui précède, la présente recherche s'attèle à répondre à la question de savoir : les caractéristiques des entreprises déterminent-elles leur propension d'adoption des pratiques d'intelligence économique au Burkina Faso ? Singulièrement, quels sont les effets de la taille et du secteur d'activités sur l'adoption des pratiques d'IE dans ce pays ?

L'objectif général de cette recherche est d'analyser les implications des caractéristiques des entreprises sur leur disposition à l'adopter des pratiques d'intelligence économique au Burkina Faso. Spécifiquement, il s'agit de mesurer les effets de la taille et du secteur d'activités sur la possibilité d'adoption des pratiques d'intelligence économique au Burkina Faso.

La question cruciale des déterminants en général, et de la taille et du secteur d'activité en particulier, sur l'adoption de l'IE dans le contexte du Burkina Faso, a fait l'objet d'un examen relativement limité. La plupart des travaux existants sont exploratoires et se contentent de faire des statistiques descriptives sans établir des causes à effets. Cette recherche va au-delà pour implémenter un modèle économétrique à partir d'un échantillon de grande taille. Cette démarche présente l'avantage de mettre en évidence les facteurs susceptibles d'influencer la pratique de l'IE au Burkina Faso.

Le reste de la section est organisé comme suit : Le point 1 aborde le cadre théorique et empirique de l'importance de la taille et du secteur d'activités dans l'adoption des pratiques d'IE. La méthodologie est présentée dans le point 2. Le troisième point porte sur les résultats. La conclusion suivie d'implications de politique économique est présentée dans le point 4.

1. Cadre théorique et empirique

L'intelligence économique prend racine dans plusieurs disciplines, notamment les sciences de l'information et de la communication, les sciences de gestion, le droit, l'économie. Ce fondement multidisciplinaire a permis d'enrichir considérablement la compréhension des enjeux et la démarche d'IE (Guilhon & Moinet, 2016). Mais, cette recherche s'appuie sur la théorie relative aux capacités d'absorption développées initialement par Cohen et Levinthal (1990). Selon ces auteurs, la capacité d'absorption est l'aptitude à reconnaître la valeur de l'information nouvelle, à l'assimiler, et à l'appliquer à des fins commerciales. La théorie des capacités d'absorption explique comment les organisations acquièrent, assimilent et exploitent les connaissances externes pour améliorer leurs performances.

Cette approche a été étendue et adaptée au domaine de l'IE par Hakmaoui et Berrada (2020). Dans ce sens, la capacité d'absorption représente l'ensemble de ces routines et mécanismes, s'appuyant sur la création et l'acquisition de l'information et la connaissance, qui ont pour objectif de générer un avantage concurrentiel (Zahra & George, 2002 ; Hakmaoui & Berrada, 2020). Vue comme l'ensemble des actions coordonnées de recherche, de traitement et de distribution, en vue de son exploitation, de l'information utile aux acteurs économiques (Martre, et al., 1994), ce cadre est bien approprié pour appréhender le rôle de la taille et du secteur d'activités sur l'adoption des pratiques d'IE.

Par ailleurs, vus comme une innovation, les déterminants de l'adoption des pratiques d'IE peuvent être appréhendés sous le prisme des théories de la diffusion (Rogers, 1962), de l'acceptation de la technologie (Davis, 1989) et du modèle Unified Theory of Acceptance and Use of Technology (Venkatesh et al., 2003).[51] La théorie de la diffusion de l'innovation décrit le processus par lequel une innovation est communiquée, à travers certains canaux, dans la durée, parmi les membres d'un système social (Rogers, 1995). Ce modèle définit les éléments qui agissent sur la rapidité avec laquelle une innovation est adoptée dans un groupe social et s'adapte aux utilisateurs en quatre phases principales : la connaissance, la persuasion, la décision et l'implantation. La théorie de l'acceptation de la technologie a été conçue pour exprimer les déterminants pouvant influencer l'intention d'adopter les ordinateurs à son époque. Elle met en évidence les raisons pour lesquelles les individus peuvent accepter ou refuser les nouvelles technologies. Il s'agit principalement de l'utilité perçue et de la facilité d'utilisation perçue qui peuvent déterminer leur adoption. Quant au modèle Unified Theory of Acceptance and Use of Technology, il vise à expliquer les intentions des utilisateurs d'utiliser un système d'information et leur comportement d'utilisation ultérieur. Il repose sur quatre éléments clés à savoir l'espérance de performance, l'espérance d'effort, l'influence sociale et les conditions facilitatrices. En somme, ces théories suscitées peuvent être convoquées en vue de cerner dans quelle mesure l'intelligence économique et ses composantes sont adoptées par les entreprises.

D'un point de vue empirique, la majorité des travaux aboutit à des résultats peu concluants concernant l'importance de la taille et du secteur

[51] Ces théories sont un prolongement de celles de l'action raisonnée (Fishbein & Ajzen, 1975) et du comportement planifié (Ajzen, 1991) qui ont été élaborées pour expliquer les facteurs à l'origine des intentions à créer une entreprise.

d'activité sur l'adoption des pratiques de l'IE. Certains auteurs (Ahdil&Achchab, 2019 ; Loummou & Kettani, 2020 ; entre autres) estiment que les grandes entreprises et celles intervenant dans le domaine technologique sont plus disposées à pratiquer l'IE. En revanche, d'autres auteurs (Bourcier-Desjardins et al., 1990 ; Larivet, 2006 ; Habhab-Rave, 2007) considèrent cette pratique comme normale, quels que soient la taille et le secteur d'activités de l'entreprise.

Dans leur enquête auprès des principales institutions financières du Maroc, Ahdil et Achchab (2019) constatent qu'elles ont une maîtrise relative des outils de l'IE et de la veille concurrentielle, principalement pour protéger et sécuriser les informations. En outre, les auteurs montrent que les grandes entreprises, surtout bancaires, sont plus performantes à cause des méthodes dont elles disposent et des facteurs stratégiques qui obligent un processus d'intelligence économique pour des raisons d'image. Dans la même veine et à partir d'une démarche plutôt exploratoire, Loummou et Kettani (2020) ont cherché à déterminer comment les apports de l'intelligence économique sont perçus par les dirigeants de 12 PME exportatrices de la région Fès-Meknès au Maroc. Leurs résultats montrent que les petites et moyennes entreprises de la région Fès-Meknès disposent d'un organigramme formalisé comportant les fonctions clés à savoir la fonction financière, commerciale, ressources humaines et production ; occultant la fonction d'intelligence économique. Par ailleurs, il y a une prédominance des techniciens et techniciens spécialisés justifiant de plusieurs années d'expérience, mais une absence de cadres spécialisés en intelligence économique.

Contrairement aux résultats précédents, Larivet (2006), en se basant sur une étude de cas d'une seule entreprise dénommée « *CORDE* » en France, trouve qu'une PME est apte à mettre en œuvre l'IE, certes relativement informelle, mais relativement « complète ». Cette mise en place peut se faire sans l'appui de l'État, soit de façon « individuelle », soit au sein d'un réseau d'entreprises. Pour l'auteur, elle repose, dans le cas de CORDE, sur le dirigeant, qui considère cette pratique comme naturelle. Dans la même veine, Habhab-Rave (2007) retient que, dans les PME à haute technologie, notamment les plus performantes, l'IE connaît un succès et demeure l'affaire de tous, tout en s'inscrivant dans le long terme. Néanmoins, son analyse a mobilisé une méthodologie de recherche basée sur une étude de cas par comparaison inter-sites de quatre PME innovantes œuvrant dans des secteurs de moyenne à haute intensité technologique.

En somme, tout porte à croire que le secteur d'activité et la taille sont importants en matière d'adoption des pratiques d'IE. Cependant, dans leur étude, Bourcier-Desjardins et al. (1990) montrent que ni le chiffre d'affaires, ni l'ancienneté, ni les effectifs, ni même le secteur d'activité ou la présence d'une cellule de recherche et développement ne peuvent être considérés dans l'absolu comme étant des éléments prédicteurs d'un système de veille. Ce résultat mérite d'être nuancé en ce sens que, comme l'ont indiqué les auteurs eux-mêmes, la taille restreinte de l'échantillon, son caractère hétéroclite et l'objectif même de l'enquête de type exploratoire ne permettent pas de dégager des profils ou des tendances lourdes dans les pratiques des entreprises en matière de veille. De plus, leur étude se limite à la veille et n'intègre pas les autres composantes de l'IE, telles que la protection/la sécurité, le lobbying et l'influence.

2. Méthodologie

2.1. Données d'analyse

La présente étude utilise les données d'enquête de la CCI-BF. L'enquête a été réalisée en 2022 auprès des Chefs d'entreprises du secteur des services, de l'industrie et du commerce. Le choix a été porté spécifiquement sur les entreprises de service, industrielles et commerciales, car elles sont de notre avis principalement concernées par les activités d'intelligence économique. Elle s'est déroulée dans les deux plus grandes villes du pays à savoir Ouagadougou (capitale politique) et Bobo-Dioulasso (capitale économique), car elles concentrent environ 80 % du bassin des entreprises. La base de sondage a été le Fichier national des Entreprises et de Regroupement d'Entreprises (Fichier-NERE) de la CCI-BF.

L'échantillon d'enquête obtenu est constitué de 390 entreprises, dont 76,92 % installés à Ouagadougou et 23,08 % implantés à Bobo-Dioulasso. Le taux de réponse global de cette enquête est de 90 %, soit 352 entreprises répondantes sur un total de 390 à enquêter. Le taux de réponse par secteur d'activités est de 100 % dans le commerce, 87 % dans l'industrie et 86 % *dans les services.*

2.2. Modèle d'analyse

La variable dépendante « adoption des pratiques d'IE » est une variable dichotomique. Il faut donc recourir aux modèles de régression probit ou logit. Ces modèles consistent à expliquer l'occurrence d'un événement en fonction d'un certain nombre de caractéristiques observées sur les individus d'une population de taille N. On considère, pour chaque élément de l'échantillon :

$$Z_i = \begin{cases} 1 \text{ si l'entreprise adopte les pratiques d'IE} \\ 0 \text{ sinon} \end{cases}$$

La pratique de l'intelligence économique (IE) dans le cadre de cette étude renvoie à l'existence d'une démarche formelle ou informelle d'intelligence économique, d'un système de collecte des informations utiles pour votre entreprise, d'un dispositif de protection des données sensibles et des actions du lobbying ou d'influence au sein de l'entreprise. Celles-ci constituent les variables dépendantes d'intérêt de l'étude. Les variables explicatives sont un ensemble de caractéristiques observables des chefs d'entreprise interrogés (sexe du chef d'entreprise), des caractéristiques des entreprises (taille de l'entreprise, c'est-à-dire le nombre d'employés, secteur d'activité, forme juridique, etc.) et des variables capturant l'environnement des affaires (ressources financières et humaines, etc.). Le point suivant (tableau 1) revient en détail sur les différentes variables utilisées dans les estimations.

2.3. Présentation des variables

Le tableau 1 présente les variables utilisées pour l'analyse économétrique. Il s'agit des variables dépendantes, des variables explicatives d'intérêt et des variables de contrôle. Cependant, il convient de noter que l'enquête n'a pas été conduite dans la perspective de servir pour des analyses économétriques. Par conséquent, certaines variables (par exemple la durée de vie de l'entreprise, le niveau d'instruction ou l'âge du chef d'entreprise, etc.), pouvant être pertinentes pour de telles analyses, ont été omises dans le questionnaire.

Tableau 9 : Synthèse des variables du modèle

Variables	Désignation	Description de la variable
Variable dépendante	Intelligence économique	Variable indicatrice prenant la valeur 1 si l'entreprise a mis en place une démarche d'IE et 0 si non
	Veille	Variable indicatrice prenant la valeur 1 si l'entreprise a mis en place un système de collecte d'informations ou de veille et 0 si non
	Protection/sécurité	Variable indicatrice prenant la valeur 1 si l'entreprise a un dispositif de protection / sécurisation des données sensibles et 0 si non
	Influence/lobbying	Variable indicatrice prenant la valeur 1 si l'entreprise a mis en place une démarche d'influence/lobbying et 0 si non
Profil-chef d'entreprise	Sexe dirigeant _femme	Variable binaire prenant la valeur 1 si le chef d'entreprise est une femme et 0 si non
Forme juridique	Entreprise individuelle	Variable binaire prenant la valeur 1 si la forme juridique de l'entreprise est une entreprise individuelle et 0 si non
	SARL	Variable binaire prenant la valeur 1 si la forme juridique de l'entreprise est une SARL et 0 si non
	Société Anonyme	Variable binaire prenant la valeur 1 si la forme juridique de l'entreprise est une SA et 0 si non
Autres variables de contrôle pertinentes	Filiale	Variable binaire prenant la valeur 1 si l'entreprise est une filiale d'une entreprise multinationale et 0 si non
	Membre AGOPE	Variable binaire prenant la valeur 1 si l'entreprise est membre d'une AGOPE et 0 si non

	Méconnaissance des outils adéquats et sources d'informations	Variable binaire prenant la valeur 1 si l'entreprise n'a pas connaissance des outils adéquats et des sources d'information et 0 si non
	Absence de ressources humaines	Variable muette prenant la valeur 1 si l'entreprise estime que l'absence de ressources humaines est un obstacle pour l'adoption de l'IE et 0 si non
	Manque de ressources financières	Variable muette prenant la valeur 1 si l'entreprise estime que l'absence de ressources financières est un obstacle pour l'adoption de l'IE et 0 si non
	Manque de volonté hiérarchique	Variable muette prenant la valeur 1 si l'entreprise estime que le manque de volonté hiérarchique est un obstacle pour l'adoption de l'IE et 0 si non
	Connaissance de l'IE	Variable binaire prenant la valeur 1 si l'entreprise ne connaît pas l'IE et 0 si non
	Disposer de données importantes	Variable binaire prenant la valeur 1 si l'entreprise dispose d'importantes bases de données et 0 si non
Variables explicatives d'intérêt	Très Petite Entreprise Moyenne Entreprise Grande Entreprise	Variable muette prenant 1 si l'entreprise est très petite et petite c'est-à-dire si elle a un effectif salarié inférieur à 30 et 0 sinon Variable muette prenant 1 si l'entreprise est de taille moyenne c'est-à-dire si elle a un effectif compris entre 30 et 99 employés permanents et 0 si non Variable muette prenant 1 si l'entreprise est de grande taille c'est-à-dire si elle a un effectif supérieur ou égal à 100 employés permanents et 0 si non
	Secteur_commerce Secteur_industrie Secteur_services	Variable muette prenant 1 si l'entreprise relève du secteur du commerce et 0 sinon Variable muette prenant 1 si l'entreprise relève du secteur de l'industrie et 0 sinon Variable muette prenant 1 si l'entreprise relève du secteur des services et 0 sinon

***Source** : Auteurs*

2.4. Techniques d'estimation : Choix entre Probit et Logit

D'un point de vue théorique, le choix entre le modèle Probit et le modèle Logitest difficilement justifiable (Minoiu, 2002). En effet, la littérature sur les conditions d'usage de ces deux modèles renseigne que le modèle Logit est approprié lorsque la fonction de répartition suit une loi logistique, tandis que le modèle Probit est indiqué si la fonction de répartition suit une loi normale centrée réduite (Hurlin, 2003). Du reste, ces deux lois étant proches, dans la plupart des cas pratiques, on peut choisir indifféremment l'un ou l'autre (Marpsat & Trognon, 1992), car ces deux modèles fournissent des résultats semblables en termes de signe et de significativité des coefficients.

Mais, il sied de tester la normalité des résidus avant de se prononcer sur le modèle à utiliser. Le test de normalité d'une distribution vise à savoir si cette distribution répond aux critères de normalité. Pour ce faire, le test de Jarque et Bera, fondé sur la notion de coefficient d'asymétrie « Skewness » et d'aplatissement « Kurtosis », permet de vérifier la normalité d'une distribution statistique. Si la probabilité associée au test de Jarque-Bera est inférieure à 1 %, l'hypothèse nulle selon laquelle les données suivent une distribution normale est rejetée.

Le tableau 2 présente les résultats du test de normalité des erreurs. La probabilité associée au test de Jarque-Bera est inférieure à 1 %. Par conséquent, l'hypothèse nulle selon laquelle les données suivent une distribution normale est rejetée. En revanche, l'hypothèse alternative est acceptée. Dès lors, il est recommandé d'utiliser le modèle logit en lieu et place du modèle probit.

Tableau 10 : Résultats du test de normalité

Variable	**Obs**	**Pr(Skewness)**	**Pr(Kurtosis)**	**adj chi2(2)**	**Prob>chi2**
Résidu	350	0,0000	0,0001	38,27	0,0000

Source : *Auteurs*

3. Résultats et discussion

Ce point présente et discute les résultats de l'analyse économétrique. Mais avant, des tests de validité ont été effectués afin de s'assurer que les résultats obtenus sont satisfaisants. Pour ce faire, les tests de Hosmer-Lemeshow et de Wald, qui renseignent sur la significativité globale du modèle logit, sont utilisés.

3.1. Résultats des estimations des effets de la taille et du secteur d'activités sur l'adoption d'une démarche d'IE

En rappel, la variable dépendante a été obtenue en considérant la mise en œuvre ou non d'une démarche d'intelligence économique (IE). Le tableau 3 résume les résultats des estimations des effets de la taille et du secteur d'activité sur l'adoption d'une démarche d'IE à partir du modèle logit. D'ores et déjà, les tests de Hosmer-Lemeshow et de Wald montrent que le modèle est globalement significatif et valide pour l'analyse des déterminants de l'adoption des pratiques d'IE au Burkina Faso.

Globalement, il en ressort que ni la taille, ni le secteur d'activités de l'entreprise n'affectent significativement les chances de mettre en place une démarche d'intelligence économique au Burkina Faso. En effet, d'une part, les coefficients associés aux variables « *très et petite entreprise* », « *moyenne entreprise* » et « *grande entreprise* » ne sont pas significatifs. D'autre part, les coefficients associés aux variables « *Secteur_Commerce* », « *Secteur_Industrie* » et « *Secteur_Services* » apparaissent non significatifs. Ces conclusions sont contraires à celles de Ahdil et Achchab (2019) et de Loummou et Kettani (2020), mais confortent celles de Bourcier-Desjardins et al. (1990), Larivet (2006) et de Habhab-Rave (2007).

En revanche, quelques variables de contrôle ressortent avec des coefficients significatifs. En effet, la connaissance de l'IE, disposer d'importantes données et être membre d'une AGOPE accroissent les chances d'adopter les pratiques d'IE. En effet, un accroissement de 1 % des entreprises ayant une connaissance de l'IE augmente de 10,8 % (équation 1), 10,5 % (équation 2) et 11,3 % (équation 3) la probabilité d'adopter la démarche de l'IE. Ensuite, une hausse de 1 % des entreprises disposant d'importantes données accroît de 12,5 % (équation 1), 12,3 % (équation 2) et 13,1 % (équation 3) la probabilité d'adopter la démarche de l'IE. Enfin, un accroissement de 1 % des entreprises faisant partie d'une AGOPE augmente de 8,9 % (équations 1 et 2) et 9,2 % (équation 3) la probabilité d'adopter la démarche de l'IE.

Cependant, la méconnaissance des outils adéquats et des sources d'informations, ainsi que le manque de ressources financières, réduisent les possibilités d'adopter les pratiques de l'IE au sein des entreprises burkinabè, car ces variables apparaissent avec des coefficients négatifs et significatifs. En effet, un accroissement de 1 % des entreprises ayant une méconnaissance des outils adéquats et sources d'informations réduit de 34,8 % (équations 1 et 3) et 34,7 % (équation 2) la probabilité d'adopter la démarche de l'IE. De même, une hausse de 1 % des entreprises ayant un manque de ressources financières réduit de 16,8 % (équation 1), 18,0 % (équations 2) et 17,5 % (équation 2) la probabilité d'adopter la démarche de l'IE.

Tableau 11 : Estimations des effets de la taille et du secteur d'activité sur l'adoption d'une démarche d'IE

Variables	(1)		(2)		(3)	
	Coef	**EM**	**Coef**	**EM**	**Coef**	**EM**
Sexe dirigeant _femme	-0,279	-0,039	-0,286	-0,040	-0,280	-0,039
	(0,466)	(0,066)	(0,461)	(0,065)	(0,468)	(0,066)
Connaissance de l'IE	0,776***	0,108***	0,756**	0,105***	0,809***	0,113***
	(0,296)	(0,040)	(0,297)	(0,040)	(0,297)	(0,040)
Petite Entreprise	**-0,141**	**-0,020**	**-0,399**	**-0,055**		
	(0,517)	**(0,072)**	**(0,336)**	**(0,046)**		
Moyenne Entreprise	**0,240**	**0,034**			**0,276**	**0,039**
	(0,470)	**(0,065)**			**(0,317)**	**(0,044)**
Grande Entreprise			**-0,641**	**-0,089**	**-0,314**	**-0,044**
			(0,563)	(0,078)	(0,595)	(0,083)
Secteur_Commerce	**-0,147**	**-0,021**	**0,360**	**0,050**	**-0,140**	**-0,019**
	(0,376)	**(0,052)**	**(0,382)**	**(0,053)**	**(0,381)**	**(0,053)**
Secteur_Industrie	**-0,494**	**-0,069**			**-0,449**	**-0,063**
	(0,327)	**(0,046)**			**(0,329)**	**(0,046)**
Secteur_Services			**0,506**	**0,070**		
			(0,328)	**(0,046)**		
Entreprise individuelle	-0,275	-0,038	-0,480	-0,067	-0,367	-0,051
	(0,461)	(0,064)	(0,380)	(0,052)	(0,454)	(0,063)
SARL	0,248	0,035			0,201	0,028
	(0,375)	(0,052)			(0,376)	(0,052)
Société Anonyme			-0,024	-0,003		
			(0,378)	(0,053)		
Filiale	0,143	0,020	0,124	0,017	0,157	0,022
	(0,363)	(0,051)	(0,361)	(0,050)	(0,362)	(0,051)
Disposer de données importantes	0,894*	0,125*	0,885*	0,123*	0,940*	0,131*
	(0,524)	(0,073)	(0,523)	(0,072)	(0,529)	(0,073)
Membre AGOPE	0,636**	0,089**	0,638**	0,089**	0,662**	0,092**
	(0,301)	(0,040)	(0,303)	(0,041)	(0,301)	(0,040)
Méconnaissance outils et sources d'information	-2,483***	-0,347***	-2,500***	-0,348***	-2,492***	-0,348***
	(0,327)	(0,028)	(0,328)	(0,028)	(0,327)	(0,028)
Absence de ressources humaines	-0,623	-0,087	-0,716	-0,100	-0,680	-0,095
	(0,607)	(0,084)	(0,616)	(0,085)	(0,630)	(0,087)
Manque de ressources financières	-1,202*	-0,168**	-1,293**	-0,180**	-1,253**	-0,175**
	(0,619)	(0,085)	(0,646)	(0,088)	(0,616)	(0,084)
Manque de volonté hiérarchique	-0,915	-0,128	-0,714	-0,099	-0,677	-0,094
	(1,515)	(0,211)	(1,535)	(0,213)	(1,532)	(0,213)
Constant	-0,896		-0,900		-0,971	
	(0,781)		(0,624)		(0,678)	
Observations	350	350	350		350	
Wald chi2 (14)	78,37***		79,17***		78,32	
Pseudo-R^2	0,2604		0,2633		0,2610	
Homer-Lemeshow chi2 (8)	8,04		2,06		10,53	

Source *: Auteurs*

Notes : Écarts-types robustes entre parenthèses ; *** p<0,01, ** p<0,05, * p<0,1 ; Variable dépendante : 1 si l'EF met en œuvre une démarche d'IE et 0 sinon. AGOPE : Association, Groupement, Organisation Professionnels des Entreprises ; EM : Effets marginaux ; Coef : Coefficient

3.2. Résultats des estimations des effets de la taille et du secteur d'activité sur les composantes de l'IE

Les trois piliers de l'IE sont la veille, la sécurité et l'influence. Elles sont approchées respectivement par l'existence ou non d'un système de veille, d'un dispositif de protection et d'actions d'influence. Le tableau 4 présente les résultats des estimations des effets de la taille et du secteur d'activité sur l'adoption d'une démarche d'IE à partir du modèle logit. L'annexe 1 décrit les effets marginaux des estimations des effets de la taille et du secteur d'activité sur l'adoption d'une démarche d'IE à partir du modèle logit. D'emblée, les tests de Hosmer-Lemeshow et de Wald montrent que le modèle est globalement significatif et valide pour l'analyse des déterminants de l'adoption des pratiques d'IE au Burkina Faso.

En regardant la variable relative à la taille, les résultats montrent que le fait d'être une « très et petite entreprise » réduit la probabilité d'adopter les pratiques de la veille (coefficient négatif et significatif au seuil de 5 % dans l'équation 2) et de la protection (coefficient négatif et significatif au seuil de 10 % dans l'équation 5), mais accroît les chances de pratiquer l'influence (coefficient positif et significatif au seuil de 10 % dans l'équation 8). En effet, un accroissement de 1 % des entreprises de très et petite taille se traduit par une réduction de 11,0 % et de 9 % de la probabilité d'adoption de la veille et de la protection et par une hausse de 10,7 % de la probabilité d'adoption de l'influence. Les effets négatifs peuvent s'expliquer par le fait que la petite taille ne favorise pas le détachement d'une personne/équipe qui s'occupe uniquement de la veille et de la protection. Par contre, l'influence peut facilement être pratiquée par le chef d'entreprise lui-même ainsi que les autres membres de l'équipe.

Il en ressort aussi qu'être une « *moyenne entreprise* » accroît les chances de pratiquer la veille (coefficient positif et significatif au seuil de 5 % dans l'équation 3) et la protection (coefficient positif et significatif au seuil de 10 % dans l'équation 6). Ainsi, une hausse de 1 % des entreprises de taille moyenne se traduit par une hausse de la probabilité d'adoption de la veille et de la protection respectivement de 12,3 % et 9,0 %.

Les coefficients associés au fait d'être une « grande entreprise » ne sont pas significatifs. Ce résultat est conforme à celui de Bourcier-Desjardins et al. (1990), qui trouvent que de larges effectifs, s'ils permettent la dotation en personnel spécialisé, ne garantissent pas la présence d'une cellule de veille. Par ailleurs, ces résultats traduiraient l'existence d'un effet seuil de la taille sur l'adoption des pratiques de la veille.

En ce qui concerne le secteur d'activités, le coefficient associé à la variable « *Secteur_Commerce* » apparaît positif et significatif au seuil de 10 % dans les équations 2 et 4. Cela voudrait dire que plus l'entreprise évolue dans la catégorie « *commerce* », plus elle a les chances de pratiquer la veille ainsi que la protection. Donc, un accroissement de 1 % des entreprises du secteur de commerce se traduit par une hausse de 12,5 % et 10,8 % de la probabilité de pratiquer la veille et de mener la protection.

Par contre, le coefficient associé à la variable « *Secteur_Services* » apparaît négatif, mais significatif uniquement dans l'équation 5 en matière de protection. Ce résultat sous-entend que le fait d'évoluer dans le secteur des services réduit les chances de pratiquer la protection. Pour une hausse de 1 % des entreprises du secteur des services, la probabilité de pratiquer la protection se réduit de 10,8 %. En matière de veille et d'influence, les coefficients liés au secteur des services sont positifs, mais non significatifs.

En somme, en considérant les composantes de l'IE, la taille et le secteur d'activités apparaissent pertinents. En effet, les résultats de la présente étude confortent ceux de Bourcier-Desjardins et al. (1990), Larivet (2006) et de Habhab-Rave (2007), mais contrastent avec ceux de Ahdil et Achchab (2019) et de Loummou et Kettani (2020).

Au-delà des variables d'intérêt, quelques variables de contrôle ressortent avec des coefficients significatifs. En effet, être une filiale augmente la possibilité de pratiquer la protection (coefficients positifs et significatifs au seuil de 10 % dans les équations 4, 5 et 6). Le fait de disposer d'importantes données renforce les chances d'adopter les pratiques de la veille (coefficients positifs et significatifs au seuil de 10 % dans les équations 1, 2 et 3) et de protection (coefficients positifs et significatifs au seuil de 10 % dans les équations 4, 5 et 6). Être membre d'une AGOPE accroît les chances d'adopter les pratiques de veille (coefficients positifs et significatifs au seuil de 10 % dans les équations 1, 2 et 3) et de l'influence (coefficients positifs et significatifs au seuil de 10 % dans les équations 7, 8 et 9). En revanche, la méconnaissance des outils adéquats ainsi que le manque de ressources financières réduisent les possibilités de pratiquer l'IE au sein des entreprises burkinabè à travers ses composantes.

Tableau 12 : Effets de la taille et du secteur d'activité sur les composantes de l'IE : Veille, protection et influence

	(1)	(2)	(3)	(4)	(5)	(6)	(7)	(8)	(9)
Variables	**Veille stratégique**			**Protection/Sécurité**			**Lobbying/Influence**		
Sexe du dirigeant _femme	-0,240	-0,234	-0,249	0,580	0,568	0,576	-0,714	-0,712	-0,716
	(0,519)	(0,511)	(0,518)	(0,534)	(0,531)	(0,533)	(0,556)	(0,549)	(0,551)
Connaissance de l'IE	-0,096	-0,135	-0,112	0,401	0,413	0,406	0,092	0,067	0,081
	(0,257)	(0,260)	(0,259)	(0,301)	(0,302)	(0,302)	(0,271)	(0,270)	(0,272)
Très petite entreprise	-0,592	-0,510**		-0,602	-0,446*		0,430	0,496*	
	(0,388)	(0,254)		(0,416)	(0,263)		(0,389)	(0,261)	
Moyenne entreprise	-0,025		0,573**	-0,111		0,444*	-0,047		-0,406
	(0,373)		(0,251)	(0,409)		(0,261)	(0,371)		(0,259)
Grande entreprise		0,444	0,959**		0,200	0,680		0,103	-0,267
		(0,454)	(0,467)		(0,520)	(0,521)		(0,417)	(0,438)
Secteur_Commerce	0,358	0,583*	0,319	0,530*	0,073	0,496	0,074	0,110	0,097
	(0,294)	(0,319)	(0,297)	(0,311)	(0,345)	(0,309)	(0,292)	(0,312)	(0,292)
Secteur_Industrie	-0,154		-0,211	0,374		0,356	-0,019		-0,029
	(0,286)		(0,287)	(0,299)		(0,301)	(0,291)		(0,290)
Secteur_Services		0,279			-0,536*			0,053	
		(0,286)			(0,302)			(0,287)	
Entreprise individuelle	-0,483	-0,425	-0,453	-0,388	-0,293	-0,408	0,574	0,214	0,623
	(0,353)	(0,284)	(0,353)	(0,359)	(0,287)	(0,358)	(0,384)	(0,282)	(0,382)
SARL	-0,027		-0,002	-0,028		-0,042	0,404		0,433
	(0,305)		(0,308)	(0,321)		(0,319)	(0,328)		(0,328)
Société Anonyme		0,129			0,243			-0,239	
		(0,313)			(0,330)			(0,331)	
Filiale	0,031	0,007	0,035	0,560*	0,562*	0,576*	-0,073	-0,088	-0,090
	(0,271)	(0,274)	(0,275)	(0,299)	(0,300)	(0,299)	(0,292)	(0,293)	(0,289)
Disposer de données importantes	0,932**	0,880**	0,915**	0,924***	0,931***	0,928***	0,401	0,396	0,376
	(0,390)	(0,387)	(0,389)	(0,331)	(0,330)	(0,332)	(0,334)	(0,334)	(0,335)
Membre AGOPE	0,715***	0,679***	0,699***	0,398	0,393	0,396	0,903***	0,881***	0,891***
	(0,238)	(0,239)	(0,238)	(0,243)	(0,245)	(0,244)	(0,242)	(0,241)	(0,240)
Méconnaissance outils adéquats et sources d'information	-1,107***	-1,101***	-1,097***	-1,034***	-1,037***	-1,017***	-0,661**	-0,644**	-0,668**
	(0,272)	(0,274)	(0,273)	(0,296)	(0,295)	(0,294)	(0,262)	(0,261)	(0,262)
Absence de ressources humaines	-0,463	-0,410	-0,357	0,488	0,514	0,555	0,231	0,233	0,212
	(0,599)	(0,601)	(0,611)	(0,747)	(0,760)	(0,755)	(0,612)	(0,626)	(0,612)
Manque de ressources financières	-0,425	-0,402	-0,359	-0,847	-0,816	-0,801	-1,096*	-1,077*	-1,088*
	(0,631)	(0,637)	(0,620)	(0,721)	(0,746)	(0,697)	(0,636)	(0,644)	(0,636)
Manque de volonté hiérarchique	-1,366	-1,674	-1,643	-2,188	-2,499	-2,303	-0,077	-0,179	-0,126
	(1,489)	(1,507)	(1,507)	(1,514)	(1,540)	(1,540)	(1,487)	(1,494)	(1,493)
Constant	-0,032	-0,323	-0,606	0,090	0,318	-0,463	-1,300**	-1,028**	-0,926*
	(0,622)	(0,475)	(0,537)	(0,628)	(0,465)	(0,528)	(0,586)	(0,444)	(0,523)
Observations	350	350	350	350	350	350	350	350	350
Wald chi2 (14)	40,73***	41,84***	42,52***	55,42***	59,73***	55,35***	31,40***	30,19*	30,79***
Pseudo-R^2	0,1039	0,1074	0,1081	0,1178	0,1229	0,1171	0,0740	0,0717	0,0720
Homer-Lemeshowchi2(8)	6,13	5,03	7,38	9,13	7,66	9,55	7,49	6,73	7,36

***Source** : Auteurs*

Notes : Écarts-types robustes entre parenthèses ; *** p<0,01, ** p<0,05, * p<0,1 ; Variable dépendante : 1 si l'EF met en œuvre une démarche d'IE et 0 sinon. AGOPE : Association, Groupement, Organisation Professionnels des Entreprises ; EM : Effets marginaux ; Coef : Coefficient

4. Conclusion et implications de politique économique

Ce chapitre a entrepris d'explorer l'importance de la taille et du secteur d'activités sur l'adoption des pratiques d'IE au Burkina Faso. Pour ce faire, il a mobilisé des données d'enquête sur les pratiques de l'intelligence économique des entreprises des secteurs du commerce, de l'industrie et des services au Burkina Faso pour implémenter un modèle économétrique estimé à partir de la régression logit.

Globalement, les résultats montrent que la taille et le secteur d'activités n'ont pas d'influence sur l'IE. Par contre, en considérant les composantes de l'IE, ils exercent une influence significative sur les pratiques de l'IE. Ainsi, cette étude vient compléter le corpus de littérature empirique sur cette problématique. Elle fournit des informations pertinentes en vue de formuler des stratégies et entreprendre des actions adéquates en vue d'une meilleure mise en œuvre de l'IE au sein des entreprises burkinabè.

Au regard de ce qui précède, il convient de renforcer les capacités des PME sur l'intelligence économique et ses composantes. Il faudrait aussi accélérer l'opérationnalisation de la stratégie nationale de l'IE et son plan d'action.

Cette étude présente deux principales limites. La première renvoie à l'impossibilité d'aller au-delà des catégories professionnelles « *commerce, industrie et services* ». Il aurait été intéressant de considérer les sous-secteurs d'activités : petit commerce, commerce de moyenne et de grande taille pour la catégorie « *commerce* » ; BTP, cimenterie, agroalimentaires, etc., pour la catégorie « *industrie* » ou services financiers (banques, microfinances, assurances), bureaux d'études, transport, agences de voyages, etc., pour la catégorie « *services* ». La seconde limite réside dans la non-prise en compte de certaines variables de contrôle, telles que l'ancienneté de l'entreprise, le niveau d'instruction ou l'âge du chef d'entreprise, etc., et qui peuvent s'avérer pertinentes. Des recherches futures pourront s'adresser à ces limites.

Références bibliographiques

Ahdil, I., & Achchab, B. (2019). Les Pratiques de l'Intelligence économique dans le Secteur financier marocain. *Centre de Recherche ISGA et Laboratoire d'Analyse et Modélisation des Systèmes pour l'Aide à la Décision.*

Ajzen, I. (1991). The Theory of Planned Behaviour. *Organizational Behavior and Human Decision Processes, Vol°50, N°2*, 179-211.

Audet, J. (2003). La Veille stratégique chez les PME de Haute Technologie : une Étude de Cas par Comparaison Intersites. *Revue internationale PME, Volume 16, N° 02*, 105-129.

Azeumo, S. W. (2013). *L'Intelligence économique camerounaise (IEC).* Paris : Édition Harmattan.

Bourcier-Desjardins, R., Mayère, A., Muet, F., & Salaün, J.-M. (1990). Veille technologique : Revue de la Littérature et Étude de Terrain. *Centre d'Études et de Recherches en Sciences de l'Information.*

Chambre de Commerce et d'Industrie du Burkina Faso. (2022). *État des Lieux de la Pratique de l'Intelligence économique au sein des Entreprises au Burkina Faso.* Direction des Études et de la Stratégie.

Cohen, W. M., & Levinthal, D. A. (1990). Absorptive Capacity: A New Perspective on Learning and Innovation. *Administrative Science Quarterly, 35(1)*, 128-152.

Daniel, D. R. (1961). Management Information Crisis. *Harvard Business Review.*

Davis, F. D. (1989). Perceived Usefulness, Perceived Ease of Use, and User Acceptance of Information Technology. *MIS Quarterly, Vol° 13*, 319-339.

Dhaoui, C. (2008). Les Critères de Réussite d'un Système d'Intelligence économique pour un Meilleur Pilotage stratégique : Proposition d'un Modèle d'Évaluation de la Réussite d'un Système d'Intelligence économique (MERSIE). *Thèse, Sciences de l'Information et de la Communication. Université Nancy 2.*

Elhias, I., & Moinet, N. (2015). *100 Missions d'Intelligence économique.* Paris : L'harmattan.

Fishbein, M. A., & Ajzen, I. (1975). Belief, Attitude, Intention and Behavior : an Introduction to Theory and Research, Reading . *MA, Addison Wesley.*

Guilhon, A., & Moinet, N. (2016). *Intelligence économique.* Paris : Pearson.

Habhab-Rave, S. (2007). Intelligence économique et Performance des Entreprises le cas des PME de Haute Technologie. *Vie & Sciences de l'Entreprise 2007/1*, 100-118.

Hakmaoui, A., & Berrada, N. (2020). L'Intelligence économique : Levier de Développement stratégique à l'International. *Dossiers de Recherches en Économie et Gestion Dossier 9, N° 1*, 157-174.

Hamidou, K., & Grari, Y. (2018). L'Intelligence économique : Enjeu majeur pour les PME. *Revue du Contrôle de la Comptabilité et de l'Audit*, 973-994.

Hurlin, C. (2003). Cours d'Économétrie des Variables qualitatives Chapitre 2 : Modèles Logit multinomiaux ordonnées et non ordonnés. *Université d'Orléans.*

Ihadiyan, A., & Sefrioui, F. (2023). La Pratique de l'Intelligence économique comme Facteur de la Compétitivité des Entreprises marocaines. *International Journal of Accounting, Finance, Auditing, Management and Economics, Volume 4, Issue 6-2*, 116-131.

Larivet, S. (2006). L'Intelligence économique : Étude de Cas d'une Pratique managériale accessible aux PME. *École Supérieure du Commerce extérieur, Paris, France.*

Le Bon, J. (1998). Contribution des Vendeurs à l'Intelligence économique : un Modèle explicatif de l'Effort envers la Veille Marketing et Commerciale. *Thèse de doctorat, Paris 9.*

Loummou, B., & Kettani, Z. (2020). Perception de l'Apport de l'Intelligence économique pour les PME exportatrices de la région Fès-Meknès : Résultats d'une Étude qualitative exploratoire. *Dossiers de Recherches en Économie et Gestion Dossier 9, N° 1 : juin 2020.*

Maille, B. (2019). L'Intelligence économique au Burkina Faso. *Conférence permanente des Chambres consulaires et Organisations intermédiaires africaines et francophones (https://cpccaf.org/lintelligence-economique-au-burkina-faso-benoit-maille/).*

Marpsat, M., & Trognon, A. (1992). Présentation générale du Modèle Logit. *Journées de Méthodologie statistique*, 221-253.

Martre, H., Clerc, P., Harbulot, C., Baumard, P., Fleury, B., & Violle, D. (1994). *Intelligence économique et Stratégie des Entreprises.* Commissariat général du Plan, La Documentation française.

Minoiu, N. (2002). Comparaison entre l'Analyse Logit et Probit et les Réseaux de Neurones. *Proceedings of The 2-nd International Colloquium of Mathematics in Engineering and Numerica Physics (MENP-2), University Politehnica of Bucharest, Romania.*

Hourenatou, H. (2020). La Pratique de l'Intelligence économique dans les Entreprises au Cameroun. *Journal of the Cameroon Academy of Sciences, Vol. 15 N°3*, 181-192.

Rogers, E. (1995). *Diffusion of Innovations.* New York: The Free Press.

Rogers, E. M. (1962). *Diffusion of Innovation.* New York : The Free Press.

Salvetat, D. (2007). Les Pratiques d'Intelligence économique et leurs Déterminants : Le Cas des Entreprises de Hautes Technologies en Europe. *Montpellier 1, Thèse de Doctorat.*

Venkatesh, V., Morris, M. G., Davis, G. B., & Davis, F. D. (2003). User Acceptance of Information Technology: Toward a Unified View. *MIS Quarterly, Vol° 27, N° 3*, 425-478.

Zahra, S. A., & George, G. (2002). Absorptive Capacity: A Review, Reconceptualization, and Extension. *Academy of Management Review, 27(2)*, 185-203.

Annexe

Annexe 1 : Estimation des effets marginaux de la taille et du secteur d'activité sur les composantes de l'IE : Veille, protection et influence

	(1)	(2)	(3)	(4)	(5)	(6)	(7)	(8)	(9)
Variables	**Veille stratégique**			**Protection/Sécurité**			**Lobbying/Influence**		
Sexe du dirigeant _femme	-0,052	-0,050	-0,054	0,118	0,115	0,117	-0,154	-0,154	-0,155
	(0,112)	(0,110)	(0,111)	(0,108)	(0,107)	(0,108)	(0,118)	(0,117)	(0,118)
Connaissance de l'IE	-0,021	-0,029	-0,024	0,082	0,083	0,083	0,020	0,014	0,018
	(0,055)	(0,056)	(0,056)	(0,061)	(0,060)	(0,061)	(0,058)	(0,058)	(0,059)
Très petite entreprise	-0,128	-0,110**		-0,122	-0,090		0,093	0,107*	
	(0,083)	(0,053)		(0,083)	(0,052)		(0,083)	(0,056)	
Moyenne entreprise	-0,005		0,123**	-0,023		0,090*	-0,010		-0,088
	(0,081)		(0,052)	(0,083)		(0,052)	(0,080)		(0,055)
Grande entreprise		0,095	0,206**		0,040	0,138		0,022	-0,058
		(0,097)	(0,098)		(0,105)	(0,105)		(0,090)	(0,094)
Secteur_Commerce	0,077	0,125*	0,068	0,108*	0,015	0,101	0,016	0,024	0,021
	(0,063)	(0,067)	(0,063)	(0,062)	(0,070)	(0,061)	(0,063)	(0,067)	(0,063)
Secteur_Industrie	-0,033		-0,045	0,076		0,073	-0,004		-0,006
	(0,062)		(0,061)	(0,060)		(0,061)	(0,063)		(0,063)
Secteur_Services		0,060			-0,108*			0,011	
		(0,061)			(0,060)			(0,062)	
Entreprise individuelle	-0,104	-0,091	-0,097	-0,079	-0,059	-0,083	0,124	0,046	0,135*
	(0,076)	(0,060)	(0,075)	(0,073)	(0,058)	(0,073)	(0,082)	(0,061)	(0,081)
SARL	-0,006		-0,001	-0,006		-0,009	0,087		0,094
	(0,066)		(0,066)	(0,065)		(0,065)	(0,070)		(0,070)
Société Anonyme		0,028			0,049			-0,052	
		(0,067)			(0,067)			(0,071)	
Filiale	0,007	0,002	0,008	0,114*	0,114*	0,117*	-0,016	-0,019	-0,019
	(0,059)	(0,059)	(0,059)	(0,061)	(0,060)	(0,061)	(0,063)	(0,063)	(0,062)
Disposer de données importantes	0,201**	0,189**	0,196**	0,188**	0,188**	0,189***	0,086	0,086	0,081
	(0,081)	(0,081)	(0,081)	(0,065)	(0,064)	(0,065)	(0,072)	(0,072)	(0,072)
Membre AGOPE	0,154***	0,146***	0,150***	0,081*	0,079	0,081*	0,195***	0,190***	0,192***
	(0,049)	(0,049)	(0,049)	(0,049)	(0,049)	(0,049)	(0,048)	(0,048)	(0,048)
Méconnaissance outils adéquats et sources d'information	-0,239***	-0,237***	-0,235***	-0,210***	-0,209***	-0,207***	-0,142***	-0,139**	-0,144***
	(0,054)	(0,054)	(0,053)	(0,056)	(0,056)	(0,056)	(0,054)	(0,054)	(0,054)
Absence de ressources humaines	-0,100	-0,088	-0,077	0,099	0,104	0,113	0,050	0,050	0,046
	(0,129)	(0,129)	(0,131)	(0,152)	(0,154)	(0,154)	(0,132)	(0,135)	(0,132)
Manque de ressources	-0,092	-0,086	-0,077	-0,172	-0,165	-0,163	-0,236*	-0,233*	-0,235*
financières	(0,136)	(0,137)	(0,133)	(0,145)	(0,150)	(0,141)	(0,136)	(0,139)	(0,137)
Manque de volonté hiérarchique	-0,295	-0,360	-0,353	-0,445	-0,505	-0,469	-0,017	-0,039	-0,027
	(0,320)	(0,322)	(0,321)	(0,305)	(0,307)	(0,310)	(0,320)	(0,323)	(0,322)
Observations	350	350	350	350	350	350	350	350	350

Notes : Écarts-types robustes entre parenthèses ; *** $p<0,01$, ** $p<0,05$, * $p<0,1$; Variable dépendante : 1 si l'EF met en œuvre une démarche d'IE et 0 sinon. AGOPE : Association, Groupement, Organisation Professionnels des Entreprises ; EM : Effets marginaux ; Coef : C

Section 5 :

L'intelligence économique au service des PME en Afrique : étude exploratoire sur les trajectoires différenciées de deux PME

Jean Claude YANOGO WENDSONGRÉ

Introduction

L'intelligence économique (I.E) renvoie à *la guerre économique*, à *la sécurité économique*, à *la compétitivité économique* et à *la diplomatie économique*. Les quatre concepts renvoient dans la littérature consacrée à l'intelligence économique à la notion de veille stratégique. Il s'agit d'une démarche qui consiste, pour toute entité souveraine ou privée, à mobiliser les informations, à les analyser et à les intégrer dans une démarche stratégique. La mondialisation et les dynamiques de concurrences qui en résultent ont sans doute favorisé l'expansion de l'intelligence économique. L'exemple typique de guerre économique est celle qui guide l'hégémonie américaine en partie fondée sur le soft- Power instrument de guerre douce visant à dominer les marchés mondiaux (Golub, 2004 ; Courmont, 2016). L'I. E comme outil de guerre économique nous donne à voir l'exemple de la Chine, qui a déployé dès les années soixante un réseau de collecte effrénée d'informations stratégiques qui lui assure une renaissance technologique (Klen, 2022). Le concept de compétitivité économique, à notre entendement plus « doux » que les notions de guerre ou de sécurité économique, et relativement plus offensif que la notion de diplomatie économique nous semble adaptée dans le contexte de l'entreprise. Nous ne remettons cependant pas en cause les approches sur le thème porté par les notions de guerre, de sécurité et de diplomatie économique en référence à l'I.E. Les problématiques d'entreprises ne sont pas exprimées en termes étatiques, leur grille de lecture repose davantage sur l'analyse stratégique et sur une logique libérale visant la conquête de marché et la compétitivité à des fins d'avantages concurrentiels (Bulinge et Moinet, 2013 ; Bournois et Romani, 2001). L'intelligence économique exprimée en termes de compétitivité économique est une démarche organisée, au service du management stratégique de l'entreprise, et que vise l'amélioration de la compétitivité de celle-ci par la collecte, le traitement d'informations et la diffusion de connaissances utiles à la bonne connaissance de son environnement (Bulinge et Moinet, 2001).

Une étude de Romain Bonnet, Guy Gweth et Christian Harbulot situe les prémices de l'intelligence économique en Afrique dans les années 2000. Durant cette période, des pionniers, tels Amath Soumaré, Guy Gweth, Babacar Diallo et d'autres, se sont approprié le concept et ont mené des actions qui ont fortement concouru à le disséminer sur le continent africain comme outil d'aide à la compétitivité des entreprises. Depuis lors, plusieurs institutions souveraines et privées africaines ont recours à l'I.E comme outil pour asseoir leur stratégie de croissance. Nombreux sont maintenant les pays africains qui utilisent l'intelligence économique dans la gouvernance publique, de même que les entreprises qui en font recours, dont le nombre, ne cessent de croître. Parmi les secteurs qui se démarquent, on peut citer le secteur bancaire et la haute finance, le secteur de la téléphonie, le secteur des industries extractives, le secteur du BTP, le secteur des Transports, etc. Cette liste non exhaustive des secteurs qui se développent avec l'I.E montre que les entreprises africaines sont conscientes des risques sur le marché et de l'apport de l'I.E dans les solutions, et s'organisent par conséquent pour se protéger et jouer leur partition. Si les grandes entreprises africaines sont celles qui se démarquent dans le recours à l'intelligence économique, qu'en est-il des petites et moyennes entreprises (PME) du continent ? Des recherches sur le sujet permettent de voir que les PME s'intéressent au concept et tentent de l'adapter à leur réalité.

Des pratiques planifiées de l'intelligence économique par des PME sont relevées au Maroc. Il convient toutefois de noter que, malgré le fait que plusieurs PME ne s'approprient pas littéralement le concept d'intelligence économique plus présent dans l'univers des grandes entreprises et des entités souveraines, bon nombre de PME ont des pratiques qui font penser qu'elles usent de l'intelligence économique dans leur pratique. Mais des questionnements demeurent sur l'appropriation de l'intelligence économique par les PME dans un environnement où le thème reste encore relativement peu connu. Comment les PME africaines usent-elles de l'I.E dans leur stratégie de croissance ? Cette étude exploratoire vise à comprendre comment les PME africaines utilisent l'information stratégique pour améliorer leur intelligence économique.

Afin de répondre à cette question, nous avons fait recours à la théorie sur les réseaux organisationnels et aux approches théoriques sur les dynamiques de proximité portées par le Groupe proximité (École française) (Bouba-Olga et Grossetti, 2008). En effet, les réseaux organisationnels et les dynamiques de proximité qui en résultent nous semblent propices et fertiles pour l'intelligence économique. Dans un premier temps, nous présenterons les approches théoriques, suivi du cadre conceptuel qui décrit l'angle sous lequel nous comptons résoudre notre questionnement. Dans un second temps, notre stratégie de recherche repose sur la théorie ancrée et fait appel à une étude de cas multiples. Les résultats sont présentés et discutés pour vérifier les hypothèses formulées.

1. Cadre Théorique

La présente étude fait appel aux théories sur les réseaux organisationnels et les approches théoriques sur les dynamiques de proximité. Le réseau organisationnel renvoie aux modes d'organisations associant plusieurs entreprises qui, guidées par leurs intérêts propres, trouvent la nécessité de collaborer afin de tirer le meilleur dans un environnement qui laisse peu de chance à l'action individuelle. La théorie des réseaux intraorganisationnels et interorganisationnels (Lemieux, 1999 ; Lazega, 2018) conçoit les interactions sociales en termes de nœuds et liens. Ces nœuds peuvent être des acteurs sociaux ou des institutions, et les liens sont les interactions et les relations qui existent entre les différents nœuds. La structure relationnelle d'un système social repose sur un sous-ensemble d'acteurs tenus entre eux par la cohésion. La densité des relations entre les acteurs est fonction du niveau de leur cohésion (Lazega, 2018). Les sous-ensembles constitués d'acteurs à partir de leurs équivalences structurales forment des « blocs » (Arabie, Boorman et Levitt, 1978 ; White, Boorman et Breiger, 1976). Pour Grandori et Soda (1995), le réseau interorganisationnel est un ensemble d'organisations qui entretiennent des relations d'échanges et qui sont liées par une entité collective. Maillat, Quévit et Senn (1993) définissent le réseau comme une relation sélective entretenue par des partenaires préférentiels dans la perspective des relations de marché, chacun des partenaires ayant pour objectif principal la diminution de l'incertitude.

Les formes d'organisations en réseau rappellent aussi les modèles des districts industriels, des systèmes productifs locaux et des milieux innovateurs. Les districts industriels d'Abraham Marshall sont des systèmes productifs géographiquement définis, caractérisés par un grand nombre de petites et moyennes firmes qui sont respectivement impliquées dans les différentes étapes concourant à la production d'un produit homogène (Tremblay, 2012 ; Daumas, 2007). Le partage de l'information stratégique entre entreprises caractérise le succès des districts industriels.

Les dynamiques de réseau dans les systèmes productifs locaux de Becattini ne se limitent pas au cadre sectoriel, ils regroupent des entreprises de secteurs différents circonscrites dans un espace limité qui collaborent entre elles. Ces réseaux d'entreprises se forment par la confiance mutuelle qui naît à partir d'idéaux partagés. Courlet, Pecqueur et Soulage (1993) qualifient de liens définis par une proximité de problèmes et de coordination des attentes et des actions entre membres du réseau. Pour ces auteurs, la proximité géographique qui existe entre les entreprises du réseau n'explique pas les dynamiques de réseau dans les systèmes productifs locaux. Le sentiment d'appartenance au territoire et le mémoire qui en découle au fil du temps favorisent l'émergence de ressources cognitives qui sont susceptibles d'impulser la co-innovation (Colletis et Pecqueur, 2005).

Dans tous les cas, l'une des principales motivations qui poussent les firmes à collaborer entre elles, à côté de la motivation traditionnelle de partage de coûts, est la nécessité d'exploiter des actifs complémentaires (Pache et Paraponaris, 1993). Les forces d'actions que confère le réseau sont telles que chaque entreprise tire le meilleur profit que si elle menait individuellement des actions en dehors du réseau. Pour Assens et Perrin (2011) qui soutiennent cet argument, la stratégie collective favorisée par le réseau conduit à développer des actifs spécifiques[52] justifiant l'intérêt de la coopération : des actifs qu'aucune PME n'aurait pu acquérir en étant isolée du réseau, des actifs qui confèrent beaucoup plus de valeur collectivement que la somme des valeurs créées individuellement par chacune des PME. Au nombre de ces actifs figure la connaissance collective au cœur de la notion d'intelligence économique (Assen et Perrin, 2011). Cette réalité que relate Assen et Perrin sur le processus de construction de l'information stratégique nourricière de l'intelligence économique amène à explorer les théories sur les dynamiques de proximité et leurs incidences sur le fonctionnement des réseaux d'entreprises.

Les approches théoriques sur les dynamiques de proximité reposent sur les travaux du « Groupe proximité (École française) » sous le leadership de Pecqueur, Grosseti, Boub-Olga, Zimmermann, Rallet, Torre, Bellet, Gilly, Dupuy, Burmeister (Bouba-Olga et Grossetti, 2008). La multitude des études conduites par ces auteurs permet de distinguer la proximité spatiale de la proximité socio-économique. Dans le cadre des dynamiques de réseaux d'entreprises, la proximité spatiale n'induit pas nécessairement une collaboration entre entreprises. Les valeurs communes partagées entre entreprises finissent par induire des dynamiques de coordination, ce que Bouba-Olga et Grossetti (2008) qualifient de proximité de coordination. Cette proximité de coordination peut être intensifiée par une proximité relationnelle entre PME et par l'existence de médiation que favorise une proximité institutionnelle volontariste. De la distinction entre la proximité spatiale et la proximité socio-économique et de leur conséquence sur les réseaux de firmes, Assen et Perrin indiquent qu'à l'échelle collective, chaque

[52] Les actifs spécifiques sont des actifs qui ont une valeur marchande, au contraire des actifs génériques qui sont remplaçables sans incidences de coûts, le remplacement des actifs spécifiques implique des coûts du fait de leur valeur marchande qu'induit leur rareté (Colletis et Pecqueur, 2005).

firme peut être détentrice d'une connaissance partielle dans l'innovation ou dans la protection des données sensibles. Mais l'enjeu consiste à reconstituer à plusieurs la connaissance dans son intégralité pour développer un avantage compétitif collectif, comme l'innovation ouverte (Chesbrough, 2003).

La forme des réseaux d'entreprises caractérise leur rapport à l'information stratégique, et la propension des membres à tirer profit de ces informations stratégiques concourt à l'intelligence économique. Assens et Perrin, dans leur étude sur l'intelligence économique et les stratégies de réseau pour les entreprises (2011), proposent une typologie de l'architecture des réseaux de PME et leur rapport à l'intelligence économique que nous présentons ci-dessous.

Typologie de l'architecture des réseaux

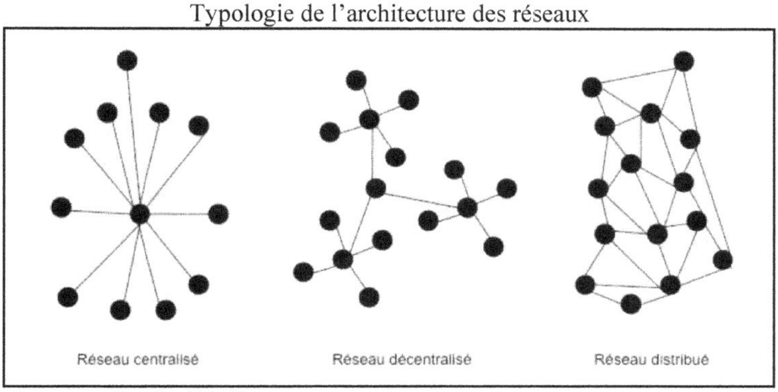

Source : Assens et Perrin (2011)

- **Le réseau centralisé**

Dans ce type de réseau comme dans le réseau informatique configuré autour d'un serveur, une firme pilote la coopération entre les PME dans des relations dyadiques qui se situent entre la logique d'externalisation classique (libre maximisation de l'intérêt individuel, prix comme principe de régulation, entrées et sorties libres) et la logique d'intégration classique (maximisation de l'intérêt collectif par une hiérarchie commune, participants en nombres limités régis par une relation fixe et continue) (Assen et Perrin, 2011 p.143). Dans ce réseau, le pilote a toujours la primeur de l'information. Parce qu'il a une forme d'organisation en étoile, toute information externe passe nécessairement par le pilote qui les filtres au besoin avant d'être portée à la connaissance des autres. Le pilote agit en maître et détient le pouvoir sur les autres membres du réseau. Ce type de réseau caractérise les PME qui gravitent autour d'une multinationale qui agit en maître et de laquelle ces PME développent une relation de dépendance mutuellement avantageuse. Dans certains cas, il peut s'agir d'entreprises du même propriétaire qui gravitent autour d'une entreprise mère pilotée par le propriétaire.

- **Le réseau décentralisé**

À la différence du modèle précédent, le réseau décentralisé est multipolaire avec des têtes de réseaux agissant comme des sous-pilotes. Constitué de multiples sous-réseaux, avec plusieurs PME, têtes de réseaux qui servent d'intermédiaire entre le pilote et les autres PME, le réseau décentralisé est aussi distique, chaque membre poursuivant les intérêts individuels tout en préservant l'intérêt collectif. Parce qu'il comporte plusieurs nœuds, ce type de réseau ne favorise pas la circulation aisée de l'information stratégique. En effet, la propension pour chaque PME, tête de réseau à s'attribuer un pouvoir de pilote du sous-réseau, réduit la fluidité de l'information. Pour tirer le meilleur profit de l'information stratégique pour l'intelligence économique dans ce réseau, il faut passer par des liens indirects. Pour Granovetter (1973), l'intelligence économique dans un réseau décentralisé doit s'appuyer sur la force des liens faibles, de sorte à multiplier des échanges d'information diversifiés entre l'intérieur et l'extérieur du réseau, sans parti pris, et sans passion. Ce type de réseau renvoie à la collaboration intersectorielle qui peut voir des réseaux de secteurs différents en collaboration. Il peut aussi s'agir d'un réseau d'entreprises du même groupe ou famille, réparti sur des territoires distincts et qui collaborent avec des têtes de réseaux sur chaque territoire. Mais les têtes de réseaux peuvent aussi être des leaders de domaine d'activité stratégique (DAS) dans le cas d'un groupe d'entreprise opérant dans plusieurs secteurs d'activité sans une organisation en étoile.

- **Le réseau distribué**

Contrairement aux deux premiers, ce type de réseau est non dyadique en raison de la densité des échanges, de l'absence de trou structurel, de l'intermédiation multiplexe qui ne favorise pas la maximisation du profit individuel, de la libre entrée et de la libre sortie. L'articulation des intérêts individuels et collectifs s'examine à travers les externalités de réseau ou effet de club (Assens et Perrin, 2011). Pour Assens et Perrin (2011), Les PME du réseau, à l'image de l'ADN des cellules d'un neurone (Assens 1997), *« portent de façon intrinsèque un principe d'identité partagé, qui favorise une représentation sociale commune, et une solidarité collective. Grâce à ce principe d'identité partagée, le réseau fonctionne de manière auto organisée à partir de conventions tacites qui suppléent l'absence de pilote p147 »*.

Afin d'éviter les externalités négatives ayant trait aux surcoûts de coordination liés à la croissance en taille, et au manque d'efficacité qui en découle dans la gestion de l'intelligence économique, le réseau doit être résistant à la non-coopération : les règles d'échanges doivent privilégier la préférence communautaire et tout en permettant la recherche de consensus avec des PME isolées, par consentement tacite au partage de l'information stratégique sur les enjeux liés à l'intelligence économique (Assens et Perrin, 2011).

Le cadre théorique nous a permis de passer en revue la littérature sur les réseaux organisationnels et sur les dynamiques de proximité ainsi que la place de l'intelligence économique dans ces dynamiques. Afin de répondre à notre question de recherche, nous formulons les hypothèses suivantes :

Hypothèse 1 : L'accès à l'information stratégique par les PME dépend de leur milieu de pratique et de la nature des liens que ces PME développent dans leur réseau (sectoriel ou de groupe). Les gérants de PME dont les trajectoires sont forgées dans des réseaux spécifiques de pratiques d'affaires induisent leur capacité à asseoir des stratégies réflexives pour construire l'intelligence économique.

Hypothèse 2 : Les relations de proximité dans ces réseaux sont marquées par des influences de leadership dominant, de manipulation, voire de soutiens mutuels. Chaque membre du réseau d'entreprise trie et mobilise l'information qui l'intéresse et l'analyse pour construire de l'intelligence économique.

Hypothèse 3 : Les dynamiques de réseaux favorisent l'émergence de centres de pouvoirs sectoriels et/ou de groupes vers lesquels afflue de l'information stratégique venant d'autres secteurs, groupes ou entités souveraines. Ces informations stratégiques nourrissent en permanence l'intelligence économique des PME.

2. Cadre conceptuel

Le corpus conceptuel initial présente les dimensions qui concourent à expliquer le phénomène étudié en lien avec le cadre théorique. Nous présentons ici les dimensions qui participent à répondre à notre questionnement.

La typologie des réseaux d'entreprise rappelle les réseaux de groupes, les réseaux d'entreprises familiales et les réseaux sectoriels. Par réseaux de groupe, nous entendons les groupes formalisés et par réseau « d'entreprises familiales », nous faisons allusion aux entreprises du même propriétaire ou de la même famille formalisée ou non, qui, dans certains cas, regroupe des PME proches, à la limite de l'imbrication. Les réseaux « d'entreprises familiales » répondent généralement au mode d'organisation en étoile, à la gestion centralisée autour d'un leader de la famille, le fondateur dans certains cas. Lorsque le réseau d'entreprises familiales comporte plusieurs domaines d'activité stratégiques (D.A.S), le fonctionnement du réseau peut concéder une tête de réseau à chaque D.A.S piloté par un homme de confiance généralement issu de la famille ; dans ce cas, le réseau épouse la forme décentralisée. Dans les deux cas, l'accès à l'information stratégique sera fonction des acteurs internes à la PME, des entreprises apparentées, et des entreprises du groupe (formel ou informel). La qualité de l'information du simple au stratégique dépend de la trajectoire des dirigeants de la PME.

Par exemple, un Gérant de PME solitaire sans lien à un groupe usera de plus d'effort pour accéder à des informations stratégiques du secteur. Les gérants de PME appartenant à des groupes d'entreprises (ou de réseau d'entreprises familiales) formalisés ou non ont une relative facilité à l'information.

Lorsque le gérant, par sa trajectoire professionnelle, est initié aux pratiques du milieu de famille ou du groupe qui lui procure la confiance des fondateurs et des autres dirigeants du réseau, l'accès à l'information lui est facilité. Dans un tel cas, une source majeure d'information stratégique naît et couvre toute l'activité de la chaîne au bénéfice de chaque Gérant de PME du groupe pris individuellement. Dans le cas des réseaux sectoriels, les PME agissent différemment, n'étant pas des entreprises familiales, encore moins de groupes. Elles ont une relation dyadique au réseau, puisqu'elles s'obligent d'une part à défendre les intérêts collectifs du réseau qui participent à les pérenniser, et d'autre part, elles poursuivent la maximisation du profit individuel. Nous pensons qu'il existe des dynamiques informationnelles internes et des dynamiques informationnelles externes qui conditionnent la propension de toute PME à disposer de l'information stratégique pour bâtir l'intelligence économique. Les réseaux de groupe et les réseaux d'entreprises familiales favorisent les *dynamiques informationnelles internes au réseau.* Dans le cas des réseaux sectoriels, ces dynamiques sont peu développées ; au contraire des réseaux d'entreprises familiales et, dans une certaine mesure les réseaux de groupe, elles ne naissent pas naturellement. Les dynamiques informationnelles internes aux réseaux sectoriels commandent la présence d'un leadership affirmé du genre pilote (Assens et Perrin, 2011). Ces dynamiques peuvent être aussi favorisées dans le cas d'un système productif local unissant les PME du secteur ou de la chaîne. Dans ce cas, la confiance sur laquelle repose ce système même favorise le partage de *l'information agrégée sectorielle* entre membres.

Les dynamiques informationnelles externes sont le potentiel d'information découlant de l'environnement institutionnel immédiat de la PME (réseau de famille ou de groupe, secteur, administration, fournisseurs, clients, banques, etc.). Les informations hautement stratégiques peuvent aussi provenir d'un environnement institutionnel distant du milieu de la PME. C'est le cas de la PME membre d'un réseau de famille ou de groupe où certaines entreprises du groupe opèrent outre-frontière, mais influente. La distance géographique importe peu dans ce cas, et notamment s'il existe une proximité institutionnelle et une proximité de coordination. Par proximité institutionnelle, on prend en compte les entreprises évoluant dans le même espace économique, douanier ou monétaire. Le partage d'information est réel et chaque PME tire profit des informations stratégiques de plusieurs milieux (pays), sans compter qu'elles bénéficient des positions fortes découlant d'analyse large du macro-environnement institutionnel commun.

La proximité de coordination s'opère par les actions du dirigeant pilote et par le rôle joué par les têtes de réseau.

La force ou le pouvoir du réseau dans l'économie est aussi déterminant dans la capacité de celui-ci à mobiliser l'information stratégique entrant dans le processus de veille. Si le réseau de groupe, de famille ou de secteur occupe une place prépondérante dans l'économie, il existe une forte propension de formation d'un ilot de pouvoir sectoriel capable de challenger le « système de régulation[53] ». *L'ilot de pouvoir sectoriel* devient un réceptacle d'informations stratégiques.

Le tableau ci-après que nous proposons présente les dimensions et les codes qui concourent à la construction de l'intelligence économique dans les PME. Quatre dimensions centrales sont mises en évidence : les « *dynamiques informationnelles internes* », les « *dynamiques informationnelles externes* », « *l'accès à l'information agrégée du secteur* » et les ilots *de pouvoir dans l'écosystème économique* ».

Corpus initial du cadre conceptuel

Codes	**Dimensions**	**Categories**	
Formation	Trajectoire des dirigeants	Dynamiques de veille informationnelle interne	**Processus d'acquisition de l'information stratégique qui concourt à l'intelligence économique des PME**
Milieu d'apprentissage initial			
Opportunité d'intégration verticale	Partage des stratégies		
Opportunité d'intégration horizontale			
Aucune opportunité d'intégration			
Bénéficie du soutien d'un Groupe renommé	Réseau familiale/ Réseau du milieu		
Ne bénéficie pas de soutien de Groupe renom			
Influence des leaders réseau facile ou milieu			
Réseau famille ou milieu distant (institutionnelle)*	Sources d'information et de pouvoir outre-frontière	Dynamiques de veille informationnelle externe	
Réseau famille ou milieu à proximité institutionnels	Source de pouvoir et d'information de proximité		
Leadership des acteurs du secteur	Potentiel des acteurs du secteur à analyser les informations	Informations agrégées du secteur	
Influence dans le secteur (Taille, part de marché, force du réseau de famille ou de groupe)	Position de la PME dans le secteur		
Niveau de collaboration entre acteurs du secteur	Chances d'accès aux informations agrégées du réseau du secteur		
Influence du secteur dans l'économie locale	Formation d'ilot de pouvoir	Pouvoir sectoriel (Émergence des Ilots de pouvoirs)	
Influence de la PME dans le secteur	Leadership dans le réseau de secteur		
Sollicitation du secteur par le RDM immédiat (Adm, régulateur, osc, autres sect, ordres...)	Effets de pouvoir indiv. ou sectoriels		

[53] Régulation en référence aux modèles qui déterminent les niveaux d'accumulation dans le secteur (Angliata, 1999)

3. Méthodologie

Nous adaptons une posture constructiviste reposant sur la théorie ancrée (Glaser et Strauss, 1968). En effet, l'étude des réseaux organisationnels et des dynamiques qui en découlent ne peut se concevoir en détachant le chercheur de l'objet de la recherche. La théorie ancrée sied dans ce cas de figure en ce qu'elle favorise une fusion du chercheur au milieu de recherche, toute chose qui lui permet de saisir toutes les interactions existantes qui ne pourraient se savoir autrement. Bien évidemment, le chercheur s'obligera de prendre du recul et ne pas se substituer aux acteurs. Nous avons eu recours à une étude de cas multiples mobilisant deux PME. Les études de cas sont présentées comme le meilleur choix dans la stratégie de recherche qui mettent en avant les questionnements du genre : comment, quoi et pourquoi (Yin, 1994). L'étude de cas est indiquée lorsque le chercheur a peu de contrôle sur l'événement, ou quand la recherche est menée dans un contexte de vie réelle (Yin, 1994).

Notre stratégie de recherche fait appel à une série d'observations participantes suivie d'entrevues semi-dirigées. Les entrevues ont été faites avec les principaux dirigeants des deux entreprises. Nous avons fait des séries d'observations dans le milieu sur une période d'une année à Abidjan en Côte d'Ivoire à l'occasion de séjours de travail. Il s'agit d'une étude de cas reposant sur deux PME qui évoluent en Côte d'Ivoire. Les critères de choix des deux PME ont été la nature de l'activité, la trajectoire des promoteurs, la taille et la disponibilité à se prêter à l'étude. Il n'est pas facile d'accéder à l'information stratégique des PME plus réticentes à s'exprimer sur les aspects stratégiques. La disponibilité à se prêter à l'étude a finalement pris le dessus sur les autres critères. Dans ce jeu complexe, nous avons tout de même réussi à avoir deux PME qui mènent des activités différentes. Soucieux du respect des principes éthiques, comme l'exige la recherche en sciences sociales, notamment quand l'étude mobilise des humains, nous avons convenu avec les participants de substituer les noms des entreprises et des personnes interviewées par des noms d'emprunt. Les noms d'emprunt des deux entreprises seront Taryam SARL et Benkadi SARL. Entre juin 2021 et juillet 2023, nous avons séjourné à Abidjan en Côte d'Ivoire pour des missions de consultations en restructuration d'entreprise au profit de société évoluant dans le BTP. Nous précisons que notre mission de consultation ne portait pas sur les deux entreprises Taryam SARL et Benkadi SARL à l'œuvre dans cette étude. Cependant, les deux entreprises mises à contribution pour l'étude interagissent fortement toutes deux dans le milieu dans lequel nous avons mené la mission de consultation. En effet, les préfabriqués de Taryam SARL et les articles domotiques de Benkadi SARL concourent tous dans l'industrie de construction, toute chose qui les met en contact avec la société pour laquelle j'ai mené ma mission de consultation.

Cette société fait partie des leaders du secteur du Bâtiment et Travaux publics (BTP) en Côte d'Ivoire.

Les séances d'observations participantes ont été longues et se sont déroulées sur les sites respectifs des deux entreprises d'une part, et d'autre part lors de leur visite dans la société de BTP partenaire. Les observations sur les sites respectifs de Taryam SARL et Benkadi SARL nous ont permis de mobiliser les informations sur les pratiques de gouvernance, la culture d'entreprise, l'organisation, et le contrôle de l'information. D'autres séries d'observations effectuées lors de leurs visites auprès de l'entreprise partenaire nous ont permis de voir les dynamiques sectorielles et les jeux de pouvoir entre ces entreprises. En effet, nos visites chez leur partenaire opérant dans le BTP nous ont permis d'assister à des négociations sur des marchés, des discussions sur des créances croisées, ainsi que d'harmoniser des points sur des actions offensives communes. Les entrevues semi-dirigées ont été faites avec les premiers responsables des PME à la suite des séries d'observations. Il s'est agi d'entrevues décontractées au cours desquelles nous avons laissé le soin à nos interlocuteurs d'exposer leur quotidien de gérant de ces sociétés. Nous avons orienté les questions sur les rapports au réseau de famille ou de groupe, leur position dans leur secteur. Nous avons cherché à connaître le processus de leur veille stratégique qui leur procure l'information stratégique. Si nos premières entrevues ont été faites individuellement avec chacun des gérants, nous avons réussi le coup d'avoir les deux gérants ensemble sous la forme d'un mini groupe de discussion, un exercice qui nous a permis de mesurer le degré de cohérence dans leurs pratiques.

Tableau synthétique des deux PME

PME	Création	Secteur activité	Effectifs	C. Aff.	Réseaux	Marché
Taryam SARL	2018	Préfabriqués en béton	35	1Md	Réseaux de famille nationaux/ et International	national
Benkadi SARL	2021	Distribution d'équipements de domotiques, sécurité, etc.	30	1.2Md	Réseau de famille national	National à internatio nal

♦ L'entreprise Taryam SARL

Créée en 2018, la société est spécialisée dans la production de préfabriqués de dalots, de caniveaux et d'égout en béton. Elle emploie 35 agents, dont six cadres supérieurs, dix cadres moyens, une vingtaine d'agents de maîtrise et une vingtaine d'ouvriers. Son chiffre d'affaires était de 1Md en fin 2023. Le marché cible est à l'échelle nationale. **M. Pengdo** (nom d'emprunt), le gérant de la société, est un jeune de la trentaine, qui cumule une dizaine d'années d'expérience. Comptable de formation, M.

Pengdo fut promu auditeur comptable dans une société apparentée, puis gérant d'une autre société (du même propriétaire) spécialisée dans la distribution de ciment avant d'être promue gérant de Taryam SARL en 2022. Taryam SARL appartient à un promoteur qui dispose d'un réseau d'entreprises réparti dans trois pays en Afrique de l'Ouest, dont la Cote d'Ivoire. Ses entreprises ne sont cependant pas liées par un groupe formalisé, mais la gouvernance est fortement influencée par le promoteur et laisse voir le phénomène de « famille » ou de « groupe informel ». Le promoteur appartient à une fratrie d'opérateurs économiques influents dans la sous-région ouest-africaine.

♦ **L'entreprise Benkadi SARL**

Benkadi SARL a démarré ses activités à la fin du premier trimestre de 2022. Elle est spécialisée dans la vente d'équipements, de domotiques, de sécurité, de vidéosurveillance, d'électricité et d'éclairage public. La société emploie 30 personnes, dont 3 cadres supérieurs, une dizaine de cadres intermédiaires, dont des ingénieurs, des techniciens et une dizaine d'ouvriers manutentionnaires. **Monsieur Lya, ingénieur en électricité, est le gérant de Benkadi SARL.** Il a d'abord fait ses pas au Liban dans l'entrepreneuriat avant de débarquer en Côte d'Ivoire pour lancer Benkadi SARL en intelligence avec une puissante famille libanaise avec laquelle il a des liens familiaux. Monsieur Lya porte un nom de famille qui ne passe pas inaperçu dans les milieux d'affaire en Côte d'Ivoire. Benkadi SARL est fortement lié à un groupe qui le soutient, mais avec lequel aucune forme juridique d'attache n'existe. Il s'agit davantage d'une relation entrant dans le cadre d'un réseau de famille que de groupe formalisé.

4. Résultats et Discussion

« Dynamiques de veille informationnelle interne – trajectoires des gérants et réseaux »

M. Pengdo, le gérant de Taryam SARL, indique avoir débuté sa carrière dans un grand groupe industriel au Burkina Faso qui fait dans la cimenterie. M. Pengdo explique son expérience dans ce groupe en ces termes.

> *« C'est un milieu spécifique où on découvre une autre façon de conduire les affaires, marqué par un métissage des savoirs académiques et des savoirs forgés par les riches expériences diversifiées de la fratrie que sont responsables fondateurs. »*

M. Pengdo relate son milieu d'apprentissage des affaires, qu'il définit comme « étrange » à ce qui est généralement admis dans les pratiques de gestion transmises dans les écoles de commerce ou de gestion. Il poursuit en précisant

« L'expérience des premiers responsables et leurs succès dans les affaires déteignent sur tous les cadres qui finissent par adopter au fil du temps les mêmes pratiques de management, le même style de discours et la même courtoisie. C'est un milieu familial, travailleur et hautement de challenge ».

Ces passages éclairent les sentiments de M. Pengdo, qui semble admiratif des pratiques managériales du réseau d'entreprises où il a fait ses premiers pas de gestionnaire. Il admire la posture managériale de ses responsables et le fait remarquer par l'expérience des autres cadres et de lui-même.

M. Lya, gérant de l'entreprise Benkadi SARL, a fait ses premiers pas au Liban, où il a monté sa première entreprise pour plus tard se voir contraint à la fermeture du fait de la conjoncture sécuritaire du pays. Il précise :

« Je suis né dans un milieu d'hommes (et femmes) d'affaires. Mes parents pratiquaient le commerce, j'ai voulu utiliser mes connaissances acquises en ingénierie électrique pour faire le business. »*

Les trajectoires des deux gérants laissent voir une similitude, le fait pour les deux d'avoir commencé leurs pas dans un milieu de pratique d'entrepreneurs ; ils sont aussi tous deux diplômés d'universités, ce qui leur procure une capacité d'analyse élevée.

La série d'observations nous a permis de voir une interaction forte entre les gérants et leur réseau interne. Par réseau interne, nous parlons du réseau de famille constitué des entreprises du même propriétaire ou de la même famille. En effet, Monsieur Pengdo, gérant de Taryam SARL, est régulièrement en contact avec le fondateur de l'entreprise bien que celui-ci se trouve hors de la Côte d'Ivoire. Lors des entrevues, nous avons tenu à comprendre les raisons de ces interactions fréquentes. Monsieur Pengdo nous a fait comprendre que :

« Nos échanges portent sur les grandes décisions portant sur la PME que je dirige, mais il arrive fréquemment que nous discutions sur des décisions importantes concernant d'autres de ses (le fondateur) entreprises ».

Ce passage permet de voir qu'il existe un partage d'information dans le réseau d'entreprise du fondateur de sorte qu'il se permet une mutualisation des ressources cognitives de son réseau pour la prise de grande décision. À partir de là, nous pouvons croire que la Taryam SARL bénéficie aussi de la contribution des autres cadres dirigeants (d'autres PME) du réseau dans les orientations stratégiques. De nos observations, Benkadi SARL entretient une relation un peu houleuse avec ses partenaires du puissant groupe libanais, qui est son associé. En effet, les quelques communications auxquelles nous avons assisté ont laissé voir des tensions. Nous avons précisé cela à l'occasion des entrevues, et il semble avoir une divergence sur la vision de ce que doit être la gouvernance. Monsieur Lya, ingénieur électricien, semble connaître techniquement son activité, quand son partenaire veut lui imprimer une vision prudentielle à partir des informations stratégiques qu'ils pensent détenir.

> *« je souhaiterais aller vite pour couvrir la sous-région avec des succursales de Benkadi SARL, il y a du potentiel, mais le groupe souhaite que je me focalise sur la Côte d'Ivoire »*

Ces propos de monsieur Lya confortent notre soupçon de tension dans le partenariat. Toutefois, nous notons le partage d'information dans la mesure où le groupe lui donne une position contraire sur la base de leur supposée connaissance des informations dont il dispose. Néanmoins, ces tensions sont le signe d'une absence d'alignement sur les positions des associés de Benkadi, des visions antagoniques sur la gouvernance, toute chose qui laisse croire que, si Monsieur Lya, était peut-être forgé dans les pratiques d'affaires de ces partenaires associés, il serait peu probable qu'il y ait des incompréhensions entre eux. Toutefois, ces interrogations pourraient porter aussi sur le degré de confiance qui lie les partenaires de Benkadi Sarl.

« Dynamiques de veille informationnelle externe – de proximité ou distante »

Aux dires des deux responsables interviewés, les discussions avec leurs associés portent régulièrement sur les dynamiques sectorielles respectives et marquées par des partages d'informations de tout genre. Monsieur Lya, gérant de Benkadi SARL, se dit régulièrement interpellé par ses associés sur la prise de position à venir d'un concurrent et où on lui demande d'anticiper. Monsieur Pengdo de Taryam SARL à ce sujet, nous relate des avertissements reçus de temps à autre de ses responsables outre-frontière (hors de la Côte d'Ivoire) sur de probables ajustements des prix du ciment ou de l'électricité (facteurs de productions majeurs dans son modèle d'affaires qui est les préfabriqués en béton). Ces dynamiques de veille informationnelle externe favorisent des décisions éclairées à tout le moins dans le sens des associés sous réserve de compromis et laisse peu de place à l'effet de surprise aux gérants de Taryam SARL et Benkadi SARL sur les fluctuations du marché. Monsieur Pengdo conforte l'importance des dynamiques de veilles informationnelles externes en ces termes :

> *« Nous arrivons à anticiper les déficits d'électricité et leurs conséquences sur la production de préfabriqués en tirant profit de notre proximité avec la cimenterie du « groupe[54] », nous nous approvisionnant suffisamment avant le début des délestages ».*

---

[54] Il explique que la cimenterie appartient au frère du fondateur de TaryamSARL, ce qui le pousse à considérer qu'il s'agit d'un groupe informel ou un réseau d'entreprise familiale.

Mais monsieur Pengdo oublie de nous dire comment et par qui il s'informe des éventuels rationnements d'électricité. La Côte d'Ivoire ne connait pas de phénomène cyclique de délestage électrique, du moins pas au même niveau que ses voisins immédiats, puisqu'elle est elle-même fournisseur d'électricité à ses voisins. Si notre questionnement sur la compréhension de cette dimension de la veille informationnelle externe est resté insuffisamment répondu, il nous semble que le fait d'avoir des liens familiaux avec la cimenterie favorise l'accès à l'information stratégique pour Taryam SARL, qui fabrique des préfabriqués en béton. En effet, dans le cas de Taryam SARL, la cimenterie est la propriété d'un frère, toute chose qui facilite l'accès à l'information découlant de ces dynamiques de veille informationnelle externe. L'effet de l'environnement institutionnel reste à préciser, car si les réseaux de famille des deux entreprises diffèrent, l'un étant national à proximité (Benkadi sarl) et l'autre à cheval entre deux pays (Taryam sarl), ces réseaux partagent le même espace économique (l'UEMOA[55]), la même politique douanière et la même monnaie. Dans cet espace économique commun, il convient de noter que les phénomènes méso comme la pression fiscale sectorielle, les cycles saisonniers et leur implication (accès à l'électricité, disponibilité des routes, saison de la construction, etc.) diffèrent sans toutefois poser d'obstacles à ces réseaux de familles ou de groupes de contribuer utilement auprès de leurs entreprises sœurs pour anticiper les risques de marché. Par ce truchement, Taryam SARL bénéficie d'informations utiles de son réseau de famille au-delà de la Côte d'Ivoire pour sa veille stratégique.

De ce qui précède, et en référence à *l'hypothèse une*, nous pouvons confirmer que l'accès à l'information stratégique par les PME dépend de leur milieu de pratique et de la nature des liens que ces PME développent dans leur réseau (sectoriel ou de groupe). Toutefois, la trajectoire des gérants ne justifie pas toujours leur capacité à asseoir des stratégies réflexives pour construire l'intelligence économique. En effet, comme c'est le cas de Benkadi Sarl, M. Lya, bien qu'étranger au milieu par rapport à son associé, a une grande maîtrise de son modèle d'affaires. Cependant, les positions antagonistes sur la gouvernance à adopter pour la société laissent voir que le milieu de pratique des associés de Benkadi Sarl n'offre pas nécessairement un avantage en termes de capacité à bâtir une approche d'intelligence économique.

[55] L'union économique et monétaire ouest-africaine (UEMOA) est un espace économique commun à 8 pays qui partagent la même monnaie, le même tarif extérieur commun douanier, et une convergence des politiques budgétaires.

« Informations agrégées du secteur – capacité d'analyse, accès à l'information agrégée »

L'information agrégée du secteur dépend de l'organisation du secteur et de la capacité de ses membres à s'organiser. Il existe des secteurs d'activité fortement organisés avec des représentants qui agissent au nom des membres du secteur, c'est le cas selon les pays des cimentiers, des boulangers et du syndicat de la construction. Certains secteurs moins organisés n'agissent qu'au coup par coup c'est-à-dire qu'ils n'apparaissent que quand une décision menace leurs intérêts. Mais dans les deux cas, il existe toujours une veille stratégique qui permet aux acteurs du secteur d'être au parfum des dynamiques du marché et, dans certaines mesures les modalités de la régulation (État régulateur) dans le secteur. Nos séries d'observations nous ont permis de voir que, dans le cas des préfabriqués qui constituent l'activité de Taryam SARL, le secteur semi-organisé regroupe trois acteurs majeurs. Ce secteur est un consommateur majeur de ciment en vrac et de fer à béton qui constituent les principaux facteurs de production pour les préfabriqués en béton armé. Les trois entreprises du secteur de préfabriqués à Abidjan sont dirigées par des personnes bien formées, capables d'analyse stratégique de l'information, telle que nous confirme Monsieur Pengdo, gérant de Taryam SARL. L'information agrégée de ce secteur est informellement partagée entre acteurs à partir des normes qui régissent le métier, les prix d'acquisitions des matières premières, les prix du transport, et les faibles marges de manœuvre sur les coûts qui évitent toute stratégie de dumping sur le marché. Comme nous relate le Gérant de Taryam, Monsieur Pengdo, *« si le régulateur tient à revoir les normes, nous agirons en groupe »*. En ce qui concerne la dimension du leadership comme facteur favorisant l'accès à l'information agrégée du secteur, nous avons pu observer les tendances du marché pour les deux entreprises Taryam SARL et Benkadi SARL. Bien que les deux PME soient les dernières venues dans leur secteur respectif, elles affichent des performances qui rivalisent avec les seniors de leur secteur. Par exemple, les préfabriqués de Taryam SARL sont sollicités par des groupes chinois nouvellement arrivés en Côte d'Ivoire pour la construction de route au profit de l'État. Des dalots de Taryam SARL ont aussi été commandés en quantité par des seniors du BTP comme PFO[56]. La croissance du chiffre d'affaires est le plus rapide du secteur, passant de 200 millions de FCFA en 2022 à un milliard en 2023.

Quant à Benkadi SARL, depuis son entrée dans le secteur de la quincaillerie électrique, elle titille le leader du marché Bernabé[57]. Benkadi

[56] Pierre Fontaine Compagnie (PFO) est le leader du BTP en Côte d'Ivoire.

[57] Bernabé est une entreprise très connue en Côte d'Ivoire qui fait dans l'importation et la vente de matériel électrique.

SARL affiche une croissance forte qui lui confère une place de choix sur le marché. Elle jouit de plusieurs partenariats avec des marques de renom dont elle a une représentation exclusive ; et bénéficie du potentiel des projets de parcs immobiliers de son partenaire libanais qui fait dans la construction. Monsieur Lya, gérant de Benkadi SARL, nous a fait comprendre que, pour certains articles dont ne disposent pas des concurrents du secteur, ils n'hésitent pas à venir s'approvisionner auprès de lui. Il précise en ces termes *« Il arrive même que des concurrents nous réorientent des commandes qu'ils n'arrivent pas à honorer »*. L'esprit de collaboration est aussi exprimé par Monsieur Pengdo de Taryam SARL, qui précise être en contact avec tous les acteurs du secteur. Les dynamiques sectorielles de collaboration, empreintes par le leadership de certains acteurs, favorisent l'émergence d'informations agrégées sectorielles qui protègent les acteurs du secteur des surprises du marché et des potentiels changements du régulateur. Pour la PME prise individuellement, cette collaboration représente une source d'information stratégique qui contribue à éclairer ses prises de position.

L'hypothèse deux trouve tout son sens dans la mesure où les données empiriques confortent l'existence de relations des réseaux sectoriels marquées par des influences de leadership dominant, de manipulation, voire de soutiens mutuels illustrés par Taryam SARL et Benkadi SARL. La collaboration intersectorielle des réseaux d'entreprises amplifie nécessairement la propension de chaque entreprise à mobiliser l'information stratégique outre du secteur pour son intelligence économique.

« Pouvoir ou force du secteur – Ilot de pouvoir sectoriel, influences »

Les secteurs qui ont une place prépondérante dans l'économie sont en général fortement régulés au point d'inciter les entreprises du secteur à s'organiser dans la défense de leurs intérêts. Qu'il s'agisse de l'industrie de la cimenterie et son sous-secteur des préfabriqués, les boulangeries des pains baguettes, les hydrocarbures, les pharmacies, etc., ces secteurs connaissent de fortes régulations. Ces secteurs sont aussi parmi les mieux organisés en syndicats et assimilés pour la défense de leurs intérêts. Un secteur qui est prépondérant dans l'économie finit par s'ériger un « ilot de pouvoir » qui est une véritable force, avec lequel doit composer le régulateur, qui est généralement l'État. L'analyse des deux secteurs auxquels appartiennent nos deux PME à l'étude permet de voir la réalité suivante : Tariyam SARL, qui fait dans les préfabriqués aux côtés de deux concurrent bénéficie du nombre peu élevé d'acteurs. Le secteur n'enregistre pas beaucoup d'acteurs, ce qui lui procure une force vis-à-vis de la clientèle et des fournisseurs de ciment notamment. En revanche, l'influence du secteur sur le régulateur n'est pas perceptible dans la mesure où les normes pour les préfabriqués sont connues et mises en œuvre sous contrôle du Bureau national d'Études techniques et de Développement (BNETD) de Côte d'Ivoire. Toutefois, si nous considérons la chaîne de valeur, l'activité de préfabriqués implique le ciment et le fer en prend en compte les cimenteries, et l'industrie du fer. La chaîne de valeur forme un véritable ilot de pouvoir capable de peser contre les pouvoirs du régulateur. En effet, le fer et le ciment sont des matières stratégiques dans le secteur de la construction, ils sont aussi les composants principaux dans le processus de mise en œuvre des préfabriqués.

Pendant notre séjour en terre ivoirienne, nous avons assisté à la crise du fer et du ciment de 2022 causée par les effets de la guerre en Ukraine pour ce qui est du fer et par les déficits d'électricités pour le ciment. Les conséquences étaient énormes, causant la surenchère sur les prix de ces produits et leurs dérivés. Dans ces situations, le régulateur dispose de peu de pouvoir pour agir et les secteurs deviennent de véritable ilot de pouvoir. Quant au secteur de la quincaillerie électrique auquel appartient Benkadi SARL, l'entrevue avec cette dernière nous a permis de savoir que ce secteur est moins régulé et moins surveillé. Benkadi SARL, bien que nouvel entrant, fait partie des leaders du secteur ; elle dispose du monopole sur certains produits de sorte qu'elle a un pouvoir considérable sur le marché. Dans les deux cas, les gérants nous ont fait comprendre qu'ils sont des réceptacles d'information souvent stratégiques en provenance d'administration publique ou privée, voire de partenaires au sujet de projets futurs impliquant potentiellement leurs produits. Ces propos montrent que certaines pratiques de corruption dans les administrations favorisent la propension à divulguer des informations pour certains secteurs, ce qui s'apparente à des délits d'initiés. Monsieur Lya de Benkadi SARL nous relate des contacts reçus d'autres pays ou partenaires qui s'intéressent à leurs produits *« Nous sommes contactés pour potentielles commandes potentielles d'autres pays et il arrive que nos interlocuteurs qui appartiennent à des administrations ou du privé requièrent des prix surestimés qui leur procurent des pourboires ».*

Ces acteurs prompts à demander des rétributions sont les mêmes qui favorisent l'accès à l'information aux PME. Par ce jeu où le régulateur (l'État), et les entités partenaires s'adonnent à des actes qui frôlent la corruption, la tendance des relations de pouvoir « PMEs-Régulateur » et/ou « PMEs-Maîtrises d'ouvrage privé » finit par s'inverser avec le temps consacrant aux PME des « ilots de pouvoir ». Ces ilots de pouvoirs sectoriels sont susceptibles d'influencer les marchés, variables de coûts des projets, y compris sur les projets de l'État qui officie paradoxalement comme le régulateur par moment.

L'hypothèse trois est confirmée partiellement, car il existe des dynamiques de réseaux qui favorisent l'émergence de centres de pouvoirs sectoriels et/ou de groupes vers lesquels afflue de l'information stratégique venant d'autres secteurs, groupes ou entités souveraines. D'autre part, la circulation de l'information stratégique des pouvoirs publics vers le bas est favorisée en partie par la corruption, car, quel que soit le degré de pouvoir d'un groupe ou d'un secteur, l'information gouvernementale ne devrait pas se marchander. Toutefois, ces informations stratégiques qui parviennent aux réseaux de groupe et aux réseaux sectoriels nourrissent en permanence l'intelligence économique comme outils à la disposition des PME.

Révélation de la « médiation intersectorielle » et de la « médiation inter-réseau de groupe

Au cours de l'étude, les entrevues nous ont permis de voir l'existence d'un *nouveau phénomène* qui s'apparente à de la *« médiation »*. En effet, les entrevues et le groupe de discussion que nous avons eus avec les deux gérants ont révélé que les secteurs d'activité dont font partie nos deux entreprises à l'étude collaboraient. De même, il semble que les dirigeants au niveau supérieur (famille ou groupe) se connaissent et échangent. Ces relations au sommet entre « puissants responsables » de réseaux d'entreprises ouvrent la voie à des « ***médiations intersectorielles*** » et des « ***médiations inter-réseau de famille ou de groupe*** ». Monsieur Pengdo, qui nous a fait savoir que le fondateur de Taryam SARL connaît très bien les dirigeants du puissant groupe libanais associé à Benkadi SARL. Il précise en ces termes : *« nous partageons de l'information entre nous* (sous-entendu le groupe associé à Benkadi SARL)*, et moi-même, je recours à leurs entreprises sur recommandation de mes patrons, et vice versa, ils enlèvent aussi le ciment de chez nous et consomment nos pavés ».*

C'est cette collaboration que nous qualifions de ***« médiation intersectorielle »*** en référence aux informations d'un secteur susceptible d'être capté par l'autre. Certains secteurs disposent d'information imparfaite qui nécessite d'être élucidées par des informations dont disposent d'autres secteurs. Par exemple, le renchérissement des prix du fer en 2022 en Afrique et dans le monde, fut la conséquence d'une conjoncture du secteur de la métallurgique lourde en Ukraine. Bien entendu, il s'agit là d'un exemple pour élucider le phénomène, car nous savons que, pour le cas ukrainien, la guerre fut une relative surprise. En passant au phénomène de médiation intersectorielle comme source d'information stratégique susceptible de prémunir des risques de marché, l'on pourrait penser que le secteur des préfabriqués aurait mieux anticipé la crise du fer de 2022 si une médiation intersectorielle s'opérait avec le secteur de la métallurgie (fer). Dans cette hypothèse, le secteur des préfabriqués et les entreprises qui le composent auraient pu prendre des dispositions pour réduire les effets négatifs sur leur activité.

> *« Taryam SARL a été à la base d'un important marché de pose de plaque solaire et d'installation de caméras pour Benkadi SARL. Après une commande de pavés que Taryam SARL a bien exécutés, la requête*

*du client (*de pavés*) pour la domotique nous a été passée sur recommandation de Taryam SARL. »*

Ces propos de Benkadi SARL laissent voir toute la portée de la médiation intersectorielle qui offre l'opportunité de partage d'information stratégique par au-delà des secteurs.

> *« Nous remarquons que les grands* (pour désigner les fondateurs des groupes ou familles d'entreprises) *se connaissent et se fréquentent, il arrive qu'ils se rendent service, et ils se* partagent *des informations. Certaines informations nous ont été fournies par notre patron, qui par moment, indique avoir reçu l'alerte du groupe associé à Benkadi SARL. »*

Ce verbatim de Monsieur Pengdo de Taryam SARL attire notre attention sur la présence de rapport personnel entre les premiers dirigeants fondateurs ou associés de ces entreprises. En effet, si leurs familles se connaissent (quelques membres suffisent) et se fréquentent au point d'échanger des informations ou d'alerter sur de plausibles risques pour les affaires de l'un ou l'autre, nous pouvons dire sans risque de nous tromper que nous sommes en présence d'un phénomène de ***« médiation inter-réseau de famille ou de groupe ».***

Ces phénomènes de médiation favorisent l'accès à l'information stratégique pour les PME et participent à la mise en place d'une solide veille stratégique. En effet, en sus des dynamiques de veille informationnelle interne et externe, de l'accès à l'information agrégée du secteur et des pouvoirs découlant des ilots de pouvoir sectoriel, les médiations intersectorielles et les médiations de réseau de famille ou de groupe s'associent pour bâtir une véritable intelligence économique au service de la PME. En associant les deux dimensions non moins importantes qui ont apparu au cours de l'étude, le schéma conceptuel peut se présenter comme suit.

Schéma du corpus de veille stratégique globale

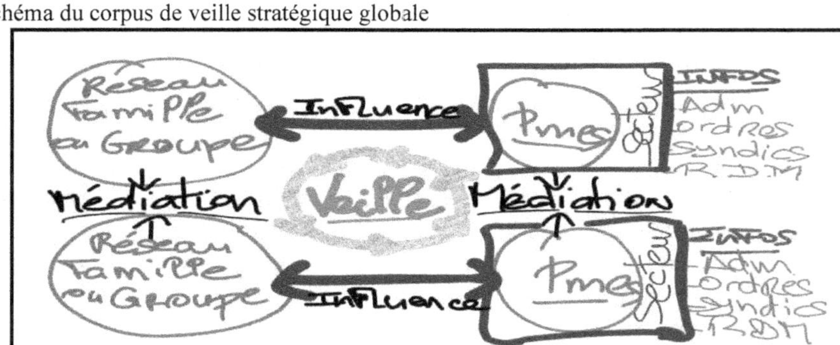

Source : Par l'auteur

Comme le schéma le montre, chaque PME met en œuvre une veille stratégique à partir d'informations qu'elle a pu collecter dans son environnement interne et externe, profite des informations agrégées de son secteur d'activité et des phénomènes de médiations intersectorielles et de médiations inter-réseau de famille ou de groupe. Finalement, il semble que les secteurs et les familles ou groupes de PME mettent en œuvre une veille stratégique mutuellement profitable pour les PME qui les composent. Cette veille stratégique est une bulle dont la taille et la densité vont varier selon les dynamiques en présence dans le secteur et dans les réseaux de famille ou de groupes, en plus les défis qui se présentent.

Corpus final avec les dimensions de médiation

<table>
<tr><th>Codes</th><th>Dimensions</th><th>Categories</th><th></th></tr>
<tr><td colspan="3"></td><td rowspan="3">Processus Intelligence économique des PME</td></tr>
<tr><td>Médiation entre Réseau de famille ou de groupe différent (qu'importe la distance institutionnelle, nationale ou outre frontière)</td><td>Centre de pouvoir à Effet multiplicateur du réseau de milieu /accès à l'information stratégique de large spectre</td><td rowspan="2">La PME a accès à de l'information sensible et hautement stratégique qui va au-delà de son secteur et de ce qu'elle souhaite entendre</td></tr>
<tr><td>Médiation entre réseaux sectoriels différents du même marché/National</td><td>Centre de pouvoir à Effet multiplicateur des réseaux de milieu/accès à un large spectre d'information stratégique sur les autres acteurs des milieux économiques</td></tr>
</table>

Une « médiation inter-réseau de famille ou de groupe » outre-frontière

Les médiations intersectorielles s'opèrent entre deux ou plusieurs secteurs en présence sur le marché national, mais les médiations de famille ou de groupe peuvent s'opérer outre-frontière sur des marchés différents selon le lieu où se situent les bases (centre de décision ; centre du réseau de famille ou de groupe) du réseau de famille ou de groupe. Dans tous les cas, les phénomènes de médiation favorisent l'accès à une information stratégique de large spectre couvrant plusieurs pans des rouages économiques, et affinent la veille stratégique. Par exemple, dans le cas de la PME Taryam SARL, le centre du réseau de famille se situe hors de la Cote d'Ivoire, mais, comme nous constatons dans les verbatims, ce réseau opère des médiations avec des leaders de groupes d'entreprises, comme le groupe associé à Benkadi SARL présent en Côte d'Ivoire.

Conclusion

Le recours à l'intelligence économique n'est plus un choix, mais une nécessité. Pour les PME la pression est énorme du fait de la mondialisation. Des plateformes virtuelles d'échanges à la vogue ont dynamisé davantage le commerce de sorte que le marché ne fait plus de cadeau aux moins entreprenants dans la veille stratégique. Les PME africaines, fort heureusement s'organisent et s'approprient cet outil de veille stratégique. Notre article a tenté de mettre en exergue le processus de mobilisation de l'information au centre de la veille stratégique des PME africaines. Nous avons pu constater qu'il existe des sources d'information interne et externe auxquelles s'ajoute de l'information stratégique provenant des dynamiques de réseau sectorielles. De plus, l'émergence d'ilots de pouvoir vers lesquels converge de l'information hautement stratégique participe à densifier et affiner l'intelligence économique des PME de ces réseaux. En effet, les ilots de pouvoir sectoriel du fait de leur force dans l'écosystème économique peuvent bénéficier d'informations agrégées de sources partenaires, comme les banques, les secteurs apparentés[58], les syndicats, etc. Cet avantage que procure l'ilot de pouvoir sectoriel fait que le réseau de PME est capable d'anticiper les grandes décisions du régulateur, d'influencer, ou coconstruire les politiques régulant le secteur. Les PME du secteur bénéficient dans ce cas d'un outil formel et quelques fois informel de veille stratégique hautement performante qui les met à l'abri de séisme.

Finalement, l'étude a révélé les phénomènes des médiations intersectorielles et des médiations de réseau de famille ou de groupe dont la contribution est stratégique pour le succès de la veille stratégique des PME. Notre étude présente quelques limites dues au nombre peu élevé d'entreprises étudiées et aurait gagné à élargir le champ à des entreprises d'autres secteurs. La réticence des PME à participer à l'étude n'a pas favorisé cela. Les phénomènes de médiation pourraient être approfondis en élargissant les entrevues aux responsables fondateurs des groupes. Mais il s'agit d'une étude exploratoire qui nous a permis de saisir les processus de construction de la veille stratégique des PME africaines. Nul doute que cette étude participera à aider les PME à tirer le meilleur profit de leur réseau sectoriel ou de leur réseau de famille ou de groupe pour consolider l'intelligence économique et atteindre leurs objectifs en termes de croissance.

[58] Par exemple le secteur de l'industrie de la cimenterie et apparenté à celui de la construction.

Bibliographie

Assens C, Réseau neuronal et réseau d'entreprises, *Revue française de Gestion* 113, 1997.

Assens, C., et Perrin, C. (2011). L'intelligence économique : une stratégie de réseau pour les entreprises. *Revue internationale d'intelligence économique*, *3*, 137-151. https://doi.org/10.3166/r2ie.3.137-151.

Arabie P., Boorman S.A., Levitt P.R., 1978. - « Constructingblockmodels : how and why », Journal

of mathematical psychology, n° 17, pp. 21-63.

Bouba-Olga, O. et Grossetti, M. (2008). Socio-économie de proximité. *Revue d'Économie*

Régionale & Urbaine, 311-328. https://doi.org/10.3917/reru.083.0311.

Bournois F., Romani P.-J. (2001). L'intelligence économique et stratégique dans les entreprises

françaises, Economica, janvier 2001.

Bulinge, F., et Moinet, N. (2013). L'intelligence économique : un concept, quatre courants. Sécurité et stratégie (12),56-64. https://archivesic.ccsd.cnrs.fr/sic_01803861 (Renseignement en entreprise).

Chesbrough H, *Open Innovation: The New Imperative for Creating and Profiting from Technology*, Harvard Business SchoolPress, 2003.

Colletis, G. et Pecqueur, B. (2005), Révélation de ressources spécifiques et coordination située. Paper presented at the *l'économie de proximité*, Marseille, France.

Courmont B. (2016). L'ère des « soft wars » : l'exemple Washington-Beijing. *Revue internationale et stratégique*, 104, 6-16. https://doi.org/10.3917/ris.104.0006.

Courlet C., Pecqueur B., Soulage B. (1993), « Industrie et dynamique des territoires », *Revue d'économie industrielle*, n° 64, p. 7-21.

Crozier, M., et Friedberg, E. (1977). L'Acteur et le Système. Paris : éditions du Seuil.

Daumas, J. (2007). Districts industriels : du concept à l'histoire : Les termes du débat. *Revue économique*, vol. 58 (1), 131-152. doi:10.3917/reco.581.0131.

Glaser B et Strauss A (1968), *The Discovery of Grounded Theory: Strategies for Qualitative Research*, Weidenfeld & Nicholson Ed., 271 p.

Golub P. (2004). De la mondialisation au militarisme : la crise de l'hégémonie américaine. *A contrario*, 2, 9-33. https://doi.org/10.3917/aco.022.0009.

Grandori A., Soda G. (1995), "Inter-firm networks : Antecedents, mechanisms and forms", Organization Studies, vol. 16, n° 2, p. 183-214.

Granovetter M, The strength of weak ties, *American Journal of Sociology* 78, 1973.

Klen M. 2022). Les Asiatiques dans l'espionnage économique. *Revue Défense nationale*, 847, 105-109.

https://doi.org/10.3917/rdna.847.0105

Lazega E. (1994) Analyse de réseaux et sociologie des organisations. In: *Revue française de*

sociologie, 1994, 35-2. Aspects de la vie professionnelle. pp. 293-320. DOI : 10.2307/3322036

Lemieux V. (1979). - Les cheminements de l'influence, Québec, Presses de l'Université Laval. —

1982. - Réseaux et appareils. Logique des systèmes et langage des graphes, Paris, Maloine.

Maillat, D., Quévit, M. et Senn, L. (1993). *Réseaux d'innovation et milieux innovateurs : un pari pour le développement régional,* Éditions de la division économique et sociale/

Pache, G., Paraponaris, C., 1993, *L'entreprise en réseau*, Paris, Que Sais-je, PUF.

Saber H. (2020). L'intelligence économique dans la Zone de Libre Échange continentale africaine

Enjeux et défis. *Dossiers de Recherches en Économie et Gestion, 9*(1), 283-300.

Torre, A. et Talbot, D. (2018). Proximités : retour sur 25 années d'analyse. *Revue d'Économie*

Régionale & Urbaine, 917-936. https://doi.org/10.3917/reru.185.0917

Tremblay, D.G. (2012). Réseaux, clusters et développement local. Dans Innovation, société et territoire.

http://www.unicaen.fr/puc/spip.php?article881. Presses universitaires de Caen. Fascicule no 1 . Pp. 1-14.

White H.C., Boorman S.A., Breiger R.L., (1976). - « Social structure from multiple networks I.

Blockmodels of roles and positions », American journal of sociology, n° 81, pp. 730-780.

Yin, R. K., (1994). Case Study Research Design and Methods: Applied Social Research and Methods Series. Second

edn. Thousand Oaks, CA: Sage Publications Inc.

Section 6 :

De l'intelligence économique à l'innovation en entreprise : une approche conceptuelle

Benjamin FOMBA KAMGA
et
André Dumas TSAMBOU

Introduction

La nouvelle vision économique mondiale et la concurrence sur les nouveaux marchés émergents orientent les objectifs de production vers des biens plus sophistiqués, à fort contenu technologique et à grande capacité d'innovation, éléments principaux de la concurrence internationale. Dans cette nouvelle ère, les systèmes économiques sont soumis à une pression croissante caractérisée par la complexité des flux de connaissances, d'idées et de technologies en réseau. L'intégration de la course à l'innovation par l'acquisition de ces flux devient alors une question vitale pour nations et les entreprises. La détermination des trajectoires de croissance par la circulation de ces flux dessine une nouvelle configuration des pôles d'innovation dans le monde, avec l'Afrique en général et l'Afrique subsaharienne en particulier, espace économique du futur. Compte tenu de la potentialité des pays africains, ils doivent trouver de nouvelles sources de croissance. Cette quête dans une période où de nombreux pays sont confrontés à la baisse des rendements du facteur travail et de l'investissement en capital physique doit par conséquent être de plus en plus assurée par des gains de productivité acquis grâce à l'innovation. L'innovation s'avère donc essentielle pour permettre aux pays en développement et aux entreprises de sortir de la récession et de prospérer dans une économie mondiale hautement compétitive. C'est sur ce puissant moteur de développement que les « économies en voie d'émergence » devraient compter pour créer des emplois et stimuler la croissance de la productivité par la création, l'utilisation et la diffusion des connaissances.

En effet, pendant des siècles, le progrès économique en Afrique subsaharienne (ASS) a faiblement évolué, car les progrès ont souvent été contre-balancés par la croissance démographique, les guerres et les épidémies (Chesnais, 1985). Cependant, en raison de la conjonction économique, ces pays ont conçu des politiques d'émergence afin d'enclencher le processus de croissance (SND30 au Cameroun, PSE au Sénégal, etc.). L'un des paradoxes de cette décennie est que l'Afrique subsaharienne a enregistré une croissance sans précédent (6 %), mais qu'une grande partie de sa population vit dans la pauvreté économique, souffre du chômage et des inégalités (Banque Mondiale, 2020)[59]. Ceci parce que l'industrialisation n'a contribué que pour une part infime (12 %) à la croissance économique (BAD, 2020). Ce manque de cohérence est exacerbé par l'incapacité de la majorité des économies africaines à se transformer structurellement. Au vu des progrès de la croissance économique, on peut se demander si les ressources de l'Afrique sont en mesure de soutenir le chemin de croissance presque vertical illustré depuis 2010 (FMI, 2024)[60], sachant que cette croissance concerne plusieurs milliards d'individus qui sont encore au point de départ des politiques d'émergence. Ces politiques vont mettre cette région face au défi d'utiliser ses capacités d'innovation et d'adaptation. L'amélioration des processus d'innovation devrait stimuler davantage la croissance à travers une augmentation de la productivité et une amélioration de la compétitivité. Pour transformer cette forte croissance en un développement inclusif soutenu, les pays doivent s'appuyer sur les stratégies d'innovation qui favorisent la diversification économique, permettant de créer des emplois et de réduire les inégalités et la pauvreté.

L'innovation, l'élément principal à l'origine de la croissance de la productivité (Krugman, 1990), revêt une importance particulière pour les entreprises, non seulement parce qu'elle est souvent au cœur du succès des grandes entreprises, mais aussi parce que la création de nouveaux produits et l'amélioration de l'efficacité des processus constituent la principale démarche pour les entités de renforcer leur compétitivité. Ce déterminant de la croissance fait l'objet de débats depuis la théorie de la division du travail d'Adam Smith (1776) et la théorie de la mécanisation de David Ricardo (1733–1812), jusqu'aux nouvelles théories de la croissance, en passant par la théorie de la destruction créatrice de Schumpeter (1934). Si de nombreuses études à travers le monde soutiennent que l'innovation est une source importante de croissance pour les entreprises, il n'existe pas suffisamment d'études expliquant le mécanisme d'incitation à l'innovation dans un environnement dynamique et compétitif.

Aussi, avec la révolution technologique, la pratique de l'intelligence économique (IE) devient primordiale pour assurer leur compétitivité et leur pérennité. Cette IE permet d'identifier les secteurs, les acteurs et les technologies stratégiques afin d'anticiper et de mieux définir les stratégies à

---

[59] Rapport 2020 sur la pauvreté et la prospérité partagée : Questions fréquentes.

[60] La reprise de l'économie mondiale est stable, mais lente et varie selon les régions.

mettre en œuvre pour être compétitif. L'intelligence économique se décline en trois volets. Elle comprend, premièrement, une veille stratégique et une anticipation qui permettent d'obtenir l'information pertinente sur les concurrents, les normes et les technologies, et, d'une manière générale, sur tout son environnement extérieur. Cela permet d'anticiper et de se positionner dans une perspective de performances et de création (Wilensky, 1967 ; Dedijer, 1972). Deuxièmement, elle permet une sécurité économique et une prévention des risques, afin d'avoir la capacité d'anticipation de ces risques et des problèmes qui se rattachent notamment à la propriété intellectuelle, à la sécurité humaine et technique, à sa réputation ou sur sa gouvernance. Troisièmement, elle repose sur la compréhension des mécanismes de la société, de la culture et de l'environnement permettant d'avoir une capacité de modifier l'environnement dans un sens qui soit favorable à la compétitivité et à l'innovation.

Avec la révolution technologique, les entreprises doivent davantage intégrer la flexibilité, la réactivité et la capacité de remise en cause permanente dans leur mode de gouvernance, afin d'être en mesure de se « battre » à armes égales avec des concurrents de plus en plus agressifs. Elles doivent développer leurs recherches et s'orienter vers l'innovation, tout en développant leurs connaissances des marchés et de ses concurrents. De ce fait, la maîtrise de l'information devient stratégique, car elle permet d'avoir les éléments d'appréciation pour prendre à temps les bonnes décisions d'attaque et offensives. En effet, toute entreprise, de la start-up au grand groupe, doit mettre en œuvre des stratégies pour innover, se protéger et soutenir sa compétitivité en assurant une veille pour détecter de nouvelles opportunités de marché et surveiller la concurrence.

Certes, de nombreuses études à travers le monde étudient le processus d'innovation ainsi que le processus d'intelligence économique (Elhouari Djamel and Hadjadj Chafia, 2020), mais très peu s'intéressent à la relation entre ces deux concepts. Cette étude tente de combler cette lacune en ayant comme objectif d'examiner le canal de transmission de l'intelligence économique à l'adoption d'innovation dans les entreprises en Afrique subsaharienne francophone. Elle cherche à éclairer la question de savoir comment l'intelligence économique contribue à la compétitivité des entreprises et à proposer un cadre reliant les pratiques de l'IE à la décision d'innovation des entreprises.

La suite de cet article s'organise comme suit : la deuxième sous-section présente l'intelligence économique ; la troisième est relative à l'adoption d'innovation ; la quatrième a trait au lien empirique entre l'intelligence économique et l'adoption d'innovation et la dernière tient lieu de conclusion.

1. Intelligence économique

1.1 Définition et caractéristique de l'intelligence économique

Avec l'avènement des chocs externes (crise sanitaire, changement climatique, conflits, etc.) couplé aux effets de la mondialisation, l'entreprise est soumise à des oscillations de plus en plus fortes et rapides de son environnement, telles que les contraintes de coûts, consommateurs de plus en plus exigeants et pressés, changements réglementaires, concurrence intense (Conesa, 2003). Pour évoluer dans cet environnement mouvant, l'entreprise doit mieux le connaître, afin d'anticiper, non seulement sur les opportunités à venir, mais aussi sur les menaces potentielles qui l'entourent.

Bénéficiant de la puissance des technologies de l'information et de la communication (TIC), l'intelligence économique s'appuie sur des réseaux humains pour offrir aux entreprises les moyens de rivaliser efficacement avec leurs adversaires. Elle englobe toutes les actions coordonnées visant à recueillir, traiter et diffuser des informations utiles aux acteurs économiques. Pour Wilensky (1967), c'est l'activité de production de connaissance servant les buts économiques et stratégiques d'une organisation. Cette IE se résume en un triptyque : veille, protection des informations et l'influence que le rapport de Martre (1993) qualifie de l'ensemble des actions coordonnées de recherche, de traitement et de distribution, en vue de son exploitation. Ces diverses actions sont menées légalement avec toutes les garanties de protection nécessaires à la préservation du patrimoine de l'entreprise, dans les meilleures conditions de qualité, de délais et de coûts. L'information utile est celle qui est nécessaire à l'élaboration et à la mise en œuvre de façon cohérente de la stratégie et des tactiques requises pour atteindre les objectifs définis par la direction de l'entreprise. Cette information vise à améliorer la position de l'entreprise dans son environnement concurrentiel (Dedijer, 1972). Ces actions, au sein de l'entreprise, s'ordonnent autour d'un cycle ininterrompu, générateur d'une vision partagée des objectifs de l'entreprise.

En s'appuyant sur trois aspects de l'intelligence économique, la littérature montre que cette dernière consiste à maîtriser l'information dans le but de comprendre son environnement extérieur et ainsi d'adapter sa conduite à l'avance (Conesa, 2003 ; Wilensky, 1967). Elle offre la possibilité de repérer les éventualités et les facteurs clés du succès, de prévoir les dangers, de prévenir les risques, de se protéger, d'agir et d'influencer son environnement externe dans le but de rester compétitif à l'échelle mondiale. L'intelligence économique comprend trois aspects distincts. Le premier concerne la gestion des données, qui consiste à collecter les données requises, à les classer et à les vérifier afin d'avoir des informations pertinentes sur les concurrents, les règles et les normes, ainsi que sur l'ensemble de l'environnement international. Le deuxième aspect implique de garantir sa sécurité tant sur le plan matériel que sur le plan immatériel afin de prévoir les risques et les problèmes liés à la propriété intellectuelle, aux attaques sur son image ou son capital. Le troisième aspect implique de maîtriser l'influence et l'argumentation, la persuasion, la négociation, le lobbying professionnel, ainsi que l'exercice de l'influence normative en anticipant les règles et les normes internationales et en participant éventuellement à leur élaboration. Grâce à l'intelligence économique, il est possible de mieux appréhender ses concurrents, les donneurs d'ordre, les règles et les normes qui peuvent avoir un impact sur son activité, ce qui permet d'agir sur son environnement plutôt que de le submerger.

Figure 1 : Processus de l'intelligence économique

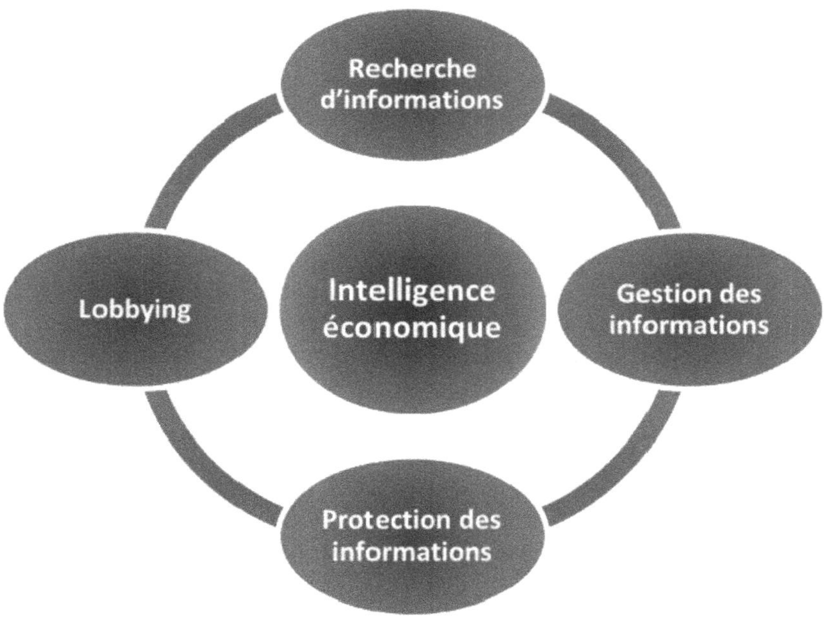

Besson et Possin (1997) distinguent 4 fonctions de l'IE à savoir, le réseau externe et interne, la mémoire, la maîtrise et l'analyse, alors que Levet et Paturel (1996) distinguent plutôt les fonctions telles que la maîtrise du patrimoine scientifique et des savoir-faire, la détection des occasions et des menaces, la coordination des stratégies et la mise en œuvre de pratiques d'influence. Ainsi, l'IE comporte plusieurs dimensions. Celles-ci permettent aux entreprises de mieux comprendre leur écosystème, d'anticiper les évolutions et de prendre des décisions éclairées pour gagner en compétitivité, en performance et en résilience. Il s'agit de la :

- **Recherche d'informations :** elle consiste à effectuer une veille stratégique qui renvoie à la collecte, analyse et interprétation d'informations pertinentes sur les concurrents, les marchés, les technologies, les réglementations, l'identification des menaces et des opportunités pour l'organisation, etc. Elle consiste aussi en l'analyse de l'environnement, qui renvoie à l'évaluation des forces et faiblesses de l'entité par rapport à son environnement, et à la compréhension des dynamiques de son secteur d'activité.
- **Gestion de l'information** : après la collecte sélective d'informations, l'analyse et le traitement des données, une gestion proactive d'informations est nécessaire en veillant à collecter, analyser, protéger et diffuser les données stratégiques de manière efficace. Cette approche dans sa stratégie globale de l'entreprise permet d'améliorer leur réactivité, leur compétitivité et leur capacité à anticiper les changements dans leur environnement commercial
- **Protection des informations** : après avoir identifié les informations sensibles et stratégiques détenues comme secrètes, une gestion efficace conduit à la mise en place de mesures de sécurité adaptées pour protéger ces dernières contre les menaces internes et externes.
- **Lobbying** : après une analyse approfondie des acteurs du marché permettant d'identifier les enjeux clés, les actions de lobbying peuvent être menées. Il s'agit de la mise en place d'actions visant à influencer l'environnement réglementaire, politique et concurrentiel, et la défense des intérêts de l'organisation auprès des parties prenantes clés.

En définitive, l'IE est un processus de maîtrise et de valorisation de l'information stratégique en collectant de l'information brute dans le but de la transformer en information façonnée, tout en protégeant son patrimoine informationnel.

1.2. Intelligence économique au service de la compétitivité

L'objectif de l'intelligence économique est d'améliorer la compétitivité et la performance des entreprises en adoptant des méthodes de collecte, de traitement et d'analyse des informations stratégiques (Achchab et Harrizi, 2013). Elle induit une nouvelle grille de lecture des menaces et des opportunités liées à la mondialisation. La veille, enjeu clé de l'Intelligence économique, permet non seulement de fournir aux acteurs économiques des informations sur les tendances et les prospectives, mais aussi de maîtriser l'environnement stratégique afin de maintenir ou d'améliorer sa compétitivité (López-Robles et al., 2019). Cette veille permet d'avoir une base puissante d'activités concurrentielles relative au positionnement sur un marché et à la sécurisation des informations (Kekic, 2007).

Ainsi, la veille, qu'elle soit générale ou spécifique, est un élément fondateur du processus d'IE qui consiste à collecter, organiser, analyser et diffuser les informations. Elle est aussi considérée comme une écoute active, un outil d'observation et d'analyse de l'environnement des affaires (Dugoin-Clément, 2021). Elle permet de ne pas se laisser surprendre par les concurrents et d'être à jour sur le marché. Elle implique ainsi un processus constant de détection des signaux environnementaux permettant à l'entreprise de mieux comprendre son environnement concurrentiel, d'anticiper les évolutions et de prendre des décisions plus éclairées pour améliorer sa compétitivité (Cahen, 2011). Cette veille, qu'elle soit stratégique ou tactique, technologique ou concurrentielle, fournit l'information nécessaire aux managers pour la prise de décision (Porter, 1986, Potter, 1998 ; Meddah, 2012). Martnet et Ribaut (1989) distinguent quatre types de veilles stratégiques calquées sur les cinq forces concurrentielles proposées par Poter (1985).

- **La veille technologique** est une activité qui vise à surveiller de manière continue et proactive les développements technologiques, l'innovation, les brevets, les tendances du marché, les concurrents et d'autres sources d'informations pour anticiper les changements, identifier les opportunités et les menaces, et prendre des décisions éclairées en matière de stratégie technologique. Il s'agit d'un processus systématique de collecte, d'analyse et de diffusion d'informations pertinentes et stratégiques sur les avancées, les évolutions et les tendances dans le domaine technologique (Bouchicha et Bouyahiaoui, 2012). Cette veille technologique est essentielle pour les entreprises, les institutions de recherche et tout acteur souhaitant rester compétitif dans un environnement en constante évolution. Elle permet une meilleure anticipation des tendances, une réactivité accrue aux changements et une plus grande capacité d'innovation dans un monde des affaires où la technologie joue un rôle de plus en plus prépondérant.
- **La veille concurrentielle,** également connue sous le nom de veille compétitive, est un processus stratégique et continu qui consiste à surveiller et à analyser les actions, les stratégies, les forces et les faiblesses des concurrents directs et indirects d'une entreprise afin de prendre des décisions éclairées et de maintenir ou d'améliorer sa position concurrentielle sur le marché. Il s'agit d'une pratique qui consiste à collecter, analyser et interpréter des informations sur les concurrents, leur stratégie, leur performance, leurs produits et services, leur position sur le marché, de même que sur les tendances et les évolutions du secteur dans lequel opère l'entreprise. Ces informations permettent de mieux comprendre le paysage concurrentiel, d'anticiper les mouvements des concurrents et de

prendre des décisions stratégiques pour renforcer la position de l'entreprise sur le marché (Poter, 1985). Dans le contexte africain animé par la concurrence des multinationales, ce type de veille est essentiel pour rester compétitif, réactif et agile. En surveillant activement sur les concurrents et en analysant leur comportement, une entreprise peut mieux positionner ses produits, ses services et sa stratégie pour atteindre ses objectifs commerciaux et maintenir un avantage concurrentiel sur le marché.

- **La veille commerciale** est un processus stratégique et continu qui consiste à collecter, analyser et exploiter des informations relatives aux marchés, aux clients, aux produits, aux concurrents et à l'environnement économique dans le but d'optimiser les performances commerciales d'une entreprise. Il s'agit d'une activité qui vise à surveiller, collecter, analyser et diffuser des informations pertinentes sur les tendances du marché, les comportements des consommateurs, les actions des concurrents, les opportunités d'affaires et tout autre facteur influençant les activités commerciales d'une entreprise. L'objectif de ce type de veille est d'améliorer la prise de décision, d'anticiper les évolutions du marché et de développer des stratégies efficaces pour optimiser les performances commerciales. Pour les petites entreprises africaines, cette veille est un outil essentiel pour rester compétitif, anticiper les évolutions du marché et répondre efficacement aux besoins évolutifs des clients. En surveillant de près l'environnement commercial et en exploitant les informations collectées, les petites et moyennes entreprises africaines peuvent prendre des décisions plus éclairées, identifier des opportunités d'affaires et renforcer leur position sur le marché.
- **La veille environnementale** est un processus continu de surveillance et d'analyse des informations relatives à l'environnement naturel, aux réglementations environnementales, aux risques écologiques, aux pratiques durables et à tout autre facteur impactant l'écosystème. Il s'agit d'une stratégie qui consiste à collecter, traiter, analyser et interpréter des données et des informations sur différents aspects environnementaux, tels que la qualité de l'air, de l'eau, des sols, la biodiversité, les énergies renouvelables, les politiques environnementales, les réglementations, les risques écologiques et les pratiques durables. Cette veille est essentielle pour les entreprises africaines qui cherchent à adopter des pratiques durables, à se conformer aux réglementations environnementales nationales et internationales, afin de réduire leur empreinte écologique et d'accéder aux marchés internationaux.

Au-delà de cette veille, le Benchmarking consiste à analyser et expliquer les écarts de performance, et à transposer les meilleures pratiques observées dans l'entreprise. Il évalue comment fonctionnent le concurrent, les facteurs clés de succès, le processus générateur de réduction des coûts, afin de s'approprier des sources de l'avantage concurrentiel des concurrents. Il s'applique à l'intelligence économique elle-même, afin d'identifier les meilleures pratiques en étudiant les pratiques des entreprises les plus performantes. Suite au Benchmarking, il est important d'effectuer une gestion efficace des informations obtenues, afin d'optimiser les connaissances au sein de l'entreprise. Cette optimisation conduit à l'utilisation offensive de l'information dans un but stratégique, afin de transformer l'information brute collectée en information élaborée conduisant à la prise de décisions spécifiques de l'entreprise (Jakobiak, 2004).

De cette analyse précédente, l'intelligence économique est un ensemble d'étapes interconnectées visant à transformer des données brutes en informations exploitables pour soutenir la prise de décision stratégique d'une entreprise. C'est un processus comprenant plusieurs phases telles que :

- **La collecte d'Informations** : Identification des besoins en informations stratégiques, Collecte de données provenant de sources variées (médias, bases de données, réseaux professionnels, etc.), Tri et filtrage des informations pour ne retenir que celles pertinentes aux objectifs de l'entreprise.
- **Analyse des Informations :** Traitement des données collectées, analyse des tendances du marché, des comportements des concurrents, des évolutions réglementaires, évaluation des impacts potentiels des informations sur les activités de l'entreprise.
- **Protection de l'Information :** Sécurisation des données sensibles et stratégiques, mise en place de mesures de protection de la propriété intellectuelle et des savoir-faire, sensibilisation des employés à l'importance de la confidentialité des informations.
- **Diffusion des Résultats** : Communication des analyses aux différentes parties prenantes, utilisation des informations pour orienter les prises de décision stratégique de l'entreprise, diffusion sélective des informations stratégiques au sein de l'organisation pour une meilleure réactivité. La figure 2 présente le circuit de l'IE.

Figure 2 : Circuit de l'intelligence économique

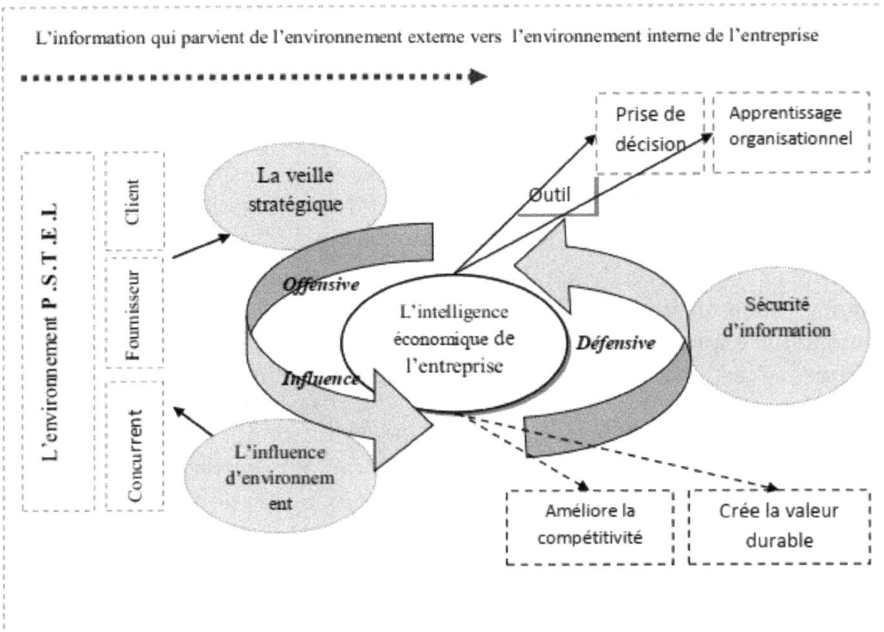

Source *:Elhouari Djamel and Hadjadj Chafia (2020).*

2. Fondement de l'innovation

2.1. Définition et caractéristique de l'innovation

L'innovation se définit comme le processus par lequel de nouvelles idées, produits, services ou méthodes sont développés et mis en œuvre pour créer de la valeur (Schumpeter, 1939, p 85). En faisant la différence entre l'invention considérée comme exogène au domaine économique considéré et l'innovation, Perrin (2001, p. 17) s'appuie sur les connaissances scientifiques et techniques pour montrer que l'innovation est un concept plus large qui dépasse les considérations purement techniques pour considérer un concept économique, commercial ou même financier. Comme le rappellent Barlet et al. (1998), c'est l'existence d'un risque de marché élevé que les innovateurs potentiels supportent dans leurs décisions d'investissement dans les activités de recherche qui différencie l'innovation de l'invention. Selon Schumpeter (1942), l'innovation est à l'origine de la dynamique de changement dans l'économie capitaliste. Le porteur de l'innovation est l'entrepreneur qui introduit dans le processus économique des inventions apportées par le progrès technique ou exploite les potentiels offerts par de nouveaux marchés ou de nouvelles sources de matières premières. Schumpeter distingue cinq classes d'innovations : la fabrication d'un nouveau produit, l'introduction d'une nouvelle méthode de production, l'ouverture d'un nouveau débouché, la conquête d'une nouvelle source de matières premières et la réalisation d'une nouvelle organisation du travail. Il associe ainsi à ces différentes catégories, les formes de rupture initiées par les innovations. Bien qu'intéressants, ces types d'innovations ont une large dimension d'analyse, comme le montre le manuel d'Oslo (2005) pour expliciter les innovations dans une entreprise.

Selon ce manuel, une entreprise innovante est une entreprise qui met en œuvre une innovation pendant une période donnée. Une innovation est ainsi, la mise en œuvre d'un produit (bien ou service) ou d'un nouveau procédé sensiblement amélioré, d'une nouvelle méthode de commercialisation ou d'un nouveau mode d'organisation dans les pratiques d'une entreprise, l'organisation du lieu de travail ou les relations extérieures (OCDE, 2005). La classification d'innovations par catégories préserve le maximum de continuité possible avec la définition de l'innovation technologique de produit et de procédé figurant dans le Manuel d'Oslo (1997). Les innovations de produit et de procédé sont étroitement liées aux concepts d'innovation technologique de produit – qui est le développement d'un produit plus performant dans le but de fournir au consommateur des services objectivement nouveaux ou améliorés – et d'innovation technologique de procédé – qui est l'adoption et la mise en œuvre de nouvelles méthodes de production ou de distribution. Les innovations en termes de marketing et d'organisation élargissent le champ des innovations couvertes par le Manuel d'Oslo (2005) qui distingue quatre catégories : les innovations de produit, les innovations de procédé, les innovations de marketing et les innovations d'organisation.

- **Une innovation de produit** correspond à l'introduction d'un bien ou d'un service nouveau ou sensiblement amélioré au niveau de ses caractéristiques ou de l'usage auquel il est destiné. Pour chaque type de produit, l'innovation de produit est censée augmenter la marge de rentabilité sur la production vendue aux acheteurs actuels et futurs. Elle augmente le prix de vente tout en ajoutant ou en améliorant les fonctions technologiques incorporées dans un produit (Guilhon, 1993).
- **Une innovation de procédé** est la mise en œuvre d'une méthode nouvelle ou sensiblement améliorée de production ou de distribution de biens ou de prestation de services. Ce concept implique des changements significatifs dans les techniques, le matériel et/ou le logiciel. Le but de ces types d'innovation est généralement de réduire les coûts unitaires de production ou de distribution, d'améliorer la qualité, ou de produire ou distribuer des produits nouveaux ou

sensiblement améliorés. L'innovation de procédé abaisse le coût moyen de production et augmente la marge de rentabilité sur la production vendue (Guilhon, 1993).

- **Une innovation de marketing** est la mise en œuvre d'une nouvelle méthode de commercialisation qui comprend des changements significatifs dans la conception ou le conditionnement, l'agencement, la promotion ou la tarification d'un produit. Ces types d'innovations visent à mieux satisfaire les besoins des consommateurs, à ouvrir de nouveaux marchés ou à positionner de manière nouvelle un produit de l'entreprise sur le marché afin d'augmenter les ventes. La mise en œuvre d'une méthode de marketing que l'entreprise n'utilisait pas auparavant constitue un changement fondamental par rapport aux méthodes de marketing déjà pratiquées par l'entreprise. Cette nouvelle méthode peut être développée par l'entreprise innovante ou importée d'une autre entreprise pour être adoptée. Une innovation organisationnelle est la mise en œuvre d'une nouvelle méthode d'organisation dans les pratiques, l'organisation du lieu de travail ou les relations extérieures de l'entreprise.
- **L'innovation organisationnelle** est liée aux aspects humains/managériaux de l'entreprise. Le but de ce type d'innovation est généralement d'améliorer la performance d'une entreprise en réduisant les coûts administratifs ou de transaction en améliorant le niveau de satisfaction au travail, en ayant accès à des biens non commercialisables ou en réduisant les coûts d'approvisionnement.

La distinction entre ces différentes catégories est liée à l'intensité de l'innovation. Cette intensité peut être radicale (majeure) ou incrémentale (mineure). Les innovations radicales font référence à la conception de produits véritablement nouveaux. Elles permettent un changement majeur de l'état de l'art par rapport à la concurrence pour créer de nouveaux marchés et/ou modifier les comportements de consommation. Elles peuvent avoir un caractère radical, voire révolutionnaire, avec un niveau de risque et d'incertitude très élevés (parfois total). À l'inverse, les innovations incrémentales (mineures) désignent l'amélioration des performances de produits existants. Elles ne bouleversent pas les modalités habituelles et l'état de l'art de l'offre sociale, mais apportent une amélioration notable par rapport à ceux-ci (Mohnen, 2019).

Quelle que soit la dimension de l'innovation, elle se caractérise par sa créativité (capacité à générer des idées nouvelles et originales), son application pratique (mises en œuvre de manière concrète), la valeur ajoutée créée (améliorer la performance, répondre à des besoins des clients), etc. Elle suit généralement un processus qui va de la recherche et du développement (exploration de nouvelles idées et technologies) au prototypage et aux tests (évaluation de la viabilité de la nouveauté) et à la commercialisation (mise sur le marché et adoption par les consommateurs). Elle devient ainsi importante pour le marché, car elle permet aux entreprises de se différencier et de rester pertinentes sur le marché, de s'adapter aux changements du marché et aux nouvelles tendances, contribue enfin à l'amélioration de la productivité, de la compétitivité et à la création d'emplois (Mohnen et Hall, 2013 ; González-Blanco et al., 2018 ; Spescha et Woerter, 2019).

En somme, l'innovation est un moteur essentiel du progrès économique et social, intégrant créativité, application pratique et création de valeurs. Elle est indispensable pour répondre aux défis contemporains et pour assurer la pérennité des entreprises et des sociétés.

2.2. De l'intelligence économique à l'innovation au sein des entreprises

L'entreprise innovante doit se tenir informée des technologies disponibles dans son secteur d'activité. Cette technologie recouvre l'ensemble des informations, quelles qu'en soient l'étendue, la complexité jusqu'à son aspect économique. Pour ce faire, l'entreprise innovante applique une veille technologique qui leur permet de rester compétitives et innovantes dans un environnement en constante évolution. Grâce à une surveillance proactive des avancées technologiques, ces entreprises peuvent mieux anticiper les changements et saisir les opportunités qui se présentent. Cette surveillance est indispensable pour les entreprises souhaitant rester en activité dans un environnement dynamique. Aussi, elle leur permet non seulement d'anticiper les évolutions du marché, mais aussi de stimuler l'innovation, de réduire les risques et d'optimiser l'utilisation de leurs ressources.

Il est essentiel, dans ce contexte, de faire preuve d'une vigilance permanente permettant les prises de décision adéquates. À travers cette veille technologique, pilier de l'intelligence économique, l'entreprise identifie les nouvelles technologies, produits et services innovants qui émergent sur le marché. Cette connaissance fine de l'environnement technologique aide l'entreprise à détecter les innovations les plus pertinentes pour son activité (Tsambou et al., 2024).

L'analyse des informations collectées dans le cadre de cette veille permet d'évaluer les opportunités et les menaces liées aux innovations (Hadjadj, 2020). Cette analyse, qui tient compte des aspects techniques, économiques, concurrentiels et réglementaires, permet de prédire ou de mieux comprendre les éventuels impacts des innovations. Cette anticipation est cruciale pour préparer l'adoption de l'innovation de manière stratégique. En outre, la veille et l'analyse des informations permettent de mieux cerner les risques liés à l'adoption d'une innovation (techniques, commerciaux, réglementaires, etc.). Cette meilleure connaissance des risques aide l'entreprise à les prévenir et à les gérer plus efficacement, afin d'orienter les choix stratégiques de l'entreprise en matière d'innovation. L'intelligence économique est un facteur clé dans la capacité d'une entreprise à détecter, évaluer et adopter les innovations les plus adéquates pour accroître sa compétitivité.

Figure 3 : processus de l'IE à la décision d'innovation

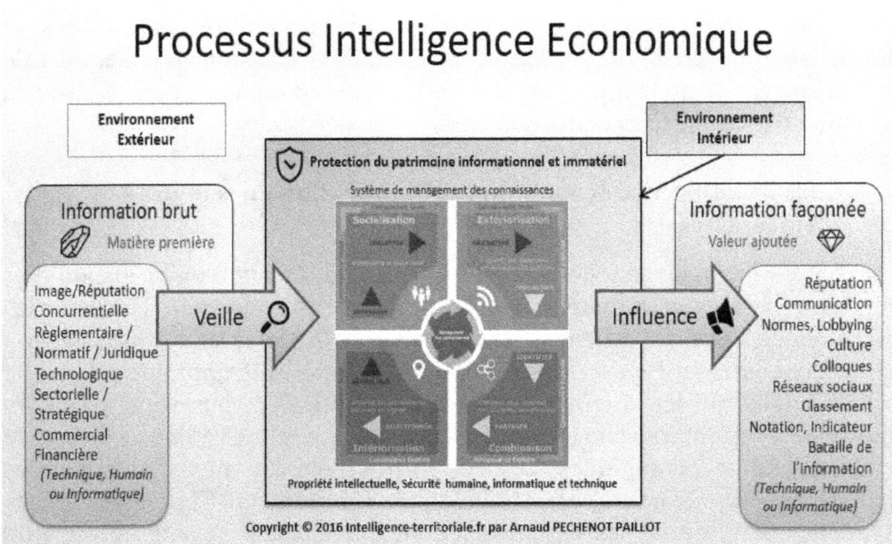

Source : Pechenot Paillot, 2016

3. Canal de transmission de l'intelligence économique à l'adoption d'innovation en entreprise

La relation entre l'IE et l'innovation demeure à un stade embryonnaire dans la littérature économique. Certes, l'innovation peut apporter des avantages concurrentiels, notamment en améliorant la rentabilité, la croissance et la productivité (Tsambou et Fomba, 2021 ; Tsambou et Bibu, 2017), mais l'on pense toujours que le processus d'innovation conduit à des découvertes utiles à l'entreprise (Tsambou et Ndokang, 2017), sans jamais l'associer au processus de l'intelligence économique. L'entreprise étant au cœur du processus d'innovation et du processus de l'intelligence économique, elle fait partie intégrante d'un système économique dans lequel elle interagit avec plusieurs acteurs, comme les consommateurs, les clients, les fournisseurs, les laboratoires, etc. Cette interaction avec les autres parties prenantes la conduit à la recherche d'informations nécessaires pour la prise de décisions efficaces. L'innovation apparaît ainsi comme un choix déterminant qui peut être source de prises de décisions, d'où la contrainte pour l'entreprise innovante de se doter d'un système d'intelligence économique pour l'aider dans sa prise de décision.

3.1. Entreprises innovantes

Suivant la littérature, l'entreprise innovante est à la base des processus d'intelligence économique et d'innovation, en raison de l'analyse de son comportement, de son organisation, de ses conditions d'existence et de ses relations avec le monde extérieur qui est nécessaire. L'entreprise innovante est celle qui choisit de développer ses ressources productives dans le but de fabriquer un produit nouveau à un coût compétitif (innovation de produit) et/ou un produit existant à moindre coût (innovation de procédé) (Lazonick, 1996). Elle est capable d'apprendre afin de saisir avec imagination les opportunités offertes par les technologies et les marchés pour repousser les frontières de la production (OCDE, 1996). Pour ce faire, ces entreprises ont besoin des compétences humaines, des moyens financiers, des liens avec diverses institutions (laboratoires, etc.) ainsi qu'une surveillance attentive de leur environnement, d'où l'importance du processus d'intelligence économique (Haichar, 2022).

Ces types d'entreprises étant attentives à leur environnement peuvent facilement s'approprier des produits, des services ou des procédés développés par d'autres entreprises concurrentes en y apportant juste quelques ajouts, ce qui leur permettra d'économiser des coûts de recherche & développement (R&D) et de réduire leurs investissements budgétaires de production. L'objectif fondamental de maximisation du profit motive ces entreprises à innover en espérant réaliser plus de gains. À côté de ce premier facteur d'incitation, il y a aussi l'existence d'un marché concurrentiel, la taille du marché interne, la disponibilité des informations et des données environnementales (Schumpeter, 1942). Ainsi, la capacité d'innovation dépend du degré de concurrence sur le marché, de la structure des clients et des fournisseurs, du développement technologique et des changements de réglementation, donc l'entreprise doit constamment surveiller pour avoir des idées innovantes à transformer plus tard en produits ou services innovants.

3.2. Intelligence économique et décision d'innovation

Les auteurs travaillant sur l'utilisation des systèmes d'information comme composant d'un système économique intelligent considèrent les systèmes économiques intelligents comme des systèmes de prise de décision et de modélisation. David et Thiery (2002) utilisent dans leur étude un mécanisme plus orienté vers la collecte d'informations provenant de sources externes qui sont anticipatives avant qu'elles ne surviennent pour obtenir un avantage concurrentiel sur les concurrents. Alors que Pokrovskaia et al.,

(2016) proposent d'utiliser le processus d'intelligence économique pour développer un système d'information global dédié à l'aide à la décision, principalement la fonction de recherche et l'accès à l'information. Un processus reposant sur la création d'entrepôts de données ou une base de données multidimensionnelle qui puise ses sources dans des bases de données opérationnelles. En s'appuyant sur les entreprises énergétiques, Peguiron (2006) utilise une approche globale qui prend en considération la culture d'entreprise et les relations humaines afin de démontrer l'impact de l'IE sur l'innovation. Dans le même ordre d'idée, certains examinent la contribution de l'intelligence économique à la compétitivité des entreprises.

L'un des éléments clés de la démarche d'intelligence économique de l'entreprise innovante est la veille technologique, qui consiste à étudier l'environnement technique, scientifique et technico-économique afin d'identifier les opportunités et les risques. Ce qui permet à l'entreprise d'avoir un maximum d'informations pour une gestion efficace. Cette veille permet aussi de réunir tous les outils nécessaires pour identifier les avancées technologiques qui pourraient affecter de manière significative la production des biens. Cette veille technologique est la plus importante dans le secteur industriel où les entreprises doivent préserver leurs avancées technologiques pour éviter que leurs concurrents ne les dépassent. À travers cette veille technologique, l'entreprise renforce sa capacité d'innovation par de nouvelles initiatives (Julien, 2003).

4. L'intelligence économique contribue au succès de l'innovation

Avec le développement des TIC, la richesse n'est plus seulement matérielle, mais elle est aussi immatérielle et portée par la connaissance (Pinte, 2004). Ainsi, la compétitivité des entreprises est désormais conditionnée par leur capacité à gérer l'information disponible en interne et en externe pour prendre des décisions capables de garantir leur pérennité. À cet égard, l'intelligence économique offre cet avantage à l'entreprise de répondre à ses besoins d'information à partir de sources formelles ou informelles avec une approche claire et transparente. Ceci dépend ainsi de la capacité d'absorption de l'entreprise à utiliser efficacement ces informations, les données et l'expertise de son environnement et à les intégrer dans son système de production (Cohen et Levintal, 1990). Ainsi, l'intelligence économique est un levier essentiel pour soutenir l'innovation au sein des entreprises. En fournissant des informations stratégiques, en réduisant les risques et en facilitant la collaboration, l'IE facilite la prise de décision et permet aux entreprises de développer de nouveaux produits, services et processus afin de répondre efficacement aux besoins du marché et de rester compétitives. Dans un environnement africain en constante évolution, l'intégration de l'intelligence économique dans le processus d'innovation devient impérative pour assurer la pérennité et la croissance des entreprises.

L'intelligence économique soutient l'innovation à travers l'identification des opportunités de marché (repérer les évolutions du marché et les nouvelles tendances, anticiper les besoins des consommateurs, etc.), l'inspiration pour le développement de nouveaux produits (veille technologique et analyse des bonnes pratiques), l'amélioration des processus internes (optimisation des opérations et adoption de nouvelles technologies), la facilitation de la collaboration et des partenariats (réseautage et alliances stratégiques), la réduction des risques associés à l'innovation (évaluation des menaces et scénarios d'anticipation) et de mettre les initiatives d'innovation en phase avec la vision et les objectifs globaux de l'entreprise.

5. conclusion

L'objectif de cet article est de décrire le canal de transmission de l'intelligence économique à l'adoption d'innovation dans les entreprises. L'intelligence économique joue un rôle crucial dans la stimulation des décisions d'innovation au sein des entreprises. Elle permet de collecter, analyser et interpréter des informations pertinentes sur l'environnement concurrentiel, les tendances du marché, les avancées technologiques et les besoins des consommateurs. Cette veille stratégique fournit aux entreprises des données essentielles pour identifier des opportunités d'innovation et anticiper les évolutions du marché. En intégrant cette approche dans leur processus de prise de décision, les entreprises renforcent leur capacité à innover afin de rester compétitives sur le marché.

De nos analyses, il ressort que l'interrelation entre l'intelligence économique et l'innovation en entreprise est désormais un facteur clé de succès dans un environnement économique dynamique et compétitif. L'intelligence économique, en tant que processus systématique de collecte et d'analyse d'informations stratégiques, permet aux entreprises d'anticiper les tendances du marché, d'identifier de nouvelles opportunités et de réduire les risques associés à l'innovation. En intégrant l'intelligence économique dans leurs stratégies, les entreprises peuvent non seulement inspirer le développement de nouveaux produits et services, mais aussi optimiser leurs processus internes et renforcer leur position concurrentielle. La veille technologique, l'analyse des comportements des consommateurs et l'évaluation des pratiques des concurrents sont autant d'outils qui permettent aux entreprises de rester à la pointe de l'innovation.

De plus, l'intelligence économique favorise la collaboration et les partenariats, essentiels dans le cadre d'une innovation ouverte, où le partage de connaissances et d'expertises peut mener à des solutions plus créatives et efficaces. En se dotant d'une culture d'intelligence économique, les entreprises se préparent à relever les défis futurs et à saisir les opportunités qui se présentent. Ainsi, la transition de l'intelligence économique vers l'innovation est une démarche stratégique qui, lorsqu'elle est bien exécutée, peut transformer les informations en un véritable levier de croissance et de succès durables. Cela signifie pour ces entreprises non seulement de s'adapter aux évolutions du marché, mais aussi d'anticiper, en faisant de l'innovation une réalité continue et intégrée dans leur stratégie managériale.

Références bibliographiques

Achchab, B., & Harrizi, D. (2013). Les défis de l'intelligence économique au Maroc. *La Revue Gestion et Organisation*, *5*(2), 130-137.

Barlet C., Duguet E., Encaoua D. et Pradel J. (1998), « The Commercial Success of Innovations: An Econometric Analysis at the Firm Level in French Manufacturing", *Annales d'Économie et de Statistique*, n 49/50, pp. 457-478.

Bernard Besson et Jean-Claude Possin (1997). L'audit d'intelligence économique, Mettre en place et optimiser un dispositif coordonné d'intelligence économique, Dunod, 2e édition.

Cahen, P. (2011). *Signaux faibles mode d'emploi, Déceler les tendances, Anticiper les ruptures.* Éditions d'Organisation.

Chesnais, J. C. (1985). Progrès économique et transition démographique dans les pays pauvres : trente ans d'expérience (1950-1980). *Population (french edition)*, 11-28.

Cohen.W., Levinthal, D. A, (1990), « Absorptive capacity: A new perspective on learning and innovation ». Administrative science quarterly, 35(1), 128-152.

Conesa, P. (2003). « L'intelligence économique et stratégique : la diplomatie d'influence au service de la guerre économique, Revue internationale et stratégique ». 4 (52), 153-160.

David, A., & Thiery, O. (2002). Application of « EQuA2te » Architecture in EconomicIntelligence. Information and Communication Technologies Applied to EconomicIntelligence-ICTEI, 32.

Dugoin-Clément, C. (2021). L'influence comme lien entre géopolitique et intelligence économique en Afrique : étude de cas de l'influence russe au Sénégal et à Madagascar. *Revue internationale d'intelligence économique*, *13*(1), 37-52.

Hadjadj, C. (2020). *Étude de l'impact de l'intelligence économique sur la performance et la compétitivité de l'entreprise en Algérie* (Doctoral dissertation).

Haichar, M. (2022). The relationship between Economic intelligence and Innovation. *Journal of Social Science and Organization Management*, *3*(2), 1-14.

González-blanco, j., Coca-pérez, j. l. & Guisado-gonzález, M. 2019. Relations between technological and non-technological innovations in the service sector. *The Service Industries Journal,* 39, 134-153.

Guilhon A. (1993), « Étude de la relation entre le changement organisationnel et l'investissement intellectuel dans les PME », Thèse de Doctorat de l'Université de Montpellier I, octobre 1993.

Jean-Louis Levet et Robert Paturel (1996), L'intégration de la démarche d'intelligence économique dans le management stratégique, Acte de la Ve conférence de l'Association Internationale de Management stratégique, Lille, 13-15 mai 1996, 20 p., pages 6-7.

Kekic, L. (2007). The Economist Intelligence Unit's index of democracy. *The Economist, 21*, 1-11.

López-Robles, J. R., Otegi-Olaso, J. R., Gómez, I. P., &Cobo, M. J. (2019). 30 years of intelligence models in management and business: A bibliometric review. *International journal of information management, 48*, 22-38.

Meddah, N. (2012). *Une démarche d'IE dans mon entreprise.* Directe Lorraine.

Mohnen, P. (2019). R&D, innovation and productivity. United Nations University-Maastricht Economic and Social Research Institute ....

Mohnen, P. et Hall, B. H. (2013). Innovation and productivity: An update. *Eurasian Business Review,* 3, 47-65.

Peguiron, F. (2006). Application de l'Intelligence économique dans un Système d'Information stratégique universitaire : les apports de la modélisation des acteurs (Doctoral disser-tation, Université Nancy 2).

Pokrovskaia, N., Snisarenko, S., & Golohvastov, D. (2016, April). Institutional confidence and economic intelligence are needed for performance at macro and micro-networks in the International Conference on Management, Leadership, and Governance (pp. 255-263).

Potter, E. H. (Ed.). (1998). *Economic Intelligence and national security.* McGill-Queen's Press-MQUP.

OCDE. (2005), Oslo Manual, Guidelines for Collecting and Interpreting Innovation Data, Paris, OCDE and Eurostat.

Organizational Intelligence: Knowledge and Policy in Industry and Government », *American sociological Review*, février 1968

Schumpeter J. (1942), *Capitalism Socialism and Democracy*, New York, Harper.

Schumpeter J. (1939), *Business Cycles : A Theoretical, Historical and Statistical Analysis of the Capitalist Process*, 2vols, McGraw-Hill, New York. tel-00872661, version 1 — 14 oct. 2013, p.296.

Spescha, A. & Woerter, M. (2019). Innovation and firm growth over the business cycle. *Industry and innovation,* 26, 321-347.

Tsambou 2, A. D., Ballo, Z., Bouthaina, F., & Chkoundali, R. (2024). Innovation managériale comme un levier de la compétitivité des entreprises dans les pays d'Afrique subsaharienne francophone 1. *Marché & organisations*, (2), 47-87.

Tsambou, A.D., Ndokang, E.L. (2017), Cameroon: Innovations and ICT and Their Combined Performance Effects on Small, Medium, and Micro-sized Enterprises, in Management Challenges in Different Types of African Firms, Springer, Singapore, 165-186.

Tsambou, A.D., Bibu, N. (2017), A Comparative Analysis of the Determinants of Innovation Behaviour Between Cameroon, Cote d'Ivoire and Senegal, Revista de Management Comparat International, 18(3), 234-259.

Tsambou, A.D., FombaKamga, B. (2021), Adoption d'innovations et productivité des entreprises en Afrique subsaharienne francophone : cas du Cameroun, de la Côte d'Ivoire et du Sénégal, Revue d'économie industrielle, 107-160, https:// doi.org/10.4000/rei.9920.

Tsambou, A.D., FombaKamga, B. (2023), Adoption des Politiques de Protection de l'Environnement et performance des Entreprises camerounaises, Canadian Journal of Agricultural Economics/Revue canadienne d'agroéconomie, 71(1), 89-117, https://doi.org/10.1111/cjag.12330

Wilensky, H. L. (1967). *Organizational intelligence: Knowledge and policy in government and industry* (Vol. 19). Quid Pro Books.

Section 7 :

Rôle médiateur de l'innovation sous le prisme de l'intelligence économique et la performance des nouvelles start-ups

Zinsou Daniel NAKOU
et
Serge Francis SIMEN NANA

Introduction

Dans un environnement hautement concurrentiel, dynamique et volatil, les entreprises doivent faire des efforts pour recueillir les informations nécessaires afin d'améliorer leurs décisions (Foster et al., 2015). Ces auteurs indiquent que cela peut être un défi pour toutes les entreprises, mais plus particulièrement pour les start-ups qui tentent de pénétrer un marché. À ce titre, l'intelligence économique (IE) a attiré l'attention parce que nous disposons d'une quantité croissante d'informations disponibles par le biais de moyens électroniques d'acquisition, de traitement et de communication qui peuvent être utilisés comme base pour les pratiques de renseignement. Une autre raison est due au contexte de grands changements politiques et sociaux à l'échelle mondiale, à la concurrence mondiale accrue de concurrents nouveaux ou plus agressifs et aux changements technologiques rapides qui nécessitent une meilleure utilisation de l'information (Nasri, 2012). En tant qu'entreprise à part entière, les start-ups s'efforcent de conquérir leur place sur le marché et de croître, tout en développant des avantages concurrentiels pour survivre. Il faut noter qu'une petite entreprise n'est pas une version réduite d'une grande entreprise. Il existe des différences en termes de structures, de ressources disponibles, de pratiques de gestion, de réponse à l'environnement et de la manière dont elles se positionnent sur le marché (Man et al., 2002).

Afin de permettre aux consommateurs d'agir immédiatement sur les informations, l'IE s'efforce de collecter des données et de les traduire en tendances et en visuels (Orji et al., 2023). De ce fait, dans le processus d'IE, l'information est acquise, traitée et présentée sous une forme utile et constitue également la base des pratiques de veille des start-ups (Ariyarathna & Peter, 2019). Cependant, la théorie des ressources (RBV) notifie que, pour développer et maintenir des avantages concurrentiels, les entreprises doivent utiliser leurs actifs physiques, leurs actifs humains et leurs actifs organisationnels, qui sont en grande partie intangibles (Lonial & Carter, 2015 ; Molina et al., 2004). Un concept important de cette théorie est que les entreprises qui contrôlent des ressources précieuses et rares ont la capacité de créer un avantage concurrentiel, de plus, si ces ressources sont difficiles à imiter ou à remplacer (Wiklund & Shepherd, 2011). L'IE peut être ainsi considérée comme l'un de ces atouts qui doivent être développés et utilisés comme un outil pouvant aider et avoir une grande valeur pour la collecte, l'analyse et la diffusion d'informations pour soutenir de meilleures décisions.

Dans cette recherche, nous examinons les caractéristiques de l'IE, qui est considérée comme une construction multidimensionnelle évaluant plusieurs aspects, soit l'exhaustivité intrasectorielle, l'analyse intersectorielle, la formalité de l'IE et l'utilité perçue. Les deux premiers concernent les aspects externes de l'intelligence et les deux autres, la structure interne et l'utilisation de l'information. Cette combinaison peut nous donner une compréhension des efforts de renseignement pour soutenir la décision.

La capacité d'innovation est un autre concept clé lié au succès de l'entreprise. Cette recherche a également étudié la collecte de connaissances par le biais de l'apprentissage en réseau. Par conséquent, pour stimuler l'acquisition de ressources immatérielles, il est important d'interagir avec des acteurs qui possèdent des connaissances techniques ou non techniques. Enfin, l'estimation de la relation existante entre les performances et ces concepts est réalisée, puisque tous ces processus aident les dirigeants à s'aligner efficacement sur l'environnement et à améliorer les performances (Knight et al., 2018 ; Mishiy et al., 2019). Toutefois, peu d'études ont fait état de résultats relatifs à l'IE dans les petites entreprises. C'est pourquoi ce chapitre cherche à élargir la théorie de l'IE en examinant divers aspects de l'IE dans les start-ups. Contrairement à la perspective technologique traditionnelle, une perspective managériale considère l'IE comme une approche importante (Martinez et al., 2019).

Actuellement, le succès des entreprises est principalement lié à l'adoption d'innovations, en particulier d'innovations dans le contexte des technologies de l'information (Haseeb et al. 2019 ; Basole et al. 2013 ; Wu et al., 2015). Selon Gris (2001) et Hugues (2016), chacune de ces innovations technologiques émergentes améliore et met à niveau les activités commerciales globales des entreprises (Kusuma et al. 2020). Ainsi, la littérature explique la nature de la relation entre l'innovation et l'IE. De ce fait, l'IE concerne l'utilisation de l'information pour une meilleure prise de décision, susceptible d'affecter les actions innovantes d'une entreprise. De plus, un meilleur accès à l'information ne se traduit pas nécessairement par une efficacité et une performance commerciale accrues. La manière dont ces informations sont utilisées par les entreprises est plutôt primordiale

(Ariyarathna et Peter, 2019). Par conséquent, l'innovation est censée faciliter la recherche de nouvelles opportunités en fournissant une gamme de nouveaux services ou produits sur le marché. La réussite de ces activités améliorera et affectera probablement la performance de l'entreprise (Caseiro & Coelho, 2018). En outre, les entreprises dotées d'une plus grande capacité d'innovation seraient capables de répondre et de satisfaire efficacement les besoins des clients et de développer les capacités souhaitables qui leur permettraient d'obtenir une rentabilité supérieure et de meilleures performances.

Dans la littérature sur l'entrepreneuriat et la stratégie, l'innovation est souvent citée comme ayant un effet positif sur la performance. Pourtant, selon Wiklund et Shepherd (2011, p.929), « la majorité des recherches sur le sujet supposent implicitement que l'innovation procure d'une manière ou d'une autre un avantage à l'entreprise ». Plusieurs études suggèrent une relation entre l'innovation et les aspects de performance ou de performance, mais, selon Wang (2008), le simple examen de la relation directe innovation-performance fournit une image incomplète. La nécessité de contrôler les facteurs internes et externes qui peuvent influencer cette relation est considérée comme une voie de recherche importante et différentes études tentent d'explorer différents facteurs (Gunawan et al., 2016 ; Real et al., 2014 ; Shirokova et al., 2016 ; Wang, 2008 ; Wiklund & Shepherd, 2003). Étant donné que l'innovation peut être considérée comme la capacité d'une bonne performance, ou la génération et le maintien d'avantages compétitifs (Guzmán et al., 2012), nous utilisons ce concept, car il transmet les aspects de performance et la capacité à rivaliser, nécessaires à la survie d'une start-up.

L'innovation (Covin & Miller, 2014) semble être plus cohérente avec le domaine de l'expérimentation et des nouveaux marchés de produits, une posture habituelle des start-ups, qu'avec le raffinement des routines et des marchés de produits existants, plus cohérent avec les entreprises établies (Wiklund & Shepherd, 2011).

Quelques études antérieures (Wanda et Stian, 2015) ont réussi à établir un lien entre la performance métier et l'IE. Cependant, les recherches sur la relation entre la performance et l'IE dans les nouvelles entreprises sont encore limitées, en particulier au Bénin. Par conséquent, cette interrelation est suggérée comme étant importante en raison des actions et des changements qui en résultent par les entreprises pour agir conformément aux changements environnementaux et aux nouvelles opportunités (Hernández et al., 2018).

Il existe un manque d'études sur le lien entre l'intelligence économique et la performance de nouvelles start-ups, malgré le fait que l'IE soit l'une des tendances en plein essor que les grandes entreprises ont adoptées pour soutenir les opérations de gestion (Khder et al., 2021). Les directeurs des systèmes d'information ont fait des systèmes d'IE une priorité majeure, mais Wieder&Ossimitz (2015) ont constaté que l'on sait peu de choses sur la manière de gérer avec succès ces systèmes après leur adoption. Par conséquent, les start-ups doivent évaluer leurs systèmes d'IE. Cependant, il existe une lacune particulière dans les pratiques d'IE qui nécessite une attention particulière après avoir utilisé le système d'IE pendant un certain nombre d'années, compte tenu de plusieurs conversations avec des collègues spécialisés dans la maintenance du système d'IE, ainsi que d'une évaluation collaborative incluant les cadres supérieurs. Une autre lacune est liée à un manque de recherche sur l'adoption de l'IE et la performance des start-ups dans le contexte des pays en développement, en particulier le Bénin. La qualité de la prise de décision stratégique à tous les niveaux de gestion peut être considérée comme un avantage concurrentiel clé. Toute lacune dans l'un d'entre eux aura un impact sur l'ensemble de l'entreprise. Cette lacune est liée à l'impact du système d'intelligence économique sur cette qualité. La présente recherche tente donc de combler ces lacunes. Ainsi, la question qui guide cette recherche est la suivante : comment l'innovation renforce-t-elle la relation entre l'intelligence économique et la performance des nouvelles start-ups ?

Toutefois, pour tenter d'atteindre des performances supérieures, les start-ups sont confrontées à plusieurs défis. Elles doivent continuellement renouveler leurs capacités et leurs ressources en réponse aux changements environnementaux et également gérer un ensemble de compétences existantes en termes de succès récents (Caseiro & Coelho, 2019). Un autre défi mentionné dans la recherche sur l'entrepreneuriat est de développer une compréhension de la performance des start-ups.

Cette recherche vise à apporter deux contributions principales à la littérature. Étant donné le manque de recherche sur les études de l'IE et les petites entreprises (y compris les start-ups) (Hoppe, 2015), nous essayons de faire progresser la théorie en explorant certains aspects de l'IE dans les start-ups. Comme indiqué ci-dessus, il est nécessaire de mener des recherches qui explorent l'influence des facteurs internes ou externes sur la relation entre l'IE et la performance, mais il n'existe aucune preuve de recherche concernant l'IE comme facteur pouvant avoir un impact sur l'innovation des start-ups dans la littérature existante. Par conséquent, cette recherche tente d'explorer les relations entre ces constructions, soit par l'influence directe de l'IE sur la performance des start-up, soit par l'effet médiateur de l'innovation sur cette relation.

Cependant, ce chapitre examine le rôle médiateur de l'innovation dans la relation entre l'IE et la performance de nouvelles start-ups béninoises. La taille de l'échantillon de convenance comprend la distribution des questionnaires à 210 répondants permettant d'obtenir les informations requises pour des analyses plus approfondies. Ainsi, l'analyse de nos données a fait appel à la technique de modélisation de chemin en raison de la nature exploratoire de la recherche. Les résultats obtenus ont indiqué que les chemins sont significatifs à une valeur p inférieure à 0,05 et ces résultats sont utiles aux décideurs politiques et aux chercheurs pour formuler la politique concernant l'IE, l'innovation et la performance des start-up au Bénin.

Pour atteindre nos objectifs, l'ossature de ce chapitre est structurée comme suit : 1) La revue de littérature synthétise les recherches antérieures sur l'innovation, l'IE et la performance des start-ups comme base pour proposer une série d'hypothèses sur l'influence de l'IE sur la performance et l'effet médiateur de l'innovation, 2) La démarche méthodologique adoptée présente les données et la méthode utilisées pour analyser empiriquement les hypothèses développées dans la littérature sur un échantillon de start-ups béninoises, 3) Les résultats sont exposés, et 4) Les résultats sont discutés et nous présentons certaines limites de la recherche puis nous indiquons quelques pistes de recherche futures.

1. Revue de littérature et formulation des hypothèses

Cette section clarifie les concepts clés de la recherche, récapitule les conclusions des travaux antérieurs conduisant à la formulation des hypothèses et propose notre modèle théorique.

1.1. Clarification des concepts

i. Innovation

L'innovation montre la tendance d'une entreprise à soutenir et à s'engager dans des processus d'expérimentation, de création et de nouvelles idées, qui aboutissent à la création de nouveaux produits, processus technologiques et services (Steel et al., 2019). Dans le contexte de l'entrepreneuriat, l'innovation est le niveau de « nouveauté » que les entreprises mettent en œuvre sur le marché. Cependant, une fois établies avec succès, les start-ups rivalisent avec leurs concurrents sur le marché en offrant à leurs clients de nouveaux avantages ou en apportant des améliorations significatives aux avantages existants (Dias & Ferreira, 2019). Sur la base d'une revue de la littérature, il est indiqué qu'une performance innovante est un moteur clé pour stimuler d'autres aspects de la performance organisationnelle et encourager également la mise en œuvre de la dynamique d'apprentissage dans l'organisation (Guttentag, 2017). À cet égard, il existe deux perspectives de l'innovation de l'entreprise : selon la première perspective, l'innovation peut être utilisée comme une construction comportementale, ce qui explique le taux d'adoption par l'entreprise d'idées et de produits innovants. Au contraire, la deuxième perspective dénote la volonté d'une entreprise de changer (Jun et al., 2020). La capacité d'innovation d'une entreprise peut utiliser efficacement les ressources disponibles et apporter des améliorations à sa valeur potentielle et à son efficacité. De plus, cela contribue au développement de nouveaux actifs incorporels au sein des entreprises. Dans leur étude, Akgün et al. (2019) ont identifié la capacité d'innovation comme un facteur déterminant pour réussir et survivre sur le marché. Cependant, une plus grande innovation peut stimuler la création de valeur et permettre aux entreprises de développer de nouvelles capacités pour répondre aux besoins des clients et atteindre de meilleures performances et rentabilité dans un environnement en évolution rapide, compétitif et de plus en plus complexe (Jun et al., 2020, p.19). De nombreuses études antérieures ont également signalé la capacité d'innovation comme un déterminant clé de la performance de l'entreprise (Caseiro & Coelho, 2018 ; Jun et al., 2020). Les entreprises dotées de la capacité d'innovation nécessaire pour créer de nouvelles technologies et de nouveaux produits sont susceptibles d'obtenir des performances économiques meilleures et améliorées (Hernández et al., 2018).

ii. Intelligence économique

Le mot « intelligence économique » (IE) désigne un certain nombre de techniques de gestion de l'information et d'activités de recherche d'information, ainsi que les informations qui résultent de ces actions (Wieder&Ossimitz, 2015). Pour ces auteurs, l'IE est un mot large qui englobe les infrastructures, les outils, les bases de données, les outils analytiques, les applications et les processus pour permettre un accès interactif aux données, permettre la modification des données et fournir aux chefs d'entreprise et aux analystes la capacité d'effectuer des analyses appropriées.

L'IE est alors un système qui permet aux consommateurs de comprendre la signification des informations actuelles sur l'entreprise en les présentant d'une manière simple à utiliser (Quaddus&Woodside, 2015). Elle est définie comme une technologie composée de systèmes et de procédures utilisés pour transformer des données brutes en informations évocatrices et pratiques significatives. (Gurcan et al., 2023). Ces informations permettent une analyse réussie d'une entreprise et de son environnement concurrentiel. L'IE est également décrite comme une méthode et un produit pouvant être utilisés pour créer des données utilisables permettant aux entreprises de prospérer dans l'économie mondiale et de prédire les actions de l'environnement commercial (Chen & Lin, 2021).

Bien que les développements technologiques récents ont orienté la recherche en IE, le concept n'est pas nouveau (Shollo, 2010). Certains auteurs évoquent une longue histoire de plus de 2 000 ans (Dishman&Calof, 2008 ; TejAdidam et al., 2012). Il emprunte des éléments et des processus à l'armée, à l'administration gouvernementale, à l'administration des affaires, au marketing, à l'économie et, dans une certaine mesure, aux cultures axées sur le renseignement (Maune, 2014). L'IE est un terme générique qui recouvre différentes activités, processus et technologies de collecte, de stockage et d'analyse d'informations pour améliorer la prise de décision (Wanda et Stian, 2015). Il s'agit d'une initiative vaste et complexe qui a été définie et discutée différemment par plusieurs auteurs et qui ne fait donc pas l'objet d'une définition unanime (Lukman et al., 2011).

Dans le domaine du management, le concept a été étudié sous différents titres (TejAdidam et al., 2012). Certains auteurs utilisent le concept d'IE pour exprimer le concept de « veille environnementale », qui se concentre sur la manière dont les managers « scrutent » l'environnement de leur organisation ; d'autres font référence à la veille ou à l'analyse concurrentielle (Berndtsson et al., 2015 ; Dishman&Calof, 2008 ; Shollo, 2010 ; Wright & Calof, 2006) davantage axée sur les concurrents, leurs forces, leurs faiblesses et leur comportement ; tandis que d'autres recherches mentionnent la veille technologique orientée vers la dynamique technologique (Hannula&Pirttimäki, 2003 ; Pellissier&Nenzhelele, 2013 ; TejAdidam et al., 2012).

Les organisations doivent assumer une plus grande responsabilité quant à l'impact environnemental de l'informatique en raison des développements informatiques actuels (Al-Okaily et al., 2023). Selon Delen et al. (2018), l'objectif principal de l'IE est de convertir les données en informations pertinentes et significatives pour les entreprises et les décideurs de telle sorte qu'ils « n'ont pas besoin de s'appuyer sur leurs intuitions, leurs suppositions ou leurs expériences », ce qui donne des informations au décideur. Selon Sharda et al., (2014), l'IE est une pile utilisée pour permettre la collecte, l'analyse, l'affichage et la diffusion d'informations commerciales (Alawadhi et al., 2022 ; Foud-Ali et al., 2022 ; Hassan et al., 2022). Cependant, les solutions de surveillance d'IE permettent aux entreprises de suivre l'information en temps réel. Enfin et surtout, l'outil d'IE aide à prédire les résultats potentiels des données commerciales disponibles sur les tendances du secteur (Gauzelin & Bentz, 2017).

Depuis de nombreuses années, l'IE est une préoccupation majeure des directeurs informatiques et, par conséquent, le marché des produits logiciels d'IE n'a cessé de se développer. L'analyse commerciale et la gestion du Big Data, deux tendances d'IE émergentes récemment, ont également contribué à l'expansion continue du marché des logiciels d'IE (Wieder&Ossimitz, 2015). Afin d'acquérir des avantages concurrentiels, les entreprises ont investi des sommes importantes dans les systèmes d'IE au cours des dix dernières années (Kulkarni et al., 2017). Donner à la direction la capacité d'extraire des données pour obtenir des informations commerciales pouvant être utilisées pour soutenir les décisions opérationnelles et tactiques est l'objectif de l'analyse d'IE (Sharda et al., 2014). L'entreprise sera en mesure de prendre de meilleures décisions avec une compréhension complète de ces choix grâce à l'IE (Popovič et al., 2012). Cela augmentera l'efficacité opérationnelle et les revenus tout en augmentant la satisfaction des parties prenantes et des clients.

Par conséquent, les systèmes d'IE sont des outils technologiques de pointe nés des récents progrès de la science des données et de l'informatique. Ces progrès ont été motivés par le désir organisationnel de réduire l'écart décisionnel et de devenir plus compétitif dans l'économie mondiale. La valeur d'un système d'IE découle de sa capacité non seulement à collecter et à rapporter des données, mais également à transformer ces données et informations en connaissances pertinentes pouvant aider à la prise de décision.

iii. Performances des start-ups

La performance fait référence à la capacité d'atteindre les objectifs de l'entreprise (Gerschewski & Xiao, 2015). Selon cet auteur, il existe diverses perspectives de performance organisationnelle, telles que les périodes (court ou long terme), les critères (employés contre actionnaires, profit contre part de marché), etc. Les études précédentes ont proposé trois approches différentes pour mesurer la performance d'une organisation, à savoir i) la performance financière, ii) les dimensions opérationnelles et financières, et iii) l'efficacité organisationnelle. La première approche est un indicateur de performance basé sur les résultats. Cependant, il s'agit d'un concept limité pour évaluer la performance de l'entreprise. La deuxième approche couvre les dimensions de la performance opérationnelle et financière en intégrant des mesures non financières, telles que l'introduction de nouveaux produits, la part de marché, les résultats des processus internes et l'efficacité du marketing. Tous ces facteurs opérationnels contribuent à la performance financière de l'entreprise, tandis que la troisième, et la plus large approche de conceptualisation de la performance, est l'efficacité organisationnelle. Les mesures couramment utilisées pour déterminer l'efficacité globale ou l'efficacité organisationnelle comprennent la performance globale perçue, la réalisation des objectifs, la réputation et la survie de l'entreprise.

1.2. Relation entre IE, innovation et performance des start-ups : base d'hypothèses

Le niveau de réussite de l'entreprise peut être compris en analysant les performances de l'entreprise. Par conséquent, chaque organisation vise à analyser ses performances découlant de ses processus métiers internes (Luppi et al., 2019). Quelques études antérieures (Wanda & Stian, 2015 ; Coetzee & Mearns, 2020) ont réussi à établir un lien entre la performance métier et la business intelligence (résultat ou connaissance d'IE). Cependant, les recherches sur la relation entre performance et business intelligence dans les nouvelles entreprises sont encore limitées. Par conséquent, cette interrelation est suggérée comme étant importante en raison des actions et des changements qui en résultent qui sont effectués par les entreprises pour agir conformément aux changements environnementaux et aux nouvelles opportunités (Hernández et al., 2018). Pour tenter d'atteindre des performances supérieures, les entreprises sont confrontées à plusieurs défis. Ils doivent continuellement renouveler leurs capacités et leurs ressources en réponse aux changements environnementaux et également gérer un ensemble de compétences existantes en termes de succès récents (Caseiro & Coelho, 2019). Par conséquent, l'hypothèse H1 est formulée.

H1 : L'intelligence économique affecte significativement la performance des start-ups.

L'innovation fait référence à la mesure dans laquelle une entreprise adopte et s'engage dans l'expérimentation, la créativité et les nouvelles idées aboutissant à la création de nouveaux processus, produits et services. Elle est considérée comme un aspect culturel d'une entreprise, qui l'aide à réussir et à survivre dans un contexte incertain (Steel et al., 2019 ; Jun et al., 2020). Dans leur étude, Caseiro et Coelho (2018) considèrent l'innovation comme une activité pouvant être contrôlée par la direction. Dans une autre étude, ils la considèrent plutôt comme un processus d'engagement dans des processus créatifs et d'expérimentation, qui peuvent mener à des processus technologiques, de nouveaux produits ou services. Les actions des entreprises peuvent également être motivées et dépendantes de facteurs externes, tels que la législation du gouvernement, la demande des clients et les actions des concurrents (Caseiro & Coelho, 2018). Ainsi, Jun et al. (2020) ont mentionné que la relation entre l'apprentissage organisationnel et l'innovation est d'une importance significative, et que les connaissances préalables existantes aident à développer une compréhension des conditions du marché, la création de nouveaux produits et idées, et de nouvelles technologies (Mennens et al., 2018). Ils ont en outre fait valoir qu'une capacité d'innovation plus élevée améliore la capacité d'une entreprise à répondre rapidement et efficacement aux défis environnementaux. Dans une autre étude, Liu & Atuahene (2018) affirment que les entreprises qui possèdent la capacité d'exploiter et de transformer les connaissances expliquent leur niveau d'innovation, comme la capacité des entreprises à introduire de nouveaux produits et des méthodes de résolution de problèmes pour répondre à la demande du marché dans un minimum de temps possible. La littérature décrit la nature de la relation entre l'innovation et l'IE. Par conséquent, l'IE concerne l'utilisation de l'information pour une meilleure prise de décision, susceptible d'affecter les actions innovantes d'une entreprise. De plus, un meilleur accès à l'information ne se traduit pas nécessairement par une efficacité et une performance commerciale accrues. La manière dont ces informations sont utilisées par les organisations est plutôt primordiale (Ariyarathna & Peter, 2019). Ainsi, l'acquisition d'informations et leur meilleure utilisation peuvent avoir un impact positif sur l'innovation. En conséquence, l'hypothèse H2 est proposée.

H2 : Il existe une relation positive entre l'intelligence économique et l'innovation dans les start-ups.

L'innovation fait référence au degré auquel une entreprise s'engage et adopte de nouvelles idées, des nouveautés, des expérimentations et de la créativité qui peuvent conduire à de nouveaux produits, services ou processus (Lumpkin & Dess, 1996 ; Wang, 2008). Elle peut être considérée comme un aspect de la culture d'une entreprise : l'ouverture aux nouvelles idées ; cela peut aider une entreprise à survivre dans un environnement instable (Calantone, Cavusgil & Zhao, 2002). L'innovation est considérée comme une activité qui fait partie de la culture d'une entreprise, le contrôle d'une entreprise que la direction peut contrôler ou manipuler (Prajogo, 2015), s'engageant dans des processus d'expérimentation et de création qui peuvent aboutir à de nouveaux produits, services ou processus technologiques (Dhliwayo, 2014).

Les actions des entreprises, y compris leurs activités innovantes, sont contingentes et parfois déterminées par des facteurs externes, notamment la demande des clients (du marché), les actions des concurrents ou même la législation gouvernementale (Prajogo, 2015). Ces aspects doivent être connus et intégrés dans la prise de décision, mais ils ne sont pas toujours disponibles ou complets. Les activités décrites ci-dessus ne peuvent être mises en œuvre sans une troisième dimension : la prise de risque. La prise de risque fait référence au degré auquel les dirigeants sont prêts à s'engager à investir des ressources importantes et risquées, c'est-à-dire celles qui ont une chance raisonnable d'aboutir à un échec coûteux (Covin & Miller, 2014 ; De Clercq et al., 2013 ; Fern et al., 2012). Il faut noter que l'acceptation du risque est dominante dans la littérature académique sur l'entrepreneuriat (Morrison, 2006). Comme le soulignent certains auteurs, les entrepreneurs voient des opportunités dans des situations où d'autres ont tendance à voir des risques. Pour cela, ils doivent être prêts à prendre le risque de se tromper sur l'opportunité et à investir des efforts, du temps et de l'argent avant qu'un retour sur investissement n'existe et que l'opportunité soit validée (Shane & Venkataraman, 2000). La prise de risque diffère de la proactivité, car elle reflète la volonté d'utiliser de nouvelles approches, de s'aventurer dans l'inconnu sans connaître la probabilité de succès. Les entreprises qui sont prêtes à prendre des risques sont également plus enclines à concentrer leur attention et leurs efforts sur la recherche de nouvelles opportunités (Clausen&Korneliussen, 2012). Par conséquent, la prise de risque est souvent associée positivement à la proactivité (Wiklund et Shepherd, 2003). De plus, les petites entreprises et les start-ups sont des unités économiques plus petites (employés, actifs, ressources et échelle) par rapport aux grandes sociétés, confrontées à des risques diversifiés et complexes dans leurs activités (Zha & Chen, 2009). La littérature nous permet d'anticiper une relation entre l'IE et l'innovation. Puisque l'IE concerne l'utilisation de l'information pour prendre de meilleures décisions, elle peut influencer positivement l'innovation au sein de l'entreprise. Si nous prenons en compte les dimensions qui sont généralement prises en compte dans la littérature concernant la proactivité, l'innovation et la prise de risque, nous pouvons postuler qu'une meilleure utilisation de l'information peut influencer ces dimensions de manière positive.

De même, l'innovation est censée faciliter la recherche de nouvelles opportunités en fournissant une gamme de nouveaux services ou produits sur le marché. La réussite de ces activités améliorera et affectera probablement la performance de l'entreprise (Caseiro & Coelho, 2018). En outre, les entreprises dotées d'une plus grande capacité d'innovation seraient capables de répondre et de satisfaire efficacement les besoins des clients et de développer les capacités souhaitables qui leur permettraient d'obtenir une rentabilité supérieure et de meilleures performances. Au cours des dernières années, les effets des aspects innovants sur la performance ont retenu davantage l'attention des chercheurs (Liu & Atuahene, 2028). On peut donc anticiper la relation entre les deux. Par conséquent, l'hypothèse H3 est formulée.

H3 : L'innovation affecte positivement la performance des start-ups.

Toutefois, des études antérieures ont déjà exploré la relation entre l'innovation et la performance de l'entreprise (Hérat & Mahmood, 2014 ; Koryak et al., 2015 ; Wiklund & Shepherd, 2003). D'autres études abordent la performance de l'entreprise du point de vue des propriétaires ou de l'entreprise (Chen et al., 2012 ; Fern et al., 2012 ; Madhok & Marques, 2014 ; Wright et al., 2012). Étant donné l'importance de l'innovation comme cadre théorique, nous proposons l'hypothèse H4 suivante :

H4 : L'innovation médiatise la relation entre l'intelligence économique et performance des start-ups.

Cette littérature nous permet de réaliser le modèle théorique de cette recherche (Figure 1).

Figure 1 : Modèle théorique de la recherche

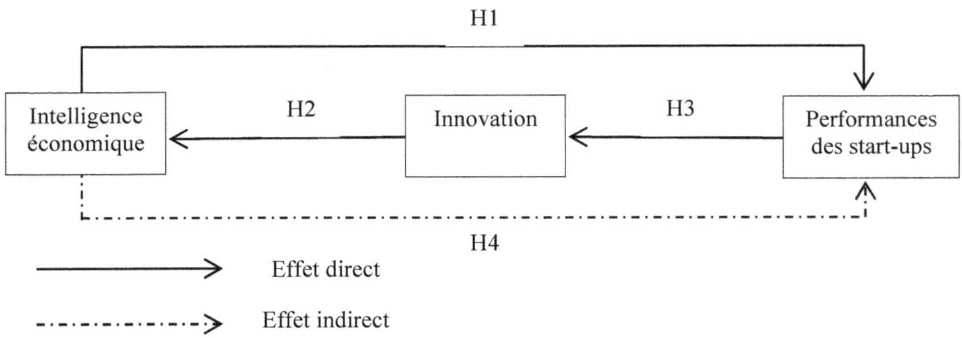

Source : Auteurs

2. Choix méthodologiques et justifications

2.1. Échantillonnage, procédures et analyse de collecte des données

Étant donné la nature des start-ups, il n'existe pas de liste publiée à jour des entreprises naissantes pouvant servir d'échantillons. Chaque jour, de nouvelles startups sont créées et ne sont pas toujours facilement visibles. Pour pallier ce problème, nous avons contacté plusieurs incubateurs d'entreprises pour tenter d'obtenir une liste des entreprises qu'ils soutiennent ou leur demander de diffuser l'enquête. Les incubateurs ont été sélectionnés sur la base de références dans des publications spécialisées mentionnant leur travail réussi avec ce type d'entreprises et étaient situés dans différents départements du Bénin. Le choix d'utiliser les incubateurs comme proxy pour les start-ups est dû au fait que ces organisations travaillent directement avec la population à laquelle nous souhaitons nous adresser.

En nous fondant sur une enquête, nous avons opté pour les données transversales et développé un questionnaire pour recueillir les informations requises afin d'atteindre l'objectif de ce chapitre (Zeffane et al., 2018). En utilisant une échelle de Likert à sept (07) points, les éléments du questionnaire ont été observés. La taille de l'échantillon de convenance était de 250 dirigeants et fondateurs afin d'obtenir les informations requises pour des analyses plus approfondies. Seuls 210 questionnaires sur 250 ont été reçus, le taux de réponse de cette étude était donc de 84 %. Les start-ups étudiées forment un échantillon de convenance, qui est représentatif de la situation des entreprises prospères, selon les spécialistes rencontrés sur place. Nous avons privilégié les start-ups dont les experts locaux nous avaient indiqué qu'elles étaient les plus intéressantes, celles déployant les méthodes et les outils jugés les plus adaptés et qui réussissaient en développant une approche avancée et pertinente en matière de pilotage de la performance d'après les différents experts, les investisseurs, les responsables de structures d'accueil et leurs collègues de la communauté des entrepreneurs haute technologie.

L'une des questions posées dans l'enquête pour obtenir les informations relatives au domaine d'activité des start-ups et l'analyse des résultats montrent que les start-ups de l'échantillon opèrent principalement dans les services, le conseil ou le développement de logiciels (web et applications), comme prévu, car il s'agit du profil d'entreprise typique que l'on retrouve dans les incubateurs.

Pour l'analyse des données, la technique de modélisation de chemin était nécessaire en raison de la nature exploratoire de la recherche. Selon la littérature disponible, si l'objectif de recherche est l'extension d'une théorie existante ou la validation de la prédiction des relations existantes entre différentes variables, formellement, la modélisation de chemin PLS est la technique idéale. De nombreuses étapes ont été impliquées dans le processus d'analyse des données après la collecte des données requises via l'enquête utilisant le progiciel statistique pour les sciences sociales (SPSS) pour le filtrage et le codage des données. Grâce à ce processus, il a été assuré que, pour l'analyse PLS (Partial Least Squares, c'est-à-dire les moindres carrés partiels), les données collectées sont appropriées. Dans l'étape suivante, nous avons estimé les validités convergentes et discriminantes, les cohérences des éléments individuels et les fiabilités de cohérence interne dans le modèle de mesure (MM). En suivant les suggestions de (Henseler et al., 2015), nous avons utilisé le smart PLS, tandis que, dans la troisième étape pour l'évaluation du modèle structurel (SM), nous avons effectué une méthode de bootstrap pour 315 cas et 5000 rééchantillons (Henseler et al., 2016). Ainsi, nous avons spécifiquement déterminé l'importance des coefficients de chemin, du niveau de R-carré, de l'ampleur de l'effet et de la pertinence prédictive pour l'évaluation du SM.

2.2. Mesures et variables

Pour établir la validité du contenu, la présente étude a extrait certaines mesures d'études antérieures liées au même sujet. Par exemple, les mesures de l'IE ont été dérivées de l'étude de Mishiy et al. (2018) qui comprend seize (16) éléments de mesure et ces caractéristiques ont été regroupées en quatre dimensions principales, à savoir : i) la formalité, ii) l'utilité perçue, iii) l'exhaustivité intra-industrielle, et iv) analyse intersectorielle. La note perçue pour chaque élément a été obtenue auprès des répondants sur la base des pratiques d'IE et de l'expérience de la start-up. Une échelle de Likert en sept (07) points a été adoptée dans cette étude, allant de 1 à 7, où 1 signifie fortement en désaccord et 7 signifie fortement d'accord. Le coefficient alpha de Cronbach a été utilisé pour évaluer la cohérence interne de l'échelle, ce qui a permis d'obtenir une valeur de 0,88 pour le coefficient.

Une échelle de 10 éléments a été utilisée pour mesurer l'innovation sur la base de Boso et al. (2019). La raison du choix de cette échelle est qu'elle prend en compte toutes les activités innovantes plutôt qu'uniquement les intrants impliqués dans les processus innovants. La valeur alpha de Cronbach obtenue pour cette échelle était de 0,83.

Outre les indicateurs financiers, d'autres indicateurs ont également été intégrés dans cette recherche, car certains auteurs n'ont signalé qu'une applicabilité limitée dans le contexte des startups. Pour Schüler (2020), si l'on observe de près la phase de développement de ces entreprises, on peut remarquer que les améliorations durables de la performance concurrentielle de ces entreprises ne peuvent pas être reflétées simplement par des chiffres financiers, et ne peuvent pas être facilement obtenues et interprétées sous réserve de nouvelles entreprises. De plus, il s'agit d'une échelle multidimensionnelle qui explique les performances d'une entreprise par rapport à ses concurrents. Cette approche comparative a été utilisée dans d'autres études (Hernández et al., 2018). Dans une autre question, les entreprises ont été invitées à évaluer leurs performances par rapport aux six éléments mentionnés ci-dessus sur une échelle de 1 à 7, où 1 signifie « bien pire que leurs concurrents » et 7 signifie « bien meilleur que leurs concurrents ». La valeur alpha de Cronbach obtenue pour cette échelle était de 0,76. Le test de normalité a été réalisé pour les variables. Sur la base d'une revue de la littérature, les valeurs de référence pour l'asymétrie (SK) et l'aplatissement (Ku) doivent être satisfaites pour atteindre la normalité. À cet égard, $|sk| < 7$ et $|ku| < 2$ ont été utilisés comme conditions requises pour la normalité, toutes les variables respectant ces conditions. Le test du facteur d'inflation de la variance (VIF) a également été effectué et toutes les valeurs se sont révélées inférieures à 5 avec des valeurs de tolérance supérieures à 0,2, ce qui est conforme à la condition requise. On peut donc conclure qu'aucun problème de colinéarité n'a été trouvé dans cette recherche.

L'analyse de cheminement est utilisée pour tester la relation causale entre les construits de recherche (la valeur du Chi-carré était de 51,76 ; df = 49 et une valeur p de 0,367). Les résultats ont révélé que la disposition globale des indices d'ajustement du modèle est excellente. Les résultats pour les indices communs étaient : GFI = 0,964 ; AGFI = 0,943 ; RMSEA = 0,016 ; NFI = 0,900 ; TLI = 0,992 et CFI = 0,994.

3. Résultats

L'analyse démarre en PLS-SEM par l'estimation de l'extérieur ou du modèle de mesure (MM). Dans ce processus, nous avons évalué les fiabilités et les validités, qui incluent la validité convergente et discriminante suite à l'estimation du modèle interne pour analyser les relations de chemin (Schüler, 2020 ; Hafeez et al., 2018 ; Hair et al., 2016 ; Hair et al., 2017).

Pour l'évaluation de la validité du modèle, les arguments récents concernant l'inadéquation de la modélisation du chemin PLS ont également été pris en compte. Nous avons donc suivi les suggestions de (Henseler et al., 2016) et mis en œuvre un processus en deux étapes pour rendre compte des résultats du PLS-SEM.

Les différents critères ont été inclus dans l'évaluation du MM, ce qui est important pour observer le modèle externe, dans lequel la validité de contenu, la validité convergente et discriminante et la fiabilité de cohérence interne (ICR) ont été incluses, bien qu'il soit recommandé de diviser ces indicateurs en deux sous-groupes ou plus pour capter l'effet possible (Hameed et al., 2018) (Tableau 1).

Tableau 1 : Chargements extérieurs

Variables	Items	IE	Perf	Inno
Intelligence économique (IE)	IE10	0,879	0,635	0,598
	IE 11	0,890	0,662	0,642
	IE12	0,842	0,627	0,638
	IE 13	0,822	0,630	0,585
	IE14	0,862	0,656	0,668
	IE 15	0,879	0,683	0,686
	IE16	0,865	0,629	0,599
	IE 2	0,849	0,592	0,632
	IE 1	0,872	0,608	0,608
	IE 3	0,869	0,594	0,595
	IE 4	0,842	0,593	0,611
	IE 5	0,901	0,688	0,679
	IE 6	0,861	0,604	0,609
	IE 7	0,896	0,635	0,632
	IE 8	0,834	0,563	0,543
	IE 9	0,889	0,650	0,641
Performance des startups (Perf)	Perf 1	0,694	0,913	0,884
	Perf 3	0,631	0,897	0,804
	Perf 4	0,639	0,875	0,774
	Perf 5	0,573	0,815	0,754
	Perf 6	0,636	0,900	0,850
	Perf 7	0,668	0,912	0,822
	Perf 8	0,623	0,837	0,804
Innovation (Inno)	Inno 1	0,630	0,818	0,902
	Inno 10	0,674	0,844	0,904
	Inno 2	0,636	0,801	0,898
	Inno 3	0,622	0,818	0,864
	Inno 4	0,648	0,796	0,881
	Inno 5	0,579	0,751	0,817
	Inno 6	0,613	0,794	0,874
	Inno 7	0,580	0,792	0,844
	Inno 9	0,693	0,885	0,896

Dans leur étude, Ong&Puteh (2017) suggèrent que, pour mesurer la fiabilité des éléments individuels, nous devons explorer les chargements externes pour chaque indicateur. En revanche, selon Akter et al. (2017), le degré auquel les éléments d'une échelle spécifique mesurent, le même concept est connu sous le nom d'ICR. À cet égard, le coefficient alpha de Cronbach et la fiabilité composite (CR) sont des estimateurs couramment utilisés pour l'évaluation de l'ICR (Hair et al., 2016 ; Hair et al., 2017). Les estimations obtenues à partir du coefficient CR sont moins biaisées que les estimations de Cronbach alpha. Cependant, l'alpha de Cronbach ne reflète pas la contribution individuelle des éléments et suppose que tous les éléments influencent de manière égale leur construit respectif (Basheer et al., 2019). L'autre raison pour ne pas sélectionner l'alpha de Cronbach est qu'il n'estime pas efficacement la fiabilité de l'échelle.

Il est également recommandé que le coefficient de CR tienne compte des différents chargements d'éléments (Hair et al., 2017). Le coefficient de fiabilité peut donc être facilement sélectionné. Différentes plages de valeur de l'ICR si elle est supérieure ou égale à 0,70 et est satisfaisante et peut être acceptable. En revanche, il n'y a pas de fiabilité si la valeur CR est inférieure à 0,60 (Tableau 2).

Tableau 2 : Fiabilité

Variables	Alpha de Cronbach	rho_A	Coefficient de CR	AVE
IE	0,978	0,978	0,980	0,750
Perf	0,951	0,952	0,960	0,773
Inno	0,962	0,963	0,967	0,768

La validité convergente (VC) est la mesure dans laquelle les construits latents sont représentés par leurs éléments spécifiques et sont en corrélation avec les autres éléments d'un construit similaire.

Selon le point de vue de Naala et al. (2017), nous pouvons mesurer la VC via AVE. De cette manière, pour tous les contrats latents d'un modèle, nous pouvons calculer l'AVE. Pour un niveau de VC suffisant pour toutes les constructions, la valeur de l'AVE doit être supérieure à 0,50, comme recommandé par Hair et al. (2017). Lors de l'évaluation du modèle externe, les critères les plus importants sont la validité discriminante (VD). La VD est le niveau auquel le construit particulier du modèle est différent de tous les autres construits latents (Ong et al., 2017 ; Akter et al., 2017 ; Naala et al., 2017). Ainsi, pour la détermination de la VD, nous avons comparé les corrélations entre les constructions latentes et les racines carrées de l'AVE en suivant les recommandations de (Naala et al., 2017) (Tableau 3)

Tableau 3 : Validité

Variables	1	2	3
1. IE	0,866		
2. Perf	0,727	0,879	
3. Inno	0,721	0,727	0,876

Les résultats du modèle structurel montrent que tous les chemins, soit IE → Perf, IE → Inno et Inno → Perf, sont significatifs à une valeur de p inférieure à 0,05 (Tableau 4).

Tableau 4 : Relations directes

Relations	(O)	(M)	(STDEV)	(|O/STDEV|)	Valeur p
IE → Perf	0,727	0,727	0,064	11,289	0,000
IE → Inno	0,721	0,722	0,068	10,535	0,000
Inno → Perf	0,839	0,832	0,047	17,970	0,000

Les résultats de l'analyse de médiation montrent que le chemin de médiation, soit IE → Inno → Perf, est significatif à une valeur de p inférieure à 0,05 (Tableau 5).

Tableau 5 : Médiation

Médiation	(O)	(M)	(STDEV)	(|O/STDEV|)	Valeur p
IE → Inno → Perf	0,605	0,599	0,045	13,519	0,000

Pour l'évaluation du SM, la mesure la plus importante est le coefficient de détermination, également appelé valeur R-carré. Dans une variable endogène, la variance proportionnelle est expliquée par R-carré en raison des variables exogènes du modèle (Akter et al., 2017).

Sur les constructions latentes endogènes, les effets des variables latentes ont été mesurés par la taille de l'effet via le R-carré. D'après la recherche de (Naala et al., 2017), si les valeurs de taille sont 0,020, 0,150 et 0,350, cela explique l'effet peu, modéré et significatif des variables indépendantes de SM. De plus, le poids prédictif quantitatif de la variable manifeste est appelé indicateur de pertinence prédictive dans un modèle. Par conséquent, si la valeur de Q-carré est plus grande, le modèle sera plus significatif. Les valeurs Q^2 peuvent être comparées pour apporter les variations obligatoires dans le modèle. Si la valeur de $Q^2 > 0$ qui est un niveau seuil, indique que le modèle a une pertinence prédictive et recrée bien grâce à une procédure à l'aveugle, l'efficacité de la pertinence prédictive peut être mesurée en calculant le Q^2 (Tableau 6).

Tableau 6 : Q-carré

Variables	SSO	SSE	Q^2 (=1-SSE/SSO)
IE	3472.000	3472.000	
Perf	1519.000	513.961	0.662
Inno	1953.000	1187.991	0.392

4. Discussion

Les résultats de cette recherche sont conformes à la vision basée sur les ressources (RBV). Selon la théorie RBV, les organisations doivent utiliser leurs actifs humains, organisationnels et physiques (intangibles et tangibles) pour développer et maintenir un avantage concurrentiel. Cette théorie postule que les entreprises qui possèdent des ressources rares et précieuses sont capables de développer un avantage concurrentiel (Schüler, 2020), en particulier si leurs ressources ne peuvent pas être facilement substituées ou imitées. En conséquence, en termes de vision basée sur la connaissance, la connaissance est considérée comme la ressource la plus précieuse d'une entreprise (Cerchione & Esposito, 2017). La théorie RBV fournit un fondement théorique à la vision basée sur la connaissance (KBV) en affirmant que le principal facteur de production d'une entreprise est sa connaissance, qui aide les entreprises à acquérir un avantage concurrentiel. Pour l'analyse des données, la technique de modélisation de chemin était nécessaire en raison de la nature exploratoire de l'étude. Les résultats indiquent que tous les chemins sont significatifs à une valeur p inférieure à 0,05.

Dans cette recherche, l'IE est abordée pour ses caractéristiques ; elle est considérée comme un construit qui couvre plusieurs dimensions, telles que l'utilité perçue, une analyse intersectorielle, une analyse intra-industrielle et la formalité d'IE, où l'utilité perçue et la formalité d'IE concernent la structure interne et l'utilisation de l'information, alors que les deux autres aspects sont les aspects externes (Yousuf et al., 2020 ; AlShamsi et al., 2020 ; Alhashmi et al., 2020 ; Salloum et al., 2020a ; Salloum et al., 2020b ; AlMehrzi et al. : 2020). Il fournit une compréhension de base de la manière dont les efforts de renseignement facilitent le processus de prise de décision. Ainsi, l'innovation est un autre concept clé lié au succès organisationnel. De plus, cette recherche a étudié la collecte de connaissances à travers l'apprentissage en réseau. Ainsi, afin de stimuler l'acquisition de ressources immatérielles, il est important d'interagir avec des acteurs possédant des connaissances non techniques ou techniques. Enfin, l'estimation de la relation existante entre la performance et ces constructions est effectuée, puisque tous ces processus aident les managers à s'aligner efficacement sur l'environnement et à améliorer la performance (Knight et al., 2018 ; Mishiyi, et al., 2019 ; Alshurideh et al., 2019). Étant donné que peu d'études sont rapportées concernant l'IE dans les petites entreprises, cette recherche vise à étendre la théorie d'IE en analysant différents aspects d'IE dans les petites entreprises. Contrairement à la perspective technologique traditionnelle, une perspective managériale considère l'IE comme une approche importante (Ghannajeh et al., 2015 ; Mehmood et al., 2019 ; Al-Jarrah et al., 2012).

Les start-ups doivent sensibiliser les autres employés à l'utilisation de l'IE de manière à maximiser les gains de ces systèmes, car les employés extérieurs à la direction sont moins exposés à ces outils. L'intégration de l'IE entre les différents départements et unités commerciales de l'organisation maximisera les capacités à atteindre des performances compétitives. On remarque que, dans le cas d'une acquisition, l'entreprise nouvellement acquise utilise principalement des outils différents et a besoin de temps pour s'intégrer au nouveau système. En partageant des rapports et des tableaux de bord d'IE qui facilitent la prise de décision collaborative et fournissent des informations qui stimulent des initiatives collaboratives spécifiques, telles que la chaîne d'approvisionnement, il est encouragé d'étendre les avantages de l'utilisation d'IE à des partenaires et fournisseurs de confiance.

Conclusion

La principale contribution de cette recherche est que l'innovation médiatise la relation entre l'IE et la performance des start-ups. Ceci est important, car l'IE est normalement une ressource que les entreprises développent et explorent et qui peut influencer les informations disponibles. Elle peut être considérée comme une variable organisationnelle interne et, comme indiqué dans la littérature précédente, elle peut influencer l'innovation (Lumpkin & Dess, 1996). L'IE peut améliorer les dimensions de l'innovation et aider les start-ups à être plus innovantes, proactives et à prendre des risques. De ce fait, un impact positif se traduit par de meilleurs comportements compétitifs. L'effet médiateur est confirmé par les résultats.

Bien que l'innovation ait reçu l'attention de la communauté scientifique à la fois conceptuellement et empiriquement, les études tendent à se concentrer sur la relation avec la performance. Cette recherche contribue à explorer la relation avec la performance des entreprises, en utilisant une échelle ajustée aux start-ups.

Malgré la littérature suggérant une relation positive entre l'IE et la performance (Maune, 2014), les résultats ne montrent aucune relation significative. Cela peut être dû à la nature de l'échantillon. Habituellement, les études de l'IE ont tendance à se concentrer sur les entreprises établies. À notre connaissance, il n'existe aucune étude axée sur les startups pour comparer les résultats (Hoppe, 2015).

Enfin, une autre contribution résulte de l'analyse de l'IE dans les start-ups. En s'adressant à ce groupe d'entreprises, la présente recherche comble également une lacune dans la littérature concernant le manque de recherche sur l'IE, axée sur les petites entreprises et les start-ups (Hoppe, 2015).

En termes d'implications pratiques, nous souhaitons souligner l'importance que peuvent avoir les caractéristiques de l'IE pour améliorer la performance de l'entreprise. L'IE a tendance à se concentrer principalement sur les aspects techniques, mais il est important de noter l'impact positif sur les aspects organisationnels.

Nous pensons que, à partir des résultats obtenus, les praticiens doivent sensibiliser les acteurs à l'impact que peuvent avoir les pratiques et les caractéristiques de l'IE. Ce sujet peut être abordé dans le cadre de sessions de formation et d'information destinées aux start-ups, notamment par les incubateurs.

Même si cette recherche élargit la littérature existante dans le domaine de l'adoption de l'IE au sein des start-ups, elle présente certaines limites qu'il convient de noter. Premièrement, cette recherche est menée sur un échantillon restreint qui englobe uniquement les secteurs de services, de conseil ou de développement de logiciels (web et applications). Deuxièmement, cette recherche est examinée uniquement à l'aide de méthodes quantitatives. Par conséquent, il est conseillé, pour des recherches plus approfondies, de mener cette recherche sur un échantillon plus large. De même, la recommandation pour les recherches futures est de mener une analyse qualitative de cette recherche pour atteindre une compréhension approfondie des résultats obtenus et une preuve plus détaillée de la relation entre les variables établies. Troisièmement, il faut reconnaître qu'il peut y avoir des différences dans l'interprétation des questions et des items utilisés dans l'enquête. Bien que les items utilisés aient déjà été testés et présents dans la littérature, les différents niveaux de langue des répondants et leur niveau de compréhension peuvent susciter certaines inquiétudes. Cette situation peut être surmontée par de futures études avec l'échantillon plus élevé. Enfin, une autre limitation possible est liée au fait que nous avons considéré les construits : IE, innovation et performance comme des variables latentes mesurées par les facteurs de la littérature mentionnés. Une amélioration de la recherche peut être apportée si nous explorons le même modèle, mais en utilisant une approche multidimensionnelle à la place du construit. Cela peut aider à comprendre quels facteurs ont un impact sur les relations analysées.

Les questions de recherche futures non abordées dans cette recherche peuvent inclure l'étude des différences entre les groupes de start-ups (par exemple, selon le pays, le secteur, l'expérience antérieure ou les années d'existence). Il peut également s'agir de vérifier l'influence de facteurs externes, tels que les turbulences environnementales ou d'autres concepts importants, tels que les capacités dynamiques ou la capacité d'absorption.

Références bibliographiques

Ahmad, H., Hanandeh, R., Alazzawi, F., Al-Daradkah, A., ElDmrat, A., Ghaith, Y., &Darawsheh, S. (2023). The effects of big data, artificial intelligence, and business intelligence on e-learning and business performance: Evidence from Jordanian telecommunication firms. *International Journal of Data and Network Science*, 7(1), 35-40.

Ain, N., Vaia, G., DeLone, W. H., & Waheed, M. (2019). Two decades of research on business intelligence system adoption, utilization and success–A systematic literature review. *Decision Support Systems*, 125, 113113.

Akgün, A.E., Keskin, H., Kırçovalı, S.Y. (2019). Organizational wisdom practices and firm product innovation. *RMS* 13(1), 57–91.

Akter, S., Fosso Wamba, S., Dewan, S. (2017). Why PLS-SEM is suitable for complex modeling? An empirical illustration in big data analytics quality. *Prod. Plan. Control* 28(11–12), 1011–1021

Alawadhi, S. A., Zowayed, A., Abdulla, H., Khder, M. A., & Ali, B. J. (2022). Impact of Artificial Intelligence on Information Security in Business. Paper presented at the 2022 *ASU International Conference in Emerging Technologies for Sustainability and Intelligent Systems (ICETSIS).*

Alhashmi, S.F., Alshurideh, M., Al Kurdi, B., Salloum, S.A. (2020). A systematic review of the factors affecting the artificial intelligence implementation in the health care sector. *In: Joint European- US Workshop on Applications of Invariance in Computer Vision,* pp. 37–49. Springer, Cham.

Ali, B. J., &Oudat, M. S. (2021). Accounting information system and financial sustainability of commercial and islamic banks: A review of the literature. *Journal of Management Information & Decision Sciences*, 24(5), 1-17.

Al-Jarrah, I., Al-Zu'bi, M.F., Jaara, O., Alshurideh, M. : (2012). Evaluating the impact of financial development on economic growth in Jordan. *Int. Res. J. Financ. Econ.* 94, 123–139

AlMehrzi, A., et al. (2020). Investigation of the key internal factors influencing knowledge management, employment, and organisational performance: a qualitative study of the UAE hospitality sector. *Int. J. Innov., Creativity Change* 14(1), 1369–1394

Al-Okaily, A., Teoh, A. P., & Al-Okaily, M. (2023). Evaluation of data analytics-oriented business intelligence technology effectiveness: an enterprise-level analysis. *Business Process Management Journal*, 29(3), 777-800.

AlShamsi, M., Salloum, S.A., Alshurideh, M., Abdallah, S. (2020). Artificial intelligence and blockchain for transparency in governance. *In: Artificial Intelligence for Sustainable Development: Theory, Practice and Future Applications*, Springer, Cham, pp. 219–230.

Alshurideh, M., Kurdi, B.A., Shaltoni, A.M., Ghuff, S.S. (2019). Determinants of proenvironmentalbehaviour in the context of emerging economies. *Int. J. Sustain. Soc.* 11(4), 257–277.

Ariyarathna, K., Peter, S. (2019). Business analytics maturity models: a systematic review of literature. *Focus* 3(10), 4

Arnott, D., Gao, S., Lizama, F., Meredith, R., & Song, Y. (2019). Are business intelligence systems different to decision support systems and other business information systems?

Aziz, M. N. (2020). The impact and power of business intelligence (BI) on the decision-making process in Uppsala university: a case study. *International Journal of Science and Business*, 4(6), 78-87.

Basheer, M., Siam, M., Awn, A., Hassan, S. (2019). Exploring the role of TQM and supply chain practices for firm supply performance in the presence of information technology capabilities and supply chain technology adoption: a case of textile firms in Pakistan. *Uncertain Supply Chain Manage.* 7(2), 275–288.

Berndtsson, M. M., Gudfinnsson, K. K., & Strand, M. M. (2015). Analyzing business intelligence maturity. *Journal of Decision Systems*, 24(1), 37–54.

Boso, N., Adeleye, I., Donbesuur, F. (2019). Do entrepreneurs always benefit from business failure experience ? *J. Bus. Res.* 98, 370–379.

Calantone, R. J., Cavusgil, S. T., & Zhao, Y. (2002). Learning orientation, firm innovation capability, and firm performance. *Industrial Marketing Management*, 31(6), 515–524.

Caseiro, N., Coelho, A. (2018). Business intelligence and competitiveness: the mediating role of entrepreneurial orientation. Compet. *Rev. : An Int. Bus. J.* 22(2), 206–228.

Caseiro, N., Coelho, A. (2019). The influence of business intelligence capacity, network learning and innovativeness on startups performance. *J. Innov. Knowl.* 4(3), 139–145.

Chen, Y., & Lin, Z. (2021). Business intelligence capabilities and firm performance: A study in China. *International Journal of Information Management*, 57, 102232.

Chen, Y.-C., Li, P.-C., & Evans, K. R. (2012). Effects of interaction and entrepreneurial orientation on organizational performance: Insights into market driven and market driving. *Industrial Marketing Management*, 41(6), 1019–1034.

Clausen, T., &Korneliussen, T. (2012). The relationship between entrepreneurial orientation and speed to the market: The case of incubator firms in Norway. *Technovation*, 32(9–10), 560–567.

Coetzee, B., Mearns, M. (2020). Establishing competitive intelligence process elements in sport perfor- mance analysis and coaching: a comparative systematic literature review. *Int. J. Inf. Manage.* 52, 441–449

Covin, J. G., & Miller, D. (2014). International Entrepreneurial Orientation : Conceptual Considerations, Research Themes, Measurement Issues, and Future Research Directions. *Entrepreneurship Theory and Practice*, 38(1), 11– 44.

De Clercq, D., Dimov, D., & Thongpapanl, N. T. (2013). Organizational Social Capital, Formalization, and Internal Knowledge Sharing in Entrepreneurial Orientation Formation. *Entrepreneurship Theory and Practice*, 37(3), 505–537.

Delen, D., Moscato, G., & Toma, I. L. (2018). The impact of real-time business intelligence and advanced analytics on the behaviour of business decision makers. Paper presented at the 2018 *International Conference on Information Management and Processing (ICIMP).*

Dhliwayo, S. (2014). Entrepreneurship and Competitive Strategy: An Integrative Approach. *Journal of Entrepreneurship*, 23(1), 115–135.

Dias, C.S., Ferreira, J. J. (2019). What we (do not) know about research in the strategic management of technological innovation? *Innovation* 21(3), 398–420.

Dishman, P. L., &Calof, J. L. (2008). Competitive intelligence: a multiphasic precedent to marketing strategy. *European Journal of Marketing*, 42(7/8), 766 –785.

Doshi, R., Hiran, K. K., Mijwil, M. M., & Anand, D. (2023). To That of Artificial Intelligence, Passing Through Business Intelligence Handbook of Research on AI and Knowledge Engineering for Real-Time Business Intelligence (pp. 1-16): *IGI Global.*

Fern, M. J., Cardinal, L. B., & O'Neill, H. M. (2012). The genesis of strategy in new ventures: escaping the constraints of founder and team knowledge. *Strategic Management Journal*, 33(4), 427–447.

Foster, K., Smith, G., Ariyachandra, T., &Frolick, M. N. (2015). Business Intelligence Competency Center: Improving Data and Decisions. *Information Systems Management*, 32(3), 229–233.

Foud Ali, A., Zowayed, S. I., Showaiter, D. A., Khder, M. A., & Ali, B. J. (2022). Artificial intelligence's potential on Bahrain's labour market. Paper presented at the 2022 ASU *International Conference in Emerging Technologies for Sustainability and Intelligent Systems (ICETSIS).*

Gaardboe, R., Nyvang, T., &Sandalgaard, N. (2017). Business intelligence success applied to healthcare information systems. *Procedia Computer Science*, 121, 483-490.

Gauzelin, S., & Bentz, H. (2017). An examination of the impact of business intelligence systems on organizational decision making and performance: The case of France. *Journal of Intelligence Studies in Business*, 7(2).

Geels, F.W. (2018). Low-carbon transition via system reconfiguration? A socio-technical whole system analysis of passenger mobility in Great Britain (1990–2016). *Energy Res. Soc. Sci.* 46, 86–102.

Gerschewski, S., Xiao, S.S. (2015). Beyond financial indicators: an assessment of the measurement of performance for international new ventures. *Int. Bus. Rev.* 24(4), 615–629

Ghannajeh, A.M., AlShurideh, M., Zu'bi, M.F., Abuhamad, A., Rumman, G. A., Suifan, T., Akhorshaideh, A. H.O. (2015). A qualitative analysis of product innovation in Jordan's pharmaceutical sector. *Eur. Sci. J.* 11(4), 474–503.

Gunawan, T., Jacob, J., &Duysters, G. (2016). Network ties and entrepreneurial orientation: Innovative performance of SMEs in a developing country. *International Entrepreneurship and Management Journal*, 12(2), 575–599.

Gurcan, F., Ayaz, A., MenekseDalveren, G. G., &Derawi, M. (2023). Business Intelligence Strategies, Best Practices, and Latest Trends: Analysis of Scientometric Data from 2003 to 2023 Using Machine Learning. Sustainability, 15(13), 9854.

Guttentag, D. (2017). Regulating innovation in the collaborative economy: an examination of Airbnb's early legal issues. *In: Collaborative Economy and Tourism*, Springer, pp. 97–128.

Guzmán, G. M., Gutiérrez, J. S., Cortes, J. G., & Ramírez, R. G. (2012). Measuring the competitiveness level in furniture SMEs of Spain. *International Journal of Economics and Management Sciences*, 1(11), 9 – 19.

Hafeez, M. H., Basheer, M.F., Rafique, M., Siddiqui, S.H. (2018). Exploring the links between TQM practices, business innovativeness and firm performance: an emerging market perspective. *Pak. J. Soc. Sci*. (PJSS), 38(2).

Hair, Hult, G.T.M., Ringle, C. (2016). A Primer on Partial Least Squares Structural Equation Modeling (PLS-SEM). *Sage Publications.*

Hair, Matthews, L.M., Matthews, R.L., Sarstedt, M. (2017). PLS-SEM or CB-SEM: updated guidelines on which method to use. *Int. J. Multivar. Data Anal.* 1(2), 107–123.

Hameed, W.U., Basheer, M.F., Iqbal, J., Anwar, A., Ahmad, H. K. (2018). Determinants of Firm's open innovation performance and the role of R & D department: an empirical evidence from Malaysian SME's. *J. Glob. Entrep. Res.* 8(1), 29.

Hannula, M., &Pirttimäki, V. (2003). Business intelligence empirical study on the top 50 Finnish companies. *Journal of American Academy of Business*, 2, 593–599.

Hassan, W. M., Aldoseri, D. T., Saeed, M. M., Khder, M. A., & Ali, B. J. (2022). Utilization of Artificial Intelligence and Robotics Technology in Business. Paper presented at the 2022 ASU International *Conference in Emerging Technologies for Sustainability and Intelligent Systems (ICETSIS)*.

Henseler, J., Hubona, G., Ray, P.A. (2016). Using PLS path modeling in new technology research: updated guidelines. *Ind. Manage. Data Syst.*

Henseler, J., Ringle, C.M., Sarstedt, M. (2015). A new criterion for assessing discriminant validity in variance-based structural equation modeling. *J. Acad. Mark. Sci.* 43(1), 115–135.

Herath, H. M. A., & Mahmood, R. (2014). Strategic Orientations and SME Performance: Moderating Effect of Absorptive Capacity of the Firm. *Asian Social Science*, 10(13), 95–107. Hoppe, M. (2015). Intelligence as a discipline, not just a practise. *Journal of Intelligence Studies in Business*, 5(3), 47–56.

Hernández, R., Kellermanns, F.W., Fernández, M.C. (2018). A note on the relationships between learning, market, and entrepreneurial orientations in family and nonfamily firms. *J. Fam. Bus. Strategy* 9(3), 192–204.

Ilvonen, T. (2019). Using business intelligence to support multi-project management.

Jun, J., Lee, T., & Park, C. (2020). The mediating role of innovativeness and the moderating effects of strategic choice on SME performance. *J. Small Bus. Manag.* 1–21.

Khder, M. A., & Abu-AlSondos, I. (2021). Business intelligence and data mining: Opportunities and future. *European Journal of Business and Management*, 13(11).

Khder, M. A., Abu-Alsondos, I. A., & Bahar, A. Y. (2021). The impact of implementing data mining in business intelligence. *International Journal of Entrepreneurship*, 25, 1-7.

Knight, G., Czinkota, M., Khan, Z. (2018). International marketing and the migrant-owned enterprise: research propositions: an abstract. *Paper presented at the academy of marketing science annual conference.*

Koryak, O., Mole, K. F., Lockett, A., Hayton, J. C., Ucbasaran, D., & Hodgkinson, G. P. (2015). Entrepreneurial leadership, capabilities and firm growth. *International Small Business Journal*, 33(1, SI), 89–105.

Kulkarni, U., Robles-Flores, J. A., &Popovič, A. (2017). Business intelligence capability : The effect of top management and the mediating roles of user participation and analytical decision making orientation. *Journal of the Association for Information Systems*, 18(7), 1.

Li, L., Lin, J., Ouyang, Y., & Luo, X. R. (2022). Evaluating the impact of big data analytics usage on the decision-making quality of organizations. Technological Forecasting and Social Change, 175, 121355.

Liu, W., Atuahene, K. (2018). Enhancing product innovation performance in a dysfunctional compet- itive environment: The roles of competitive strategies and market-based assets. *Ind. Mark. Manage.* 73, 7–20.

Lonial, S. C., & Carter, R. E. (2015). The Impact of Organizational Orientations on Medium and Small Firm Performance: A Resource-Based Perspective. *Journal of Small Business Management*, 53(1), 94–113.

Lukman, T., Hackney, R., Popovič, A., Jaklič, J., & Irani, Z. (2011). Business Intelligence Maturity: The Economic Transitional Context Within Slovenia. *Information Systems Management*, 28(3), 211–222.

Lumpkin, G. T., &Dess, G. G. (1996). Clarifying the entrepreneurial orientation construct and linking it to performance. *Academy of Management Review*, 21(1), 135-172.

Luppi, E., Bolzani, D., Terzieva, L. (2019). Assessment of transversal competences in entrepreneurial education: a literature review and a pilot study. *Form@ re-Open Journal per la formazione in* rete 19(2), 251–268.

Madhok, A., & Marques, R. (2014). Towards an action-based perspective on firm competitiveness. *BRQ Business Research Quarterly*, 17(2), 77–81.

Man, T. W., Lau, T., & Chan, K. (2002). The competitiveness of small and medium enterprises. *Journal of Business Venturing*, 17(2), 123–142.

Martinez, M.G., Zouaghi, F., Marco, T.G. (2019). What drives business failure? Exploring the role of internal and external knowledge capabilities during the global financial crisis. *J. Bus.* Res. 98,

Maune, A. (2014). Competitive Intelligence and Firm Competitiveness: an Overview. *Corporate Ownership & Control*, 11(1), 533–542.

Mehmood, T., Alzoubi, H.M., Alshurideh, M., Al-Gasaymeh, A., Ahmed, G. (2019). Schumpeterian entrepreneurship theory: evolution and relevance. Acad. Entrep. J. 25(4), 1–10.

Mennens, K., Van, A., Odekerken, G. (2018). Exploring antecedents of service innovation performance in manufacturing SMEs. *Int. Small Bus. J.* 36(5), 500–520.

Miller, D. (2011). Miller (1983) Revisited : A Reflection on EO Research and Some Suggestions for the Future. *Entrepreneurship Theory and Practice*, 35(5), 873–894.

Mishiyi, H., Cumberlege, R., Buys, F. (2019). Challenges facing newly established quantity-surveying firms to secure tenders in South Africa. *Acta Structilia* 26(1), 42–60

Molina, M. A., Del Pino, I. B., & Rodriguez, A. C. (2004). Industry, management capabilities and firms' competitiveness: An empirical contribution. *Managerial and Decision Economics*, 25(June), 265–281.

Morrison, A. (2006). A contextualisation of entrepreneurship. *International Journal of Entrepreneurial Behaviour& Research*, 12(4), 192–209.

Naala, M., Nordin, N., Omar, W. (2017). Innovation capability and firm performance relationship: a study of pls-structural equation modeling (Pls-Sem). *Int. J. Organ. Bus.* Excell. 2(1), 39–50

Nasri, W. (2012). Conceptual model of strategic benefits of competitive intelligence process. *International Journal of Business and Commerce*, 1(6), 25–35.

Niu, Y., Ying, L., Yang, J., Bao, M., &Sivaparthipan, C. (2021). Organizational business intelligence and decision making using big data analytics. *Information Processing & Management*, 58(6), 102725.

Ong, M.H.A., Puteh, F. (2017). Quantitative data analysis : choosing between SPSS, PLS, and AMOS in social science research. *Int. Interdiscip. J. Sci. Res.* 3(1), 14–25.

Papadakis, V., & Barwise, P. (2012). Strategic decisions: Springer Science & Business Media.

Pejić Bach, M., Zoroja, J., &Čeljo, A. (2017). An extension of the technology acceptance model for business intelligence systems: project management maturity perspective. *International Journal of Information Systems and Project Management*, 5(2), 5-21.

Pellissier, R., &Nenzhelele, T. E. (2013). Towards a universal definition of competitive intelligence. *SA Journal of Information Management*, 15(2), 1–7.

Popovič, A., Hackney, R., Coelho, P. S., &Jaklič, J. (2012). Towards business intelligence systems success: Effects of maturity and culture on analytical decision making. *Decision Support Systems*, 54(1), 729-739.

Prajogo, D. I. (2015). The strategic fit between innovation strategies and business environment in delivering business performance. *International Journal of Production Economics*. http://doi.org/10.1016/j.ijpe.2015.07.037.

Quaddus, M., & Woodside, A. G. (2015). Sustaining competitive advantage via business intelligence, knowledge management, and system dynamics: Emerald Group Publishing.

Real, J. C., Roldán, J. L., & Leal, A. (2014). From Entrepreneurial Orientation and Learning Orientation to Business Performance: Analysing the Mediating Role of Organizational Learning and the Moderating Effects of Organizational Size. *British Journal of Management*, 25(2), 186–208.

Rikhardsson, P., &Yigitbasioglu, O. (2018). Business intelligence & analytics in management accounting research: Status and future focus. *International Journal of Accounting Information Systems*, 29, 37-58.

Salloum, S.A., Alshurideh, M., Elnagar, A., Shaalan, K. (2020). Machine learning and deep learning techniques for cybersecurity: a review. *In: Joint European-US Workshop on Applications of Invariance in Computer Vision*, Springer, Cham, pp. 50–57.

Salloum, S.A., Alshurideh, M., Elnagar, A., Shaalan, K. (2020).Mining in educational data: review and future directions. *In: Joint European-US*

Workshop on Applications of Invariance in Computer Vision, Springer, Cham, pp. 92–102.

Santra, K. (2017). Using Structural Equation Modeling To Assess The Budget Hotel Performance In Bali Indonesia. Department of Management. *Bali State Polytechnic*, 8, 933–951.

Schüler, J. (2020). What do we really know about entrepreneurial orientation? Using quantitative empirical reviews to advance its concept and nomological network.

Shane, S., & Venkataraman, S. (2000). The Promise of Entrepreneurship as a Field of Research. *The Academy of Management Review*, 25(4), 217–226.

Sharda, R., Delen, D., Turban, E., Aronson, J., & Liang, T. (2014). Business intelligence and analytics. *System for Decesion Support*, 398, 2014.

Shirokova, G., Bogatyreva, K., Beliaeva, T., & Puffer, S. (2016). Entrepreneurial orientation and firm performance in different environmental settings. *Journal of Small Business and Enterprise Development*, 23(3), 703–727.

Shollo, A. (2010). Towards an Understanding of Business Intelligence. 21st Australasian Conference on Information Systems, 1–11.

Spetzler, C., Winter, H., & Meyer, J. (2016). Decision quality: Value creation from better business decisions: *Wiley Online Library*.

Steel, P., Saunders, C., Dewald, J.R. (2019). Synergistic impacts of entrepreneurial and learning orien- tations on performance: a meta-analysis. *Paper presented at the academy of management proceedings.*

Tej Adidam, P., Banerjee, M., & Shukla, P. (2012). Competitive intelligence and firm's performance in emerging markets: an exploratory study in India. *Journal of Business & Industrial Marketing*, 27(3), 242–254.

Wanda, P., &Stian, S. (2015). The Secret of my Success: An exploratory study of Business Intelligence management in the Norwegian Industry. *Procedia Computer Science*, 64(1877), 240–247.

Wanda, P., Stian, S. (2015). The secret of my success: an exploratory study of business intelligence management in the Norwegian industry. *Procedia Comput. Sci.* 64, 240–247.

Wang, C. L. (2008). Entrepreneurial orientation, learning orientation, and firm performance. *Entrepreneurship Theory and Practice*, 32(4), 635–656.

Wieder, B., &Ossimitz, M.-L. (2015). The impact of Business Intelligence on the quality of decision making–a mediation model. *Procedia Computer Science*, 64, 1163-1171.

Wiklund, J., & Shepherd, D. (2003). Knowledge-based resources, entrepreneurial orientation, and the performance of small and medium-sized businesses. *Strategic Management Journal*, 24(13), 1307 – 1314.

Wiklund, J., & Shepherd, D. A. (2011). Where to from here? EO-as-experimentation, failure, and distribution of outcomes. *Entrepreneurship : Theory and Practice*, 35(5), 925–946.

Wright, S., &Calof, J. L. (2006). The quest for competitive, business and marketing intelligence. *European Journal of Marketing*, 40(5/6), 453–465.

Wright, S., Bisson, C., & Duffy, A. P. (2012). Applying a behavioural and operational diagnostic typology of competitive intelligence practice: empirical evidence from the SME sector in Turkey. *Journal of Strategic Marketing*, 20(1), 19–33.

Wu, L.-Y., Wang, C.-J., Chen, C.-P., & Pan, L.-Y. (2008). Internal Resources, External Network, and Competitiveness during the Growth Stage: A Study of Taiwanese High-Tech Ventures. *Entrepreneurship Theory and Practice*, 32(3), 529–549.

Yousuf, H., Zainal, A.Y., Alshurideh, M., Salloum, S.A.: Artificial intelligence models in power system analysis. In: Artificial Intelligence for Sustainable Development: Theory, Practice and Future Applications, pp. 231–242. Springer, Cham.

Zeffane, R., Melhem, S.B., Baguant, P. (2018). The impact of job satisfaction, trust, gender and supervisor support on perceived organisational performance: an exploratory study in the UAE service sector. *Int. J. Bus. Excell.* 14(3), 339–359.

Zha, X., & Chen, M. (2009). Competitive Intelligence Monitoring in the Risk Prevention of SMEs. *Journal of Service Science and Management*, 2(3), 230–235.

DEUXIÈME PARTIE :

IE et stratégie

Chapitre 4 :

Intelligence économique et mutations des relations internationales

Section 1 :

Équilibre global et mutations de l'ordre international : regard sur l'émergence des BRICS dans la dynamique de développement économique des États du sud

Christian ABOLO MBITA
et
Jean Pierre BIWONI AYISSI

Introduction

D'inspiration occidentale[61] et par la suite référentiel identitaire d'un groupe de pays dits émergents,[62] car jadis considérés comme sous-développés, les BRICS sont porteurs d'autant de contradictions que la diversité des desseins qu'on peut leur prêter. Concept descriptif plutôt que prescriptif, l'organisation des nouveaux pays émergents est certes matière à débat, mais l'idée que celle-ci constitue un objet de réflexion dans la logique impérialiste du système économique mondiale n'est que pure lapalissade. Dès lors, l'émergence des BRICS doit être analysée à l'aune des incidences qu'elle pourrait avoir sur l'équilibre global et le développement des pays du Sud (Bello, 2014). En effet, conscient du rôle qu'il était amené à jouer après l'effondrement du système financier mondial et le discrédit subséquent des institutions de Bretton Woods aux yeux du Sud global, ce groupe d'États va se structurer autour d'objectifs visant la recherche de solutions pour la stabilisation de l'économie mondiale, la réforme des institutions financières internationales et le renforcement de leurs relations basées sur les principes d'égalité entre partenaires, sous le prisme d'une réelle relation gagnant-gagnant et de non-ingérence, notamment.

[61] Ironiquement, la création des BRICS a été inspirée de l'extérieur par une grande banque occidentale, Goldman Sachs. C'est l'un de ses économistes en chef, Jim O'Neill, qui inventa l'acronyme – « BRIC » initialement – en 2001, pour désigner les quatre marchés internationaux (Brésil, Russie, Inde et Chine) les plus prometteurs en matière de croissance et d'investissements, appelés à exercer une influence grandissante sur la marche économique du monde.

[62] En 2006, les ministres des Affaires étrangères de l'Inde, du Brésil, de la Chine et de la Russie organisent une première rencontre informelle, en vue de créer un espace collectif de dialogue. Ce n'est toutefois qu'en 2007-2008 qu'un véritable tournant dans leurs relations est pris, précipité par la crise financière de ces années-là.

En raison de leur constitution assez hâtive, par des pays jadis membres du mouvement des non-alignés, dont la naissance remonte à la conférence de Bandung associés au groupe des pays sous-développés et du fait de la surenchère d'un référentiel historique anachronique (Biwoni, 2021), les BRICS ont été érigés au rang de défenseur du « Sud global » (Garcia, 2017, 2019, 2023 ; Marcetik, 2023). Cette acception est-elle fondée ? Un certain nombre de constats préjudiciels, issus d'une observation attentive des BRICS au cours des dix dernières années, invite à mesurer la portée de cette idée qui incite souvent à l'enthousiasme.

Il convient tout d'abord de noter qu'en tant qu'entité internationale, ce groupe est l'un des rares à avoir reçu un nom, avant une définition claire de ses bases institutionnelles et organisationnelles. Jusqu'ici doté d'une existence institutionnelle encore embryonnaire (Garcia, 2019 ; Garcia et Bond, 2019 ; Stuenkel, 2020), ce regroupement d'États n'est pas à l'épreuve des contradictions qui lui sont consubstantielles. Création occidentale ayant connu une récupération et un leadership oriental, puis une expansion mondiale, les BRICS sont la somme d'un assemblage hétérogène dont la consolidation structurelle demeure attendue. Il en découle une configuration binaire entre le couple sino-russe, qui en constitue le pivot géostratégique et économique d'une part et l'ensemble constitué des autres États membres.

Ensuite, il y a lieu de souligner que l'ensemble constitutif du Sud global comportant en son sein une multitude d'États aux trajectoires institutionnelles et aux dynamiques et niveaux de développement variés, il n'est pas aisé de construire une typologie et une délimitation claires de cet ensemble d'États. Ainsi présentés, les BRICS apparaissent comme le prototype d'un brouillage des frontières entre centre et périphérie ou semi-périphérie, dans la constitution des grands ensembles géopolitiques et économiques.

La question centrale de la présente contribution est de savoir comment, dans cet état d'ubiquité, les BRICS peuvent-ils opérer une transition économique favorable à la dynamique de développement souhaitée par les pays encore non industrialisés, tout en imposant un nouvel équilibre global. Suivant la perspective fonctionnaliste de David Mitrany (1943, 1975), il s'agit de ressortir les différentes fonctions assignées aux BRICS par les acteurs politiques du centre et de la périphérie selon la systématisation qu'en fait Galtung (1971). Par hypothèse, les BRICS semblent se singulariser comme un espace sino-russe de satellisation des pays émergents, autant qu'ils constituent des partenaires à l'hégémonie occidentale du fait du sous-impérialisme en œuvre dans leurs rapports avec les pays du Sud.

1. Les BRICS : ingénierie de promotion d'un partenariat sino-russe sur fond de satellisation des pays émergents

Au moment de leur constitution en groupe ayant un projet commun, les États pivots ou intégrateurs des BRICS contrastent à bien des égards avec les autres pays émergents qui ambitionnent de s'y greffer, par un écart de niveau économique et une différence de positionnement géostratégique substantiels. La Chine se démarque sur le plan économique comme puissance internationale globale et la Russie bénéficie d'une influence géostratégique et opérationnelle réelle. Le rapprochement de ces deux États met en évidence une double volonté de promouvoir le « consensus de Beijing » et la reconstitution d'une zone d'influence néo-varsovienne sino-russe par l'entremise du multilatéralisme des BRICS.

1.1. De l'exception chinoise au modèle chinois : une modalité de diffusion du consensus de Beijing

Il faut bien reconnaître que l'émergence de la Chine sur la scène internationale, comme acteur économique majeur, participe d'une exception. Le consensus de Beijing, qui en constitue le cadrage, est perçu comme une trajectoire de développement *sui generis*, si l'on s'en tient à son iconoclasme vis-à-vis du consensus de Washington. Il va sans dire que le modèle de développement chinois, en s'émancipant pour ne pas dire en s'opposant aux institutions de Bretton Woods, est une opportunité réelle pour la Russie autant qu'il se doit d'être importé au sein des pays émergents pour sa pérennité.

i. Un partenariat bilatéral eurasiatique sur fond de convergence entre la Belt Road initiative et l'union économique eurasienne

En plus du volume de ses échanges avec la Chine, qui reposait majoritairement sur les ventes d'armes ainsi que l'exportation du gaz et du pétrole, la Russie a donné un souffle nouveau à son partenariat privilégié avec la Chine en reconsidérant ses positions sur le caractère conciliable des deux projets géoéconomiques que sont la *Belt Road Initiative* (BRI) et l'Union économique eurasienne (UEE), d'inspirations respectivement chinoise et russe (Kaczmarski, 2019).

Le 9 mai 2015 se signait entre la Chine et la Russie un accord de coopération fixant les modalités de la coordination du développement des relations entre l'UEE et la BRI. Entre autres décisions, cet accord prévoyait la mise en place d'une zone de libre-échange commune. Cette volonté de coopération a été réaffirmée dès juin 2016 par le président russe, Vladimir Poutine, qui appelait de tous ses vœux la mise sur pied d'un « grand partenariat eurasiatique ». Il s'est ensuivi la signature, en août de la même année, de la *Comprehensiveeurasian partnership,* qui visait à sceller la collaboration officielle entre l'UEE et la BRI sur une base de connectivité et de promotion de projets communs considérés comme mutuellement bénéfiques (Bordachev, 2016). *Grosso modo*, il s'agit pour la Russie de répondre à l'impératif de développement de ses infrastructures de transport au sein de l'UEE, le besoin pour les pays constitutifs de l'UEE dans la région centrasiatique de drainer les investissements vers la BRI et, pour ce qui est de la Chine, la possibilité de créer des débouchés à ses excédents financiers.

Malgré une vision et des objectifs contrastés[63], le principal adjuvant à ce partenariat chancelant se trouve dans l'attrait de l'arctique Russe pour la BRI. En effet, Moscou et Pékin font moins une emphase sur le transsibérien et l'Asie centrale du fait d'un surcroît d'intérêt accordé à la coopération en arctique. Bien que l'intérêt chinois pour l'arctique russe ne soit pas nouveau, la Russie consent, de manière inédite, à accorder des opportunités économiques exorbitantes aux entreprises chinoises dans cette région stratégique. Ainsi, la Chine possède 29,9 % des actions du projet *Yamal LNG*, la plus grande usine de gaz naturel liquéfié au monde situé en arctique Russe, tout en fabriquant également des équipements pour le forage et les installations gazières. Il est donc de bon ton que la Chine décide d'investir dans l'organisation du trafic commercial et des infrastructures connexes par le développement de cette voie polaire (Sorensen et al, 2017).

ii. Pays émergents et BRICS comme zone d'influence économique chinoise

Sur la scène internationale et le sud global, particulièrement en Afrique, le constat de l'échec du consensus de Washington à induire l'émergence et le développement des pays du tiers-monde est sans appel. Depuis plusieurs décennies, les institutions de Bretton Woods, sous les auspices de la Banque Mondiale et du Fonds Monétaire international (FMI), malgré les conditionnalités et les manœuvres d'austérité imposées aux pays en développement, n'ont pas réussi à leur assurer un décollage qui soit une amorce à leur émergence et leur développement. Il en résulte l'hypothèse d'un « infanticide » du consensus de Washington dans ses rapports avec ses avatars au sein des pays sous-développés ou en voie de développement (Biwoni, 2021). C'est ce qui justifie la mise sur orbite du label coopération Sud-Sud comme cadre d'exportation du consensus de Beijing sans préjudice de conditionnalités et mesures d'austérité pour les pays en développement[64].

---

[63] Tandis que les Russes souhaitent que la Chine reconnaisse l'UEE comme un partenaire incontournable dans ses négociations avec les pays d'Asie centrale, les Chinois la considèrent comme le prolongement de leur initiative propre qui devrait, à terme, s'intégrer au BRI.

[64] Il est vrai que l'idée d'une absence de conditionnalités dans les relations avec la Chine reste pertinente dans un ordre principiel qui contraste avec sa propension à imposer des postures

De manière schématique, l'on rappelle que la Chine jouit d'une prépondérance économique absolue au sein des BRICS. C'est la raison pour laquelle elle en constitue le moteur économique. En effet, avec 70 % des richesses produites par l'ensemble des pays du bloc et d'un PIB de 17 710 milliards de dollars en 2023, la Chine surclasse de loin sur ce point l'inde (3200 milliards), la Russie (2200 milliards), le Brésil (1800 milliards) et l'Afrique du Sud (à peine 400 milliards)[65]. Si l'on intègre les effets de synergie de la croissance chinoise dans la dynamique de croissance des pays du bloc (Arora, 2004, 2005a, 2005b), l'hégémonie de la Chine s'en trouve réaffirmée. Cet écart abyssal se justifie par le niveau de développement industriel de la Chine qui participe, par ricochet, à un déséquilibre grave de la structure des échanges entre la Chine et les autres membres fondateurs de la coalition (Delcourt, 2024).

Au demeurant, si les échanges entre la Chine et l'Inde sont relativement équilibrés, il n'en est pas de même du commerce de ce pays avec les autres membres de la coalition. En effet, tandis que la Chine y exporte massivement des produits manufacturés ou semi-manufacturés, elle en importe quasi exclusivement des matières premières, à l'exception de la Russie, où elle importe de l'armement et du gaz, entre autres. Eu égard à ces déséquilibres qui rappellent fort bien la structure des échanges nord-sud, il est difficile de voir dans les BRICS un « groupe de solidarité contre les impérialismes ». D'où la tendance à la satellisation économique des pays émergents par la Chine et la construction d'un terreau favorable à ses manœuvres d'influence globale (Tenzer, 2011 ; Abolo, 2020).

1.2. L'ingénierie de construction d'une zone d'influence géostratégique sino-russe néo-varsovienne

Lorsqu'il est donné aux responsables des deux États de parler des relations sino-russes, les avis divergent en fonction de la posture que l'on veut bien adopter et les objectifs que l'on se fixe. Si la schizophrénie de l'attitude russe à l'égard de la Chine a une longue histoire qui remonte à l'invasion des cités russes par les Mongoles au XIIIe siècle, la convergence des vues sur des questions régionales et internationales, telles que les séparatismes (Tchétchénie, Xinjiang, Tibet) et la multipolarité sont autant d'éléments qui tendent à en faire des « partenaires stratégiques » (Ying, 2016 ; Trenin, 2018b, 2019). Nonobstant les divergences sur lesquelles les Occidentaux font une emphase (Spivak, 2017 ; Stronsky, 2018), la réalité est

---

plomatiques aux États aspirant à un financement de leur économie par cette dernière. La question de la reconnaissance ou non de Taiwan en est un exemple fort illustrateur.

[65] Autrement dit, l'économie chinoise est cinq fois plus grande que celle de l'Inde. Et respectivement huit, neuf et presque quarante-trois fois plus importante que celle de la Russie, du Brésil et de l'Afrique du Sud.

celle d'un partenariat stratégique entre Moscou et Pékin afin de faire contrepoids à la projection stratégique de l'occident vers l'Est depuis l'obsolescence du pacte de Varsovie et une alternative sécuritaire pour les pays en voies de développement. Le principe de diversité stratégique, cher à Vladimir Poutine, induit un agenda bilatéral de plus en plus chargé avec la chine d'une part, et un cadre multilatéral permettant de contre-balancer la puissance hégémonique globale. C'est d'ailleurs ce qui justifie la présence, presque redondante, du concept de multipolarité dans les déclarations des sommets sino-russes.

i. Le couple sino-russe : une coopération opérationnelle aux bénéfices tactiques et stratégiques réciproques

D'une manière générale, le partenariat stratégique sino-russe repose sur une perception relativement convergente de l'insécurité et des questions stratégiques. C'est d'ailleurs la conséquence normale d'une analyse assez proche des relations internationales. Pendant que Pékin reproche à Washington le maintien d'une pression militaire du fait des patrouilles de liberté de navigation en mer de Chine méridionale, Moscou s'insurge contre l'extension de l'OTAN vers l'Est du fait de la progression de l'occident dans les pays, anciennement partie prenante au pacte de Varsovie. Après une tendance au rapprochement entre l'OTAN et la Russie[66], l'annexion de la Crimée en 2014 et l'offensive russe en Ukraine constituent de réels moments de rupture et de rapprochement avec la Chine dont elle participe à la modernisation de l'armée.

Il faut le dire, la coopération militaire sino-russe est principalement industrielle et technologique, voire logistique[67], avant d'investir accessoirement les théâtres d'opérations. Dans un cas comme dans l'autre, elle permet à l'armée chinoise de se moderniser et à la Russie de mettre en évidence sa perception multipolaire du monde d'après-guerre froide.

De 1992 à 2018, la Chine et la Russie ont favorisé un accroissement substantiel des échanges liés au marché de l'armement. De ce fait, la Chine

[66] Outre la volonté d'adhérer à l'OTAN, la Russie a très souvent pris part à des exercices annuels "FRUKUS" avec la marine américaine, britannique et française, Baltos avec les riverains de la Baltique, "Blackseafor" avec ceux de la mer noire, entre autres.

[67] De 1991 à 2005, la coopération militaro-technique a représenté l'essentiel de la coopération entre les deux marines. La raison principale était que, dans les années 1980 et 1990, le niveau de l'industrie militaire chinoise était très arriéré et avec un besoin urgent de se moderniser et d'améliorer les capacités de combat pour rattraper les États-Unis et l'Europe à travers des acquisitions de matériels étrangers. L'embargo sur les armes à destination de la Chine a fait de la Russie le seul pays capable de lui fournir des armes et de la technologie militaire. Pour la Russie, après l'effondrement de l'URSS, ses entreprises militaires se sont retrouvées en grandes difficultés avec le besoin urgent de vendre des armes pour assurer leur survie et surmonter des problèmes de développement.

est devenue le principal marché pour les ventes d'armes dans le monde, tandis que la Russie en était le principal fournisseur[68]. Il est vrai que ces ventes d'armes à la Chine ont connu un certain ralentissement à partir de 2007 du fait des avancées dans l'industrie chinoise de l'armement, qui se substitue progressivement, par duplication[69], à celle de la Russie.

Sur le plan opérationnel, le tournant décisif est pris avec le début des exercices militaires aéroterrestres conjoints, dans le cadre de l'organisation de sécurité de Shanghai, dont le premier a lieu en 2003 au Kazakhstan et en Chine. En 2016, l'Université de défense américaine calcule que la Russie est le partenaire le plus assidu de la Chine pour des exercices militaires (4,8 %) devant les États-Unis (4,4 %) et le Pakistan (3,9 %). L'Armée populaire de libération (APL) participe à davantage d'entraînements et de compétitions liés à la préparation au combat avec la Russie et les pays d'Asie centrale qu'avec n'importe quel autre pays. Cette particularité n'est pas surprenante si l'on considère que les pays occidentaux ne veulent pas partager leur expertise. Depuis 2005, les exercices « *Peace Mission* » de l'Organisation de coopération de Shanghai se focalisent sur le contre-terrorisme et le combat (défense aérienne, bombardement, ravitaillement en vol), permettant à l'APL de progresser dans ces domaines cruciaux. Depuis leurs débuts en 2012, les exercices navals bilatéraux de la Chine avec la Russie sont axés sur le combat et les activités de soutien au combat. Depuis 2014, l'armée de terre et les forces aériennes de l'APL participent à des opérations militaires multilatérales et à des compétitions organisées par la Russie, qui lui permettent d'accéder à des normes plus élevées de l'art militaire. Nostalgiques d'une période qui en faisait le gendarme du monde socialiste contre l'occident, la Russie et, accessoirement, la Chine entendent s'ériger en leaders d'un monde s'émancipant de l'OTAN et de ses velléités unanimistes.

---

[68] Entre 1992 et 2007, les ventes d'armes russes à la Chine ont représenté 40 % des ventes totales d'armes à l'étranger, atteignant 57 % en 2004. Ce commerce a compris un large éventail d'armements aériens et maritimes…, dont plus de 500 avions de tous types, tels que des chasseurs Su-27, Su-30, Su-35, des avions de transport Il-76, des hélicoptères, 12 sous--marins Kilo, quatre destroyers Sovremennyy et un grand nombre de missiles antiaériens, de pièces d'artillerie, de radars et d'autres systèmes.

[69] Le 14 décembre 2018, Yevgeny Livadny, le chef du service de protection de la propriété intellectuelle du conglomérat de défense de l'État, Rostec, accusait déjà la Chine en relevant que *la copie non autorisée de nos équipements à l'étranger est un énorme problème. Il y a eu 500 cas au cours des 17 dernières années... à elle seule, la Chine a copié des moteurs d'avion, des chasseurs Sukhoi, dont les chasseurs embarqués sur porte-avions, des systèmes de défense aérienne, dont un analogue au système Pantsir à moyenne portée.*

ii. L'offensive militaro-sécuritaire russe comme technologie de construction d'une alternative post-occidentale sous le label BRICS

Lors de la conférence pour la sécurité organisée à Munich en 2017, le ministre russe des Affaires étrangères, Sergei Lavrov, relevait sans ambages l'impérieuse nécessité d'un renouvellement de l'ordre international. Depuis lors, l'une des priorités des actions de Moscou en Afrique est la recherche de soutiens actifs à ses initiatives diplomatiques. Cette stratégie ne se limite cependant pas au continent africain. Elle correspond, en fait, à la politique extérieure russe de recherche d'une diversification de ses relations dans toutes les régions du monde. À cet égard, les cinquante-quatre États africains constituent une « réserve » politique potentielle considérable pour les intérêts de la politique étrangère russe, en particulier dans les cas où Moscou choisit de s'opposer aux puissances occidentales (ou inversement). L'enjeu est aussi de démontrer que Moscou n'est pas aussi isolé que l'Occident le prétend (Boniface, 2015). Quelles que soient les raisons de ce repositionnement de la Russie en Afrique, il prend la forme d'une lutte antiterroriste, de sous-traitance des groupes militaires et tend à se doter d'une légitimité qui repose sur l'affirmation du multilatéralisme des BRICS (Bobo, 2017).

En outre, dès 2016, l'Algérie et la Russie ont entamé un processus de partage d'informations sur le mouvement des groupes djihadistes en Afrique du Nord et annonçaient des plans supplémentaires pour une coopération militaire plus approfondie. La même année, Moscou a mis en œuvre le même processus avec Tunis en termes d'imagerie satellitaire des groupes terroristes se déplaçant dans la région. Des relations de ce type se sont également développées avec le Maroc, et surtout, l'Égypte, avec qui Moscou a discrètement conclu un accord permettant aux aviations militaires des deux pays d'avoir accès à leurs bases aériennes respectives.

Par ailleurs, bien qu'il n'y en ait aucune trace dans la note de « Concept de la politique étrangère », les coopérations de ce type englobent également l'Afrique noire. Ainsi, les tournées en Afrique subsaharienne de Sergeï Lavrov en mars 2018 et juin 2024 avaient notamment pour objectif affiché la lutte contre le terrorisme. À ce jour, la Russie développe notamment une coopération de sécurité avec le Mali en fournissant des armes à ses forces armées. Néanmoins, selon Moscou, la propagation de l'idéologie extrémiste et l'activité des structures terroristes au Moyen-Orient et en Afrique du Nord est une conséquence directe de l'effondrement des structures étatiques, lui-même directement lié à l'ingérence de l'Occident.

Au service des intérêts officiels et officieux de la Fédération de Russie, l'utilisation de mercenaires apparaît précieuse, car ceux-ci peuvent non seulement être déployés dans des combats terrestres particulièrement difficiles aux côtés de troupes gouvernementales.

La principale société militaire privée russe, le groupe *Wagner*, s'était fait remarquer dès 2014, en appuyant les forces séparatistes pro-russes en Crimée, puis dans les régions de Donetsk et Lougansk, à l'Est de l'Ukraine. D'une manière générale, aussi bien en Afrique qu'au Moyen-Orient et en Asie, la Russie se fait de plus en plus présente stratégiquement au travers de soutiens multiformes en vue de contrecarrer les velléités, voire les pratiques expansionnistes et impérialistes de l'occident.

2. Le Sud global, champ d'application des sous-impérialismes des BRICS

Tout comme la Chine, dans son ingénierie identitaire vis-à-vis des pays en voie de développement, les BRICS font usage d'un malentendu productif en lien avec l'idée d'un référentiel historique qui contribuerait à les loger à la même enseigne (Biwoni, 2021). Qu'il s'agisse d'une mise en avant du placebo de rapports fraternels par la diabolisation de l'occident[70], de l'illusion constructive d'une relation gagnant-gagnant qui repose sur une comparaison avec la structure des relations nord-sud, l'ingénierie identitaire de l'ensemble constitutif des BRICS repose sur une construction dolosive. Du fait d'une identité Janus qui en fait concomitamment des pays en développement et des partenaires privilégiés des puissances occidentales, les BRICS se singularisent par une ubiquité positionnelle qui, sur le plan institutionnel, en fait un vecteur de néo-impérialisme suivant le mode opératoire de sous-impérialismes locaux.

2.1. Des chevaux de Troie du « centre » dans ses rapports avec la « périphérie »

Partant d'une conception libérale des relations internationales remontant aux vertus du marché comme modalité de pacification des rapports entre États, en dépit des limites à cette posture qui ont été atténuées par le rapprochement entre néo-réalisme et néo-libéralisme, le système économique mondial au 21e siècle apparaît comme rendant compte d'une interdépendance complexe (Nye et Keohane, 2000). Comme tels, les BRICS témoignent de rapports privilégiés avec les pays développés du Nord sous diverses formes.

i. La prégnance d'un ancrage néolibéral tropicalisé

L'économiste indien Vishay Prashad se montrait déjà assez circonspect en 2013 sur la volonté réelle des BRICS de remettre radicalement en cause la

[70] La diabolisation de l'occident se fait par le truchement d'une dénonciation des manœuvres impérialistes par lesquelles elles s'illustrent. La principale cible étant le système financier international et les institutions de Bretton Woods.

mondialisation libérale. Après avoir longtemps été considérée comme porteuse d'un changement profond et d'un rééquilibrage de l'ordre économique international, cette nouvelle coalition d'États commence à peine à tenir des concertations régulières. Parallèlement, elle entretient toujours un partenariat fertile avec le système de gouvernance mondiale existant afin de se joindre à lui et d'en tirer des profits plutôt que d'y inoculer les germes d'une transformation radicale.

Cette thèse est d'autant plus avérée qu'en dehors du manque de radicalité des réformes du fait de l'ambition à peine voilée d'une place plus privilégiée dans la matrice de partage de la rente capitaliste et néo-impérialiste, les BRICS souffrent de l'absence d'une idéologie alternative au néolibéralisme occidental ; il en résulte une absence de démarcation réelle avec l'unilatéralisme occidental. C'est le sens même d'un « néolibéralisme avec des caractéristiques du Sud » (Prashad, 2013). Ainsi, à bien y regarder, l'attitude des BRICS peut se résumer par la célèbre formule du *« talk left, walk right »* dans la mesure où, par-delà les ruptures discursives, ils ne font pas œuvre de disruption, ou à tout le moins de changement substantiel, dans la structuration libérale de l'économie mondiale. L'autre variable explicative du régime de connivence idéologique et systémique avec l'occident est la question des paradis fiscaux. En effet, celle-ci constitue l'une des dérives les plus prononcées de la finance mondiale autant qu'elle en est le principal tabou. Alors que les BRICS se donnaient pompeusement pour mission de reformer l'architecture financière mondiale, une décennie plus tard, ils se sont constitués comme de réels partenaires à cette finance *offshore*. Bien plus, ils font partie des principaux acteurs de la finance parallèle[71]. Force est d'ailleurs de rappeler que 7,8 mille milliards de dollars, soit 8 % de la richesse produite mondialement et 40 % des profits des firmes multinationales, sont dissimulés dans ces paradis fiscaux. Ils constituent l'un des principaux moyens de capitalisation des richesses indûment extraites du Sud global. Tel que le soulignent fort opportunément (Binder et Soares de Oliveira, 2023 : « *les pays des BRICS sont tout aussi impliqués dans le monde offshore que les économies occidentales qu'ils dénoncent. La réalité, c'est que leurs gouvernements et leurs élites politiques bénéficient et ont tous deux besoin* [de ce] *monde financier* ».).

[71] Le Brésil est actuellement le second emprunteur sur les marchés *offshore*. La Chine, par l'intermédiaire de ses sociétés d'État, est l'un des premiers clients des banques des Iles vierges britanniques, tandis que l'Inde utilise largement l'ile Maurice pour placer et rapatrier ses capitaux (d'Afrique essentiellement). L'utilisation des paradis fiscaux par les oligarques russes est de notoriété publique. Le commerce des hydrocarbures russes s'effectue le plus souvent via ces juridictions opaques, lesquelles jouent d'ailleurs un rôle central dans le contournement des sanctions.

ii. les accointances entre la Nouvelle Banque de Développement des BRICS et les institutions de Bretton Woods

Créée en juillet 2014 à Shanghai, avec pour objectif affiché de s'ouvrir à tous les États en qualité d'emprunteurs ou non, la nouvelle Banque de Développement des BRICS et son fonds de réserve, ne comptaient, en janvier 2017, que les BRICS comme seuls membres. L'apparent dédain pour cette institution financière avait certainement partie liée avec son objectif officiel de proposer une alternative au Fonds monétaire international et à la banque mondiale, perçus comme des vecteurs financiers de l'impérialisme occidental dans le Sud global. Son rôle était donc clairement de financer les infrastructures et les projets de développement dans les États du Sud (Habchi et Martinet, 2013). Dans la réalité, il n'en est rien, car, en pratique, elle s'est travestie du fait d'un rapprochement et d'une convergence d'intérêts avec ces institutions dont elle était supposée affranchir les pays en développement.

Bien plus, dans son fonctionnement, beaucoup d'éléments laissent croire que les institutions de Bretton Woods et les BRICS cheminent ensemble. À titre illustratif, si un pays souhaite emprunter auprès de la NDB pour un montant supérieur à 30 % de sa quote-part, il se doit de négocier préalablement avec le FMI dont le rôle est de lui faire signer une lettre d'intention afin de pouvoir joindre à son prêt des mesures d'austérité en vue, entre autres, de garantir sa solvabilité. C'est dans la même lancée qu'il faut noter, pour s'en offusquer, la signature d'un mémorandum d'entente avec la Banque mondiale pour le « *co-financement de projets [...] et l'échange de connaissances* » le 9 septembre 2016, comme annoncé par le président de la NDB. À cet état de fait, il faut ajouter la recapitalisation du FMI par les BRICS en 2012 à hauteur de 75 milliards de dollars.

Sur le plan monétaire, une inscription de la NDB, et son fonds de garantie en marge de l'hégémonie occidentale et des institutions monétaires internationales auraient voulu que les BRICS eussent remis en cause la dollarisation de leurs transactions. Pourtant, malgré un capital de départ de l'ordre de 100 milliards de dollars, ils se sont rendus dépendants des marchés financiers auprès desquels ils lèvent régulièrement des fonds en dollars, s'exposant ainsi au jeu des puissances occidentales et à l'hégémonie financière des USA. Si à cet état de fait l'on ajoute les incongruités d'un top management issu du FMI et des institutions financières occidentales[72], il devient clair que les BRICS et les puissances occidentales sont partenaires à une entreprise hégémonique au détriment des pays en voie de développement. Ceci se vérifie à l'observation, car, malgré le fonctionnement de la NDB qui prête à

[72] Il s'agit de Leslie Maasdrop et Tito Mboweni, respectivement vice-président de la NDB et directeur du CA de la NDB

confusion, dans leurs rapports aux autres États sur le plan régional et international, les pays constitutifs de BRICS font tous usage de politiques prédatrices qui ne se démarquent pas foncièrement de l'impérialisme occidental dans le Sud global.

iii. Des dynamiques d'accumulation et d'exploitation similaires

Suivant la perspective d'une pétrostratégie à l'image de l'offensive chinoise en Afrique (Mvomo Ella, 2005), les relations entre les BRICS et les pays en voie de développement sont la grammaire d'un « consensus de matières premières » (Maristella et Slipak, 2018) tendant à construire et faire pérenniser le rapport de dépendance. Suivant une rhétorique structurée autour de l'illusion constructive d'une relation « gagnant-gagnant » (Biwoni, 2021), cette relation tend à éluder les déséquilibres liés au renforcement de la matrice extractiviste des pays en voie de développement au détriment d'activités à forte valeur ajoutée. Au demeurant, *« alors que les pays des BRICS cherchent à s'affirmer comme un groupe cohérent dans les forums multilatéraux, en Afrique, chacun d'entre eux a sa propre approche et stratégie compétitive. Dans le contexte plus large d'accumulation capitaliste, l'action des BRICS se base sur une logique de compétition pour les ressources naturelles et l'accès aux marchés, qui est impérialiste par nature et ramène le colonialisme à l'époque moderne »* (Garcia, 2017).

Dans les faits, il s'agit grosso modo de faire main basse sur les ressources naturelles des pays du Sud du fait d'une expansion de leurs champions économiques nationaux. Cet état de fait leur permet de doper leur croissance économique du fait des débouchés qu'ils y trouvent pour leurs produits manufacturés. Il va sans dire que de telles pratiques sont de nature à compromettre l'industrialisation des pays en voie de développement (Amisi et al, 2016 ; Garcia, 2017), ce qui remet en question l'idée d'un partenariat Sud-sud comme dynamique de rupture d'avec la structure des relations nord-sud et alternative pour le développement du Sud global.

Quoique cela se fasse à une échelle variable, les membres historiques des BRICS présentent un profil nord-sud dans les relations qu'ils entretiennent avec les pays en voie de développement. À titre d'exemple, l'inde exporte vers l'Afrique des biens manufacturés, des produits pharmaceutiques et des services. La Russie, pour sa part, se concentre sur l'armement, les engrais et certaines technologies de pointe. Le Brésil et l'Afrique du Sud axent leurs exportations sur des biens manufacturés, des produits alimentaires et chimiques (Delcourt, 2024). En contrepartie, ils importent d'Afrique majoritairement du gaz, du pétrole et des minerais. La nature des échanges en Amérique latine ne déroge guère à cette logique prédatrice qui tend à assurer de facto aux BRICS une influence certaine au sein du Sud global.

2.2. Le préalable d'une construction endogène du développement dans le Sud global

Il va sans dire que l'économie politique internationale conditionne pour beaucoup le développement des États. Toutefois, il serait aventureux de construire une politique de développement pour l'essentiel vers l'extérieur. Aussi bien le consensus de Washington que le consensus de Beijing, sous le label BRICS, ne peuvent être que des adjuvants au développement si les préalables d'une croissance endogène et des transformations structurelles de l'économie sont posés.

i. Au-delà du placebo d'un effet de synergie de la croissance : l'urgence d'une dynamique de croissance endogène.

Les théories de la croissance endogène s'imposent avec le renouveau de l'approche néo-classique des années 1980 et 1990. Avec pour objectif d'expliquer la croissance de long terme de façon plus efficace que le modèle de Solow (1956), ces théories se caractérisent par l'introduction du concept de progrès technique endogène émanant des comportements d'agents économiques et d'incitations politiques. Dans une telle perspective, le savoir occupe une place centrale dans l'analyse de la croissance. Sa production est censée induire une croissance auto-entretenue en raison de rendements marginaux non décroissants ou grâce à une externalité positive née de la diffusion des connaissances (Monteils, 2001 : 1). Selon la variable sur laquelle est mise une certaine emphase, ces théories se déclinent *grosso modo* sur trois modèles : le modèle d'accumulation du capital humain, le modèle du savoir et de la recherche, et celui néo-schumpetérien.

Encore appelé modèle de Lucas (1988), le modèle d'accumulation du capital humain propose un cadre d'analyse dans lequel le capital humain et le savoir sont des facteurs déterminants pour la productivité et la croissance. Ils sont même des facteurs de référence pour expliquer les écarts de croissance et de développement entre pays (Howitt, 2004 : 4). Un de ses objectifs principaux est d'expliquer le caractère continu de la croissance. D'après le modèle de Romer (1990) ou du savoir comme produit des activités de recherche, la croissance est envisagée comme la conséquence principale de l'accumulation des connaissances. Un pays consacrant une forte part de son capital humain à la recherche aura tendance à croître plus rapidement qu'un autre.

Quant au modèle néo-schumpétérien de la croissance endogène, dans la systématisation qu'en font Aghion et Howitt (1992), une importance majeure est accordée à l'innovation industrielle comme modalité d'amélioration de la qualité des biens produits et comme facteur de croissance économique. Dans cette approche dite « basée sur l'innovation », la croissance est liée au stock de capital humain. Ce dernier affecte la capacité d'un pays à innover et à rattraper les pays développés (Engelbrecht, 2001 : 2). « Le transfert technologique, la recherche, le développement, l'importation et l'homologation des techniques étrangères occupent une place primordiale dans l'analyse de la dynamique de croissance ». En toute hypothèse, la question de l'importance du capital humain dans le processus de croissance économique et de développement se doit d'être questionnée eu égard aux gains de productivité relatifs aux savoir-faire et au système de santé camerounais.

ii. L'impératif de transformations structurelles des économies des pays en développement et la remise en question de la structure des relations nord-sud

Entendues comme processus de réallocation progressive et soutenue des ressources des secteurs d'activité économique les moins productifs vers les plus productifs (Klinger et Lederman, 2004), les transformations structurelles des économies du Sud apparaissent comme un réel impératif pour l'émergence des pays en voie de développement. À l'examen du système productif des économies du Sud, il apparaît une trop grande concentration de la productivité dans le secteur primaire. Toutefois, de 1995 à 2018, une étude de la dynamique de transformation structurelle des économies africaines, par la banque africaine de développement (2018), témoigne d'une réduction de la part du secteur primaire au profit des secteurs secondaire et tertiaire dans le système productif[73]. En comparaison avec les BRICS ou les pays industrialisés du Nord, cette dynamique de transformation structurelle reste résiduelle et marginale. Bien qu'il n'y ait pas de consensus sur les déterminants des transformations structurelles, la littérature y relative met l'accent principalement sur l'insuffisance qualitative et quantitative du capital humain (Page, 2012 ; Biwoni, 2018), la faible diversification productive (Rowthorn et Ramaswamy, 1997 ; Devarajan, 2013) et le faible développement technologique (Gupta et al., 2017). Si bien des auteurs proposent l'intégration des chaînes de valeurs mondiales afin de favoriser les secteurs à forte valeur ajoutée susceptible d'accompagner la transformation structurelle des pays du Sud (Lin et Monga, 2010 ; Gereffi et Fernandez-Stark, 2011), les résultats demeurent mitigés du fait d'une configuration de l'économie mondiale peu incitative. Comme le relève fort opportunément Avom et Nguekeng (2020), les exportations des pays en voie de développement sont caractérisées par une faible valeur ajoutée qui rend compte d'un déficit d'industrialisation et d'une intégration de l'aval des chaînes de valeurs mondiales[74].

---

[73] La part du secteur primaire dans le PIB a connu une baisse passant de 39,86 % à 31,95 %. Alors que les secteurs secondaire et tertiaire ont enregistré une progression, respectivement de 23,8 % à 26,28 % et de 36,34 % à 41,77 %.

[74] Il faut entendre par là la fourniture des matières premières, sans impacter le processus de leur transformation afin de leur donner une plus grande valeur ajoutée.

À la réalité, l'économie politique internationale rend compte du développement comme jeu à somme nulle. Si l'on s'en tient aux manœuvres impérialistes et sous impérialistes du consensus de Washington, du consensus de Beijing et de la structure des rapports entre les BRICS et le Sud global, force est de constater que les pays les plus avancés semblent mettre un point d'honneur à maintenir un statu quo dans les pays en voie de développement par le biais d'une industrialisation tatillonne. Aussi bien les États occidentaux que les États constitutifs des BRICS n'ont pas intérêt à ce que les pays en voie de développement connaissent un essor économique lié à une révolution industrielle.

Dans sa construction de l'indice synthétique de l'émergence économique (ISEME), Moubarack conçoit cette dernière comme un préalable et une étape décisive vers la convergence et le développement intégral (Moubarack, 2004). Qu'elle soit absolue ou conditionnelle (Barro, 2017), Moubarack relève le caractère optimal de la convergence lorsqu'elle met aux prises des économies quasiment similaires ou, à tout le moins, appartenant à un niveau identique. Les clubs de convergences (Abramovitz, 1986 ; Baumol, 1986 ; Berthélémy, 2005), dont il s'agit, permettraient donc un essor plus rapide des pays en voie de développement. L'enjeu ici étant d'intensifier la coopération Sud-Sud sur la base sous-régionale ou régionale.

Conclusion

Si la place des BRICS dans le système économique mondial n'est plus matière à débat, il se pose toujours le problème de leur poids géopolitique et géostratégique réel. D'aucuns y voient un avatar du non-alignement qui remonte à la conférence de Bandung, d'autres y voient la constitution d'une alternative post-occidentale. Quelles que soient la posture que l'on veut bien leur prêter et l'identité dont ils se reconnaissent, sans nécessairement récuser l'ordre international actuel ni forcer assurément un équilibre global, les BRICS constituent une alternative au consensus de Washington.

Qu'il s'agisse d'un cadre privilégié de diffusion de l'influence chinoise sous les auspices du consensus de Beijing ou de constitution d'une zone d'influence géostratégique russe néo-varsovienne ou encore d'une modalité de diffusion des sous-impérialismes des pays émergents dans le Sud « global », la question de l'impact que l'émergence des BRICS pourrait avoir sur la dynamique de développement des États du Sud impose deux constats :

L'économie politique internationale rend compte du développement comme jeu à somme nulle. Quel que soit l'angle par lequel on veut appréhender les relations entre pays développés du centre ou émergents de la semi-périphérie avec les pays sous-développés de la périphérie, il apparaît la prégnance d'un ancrage idéologique néolibérale et les manœuvres impérialistes et sous-impérialistes qui sous-tendent les liturgies diplomatiques entre ces différents groupes d'acteurs. Dans une telle perspective, l'on ne saurait s'étonner de ce que le consensus de Washington n'ait pas permis une certaine justice globale et l'émergence du Sud. « Le consensus de Beijing », bien que constituant une inflexion à la logique ultra impérialiste des institutions de BrettonWoods, du fait du placebo d'une relation gagnant-gagnant et une idée de commisération avec les pays sous-développés, ne constitue pas pour autant un adjuvant au développement. Les BRICS n'ont donc pas l'ambition de promouvoir le développement du Sud « global ». Une telle entreprise les priverait de leur réservoir de matières premières et de débouchés pour leurs produits manufacturés.

Le développement endogène apparaît donc en fin de compte comme un préalable et une nécessité pour toute velléité d'émergence et de convergence d'avec les pays développés. Généralement, les taux de croissance observés dans les pays du sud sont la conséquence d'un effet de synergie d'une croissance mondiale impulsée par de grandes économies, telles que les États-Unis, la Chine et l'Afrique du Sud, sur le plan régional spécifiquement (Arora, 2004). Une telle croissance ne saurait s'inscrire dans la durée et permettre le développement des pays du Sud, tant le *growthinitating* contraste avec un *growth building* reposant sur l'idée de croissance endogène. Essor technologique et industriel est donc au centre de l'idée de transformations structurelles qui pourra à terme permettre au Sud global d'intégrer les chaînes de valeurs mondiales. Eu égard aux réticences des BRICS et des Occidentaux avant eux à procéder à un réel transfert de technologie et un accroissement de leur flux d'investissements directs étrangers (IDE), les pays sous-développés se doivent de promouvoir une réelle coopération sous-régionale par le truchement de projets intégrateurs et communautaires qui puissent, en fonction des secteurs, bénéficier de financements importants.

Références bibliographiques

Abolo, C. (2020). *Médias, politiques et opinion publique, les logiques d'influence*, Yaoundé, Afredit.

Bello W. (2014), « The Brics and Global Capitalism », *TNI Working Paper 'Shifting power/Critical Perspectives on Emerging Economies'*, Transnational Institute-Focus on the Global South, September.

Bello, W. (29 août 2014) "The BRICS: Challengers to the Global Status Quo." *Foreign Policy in Focus*, http://fpif.org/brics-challengers-global-status-quo/

Binder A. et Soares de Oliveira R. (2023), « BRICS hypocrisy on offshore reform », *Politico*, 6 septembre.

Biwoni, J.P. (2018). « Émergence du Cameroun : outre les enjeux de politique économique, l'urgence d'une nouvelle économie politique de la croissance », in Paul et Sariette Batibonak (dir), De *L'Émergence du Cameroun en questions*, PUPA.

Biwoni, J.P. (2021). « Relations sino-africaines sous les auspices de la coopération Sud-Sud et l'ingénierie identitaire chinoise », *RAPD*, Solon, Vol.3, N⁰24, janvier, pp. 296-335.

Bobo L O, « New Order for Old Triangles? The Russia-China-India Matrix », *Russie. Nei.Visions*, No. 100, Ifri, Avril 2017

Bond P. (2022), « Quelles conditionnalités pour la Banque des BRICS ? », in CETRI, *Économies du Sud : toujours sous conditions néolibérales ?*, Alternatives Sud, Paris, Syllepse.

Bond P. (2023), « Les BRICS ou la « schizophrénie » du sous-impérialisme », in CETRI, *Anticolonialisme(s)*, Alternatives Sud, Paris, Syllepse..

Boniface, Pascal, *Une Russie forte, mais isolée*, Iris, 21 décembre 2015

Bret, C. et Begorre-Bret. M (2016). *La Russie a-t-elle les moyens économiques de ses ambitions géopolitiques ?*, Diploweb,

Cabestan, J.P (2015), *La politique internationale de la Chine. Entre Intégration et volonté de puissance*, 2e édition, Paris, Presses de Sciences Po.

Devarajan, S. (2013), "Africa's Statistical Tragedy", *Review of Income and Wealth,* 59.

Facon, I. (2017). *Le jeu d'influence de la Russie en zone Afrique du Nord / Moyen-Orient*, Observatoire du monde arabo-musulman, FRS, Paris.

Facon, I. (2017). *Le jeu d'influence de la Russie en zone Afrique du Nord / Moyen-Orient*, Observatoire du monde arabo-musulman, FRS, Paris.

Garapon, A. (2016). *Les nouvelles routes de la soie : La voie chinoise de la mondialisation*, IHEJ.

Garcia A. (2017), « BRICS investments agreements in Africa: more the same? », *Studies in Political Economy*, 98-1.

Garcia A. (2019), « BRICS, the New Development Bank and political economy of South-South relations », Presentation at the International Studies Association, Toronto.

Garcia A. et Bond P. (2019), « Amplifiying the contradictions : The centrifugal BRICS », *SocialistRegister*, vol. 55.

Garcia A. S. etCurty Pereira R. (2023), « Political economy of Sout-South relations: an analysis of Brics'investment protection agreements in Latin America and the Caribbean », *Third World Quarterly*, vol. 44.

Gereffi, G., Fernandez-Stark, K. (2011). "Global Value Chains Analysis: A Primer", Centre of Globalization, Governance and Competitiveness, Durham.

Gupta, S., keen, M., Shah, A., Verdier, G. (2017). *Digital Revolutions in Public Finance*. International Monetary Fund, Washington, DC.

Kaczmarski, M. (August 2019). « Russia-China Relations in Central Asia: Why Is There a Surprising Absence of Rivalry? », *Asian Forum*

Keohane R, Nye J. (1971). *Transnational relations and world politics*, Cambridge (Mass.), Harvard University Press.

Le Goff, C. (juin 2017). « La Chine et l'Afrique. Lorsque l'opportunité occulte le risque », *Asia Focus n° 35*, IRIS.

Lin, J.Y., Monga, C. (2010). "Growth Identification and Facilitation, the Role of the State in the Dynamics of Structural Change". *Policy ResearchWorking Paper* No.5313, *The World Bank.*

Marcetik B. (2023), « De quoi la peur des BRICS est-elle le nom ? », *Le vent se lève*, 18 septembre.

Nicolas Tenzer. (2011). « Enjeux et acteurs de la diplomatie d'influence », dossier, in *Mondes, les cahiers du quai d'Orsay*, n°9.

Page, J. (2012). "Can Africa Industrialize?" *Journal of AfricanEconomies,* 21.

Prashad V. (2013), *Neoliberalism with Southern Characteristics. The Rise of BRICS*, Rosa Luxemburg Stiftung, New York Office.

Robinson W.I. (2015), « The transnational state and the BRICS: a global capitalism perspective », *Third World Quarterly*, vol. 36, n°1.

Rowthorn, R.E., Ramaswamy, R. (1997). "Deindustrialization: Causes and Implications", *IMF Working Paper* No. 97/42, New York.

Spivak, V. (May 2017). « How Putin Plans to Cash In on The One Belt One Road Initiative », *Carnegie Moscow Centre*

Stronski, P. (2018). « China and Russia's uneasy partnership in Central Asia», *East Asia Forum*

Stuenkel O. (2020), *The BRICS and the Future of the Global Order*, Lexington Books, deuxième édition.

Tenzer N, (2011-2012). « Enjeux et acteurs de la diplomatie d'influence » dossier, in *Mondes, les cahiers du quai d'Orsay*, n° 9.

Trenin, D. (June 2019). « Russia, China Are Key and Close Partners », *Russian International Council*

Trenin, D. (September 2018b). « Entente Is What Drives Sino-Russian Ties », *Carnegie Moscow Center*

YING, Fu. (October 2016). « Are China and Russia Partnering to Create an Axis? », *Valdai Club*, (http://valdaiclub.com/a/highlights/are-china-and-russia-partnering-to-create-an-axis/

Section 2 :

Actes criminels et guerre économique dans la ZLECAf : comprendre et contrer par l'intelligence économique

Berthe Mélika OBAMA MEWALI

Introduction

Avec l'avènement de la Zone de libre-échange continentale africaine (ZLECAf), l'Afrique se trouve à un tournant décisif de son histoire économique. Ce projet ambitieux vise à stimuler le commerce intra-africain, à réduire les barrières tarifaires et à favoriser l'intégration régionale. Cependant, « *cette priorité s'exprime de la manière la plus éclatante par l'objectif déclaré de l'Union africaine de mettre en place d'ici 2028 un programme d'intégration économique continentale, la Communauté économique africaine. L'accord de libre-échange marque une étape importante dans l'intégration économique du continent. Ouvert à l'adoption lors du sommet de l'Union africaine de Kigali en mars 2008, l'accord établissant le traité africain a été signé par 54 des 55 États membres de l'UA, et ratifié au début de 2021 par 34 d'entre eux, dont de grandes économies, comme le Maroc, l'Égypte, l'Afrique du Sud et le Nigéria. La ZLECAf est entrée en vigueur en mai 2020, un mois après que les 22 États nécessaires ont déposé leurs instruments de ratification auprès du président de la Commission de l'UA (satisfaisant ainsi à l'exigence minimale requise pour l'entrée en vigueur de l'accord)* » (Abdessalam Jaldi, 2021 : P.1). Toutefois, cette ouverture des marchés expose également les économies africaines à de nouvelles menaces, notamment les actes criminels et les stratégies de guerre économique. Ces deux phénomènes peuvent compromettre les objectifs de la ZLECAf, créant des déséquilibres économiques et nuisant à la confiance entre les États membres. Par ailleurs, « *il serait facile de montrer qu'il est une forme de criminalité spéciale à chacune des phases de la vie économique, à l'économie domestique, à l'économie urbaine, à l'économie nationale... pour reproduire les divisions de Büchner. Mais, à chacun de ces changements de périodes, se produisent des transformations politiques et religieuses, qui, correspondant ou non à ces transformations dans le mode de production et d'échange des richesses, ont peut-être autant ou plus de parts que celles-ci aux explosions criminelles* »[75].

Les actes criminels, tels que le trafic de marchandises, la contrefaçon et la fraude s'intensifient souvent dans des environnements de libre-échange, où la régulation peut être insuffisante. Parallèlement, des pratiques de guerre économique, telles que le dumping et les sanctions, sont de plus en plus utilisées par certains pays pour affaiblir leurs concurrents. Ces dynamiques soulèvent des questions cruciales : comment ces menaces peuvent-elles être atténuées ? Quel rôle l'intelligence économique peut-elle jouer dans la détection et la prévention de ces défis ?

Cet article se propose d'explorer ces questions en se basant sur plusieurs hypothèses. Nous croyons que les actes criminels et les stratégies de guerre économique entravent l'intégration économique au sein de la ZLECAf. Par contre, une application efficace de l'intelligence économique peut fournir des outils essentiels pour combattre ces menaces. En outre, la coopération régionale et la sensibilisation des acteurs économiques sont primordiales pour renforcer la résilience des États face à ces défis.

Les objectifs de cette recherche sont multiples : analyser l'impact des actes criminels sur les économies locales, évaluer les effets des stratégies de guerre économique, explorer le rôle de l'intelligence économique, et formuler des recommandations stratégiques pour promouvoir la coopération régionale. À travers une analyse approfondie, cet article vise à contribuer à une meilleure compréhension des défis économiques auxquels l'Afrique est confrontée et à proposer des solutions concrètes pour garantir le succès de la ZLECAf.

1. Comprendre les actes criminels dans le contexte de la ZLECAf

L'intelligence économique (IE) est un outil essentiel pour analyser et comprendre les actes criminels qui peuvent affecter la ZLECAf. Il est donc important de bien comprendre le concept d'IE avant de se pencher sur la notion d'actes criminels, et plus particulièrement sur ceux qui ont lieu dans la ZLECAF.

1.1. Concept d'intelligence économique

L'IE est un processus systématique de collecte, d'analyse et de diffusion d'informations pertinentes qui a pour but d'aider les décideurs à prendre des décisions éclairées. Dans le contexte de la ZLECAF, l'IE joue un rôle

[75] Rapport de M. le Professeur G. Tarde du Collège de France, Paris, p.1.

essentiel pour comprendre et anticiper les actes criminels qui peuvent menacer la stabilité économique et le développement commercial. Mais pour cela, il est important de connaître la définition de ce concept et ses outils.

i. Définitions et objectifs

Sur le plan géopolitique, l'IE est considérée comme un ensemble de pratiques visant à collecter, analyser et utiliser des informations stratégiques pour anticiper et influencer les décisions dans un environnement concurrentiel, tout en protégeant les intérêts économiques et sécuritaires d'un pays ou d'une organisation. Mais, R. Dufour voit en l'IE « *l'art de transformer l'information en connaissance, et la connaissance en pouvoir.* » (R. Dufour, 2005 : P.45) Ce qui conduit R. Boyer à souligner que : « *dans un monde globalisé, l'intelligence économique est essentielle pour naviguer dans les complexités des relations internationales et des marchés.* » (R. Boyer, 2010 : P.12) C'est la raison pour laquelle P. Mérindol voit l'IE comme « *un outil de gestion des risques qui permet aux entreprises et aux États de mieux anticiper les menaces et de saisir les opportunités.* » (P. Merindol, 2012 : P.78).

Ainsi, l'IE comprend la surveillance des marchés, l'analyse des comportements des concurrents et l'évaluation des risques géopolitiques. La protection des actifs stratégiques d'un pays ou d'une entreprise contre les menaces externes, qu'elles soient économiques, politiques ou militaires. Par ailleurs, elle « *repose sur quatre piliers fondamentaux : la sécurité économique, la compétitivité économique, la diplomatie économique et la guerre économique. La sécurité économique vise à créer une culture de l'intelligence économique au sein des entreprises, en renforçant leur capacité à collecter et analyser des informations stratégiques. La compétitivité économique sert à créer de la richesse en dotant les entreprises d'outils pour comprendre leur environnement. La diplomatie économique engage les ambassadeurs à soutenir les intérêts des entreprises nationales sur la scène internationale. [...] Enfin, la guerre économique est la continuation de la guerre par d'autres moyens, notamment par des stratégies d'influence et de désinformation* » (A. Degans, E.Bourgnon, N. Moinet, 2024).

Par conséquent, l'IE vise à fournir des informations stratégiques et des analyses qui éclairent les décideurs et les aident à prendre des décisions éclairées. Mieux, il permet d'identifier et prévoir les risques liés à la criminalité, tels que la contrefaçon ou la fraude douanière, tout en permettant aux gouvernements et aux entreprises de se préparer à des défis potentiels et de mettre en place des mesures préventives.

ii. Outils et techniques

L'IE consiste, en premier lieu, à collecter des informations provenant de diverses sources, telles que les rapports de marché, les données douanières, les analyses de tendance et les témoignages d'acteurs du secteur. Les États membres de la ZLECAf peuvent créer des bases de données sur les activités criminelles, comme la contrefaçon et le trafic, en recueillant des informations auprès des douanes, des agences de régulation et des entreprises. Une fois les informations collectées, l'IE permet d'analyser les tendances criminelles, d'identifier les modèles récurrents et de prévoir les comportements futurs. Cette analyse peut révéler des pics d'activités criminelles dans certaines régions ou certains secteurs, permettant aux autorités de cibler leurs efforts de prévention. Par ailleurs, « *pour que l'information utile soit obtenue dans les meilleures conditions, il est nécessaire que les actions de recherche, d'exploitation et diffusion, au sein de l'entreprise, s'ordonnent en un cycle ininterrompu* » (C. Deschamps, N. Moinet, 2011 : P.30) d'où le renseignement avec différents types de technique comme : le renseignement humain (HUMINT), le renseignement signale (SIGINT) et l'analyse des réseaux. La communication fait également partie des outils de l'IE, notamment les rapports et les briefs, ainsi que la présentation visuelle de graphiques et de cartes pour illustrer des points clés et faciliter la compréhension des enjeux géopolitiques.

Tout ceci favorise la coopération entre les États membres de la ZLECAf pour partager des informations et de meilleures pratiques en matière de lutte contre la criminalité, en établissant des réseaux d'intelligence régionaux pour échanger sur les menaces communes et coordonner les opérations de lutte contre la criminalité. Ainsi, l'IE peut contribuer non seulement à protéger les marchés et les entreprises, mais aussi à renforcer la confiance des consommateurs et à promouvoir un environnement commercial sain et sécurisé en Afrique.

1.2. Actes criminels et guerre économique

Les produits du crime sont la principale motivation des groupes criminels, mais il est important au préalable de comprendre l'acte criminel dans le cadre de l'économie, afin de distinguer les différents types de guerre économique auxquels les pays de la ZLECAf peuvent faire face.

i. Définition des actes criminels dans le commerce

Le commerce et l'intégration économique entre pays africains sont confrontés à des défis d'ordre sécuritaire du fait de la présence des acteurs criminels, qui exploitent les nouvelles routes commerciales. Cependant, il est important de souligner que : « *les crimes motivés par le profit sont différents de ceux qui sont engendrés par la passion, la pression des pairs ou la simple perversité de l'être humain. On suppose que l'appât du gain est "rationnel" et, partant, les événements motivés par le profit semblent prévisibles. Cela semble également suggérer au moins une partie de la réponse - s'il y a motif d'ordre financier, il peut être éliminé, s'il y a des dommages pécuniaires, ceux-ci peuvent être compensés. On suppose ainsi que le contrevenant calcule bien les coûts et les avantages et qu'il pondère les conséquences probables en regard des gains possibles. Ainsi, on pourrait dire que le comportement du criminel motivé par le profit ressemble à celui d'une société dont l'objectif est de maximiser ses profits* » (R.T. Naylor, 2000 : P.1)

Par conséquent, les actes criminels dans le commerce représentent, donc, une menace significative pour la stabilité économique et la sécurité nationale, en particulier dans un contexte géopolitique où les rivalités et les tensions peuvent exacerber ces comportements illégaux. Ainsi, pour F. Bourguignon, « *les actes criminels dans le commerce, tels que la contrefaçon et le trafic de biens, ne sont pas seulement des violations de la loi, mais des menaces à la stabilité économique et à la sécurité nationale.* » (2011 : P.34). Quant à R. Katz, « *la criminalité commerciale est souvent le reflet des tensions géopolitiques, où les acteurs cherchent à tirer profit des déséquilibres et des vulnérabilités des systèmes économiques.* » (2015 : P.78). J. Smith pense que « *les réseaux criminels exploitent les failles des chaînes d'approvisionnement mondiales, mettant en péril non seulement les entreprises, mais aussi la sécurité économique des États.* » (2018 : P.112)

ii. Types de guerre économique (dumping, sanctions, etc.)

La guerre économique est un outil puissant dans les relations internationales, capable de transformer les dynamiques de pouvoir globales, que « *les théoriciens qui stigmatisent les rapports de force entre puissances ont dû s'incliner devant l'évolution déconcertante de relations internationales qui se refusent à épouser les contours connus de la géographie de puissance* » (C. Harbulot et P. Baumard, 2017 : P.1). La guerre économique englobe plusieurs types de stratégies et de tactiques utilisées par des États ou des entités pour affaiblir un concurrent sur le plan économique, afin de protéger leurs intérêts économiques et affaiblir leurs concurrents. Il s'agit notamment :

- **Les sanctions économiques et les restrictions commerciales** : elles ont pour but d'imposer des restrictions commerciales et financières à un pays ou à des individus pour des raisons politiques ou de sécurité, ou d'imposer des barrières douanières, quotas ou normes techniques imposés pour limiter les importations et protéger les industries locales. Par exemple, les sanctions commerciales contre l'Iran ou la Russie en réponse à des actions militaires ou à des violations des droits de l'homme, ou, par exemple, une imposition de tarifs douaniers élevés sur certains biens importés pour favoriser les producteurs locaux. Ainsi, « *la sanction freine le commerce, là où la mondialisation vise à promouvoir. Qui plus est, elle peut être assimilée à une forme de protectionnisme, en partageant les mêmes travers : l'inégalité devant la sanction et l'ampleur des conséquences, les sanctions américaines ayant globalement plus de poids et de répercussions sur la* *mondialisation que d'éventuelles sanctions émises par un pays moins puissant économiquement et politiquement* » (F. Coulomb, S. Mately, 2015 : P.103)

- **Dumping** : c'est une stratégie de vente de produits à un prix inférieur à leur coût de production ou à leur prix sur le marché national, afin de gagner des parts de marché, comme dans le cas de l'exportation de produits agricoles à bas prix par un pays, perturbant les marchés locaux dans d'autres pays. En outre, « *le dumping renvoie au phénomène de discrimination des prix selon les marchés (national versus étranger) séparés par des barrières importantes, telles que le coût de transport et d'entreposage, les législations fiscales, les tarifs et les mesures non tarifaires* » (E. Nyahoho, C. Lefebvre, C. Malbouires, 2007 : P. 362-363)
- **Cyberattaques et influence économiques :** l'utilisation de la cybercriminalité pour perturber les infrastructures économiques d'un pays, voler des données ou nuire à des entreprises, fait également partie des stratégies de la guerre économique employées par les acteurs criminels économiques pour attaquer les systèmes financiers ou des entreprises critiques afin de causer des dommages économiques. À cela s'ajoute la stratégie d'influence économique, à travers l'utilisation de l'aide économique ou des investissements pour exercer une influence politique sur d'autres pays, comme c'est le cas dans la Belt and Road Initiative de la Chine, qui vise à accroître son influence à travers des investissements dans les infrastructures. Cette stratégie est très souvent accompagnée par la guerre de l'information, qui « *est au cœur des enjeux de la survie des États démocratiques. De fait, les "États carnivores" tentent de saper et affaiblir les fondements de ces sociétés, par des campagnes de manipulation de l'information notamment, en jouant sur leurs propres contradictions* » (A-S Toumi et al. 2023 : P.6)

iii. Interactions entre criminalité et guerre économique

D'emblée, Xavier Raufer, au cours d'un entretien, souligne que : « *par convenance, paresse ou facilité, on se contente trop souvent de préparer non la guerre qui vient, mais plus celle que l'on a connue et dont on pense qu'elle va se reproduire sous la même forme. Ce qui constitue une erreur majeure. Nos institutions sont lourdes et lentes à manier, et souvent rétives au changement. Même si certaines personnalités, en matière de sécurité intérieure par exemple, sont parfaitement conscientes des mutations à l'œuvre, elles sont confrontées à la force d'inertie d'administrations qui préfèrent privilégier ce que je nomme un "ennemi de confort"- celui que l'on connaît et dont on maîtrise peu ou prou le profil. Les responsables politiques restent hantés par des menaces bien connues, qui s'inscrivent dans deux domaines principaux : le terrorisme et le trafic de drogue. Or, ils ne constituent plus des risques primordiaux. Et en focalisant sur eux, on passe à côté des véritables dangers émergents* (2014 : P.1). Les interactions entre criminalité et guerre économique ont des implications significatives et complexes pour la stabilité des États et des marchés, avec le lien de plus en plus fort entre le crime en col blanc et la criminalité organisée nationale ou transnationale. Ainsi, « *lors de ces situations [...], ces deux univers criminels apparemment si dissemblables savent s'associer, coopérer et trouver des terrains d'entente mutuels. Ces porosités entre cols blancs criminalisés et professionnels traditionnels du crime s'expliquent par une simple convergence d'intérêts. Cependant, ces porosités et ces convergences conduisent aussi à une hybridation croissante : d'un côté des criminels en col blanc adoptent certaines caractéristiques du crime organisé des gangsters (habitudes, associations, clandestinités) ; d'un autre côté, la couche supérieure du banditisme a appris à s'intégrer aux élites sociales légales suite au blanchiment de ses gigantesques profits criminels. Le "blanc" s'est grisé et le gris s'est "blanchi". Au bout du compte, nous voyons probablement émerger des phénomènes nouveaux de "criminalité organisée en col blanc", difficilement détectable, mais très corrosif, brouillant les frontières entre cols blancs et cols bleus du crime, donnant naissance à terme à de véritables "bourgeoisies criminelles"* » (J-F Gayraud, 2014 : P.34). Par ailleurs, cette nouvelle forme de crime peut contribuer à financer les activités terroristes, comme on a pu l'observer « *au cours des dix dernières années [où] les groupes terroristes ont, de plus en plus, eu recours au trafic de drogues pour financer leurs opérations* » (R. Ward, 2004 : P.29).

Les acteurs criminels vont, même plus loin, en faisant recours à la violence pour contrôler des ressources stratégiques ou perturber l'économie de l'adversaire, quand ils ont réussi à infiltrer des institutions économiques et politiques, corrompant des fonctionnaires pour faciliter leurs activités illégales ou ciblant des infrastructures économiques par des cyberattaques.

En outre, « *la cupidité est le moteur de la délinquance et l'accumulation, sa principale règle comptable. Ainsi, les organisations criminelles opèrent de façon très semblable aux entreprises privées légitimes, l'objectif ultime étant le profit et l'accumulation du gain. Leurs flux monétaires sont par conséquent gérés au moyen d'un système comptable reposant sur des bilans, comme dans le cas des entreprises commerciales* » (L. Napoleoni, 2005 : P.36). C'est la raison pour laquelle l'on observe des interactions entre criminalité et guerre économique. Elles illustrent comment les stratégies économiques peuvent être contournées ou manipulées par des acteurs criminels, notamment avec l'exploitation des failles réglementaires, où les acteurs criminels peuvent profiter des failles dans les réglementations commerciales ou fiscales pour mener des activités illégales, comme la fraude ou le blanchiment d'argent. Cela peut affaiblir les systèmes économiques d'un pays.

2. Guerre économique et actes criminels dans la ZLECAf

La manipulation des chaînes d'approvisionnement est un phénomène complexe qui peut avoir des répercussions importantes sur l'économie mondiale, en particulier dans le contexte de l'intégration économique comme celle de la ZLECAf.

2.1. Actes criminels affectant la ZLECAf

Divers actes criminels menacent les objectifs de la ZLECAf, compromettant ainsi la sécurité économique et entravant le développement commercial, car « *de nos jours, tout devient commerce et échange. À mesure que l'économie emporte de nouvelles parts de marché, les opportunités criminelles se développent de manière mécanique* ». (J-F Gayraud et F. Thual, 2012 : P.153)

i. Trafic et criminalité organisée

D'emblée, « *nous assistons en effet depuis un siècle à une marchandisation accélérée des activités humaines. Plus rien ou presque n'échappe à l'empire des échanges. Le vampirisme des marchés devient automatiquement celui des criminels. À mesure que l'empire de l'économie se déploie et conquiert de nouveaux territoires, celui des prédations criminelles suit, telle une ombre portée* » (ibid.). Ainsi, dans certains pays, comme la Côte d'Ivoire, le trafic de produits agricoles comme le cacao ou le café est alimenté par des acteurs criminels qui évitent les taxes douanières. Ces produits sont exportés illégalement pour contourner les régulations, ce qui nuit aux producteurs locaux et à l'économie formelle. Il en est de même pour le cas de la République Démocratique du Congo (RDC), souvent citée en raison de l'exploitation illégale de ses ressources minérales, comme le coltan, par des groupes armés qui en contrôlent les mines. Cette situation, non seulement crée des tensions géopolitiques, mais nuit également aux efforts de développement économique et d'intégration régionale promus par la ZLECAf. De ce fait, l'on comprend que « *certaines entités criminelles disposent désormais de capacités quasiment illimitées pour corrompre les marchés économiques et financiers et surtout les marchés politiques : choix des candidats, financement des élections, etc.)* » (ibid.).

ii. Fraude et contrefaçon

Selon Jean-François Gayraud, « *les biens contrefaits représentent 10 % du commerce mondial (ministère du Budget) ; les médicaments contrefaits tuent silencieusement plusieurs centaines de milliers de personnes en Afrique tous les ans* » (ibid.). En Afrique de l'Ouest, notamment au Nigéria, l'un des plus grands marchés de la ZLECAf, le marché des médicaments contrefaits est un défi majeur en matière de santé publique, car des groupes criminels importent des médicaments de mauvaise qualité, souvent à des prix inférieurs, pour les vendre sur le marché. Le trafic de médicaments contrefaits est un problème endémique, compromettant la sécurité des patients et sapant la confiance dans le système de santé. Cela nuit non seulement à la santé publique, mais crée également une concurrence déloyale pour les entreprises pharmaceutiques légitimes dans le cadre de la ZLECAf.

Ainsi, en 2020, une opération conjointe menée par les autorités nigérianes et des agences internationales a abouti à la saisie de plusieurs tonnes de médicaments contrefaits dans des entrepôts à Lagos. Ces médicaments, qui prétendaient traiter diverses maladies, étaient en réalité inefficaces et potentiellement dangereux.

Par conséquent, la circulation de médicaments contrefaits met en danger la vie des patients et augmente les coûts pour le système de santé. C'est dans cette logique que « *le professeur Marc Gentilini, président honoraire de l'Académie de médecine, affirme que les médicaments contrefaits représentent environ 30 % des produits pharmaceutiques en circulation dans les pays en développement* » (ibid.)

iii. Corruption et pratiques déloyales

Il arrive très souvent que des entreprises soudoient des fonctionnaires pour obtenir des contrats ou éviter des sanctions, sapant ainsi la concurrence loyale. Par exemple, des pays comme l'Érythrée peuvent voir apparaître des circuits de contrebande de produits de consommation de base en réponse à des restrictions commerciales, perturbant ainsi les efforts d'intégration économique de la ZLECAf. Ces circuits de contrebande sont générés par les groupes criminels et terroristes ayant infiltré des entreprises et sont « *la principale source de revenus des groupes terroristes d'aujourd'hui [...]. La contrebande peut porter sur des cigarettes, ou de l'alcool, ou des diamants, et est une importante source d'emplois et de recrutement pour les groupes terroristes* ». (L. Napoleoni, op.cit : P.43). En outre, il faut souligner que « *la contrebande est une industrie qui finance les groupes terroristes et les organisations criminelles. Elles constituent sans doute le poste le plus important de la balance des paiements des terroristes* » (ibid.). La régénération de ces circuits de contrebande après des restrictions commerciales s'accompagne de la corruption au sein des agences gouvernementales, qui facilitent des pratiques commerciales illégales pouvant nuire à l'intégration du marché.

2.2. Guerre économique et ses impacts

La guerre économique fait référence aux actions menées par des États ou des entités pour affaiblir les rivaux sur le plan économique. Cela peut inclure des sanctions, des politiques commerciales agressives, ou des cyberattaques.

i. Sanctions et restrictions commerciales

Les sanctions et les restrictions commerciales dans le contexte de la ZLECAf soulèvent des questions complexes, car, d'une part, les pays soumis à des sanctions peuvent voir leurs échanges commerciaux réduits, ce qui nuit à l'économie locale ; et, d'autre part, ceux soumis à des restrictions commerciales peuvent faire face à des pénuries de biens essentiels, affectant l'ensemble de la région. Ce qui peut exacerber les tensions entre pays, compliquant les efforts de coopération régionale. La RDC a été soumise à des sanctions internationales en raison de conflits internes et des violations des droits de l'homme qui ont affecté ses échanges commerciaux, limitant l'accès à certains marchés pour ses produits miniers. Quant au Zimbabwe, il a été sanctionné par les États-Unis et l'Union européenne. Ces sanctions ont eu un impact significatif sur l'économie zimbabwéenne, ce qui a également perturbé les échanges avec ses voisins africains dans le cadre de la ZLECAf.

Par ailleurs, certains pays de la ZLECAf ont mis en place des barrières douanières pour protéger leurs industries locales, rendant plus difficile l'importation de produits étrangers. Par exemple, des restrictions sur l'importation de produits alimentaires peuvent être instaurées pour soutenir l'agriculture locale. D'autres peuvent appliquer des tarifs douaniers élevés sur des produits spécifiques pour protéger leurs marchés locaux, ce qui peut entraver le libre-échange prévu par la ZLECAf. En outre, des pays comme le Nigéria peuvent imposer des quotas sur certains produits, tels que le riz, pour encourager la production nationale, ce qui limite l'accès des importations. Et d'autres peuvent accorder des subventions à leurs producteurs locaux pour les aider à concurrencer les importations, créant ainsi des distorsions sur le marché.

ii. Stratégies de dumping et pratiques déloyales

Il est important de commencer par faire la différence entre les types de dumping pour mieux comprendre le phénomène au sein de la ZLECAf, par exemple. De ce fait, « *le dumping n'est pas une pratique spécifique au commerce international, mais est abordé comme un cas plus général de stratégie de prix. La notion de dumping "interne" s'applique à des ventes réalisées à des prix faibles en cas de liquidation d'entreprises ou de pratiques de soldes ; il s'agit donc d'une pratique commerciale relativement courante. La notion de "dumping externe", plus proche de la définition contemporaine du dumping, consiste à écouler à bas prix sur les marchés extérieurs les excédents de production qui ne sont pas absorbés par les marchés intérieurs en raison de la faiblesse de la demande domestique* » (P.Barber, 1995 : P.5). Ainsi, la deuxième forme de dumping est généralement observée dans les pays africains, avec la faillite des industriels locaux, à cause de la vente des produits textiles, par exemple, à des prix inférieurs à ceux des producteurs locaux. Dans le secteur agricole, l'on observe la perturbation du marché du riz local, notamment au Nigéria, à cause des importations massives de riz à bas prix en provenance des pays comme l'Inde ou le Vietnam. Ce qui nuit aux agriculteurs locaux et entraîne des pertes d'emplois dans le secteur agricole.

Il en est de même dans le secteur pharmaceutique, où la contrefaçon de médicaments, souvent importée à bas prix, pose des risques pour la santé publique et nuit aux entreprises pharmaceutiques locales qui respectent les normes de qualité, comme cela a été observé dans plusieurs pays de la région. Cela s'accompagne généralement d'une manipulation des documents d'importation, afin de bénéficier de tarifs douaniers réduits ou contourner des restrictions, créant une concurrence déloyale pour les entreprises respectueuses des règles.

Exporter un produit à un prix inférieur à son coût de production ou au prix du marché dans le pays d'importation, gagner des parts de marché en rendant les produits locaux non compétitifs, sont des pratiques de dumping qui peuvent nuire aux industries locales. Or, les pratiques commerciales sont des aides gouvernementales aux entreprises qui faussent la concurrence, une production de biens imitant des marques ou des produits protégés, créant une concurrence déloyale, ou une manipulation des documents pour tromper les autorités douanières ou les consommateurs. Ainsi, ces pratiques entraînent des pertes d'emplois et des fermetures d'entreprises au sein de la ZLECAf, ce qui pourrait contrecarrer l'objectif de libre-échange.

3. Rôle de l'intelligence économique dans la lutte contre ces menaces

Le 21e siècle fait face à une nouvelle forme de conflictualité, notamment la criminalité économique, et donc de s'interroger sur les formes de réponses que les États de la ZLECAf peuvent apporter à ces nouvelles menaces.

3.1. Surveillance et détection des menaces

Dans un monde où le risque, l'incertitude et la complexité vont sans cesse croissant dans l'environnement économique, portant atteinte aux objectifs des entreprises et à la création de la valeur, « *l'intelligence économique permet d'apporter une compréhension et des réponses à ces enjeux suivants selon ces différents "pôles" : environnement international et compétitivité, l'intelligence économique dans les organisations, la gestion de l'information, protection et défense du patrimoine informationnel, influence et contre-influence* » (P. Memheld, 2012 : P.128).

i. Outils d'intelligence économique utilisables

« *Dans un contexte de mondialisation et de concurrence exacerbée, l'intelligence économique (IE)- c'est-à-dire la maîtrise de l'information stratégique utile aux acteurs économiques- est une nécessité vitale. Les entreprises, les États et les territoires ne peuvent l'ignorer et se doivent d'implanter cette fonction comme ils le firent pour le marketing, la qualité ou plus récemment le développement durable. À condition de l'appréhender dans toutes ses dimensions »* (C. Deschamps et N. Moinet, op. cit. : P.16). Et cela n'est possible qu'avec la veille stratégique, qui, grâce à l'IE, permet une surveillance continue des tendances économiques, politiques et sociales. Ainsi, la collecte d'informations sur les tendances de la contrefaçon ou du trafic de marchandises permet aux autorités de mettre en place des mesures préventives. En outre, « *l'expérience étrangère montre que les dirigeants doivent être convaincus de l'utilité et de la richesse d'apports de la technique. Ils ne doivent pas hésiter à l'utiliser pour prendre les bonnes décisions et ne jamais oublier que l'information qu'ils reçoivent doit être brute, réelle et objective afin d'éviter toute déformation qui pourrait pénaliser la qualité de l'analyse décisionnelle stratégique* » (A.Juillet et J-F Dazugan, 2009)

De plus, l'IE utilise des outils d'analyse pour interpréter les données et identifier les schémas de comportement criminel ou de guerre économique. De ce fait, l'analyse des flux commerciaux peut révéler des anomalies, comme des variations de prix suspectes indiquant des pratiques de dumping ou de fraude. La cartographie des acteurs, quant à elle, permet d'identifier et visualiser les relations entre les différents acteurs économiques, y compris les réseaux criminels, afin de comprendre les dynamiques du marché. Ainsi, cartographier les acteurs impliqués dans le trafic de produits agricoles, par exemple, permet aux autorités de cibler leurs efforts de manière plus efficace.

ii. Études de cas sur l'efficacité

La contrefaçon de médicaments est un problème majeur en Afrique de l'Ouest, nuisant gravement à la santé publique et à l'économie. Selon l'Organisation mondiale de la santé (OMS), jusqu'à 30 % des médicaments vendus dans certaines régions peuvent être contrefaits. Cette situation crée un environnement propice à la criminalité et à la guerre économique, car elle compromet la confiance dans les systèmes de santé et les marchés locaux.

De ce fait, les autorités sanitaires ouest-africaines ont mis en place un système de veille pour surveiller les tendances de la contrefaçon. Cela inclut la collecte d'informations sur les réseaux de distribution, les prix anormalement bas et les plaintes des consommateurs. Ainsi, en utilisant des outils d'analyse de données, les autorités ont pu identifier des schémas dans les importations de médicaments, révélant des anomalies dans les chaînes d'approvisionnement. Par exemple, des importations massives de certains médicaments à bas prix ont été détectées, indiquant potentiellement un problème de contrefaçon. Par conséquent, grâce à ces efforts, des milliers de doses de médicaments contrefaits ont été saisies, réduisant ainsi leur circulation sur le marché.

3.2. Stratégies de prévention et de réponse

Il y a un besoin urgent de développer des capacités d'anticipation, d'adaptation, d'analyse et d'influence, ainsi que de définir une stratégie africaine d'intelligence économique au sein de la ZLECAf pour lutter contre cette nouvelle menace.

i. Élaboration des politiques publiques

L'élaboration de politiques publiques éclairées par l'IE est essentielle pour relever les défis de la criminalité et de la guerre économique dans le cadre de la ZLECAf. En s'appuyant sur des analyses approfondies, les décideurs peuvent élaborer des politiques publiques qui répondent efficacement aux défis identifiés. Par exemple, si l'analyse révèle une augmentation de la contrefaçon de médicaments, les gouvernements peuvent créer des réglementations spécifiques pour renforcer les contrôles aux frontières.

Au Sénégal, le secteur de la pharmaceutique fait face à la contrefaçon. La circulation de médicaments contrefaits constitue une menace pour la santé publique. Ainsi, grâce à une étude de marché et à des enquêtes, les autorités sénégalaises ont identifié une augmentation significative des cas de contrefaçon de médicaments. Par conséquent, le gouvernement a élaboré une politique nationale de lutte contre la contrefaçon, intégrant des mesures spécifiques basées sur des données recueillies par des agences d'intelligence économique. De ce fait, l'on observe une augmentation significative des saisies de médicaments contrefaits, témoignant de l'efficacité des mesures mises en place. Par ailleurs, la sensibilisation de la population a conduit à une meilleure confiance du public envers les produits pharmaceutiques, favorisant un environnement commercial plus sain.

ii. Collaboration entre les États de ZLECAf

La collaboration entre les États africains de la ZLECAf est essentielle pour faire face aux défis communs, tels que la contrefaçon et la criminalité économique, « *parce que la maîtrise du cycle de l'information est essentielle pour détecter les signaux faibles, identifier les tendances lourdes, anticiper les manœuvres des concurrents et décoder les actions d'influence. Compte tenu de l'agressivité croissante de la concurrence qui n'hésite pas à employer tous les moyens pour réussir, il faut mettre en place des moyens de protection sophistiqués, car l'intelligence est partout* » (ibid.).

L'exemple de la lutte contre la contrefaçon de médicaments en Afrique de l'Ouest illustre comment les initiatives conjointes ont renforcé la résilience des systèmes économiques et amélioré la santé publique. L'initiative de l'Autorité régionale de régulation de la Santé (ARHS) en Afrique de l'Ouest, qui regroupe plusieurs pays, a facilité le partage d'informations sur les médicaments, y compris des alertes sur les produits contrefaits. C'est ainsi que la CEDEAO a mis en place un réseau de surveillance des standards de qualité des médicaments, regroupant plusieurs pays ouest-africains. Ce réseau facilite l'échange d'informations sur les médicaments contrefaits et les pratiques illégales.

Par ailleurs, dans le cadre de l'harmonisation des procédures douanières, facilitant ainsi le commerce tout en renforçant les contrôles contre la fraude et la contrefaçon, le Programme de facilitation des échanges de la CEDEAO a été mis en place pour améliorer la coopération douanière entre les États membres, réduisant ainsi les délais de dédouanement et renforçant les capacités de détection des marchandises illicites. C'est dans cette lancée que des opérations telles que « *Opération cobra* » ont été organisées, impliquant des agences douanières et de régulation de plusieurs pays (Nigéria, Ghana, Côte d'Ivoire). Ces opérations ont permis de coordonner les inspections et de mener des saisies simultanées de médicaments.

3.3. Développement d'une culture de l'intelligence économique

Pour que les États membres de la ZLECAf deviennent plus compétitifs, il est crucial de cultiver une culture de l'IE. Une culture d'IE permet aux gouvernements, aux entreprises et aux milieux économiques de mieux anticiper les tendances, d'identifier les opportunités et de se protéger des menaces.

i. Formation et sensibilisation

« *Il faut que les responsables chargés de l'intelligence économique connaissent le monde de l'entreprise par expérience professionnelle ou par des formations spécialisées. Il faut être conscient que la connaissance du monde policier ou militaire sensibilise à la protection et à la sécurité, celle du monde du renseignement à la collecte d'informations et à l'analyse, mais aucun des trois ne vous permet de connaître l'entreprise. Chacun sait que le parachutage d'un haut fonctionnaire à la tête d'une entreprise ou d'un patron dans l'administration représente un risque réel, car, quelles que soient ses qualités, nul ne connaît sa capacité d'adaptation à un monde nouveau. De même, pour limiter le risque et optimiser l'exercice de la fonction, le responsable de l'intelligence économique doit savoir maîtriser la totalité des facettes de son activité. Dans le cas contraire, il risque de privilégier ceux qu'il connaît et d'accorder sa confiance à des consultants manquant d'expertise dans les domaines qu'il ne connaît pas* » (ibid.). Ainsi, la sensibilisation à l'IE dans les institutions gouvernementales, les entreprises et la société civile est cruciale. Des programmes de formation peuvent être mis en place pour enseigner les principes de l'IE et leur importance.

Le Sénégal a reconnu l'importance de l'IA pour renforcer sa compétitivité au sein de la ZLECAf et faire face aux défis économiques. Son gouvernement, en partenariat avec des institutions académiques et des chambres de commerce, a lancé des programmes de formation pour les entrepreneurs et les fonctionnaires sur les pratiques d'IE. En outre, une plateforme en ligne a été développée pour permettre aux entreprises de partager des informations sur le marché, les tendances et les opportunités d'affaires. Cette plateforme facilite également l'accès à des analyses de marché.

Ainsi, les entreprises formées ont commencé à utiliser des outils d'IE pour mieux cibler leurs marchés et anticiper les tendances, ce qui a conduit à une meilleure performance économique. Outre, cette amélioration de la compétitivité, on assiste aussi à un renforcement des capacités institutionnelles. Les fonctionnaires formés en IE ont pu mieux élaborer des politiques économiques basées sur des données probantes, renforçant ainsi l'efficacité des interventions gouvernementales.

ii. Partenariat public - privé

Encourager la coopération entre les secteurs public et privé pour développer des initiatives d'IE voudrait que « le maillage territorial et le partenariat public-privé [permettent] à toutes les entreprises, quelles que soient leurs tailles, de disposer des bonnes informations en temps opportun pour livrer bataille à armes égales avec leurs concurrents. C'est un objectif dans lequel tout le monde a un rôle : les ministères, les organisations territoriales et consulaires, les fédérations et associations professionnelles, les syndicats patronaux et ouvriers, sans oublier les médias, l'éducation nationale et les universités. Ce sera beaucoup plus complexe qu'on ne le croit, car ceci suppose un véritable changement des mentalités » (ibid.). C'est le cas au Sénégal, où le pays a intégré l'IE dans sa stratégie de développement économique en établissant un département dédié à l'IE au ministère du Commerce. Par ailleurs, des conférences et des forums sur l'IE réunissant des acteurs économiques, des chercheurs et des décideurs ont été organisé pour discuter des enjeux de l'IE dans le contexte de la ZLECAf.

Conclusion

L'intégration économique au sein de la ZLECAf représente une opportunité significative pour le développement économique et la coopération régionale, « *car l'intelligence économique est avant tout un état d'esprit. Cela suppose d'apprendre à travailler en réseau, d'être capable de se remettre en cause, de comprendre que nous entrons dans un monde où il n'y aura plus de situations acquises et de mettre en place un maillage d'intermédiaires pour fournir la synthèse des informations et mes appuis qui leur seront utiles* » (ibid.). Cependant, les actes criminels et les stratégies de guerre économique constituent des menaces sérieuses qui peuvent compromettre ces objectifs. À travers l'analyse des pratiques de contrefaçon, de trafic et de dumping, cet article a mis en lumière les défis complexes auxquels les pays africains sont confrontés dans ce nouveau contexte commercial.

L'intelligence économique apparaît comme un outil crucial pour contrer ces menaces, parce qu'elle « *peut être le dénominateur commun qui permettra aux pays africains d'entamer au préalable un travail de connaissance de soi et de ses partenaires, de réfléchir ensemble sur les choix à faire, les erreurs à éviter, les obstacles à contourner, les faiblesses et les carences à pallier et les forces et atouts à mettre en valeur et à exploiter* » (H. Saber, 2020 : P.298). En permettant une meilleure détection des risques et en favorisant une réponse coordonnée entre les États membres, elle peut renforcer la résilience des économies locales. Les recommandations formulées dans cette recherche soulignent l'importance d'une coopération régionale renforcée et d'une sensibilisation accrue des acteurs économiques. En outre, elle est « *une réponse nécessaire dans un monde qui n'a plus de frontières de temps et d'espace, où l'information est instantanée et le temps de réaction est nul. Une réorganisation des structures autour de la nouvelle dimension prise par le rapport entre l'information et le renseignement- conduit à des changements dans le système décisionnaire outre que dans la gestion des ressources humaines. Une révolution avant tout culturelle qui fait de l'information une arme qu'il faudra intégrer dans la stratégie de défense nationale* » (G. Gagliano, 2016 : P.9) de chaque pays de la ZLECAf.

En conclusion, pour que la ZLECAf atteigne ses objectifs ambitieux, il est impératif de développer une approche intégrée qui allie régulations efficaces, coopération régionale et outils d'intelligence économique. Cette démarche contribuera non seulement à sécuriser les échanges commerciaux, mais aussi à favoriser un environnement commercial juste et équitable pour tous les acteurs économiques en Afrique. Car, « *le premier défi de l'Afrique est celui de reprendre son destin en main. Cela n'est possible que si le continent relève l'enjeu de l'intelligence de la connaissance stratégique. Il n'est plus concevable qu'au 3e millénaire et, après plus d'un demi-siècle d'exercice de la souveraineté, les think tanks étrangers prennent en charge l'arsenal décisionnel stratégique des pays africains* » (H. Saber, op.cit. : P.296).

À l'avenir, des recherches supplémentaires pourraient se concentrer sur des études de cas spécifiques, permettant d'affiner les stratégies d'intelligence économique et d'évaluer leur impact sur la lutte contre la criminalité économique au sein de la ZLECAf.

Références bibliographiques

JALDI Abdessalam, « la Zone de libre-échange continentale africaine (ZLECAf) : regard juridique », in Policy Brief, PB-21/04, février 2021.

Rapport de M. le Professeur G. TARDE du Collège de France, Paris.

DUFOUR R., L'intelligence économique : un enjeu stratégique, Paris, Éditions Harmattan, 2005

BOYER R., Intelligence économique et stratégie, Paris, Éditions Eyrolles, 2010.

MERINDOLP., L'intelligence économique : enjeux et perspectives. Bruxelles : Éditions de l'Université de Bruxelles, 2012.

DEGANS Axelle, BOURGNON Emilie, VERLUISE Pierre, Planisphère. Pourquoi la géopolitique s'intéresse -t- elle à l'intelligence économique ? Avec Degans, *Diploweb.com : la revue géopolitique*, 27 septembre 2024.

DESCHAMPS Christophe, MOINET Nicolas, De l'intelligence économique, Paris, DUNOD

NAYLORR.T., Crime économique et crime organisé : les défis qui attendent la justice pénale, Série sur les questions stratégiques, rp02-12f, 2000.

BOURGUIGNON F., Criminalité économique et sécurité nationale. Paris, Éditions La Découverte, 2011.

KATZ R., Global Trade and Crime: The New Geopolitics. New York, Routledge, 2015.

SMITH J., The Impact of Organized Crime on Global Trade. London, Palgrave Macmillan, 2018.

HARBULOT Christian, BAUMARD Philippe, La guerre économique, in Frédéric RAMEL, Jean-Baptiste JEANGENE VIMER, Benoît DURIEUX, Dictionnaire de la guerre et de la paix, PUF, 2017

COULOMB Fanny, MATELY Sylvie, « Bien-fondé et opportunités des sanctions économiques à l'heure de la mondialisation », in Revue internationale stratégique, volume 1, n° 97, 2015.

NYAHOHO Emmanuel, LEFEBVRE Cédrick, MALBOUIRES Claire, « Les mesures anti-dumping : un phénomène commercial largement répandu », in Études internationales, Vol 38, numéro 3, septembre 2007.

TOUMI Anne-Sophie, LAMBAUDIE Franck, PAQUE Xavier, SUAREZ Anthony, JEULIN Edouard, Guerre de l'Information. « Guide de survie pour entreprise ». Comment se défendre et passer à l'attaque légalement dans la jungle informationnelle et concurrentielle à laquelle doit désormais faire face toute entreprise ? EGE.

RAUFER Xavier, « Entreprises, risques criminels et communication d'influence : le décryptage de Xavier Raufer », in Communication & Influence, n° 51, janvier 2014

GAYRAUDJean-François, Le nouveau capitalisme criminel, Paris, Odile Jacob, 2014

WARDRichard H., « Les aspects économiques du terrorisme », in Forum sur le crime et la société, vol 4, n° 1 et 2, décembre 2004.

GAYRAUD Jean-François, THUAL François, Géostratégie du crime, Paris, Odile Jacob, 2012

NAPOLEONI Loretta, « La nouvelle économie de la terreur : comment le terrorisme est financé », in Forum.

BARBER Philippe, « Du dumping comme pratique loyale et de l'anti-dumping comme barrière aux échanges », in Revue française d'économie, volume 10, n° 2, 1995.

MEMHELD Pierre, « Intelligence économique, déontologie, conformité, et anticipation des risques », in Revue internationale d'intelligence économique 2012/2 (Vol 4), Édition Lavoisier

JUILLET Alain, DAZUGAN Jean-François, L'intelligence économique en question(s), *Diploweb.com : la revue géopolitique*, 14 juin 2009.

SABER Hicham, « L'intelligence économique dans la Zone de Libre-Echange Continentale africaine. Enjeux et défis » in Dossiers de Recherches en Économie et Gestion, Dossier 9, n° 2, juin 2020.

GAGLIANO Guiseppe, Guerre économique et guerre cognitive, Tribune libre n° 64, Cf2R, juin 2016.

Section 3 :

Veille informationnelle et transformation digitale des transferts d'argent en zones CEMAC et UEMOA

Mireille ABIALA AMBIANA
et
Jacques Albert MONTY

Introduction

Le contexte mondial actuel est marqué par le développement et l'utilisation croissante de nouvelles technologies dans tous les domaines d'activités. Nous vivons désormais dans un monde où les frontières deviennent de plus en plus minces, les échanges étant facilités par les outils numériques notamment. La concurrence est ainsi plus accrue, aussi bien à l'intérieur des États qu'entre les pays. Les stratégies développées (par les États et par les entreprises) pour rester compétitives dans divers secteurs d'activités font appel à ce que l'on a appelé intelligence économique. En nous intéressant de façon particulière aux services offerts par les banques et autres institutions de microfinance, nous allons mettre en perspective le contexte, les techniques/outils, la méthodologie/l'organisation et les valeurs issues de la veille informationnelle dans son application au transfert d'argent en zones CEMAC[76] et UEMOA[77]. Cette démarche permet d'obtenir des éléments caractéristiques capables de faciliter la compréhension de l'intelligence économique dans l'environnement des services numériques de transfert d'argent en Afrique subsaharienne. En clair, cette réflexion met en lumière les services numériques mobilisés par les acteurs du transfert numérique dans deux zones clairement identifiées. Ces services numériques s'identifient par l'argent mobile, les services bancaires mobiles, le paiement numérique, le Chatbot, les services bancaires sur Internet et l'envoi de fonds international. Globalement, qu'il s'agisse de la zone CEMAC ou de celle de l'UEMOA, ce type de marché échappe aux sociétés traditionnelles du transfert d'argent prises de vitesse par les opérateurs digitaux. Pour la plupart, elles sont parties du statut d'actrices principales ou majeures, à celles de challengers affaiblis et simples distributeurs tous azimuts des

---

[76] Communauté économique et monétaire de l'Afrique centrale.
[77] Union économique et monétaire ouest-africaine.

services digitaux, des banques, et d'autres opérateurs nationaux et internationaux. Les acteurs des services numériques d'argent se développent autour de quatre principaux axes, à savoir :

- offrir tous les mêmes services de base de gestion de compte, de transfert d'argent et de paiement numérique comme politique de couverture de tous les segments du marché numérique ;
  fournir différents points d'accès pour des services spécifiques. (Exemple : Application EcobankPay - Application RapidTransfer - Application mobile Ecobank - Ecobank en ligne et Rafiki) ;
- ouvrir des services non-clients (Comptes Xpress - Application EcobankPay – Application Rap RapidTransfer) ;
- identifier des services pour satisfaire des segments de clientèle particuliers (Rafiki - Jeunes, OMNI Lite - PME).

À travers de tels axes, il s'agit d'analyser les défis (et les enjeux) des mutations digitales dans les transferts d'argent. Pour y parvenir, le choix a été porté sur certaines banques et sociétés de transfert d'argent des zones CEMAC et UEMOA comme environnement d'étude. La principale raison sur laquelle repose notre choix porte ainsi sur la problématique de la dynamique desdites mutations digitales. Cette problématique fait émerger des éléments sur les acteurs et les services offerts en termes de quantité et de qualité. Tout ce dispositif qui, en même temps, se confond à un outil de gestion semble reposer sur l'information. Cette dernière s'apprécie en fonction de la synergie d'éléments caractéristiques du marché monétaire digital qu'il est possible d'appréhender. La question centrale sur laquelle repose cette contribution est la suivante : quelles sont les dynamiques informationnelles visibles dans le processus de digitalisation du marché des transferts d'argent en zones CEMAC et UEMOA ? La réponse à cette question est une source permettant de questionner et d'interroger le marché digital de transfert d'argent dans lesdites zones. L'hypothèse centrale poursuivie est qu'il existe des défis à maîtriser les mutations dans les banques et sociétés de transfert d'argent. La présente contribution s'inscrit dans le sillage des travaux orientés sur la théorie des usages. C'est à partir notamment de l'approche interactionniste qu'elle prend ancrage.

1. Contexte de digitalisation des services de banque

La digitalisation est le processus de transformation des services (financiers, commerciaux) d'une entreprise, par un recours accru aux technologies de l'information (cf. Petit Larousse). De prime abord, il ne semble pas aisé de donner une définition de la digitalisation. Cependant, en faisant appel à différentes ressources documentaires physiques et numériques, il est possible de retenir, entre autres, que la digitalisation est un procédé qui vise à transformer un *process*, une profession, un objet ou encore un outil en code informatique afin d'en améliorer les performances. La digitalisation fait alors référence à l'utilisation des outils digitaux ainsi qu'aux différents processus d'adaptation pour exploiter les possibilités nouvelles liées au digital, et survivre dans un environnement en mutation profonde.

De ce qui précède, la digitalisation se montre comme un phénomène susceptible d'être visible dans tous les domaines. Le secteur bancaire n'est pas resté à la marge concernant les différents développements impulsés par les technologies numériques. À cet effet, de profondes mutations ont été observées dans les services offerts par les banques. Dans les années 1980, les banques britanniques sont les premières à diffuser des informations en ligne via le réseau téléphonique. Le développement d'Internet entre la fin des années 1990 et le début des années 2000 ne va pas tout de suite être synonyme de développement des services bancaires en ligne. En effet, les banques sont d'abord réticentes à abandonner leur modèle de fonctionnement traditionnel et considèrent le risque limité dans ce cadre. Toutefois, l'autonomisation des tâches à faible valeur ajoutée va faire renaître l'intérêt de la banque en ligne. Les clients sont intéressés et s'abonnent en grand nombre aux outils en ligne des banques traditionnelles, ces dernières entretiennent la tendance en proposant la dématérialisation d'un nombre de services de plus en plus élevé. La facilité et la rapidité des nouveaux services par Internet séduisent la clientèle, ce qui va permettre l'émergence de banques 100 % en ligne[78].

En Afrique, notamment subsaharienne, l'évolution a été plus lente. En effet, dans les années 1980 et 1990, l'inclusion financière reste faible, même si l'on note une évolution au cours du temps. En 2018, l'IFC[79] publiait, conjointement avec la fondation Mastercard, un rapport intitulé *Accès au numérique : L'avenir de l'inclusion financière*, dans lequel le pourcentage sur l'inclusion financière est passé en Afrique subsaharienne, de 23 % en 2011 à 43 % en 2017. Cette évolution est due en grande partie aux outils numériques. En effet, ce rapport de l'IFC retrace l'expérience et les connaissances acquises en matière d'appui à la croissance du financement numérique en Afrique dans le cadre du Partenariat conjoint pour l'inclusion financière à partir de 2012. En travaillant avec quatorze (14) institutions de microfinance, des banques, des opérateurs de réseaux mobiles et des prestataires de services de paiement à travers le continent, l'initiative conjointe IFC-Fondation MasterCard a permis de recruter (dans la période sous revue) 7,2 millions de nouveaux utilisateurs de services financiers numériques (soit une augmentation de 250 % du nombre initial) et

[78] https://www.culturebanque.com/banques/banques-en-ligne/
[79] International Finance Corporation.

45 000 nouveaux agents de services bancaires et de générer 300 millions de dollars de transactions par mois.

En Afrique subsaharienne, en général, et plus particulièrement en Afrique centrale et de l'Ouest, on observe une évolution dynamique de la digitalisation des transferts d'argent. En effet, les outils numériques sont de plus en plus utilisés dans le secteur bancaire, ce qui impulse une certaine dynamique dans les transactions qui sont observées. Une question qui peut alors se poser est celle de savoir quelles dynamiques, notamment informationnelles, ont guidé les acteurs dans le choix ou l'adoption des outils numériques dans le domaine des transferts d'argent.

2. La digitalisation des transferts d'argent en Afrique : cas des zones CEMAC et UEMOA

Nous nous intéressons ici aux informations relatives à l'utilisation du numérique pour les transactions financières dans les espaces CEMAC et UEMOA.

2.1. La digitalisation des transferts d'argent dans la CEMAC

Le tableau 1 ci-dessous nous présente l'évolution des transactions de monnaie électronique pour chacun des pays de la CEMAC entre 2018 et 2022. De ce tableau, il ressort qu'en cinq années, le nombre et la valeur des transactions ont été multipliés par quatre. Le Cameroun est le pays pour lequel les chiffres restent les plus élevés dans la période de référence. Cette évolution s'explique notamment par une hausse des principaux indicateurs relatifs à l'accès et à l'utilisation des services adossés à la monnaie électronique (voir tableau 2). En vérité, au cours de cette période, on observe non seulement une hausse du nombre de comptes ouverts, mais également une augmentation significative du nombre de points de service existants. Cette évolution constante et fulgurante se justifie par les chiffres qui passent de 17 861 424 comptes ouverts en 2018 à 37 381 036 en 2022 (pour un taux d'activité de près de 40 %) et de 53 303 points de service à 328 911 sur cette même période[80].

[80] https://www.beac.int/wp-content/uploads/2023/11/Rapport-Etat-des-services-de-paiement-2022-VF_3-Final.pdf

Tableau 1 : Transactions de monnaie électronique en nombre et en valeur, par pays de la CEMAC

	2018		2019		2020		2021		2022	
	Nombre	Valeur	Nombre	Valeur	Nombre	Valeur	Nombre	Valeur	Nombre	Valeur
Cameroun	415 024 972	6 333 005 588 739	615 357 306	8 812 226 321 166	806 055 732	12 151 073 705 383	1 296 464 402	15 545 480 994 721	1 665 717 853	17 207 566 575 484
Centrafrique	296 137	10 118 231 154	693 728	31 966 795 660	4 502 835	108 697 340 679	5 943 415	110 280 541 112	15 381 600	275 386 376 542
Congo	29 676 678	318 186 601 592	29 149 808	418 957 179 642	101 989 483	438 845 226 755	345 719 814	1 969 746 850 466	445 089 324	2 808 705 361 500
Gabon	120 568 108	1 536 239 902 149	151 026 875	1 997 963 627 127	184 024 914	2 062 230 735 381	253 500 878	2 673 389 326 105	274 201 184	2 903 842 717 272
Guinée Équatoriale	21 828	1 336 654 125	33 395	2 095 440 638	42 626	2 795 120 443	53 283	3 493 933 341	Tchad	6 796 740
Tchad	6 796 740	98 615 699 752	783 757	73 439 392 317	5 477 498	59 319 644 284	12 485 693	294 631 907 727	8 701 858	133 698 276 8
TOTAL	**572 362 635**	**8 296 166 023 386**	**797 033 302**	**11 335 889 970 037**	**1 102 083 857**	**14 822 262 093 120**	**1 914 156 828**	**20 596 324 740 574**	**2 409 145 102**	**23 332 693 241 026**

Source : BEAC

Tableau 2 : Nombre de comptes de paiement dans la CEMAC, par pays

	2018		2019		2020		2021		2022	
	inscrits	**dont actifs**	**inscrits**	**dont actifs**	**inscrits**	**dont actifs**	**inscrits**	**dont actifs**	**inscrits**	**dont actifs**
Cameroun	9 244 064	4 979 736	15 851 849	7 982 674	19 528 723	8 453 605	21 255 563	9 772 594	21 630 905	10 320 652
Centrafrique	23 679	6 448	48 549	17 526	120 964	57 922	192 191	80 119	340 243	146 090
Congo	4 669 980	917 122	4 353 381	962 123	7 106 777	2 463 621	7 481 565	2 742 635	8 666 642	3 052 578
Gabon	2 091 033	697 705	2 358 166	774 530	2 707 890	896 967	2 524 112	990 854	3 169 109	1 096 235
Guinée			13 541	1 295	14 702	6 213	16 203	7 001	21 341	5 200
Tchad	1 832 668	151 972	2 106 158	151 411	630 104	29 267	3 605 392	227 225	3 612 587	279 019
TOTAL	**17 861 424**	**6 752 983**	**24 731 644**	**9 889 559**	**30 109 160**	**11 907 595**	**35 075 026**	**13 820 428**	**37 440 827**	**14 899 774**
Taux actifs	**37,81 %**		**39,99 %**		**39,55 %**		**39,40 %**		**39,80 %**	

Source : BEAC

En revanche, comme cela apparaît (voir dans le tableau 3 suivant), les chiffres laissent observer une évolution continue au cours de la période sous revue, de l'encours de la monnaie électronique pour la quasi-totalité des pays de la CEMAC. L'encours de la monnaie électronique s'entend dans ce cas comme les sommes détenues par les utilisateurs (porteurs et distributeurs) dans les comptes de porte-monnaie électronique. Vue sous cet angle, l'utilisation d'un porte-monnaie électronique rentre de plus en plus dans les mœurs des populations, qui en font de plus en plus usage pour leurs diverses opérations. Les différents opérateurs gagnent ainsi de plus en plus la confiance des utilisateurs qui n'hésitent plus à profiter des facilités offertes par le porte-monnaie électronique.

Ainsi, le tableau 4 nous montre l'évolution des transactions de monnaie électronique dans la zone CEMAC, de 2018 à 2022. De manière générale, il en découle une évolution à la hausse des chiffres relatifs aux différentes opérations au cours de cette période. Cette évolution vient confirmer l'adoption progressive par les populations du porte-monnaie électronique pour leurs diverses transactions, contribuant ainsi à l'amélioration du taux d'inclusion financière dans la région. Il faut relever que cette inclusion financière, à travers la création et l'utilisation du porte-monnaie électronique, a été rendue possible par le taux de pénétration des réseaux mobiles. En effet, comme cela se dégage du rapport sur les services de paiement dans la CEMAC en 2022 de la BEAC, la technologie utilisée (USSD sur le téléphone mobile) permet le déploiement des points de service avec des coûts d'investissement et d'exploitation réduits, ces services bénéficiant de l'infrastructure mise en place pour les services de télécommunication. Ce service de paiement (porte-monnaie électronique) est considéré comme un véritable catalyseur de l'inclusion financière, du développement de la numérisation ou digitalisation des paiements et, par là, du développement des économies africaines. En effet, c'est le moyen de paiement à l'origine de l'ouverture de 98 % des comptes de paiement. Selon l'étude de la BEAC, le règlement des factures de télécommunications ou le crédit mobile via le paiement mobile demeure l'un des services de paiement les plus populaires. Au Cameroun, de façon particulière, on peut aussi citer la généralisation du paiement des frais de scolarité par mobile money et de beaucoup d'autres services.

Tableau 3 : Évolution de l'encours de monnaie électronique par pays (en FCFA)

	2018	2019	2020	2021	2022
Cameroun	93 738 765 071	120 323 278 440	162 194 435 683	218 239 671 388	269 968 911 628
RCA	550 000 000	1 000 000 000	3 250 000 000	5 828 988 000	6 016 721 997
Congo	6 011 142 734	3 772 686 700	5 413 433 416	29 003 202 971	21 039 584 075
Gabon	22 417 369 345	25 907 171 311	29 557 843 555	45 904 624 194	35 710 709 021
Guinée Équatoriale		2 246 944	9 126 406	8 793 125	820 995 303
Tchad	3 016 564 924	2 163 598 528	3 632 261 160	8 994 717 091	6 074 822 117
TOTAL	**125 733 842 074**	**153 168 981 923**	**204 057 100 220**	**307 979 996 769**	**339 631 744 141**

Source : BEAC

Tableau 4 : Évolution des transactions de monnaie électronique dans la CEMAC 2022

	2018		2019		2020		2021		2022	
	Nombre	**Valeur**	**Nombre**	**Valeur**	**Nombre**	**Valeur**	**Nombre**	**Valeur**	**Nombre**	**Valeur**
Recharges	150 667 662	3 349 246 812 355	199 385 717	4 369 743 314 103	277 353 536	5 221 173 592 895	411 473 634	7 419 269 162 665	454 664 293	8 015 135 140 306
Transfert d'argent	92 797 448	1 704 992 708 132	130 541 200	2 222 163 325 391	188 900 572	3 670 490 394 754	340 211 370	5 038 720 709 273	399 031 277	5 153 093 325 414
Retraits automates	751 871	62 910 587 897	1 857 392	200 107 260 851	210 855	31 988 427 603	1 533 711	190 319 305 658	291 379	23 693 732 917
Retraits au Guichet	148 307 658	2 848 596 884 538	199 021 864	3 625 836 415 628	257 066 172	4 639 747 483 791	418 994 294	6 467 062 235 886	446 913 018	7 129 803 692 158
Paiements	179 837 997	330 419 030 463	266 227 129	700 319 334 499	378 552 733	1 258 862 194 077	731 943 819	1 480 953 327 091	1 008 875 625	2 172 008 839 197
TOTAL	**572 362 635**	**8 296 166 023 384**	**797 033 302**	**11 118 169 650 472**	**1 102 083 868**	**14 822 262 093 119**	**1 904 156 828**	**20 596 324 740 574**	**2 309 775 592**	**22 493 734 729 992**

Source : BEAC

Toutefois, il faut relever, pour le déplorer, que de nombreuses zones non couvertes par le réseau mobile et l'Internet mobile existent encore dans la zone CEMAC. De plus, les prix de l'Internet mobile demeurent élevés, ce qui contribue à fermer l'accès à ces services à une certaine frange de la population.

2.2) La digitalisation des transferts d'argent dans la zone UEMOA

En ce qui concerne l'Afrique de l'Ouest, plus spécifiquement la zone UEMOA, des analyses similaires à celles effectuées pour la zone CEMAC peuvent être faites.

En observant les données contenues dans le tableau 5 suivant, il ressort une évolution des principaux chiffres relatifs aux différentes opérations en monnaie électronique. À ce niveau également, c'est une adoption progressive du porte-monnaie électronique par les populations, à travers la création et l'usage qui en est fait pour différentes transactions. Quel que soit le type de transaction, on observe une évolution à la hausse du nombre et de la valeur monétaire au cours du temps.

Le rapport annuel de la BCEAO sur l'évolution des services financiers numériques dans l'UEMOA au titre de l'année 2021 révèle entre autres une hausse du nombre de comptes ouverts entre 2020 et 2021. La progression relative la plus importante a été observée en Côte d'Ivoire, avec un taux de 65 %, suivie du Sénégal avec un taux de 62 %. Le Togo, qui a connu la progression la moins importante, enregistre tout de même un taux de progression de 13 %. Il est ainsi possible de relever dans le tableau 5 que le taux d'activité des comptes de monnaie électronique est passé de 37,77 % en 2018 à 45, 43 % en 2020, même s'il y a une variation à la baisse en 2021 où l'on retombe à 43,73 %. Le nombre de points de services et le volume des transactions ont connu une évolution positive. Le taux d'activité des points de services, c'est-à-dire le rapport entre le nombre de points de services actifs et le nombre total de points de services sur une période donnée, est passé de 56 % en 2020 à 65 % en 2021. En outre, si en 2018, par exemple, le volume des transactions s'élevait à 1 907 725 333, celui-ci est passé à 5 146 453 719 en 2021. On note aussi une évolution à la hausse des paiements électroniques (paiements marchands et paiements de factures) dans tous les pays de l'UEMOA, avec des hausses annuelles de 60 % et 29 % respectivement pour le volume et la valeur. Le nombre de transferts de personne à personne, tout comme la valeur de ces transferts, ne permet également pas d'apprécier l'évolution de l'activité.

Tableau 5 : État synoptique de la situation des services financiers numériques dans la zone UEMOA à fin décembre 2021

					Variation 2021-2020		**Variation 2021-2019**	
	2018	**2019**	**2020**	**2021**	**valeur**	**%**	**valeur**	**%**
Nombre d'initiatives	34	38	42	40	-2	-4,76 %	2	5,26 %
Nombre de comptes ouverts	62 962 331	76 963 237	94 226 056	131 006 798	36 780 742	39,03 %	54 043 561	70,22 %
Nombre de comptes de monnaie électronique actifs (au moins une transaction au cours des 90 derniers jours)	23 780 513	33 586 866	42 803 234	64 838 834	22 035 600	51,48 %	31 251 968	93,05 %
Taux d'activité	37,77 %	43,64 %	45,43 %	43,73 %	- 1,64 %		0,15 %	
Nombre de bénéficiaires de transfert non titulaires de porte-monnaie électronique non inscrit (reçoivent et retirent uniquement avec un code)	2 756 998	3 253 063	10 833 049	23 337 041	12 503 992	115,42 %	20 083 978	617,39 %
Nombre total de points de services (GAB- sous distributeurs- distributeurs principaux)	510 448	819 598	1 074 254	1 393 730	319 476	29,74 %	574 132	70,05 %
Volume des transactions	1 907 725 333	2 632 068 573	3 497 284 116	5 146 453 719	1 649 169 603	47,16 %	2 514 385 146	95,53 %
Volume moyen journalier	5 299 237	7 311 302	9 714 678	14 295 705	4 581 027	47,16 %	6 984 403	95,53 %
Valeur des transactions (milliards FCFA)	23 533	28 738	41 455	63 895	22 440	54,13 %	35 157	122,34 %
Valeur moyenne d'une transaction	12 336	10 919	11 854	12 415	562	4,74 %	1 497	13,71 %
Valeur moyenne journalière (milliards FCFA)	65	80	115,15	177,49	62,33	54,13 %	98	122,33 %
Nombre de transferts de personne à personne	158 567 283	220 515 118	369 040 897	621 945 022	252 904 125	68,53 %	401 429 904	182,04 %
Valeur de transferts de personne à personne (milliards FCFA)	3 510	4 163	7 593	13 476	5 883	77,49 %	9 313	223,73 %
Volume de paiements	68 864 762	121 227 364	182 292 044	291 463 382	109 171 338	59,89 %	170 236 018	140,43 %
Valeur des paiements (milliards FCFA)	1 507	2 290	3891	5004	1113	28,59 %	2714	118,49 %

Source : BCEAO

On relève enfin qu'en moyenne, entre 2017 et 2021, le taux moyen de pénétration de l'utilisation de la monnaie électronique dans l'espace UEMOA se chiffre à 0,72, ce qui constitue un niveau élevé, selon l'interprétation du MMPI[81].

Toutefois, contrairement à la zone CEMAC, la zone UEMOA offre une fourchette de services numériques plus larges et variés. Sur l'offre de produits nouveaux dans les deux zones économiques, les banques de certains pays d'Afrique de l'Ouest, comme le Ghana, le Nigéria, ont un fort ascendant sur les services numériques opérationnels, tels que : le remboursement des prêts, le paiement des intérêts de l'épargne et des retraites via l'argent mobile.

En somme, les informations recueillies dans les zones CEMAC et UEMOA permettent d'affirmer qu'il s'opère dans cette région une digitalisation des services de paiement bancaires, à travers l'émergence et l'adoption du porte-monnaie électronique par les populations. Il est également avéré que l'inclusion financière qui en résulte est un vecteur de croissance économique pour les pays de ces deux zones économiques. Toutefois, l'on se pose la question de savoir quel a été le moteur de ce changement, de cette transformation numérique des transactions financières.

3. Veille informationnelle dans les transferts d'argent dans les zones CEMAC et UEMOA : Une réalité de l'intelligence économique

La veille informationnelle est un concept complexe à cerner ; c'est également le cas pour ce qui est de l'intelligence économique. Les deux concepts s'appréhendent par des approches variées, des caractéristiques, des modes d'expression multiples donnant ainsi lieu à une pluralité de définitions. Néanmoins, une maîtrise du concept de veille informationnelle passe par celle de l'intelligence économique. Frank Bulinge et Nicolas Moinet mettent en évidence les quatre courants sur lesquels reposent les différentes approches conceptuelles de l'intelligence économique : la guerre économique, la compétitivité économique, la sécurité économique et, enfin, la diplomatie économique (2013). C'est dans l'univers culturel et celui des valeurs d'une organisation ou d'un État que se construit la réalité économique. Une stratégie détermine le choix du type d'approche. Dans le contexte du transfert d'argent en zones CEMAC et UEMOA, l'approche qui émerge semble s'inscrire sur la « compétitivité économique ». Celle-ci, perçue comme un élément central, peut avoir une ou deux autres approches venant se greffer comme approches périphériques aux actions menées par

[81] Mobile Money Prevalence Index.

une entreprise. Les deux auteurs cités ci-dessus pensent que « *la compétitivité économique est une notion qui s'applique indifféremment aux entreprises, territoires ou États.* » Quelle que soit la zone économique de notre réflexion (CEMAC ou UEMOA), la compétitivité économique peut s'articuler autour des caractéristiques suivantes :

- Un ancrage et un déploiement portés sur la gestion des risques, des opportunités, des forces et des faiblesses. C'est donc un excellent outil d'analyse de la performance ;
- Une pratique opérationnelle portée sur la veille technologique, commerciale (*benchmarking*, lobbying) et parfois concurrentielle ;
- Une recherche permanente et constante de la rentabilité, voire du bénéfice ou de la valeur ajoutée.

C'est une grille de lecture nouvelle de la réalité économique des entreprises, des États et des territoires en général, et de l'Afrique en particulier. La maîtrise de l'information, l'influence sur l'environnement décisionnel et la sauvegarde des acquis des entreprises permettent de considérer l'intelligence économique comme « *Une démarche organisée, au service du management stratégique de l'entreprise, visant à améliorer sa compétitivité par la collecte, le traitement d'informations et la diffusion de connaissances utiles à la maîtrise de son environnement (menaces et opportunités) ; ce processus d'aide à la décision utilise des outils spécifiques, mobilise les salariés, et s'appuie sur l'animation de réseaux internes et externes.* »(Bournois, F. & Romani, P.-J., 2000)

Pour Peter Stockinger qui présente les types classiques de veille (veille de l'image, veille marketing, veille sociétale, veille concurrentielle, veille stratégique, etc.), « *l'intelligence économique inclut toutes les différentes veilles.* » (Stockinger, P. 2011) Quel que soit le type, la veille informationnelle se définit comme « *l'observation et l'analyse de l'environnement scientifique, technique, technologique et économique de l'entreprise pour en détecter les menaces et saisir les opportunités de développement* » (Le Deuff et al. 2010).

Au-delà de l'interrogation sur le type de veille dans les deux zones économiques (CEMAC et UEMOA), il serait pertinent de se demander : quelle information, pour quelle décision ? En d'autres termes, une veille informationnelle sans manifestation dans un processus de prise de décision est-elle efficace ? Tout en reconnaissant que la prédominance dans les environnements est à la veille stratégique, il n'en demeure pas moins qu'il semble difficile d'avoir une position tranchée entre veille commerciale et technologique, et dans une moindre mesure concurrentielle (cf. tableau 4). Les techniques, les outils, les méthodes et l'organisation développés laissent apparaître, dans lesdits environnements, un jeu d'ascenseur avec une visibilité accrue pour la veille technologique. Cette dernière semble être le socle de toutes les actions commerciales identifiables comme cela est identifiable dans les tableaux 1 et 2. En clair, les structures bancaires de la zone CEMAC et celle de l'UEMOA mobilisent plus les technologies de l'information et de la communication dans les mécanismes de transfert d'argent pour développer de nouveaux produits. On dénombre dans le registre des produits mentionnés l'augmentation du nombre de comptes et de transactions de monnaie électronique, la valeur des transactions ainsi que l'évolution des encours de cette monnaie (voir le tableau 1). Tout compte fait, le contexte de chaque pays, chaque zone économique ou mondiale amène les différentes banques dans un mouvement collectif dynamique en opérant des mutations et des changements susceptibles de les inscrire dans un registre d'opportunités et moins dans celui des risques.

Pour Kriaa-Medhaffer, la veille (stratégique) peut-être de deux sortes : connaître l'environnement actuel afin de répondre à des questions du genre : Quels sont les concurrents ? Quels sont les clients ? Quelles sont les réglementations en vigueur ? L'auteur accompagne cette réflexion en précisant qu'il s'agit d'anticiper des changements susceptibles d'être pertinents par l'entreprise, afin de se préparer suffisamment tôt et de pouvoir agir au bon moment et aussi vite que possible. Le transfert d'argent en zones CEMAC et UEMOA se construit sur un dispositif d'intelligence économique et de veille stratégique. Dans le premier cas, il s'agit de développer des mécanismes favorisant une compétitivité et une performance dans le transfert d'argent. Dans le second cas, il est question de construire l'ensemble des stratégies et des outils qui accompagnent cette compétitivité afin d'atteindre l'objectif de performance.

3.1. Les stratégies de veille informationnelle dans les transferts d'argent en zones CEMAC et UEMOA

En Afrique de l'Ouest comme en Afrique Centrale, le marketing digital est développé comme stratégie communicationnelle de premier plan dans les transferts d'argent mobile auprès des banques. Il est ainsi possible de dire à ce sujet que tous les services financiers numériques et digitaux pour ce qui est de la zone CEMAC en général, et du Cameroun en particulier, participent au champ social du commerce. Ce dernier « *englobe le commerce et les sites (...) sur les médias sociaux, ainsi que tous les outils et les moyens de communication hybrides qui permettent de jouer un rôle participatif (...) Ce type de commerce permet donc aux internautes (...) de participer activement au marketing (...)* » (Tuten, T. L., Solomon, M. R., & Kaplan, A. M. 2019). Ce type de marketing met en avant l'évaluation entre les structures bancaires et les clients. La préoccupation principale étant celle de savoir, comment satisfaire ces derniers ? Le transfert d'argent via les plateformes digitales et numériques dans les deux sous-régions économiques s'identifie comme la capacité d'influence des banques, c'est-à-dire l'art d'utiliser et de communiquer l'information afin de projeter son influence dans leurs marchés respectifs, et même au-delà (Hamidou, K et Grari, Y, 2020). Plusieurs éléments peuvent ainsi faciliter la stratégie de veille informationnelle mise en place dans les deux zones économiques.

i. Les services numériques innovants

Les paiements des commerçants et des factures sont les services de paiement les plus en vue et proposés par les différents opérateurs de transfert d'argent mobile dans les deux zones économiques. Pour faciliter les transferts d'argent mobile, ces opérateurs développent des solutions innovantes telles que : FlashPay d'Orange Money, le paiement par QR d'Express Union mobile Money au Cameroun. Les opérateurs de mobile money (Orange Money & MTN Mobile Money) proposent des services destinés au grand public, contrairement à Ecobank qui a développé différents services personnalisés en fonction des besoins de son public cible dans les deux zones économiques. L'USSD est leur principal point d'accès et ils dominent le marché avec près de 10 millions d'abonnés à leurs services. Au regard de ces services développés, Natou Houre pense que *« (...) l'intérêt de l'entreprise se porte également sur l'offre de produits nouveaux, la création de marchés et la détection des créneaux nouveaux »* (2020). La prise en compte de tous ces éléments participe à la maîtrise et à la recherche de la satisfaction des besoins des clients. Sur l'offre de produits nouveaux, les banques dans les deux zones économiques sont portées vers des services numériques nouveaux, tels que le remboursement des prêts, le paiement des intérêts de l'épargne et des retraites via l'argent mobile. Ces services sont déjà opérationnels dans certains pays d'Afrique de l'Ouest, comme le Ghana, le Nigéria, pour n'en citer que quelques-uns. Ils représentent ainsi des avenues de niche que les opérateurs numériques de la zone CEMAC pourraient exploiter et maximiser pour générer davantage d'abonnements et une utilisation plus large. Sur la création de marchés, il s'agit de la conséquence des produits nouveaux. Cette conséquence se construit sur le marché de la finance numérique à partir de la mise en place d'une réglementation répondant non seulement aux réalités de chaque pays, de chaque zone, mais aussi de chaque sous-région et du contexte international. Dans la zone CEMAC, nous pouvons relever l'exemple de la loi réglementaire actuelle n° 4/18/CEMAC/UMAC/COBAC stipulant que tous les fournisseurs de monnaie électronique doivent créer une société distincte dédiée à la gestion de leurs opérations de services de paiement.

Quant à la détection de créneaux nouveaux, elle est plus portée vers les innovations apportées par le numérique. Dans ce sens, les banques qui ont un réseau de distribution en Afrique, comme BGFI, ECOBANK et UBA, offrent la possibilité à leurs clients d'effectuer des virements internationaux vers les comptes bancaires à l'étranger via leurs services de transfert de fonds de leurs filiales. BGFI Express, Rapidtransfer et Africash, sont tous disponibles dans leurs services bancaires en ligne. Ces services numériques s'identifient par l'argent mobile, les services bancaires mobiles, le paiement numérique, le Chatbot, les services bancaires sur Internet et l'envoi de fonds à l'international.

ii. Le marketing digital

Avec une stratégie de distribution qui inclut des partenaires de distribution et leurs franchises tierces, certains opérateurs de télécommunications ont mis en place des départements marketing et commerciaux dédiés uniquement au marketing et à la distribution de leur service d'argent mobile. MTN et Orange s'appuient sur leur propre réseau d'agences, partenaires de microfinance, kiosques et partenaires franchisés tiers, y compris magasins, stations-service, cybercafés pour ainsi accroître leur réseau de distribution, parmi d'autres petites entreprises.

À l'exception de SG Cameroun, Afriland First Bank et BGFI Bank, les solutions numériques des autres banques visent à fournir des services bancaires de base à leurs clients via les applications mobiles, les cartes bancaires et la banque par Internet. Les banques utilisent leurs solutions d'argent mobile comme moyen de retirer de l'argent des comptes bancaires via des transactions bancaires vers un portefeuille (Ecobank- SG CAMEROUN).

Le modèle ci-dessous illustre l'organisation de la distribution employée par les concurrents du numérique, tels que les acteurs de l'argent mobile (MTN MoMo et Orange Money). Ces entreprises disposent de filiales spécifiques (Orange Money Cameroun et Côte d'Ivoire, par exemple) et d'unités numériques dédiées pour gérer et piloter uniquement les activités de transfert et de paiement numériques.

Modèle de distribution des services financiers mobiles en zones CEMAC et UEMOA

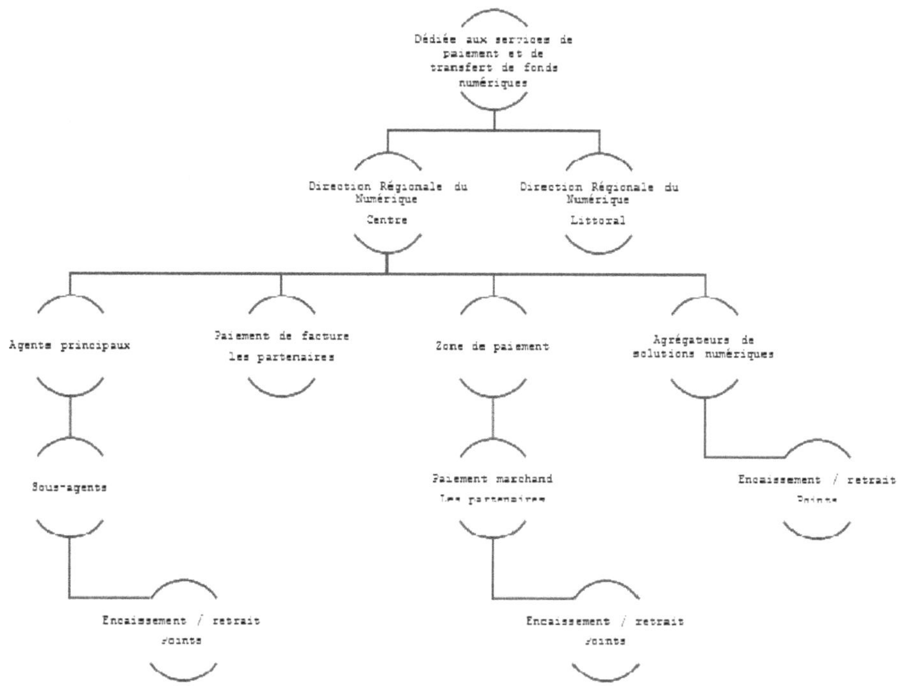

Source : auteurs

Ce modèle de distribution pourrait servir de référence pour un plus grand nombre de banques pour adopter et réorganiser leur structure. Elles pourraient ainsi créer des sociétés distinctes ou des divisions spéciales dédiées uniquement aux activités liées à l'amélioration de la fourniture et de la consommation éventuelles de ses services de paiement et de transfert de fonds numériques.

iii. Veille économique : entre sécurité et risques de fraudes des transferts

La veille stratégique et la transformation digitale des transferts d'argent en zones CEMAC et UEMOA jouent un rôle crucial dans l'économie des deux sous-régions, tout en présentant des défis importants en matière de sécurité. Selon Omerovic, Nervan, la digitalisation des services financiers dans ces régions facilite l'accès aux services bancaires et réduit les coûts de transaction, favorisant ainsi une meilleure inclusion financière et une dynamique économique accrue. L'émergence des technologies de paiement numérique, comme les portefeuilles électroniques et les transferts via mobile, permet une plus grande fluidité des flux financiers, ce qui est particulièrement bénéfique dans les économies en développement où les infrastructures bancaires sont limitées (Omerovic, 2020). Cependant, cette transformation digitale n'est pas sans risques. Robert McCauley (2021) souligne que les plateformes numériques augmentent l'exposition aux fraudes financières en raison de leur vulnérabilité aux cyberattaques. En particulier, les systèmes de transfert d'argent dans les zones CEMAC et UEMOA sont souvent confrontés à des défis en matière de cybersécurité, car les infrastructures de sécurité peuvent être inégales ou sous-développées. Les attaques, telles que le phishing, le malware, et les escroqueries en ligne sont des menaces croissantes, exploitant les lacunes dans les mécanismes de protection des données personnelles et financières (McCauley et al., 2021). En outre, Tchokoteu, J.-M. met en évidence le manque de régulations uniformes à l'échelle régionale comme un facteur aggravant. La diversité des régulations et des normes de sécurité entre les pays de la CEMAC et de l'UEMOA complique la mise en place de protocoles de sécurité cohérents et efficaces. La disparité dans l'application des normes de sécurité expose les systèmes financiers à des risques accrus, notamment le blanchiment d'argent et le financement du terrorisme (Tchokoteu, 2022).

Pour contrer ces risques, une veille stratégique rigoureuse est essentielle. Cette dernière prendrait corps par la mise en place de mécanismes de surveillance et de coopération régionale renforcés pour détecter et prévenir les activités frauduleuses. La collaboration entre les autorités financières, les entreprises de technologie financière et les régulateurs est cruciale pour développer des standards de sécurité robustes et harmonisés à l'échelle régionale, afin de protéger les utilisateurs tout en soutenant l'innovation économique.

En résumé, bien que la transformation digitale des transferts d'argent dans les zones CEMAC et UEMOA présente des avantages économiques significatifs, elle introduit également des risques de fraude importants. Une approche intégrée combinant vigilance stratégique et renforcement des normes de sécurité est indispensable pour maximiser les bénéfices économiques tout en minimisant les menaces potentielles.

iv. Les acteurs

Dans les deux zones économiques, les fournisseurs de services numériques présents sur le marché ne sont pas seulement des banques, mais, comprennent également des acteurs des télécoms (MTN, Orange et Nexttel) ainsi que des acteurs de la microfinance, comme Express Union Finance SA dans la zone CEMAC. Les principales banques actives dans les services numériques de transfert d'argent sont représentées dans le tableau ci-dessous :

Sous-région	Groupes internationaux	Mutation digitale (effective)
CEMAC	Afriland	Afriland mobile en test
	BGFI	BGFI mobile
UEMOA	Ecobank	Ecobank Mobile
	UBA	UBA mobile banking
	Banque Atlantique	Atlantique Mobile

Aujourd'hui, les banques se positionnent comme de véritables challengers aux sociétés de télécommunications (avec qui elles sont d'ailleurs associées dans le cadre de l'interfaçage des comptes) et aux opérateurs internationaux de transfert d'argent. Toutefois, les clauses d'exclusivité tombent progressivement à l'eau et certaines banques sont même tournées vers des ruptures de contrats, dans le but de promouvoir leurs propres solutions dans le cadre de *l'agencybanking* et les transferts internationaux *lowcost*. Elles se positionnent plus dans le segment de distribution du *mobile money/banking* que dans celui du paiement digital. Ces différentes banques ont également compris l'importance de s'allier aux sociétés de télécommunications dans le cadre des opérations Bank to Wallet et vice-versa. Elles déploient ainsi sur le terrain un marketing très agressif. À titre d'exemple, la banque Atlantique vient d'étendre son *Mobile Banking* à tous les pays francophones de l'UEMOA ; au Gabon, en partenariat avec Airtel Money, BGFI offre les retraits mobiles cardless sur GAB. En Afrique centrale comme en Afrique de l'Ouest, Ecobank Mobile est en pleine promotion gratuite des transferts vers les trente-trois (33) pays couverts par la banque panafricaine. Avec leurs importants portefeuilles clients, leurs puissants réseaux de distribution, leur puissance marketing, leurs nombreux partenariats avec les autres acteurs et leur politique de prix très compétitive, les services numériques des différentes banques semblent plus que jamais dominer les corridors internationaux des deux sous-régions et entre les deux sous-régions.

4. Conclusion

La digitalisation des services bancaires fait référence, à l'utilisation des outils digitaux ainsi qu'aux différents processus d'adaptation pour exploiter les possibilités nouvelles liées au digital, et survivre dans un environnement en mutation profonde. Cette réflexion est spécifiquement consacrée auxdites transformations digitales pour ce qui est des transferts d'argent en zones CEMAC et UEMOA. Ce service de paiement (porte-monnaie électronique) est considéré comme un véritable catalyseur de l'inclusion financière, du développement de la numérisation ou digitalisation des paiements et, par là, du développement des économies africaines. Dans les deux zones, c'est le moyen de paiement à l'origine de l'ouverture de près de 98 % des comptes de paiement. L'un des produits phares de ces services de paiement est celui des factures de télécommunications ou la recharge de crédit via le mobile money. Toutefois, contrairement à la zone CEMAC, la zone UEMOA offre une fourchette de services numériques plus larges et variés. En ce qui concerne l'introduction de nouveaux produits dans les deux zones économiques, les banques de certains pays d'Afrique de l'Ouest, comme le Ghana et le Nigéria, dominent dans les services numériques récemment lancés, tels que le remboursement de crédits, le paiement des intérêts d'épargne et de retraites via l'argent mobile. Cette contribution sur la veille informationnelle et la transformation des transferts d'argent en zones CEMAC et UEMOA a permis de relever quelques produits bancaires nouveaux via des services numériques. Elle est aussi l'expression de certains services numériques innovants ainsi que les stratégies de marketing et les acteurs mobilisés pour booster le secteur bancaire des deux zones.

Références bibliographiques

Bournois, F., & Romani, P.-J. (2000). L'intelligence économique et stratégique dans les entreprises françaises.

Bulinge, F. & Moinet, N. (2013). L'intelligence économique : un concept, quatre courants. *Sécurité et stratégie*, 12, 56-64.

Hamidou, K., & Grari, Y.. (2020). L'Intelligence économique, enjeu majeur pour les PME. Revue du contrôle, de la Comptabilité, et de l'audit, 2 (3). Retrievedfrom

Le Deuff, O., Ertzscheid, O., Boyd, D., Gunthert, A., Prud'homme, D., d'Huy, P., Cordier, A., & Frochot, D. (2010). Une évolution des comportements. *Documentaliste-Sciences de l'information*, *47*(1), 042-055.

Natou, H. (2020). Les réalités de la veille stratégique et de l'intelligence économique dans les entreprises au Cameroun. *Dossiers de Recherches en Économie et Gestion*, *9*(1), 121-138.

Stockinger, P. (2011). *La veille d'information–une introduction rapide.* INALCO

Tuten, T. L., Solomon, M. R., & Kaplan, A. M. (2019). Marketing des médias sociaux. Pearson.

Tchokoteu, J.-M. (2022). *Les Régulations uniformes dans le Contexte international : Enjeux et Défis*. Éditions L'Harmattan.

McCauley, R., McGuire, P., & Wooldridge, P. (2021). Seven decades of international banking. *BIS Quarterly Review*, *20*. https://www.bis.org/publ/qtrpdf/r_qt2109e.pdf

Omerovic, N. (2020). *Banques digitales : Évolution ou révolution ?* HEG-GE.

Section 4 :

Les Accords de partenariat économiques et la Zone de libre-échange continentale africaine : Enjeux pour le Cameroun dans le rapport de force entre l'Afrique et l'Europe

Christian ABOLO MBITA
et
Barnabé OKOUDA

Introduction

À travers une longue histoire marquée par la traite des esclaves, la colonisation et, plus tard, la lutte pour les indépendances, les relations entre l'Europe et l'Afrique ont donné naissance à la « Françafrique », puis à l'Organisation internationale de la Francophonie (OIF) plus politiquement correcte, mais qui est néanmoins marquée par des rapports déséquilibrés au développement. Ce n'est pas le cas du Commonwealth, son équivalent dans le monde anglophone.

La « Françafrique », plus politique et donc fortement décriée, a fait naître des cadres dits de concertation entre la France et les pays d'Afrique, au travers de sommets organisés à des échéances plus ou moins régulières. On citera notamment le sommet de la Baule (France) organisé par l'ancien président François Mitterrand[82]. Avec le temps, l'ouverture des esprits, la vigueur des nouvelles générations de panafricanistes et les convulsions du système international, on a vu éclore et se renforcer le multilatéralisme qui a débouché sur de nouvelles plates-formes aux périmètres divers et variés, sous la même appellation de « sommets » : **Europe-Afrique, Amérique-Afrique, Russie-Afrique, Japon –Afrique, Chine-Afrique, Turquie-Afrique**, et plus récemment encore, le sommet **Corée-Afrique** qui s'est tenu en début juin 2024.

Les Accords de partenariat économiques (APE) naissent ainsi dans ce contexte où l'Union européenne (UE des 06 aux 27 actuellement), qui, hier, semblait tenir le monopole ou du moins la primauté dans les relations

[82] 20-22 juin 1990. Il sera décrit et reconnu comme le point de départ des vents de libertés ayant embrasé le continent.

commerciales avec l'Afrique, perd de plus en plus des parts de marché et de l'influence économique, voire politique. Au fil du temps, la morphologie des échanges commerciaux, entre l'Afrique et le reste du monde, a connu des mutations substantielles qui ont placé la Chine au cœur du dispositif en faisant de ce pays le premier partenaire de bon nombre de pays africains[83]. Les principales raisons de cette nouvelle donne peuvent être de deux ordres :

D'une part, la philosophie du « WIN-WIN » et de non-ingérence dans les affaires politiques intérieures des États, qui a largement contribué à créer un environnement plus propice à cette nouvelle orientation privilégiant les nouveaux partenaires - non OCDE- au détriment de l'Europe (et de l'occident) en général, ainsi que d'autres acteurs, notamment membres des BRICS[84] qui sont entrés en jeu dès les années 2010, contestant de plus en plus l'approche traditionnelle du partenariat et fragilisant ainsi les relations Europe-Afrique.

D'autre part, la naissance de la zone de libre-échange continentale africaine (ZLECAf[85]) portée sur les fonts baptismaux par les chefs d'États et de gouvernements africains à Kigali (Rwanda) le 21 mars 2018, lors du Sommet extraordinaire de l'Union africaine. C'est un accord historique en ce sens qu'il consacre une importante évolution vers une nouvelle approche économique de l'Afrique, visant notamment à rendre plus dynamiques les échanges entre pays africains. Ces échanges devant servir de levier pour le secteur productif, moteur de la croissance économique et du développement durable, permettant aux pays de sortir du cercle vicieux de la misère et de la pauvreté.

Au cours du mois de juin 2024, les membres de l'Organisation des États d'Afrique, des Caraïbes et du Pacifique (OEACP) ont établi un nouvel accord de partenariat avec l'Union européenne (UE) et ses États membres, fixant un cadre juridique global pour leurs relations au cours des vingt prochaines années. Le nouvel accord, connu sous le nom de « **Accord de Samoa** », couvre des sujets tels que le développement durable, la croissance, les droits de l'homme, la paix et la sécurité.

Au moment où l'accord de Cotonou, qui constituait le cadre général de coopération entre l'OEACP et l'UE prend une autre configuration juridique

---

[83] La cinquième édition du FOCAC (Forum de la coopération Afrique Chine) s'est tenue du 4 au 6 septembre 2024 à Beijing.

[84] Ils sont cinq (05) en 2009 au sommet de Lekateringbourg, et comptent désormais 10 membres depuis le 01/01/2024 après le sommet de Johannesburg en août 2023.

[85] Le Cameroun est l'un des 54 pays ayant signé les accords relatifs à la Zone de libre-échange continentale africaine (ZLECAf). En juin 2019, l'Assemblée nationale et le Sénat camerounais ont adopté un projet de loi autorisant le Président de la République à ratifier l'Accord. Ce qu'il fera à travers le décret N°2019/586 du 31 octobre 2019, portant ratification de l'Accord portant création de la Zone de Libre Échange Continentale africaine (ZLECAf).

et donne ipso facto une nouvelle portée aux APE, il semble pertinent de questionner le fondement desdits accords et leur avenir à court, moyen et long terme. Quel bilan le Cameroun et la zone CEMAC/CEEAC ont-ils atteint à mi-chemin de leur parcours ? Dans un environnement marqué par la montée en puissance de la ZLECAf, quels rapports de force devraient désormais entretenir l'Afrique et l'UE, liés par un nouvel APE depuis la ratification de l'accord de SAMOA ? Quelles opportunités nouvelles s'offrent au Cameroun et aux pays de la CEMAC/CEEAC dans ce cadre ?

La présente contribution a pour objectif général d'analyser la structure de l'offre des produits exportables par le canal de la ZLECAf et des APE/UE et d'évaluer les ajustements subséquents de la stratégie des exportations dans le cadre du nouvel accord de SAMOA récemment signé par le Cameroun et les pays de la CEMAC/CEEAC. De manière spécifique, il s'agit : (i) d'identifier les difficultés auxquelles sont confrontées les entreprises camerounaises dans les processus d'exportations ; (ii) d'identifier les politiques et programmes existants en matière de facilitation des exportations (les produits / les normes), et (iii) d'anticiper la nécessité d'une veille stratégique au sein de la zone CEMAC/CEEAC sur les implications de la signature de ce nouvel instrument de partenariat.

1. Situation économique récente du Cameroun en contexte APE et ZLECAf

Le Cameroun a eu, en 2023, un résultat total d'exportations d'environ 2990 milliards de FCFA et d'importations de presque 4990 milliards de FCFA, conduisant à une balance commerciale déficitaire de 2000 milliards FCFA globalement. Cette tendance négative de la balance commerciale est en aggravation croissante depuis plus de 10 ans déjà (voir tableau 1). Les exportations de biens et services du Cameroun en pourcentage du PIB sont de 16,71 % pour des importations se situant dans le même secteur à 20,36 %. (WITS, 2024)[86].

Tableau 1 : Évolution de la balance commerciale globale (en milliards FCFA)

	2014	2015	2016	2017	2018	2019	2020	2021	2022	2023
Exportations	2560	2400	1960	1897	2112	2393	1816	2394	3483	2989
Importations	3749	3574	3095	3085	3405	3 857	3 170	3 871	4 911	4 993
Balance commerciale	-1190	-1174	-1136	-1189	-1293	-1464	-1354	-1477	-1428	-2004

Source : INS, 2022/2023

[86] https://wits.worldbank.org/CountryProfile/en/CMR

Alors que le discours officiel au Cameroun a fini par imposer dans l'opinion l'import-substitution (méthode d'industrialisation par substitution des importations) comme pilier central de la SND30 (Stratégie nationale de Développement à l'horizon 2030), l'une des menaces les plus pernicieuses de ce déficit structurel de la balance commerciale est la grosse pesanteur qu'il exerce sur les réserves en devises et qui induit une notable fragilité (risque d'instabilité) de la monnaie de la zone, pouvant entraîner sa dévaluation. Les autres agrégats macroéconomiques ne sont d'ailleurs pas hors de danger du fait de la faiblesse en valeur des exportations de ce pays.

Dans ce contexte, les APE et la ZLECAf ont suscité des espoirs certains dans la perspective d'une inversion de cette tendance. Qu'en est-il dans les faits ?

1.1. Le Cameroun et les APE

i. Des espoirs non assouvis aux promesses non tenues des APE : le bon grain et l'ivraie en quelques illustrations

Les objectifs théoriques des APE prévoient, pour les pays ACP, de promouvoir un développement fondé sur la ferme volonté de l'UE d'éradiquer d'une manière durable la pauvreté. De plus, les APE se proposent de renforcer l'intégration régionale. C'est ce qui explique le fait que l'UE donne l'opportunité aux régions ACP de négocier les APE au niveau des régions et sous-régions existantes ou en constituer de nouvelles.

Bien que les APE couvrent un certain nombre d'aspects, notamment la *Libéralisation tarifaire, la Facilitation des Échanges, les Règles d'Origine et le Développement durable*, ils font l'objet de débats passionnés et de controverses. En ce qui concerne par exemple la nature des importations, le rapport d'analyse du commerce extérieur du Cameroun de 2022 révèle que les principaux produits importés ont été constitués des minéraux (à 26,8 % : sel, souffre, terre, ciment, clinker, hydrocarbures, carburants et lubrifiants…) ; des végétaux (à 12,4 % : les céréales, les froments de blé et méteil, le riz…) ; des machines et appareils mécaniques et électriques.

L'analyse de la qualité de ces produits importés permet de formuler un certain nombre de remarques quant aux APE. Ainsi, l'hypothèse d'un rapport de force entre l'Europe et l'Afrique peut s'observer sous plusieurs angles, dont :

- ***La politique***, dont le discours aura permis de changer la dénomination ACP (Afrique-Caraïbes-Pacifique) en OEACP (Organisation des États d'Afrique, des Caraïbes et du Pacifique). Cette nouvelle configuration, bien qu'elle permette de conforter une organisation (qui apparaissait de plus en plus comme un ensemble hétéroclite) d'États très différents par leurs cultures et la structure de leurs économies, élargit et restructure tout de même le marché que s'offre l'UE pour son commerce. A contrario, la question du commerce intra-OEACP pourrait se poser aux dirigeants de ces États sur l'applicabilité des politiques commerciales nationales à l'ensemble de l'organisation, avant que celle-ci n'entre en négociation avec l'UE.

- ***Les Négociations commerciales*** : Dans le cadre des négociations des APE, l'UE est en position de force, au regard de la taille de son économie et son influence politique. Cette réalité (de dominant) a continué à faire peser des pressions sur les pays africains pour qu'ils acceptent (pour ne pas dire subissent) des accords commerciaux léonins qui à long terme, pourraient se révéler véritablement non bénéfiques pour leur développement économique.
- ***La Dépendance économique.*** Les appréhensions qui se sont initialement fait jour au sujet d'un accroissement de la dépendance économique des pays africains vis-à-vis de l'UE, en lien avec la structure des marchés européens, ont été confirmées par son extension *sur les économies ACP*. Les APE n'ont pas jusqu'ici permis aux économies des pays CEMAC/CEEAC de conquérir les marchés européens. Ils ont au contraire plus ouvert les espaces économiques africains aux produits européens plus compétitifs, mettant ainsi en péril leurs industries locales naissantes. La balance commerciale bilatérale Cameroun-UE sur les dix dernières années en donne la preuve. (Voir tableau 2)
- ***Le Potentiel de développement et l'Asymétrie des Pouvoirs :*** Les partisans des APE soutiennent qu'ils offrent aux pays africains un accès préférentiel au marché européen, ce qui peut stimuler les exportations et encourager la diversification économique. De plus, selon eux, les APE peuvent inclure des dispositions sur le renforcement des capacités et le développement durable, en vue du soutien au développement économique et social en Afrique. Cet engagement est resté sans grande réalisation perceptible. Certes, le tort ne revient pas aux seuls européens. Par exemple, si un pays exige un retour d'information pour l'entrée de produits dans son espace économique limité et réservé aux seuls produits issus de forêts aménagées et d'exploitations réduisant la déforestation, deux scénarios peuvent émerger : le Cameroun semble avoir tiré parti de cette disposition en voyant le paiement aux producteurs de cacao atteindre un niveau record de 5 000 à 6 000 FCFA le kilogramme. En revanche, la Côte d'Ivoire, premier producteur mondial, a été durement touchée par cette disposition en subissant des sanctions sévères. Le bois, l'huile de palme, la banane douce, les fruits et bien d'autres spéculations d'exportation font très souvent face aux barrières

non tarifaires induites par cette disposition, qui déséquilibre le commerce entre l'UE et les pays africains.

Dans ce rapport de force, l'UE conserve la main et mène les enchères.

Tableau 2 : Évolution de la balance commerciale bilatérale Cameroun /UE (valeur en milliards FCFA)

	2014	2015	2016	2017	2018	2019	2020	2021	2022	2023
Exportations	1197	1078	1034	1023	915	984	639	813	1964	1525
Importations	945	942	888	914	957	1 100	964	1 060	1 267	2 536
Balance commerciale	251	136	145	108	-42	-116	-325	-247	697	-1011

Source : INS, 2022/2023

Tableau 3 : Valeurs des principales exportations du Cameroun sur les cinq dernières années (en milliards de FCFA)

No	Marchandises	2019	2020	2021	2022	2023	Total	(en %)
1	Combustibles minéraux, huiles minérales et produits de leur distillation ; matières bitumineuses ; cires minérales	1292	825	1238	2164	1616	7 135,00	46,98
2	Cacao et ses préparations	374	340	392	464	520	2 090,00	13,76
3	Bois, charbon de bois et ouvrages en bois	280	254	292	315	288	1 429,00	9,41
4	Coton	133	114	143	156	148	694,00	4,57
5	Aluminium et ouvrages en aluminium	63	55	43	54	62	277,00	1,82
6	Savons ; agents de surface organiques ; préparations pour lessives ; cires ; bougies ; produits d'entretien ; pâtes à modeler;...	28	26	26	38	56	174,00	1,15
7	Caoutchouc et ouvrages en caoutchouc	24	22	33	42	31	152,00	1,00
Part des marchandises les plus exportées (en %)		91,68	90,09	90,52	92,82	91,03	78,69	78,69
Total cumulé		2 194,00	1 636,00	2 167,00	3 233,00	2 721,00	11 951,00	78,69
Total général		2 393,00	1 816,00	2 394,00	3 483,00	2 989,00	15 187,00	100,00

Source : Nos calculs à partir des données de l'INS

ii. Brève revue synoptique des résultats atteints au travers de la mise en œuvre des APE par le Cameroun

Le tableau ci-dessous présente une évaluation certes sommaire, mais illustrative des constats en termes de point positif (+) ou négatif (-) des avantages escomptés de la mise en œuvre des APE dans le cas du Cameroun, en six (06) positions.

Avantages escomptés	Constats à date - situation au 30 juin 2024)
(i) **Fiscalité de porte (-)**	Sur le plan des recettes fiscales, il est clairement établi que le Cameroun ne sort pas gagnant des APE. Depuis le lancement, le montant de la moins-value fiscale de l'ensemble des APE est d'environ 71,1 milliards FCFA (soit APE Cameroun-Union européenne à 70,5[87] milliards FCFA et APE Cameroun-Royaume Uni évalué à 687,4 millions de FCFA). *Si l'on peut admettre que les fonds qui en sont issus n'ont pas été perdus puisqu'ils demeurent dans l'espace financier du pays et qu'ils devraient par conséquent servir au réinvestissement des entreprises, il convint aussi de noter qu'en termes d'impact ciblé et perceptible, cette analyse ne résiste pas dans les faits au niveau d'une PME/TPE camerounaise.*
(ii) **Attraction de plus d'investissements**	D'après la Douane camerounaise, les produits-phares ayant bénéficié du démantèlement tarifaire sont notamment *le clinker, les intrants pour l'industrie brassicole, les produits chimiques, les véhicules de transport de marchandises, les machines et appareils à empaqueter.* Sur 25 215 opérations d'importations ayant bénéficié de la facilité APE, 78,6 % ont été réalisées par les grandes entreprises contre 19,8 % pour les moyennes entreprises et 1,6 % pour les autres opérateurs.
(iii) **Création des emplois (-)**	Selon le rapport sur l'économie publié par le MINEPAT, les APE ne profitent pas aux petites et moyennes entreprises camerounaises, qui représentent plus de 90 % du tissu économique national. Les plus grands bénéficiaires du démantèlement tarifaire sont les grandes entreprises exerçant dans les secteurs de l'industrie agroalimentaire, de la cimenterie, de l'énergie, du bâtiment et des travaux publics, de la fabrication et de la distribution des papiers (nombre d'entre elles sont des multinationales). *Le tissu économique national étant en majorité constitué de petites et moyennes entreprises, l'effet bénéfique des APE sur l'activité économique reste peu perceptible, notamment en ce qui concerne la création d'emplois, l'accroissement et la diversification des exportations.*
(iv) Protection des producteurs locaux (-)	On peut constater que la production locale n'a pas connu d'impact positif dans le cadre de ces accords. Au contraire, le volume des importations présente plutôt un mouvement de croissance, et celles-ci semblent par conséquent étouffer la production locale.
(v) Amélioration de l'industrialisation	Selon l'enquête globale sur les entreprises de 2020 réalisée par le GICAM, il en ressort que 54 % des entreprises interrogées estiment que les APE n'ont aucun impact significatif sur leurs activités. Seuls 19,5 % d'entre elles ont observé un impact positif, tandis que, pour 26,4 %, ces

[87] Les pertes fiscalo-douanières sont passées de 0,7 milliard de FCFA lors de la première phase (2017) à respectivement 3,5 milliards de FCFA (2e phase), 6,2 milliards de FCFA (3e phase), 8,7 milliards de FCFA (4e phase), 12,8 milliards de FCFA (5e phase), 13,5 milliards de FCFA (6e phase) et 17,8 milliards (7e phase). Ce qui porte à 70,5 milliards de francs CFA, l'enveloppe globale des pertes fiscalo-douanières enregistrées par le Cameroun depuis de la mise en œuvre de l'APE avec l'Union européenne (le 4 août 2016.) jusqu'au 31 décembre 2023.

	accords ont des répercussions négatives sur leurs activités. L'application des APE n'est malheureusement pas mutuellement bénéfique pour toutes les parties.
(vi) Mise en lumière des agriculteurs des pays ACP	Les produits agricoles en provenance du Cameroun ont souvent été refoulés à l'exportation pour des motifs divers liés aux normes, selon les services de la Douane. On peut citer notamment des produits bruts (cacao, café, banane, caoutchouc) ou transformés (produits à base de cacao, légumes et fruits transformés, etc.). La douane ne chiffre pas cependant le manque à gagner des exportateurs camerounais découlant de ces obstacles sur le marché européen.

Source : CAMERCAP-PARC

Au regard de la structure de la cartographie des entreprises au Cameroun constituée à +98 % des PME/TPE, on peut questionner l'atteinte des objectifs initiaux des APE dans le cas particulier de ce pays et, par effet de proximité ou de similitude, de tous les pays de l'espace CEMAC/CEEAC. En effet, en exposant en quelques clichés les constats et analyses de la mise en œuvre des APE bilatéraux Cameroun/UE (le leader de la zone CEMAC/CEEAC), on peut d'une part admettre que la situation des autres pays de la sous-région ne saurait être meilleure. D'autre part, il en ressort que le Cameroun n'aura pas connu plus d'avantages dans la mise en œuvre de ces accords. Ainsi, on peut en déduire que les APE au niveau sous-régional CEMAC/CEEAC auront un rapport de force désavantageux. Est-ce pour autant que tout est perdu pour le Cameroun et les autres pays africains ?

1.2. La ZLECAf

i. Le Cameroun dans la ZLECAf : bref historique

La décision de lancer le projet de zone de libre-échange continentale est prise en janvier 2012, lors de la 18e session ordinaire de la Conférence de l'Union africaine. La mise en œuvre progressive débute en 2015 avec l'engagement du processus de négociation, l'adoption des objectifs et des principes, puis de la feuille de route. Le 21 mars 2018, 44 pays sont signataires de l'accord lors d'un sommet tenu à Kigali, au Rwanda. Or, la condition de lancement effectif de la ZLECAf fixée par les dirigeants africains était d'atteindre le seuil minimal de 22 ratifications avec le dépôt des instruments auprès de la Commission de l'UA. Le 29 avril 2019, le seuil fixé des 22 États est atteint pour le lancement effectif avec le dépôt des instruments par la Sierra Leone et la République sahraouie. Le 7 juillet 2019, le nombre de pays signataires est porté à 54. En août 2020, le secrétariat de la zone de libre-échange est inauguré à Accra au Ghana.

Le 1er janvier 2021, la ZLECAf est mise en place pour les pays ayant ratifié l'accord, alors que cette mise en place était initialement prévue pour le 1er juillet 2020, mais elle a été retardée en raison de la pandémie du Covid-

19. En octobre 2022, la ZLECAf met en place la *Guided Trade Initiative (GTI)*, une initiative qui vise à tester les différentes procédures relatives au commerce dans la zone. Une centaine de produits est sélectionnée et 8 pays participent à cette initiative, dont le Cameroun.

En ce qui concerne ce dernier, l'Assemblée nationale et le Sénat camerounais ont adopté en juin 2019 une loi autorisant le président de la République à ratifier l'Accord. Par la suite, le président de la République a signé le décret N° 2019/586 du 31 octobre 2019 portant ratification de l'Accord de création de la Zone de Libre Échange Continentale africaine (ZLECAf). La République du Cameroun est ainsi devenue le 33e État partie à la ZLECAf à avoir déposé son instrument de ratification le 1er décembre 2020.

En rappelant que le commerce intra-africain ne représentait en 2023, selon la CNUCED, que 15 % du commerce total du continent[88], contre 58 % en Asie et 67 % en Europe, l'on s'en rend bien compte de ce que la Zone de libre-échange, continentale africaine (ZLECAf) qui se met en place, constitue une lueur d'espoir offrant des opportunités significatives pour les entreprises à travers le continent.

D'après la Banque Mondiale (2020) :

- La ZLECAf pourrait permettre aux pays africains de faire sortir de l'extrême pauvreté 30 millions d'habitants et d'accroître le revenu de 68 millions d'autres personnes qui vivent avec moins de 5,50 dollars par jour, dans l'hypothèse de sa pleine réalisation.
- Sur les 450 milliards de dollars de gains potentiels, environ 300 milliards proviendraient des mesures de facilitation du commerce visant à lever les freins bureaucratiques et à simplifier les procédures douanières.
- La mise en œuvre de la ZLECAf permettrait de mener à bien les réformes de fond nécessaires pour stimuler la croissance à long terme dans les pays africains.

Dans ce contexte, il est de la plus haute opportunité de poursuivre le concept panafricaniste d'un marché unique africain, qui créerait un marché continental de 1,3 milliard de personnes avec un PIB combiné de 3 400 milliards de dollars US, ce qui en ferait la plus grande zone de libre-

[88] https://www.un.org/africarenewal/fr/magazine/janvier-2023/le-libre-echange-en-afrique-est-en-bonne-voie-mais-des-efforts-supplementaires#:~:text=travail%20%C3%A0%20faire.-,Actuellement%2C%20le%20commerce%20intra%2Dafricain%20est%20faible%20et%20ne%20repr%C3%A9sente,commercial%20du%20continent%20de%2051%20%25.

échange au monde depuis la création de l'Organisation mondiale du commerce.

La ZLECAf est en vigueur depuis 2021 et l'année 2023 a été désignée « ***Année de la ZLECAF*** » avec pour slogan ***: « accélération de la mise en œuvre de la zone de libre-échange continentale africaine*** » par l'Union africaine.

Au cours de l'année 2023, seulement 12,7 % des 2 988,6 milliards de FCFA de recettes d'exportation engrangées par le Cameroun provenaient de partenaires commerciaux africains, selon le rapport de l'Institut national de la statistique (INS) sur le commerce extérieur du Cameroun[89]. En ce qui concerne les importations, les échanges entre le Cameroun et les pays du continent africain sont ténus. Les importations en provenance des pays africains (en 2023) ont baissé de 2,2 points par rapport à l'année précédente, représentant 9,5 % des dépenses totales d'importation (4 993 milliards de FCFA). Dans ce sous-groupe africain, la Côte d'Ivoire se positionne au premier rang avec un poids de 1,5 % ; elle est suivie du Maroc et de l'Afrique du Sud.

Cette faible proportion des échanges entre les pays africains met en évidence l'opportunité que représente la ZLECAf pour renforcer et promouvoir les liens économiques intra-africains », selon l'INS.

En dépit de l'opportunité que représente la ZLECAf, les données de l'INS révèlent plutôt une faible appropriation par nombre d'États africains de ce régime commercial préférentiel entré en vigueur le 1er janvier 2021 et qui ouvre aux pays du continent les portes d'un vaste marché de 1,3 milliard de consommateurs.

ii. Le cas du Cameroun, un des pays pionniers de la ZLECAf

Le Cameroun et sept autres pays, dont **le Ghana, le Rwanda, le Kenya, l'ile Maurice, l'Égypte, la Tanzanie et la Tunisie,** ont adhéré à l'initiative de participer à la phase expérimentale de la ZLECAf, qui vise à promouvoir le commerce en dehors des blocs économiques.

Cette adhésion autorise le Cameroun à procéder librement à des échanges de biens et de services au-delà de la zone économique et monétaire de l'Afrique centrale (CEMAC) pendant cette phase expérimentale. Elle lui ouvre également l'accès aux marchés Est-africain, ouest-africain et du bloc économique sud-africain. Un schéma global de démantèlement a de ce fait été arrêté par les pays africains.

---

[89] https://ins-cameroun.cm/wp-content/uploads/2024/05/Note-sur-le-Commerce-Exterieur-2023-c.pdf

Tableau4 : Exportations & Importations du Cameroun dans le cadre de la ZLECAF au 15 juillet 2024

N°	Produits exportés	Quantité	Valeur	Date	Pays de destination
1	**Fruits secs (safous, ananas) et thé gingembre**	155 Kg	ND	06 octobre 2022	Ghana
2	**Thé camerounais**	38,6 Kg	ND	19 octobre 2022	Ghana
3	**Lingots d'aluminium**	100 Tonnes	ND	05 juillet 2024	Algérie
N°	Produits importés	Quantité	Valeur	Date	Pays d'origine
1	**Cargaison de résine**	20 tonnes	ND	02 juillet 2023	Tunisie
2	//	//	//	//	//

Source : Compilation CAMERCAP-PARC

La lecture de ce tableau révèle une évidence, celle de la timidité au décollage de la ZLECAf ! Ce serait plutôt du réalisme que de constater le niveau encore très bas des échanges économiques entre les pays de la zone.

Les États membres de cette zone de libre-échange tardent à procéder à un basculement des discours incantatoires aux actes concrets visant la promotion du commerce inter-États. La mise en œuvre des mécanismes politiques et économiques, au-delà des textes et discours, devrait être une préoccupation quotidienne des gouvernements. Ceci pourrait s'illustrer par l'établissement d'un calendrier et des quotas de mise en œuvre du commerce intra-africain par l'Union africaine, suivi de réunions mensuelles des ministres en charge du commerce, dans l'optique d'une évaluation du respect de ces critères. De nombreuses rencontres, telles que des colloques et symposiums budgétivores ont déjà été organisées sur la ZLECAf pour une moisson bien maigre. Ne serait-ce qu'à l'intérieur du groupe des 08 pionniers, comme on peut le voir dans le tableau supra, le Cameroun n'a échangé qu'avec deux pays depuis trois ans et pour des quantités dérisoires au vu du potentiel économique existant dans les pays de ce premier groupe.

Les huit pays les plus économiquement développés du continent (Le Nigéria, le Maroc, l'Afrique du Sud, l'Égypte, le Kenya, la Côte d'Ivoire, l'Éthiopie, l'Algérie) devraient rentrer en scène, car La ZLECAf a besoin de ces leaders pour servir de locomotive aux échanges commerciaux intérieurs. Le Cameroun devrait lui aussi passer à l'offensive et être plus proactif et incisif dans le cadre de ce nouveau mécanisme et saisir ses opportunités tant vantées. Le *made in-Cameroun, objet de tant de publicité* pourrait y trouver un terrain fertile ou des vents favorables pour voguer plus vite et plus loin. Les contre-performances affichées ci-dessus ne constituent pas des signes annonciateurs d'une dynamique de développement à même de rendre possible la confirmation des agendas annoncés aussi bien au niveau national qu'international et rappelle le sort réservé aux initiatives précédentes : Plan d'action de Lagos[90], NEPAD, etc.).

Dans ce contexte en demi-teinte, comment se présente le nouvel accord de Samoa ?

2. Le nouvel accord de SAMOA et les promesses de partenariat WIN-WIN

L'accord de partenariat[91] entre l'OEACP et l'UE, qui succède à l'accord de Cotonou, s'inscrit dans l'approche de développement durable et inclusif qui soutient que les véritables progrès en matière économique pour les pays ACP reposent sur une collaboration et des efforts collectifs. Ce nouvel accord témoigne de l'engagement de l'OEACP et de l'UE à relever les défis mondiaux, à promouvoir la croissance économique et à favoriser la durabilité. Il valorise l'importance du développement durable, de l'utilisation responsable et de la conservation des ressources naturelles. Plus précisément, il établit des principes communs et couvre les domaines prioritaires suivants *: les droits de l'homme, la démocratie et la gouvernance, la paix et la sécurité, le développement humain et social, la croissance et le développement économiques durables et inclusifs, la durabilité environnementale et le changement climatique, et les migrations et la mobilité.*

En ce qui concerne les prochaines étapes, l'application provisoire de l'accord a débuté le 1er janvier 2024. L'accord entrera en vigueur après approbation par le parlement européen et ratification par les parties, c'est-à-dire tous les États membres de l'UE et au moins deux tiers des membres de l'OEACP.

C'est ainsi que le parlement camerounais a examiné et adopté, en sa session de juin/juillet 2024, le projet de loi autorisant le président de la République à ratifier ledit accord.

À l'analyse des faits, les 27 États membres de l'UE et les 79 pays ACP représentent ensemble environ 2 milliards de personnes et plus de la moitié des sièges aux Nations Unies. Avec ce nouvel accord, les parties seront mieux équipées pour répondre aux besoins émergents et aux défis mondiaux,

---

[90] Adopté en avril 1980 par l'Organisation de l'unité africaine (OUA), voir https://labordoc.ilo.org/discovery/fulldisplay/alma992131353402676/41ILO_INST:41ILO_V2

[91] Le partenariat ACP-UE est l'un des cadres de coopération les plus anciens et les plus complets entre l'UE et des pays tiers. Le précédent cadre juridique du partenariat, l'accord de Cotonou, a été signé en 2000. Les négociations post-Cotonou ont débuté en septembre 2018. Le 20 juillet 2023, le Conseil a adopté une décision relative à la signature et à l'application provisoire de l'accord.

comme le changement climatique, la gouvernance des océans, les migrations, la santé, la paix et la sécurité. ***On peut donc bien imaginer que le soutien politique recherché par l'UE, face à ces concurrents ou alliés constitués des USA, de la Chine ou la Russie n'est pas sans intérêt dans une posture d'analyse géopolitique et géostratégique des relations internationales, dans ce 21e siècle post-covid[92]. »***

À la lumière des éléments exposés, quels comportements proactifs et offensifs l'Afrique, les pays de la zone CEMAC/CEEAC et le Cameroun doivent-ils adopter pour éviter de répéter les erreurs du passé depuis les accords de Lomé et de Cotonou (FED I à XI) ?

2.1. Oser et innover

L'OEACP et l'Afrique en particulier, ont tout intérêt à négocier très habilement les virages de l'environnement commercial mondial. Ils doivent parvenir à réduire la pauvreté et améliorer le niveau de vie d'une population qui compte 1,2 milliard d'habitants (2023), dont plus de la moitié est composée de jeunes. Pour atteindre ces objectifs, l'organisation fait face à des défis en constante évolution : une production internationale de plus en plus fragmentée, une multiplication des accords commerciaux régionaux, l'émergence de nouvelles frontières économiques avec la montée en puissance de l'Asie de l'Est et du Sud, la révolution numérique et l'intelligence artificielle (IA), qui entraînent l'avènement de technologies à faible main-d'œuvre, etc.

De nombreux travaux de recherche et d'expertise scientifiques en économie[93] ont fait l'hypothèse que le commerce intra-Afrique[94] constitue l'une des meilleures options pour accélérer l'intégration régionale et soutenir les agendas de développement, dont celui du Développement durable (2030) des Nations Unies et 2063 de l'UA.

En effet, selon les données officielles de l'Institut national de la statistique (INS), le Nigéria se place au mieux, en dix-huitième position des destinations des exportations camerounaises sur les cinq dernières années et

---

[92] Les travaux du CAMERCAP-PARC soutiennent que la pandémie de la Covid' 19 a fondamentalement bouleversé les équilibres tant au niveau des comportements individuels que collectifs, et que, suite à ce bouleversement majeur, les configurations géostratégiques du monde ne sauraient demeurer inchangées.
Voir à cet effet, https://camercap-parc.cm/wp-content/uploads/2019/11/CAMERCAP-PARC.PolicyBrief-COVID-19.pdf

[93] On peut le voir dans : https://camercap-parc.cm/wp-content/uploads/2019/09/Impact-de-la-devaluation-du-Naira-au-Cameroun.pdf

[94] Nations Unies. Commission économique pour l'Afrique ; Nations Unies. Conseil économique et social (1981-05). Le commerce intra-africain : situation générale, obstacles et potentialités. Addis Ababa :. © UN. ECA,. https://hdl.handle.net/10855/7940"

en sixième dans l'origine des importations, contrairement à notre postulat sur l'avantage de proximité[95]. Les autres « grands » pays d'Afrique, comme l'Afrique du Sud et le Maroc, figurent en queue de liste des 20 premiers partenaires commerciaux du Cameroun. Dans la zone CEMAC/CEEAC, le Tchad est le seul pays client à figurer dans le top 10 des cinq dernières années. La RCA et le Gabon suivent comme destination des exportations, mais aucun pays de la zone ne figure parmi les origines des importations camerounaises. Cette carence doit être corrigée dans les deux sens pour un avantage mutuel.

Les tableaux en annexes 1 & 2, présentant les principaux partenaires commerciaux du Cameroun sur les cinq dernières années, sont suffisamment éloquents sur le sujet. L'essor de la ZLECAf doit commencer par les pays de proximité comme base des échanges et s'étendre par cercles concentriques à partir de ce noyau central. Mais pour y parvenir, le levier de l'intégration sous-régionale reste la condition première et l'un des vecteurs de cette accélération repose sur le développement des infrastructures et voies de communication.

Il faut donc avoir le courage de briser la glace des frontières par une accélération de l'intégration sous-régionale des peuples, et avec eux les échanges de biens et services. La ZLECAf exige comme préalable l'effectivité d'une intégration sous-régionale puis régionale, selon le schéma conceptuel défini pour la première décade 2013-2023 par l'Union africaine dans son agenda 2063. Une évaluation rigoureuse et impérative des jalons réussis de cette démarche s'impose à tous et à chacun des États membres, et donc particulièrement à ceux de la zone CEMAC/CEEAC[96].

En termes de rapport de force, la ZLECAf ne pourra se positionner comme alternative aux APE que par l'inversion de la courbe de la balance commerciale individuellement (pays ACP - UE) ou collectivement (sous-région A - UE ou Ensemble Afrique - UE) que si l'étape de l'intégration est suffisamment avancée, à défaut d'être totalement accomplie. Et il appartient aux pays africains de réussir ce pari.

À ce titre, les 05 priorités fixées en 2015 par le Président de la BAD[97] restent d'actualité, avec en première position la construction des

---

[95] https://camercap-parc.cm/wp-content/uploads/2023/10/Note-Economique-et-Strategique-N%C2%B08.pdf

[96] CAMERCAP-PARC : « *The Ukrainian crisis,what lessons for Africa and Cameroon within the frameworkof the AfCFTA?How to ensure greater visibility andavailability for the made-in-Cameroonbrand?* », April 2022.

[97] *Les High 5 de la BAD. Dans le discours inaugural prononcé le 1er septembre 2015, M. AkinwumiAdesina, le huitième président élu de la BAD (2015 – 2025), a lancé un nouveau programme pour le Groupe de la Banque qui s'appuie sur la stratégie 2013-2023. Les Cinq*

infrastructures et le développement de l'énergie électrique. Comme énoncé supra, les APE et la ZLECAf convergent sur un point crucial, qui est le développement de la production des biens et des services d'origine, qui doivent ensuite faire l'objet d'échanges, soit avec les pays de l'UE, soit entre pays africains. Sans enfoncer des portes ouvertes, il est avéré que l'Afrique présente de sérieuses faiblesses et menaces dans ces domaines.

Au plan stratégique, il y a lieu de constater au 30 juin 2024 que le nombre de produits concernés par les APE est de loin supérieur à celui inscrit pour le compte de la ZLECAf, alors que cette dernière est conceptuellement plus ouverte en tant que zone de libre-échange, contrairement aux APE qui ne sont que des accords commerciaux. En l'envisageant sous l'angle d'une analyse des rapports de force, ceux-ci sont défavorables à la ZLECAf. Il revient donc aux pays africains de s'atteler avec détermination à les renverser. Dans le cas pratique de la zone CEMAC/CEEAC, le Cameroun, qui est qualifié de leader naturel, devrait se distinguer par une attitude plus ouverte et plus agressive dans une politique économique de conquête des pays de sa zone et du Nigéria. Cette démarche progressive et par escalier permet de fourbir les armes commerciales afin de mieux aborder les APE dans le nouveau contexte de l'accord de SAMOA en cours de mise sur orbite.

Les mêmes politiques pourraient évidemment s'appliquer à chaque pays africain pris individuellement ou dans sa sous-région.

2.2. Quelques perspectives et suggestions pour ne pas s'enliser :

L'influence significative de l'UE dans les négociations et dans l'effectivité des échanges avec l'Afrique, et plus particulièrement avec les pays de la zone CEMAC/CEEAC, dont le Cameroun, demeure encore perceptible. Cette influence se mesure à sa puissance économique et politique. Toutefois, on peut observer une tendance vers une expression politique qui marque le désir de s'affranchir des habitudes de consommation extraverties au sein de cet espace économique. Le *made-in-Cameroon*, le *made-in-Africa* sont en cours de recherche de l'affirmation d'un marché local sur le continent, sans s'enfermer sur le reste du monde.

Les politiques et stratégies d'import-substitution et les règles d'origine promues par le Cameroun et les pays membres, parties à la ZLECAf, ne peuvent se déployer sans un minimum de contrôle aux frontières, et donc à un certain protectionnisme. Les frontières nationales du Cameroun et

---

grandes priorités sont les suivantes : (I) éclairer et fournir de l'énergie à l'Afrique, (II) nourrir l'Afrique, (III) industrialiser l'Afrique, (IV) intégrer l'Afrique, et (V) améliorer la qualité de vie des Africains.

communes (CEMAC/CEEAC) ne sauraient être éternellement ouvertes aux produits issus d'autres espaces économiques au détriment de certaines, normes (sanitaires et environnementales, par exemple) pourtant très surveillées ailleurs.

Dans le principe, les Accords de Partenariat économique représentent à la fois une opportunité et un défi pour les pays signataires, offrant la possibilité de stimuler la croissance économique et l'intégration régionale tout en nécessitant des ajustements significatifs pour s'adapter aux nouvelles réalités commerciales. Ces objectifs sont tout à fait compatibles et cohérents avec ceux de la ZLECAf.

Leur succès dépendra donc de la volonté politique et de la capacité des parties à surmonter les obstacles et à maximiser les bénéfices mutuels. Pour ce faire, une approche par la rupture est fortement recommandée : **oser et innover**.

À cet effet, la signature récente du nouvel accord de SAMOA représente une double opportunité à saisir en priorité et en urgence par les États, les CER (Communautés Économiques Régionales) et l'UA. Ainsi, il semble fort idoine et dans les meilleurs délais possibles de :

D'une part, réviser les APE pour les adapter au contexte, aux objectifs et aux principes du nouvel accord de SAMOA, au niveau de chaque État signataire, des CER et de l'UA. L'occasion sera ainsi offerte d'intégrer les mutations de diverses natures intervenues depuis l'entrée en vigueur des APE respectivement, dans le cadre juridique en cours de lancement ;

D'autre part, réviser et accélérer la mise en œuvre de la ZLECAf pour la conformer au nouveau contexte des relations internationales, marqué par les accords de SAMOA. En clair, il parait urgent d'inverser la démarche : impulser une nouvelle dynamique à l'intégration sous-régionale pour soutenir la ZLECAf, afin que cette dernière serve de vecteur et/ou d'alternative aux APE.

Conclusion

Le présent article se proposait d'esquisser un état des lieux des APE entre l'Union européenne et l'Afrique, mais avec une plus grande acuité sur la situation du Cameroun, puis de l'extension de cet accord à un espace plus vaste (l'OEACP) et enfin de la mise en œuvre de la ZLECAf. Sans avoir de prétention à l'exhaustivité, l'objectif de la contribution était d'apporter un éclairage sur les difficultés rencontrées par les États d'Afrique dans les processus d'exportation, d'examiner l'efficacité des politiques de facilitation des exportations et d'anticiper sur la veille économique et les mesures à prendre au moment où l'APE prend une nouvelle configuration.

Il en résulte globalement ce qui suit :

En premier lieu, l'APE, dans ses mécanismes en vigueur à fin juin 2024, est profitable à tous ses signataires si l'on ne le considère que d'un point de vue holistique ; mais, pris selon une approche sectorielle, il ne bénéficie qu'aux grands groupes parmi lesquels figurent de nombreuses multinationales. Les PME/PE/TPE africaines pâtissent encore de nombreuses insuffisances endogènes, mais aussi des contraintes issues de la négociation de cet accord, notamment les barrières tarifaires et non tarifaires, d'où la persistance d'un déséquilibre des balances commerciales des États africains et la nécessité de politiques volontaristes de facilitation des exportations par ceux-ci.

En second lieu, le nouvel accord UE/OEACP qui, au plan géopolitique, vise à créer, pour l'UE, un marché plus vaste pour son commerce extérieur risque, de manière déterministe, de produire les mêmes effets, si les pays africains, membres de l'OEACP, demeurent non outillés du fait de l'inexistence de mécanismes internes de stimulation industrielle et commerciale.

Enfin, les échanges commerciaux au sein de la ZLECAf, présentée par les Gouvernements et les experts africains comme une opportunité pour accélérer le commerce intra-africain, restent encore embryonnaires. Une mise en œuvre non coordonnée par les États africains de la ZLECAf pourrait constituer un risque pour l'atteinte de ses objectifs. En revanche, une coordination supra nationale, d'abord par les communautés économiques régionales (CER), puis, à un niveau plus élevé (l'Union africaine), avec des mécanismes de suivi rigoureux et un agenda plus strict (à l'image de ce que fut la construction du marché commun en Europe), pourrait produire des résultats à moyen terme. Se posent alors avec acuité les questions d'intelligence (libre circulation des personnes et des biens, échanges d'informations sur les marchés en termes d'offre et de demande, intensification de la coopération financière et monétaire, valorisation de la recherche scientifique et technique, en vue de l'augmentation de la productivité et de la définition des normes, etc.).

Annexes

N°	Pays	2019	2020	2021	2022	2023	Total	*Part (en %)*
1	Pays-Bas	308	170	298	932	694	2 402	*15,82*
2	Chine	440	391	618	173	232	1 854	*12,21*
3	Inde	264	73	231	493	286	1 347	*8,87*
4	Italie	292	182	171	211	133	989	*6,51*
5	France	74	67	71	346	369	927	*6,10*
6	Espagne	168	123	146	295	99	831	*5,47*
7	Bangladesh	72	72	95	124	127	490	*3,23*
8	Tchad	66	69	91	114	149	489	*3,22*
9	Belgique	64	62	85	133	99	443	*2,92*
10	États-Unis	140	52	63	79	0	334	*2,20*
11	Malaisie	61	77	47	40	54	279	*1,84*
12	Viet Nam	54	51	54	63	0	222	*1,46*
13	Indonésie	33	32	26	21	117	229	*1,51*
14	Allemagne	28	22	29	29	79	187	*1,23*
15	République Centrafricaine	41	21	30	45	34	171	*1,13*
16	Turquie	11	30	21	27	88	177	*1,17*
17	Gabon	24	23	27	25	31	130	*0,86*
18	Nigéria	25	16	18	34	39	132	*0,87*
19	Afrique du Sud	2	2	2	64	48	118	*0,78*
20	Royaume-Uni	24	9	13	53	0	99	*0,65*
Total cumulé des 20		2 191	1 544	2 136	3 301	2 678	11 850	*78,03*
Part des 20 pays (en %)		*91,56*	*85,02*	*89,22*	*94,77*	*89,6*	*78,03*	*78,03*
Total des pays africains		158	131	168	282	301	1 040	*6,86*
Part des pays africains (en %)		*6,60*	*7,21*	*7,02*	*8,10*	*10,07*	*6,86*	*6,86*
Total général		2 393	1 816	2 394	3 483	2 989	15 187	***100,00***

Annexe 1 : Principaux pays d'origine des importations du Cameroun sur les cinq (05) dernières années (en milliards de FCFA)

Source : Nos calculs à partir des données de l'INS

N°	Pays	2019	2020	2021	2022	2023	Total général	*Part (en %)*
1	Chine	622	575	659	776	467	3 098	*12,8*
2	France	312	284	348	404	1 150	2 497	*10,32*
3	Belgique	220	182	148	106	719	1 374	*5,68*
4	Inde	124	163	280	530	145	1 243	*5,13*
5	Allemagne	101	97	121	148	198	664	*2,74*
6	Nigéria	242	29	33	44	155	502	*2,07*
7	Turquie	120	127	135	141	91	614	*2,54*
8	Pays-Bas	133	97	109	178	0	517	*2,14*
9	Fédération de Russie	85	97	264	122	0	567	*2,34*
10	États-Unis	100	141	110	156	0	507	*2,09*
11	Italie	88	83	97	100	167	535	*2,21*
12	Thaïlande	185	93	83	107	0	468	*1,93*
13	Espagne	102	84	103	99	89	476	*1,96*
14	Togo	253	116	11	6	19	405	*1,67*
15	Ukraine	40	64	103	78	163	448	*1,85*
16	Emirats Arabes Unis	43	0	76	109	179	407	*1,68*
17	Japon	68	61	94	97	15	335	*1,38*
18	République de Corée	61	23	82	171	0	337	*1,39*
19	Afrique du Sud	44	40	39	45	71	238	*0,98*
20	Maroc	46	30	45	71	28	220	*0,91*
Total cumulé des 20		**2 988**	**2 385**	**2 939**	**3 485**	**3 654**	**15 451**	***63,83***
Part des 20 pays (en %)		*77,47*	*75,24*	*75,92*	*70,96*	*73,18*	*63,83*	*63,83*
Total des pays africains		**585**	**215**	**128**	**166**	**273**	**1 365**	***5,64***
Part des pays africains (en %)		*15,17*	*6,78*	*3,31*	*3,38*	*5,47*	*5,64*	*5,64*
Total général		**3 857**	**3 170**	**3 871**	**4 911**	**4 993**	**24 207**	***100,00***

Annexe 2 : Principaux pays de destination des exportations du Cameroun sur les cinq (05) dernières années (en milliards de FCFA

Source : Nos calculs à partir des données de l'INS

Références bibliographiques

Bach, D., *Regionalism in Africa. Genealogies, Institutions and Trans-State Networks*, Abingdon, Routledge, 2016.

Bach, D., Régionalisation, mondialisation et fragmentation en Afrique subsaharienne, Paris, Karthala, 1998.

Balassa, B. *The theory of economic integration: an introduction*, Greenwood Press, 1961.

Bekolo-Ebe B., « L'intégration régionale en Afrique : caractéristiques, contrastes et perspectives », *Mondes en développement*, n° 115-116, 2003/3, p. 81-88.

Ben Achour R. et *al.*, « Le libéralisme économique en marche : la ZLECAf ou la voie africaine », *VigieAfrique,* Volume 2, numéro 3, août 2019.

Blanchard S., « La Zlec lancée le 30 mai 2019, oui, mais... ». Dossier thématique *Jeunes en Afrique*, 29 mai 2019 [en ligne], https://p.dw.com/p/3JSMt.

Crozet M., Lafourcade M., *La nouvelle économie géographique*, Paris, La Découverte, 2009.

Darracq V., « Jeux de puissance en Afrique : le Nigéria et l'Afrique du Sud face à la crise ivoirienne », *Politique étrangère*, 2011/2 (Eté), pp. 361-374.

Delmas-Marty (Dir.), *Critique de l'intégration normative. L'apport du droit comparé à l'harmonisation des droits*, Presses universitaires de France, 2004.

Diagne A., « Politiques commerciales, intégration régionale et distribution des revenus au Sénégal », *Mondes en développement*, no 135, 2006/3, p. 101-129.

Diaw D. et Thi Anh-Dao T., « Intégration régionale et expansion du commerce sud-sud : le cas du Sénégal dans l'Uemoa », *Revue Tiers-Monde*, n° 199, 2009/3, p.627-646.

Frankel Jeffrey A. (dir.), *The Regionalization of the World Economy*, London, Chicago, Research Project, 1998.

Gana A. et *al.*, *La régionalisation du monde. Construction territoriale et articulation global/local*, Paris, Karthala, 2014.

Garcin T., *Les grandes questions internationales depuis la chute du Mur de Berlin*, 2e édition, Paris, Economica, 2009.

Gbaguidi O. A., « Cinquante ans d'intégration régionale en Afrique : un bilan global », *Techniques financières et Développement*, 2013/2 (N° 111), p. 47-62.

Gbetnkom D., « Intégration régionale et potentialité commerciale dans la Cemac : une évaluation par le modèle de gravité », *Techniques financières et développement*, n° 111, 2013/2, p.89-103.

Hugon Ph. (éd.), *Les économies en développement à l'heure de la régionalisation*, Paris, Karthala, 2002.

Hugon Ph., « Les trajectoires comparées d'intégration régionale », in Ph. Hugon (Dir.), *Les économies en développement à l'heure de la régionalisation.* Karthala, 2003, p. 103-163.

Jacquemot P., *Les dix enjeux de la zone de libre-échange africain,* Les dossiers WillAgri, 2019.

Kappel R., *Coopération économique entre l'Afrique et l'Europe*, Friedrich-Hebert-Stiftung, 2020.

Kouty, M., Trading costs in Africa: does international supply chain connectivity matter? *Journal of Economic Development.* 43(2), 2018, 85-102.

Implementing the African Continental Free Trade Area (AfCFTA): The Effects of Trade Procedures on trade flows. *Research in AppliedEconomics* 13(1), mars 2021.

Lawrence R. A., 1996, *Regionalism, Multilateralism, and deeper Integration*, Washington, Brookings Institution Press.

Mayda A. M. et Steinberg C., « Do south-south trade agreements increase trade? Commodity level evidence from Comesa », *Unu-cris occasional papers,* n° 19, 2006.

S. & Karingi, S. (2012). *Deepening regional integration in Africa: A computable general equilibrium assessment of the establishment of a continental free trade area followed by a continental customs union.* Presented at the seventh African Economic Conference. 30 October to 2 November. Kigali.

Mvelle G., *L'Union africaine face aux contraintes de l'action collective*, Paris, L'Harmattan, 2013.

Nwatchock O., « Francophonie et médiation économique entre l'Asie et l'Afrique : quelles capacités ? », *Revue internationale des Francophonies,* n° 10, février 2018 [En ligne].

Olaitan, Z and Isike, C., "The Role of the African Union in Fostering Women's Representation in Formal Peacebuilding: A Case Study of Sierra Leone". *Journal of African Union Studies*, 8(2), 2019, p. 135 - 154.

Oyeyide et *al.*, *Regionalintegration and tradeliberalization in sub-SaharanAfrica*, CREA, 1997. - OMC, *Les accords commerciaux régionaux, portail* (wto.org) www.wto.org/french/tratop_f/region_f/region_f.htm, 27 janvvier 2021.

Richard Y, « Régionalisation, régionalisme et intégration régionale : concepts flous et nécessaire clarification », *in* Gana et *al.*, *La régionalisation du monde. Construction territoriale et articulation global/local*, Paris, Karthala, 2014, p. 21-43.

Siroën J.M., *La régionalisation de l'économie mondiale*, Paris, La Découverte, 2000.

Union Africaine, *Rapport de la quatorzième réunion du forum de négociation de la zone de libre-échange continentale africaine (FN/ZLECAF)*, 2019.

UNCTAD (2019). *The Economic Development in Africa Report 2019: Made in Africa – Rules of Origin for Enhanced Intra-African Trade.* New York and Geneva.

Van Hamme G., « Régionalisme, intégration régionale et mondialisation : quelques éclairages sur un triangle complexe », *in La régionalisation du monde. Construction territoriale et articulation global/local*, Paris, Karthala, 2014, p. 45-57.

Vérez J.C., « Les enjeux Union européenne-Afrique sur les plans économique, démographique et migratoire », in *l'Europe en formation* 2019/ 1 (n° 388), p.p. 9-25.

United Nations Economic Commission for Africa, African Union &African Development Bank (2017). *Assessing Regional Integration in Africa VIII: Bringing the Continental Free Trade Area About.* Addis Ababa, Ethiopia.

Winters A. L., Regionalism versus Multilateralism, *in* E. Baldwin et *al.* (dir.), *Market Integration, Regionalism and the Global Economy*, Cambridge, Centre for Economic Policy Research, Cambridge UP, 1999, pp. 7-52.

World Bank (2020). *The African Continental Free Trade Area: Economic and Distributional Effects.* Washington, DC : World Bank. doi:10.1596/978-1-4648-1559-1.

Chapitre 5 :

Des stratégies de communication à l'épreuve de l'intelligence économique

Section 1 :

L'attrait d'investisseurs et de partenaires au développement pour la région de l'Ouest-Cameroun : expression d'une intelligence territoriale (IT) émergente d'acteurs locaux

Joseph Éric Fidèle MAYI

Introduction

Les États africains investissaient la discipline de la prospective dès les années 1960 et à compter des années 1990, ils s'attachèrent à développer des « visions », nationales ou régionales, destinées à guider leurs stratégies de développement. Aussi, depuis 2010, le travail le plus important est-il celui mené sous les auspices de l'Union africaine (UA) : « L'Afrique que nous voulons-Vision 2063 » adopté en 2013 et proposant une vision continentale à long terme, dans un contexte marqué par un optimisme retrouvé quant au « renouveau africain ». L'« Agenda 2063 » suggère au continent de tirer les leçons du passé et d'exploiter les potentialités disponibles pour assurer une transformation positive pour les cinquante prochaines années (Philippe Hugon, 2022). Dans ce but, la Zone de libre-échange continentale africaine (ZLECAf), marché unique dont l'objectif est d'aider les dirigeants africains à mettre en œuvre des politiques susceptibles de maximiser les bénéfices de l'accord tout en minimisant les risques, a été ratifiée par 44 pays en 2018. Des « Plans Émergence » (PE) pour s'intégrer dans la globalisation se sont multipliés, en rupture avec la rigueur macroéconomique de l'ajustement structurel qui avait durement prévalu jusque-là. Portés par deux décennies de croissance économique continue, trente-sept pays ont ainsi lancé un PE, avec l'emploi d'une ingénierie planificatrice promue par des bureaux d'étude privés. La période choisie est le moyen terme, variable entre cinq et dix ans. Nombreux sont les projets d'émergence que les pays de la région centrale de l'Afrique ont ainsi adoptés, avec pour ambitions la transformation globale des structures économiques et l'amélioration significative des conditions d'existence des populations. Il s'agit de : « Vision 2020 » pour la Guinée Équatoriale ; « Vision 2025 » pour le Gabon et le Congo ou encore « Vision 2035 » pour le Cameroun et le Tchad. Après une imprégnation desdites visions, le constat d'une volonté d'être capable d'identifier, d'interpréter et de transformer l'information riche non connue par l'ensemble des acteurs, qui apporte de l'inattendu c'est-à-dire de la surprise en connaissances actionnables (Mouna El Haddani et Camille Baulant, 2020), est perceptible.

Le monde étant de plus en plus complexe, les États africains interagissent avec de multiples acteurs et font face à diverses incertitudes. Certaines de ces interactions, comme les échanges commerciaux, les litiges ou les crises sociales, qui mettent en difficulté les organisations, ont de forts enjeux professionnels. Dans ces situations, la négociation est l'une des réponses les plus adaptées, mais pour laquelle il faut être préparé et formé. Négocier fait appel à de multiples compétences et à de nombreux savoir-faire, tels que la capacité à gérer les facteurs relationnels et émotionnels. Afin de s'entraîner, s'évaluer et les maîtriser, il faut comprendre les principaux mécanismes régissant les comportements humains qui sont susceptibles de perturber la relation interpersonnelle (Hughes Delmas, 2017). L'amplification de la mondialisation et le passage à une économie plus immatérielle constituent deux changements structurels majeurs qui marquent les économies contemporaines. Devant cette complexité du monde contemporain et confronté à de nouveaux risques (climatiques, réputation, déstabilisation, surinformation, cybercriminalité, etc.), l'État du Cameroun a réinventé de nouvelles approches et repensé ses modes opératoires de développement. Avec l'adoption de la Stratégie nationale de développement 2030 (SND30), le pays dispose d'un nouveau cadre de référence pour son action de développement au cours de la décennie. Elle articule les engagements internes et internationaux du pays au plan économique, social et environnemental. Le cap étant de porter le pays au rang des Nouveaux Pays industrialisés (NPI) en 2035, les stratégies sectorielles sont articulées autour du développement des industries et services en cohérence avec le Plan directeur d'industrialisation (PDI). Dans cette logique, le développement industriel est considéré comme le point focal des enjeux économiques à moyen et long terme du pays. Pour ce faire, le gouvernement entend s'y consacrer en comptant sur le dynamisme du secteur privé, l'implication de la société civile, la mobilisation des populations et l'appui des partenaires économiques, techniques et financiers.

Aussi, pour accompagner et parfaire ce processus, le gouvernement a-t-il procédé à la promulgation de la loi N° 2019/2020 du 24 décembre 2019, portant CG-CTD. Par cet acte, l'État a cédé d'importantes compétences relatives au développement local, c'est-à-dire la transformation des conditions de vie des populations par les CTD, ce qui traduit l'influence, *a posteriori*, d'un substrat social et culturel porteur d'une dynamique entrepreneuriale de chaque territoire. Établi en 2022 par le Conseil régional de l'Ouest (CR-OUEST), pour une durée de cinq (05) ans (2023-2027), le PRD-OUEST ambitionne de faire de la région de l'Ouest un pôle industriel attractif. Pour ce faire, la communication politique y est un élément crucial.

Restrictivement présentée comme « s'exprimer publiquement sur la politique à savoir les hommes politiques, les journalistes et l'opinion publique au travers des sondages » (Dominique Wolton, 1989), elle est un lieu d'affrontement de discours entre citoyens, à l'issue incertaine, qui s'expriment sur les problématiques du développement et de l'industrialisation de la Région. Impulsant une industrie endogène pour initier, par des technologies simples, la création de produits et/ou d'équipements au niveau local, cette communication politique est l'émanation d'une intelligence territoriale (IT). L'IT correspond à « l'ensemble des actions d'intelligence économique conduites de manière coordonnée par des acteurs publics et privés (marchands et non marchands) localisés dans un territoire, afin d'en renforcer la performance économique et, par ce moyen, d'améliorer le bien-être de la population locale (Alice Guilhon et Nicolas Moinet, 2016) ». De ce qui précède, qu'est-ce qui particularise l'IT de l'Ouest Cameroun dans l'ambition du pays d'être émergent en 2035 ? L'IE étant un outil au service de la stratégie et de la compétitivité des nations, elle permet, par le biais de son processus ordonné, de mettre à la disposition des décideurs l'information utile pour qu'ils puissent prendre des décisions fondées sur une réelle connaissance des faits. Toutefois, elle est encore peu comprise par bon nombre d'acteurs. Faisant preuve d'anticipation, l'IT dans la région de l'Ouest-Cameroun est un outil d'aide à la prise de décision dans les organismes tant publics que privés (1), qui valorise l'évolution de la compétitivité à la coopétitivité tout en favorisant l'atteinte des objectifs du PRD-OUEST pour un développement durable (2).

1. L'IT comme outil d'aide à la prise de décision : étude exploratoire du CR-OUEST

Le PRD-OUEST objective « faire de la région de l'Ouest un pôle économique attractif, incitatif et une destination touristique et culturelle par excellence où il fait bon vivre[98] ». Pour ce faire, *« nous souhaitons disposer de toutes les ressources nécessaires et disponibles pour la réalisation des projets contenus dans le PRD-OUEST. En effet, pour décider, il faut de la compétence et surtout de l'information. Une information pertinente issue de l'environnement interne et externe que la Région devra analyser pour en tirer une valeur ajoutée[99] »,* confie le PCR-OUEST, Jules Hilaire FOCKA FOCKA. Avec la promulgation de la loi N° 2019/2020 du 24 décembre 2019, portant CG-CTD, le CR-OUEST utilise la gestion et l'utilisation des

---

[98] Pour plus de développements, lire à ce sujet le Plan régional de développement de l'Ouest, 2022, p. 33.
[99] Entretien avec le PCR-OUEST le 02 avril 2024.

informations, des connaissances et des compétences dans une optique offensive et entrepreneuriale. La structure régionale s'appuie depuis le 13 janvier 2021, date de prestation de serment de son président du Conseil, sur des actions menées à court terme et donne la priorité à des politiques de compétitivité et des stratégies de *lobbying* qui lui permettent de diversifier ses partenaires. L'IT du CR-OUEST s'est ensuite affinée avec la création de commissions[100] chargées de mener des études et des analyses stratégiques, afin d'assurer une veille sur des domaines stratégiques. Entre autres, la création de commissions/comités chargés de la préparation/relecture de projets/protocoles d'accords[101] par le PCR-OUEST est dictée à la fois par le besoin de fédérer les intérêts et les énergies de toutes les parties prenantes (administration, communauté des affaires, société civile et monde de la recherche), et la volonté de construire une plateforme qui répond à des besoins spécifiques. Ces commissions/comités qui associent les expertises de ministères, d'administrations déconcentrées, de banques, d'entreprises et d'associations professionnelles participent au processus de prise de décision en matière de recherche et développement par le transfert de savoir et de savoir-faire. D'une part, l'objectif est de permettre à des opérateurs locaux, aidés par des universitaires et divers experts, de développer leur ingénierie cognitive, des produits et/ou des équipements dont la technologie est suffisamment simple pour être réalisée. D'autre part, il est question d'aider divers acteurs, entreprises et organisations locaux à mettre en place des cellules de veille et d'intelligence économique, afin qu'elles puissent disposer d'aptitudes/compétences de dialogue et de compréhension d'aspects normatifs/techniques du monde des affaires, ce pour savoir comment concevoir un cahier des charges, etc.

La communication politique est ici marquée par un souci de *management* du PCR-OUEST, assisté de collaborateurs et autres acteurs au développement. *« Comme pour toutes les « fonctions » et les « activités », la mise en place d'un cadre institutionnel de type association ou autres permet*

[100] Elles sont au nombre de cinq (05) : la Commission des affaires administratives, juridiques et du règlement intérieur ; la Commission de l'éducation, de la santé, de la population, des affaires sociales et culturelles, de la jeunesse et des sports ; la Commission de l'environnement, de l'aménagement du territoire, des domaines, de l'urbanisme et de l'habitat ; la Commission des finances, des infrastructures, de la planification et du développement économique ; la Commission de la coopération décentralisée et des partenariats.

[101] À titre illustratif, il s'agit de la Décision régionale N° 006/DR/RO/PCR/SG/2023 du 08 janvier 2024 portant création d'un comité chargé de la relecture du *Memorandum of understanding (MOU)* entre la région de l'Ouest et le *World youthsummit* ; et de la Décision régionale N° 007/DR/RO/PCR/SG/2023 du 23 février 2024 portant création et composition des commissions chargées de la préparation du projet de mise en place de la technopole agroalimentaire des hautes terres de la région de l'Ouest.

aux parties concernées de s'exprimer et de se construire durablement. Il permet aussi de donner à l'action régionale une légitimité et une reconnaissance certaines. Elle autorise aussi au CR-OUEST à nouer des alliances et des coopérations positives avec des entités poursuivant des objectifs similaires[102] ». Plusieurs modèles managériaux contribuent à l'aide à la décision du PCR-OUEST. Il s'agit par exemple du modèle d'explicitation du problème décisionnel (MEPD) et/ou de la démarche « centrée projet ». L'essence du MEPD est d'avoir une bonne compréhension du problème décisionnel afin d'adapter la recherche de l'information en vue de sa résolution. Il part du postulat que plus le décideur est capable de détecter les signaux envoyés par l'environnement, plus il est possible de l'aider à avoir une vision claire sur le problème décisionnel auquel il est confronté. Trois paramètres sont mis en évidence dans le cadre de ce modèle : le décideur, l'environnement et l'organisation elle-même (Najoua Bouaka et Amos David, 2003). Le décideur joue un rôle central puisqu'il lui revient de trancher. La décision nécessite une grande capacité de discernement stratégique, c'est-à-dire que le décideur doit rester lucide et perspicace même dans des situations complexes et sous pression. Cela exige qu'il ait du recul et qu'il remette en question ses propres vues afin de les ajuster à la réalité. Cela nécessite d'avoir une vision stratégique et de choisir le moment opportun pour prendre la décision. La méthode « centrée projet » envisage, quant à elle, l'acquisition et l'exploitation de l'information stratégique comme un processus dynamique englobant toutes les étapes de la veille et visant à résoudre un problème décisionnel dans le cadre d'un projet. Cette démarche permet d'avoir une vision globale et de piloter la veille en temps réel. Elle prend en considération les interactions entre l'ensemble des acteurs et les techniques de veille stratégique (Francis Bulingue, 2016). Le décideur est ici un analyste et cette fonction n'est pas exclusivement pratiquée par le veilleur. L'analyse est une activité à la fois individuelle (par le déploiement des capacités intellectuelles et de l'expérience) et collective (par la mise en relation de plusieurs compétences pour la résolution d'une problématique) (Lafrem Mouna, 2020). Ce principe s'assimile à l'intelligence collective, qui reflète la capacité d'un groupe de collaborateurs à produire une performance supérieure à la simple addition des performances individuelles. L'intelligence collective passe par la construction d'une compréhension partagée au sein du collectif, cette compréhension partagée prend appui sur un référentiel commun (Jérôme Bourbousson, Cyril Bossard et David Adé, 2015).

La coopération avec des associations, des délégations étatiques/ministérielles/déconcentrées, des centres de recherche ou de

[102] Entretien avec le PCR-OUEST le 02 avril 2024.

réflexion poursuivant les mêmes objectifs permet aux uns et aux autres, à travers la formation, la participation aux rencontres scientifiques et l'échange de meilleures pratiques, d'améliorer leur perception des risques et des opportunités, mais aussi leurs moyens d'action. Pour illustration, le 29 mai 2023 s'était tenue au siège du CR-OUEST une rencontre pour présenter les treize projets du PRD-OUEST sélectionnés par l'exécutif régional pour être maturés par cinq Commissions multisectorielles[103] en vue d'être présentés lors des REDEO[104] en 2023. Le terme de maturation représentait les activités de la phase de préfaisabilité telles que définies dans le Guide de maturation des projets élaborés par le ministère de l'Économie, de la Planification et de l'Aménagement du territoire (MINEPAT) applicable aux projets du PRD-OUEST. Les objectifs des travaux étaient :

1- De disposer d'une documentation par projet suffisante pour chercher et obtenir des financements pour les études de faisabilité et la réalisation de ces projets. Ils furent présentés aux investisseurs lors de la première édition des REDEO qui eurent lieu du 11 au 17 décembre ;
2- D'avoir dès octobre 2023 une estimation à haut niveau des coûts globaux de chaque projet et du montant par projet à inscrire au budget du CR-OUEST pour 2024.

Les commissions présentèrent un mémoire de dépenses prévues pour la suite et la fin des activités de l'étape de préfaisabilité de chaque projet, étape qui fut complétée durant le mois d'octobre 2023. Cette communication managériale est un facteur direct de productivité organisationnelle. Les REDEO favorisèrent des entrevues entre différents acteurs du processus de la décentralisation, tels que des représentants des CTD, des entrepreneurs/investisseurs locaux/internationaux et des spécialistes en gouvernance territoriale. En vue de développer la visibilité et l'image de marque de la Région, tout en valorisant au mieux l'héritage culturel, en stimulant l'excellence régionale et le dynamisme de la jeunesse, des autorités politiques, l'IT dans le processus décisionnel joua un important rôle dans le *marketing* conventionnel et territorial, ceci en construisant l'attractivité du territoire autour de son offre de biens (matériel, naturel, immatériel) afin d'alimenter l'économie, levier du développement local. Toutefois, selon le PCR-OUEST, *« il serait présomptueux de parler d'un « modèle Ouest » de l'IE. Peut-être qu'il y a lieu d'utiliser l'expression « pratique » ou « pratiques régionales d'IE » lesquelles pratiques se développent et agissent*

[103] Il s'agit de la Commission projet Village académique et performance ; de la Commission adaptation et atténuation du changement climatique ; de la Commission Unités de production d'énergie renouvelable et efficacité énergétique ; de la Commission nouvelle citée et de la Commission projet formation des termes de référence (TDR).
[104] Rencontres d'Échanges, de Découvertes et d'Exhibition de la région de l'Ouest.

en fonction de nombreux paramètres, notamment, la taille, la maturité, la position sur l'échiquier économique des acteurs et des moyens humains et financiers mobilisés par chaque organisation (entreprise, administration et territoire)[105] ». Le besoin de communication organisationnelle ressort ici d'un souci de légitimation institutionnelle et politique, ou de gestion et de contrôle symbolique de l'organisation. Elle est placée sous le contrôle du PCR-OUEST qui tire sa légitimité d'une votation politique. Elle est jugée sur son impact dans l'opinion, sur l'image de l'institution, voire sur celle du dirigeant politique placé à sa tête. Cette communication est *de facto* conditionnée par la notion de mandat et devient à ce titre politique.

2. IT et développement durable dans la Région de l'Ouest : de la compétitivité à la coopétitivité

La flambée inflationniste mondiale provoquée par la pandémie de Covid-19 et la guerre en Ukraine a entraîné une forte hausse des taux d'intérêt d'emprunt des États à travers le monde, particulièrement en Afrique, qui voit aujourd'hui plus de 20 pays présenter un risque élevé de situation de surendettement, selon la Banque mondiale. Le *resserrement* de moyens de financements à disposition des États africains, pour la réalisation de leurs objectifs de développement, est palpable. L'aide publique au développement a chuté d'environ 53,7 milliards de dollars (49 milliards d'euros) en 2020 à 47,4 milliards de dollars (43,4 milliards d'euros) en 2021, selon le Fonds monétaire international (FMI). Entre autres, l'Organisation de coopération et de développement économiques (OCDE) avait, de son côté, fait état d'une baisse de près de 8 % de l'aide publique à l'Afrique subsaharienne en 2022, à environ 30 milliards de dollars. Recherchant 6 000 milliards de FCFA pour financer son plan de développement quinquennal, la mobilisation de cette somme reste un défi à relever pour la région de l'Ouest, qui ne dispose que de 3 milliards de FCFA de budget annuel offert par l'État, fonds jugés insuffisants. Pour le PCR-OUEST, *« l'État doit augmenter la dotation générale de la décentralisation, au mieux, voter la loi sur la fiscalité locale pour permettre aux collectivités d'avoir des recettes suffisantes pour réaliser leurs projets de développement*[106] ». Aussi, les REDEO furent une tribune de rappel pour tous les responsables centraux, intervenant dans le processus de décentralisation.

Pour pallier ce déficit, le CR-OUEST compte sur le dynamisme de ses ressortissants, notamment les milliardaires pour impulser son développement. La diaspora camerounaise regroupée au sein du Haut conseil

[105] Entretien avec le PCR-OUEST le 02 avril 2024.

[106] Extraits du discours du président du Conseil régional de l'Ouest lors de l'ouverture des REDEO 2023.

des Camerounais de l'extérieur (HCCE) est également sollicitée pour la réalisation des projets de développement. Son apport étant *« capital parce que celle-ci dispose d'une puissance financière conséquente et d'une expertise avérée dans le processus de décentralisation »* estime le PCR-OUEST[107]. Entre autres, les institutions régionales proposent une démarche d'IT qui répond, par une logique de développement durable, aux défis économiques et sociétaux locaux. « Les besoins en infrastructures et services publics, de même que les contraintes des finances publiques, amènent la Région à trouver de nouveaux mécanismes de financement.[108] » Les modèles de financement proposés aux investisseurs/entrepreneurs/partenaires au développement varient en fonction du mécanisme Partenariat public-privé (PPP)[109], du *Build-operate-transfer* (*BOT*)[110] au *Special purpose vehicle* (*SPV*)[111]. Cette stratégie, basée sur l'approche « quintuple hélice[112] », amène différents partenaires techniques et financiers (PTF) au développement, à s'affranchir des clivages concurrentiels. L'approche apporte des éléments de réponses à partir de l'analyse des défis économiques et sociétaux que constitue le développement durable. Les réponses touchent divers domaines,

---

107 Francis Nonos, « Pour financer son plan à 6000 milliards de FCFA, FOCKA FOCKA mise sur les milliardaires de l'Ouest, la diaspora et les PPP », 2023. https://www.facebook.com/sharer/sharer.php?u=http://www.investiraucameroun.com/gestion-publique/1110-19835-pour-financer-son-plan-a-6000-milliards-de-fcfa-focka-focka-mise-sur-les-milliardaires-de-l-ouest-la-diaspora-et-les-ppp, consulté le 25 décembre 2023.

108 Entretien avec le PCR-OUEST le 02 avril 2024.

109 Le PPP peut se définir comme un contrat d'association entre une entité publique et une entité privée dans le but de fournir une prestation qui incombe au secteur public. Une telle association permet un partage adéquat du risque, favorise l'innovation, réduit les coûts et délais de construction, permet un entretien des infrastructures tout au long de leur cycle de vie, etc. Entre autres, il se présente comme « des dispositions, habituellement à moyen et long terme, entre les secteurs public et privé grâce auxquelles certains services qui relèvent de la responsabilité du secteur public sont administrés par le secteur privé, scellé par un accord clair sur des objectifs communs relatifs à la livraison d'infrastructures et/ou de services publics… ». Cheick Alassane Traoré, « Le partenariat public privé (PPP) en Afrique : analyse descriptive et défis », *Note d'analyses sociopolitiques,* N° 11, 2019, p. 18.

110 Similaire au *Build-own-operate-transfer* (*BOOT*), construction, propriété, exploitation et transfert, le *BOT* (construction, exploitation et transfert) fait référence à un PPP qui correspond à un contrat portant sur la construction, l'opération et le transfert de l'infrastructure par l'entité privée à l'institution publique, pouvant être l'État ou une CTD.

111 Un *SPV* (Fonds commun de créances) est un véhicule ad hoc, c'est-à-dire une société à *vocation particulière* s**e distinguant d'entreprises conventionnelles**. Un *SPV* est créé pour canaliser l'argent apporté par les investisseurs afin de gérer le projet spécifique pour lequel ils l'ont apporté. **La raison principale est d'isoler le risque.** Chaque projet financé peut être indépendant des autres. C'est le prolongement d'un PPP dans sa phase de mise en œuvre.

112 La triple hélice concerne le processus de production du savoir et d'innovation dans un contexte de l'économie du savoir et, entre autres, les partenariats publics privés. La quadruple hélice concerne, quant à elle, la société du savoir et la démocratie du savoir. La quintuple hélice concerne l'environnement naturel d'une société en tenant compte de la transition socio écologique comme un défi majeur pour la future feuille de route du développement.

tels que l'inclusion sociale, l'éducation, l'emploi, la ville, l'industrie, l'énergie, l'eau, l'agriculture, la sécurité alimentaire, le traitement des déchets domestiques et industriels ainsi que la lutte contre les changements climatiques. Parler de l'écosystème d'innovation coopétitif de la Région renvoie à la description des relations de solidarité entre les différentes parties prenantes impliquées à savoir :

- Les décideurs politiques (incarnés par l'État, les pouvoirs publics et/ou les collectivités locales), qui fixent le cadre et les règles du développement durable et les conditions sur lesquelles l'innovation durable peut être développée ;
- Les sponsors de l'innovation durable (incarnés par les entreprises économiques), qui soutiennent les activités de recherche et de développement ;
- Les producteurs de l'innovation durable (incarnés par les universités et leurs incubateurs producteurs d'innovations), qui inventent, construisent, vendent ou intègrent les activités de recherche et développement ;
- Les utilisateurs finaux (incarnés par la société civile), qui expriment leurs valeurs culturelles, citoyennes et sociétales ainsi que leurs besoins et inquiétudes ;
- Les milieux naturels qui impactent la société sur les aspects socioécologiques et aussi les effets globaux du réchauffement climatique.

La Région met en place des collaborations entre entreprises, institutions publiques, chercheurs, universités et particuliers afin de trouver des idées d'investissement pour le développement durable, notamment identifié de nouvelles technologies et développer des nouveaux produits et services. Ces différentes parties acceptent que d'autres exploitent les idées qu'elles n'utilisent pas, mais qui peuvent donner lieu à des projets rentables. L'*Open Innovation* améliore la capacité d'innovation en stimulant l'économie de la quantité et favorise les progrès en matière de développement durable. Le système proposé est amélioré par l'approche ciblée d'*Open innovation* combinée au concept de spécialisation intelligente des entreprises (Marcel Pelissier, 2009). La collaboration entre la *FoundationBridgin*[113], l'entreprise

[113] Entreprise privée, la *FoundationBridgin*a a signé en 2023 un accord de partenariat avec la région de l'Ouestrelatif au financement des projets pilotes de production d'électricité et du programme de développement d'agropoles comprenant un projet pilote de production et de transport de l'électricité ; et un projet pilote de pisciculture industrielle et de production d'alevins.

Top Modular[114], *Eden Africa*[115], l'Université de Dschang, l'Organisation des Nations Unies pour l'habitat (ONU Habitat), le Programme des Nations unies pour le développement (PNUD), ce pour promouvoir l'esprit d'entrepreneuriat, la formation professionnelle, le *leadership* et le développement communautaire au sein de toutes les composantes de la société, sous les auspices de la Région, en est une illustration pour ce qui concerne le projet « Ville nouvelle ». Elle confère à son IT une dimension « coopétitive[116] » et l'oriente vers une logique de développement durable afin de répondre aux défis économiques, écologiques et sociétaux. Elle permet aux organisations et entreprises d'aller au-delà de leurs périmètres internes pour agir (et interagir) à l'échelle de leur écosystème respectif, avec leurs fournisseurs, distributeurs, clients, régulateurs, et toutes les parties prenantes qui ne sont pas directement sous leur contrôle, alors même qu'ils peuvent avoir des conséquences écologiques et sociétales déterminantes. Ces différents acteurs ne sont plus dans une démarche compétitive entre eux, mais intégrée dans une œuvre de co-construction de l'écosystème coopétitif de la Région, à travers une « spécialisation intelligente » à fort impact sociétal et économique qui permet la mutualisation durable de moyens et d'avantages au sein du CR-OUEST.

Le champ médiatique connaît un développement considérable dès les années 2000 au Cameroun. La multiplication des médias qu'on observe s'accompagne d'une diversification de l'offre de contenu proposée au public. Par ailleurs, la nature de l'exercice politique a évolué. La télévision, l'affichage, la radio, la presse écrite sont des médias sans cesse sollicités par les autorités/acteurs politiques/publics, mais à des proportions de plus en plus réduites. Les réseaux sociaux semblent ne plus avoir de secret pour ces derniers qui utilisent ces moyens pour communiquer avec de potentiels électeurs, dans un contexte où le Cameroun est engagé dans la préparation d'échéances électorales en 2025. Comprenant l'enjeu de l'utilisation des réseaux sociaux, les autorités/acteurs politiques mènent campagne sur le

---

[114] L'entreprise agroindustrielle, par la signature d'un *MOU* s'est engagée en janvier 2024 de mettre à disposition un financement pour accompagner la Région dans la réalisation globale du projet d'implantation d'un complexe agro-industriel.

[115] Structure d'accompagnement, l'*Entrepreneurshipdevelopmenteducational network in Africa*(*EDEN*) a signé une convention avec la Région dans le but de déterminer les axes et les conditions de collaborations pour la mise en œuvre du PRD-OUEST.

[116] La notion de coopétitivité est difficile à circonscrire. Par similitude à la compétitivité, la coopétitivité est la capacité d'un écosystème à établir des relations coopétitives entre ses différents acteurs. L'orthographe du terme « coocurrence » (avec un seul c) est la concaténation des mots « coopération » et « concurrence » et non pas le mot « cooccurrence » qui signifie simultanéité des comportements coopératifs et compétitifs dans les relations entre des rivaux. Le choix d'un terme proche du mot existant est un clin d'œil à cette simultanéité des comportements recherchée.

terrain, et sont tout autant omniprésents sur les réseaux sociaux qui font de plus en plus partie de l'univers politique et changent la manière de communiquer des politiques. Ceci est d'autant plus compréhensible que les réseaux sociaux ont l'avantage d'être assez dynamiques et accessibles partout et à tout moment. En 2020, le rapport de *datareportal* dénombrait 23,62 millions de téléphones mobiles connectés à Internet. Rapporté à la population camerounaise, le taux était estimé à 90 %[117]. Les réseaux sociaux sont quasiment incontournables aujourd'hui pour bon nombre de citoyens. *Facebook*, *Twitter*, *LinkedIn*, *Instagram*, *Snapchat*, *TikTok* sont des plateformes de partages d'information. Cette nouvelle offre est constituée d'échanges et de débats qui portent généralement sur des sujets d'actualité. Cette configuration structurelle et symbolique de l'expression publique est qualifiée d'espace public.

L'apport des réseaux sociaux est multiforme pour différents acteurs au développement (autorités politiques, administratives et société civile) dans la région de l'Ouest. Ils leur permettent d'influencer, de communiquer sur diverses activités et d'agir rapidement en cas de crise. En plus d'être un canal de communication politique rapide et efficace, ils leur offrent également l'opportunité d'échapper à toute connivence supposée de la part des médias classiques. Pour certains de ces acteurs, en effet, ces médias cherchent à influencer les hommes et les femmes politiques qui leur semblent convenables. Par conséquent, ceux-ci adaptent leurs comportements et leurs décisions en fonction du traitement médiatique desdits médias. Les réseaux sociaux représentent ainsi un moyen pour ces acteurs de mieux maîtriser leur communication. Autre valeur ajoutée, les communications de ces acteurs tant politiques qu'économiques *via* leurs différentes plateformes numériques ont toutes les chances d'être partagées par les médias traditionnels, bien que pour des raisons générationnelles, certains responsables politiques de l'ancienne génération adoptent vis-à-vis des réseaux sociaux une attitude de méfiance.

La communication est un élément de gestion des services publics pour la Région, répondant aux motifs d'accroissement du champ des services publics, des évolutions des sociétés contemporaines impliquant une relation à la fois globale (idée de massification) et individuelle (idée de relations personnelles) avec le collectif. La communication régionale est déterminée par la détention et la mise en œuvre de savoirs spécialisés, et notamment par le caractère de permanence, elle est régie par la Cellule de communication de la Région (Celcom-Ouest). Elle contribue à la modification et à la

---

[117] Jean-Claude Noubissie, « Cameroun : via les réseaux sociaux, les hommes politiques peuvent atteindre prioritairement les jeunes », 2018. https://cio-mag.com/, consulté le 05 avril 2024.

structuration de l'offre d'expression du CR-OUEST sur le territoire. Il s'agit pour elle de faire connaître ce qu'est le CR-OUEST (identification), la faire (Re)connaître (légitimation) par les populations locales, mais aussi de renforcer le consensus électoral autour de l'exécutif régional. Sa communication est donc publique et politique. Elle est publique, car l'accent est mis sur la dimension institutionnelle de ses organismes (efficace pour son institutionnalisation par un rattachement au champ de la communication organisationnelle). Du point de vue de ses finalités, elle représente une communication politique au service de l'exécutif régional, des dirigeants politico-administratifs. Les actions administratives existent *in fine* en fonction d'une image globale du travail des décideurs régionaux. La dénommer comme politique permet de souligner l'intérêt des élus pour l'existence des services de communication. Dans l'objectif de mettre en œuvre le PRD-OUEST, les nouvelles technologies de l'information et de la communication (NTIC), pour la Celcom-Ouest, favorisent la transmission efficace et rapide d'un nombre important d'informations.

Dans la région de l'Ouest, les réseaux sociaux permettent au « profane » d'avoir un regard critique légitime sur la chose publique locale. Le profane étant tout individu « ne se réclamant d'aucune des formes de légitimité prévalant traditionnellement à la prise de parole publique » (Jürgen Habermas, 1992 ; p. 322). Il s'agit généralement des « individus situés en périphérie » (idem), c'est-à-dire loin des sphères publiques dominantes. La Celcom-Ouest ne se contente pas de transmettre des informations, mais également son rôle est de communiquer, c'est-à-dire partager un minimum de valeurs locales/régionales/nationales. 46 % de la population de la Région a moins de 15 ans, ici l'âge moyen est de 21,6 ans pour les hommes et 24,8 ans pour les femmes en 2022, ceci en fait constitue un potentiel important pour le développement en termes de capital humain. Les NTIC permettent à la Celcom-Ouest de faire connaître à cette jeunesse les buts socioéconomiques du CR-OUEST tout en leur présentant des opportunités de développement. Les différences culturelles, sociales et politiques, et surtout le chômage, deviennent le ferment de nouveaux conflits sur le Métavers. La dimension prospective émanant de tout profane facilite l'exploration large des « futurs possibles » et permet de détecter les opportunités de développement et d'éclairer les actions communes des parties prenantes de l'écosystème régional. En outre, la dimension prospective est renforcée par le développement d'une collaboration entre acteurs au développement (entreprises) dans un contexte où eux-mêmes peuvent être en coopétition partielle ou totale. La dimension prospective permet aussi aux instances décisionnelles de la région de se renseigner sur les risques qui peuvent impacter négativement le développement durable du territoire.

Cette communication organisationnelle permet de visualiser les interactions collectives ainsi que les échanges de connaissances dans la région de l'Ouest, au moyen de cinq sous-systèmes :

- Le sous-système éducatif qui se définit en référence aux systèmes d'enseignement supérieur et professionnel (universités et centres de recherche). Ici, le capital humain nécessaire (étudiants, enseignants, scientifiques, chercheurs, entrepreneurs, universitaires, etc.) pour le territoire participe à la création et à la diffusion des connaissances ;
- Le sous-système économique se définit quant à lui en référence aux entreprises, PME, PMI, industries, services et banques. Celui-ci se focalise sur le capital économique (entrepreneuriat, machines, produits, technologie, finances, etc.) pour l'espace régional ;
- L'environnement naturel est décisif pour le développement durable en fournissant au territoire le capital naturel (biodiversité végétale et animale, ressources hydriques, etc.) ;
- La société civile combine, pour ce qui la concerne, deux formes de capitaux : d'une part, le capital social (valeurs, traditions, cultures, etc.) et d'autre part, le capital information et médias (la presse, la télévision, la communication, l'Internet, les réseaux sociaux, etc.) ;
- Le système politique est quant à lui d'une importance cruciale, car il exprime la volonté de l'État, et de la Région à se projeter dans le présent et le futur par la séparation, la définition, l'organisation et l'administration des conditions générales du système politique.

Dans cet écosystème, on observe une volonté d'orienter les efforts de recherche et les intérêts des créateurs en anticipant les grandes évolutions. Pour ce faire, on met à disposition des outils de communication et de médiation scientifique permettant d'identifier les barrières, les limites et les régressions au développement et de soutenir une politique d'entrepreneuriat.

Conclusion

La guerre commerciale entre les États-Unis et la Chine a donné un coup d'accélérateur à la stratégie de veille par plusieurs acteurs de l'espace mondial, notamment en raison des restrictions imposées aux exportations de technologies américaines vers certaines entreprises chinoises. Avec « L'Afrique que nous voulons-Vision 2063 », le continent s'est donné pour objectif d'exploiter les potentialités disponibles pour assurer une transformation positive de ses populations. Toutefois, parler « intelligence économique » à des dirigeants d'entreprise reste encore compliqué. Ce terme semble quelquefois inapproprié, car adapté d'un anglicisme, lequel renvoie à une notion encore incomprise et de laquelle bon nombre considèrent ne pas être concernés. C'est pourquoi le terme « *businessintelligence* » ou

« renseignement d'affaires » renverrait peut-être à des notions plus familières. La nécessité à la fois de se protéger, d'être à l'écoute et de communiquer rend la vie des organisations bien complexe dans un monde où la réussite passe aussi par l'anticipation. Afin de remédier à cette situation, l'Afrique doit placer la sécurité et la souveraineté économiques au cœur de ses stratégies de développement. Au-delà de l'amélioration nécessaire de la capacité de surveillance, de recherche et d'intelligence économique, il s'agit de minimiser les vulnérabilités et de consolider des points forts dans des secteurs stratégiques. Cela nécessite une approche intégrée, soutenue par une capacité institutionnelle plus forte. La présentation faite rappelait tout d'abord que l'intelligence économique est avant tout un état d'esprit, mais aussi qu'elle est mouvante dans un environnement informationnel qui connaît de multiples bouleversements. Le CR-OUEST, avec l'établissement du PRD-OUEST, est arrimé aux objectifs des instruments nationaux de développement que sont « Cameroun Vision 2035 », à la SND30 et aux Agendas internationaux. Il montre qu'il était judicieux ici de savoir ce qui particularise l'IT de l'Ouest Cameroun dans l'ambition du pays d'être émergent en 2035.

Aussi a-t-il été mis en lumière la forme que prend la relation entre le processus d'IT et la décision stratégique au sein du CR-OUEST. Nous avons constaté que le processus d'IT alimente la décision à travers trois rôles à savoir : la préparation, l'orientation et la réduction de l'incertitude. L'étude des mécanismes de collecte et de traitement de l'information au sein de ces organismes, et, la place que détient l'information stratégique, ont été évoquées. Les observations faites sur les principales conditions de réussite ainsi que les difficultés d'implémentation d'une démarche d'IT ont conduit aux conclusions selon lesquelles la volonté politique, le style de *management*, la collaboration et la formation sont des conditions usitées par les autorités régionales pour la réalisation des projets du PRD-OUEST. Entre autres, l'esprit de coopétitivité entre acteurs permet une exploitation stratégique optimale de différents potentiels et de systèmes d'information. Le diagnostic territorial a permis de faire une synthèse des données produites dans la Région, d'analyser et d'identifier les enjeux et défis majeurs concernant notamment : le cadre administratif, le milieu physique, le milieu humain, l'occupation et la gestion de l'espace, les activités économiques, les infrastructures et les équipements pouvant faire de la région de l'Ouest un pôle économique attractif, incitatif et une destination touristique et culturelle. Le PRD-OUEST a été conçu à partir d'un environnement pré-encadré par des stratégies nationales et sectorielles de planification et d'aménagement. Il a intégré tous les instruments existants, tant au niveau national qu'international, qui ont été regroupés afin d'optimiser leur efficacité.

Liste des sigles et acronymes

BOT : *Build-operate-transfer*

Celcom-Ouest : Cellule de communication de la région de l'Ouest

CG-CTD : Code général des Collectivités territoriales décentralisées

CR-Ouest : Conseil régional de l'Ouest

F CFA : Franc de la Communauté financière africaine en Afrique de l'Ouest – Franc de la Coopération financière en Afrique Centrale

FMI : Fonds Monétaire International

HCCE : Haut conseil des Camerounais de l'extérieur

IE : Intelligence économique

IT : Intelligence territoriale

MEPD : Modèle d'explicitation du problème décisionnel

MINEPAT : ministère de l'Économie, de la Planification et de l'Aménagement du Territoire

NPI : Nouveaux pays industrialisés

NTIC : Nouvelles technologies de l'information et de la communication

OCDE : Organisation de coopération et de développement économiques

ONU Habitat : Organisation des Nations Unies pour l'habitat

PE : Plans Emergence

PCR-OUEST : Président du Conseil Régional de l'Ouest

PDI : Plan directeur d'industrialisation

PNUD : Programme des Nations Unies pour le Développement

PPP : Partenariat public-privé

PRD-Ouest : Plan régional de Développement pour l'Ouest

REDEO : Rencontres d'échanges, de découvertes et d'exhibitions de la Région de l'Ouest

SND30 : Stratégie nationale de Développement 2030

SPV : Special purpose vehicle

UA : Union africaine

ZLECAF : Zone de libre-échange continentale africaine

Références bibliographiques

Alice Guilhon et Nicolas Moinet (dir.) (2016). *Intelligence économique : s'informer, se protéger, influencer*, Montreuil, Pearson France, p. 44.

Cheick Alassane Traoré, « Le partenariat public privé (PPP) en Afrique : analyse descriptive et défis » (2019), *Note d'analyses sociopolitiques,* N° 11, 2019, p. 18.

Dominique Wolton (1989). « Communication politique : construction d'un modèle » ; et « Communication politique : les médias, maillon faible de la communication politique », *Hermès 4, Le nouvel espace public.*

Francis Bulinge (2016). « Management de l'information stratégique : Une approche centrée projet », *Cahiers de la documentation.*

Francis Nonos, « Pour financer son plan à 6000 milliards de FCFA, FOCKA FOCKA mise sur les milliardaires de l'Ouest, la diaspora et les PPP », 2023. https://www.facebook.com/sharer/sharer.php?u=http://www.investiraucameroun.com/gestion-publique/1110-19835-pour-financer-son-plan-a-6000-milliards-de-fcfa-focka-focka-mise-sur-les-milliardaires-de-l-ouest-la-diaspora-et-les-ppp.

Jean-Claude Noubissie (2018). « Cameroun : via les réseaux sociaux, les hommes politiques peuvent atteindre prioritairement les jeunes ». https://cio-mag.com/.

Jérôme Bourbousson, Cyril Bossard et David Adé (2015). « L'intelligence collective », *L'activité collective*, EP&S, Paris, 2015, pp. 31-51.

Jürgen Habermas, *L'espace public : archéologie de la publicité comme dimension constitutive de la société bourgeoise,* Paris, Éditions Payot, 1992, p. 322.

Hugues Delmas (2017). « La négociation, une arme pour réussir », *I2D - Information, données & documents*, Vol. 54, 2017/2, pp. 51-52.

Lafrem Mouna (2020). « L'intelligence économique comme outil de prise de décision stratégique : une étude exploratoire qualitative dans les organismes publics marocains », *Revue internationale d'intelligence économique*, Vol. 12, 2020/1, pp. 90-109.

Marcel Pélissier (2009). « Étude sur l'origine et les fondements de l'intellIgence territoriale : l'intelligence territoriale comme une simple déclinaison de l'intelligence économique à l'échelle du territoire ? », *Revue internationale d'intelligence économique*, Vol. 1, 2/2009.

Mouna El Haddani et Camille Baulant (2020). « Approche dynamique d'intelligence économique : le cas d'une grande entreprise au Maroc », *Revue internationale d'intelligence économique*, Vol. 12, 2020/1, pp. 39-61.

Najoua Bouaka et Amos David (2003). « Modèle pour l'explicitation d'un problème décisionnel : un outil d'aide à la décision dans un contexte d'intelligence économique », *Conférence Intelligence économique : Recherches et Applications-IERA*, 2003.

Philippe Hugon (2003). « Penser le futur, l'actualité de la pensée prospective », *Afrique contemporaine*, N° 273, 2022/1, pp. 137-157.

Section 2 :

L'intelligence économique : un processus de médiation des savoirs

Narcisse EKONGOLO MAKAKE

Introduction

L'usage de plus en plus croissant des technologies de l'information et de la communication, l'émergence d'Internet comme un outil indispensable de recherche, de traitement, et de diffusion de l'information, l'explosion informationnelle, permettent de tracer les contours d'un nouveau paradigme : la « société de l'information » (l'UNESCO lui préfère le concept de « société de la connaissance ») par opposition à la « société industrielle », ou à la « société Post industrielle ». Il est de plus en plus admis que notre planète a pénétré une nouvelle ère, une étape nouvelle postindustrielle que le sociologue espagnol Manuel Castells appelle « l'ère de l'information » (2001), alors que le sociologue américain Daniel Bell (1973) préfère parler de « l'âge de l'information ». Il s'agit donc d'une époque où la capacité d'utiliser l'information est devenue décisive non seulement pour la production des biens, mais aussi pour l'amélioration de la qualité de vie. Selon Daniel Bell « *chaque société est une société de l'information et chaque organisation est une organisation de l'information. L'information est nécessaire pour organiser et faire fonctionner toute chose…* ». (Op. cit.)

La société de l'information désigne alors une société dans laquelle les technologies de l'information jouent un rôle central. Selon Eskanen et Sundström (2001), la société de l'information est appréhendée comme : « *une société qui fait un usage intensif des réseaux d'information et de la technologie de l'information, produit de grande qualité de biens et services d'information et communication et possède une industrie de contenus diversifiée* ». Ce qui signifie que le rôle croissant de l'information dans l'évolution des sociétés est devenu un élément central de notre univers. L'impact réel de cette évolution se mesure aux possibilités de partage et de diffusion des savoirs sur quasiment tous les aspects de la vie sociale, économique, et culturelle. La particularité de ce nouvel environnement est la vitesse à laquelle les informations sont rassemblées et transmises à travers le monde. Aujourd'hui, échanger instantanément d'un bout du monde à l'autre des contenus (son, image donnée) est devenu une banalité. On peut affirmer que les réseaux abolissent les frontières géographiques et les distances.

Cependant, l'avènement de la société de l'information a généré une inflation d'informations que Morita appelle « *information overloading* » (1994) ou surcharge de l'information, ce que les Canadiens appellent « *infobésité* » (Bertram Gross, 1964), néologisme formé des substantifs « information et obésité » pour marquer l'excès d'informations qui circulent dans notre environnement. Marie-Anne Chabin (1999) utilise plutôt le terme « *inforhée* », qui est un néologisme créé par les termes « information et diarrhée » pour insister sur la quantité abondante de l'information émise avec une plus grande fréquence. L'on entend de plus en plus parler d'autres expressions pour marquer la surcharge informationnelle à l'instar de : « tsunami informationnel », « Gavage informationnel », « déluge de données », ou encore « *Infoplosion* ».

L'inflation informationnelle se caractérise donc par la présence d'une masse d'informations de plus en plus abondantes circulant dans les réseaux informationnels. Aujourd'hui, tout le monde peut produire et partager des informations. L'information générée par tous ces producteurs se déverse en flux continu sur la toile. L'information numérique, qu'elle soit administrative, commerciale, juridique ou culturelle, est partout et connaît une croissance exponentielle. On n'arrête plus de copier, de coller, de recopier, de recoller, de télécharger, de reformater, de créer des liens, de diffuser. On est ainsi en présence d'une surinformation qui altère gravement la qualité de l'information, puisque : « *trop d'informations tuent l'information* ». La conséquence directe est que cet accroissement exponentiel d'informations pose des problèmes cognitifs énormes en ce qui concerne son accès et son exploitation. Afin de mieux capter de l'information pertinente et utile aux personnes, il devient nécessaire, pour toute institution qui voudrait survivre et demeurer entreprenante, d'inscrire l'accès et l'usage de l'information dans une stratégie de maîtrise de l'information. La maîtrise de l'information étant entendue comme la capacité d'une organisation à identifier, collecter, traiter, préserver et utiliser des informations utiles à cette organisation.

Parmi toutes les pratiques informationnelles qui contribuent à la maîtrise de l'information dans les organisations, l'intelligence économique nous semble une pratique assez intéressante qui s'inscrit dans une stratégie d'innovation, de compétitivité et de sécurisation de l'information des organisations. Le Rapport Martre (1994) du Commissariat général du Plan en France définit l'intelligence économique comme *: « l'ensemble des actions coordonnées de recherche, de traitement et de distribution en vue de son exploitation, de l'information utile aux acteurs économiques. Ces diverses actions sont menées légalement avec toutes les garanties de* *protection nécessaires à la préservation du patrimoine de l'entreprise, dans les meilleures conditions de qualité, de délais et de coût* ». Ce qui sous-entend que l'intelligence économique met l'accent non seulement sur la protection de l'information d'une organisation, mais aussi sur l'interprétation permanente de la réalité des marchés, des techniques et des modes de pensée des concurrents et partenaires, de leur culture, de leurs intentions et de leurs capacités à les mettre en œuvre.

Cette réflexion interroge le concept d'intelligence économique dans un contexte africain en prenant comme point d'ancrage les différents types de phénomènes informationnels et communicationnels qui la caractérisent. Elle cherche à comprendre à partir d'un relevé de contenu dans les discours de veilleurs africains, les interactions entre les bases documentaires des institutions et le pilotage de ces dernières. Il s'agit au fond de voir comment le décideur utilise de l'information consignée et organique pour l'aider dans son processus de prise de décision. L'hypothèse centrale défendue dans cette recherche est que l'intelligence économique est fondamentalement une pratique informationnelle d'aide à la décision, car elle met au service des organisations un ensemble d'informations indispensables à la bonne gouvernance des organisations.

Cette recherche s'appuie sur une convergence de cadres théoriques, les plus importants étant les travaux de Humbert Lesca (1994), Viviane Couzinet (2005), Daniel Rouach (1996) et Sophie Laviret (2006) sur l'éclairage du concept d'intelligence économique ; de David Amos (2010) sur les questions décisionnelles ; de Bernard Carayon (2003) sur la maîtrise de l'environnement concurrentiel ; de Mabrouka El Hachini (2023) ; de Laurent Fauré, Cécile Gardiès et Jean-François Marcel (2016) sur les modes de valorisation et de circulation des savoirs. Afin de mieux circonscrire la question de l'intelligence économique, il s'agira au fil de cette étude d'une part de réinterroger le concept d'intelligence économique, et d'autre part de statuer sur l'intelligence économique comme un dispositif de médiation des savoirs.

1. Intelligence économique : Repères historiques et conceptuels

Le concept de l'intelligence économique (IE) est multiréférentiel, car il est abordé par plusieurs disciplines assez différentes les unes des autres, et aussi par une diversité de métiers, de compétences et d'environnements de travail. L'intelligence économique déborde ainsi de sens et de pratiques. C'est la raison pour laquelle elle ne répond pas facilement à une définition unique et fermée. Une meilleure compréhension de ce terme nécessite d'une part de remonter sa filiation historique avant de décrire sa nature dans une démarche ancrée dans les Sciences de l'Information et de la Communication.

1.1. Repères historiques : aux origines de l'intelligence économique, la documentation…

L'intelligence économique en tant que pratique d'usage de l'information pour le processus décisionnel a une forte filiation avec la documentation. La documentation étant appréhendée de manière générale, comme l'action de sélectionner, de classifier, d'utiliser, et de diffuser des documents aux éventuels usagers. Pour Jean Meyriat, il s'agit « *d'un ensemble de documents intentionnellement constitué et la science sur laquelle reposent les techniques documentaires* » (1981). La documentation est ainsi perçue comme un ensemble des moyens organisant et permettant la communication de l'information. La documentation va ainsi jouer un rôle fondamental dans l'émergence de l'intelligence économique, puisqu'elle est considérée comme auteurs (P. Norday, 2002) comme la matrice au sein de laquelle va surgir l'intelligence économique. En réalité, la documentation prend un essor dans le contexte de l'après-guerre en 1945 aux États-Unis, où commence à se développer l'idée selon laquelle l'information est une ressource indispensable pour toute organisation. L'idée émergente est que tout organisme doit posséder la bonne information pour mieux comprendre, décider ou agir. Dans un article « *As wemaythink* » du physicien américain Vannevar Bush (1945), l'auteur montre le rôle fondamental que peut jouer la documentation dans la quête de la bonne information. La documentation devient ainsi une pratique pertinente qui vise à fournir, à travers le document, la bonne information à ceux qui en ont besoin. L'on note ainsi aux USA la naissance d'une effervescence de la pratique documentaire à tous les niveaux :

- Sur le plan scientifique, Calvin Mooers (1946) conceptualise le processus de recherche d'information sous l'expression « *information retrieval* ». Cette expression constitue la pratique de récupération organisée des documents pertinents conservés dans un fonds documentaire. L'autre avancée sur le plan scientifique, qui marque les années d'après-guerre, est l'explosion de l'Information scientifique et technique (IST). Les bases documentaires s'enrichissent ainsi d'une information à grande valeur ajoutée composée de l'ensemble de la littérature grise contenue dans les articles, actes de congrès, thèses, ouvrages, brevets et rapports servant à la diffusion des connaissances.
- Sur le plan géostratégique, le contexte de la guerre froide constitue aussi un élément essentiel qui va booster la politique documentaire des USA. En effet, en 1957, les Américains apprennent le lancement réussi du satellite russe *Spoutnik*. Ce succès touche l'orgueil américain, car ces derniers découvrent qu'ils ne sont plus les premiers en matière de renseignement et de documentation. Les Américains vont donc décider de donner une impulsion à tout le secteur du

traitement documentaire en créant les conditions pour que les USA deviennent la mémoire du monde.

- Sur le plan technique, l'apparition en 1957 des premières applications informatiques au traitement documentaire (index permuté, indexation et résumé automatique, diffusion sélective des informations de Hans Luhan, travaux de Gérard Salton sur le modèle vectoriel...) va contribuer à développer le champ de la documentation. Ces apports vont prendre une grande importance dans la recherche et la gestion des centres de documentation. La documentation dans les années 60-80 devient l'élément indispensable au sein de l'entreprise, de la recherche, de l'enseignement ou de la vie collective.

Dès la fin des années 80 et au cours des années 90, avec l'arrivée de l'Internet et l'usage de plus en plus croissant de grandes bases de données, la plupart des organisations vont connaître une évolution dans leur stratégie d'accès à la documentation utile à leurs actions. Ainsi, ces organisations vont commencer à ne plus s'intéresser exclusivement aux techniques de traitement de stockage, de recherche et de diffusion des documents dans une approche purement documentaire (fourniture de l'information), mais elles vont intégrer des actions de management de l'information qui reposent davantage sur le triptyque : veille, sécurité et influence. En effet, la veille se chargera de l'acquisition de l'information stratégique pertinente (Éric Delbecque et Gérard Pardin, 2008), alors que la sécurité va permettre de bien protéger son information. Quant à l'influence, elle donnera à l'organisation concernée la possibilité de propager une image, des informations ou des comportements qui favorisent sa stratégie. On peut ainsi dire que cette nouvelle approche du management de l'information porte les germes des éléments caractéristiques de ce qu'on va nommer : Intelligence économique.

1.2. Repères conceptuels : aux effluves de la documentation, veille, espionnage, Knowledge management.

L'intelligence économique est le plus souvent confondue à la documentation, à la veille, ou encore à l'espionnage. C'est aussi une expression qui peut revêtir une diversité de dénominations à l'instar de « Veille », « *Business Intelligence* », « *The Competitive Intelligence* », « Information économique », « *prospectiveforesight* » « gestion stratégique de l'information », « veille stratégique ». C'est au fond un concept polysémique qui suscite des interprétations et usages multiples. Plusieurs définitions de ce concept ont été élaborées, et nous n'allons retenir que celles qui s'insèrent dans notre postulat de départ qui veut que l'intelligence économique soit fondamentalement une pratique informationnelle d'aide à la décision. Les pratiques informationnelles étant socialement situées et prenant corps dans un environnement institutionnel bien normé.

La première définition de l'intelligence économique apparaît en 1967 dans un ouvrage d'Harold Wilensky (1968) qui l'appréhende de la manière suivante : « *l'intelligence économique est l'activité de production de connaissances servant les buts économiques et stratégiques d'une organisation, recueillie et produite dans un contexte légal et à partir de sources ouvertes* ». Cette définition met en exergue un élément intéressant qui permet de distinguer l'intelligence économique de l'espionnage. En effet, l'intelligence économique utilise des sources ouvertes officielles et se déroule dans un contexte légal alors que l'espionnage constitue une forme illégale et clandestine d'accès aux informations confidentielles contenues dans une institution. L'espionnage est plus fréquent dans le secteur économique, on parle ainsi d'espionnage économique ou industriel. Selon Sophie Laviret : « *l'espionnage économique cherche à obtenir par des moyens répréhensibles (corruption, piratage, vols de documents, écoutes téléphoniques...) les informations que l'on n'a pas pu ou su obtenir par des voies officielles.* » Ce qui sous-entend que l'espionnage économique s'apparente à un vol ou à un détournement d'un secret d'affaires ou d'une information confidentielle avec l'intention et la connaissance que l'infraction bénéficiera à une structure concurrente. Quant à l'intelligence économique, elle s'appuie sur l'information facilement disponible et accessible à l'instar de l'information blanche et l'information grise. L'information blanche étant celle qui est publiée par les canaux classiques (édition, presse, télévision...) alors que l'information grise représente celle qui est diffusée par des canaux plus discrets, mais pas secrets, tels que papiers de recherche, travaux de recherche universitaires, imprimés scientifiques de toutes natures.

L'autre définition intéressante concernant l'éclairage du concept « intelligence économique » est celle issue des travaux du Commissariat général au Plan en France, avec le rapport d'Henri Martre en 1994. Ce rapport appréhende l'intelligence économique de la manière suivante : « *l'intelligence économique est l'ensemble des actions coordonnées de recherche, de traitement et de distribution en vue de son exploitation, de l'information utile aux acteurs économiques. Ces diverses actions sont menées légalement avec toutes les garanties de protection nécessaires à la préservation du patrimoine de l'entreprise, dans les meilleures conditions de délais et de coût.* » Cette définition est d'autant plus intéressante qu'elle vient apporter des clarifications sur la notion d'intelligence économique, et surtout, d'initier une réflexion globale sur ce concept, qui pour bon nombre de personnes était confondu à la veille. Il y a lieu de remarquer que la veille, étant une pratique informationnelle antérieure à l'intelligence économique a souvent été utilisée de façon générale pour désigner toute pratique de collecte et de gestion d'information. Ainsi, certaines personnes prétendent faire de la veille alors qu'elles sont dans une démarche du type documentaliste (recherche d'information ponctuelle). Pareillement, d'autres personnes prétendent faire de l'intelligence économique alors qu'elles sont dans une stratégie de veille.

L'intelligence économique diffère de la veille en ce sens que la veille, comme le définit l'AFNOR, est « *l'activité continue en grande partie itérative visant à une surveillance active de l'environnement technologique, commercial, etc., pour en anticiper les évolutions*[118] ». La veille consiste au fond à collecter des informations stratégiques pour permettre d'anticiper les évolutions et les innovations. Tandis que l'intelligence économique s'intéresse plus à « *la prise en compte par l'entreprise de tous les événements extérieurs susceptibles d'interagir avec ses activités* » (H. Dou et S. Jone Heitor, 2021). L'intelligence économique prend en compte d'autres dimensions supplémentaires par rapport à la veille. Il s'agit d'une part, la capacité d'influence, c'est-à-dire l'art d'utiliser l'information afin de projeter son influence sur ses marchés ; et d'autre part, la protection du patrimoine informationnel, c'est-à-dire l'aptitude de l'entreprise à préserver l'information relative à ses connaissances, à ses savoir-faire, à ses choix stratégiques face aux risques liés à la négligence ou à la malveillance.

On peut donc, à la suite de Martre (1994), Colletis (1997), Salles (1999), appréhender l'intelligence économique comme un processus informationnel visant à éclairer la prise de décision. La prise de décision étant considérée comme une exigence fondamentale, une tâche impérieuse de l'institution désireuse de maîtriser son information afin d'améliorer sa position dans un environnement concurrentiel. En d'autres termes, l'intelligence économique est une pratique itérative et organisée de management de l'information utile aux institutions. C'est ce qui fait dire à Sophie Laviret (2006) que l'intelligence économique est un « concept managérial », c'est-à-dire un outil qui s'insère dans un mode de gestion de l'information au service de la compétitivité des entreprises.

2. Intelligence économique : dispositif de médiation des savoirs

La place primordiale de l'intelligence économique dans la maîtrise de l'information stratégique dans une organisation n'est plus à démontrer. L'intelligence économique s'avère un outil cohérent de collecte, de traitement, et d'usage de l'information utile aux institutions. L'information utile est celle qui permet aux institutions de réaliser leurs objectifs afin d'améliorer leur position dans leur environnement concurrentiel. Cette information prend corps par un processus de médiation documentaire qui constitue l'une des pratiques les plus importantes dans le processus

[118] Afnor. La norme expérimentale française XP X 50-53.

d'intelligence économique. Un processus que nous considérons comme un dispositif de médiation des savoirs.

2.1. Intelligence économique, un dispositif info-communicationnel…

Le terme dispositif étymologiquement nous vient du latin *dispositus*, adjectif dérivé par francisation, et participe passé de *disponere* qui a donné le verbe "disposer". Cette notion naît dans le champ juridique et signifie : « *l'énoncé final d'un jugement qui contient la décision d'un tribunal (opposé aux motifs du jugement)* » (Le Petit Robert, 1973). Son sens courant qu'il acquiert vers 1860 renvoie à « *la manière dont sont disposés les pièces, les organes d'un appareil, le mécanisme lui-même* » (ibid.). Ce qui veut dire que le dispositif est originellement un agencement de choses pour une fin déterminée. En Sciences de l'Information et de la Communication (SIC), le dispositif est une notion clé (V. Appel, H. Boulanger, L. Massou, 2010) profondément ancrée dans l'étude des processus de médiation. Selon Viviane Couzinet (2014) : « *le dispositif est un processus de médiation visant à faciliter l'accès au document et à son contenu dans un contexte particulier* ». Autrement dit, le dispositif est saisi comme un mécanisme de communication, non seulement de l'information, mais aussi de la connaissance et du savoir dans une situation donnée. Ce regard info-communicationnel du dispositif a amené Viviane Couzinet (2009) à considérer qu'il existe des « dispositifs info-communicationnels ». Selon Cécile Gardiez (2012), « *un dispositif info-communicationnel permet de construire des connaissances au travers de contraintes documentaires, techniques et humaines. Il est porteur de missions et d'enjeux qui, par le traitement documentaire, facilitent l'accès à l'information dans un processus de communication* ». Jean Meyriat, abordant dans le même sens, considère le dispositif info-communicationnel comme : « *un dispositif cognitif porteur d'informations dormantes, transformables en connaissance* ». L'aspect de transformation de l'information en connaissance nous intéresse fortement, puisqu'il nous permet de considérer l'intelligence économique comme un dispositif info-communicationnel.

Nous pensons que l'intelligence économique est un véritable dispositif info-communicationnel puisqu'il constitue ce que Serge Agostinelli (2009) désigne un « artefact communicationnel ». Cet artefact, selon l'auteur, a pour fonction d'amplifier la communication, organiser l'interaction humaine, modifier les modes de production de gestion et de traitement de l'information. On peut donc reconnaître que la dimension info-communicationnelle est un élément structurant du processus d'intelligence économique. En effet, l'intelligence économique pour se déployer pleinement se base d'abord sur la maîtrise de l'information pour prendre la bonne décision et anticiper sur les menaces de l'environnement. Ensuite, elle met en exergue une forte dimension communicationnelle qui se déploie à travers des phénomènes d'interaction, de coopération, de réseautage entre les entreprises, sans oublier des opérations d'influence, de lobbying, et depuis l'avènement du numérique, de l'e-réputation, de l'e-collaboration...

En ce qui concerne l'élément informationnel dans la fabrique du processus d'intelligence économique, on peut dire que l'intelligence économique est évidemment un instrument de collecte, de traitement et de diffusion de l'information aux fins de réduire la part d'incertitude dans la prise de toute décision stratégique. Ainsi, cela implique la mise en place d'une chaîne d'opérations informationnelles dont les plus importantes sont : l'identification d'un problème décisionnel et la traduction de ce problème décisionnel en problème de recherche d'informations. Ensuite, la collecte des sources pertinentes d'information, et l'analyse de ces informations pour en extraire des indicateurs pertinents pour la décision, et enfin, l'interprétation de ces indicateurs et la prise de décision. Cependant, l'intelligence économique ne peut uniquement se réduire à une maîtrise de l'information, mais elle est aussi la manière dont ces informations sont communiquées et utilisées.

En effet, parlant de l'élément communicationnel dans la construction du processus d'intelligence économique, on peut dire que l'intelligence économique est assurément un mécanisme de mise en relation, de partage d'informations, et de compréhension mutuelle entre les acteurs sociaux impliqués dans le processus d'intelligence économique. Ainsi, un des aspects clés de l'intelligence économique est de transmettre de bonnes informations, à la bonne personne, au bon moment, pour prendre la bonne décision. Cela implique de préparer des rapports, des briefings, et des présentations qui doivent être clairs, concis, et adaptés au public cible pour prendre des décisions éclairées. Il s'agit ainsi d'une diffusion ciblée des informations, et surtout une communication efficace entre les veilleurs et les décideurs. L'intelligence économique joue aussi un rôle important dans la gestion de la réputation d'une entreprise, car, en surveillant les perceptions publiques et les commentaires sur les médias sociaux ou dans la presse, les entreprises peuvent ajuster leur communication pour renforcer leur image et contribuer à contrecarrer les discours négatifs. De même, l'intelligence économique peut aider à identifier les menaces potentielles et à anticiper les crises. Ainsi, une communication bien préparée et bien coordonnée serait essentielle pour répondre rapidement aux situations de crise, et pouvoir ainsi minimiser les impacts négatifs, et maintenir la confiance des parties prenantes. Enfin, les insights obtenus grâce à l'intelligence économique pourront aider à formuler des stratégies de communication plus efficaces. Elles permettront par ailleurs de positionner l'entreprise de manière favorable, de cibler les messages marketing, et d'adapter les stratégies en fonction des évolutions du marché et des préférences des consommateurs.

En somme, on peut donc affirmer que l'intelligence économique est un dispositif info-communicationnel parce qu'elle nécessite une gestion sophistiquée de l'information à toutes les étapes : de la collecte à la diffusion, en passant par la protection et l'application stratégique. La manière dont ces informations sont communiquées et intégrées dans la prise de décision peut inférer une grande différence dans la compétitivité et la réactivité d'une organisation.

2.2. Intelligence économique, de la médiation des savoirs

Selon Paul Rasse (2000), la médiation est un terme à la mode qui s'avère difficile à cerner, car il fait référence à des réalités plurielles et distinctes. Sur le plan étymologique, le terme « médiation » vient du latin « medius », qui signifie « ce qui est au milieu ». C'est un intermédiaire entre deux parties, c'est-à-dire qu'il n'est ni l'une ni l'autre, ou alors un mélange des deux, et qui contient ainsi les caractéristiques de deux réalités différentes. Le terme renvoie à un milieu, à un intermédiaire, ou alors à un moyen. Dans son sens commun, la médiation fait référence à la notion d'intermédiaire, d'un entre-deux, et de lien entre deux entités séparées. Le concept de médiation est au centre des préoccupations des Sciences de l'Information et de la Communication (SIC) depuis son avènement dans les années 70. Il s'agit d'un objet de recherche important en SIC puisque le Conseil National des Universités de France (CNU)[119] en définissant cette discipline, le rappelle en ces termes : « *les SIC sont une interdiscipline centrée sur les processus de l'information et la communication relevant d'actions organisées, finalisées prenant ou non appuis sur des techniques et participant des médiations sociales et culturelles* ». Selon Yves Jeanneret : « *le terme médiation désigne l'espace dense des constructions qui sont nécessaires pour que les sujets, engagés dans la communication, déterminent, qualifient, transforment les objets qui les réunissent, et établissent ainsi leur relation* ». Ce qui suppose que la médiation, comme le pense Dominique Meunier (2007), est « un lieu de relationnalité », ce qui veut dire que la médiation n'est plus seulement cet entre-deux, mais surtout, elle renvoie à une action, un événement qui met en présence des individus et des choses, par et à travers les relations qu'ils tissent.

Nous pensons que l'intelligence économique peut être considérée effectivement comme un « lieu de relationnalité » où tous les éléments mobilisés dans sa mise en œuvre se rencontrent, s'entrecroisent, et tissent des schèmes qui vont servir à produire des connaissances structurées sur l'environnement de l'entreprise, en lui permettant de se prémunir des manœuvres de ses concurrents actuels ou potentiels. Il s'agit en fait de

[119] https://conseil-national-des-universites.fr/cnu/#/

s'intéresser non seulement aux modalités d'utilisation de l'intelligence économique, mais surtout à ce qui fait qu'elle existe, c'est-à-dire à la mobilisation d'outils, d'acteurs, de contextes et d'actions particulières. Tout cela prenant corps autour de plusieurs éléments, dont les principaux sont : les éléments humains, les éléments matériels et les éléments organisationnels. Les éléments humains regroupent les principaux acteurs de l'intelligence économique (décideurs et veilleurs). Chaque acteur pouvant jouer un rôle aussi bien sur le plan individuel que collectif. Sur le plan individuel, le décideur identifie et pose le problème à résoudre en termes d'enjeux, de risques ou de menaces qui pèsent sur l'entreprise. Alors que l'objectif du veilleur n'est pas de proposer des solutions aux problèmes décisionnels, mais de procurer des informations pertinentes afin que le décideur puisse prendre la meilleure décision possible. Sur le plan collectif, les interrelations peuvent être nombreuses. En effet, plusieurs types de relations peuvent être rencontrés, dont le transport et la communication des données. En fait, ces deux types peuvent se réduire à un seul, puisque communiquer c'est aussi transporter de l'information, et transporter sert à communiquer (faire circuler) des matériaux, de l'énergie ou de l'information. Il existe donc un échange itératif, un partage et une transmission d'informations entre le décideur et le veilleur.

Quant aux éléments matériels de l'existence de l'intelligence économique, ils regroupent tout l'équipement disponible pour mener à bien la prestation d'intelligence économique. Il s'agit entre autres des systèmes d'accès à l'information et tous les artefacts cognitifs dont disposent les veilleurs et les acteurs de l'intelligence économique pour travailler (technologie de l'information, logiciel de recherche d'informations, plateforme intégrée, qui permettent à tous d'accéder à l'information, de l'analyser, de la créer, de l'échanger et de l'utiliser). Le fonds informationnel constitue aussi un élément matériel indispensable pour l'intelligence économique. En ce qui concerne les éléments organisationnels, ils regroupent toutes les procédures, les normes et les standards, ainsi que tout l'arsenal juridique disponible pour mener à bien une prestation d'intelligence économique. Le réseau constitue aussi un élément organisationnel important lorsqu'on parle d'intelligence économique. En effet, le réseau, qu'il soit interne ou externe à l'entreprise, facilite la mise en relation d'individus, d'associations, d'organismes ou d'entreprises afin qu'ils puissent travailler les uns avec les autres dans un esprit de coopération. L'intelligence économique est donc constituée d'un ensemble organisé, structuré d'équipements, des procédures, des ressources humaines qui permettent de collecter, traiter et diffuser de l'information. C'est en ce sens que nous pouvons affirmer que l'intelligence économique en tant qu'outil de médiation est un véritable « lieu de relationnalité ».

Le second mot qui compose l'expression « médiation des savoirs » est le savoir. Le savoir étant défini par le dictionnaire Petit Robert comme : « *l'ensemble des connaissances que possèdent une personne ou une collectivité* ». Ce qui suppose que le savoir renvoie en général à une capitalisation de connaissances ou d'aptitudes qu'une personne acquiert par l'observation, l'expérience, ou l'apprentissage. Il s'agit des représentations qu'une personne tient pour vraies. Le terme savoir est souvent confondu avec celui de connaissance. Chez les Anglo-saxons, ces deux termes veulent dire la même chose : « *knowledge* ». En français, le terme savoir a un sens qui ne coïncide pas exactement avec celui de connaissance. Le concept de connaissance est plus restrictif, et recouvre l'ensemble du savoir pratique, des techniques qui ont fait leurs preuves dans la pratique. La connaissance implique ainsi l'expérience, ce qui s'avère souvent difficile à formuler. Ce qui laisse à penser que l'information est ce que l'on transforme, par un traitement adéquat, tandis que le savoir est ce que l'on produit. Ainsi, la production du savoir se fonde toujours sur un niveau de connaissance et sur la transformation de l'information. Le savoir peut en conséquence être saisi comme une disposition qui permet à une personne de conduire son existence, et de se repérer dans la société. Le savoir est donc social et culturel. C'est au fond ce qui nous est naturellement utile à l'action, à la performance, à la réussite : « *Savoir, c'est pouvoir !* » Selon Jacques Perriault, « *l'accès au savoir suppose des médiations humaines, des lieux de réception et de production, ainsi que des procédures d'échange et de réciprocité* » (2002). L'acquisition d'un savoir suppose un processus continu d'assimilation et d'organisation de connaissances par le sujet concerné. Le savoir est donc un processus dynamique, jamais figé, porté par le flux continu de la relation interpersonnelle.

La transformation d'une information en savoir implique la maîtrise de certaines compétences cognitives, critiques et théoriques. Le processus de transmission, de diffusion ou plutôt de médiation des savoirs confère une dimension matérielle au savoir qui le rend plus opérationnel et en facilite le traitement. Il en fait ainsi un des moyens de la production de nouveaux savoirs. Le savoir est alors le résultat d'avoir été informé. C'est au fond l'acte de transmission ou de médiation du savoir qui donne à ce dernier toute son existence. En effet, un savoir qui n'est pas transmis en fait n'existerait pas. Pour que la transmission ou la médiation des savoirs soit effective, les savoirs devraient être médiatés, c'est-à-dire accompagnés d'actions et d'activités qui les rendent connus, intelligibles, utilisables. C'est dans ce sens qu'on peut comprendre notre postulat selon lequel l'intelligence économique peut être appréhendée comme un outil de médiation des connaissances. Elle transforme des informations récoltées en savoir à travers un processus méthodique dont les phases les plus significatives sont la collecte des informations à partir de sources variées et le traitement de ces informations afin de ne retenir que celles qui sont pertinentes, crédibles et fiables. Ensuite, ces informations sont synthétisées pour créer des insights clairs et significatifs qui sont transformés en rapports, recommandations stratégiques. Enfin, l'information est transformée en savoirs qui devraient être communiqués aux décideurs et aux parties prenantes pour la prise de décision. L'intelligence économique transforme ainsi les informations récoltées en savoir en suivant un processus rigoureux d'analyse, de synthèse, et de communication. Ce processus permet de convertir des données brutes en *insights* précieux qui soutiennent la prise de décisions stratégiques et opérationnelles. Il faudrait signaler que les décisions basées sur l'intelligence économique influencent la planification stratégique, la gestion des risques, et les opportunités d'affaires.

Conclusion

En définitive, à recentrer sur la question de l'intelligence économique en Afrique que nous avons abordée dans une démarche ancrée dans les Sciences de l'Information et de la Communication, nous pouvons affirmer deux choses essentielles : premièrement, nous pensons que la pratique de l'intelligence économique est toujours relative à un contexte socio-économique particulier véhiculant tout un ensemble de représentations et de croyances partagées. Ce qui sous-entend que l'intelligence économique en Afrique ne peut se construire en marge des contraintes sociales. Elle ne va évoluer qu'en fonction des standards que se donnent les communautés africaines. L'intelligence économique est donc essentiellement dynamique, socialement située et ne pourrait se comprendre qu'en lien avec la société dans laquelle elle évolue.

Deuxièmement, nous sommes persuadés que l'intelligence économique en tant que réalité universelle et globalisante peut être considérée aussi bien en Afrique que partout dans le monde comme un dispositif info-communicationnel, c'est-à-dire un ensemble d'éléments permettant, grâce à une intelligence documentaire, de construire des savoirs en les mettant à la disposition de ceux qui en ont besoin pour connaître ou décider. C'est donc au fond un dispositif de médiation de savoir qui agrège des acteurs, des techniques, des objets cognitifs et matériels en interaction permanente dans un contexte défini. Ainsi, ce dispositif info-communicationnel participe à la fabrique des connaissances utiles à une organisation. L'intelligence économique peut aussi être considérée comme un « lieu de relationnalité » où l'ensemble des éléments mobilisés dans sa mise en action se croisent, se mâtinent, et produisent des schèmes de connaissances structurées sur l'environnement de l'entreprise et un savoir inébranlable pour la prise de décision.

On peut donc dire que les modalités d'échanges mises en œuvre par l'intelligence économique permettent d'émuler les interactions sociales entre les veilleurs, décideurs, et tous les autres acteurs de l'intelligence économique. L'intelligence économique apparaissant ainsi comme un dispositif structuré, organisé, complexe, dynamique...

Références bibliographiques

Agostinelli Serge. « *Comment penser la médiation inscrite dans les outils et leurs dispositifs ? Une approche par le système artefactuel* », Distances et Savoirs, Vol. 7, n° 3/2009, p. 355-376.

Amos David. Intelligence économique et problèmes décisionnels. Paris : HermesLavoissier, 2010.

Appel Violaine, Boulanger Hélène, Luc Massou (Dir.). Les dispositifs d'information et de communication : concept, usages et objets. De BoeckSupérieur, pp.248, 2010, Culture et Communication.

Bell Daniel. « *thecomring of Post- industrial society. A venture in social forecasting* ». Basic book, New York, 1973.

Bertram M. Gross. « *The Managing of Organizations* ». New York : The Free Press of Glencoe, 1964.

Bush Vannevar. « *As we may think* ». Atlantic Monthly, vol. 174 n° 1, Huly 1945.

Carayon Bernard. Intelligence économique, compétitivité et cohésion sociale. Paris : la Documentation, 2003.

Castells Manuel. La société en réseau : Tome & « l'ère de l'information », novelle édition. Paris : Fayard, 2001.

Chabin Marie-Anne. Je pense, donc j'archive. Paris : L'Harmattan, 1999.

Colletis Gabriel. Intelligence économique : vers un nouveau concept en analyse économique ? Paris : Revue en intelligence économique, n° 1, mars 1997.

Couzinet Viviane. Dispositifs info-communicationnels : contribution à une définition. In Dispositifs info-communicationnel : question de médiation documentaire. Paris : Hermes, 2009.

Couzinet Viviane. « *Intelligence économique et sciences de l'information et de la communication : quelle question de recherche ?* » In Organisation des connaissances dans les systèmes d'informations orientés utilisation : contexte de veille et d'intelligence économique (sous la Dir. de Amos David). Nancy : Presses universitaires de Nancy, 2005.

Couzinet Vivianne. « *Les dispositifs : question documentaire* ». In Approche de l'information-documentation, concepts clés (sous la Dir de Cécile Gardies). Toulouse : Cépaduès-Edition, 2014.

DelbecqueEric, Pardini Gérard. Les politiques d'intelligence économique. Paris : PUF (collection Que sais-je), 2008.

Dominique Meunier, « La médiation comme lieu de relationnalité ». In Questions de communication, 11 | 2007, 323-340.

Dou Henri, Sebastiao Jone Heitor. « *Intelligence économique et innovation frugale dans les pays en développement. La fenêtre d'opportunité technologique à partir de l'analyse des brevets* ». In Revue internationale d'Intelligence économique, 2021.

Fauré Laurent, Gardiès Cécile et Marcel Jean-François. « *Dispositif de médiation numérique des savoirs professionnels en situation de classe* ». In Distances et Médiations des Savoirs, 2016.

Gardies Cécile. « *Dispositifs info-communicationnels de médiation des savoirs : cadre d'analyse pour l'information-documentation* ». In Sciences de l'Homme et Société. Université de Toulouse 2 Le Mirail, 2012.

Laviret Sophie. « *L'intelligence économique : un concept managérial* ». In Revue internationale des Sciences sociales – Marketing & Communication, vol. 3, n° 3, 2006 - pp.22-35.

Lesca Humbert. Veille stratégique : l'intelligence de l'entreprise. Paris : Aster, 1994.

Mabrouka El Hachini. « *Une approche dispositive de la médiation des savoirs en contexte culturel* ». In « Approches théoriques en Information-Communication » (ATIC) 2023/2 (N° 7), pages 119 à 139.

Martre, Henri. Intelligence économique et stratégies des entreprises. Paris : Commissariat général du Plan : La Documentation française, 1994.

Meyriat Jean. « *Document, documentation, documentologie* ». In Shéma et shématisation, 2e trimestre 1981 n° 14.

Morita M., Shinodu Y. « *information filtering and user behaviour : analysis and best macth text retreival* » in SIGIR'94 : proceding of the seventeen annual internationnal ACM-SIGIR conférence on reseach and development in information retreival, 1994.

Norday Patrice. « *De la documentation à l'intelligence économique ».* In Inteligenciacompetitiva : Documentos de lectura, sous la dir de Manel Andreu. Barcelone : Fundació per a la UniversitatOberta de Catalunya, 2002.

Perriault Jacques. L'accès au savoir en ligne. Paris : Odile Jacob, 2002.

Rasse, Paul (2000), « *La médiation entre idéal théorique et application pratique* ». In Recherche en communication, n° 13, pp. 38-61.

Rouach Daniel. La veille technologique et l'intelligence économique. Paris : PUF, 1996.

Salle Maryse. Méthode de conception des systèmes d'intelligence économique. Thèse de Doctorat Informatique. Université de Toulouse1, 1999.

Wilensky Harold. « *Organizational Intelligence: Knowledge and Policy in Industry and Government* ». In American sociological Review, février 1968.

Section 3 :

La communication des entreprises commerciales en situation de crise : analyse de la stratégie discursive d'Africa Food Distribution dans la crise sur le riz *Broli* et *Armanti*en 2018 et 2019

Alain ASSOMO

Introduction

Au lendemain de la célébration de la nativité le 25 décembre 2018 et à l'aube du Nouvel An 2019, deux moments de grande consommation des produits alimentaires, Africa Food Distribution fait face à de vives critiques sur les réseaux sociaux. En effet, le 28 décembre 2018, la toile [120]est inondée par des vidéos incriminant la qualité de son riz de marques Broli et Armanti (https://ecomatin.net/, consulté le 10 mars 2024). Une dame, d'une soixantaine d'années révolues, dans une première vidéo, démontre que AFD commercialise du riz de mauvaise qualité ou mieux du « riz en plastique ». Après cette vidéo devenue virale, quelques heures plus tard, l'homme politique, Jean Marc Ngoss, président national du Parti de l'Esprit d'avril 48 (P.E.A.48) va lui aussi prendre les devants dans la dénonciation. Dans sa vidéo de 3 minutes, il présente presque les mêmes arguments que la dame suscitée. L'une des séquences montre Jean Marc Ngoss brandissant un sac de riz Broli de 5 kg et qui, selon lui, est un « aliment importé non contrôlé » responsable de décès par AVC et de « faiblesses sexuelles ». Dans l'extrait largement partagé à travers lequel il se « livre » à un « test empirique » dans son domicile, « *il demande aux Camerounais de boycotter lesdits produits qui seraient, selon lui, constitués de plastique.* » (Solière Paka, 2019 : 29). Une situation qui installe l'entreprise Africa Food Distribution dans une profonde crise et qui met à mal l'image de ses deux marques incriminées.

Le monde actuel est traversé par plusieurs soubresauts et crises qui touchent même les sphères les plus organisées, voire les plus solidement implantées. La crise fait partie du vocabulaire quotidien, tant elle revêt des réalités différentes, que ce soit par la multiplicité des événements les

---

[120] Facebook et WhatsApp

entraînant (crises environnementales, sanitaires, réputationnelles, etc.), ou par la diversité des enjeux associés à leur gestion (Dimitri Lapierre et Clément Laverdet, 2022). C'est l'instant du jugement, de la fracture entre deux temps antagonistes, une « avant » et un « après » crise, auquel succède un état nouveau. De plus en plus, les situations de crise touchent le fonctionnement des organisations, quelles que soient leurs formes. Administrations publiques, entreprises publiques et privées, associations, organisations internationales, toutes les entités sont aujourd'hui menacées. Les organisations subissent les crises lorsqu'elles surviennent et elles ont très peu de temps pour réagir. Celles-ci peuvent être endogènes c'est-à-dire du fait des décisions prises en interne, du fait d'actions de personnels internes ou exogènes, c'est-à-dire du fait d'actions menées par des publics ou des phénomènes externes à la structure.

Plusieurs chercheurs se sont souvent intéressés à la problématique de la gestion de la communication des entreprises en situation de crise. Ornella Ntanga Tshisuaka (2014 : 30) a analysé les enjeux d'une stratégie de communication de crise face au déficit de production d'électricité avec pour cas d'étude la société nationale d'électricité SNEL. Pour elle *« Lorsqu'une entreprise vit une période de crise, elle doit nécessairement définir une stratégie pour gérer la situation. La stratégie consiste dans le choix du message de l'organisation face à la crise. ».* Dans son travail, elle a énuméré plusieurs crises auxquelles cette entreprise a souvent fait face, notamment le phénomène d'étiage du fleuve qui ne permet pas aux machines du barrage de bien fonctionner et qui perturbe la production d'électricité et l'incendie du grand immeuble du siège social de la SNEL. Elle aboutit au résultat selon lequel, en cas de crise la direction de communication élabore un plan de communication qui présente l'objectif, les messages, les cibles et les moyens de manière concise afin d'être plus facilement utilisable par la cellule de crise. Christian Dianoux et Béatrice Siadou-Martin (2020) partagent et discutent de principales réflexions saillantes quant à la nécessaire adaptation de la communication persuasive des organisations dans le contexte de la pandémie de la COVID-19. Pour conduire cette analyse, ils mobilisent le modèle MOA (motivation-opportunité-capacité) qui est une approche de communication marketing. Ils indiquent qu'afin d'assurer la pérennité des relations commerciales et de renforcer la confiance des consommateurs, la communication des organisations devrait s'ancrer dans l'ADN des entreprises et, ainsi, justifier leur raison d'être. Pour ce qui est de Solière Paka (2019), il étudie les conséquences de la crise qu'a traversé en 2018 Africa Food Distribution. Il mène une enquête auprès de 100 personnes pour évaluer l'image des marques Broli et Armanti. Voici ce qu'il dit : *« Les 100 personnes soumises à notre enquête étaient au fait de la crise. Elles ont été informées par différents canaux. 54 personnes ont été informées à travers Facebook, 40 via WhatsApp, 5 par la télévision et 1 personne par la radio. Cette crise, survenue en pleine période de fête de fin d'année, a réduit substantiellement les clients, car une seule personne de notre échantillon a continué de consommer le riz Broli et Armanti pendant la crise. » (Solière Paka, 2019 : 58).* Il aboutit à la conclusion que l'image des deux marques à savoir Broli et Armanti a été fortement détériorée pendant la crise et que les ventes, notamment le segment riz, ont connu une grande chute. Quant à Amand A Ngon (2020), il note que la Covid-19 aura été une crise sans précédent dans l'histoire de l'humanité. Elle a poussé les agents économiques, notamment les entreprises à se réinventer pour s'adapter à cette réalité inédite. Il a décrypté les changements stratégiques opérés par les entreprises en matière de communication en période de pandémie de la Covid-19. Il a également montré que ces changements ont induit des choix communicationnels émergents qui s'inscrivent en faux contre les acceptions actuelles de la théorie en matière de communication d'entreprise, notamment de communication de crise.

En plus des recherches sur la Covid 19, plusieurs chercheurs ont mené des études sur la communication des organisations en situation de crise globale. (Christian Dianoux et Béatrice Siadou-Martin, Amang A Ngon) ou encore la stratégie globale de communication pour faire face aux crises (Ornella Ntanga Tshisuaka) ; enfin l'impact d'une crise sur les produits d'une société, en l'occurrence Africa Food Distribution dont les résultats révèlent une image désormais négative auprès des consommateurs (Solière Paka). La présente recherche se démarque des travaux présentés, car elle analyse la stratégie discursive qu'adopte une entreprise dans sa quête de réparation d'une image de ses marques commerciales écornée.

Ce qui précède permet dès lors de mettre en lumière l'objet de cette recherche, qui est de ressortir la stratégie discursive mise en place par l'entreprise Africa Food Distribution secouée par une crise en 2018 afin de réparer l'image de ses marques Broli et Armanti. Ce qui conduit à la question centrale ci-après : Quelle est la stratégie adoptée par Africa Food Distribution pour communiquer pendant la crise qu'elle a traversée en décembre 2018, où son riz de marques Broli et Armanti était accusé d'être du plastique ? Autrement dit, quelle a été la technique discursive mise sur pied par cette entreprise pour réparer l'image desdites marques ? Pour Thierry Libaert (2020 : 51), « *les stratégies de réponse à la crise sont multiples. Plusieurs variétés de positionnement existent entre l'approche dynamique et défensive.* ». Il note parmi celles-ci la reconnaissance, le refus, le projet latéral… Pour lui, chacune de ces stratégies comporte un argumentaire, voire un discours qui la caractérise. Celui-ci est alors marqué par un champ lexical intrinsèque. Le postulat de cette recherche est que l'entreprise Africa Food Distribution, qui évolue dans un environnement concurrentiel, voyant la menace que constituait cette accusation faite sur ses produits dans les réseaux sociaux et l'ampleur que cette dénonciation prenait notamment au niveau des médias, a décidé de mobiliser une stratégie discursive dans laquelle elle se présente comme une victime. Ce qui conduit à l'hypothèse formulée dans le cadre de cette recherche : Afin de réparer l'image de ses marques commerciales Broli et Armanti, Africa Food Distribution a construit un discours d'autovictimisation qui indique que les accusations sur les réseaux sociaux et les médias classiques sont le fait d'une campagne de dénigrement pensée et mise en œuvre par la concurrence. L'objectif de ce travail est de montrer que, dans le champ économique camerounais, marqué par la concurrence dans certains domaines, une entreprise, en situation de crise, peut convoquer une stratégie discursive ayant pour objectif de réparer l'image de ses marques auprès des publics. Le présent article a un ancrage théorique et méthodologique qu'il convient de mettre en lumière.

1. Positionnement théorique et méthodologie

Le présent article a un ancrage théorique et méthodologique qu'il convient de présenter.

1.1. Positionnement théorique

Le cadrage théorique de la présente recherche s'inscrit dans le sillage des idées développées par William L. Benoit (2015). Il s'agit de la théorie de la réparation de l'image encore appelée théorie de la restauration de l'image (image restorationtheory/image repairtheory). Le modèle de communication de crise de Benoit est une approche axée sur l'image des institutions ou des individus. Cette théorie repose sur l'idée que, lorsqu'une crise survient, l'image d'une organisation est menacée. Les actions et la communication de l'organisation doivent donc être orientées vers la restauration ou la réparation de celle-ci. Il traite des modalités selon lesquelles l'individu ou l'organisation dont l'image publique se trouve menacée ou détériorée travaille à la rehausser afin de contrer une mauvaise opinion de sa personne qui risque d'entraver ses projets. La théorie de la réparation de l'image consiste à voir comment une instance individuelle ou collective accusée ou soupçonnée d'avoir commis un acte coupable entreprend de rétablir sa réputation ternie sur la place publique. Les conditions minimales en sont qu'un acte indésirable se soit produit, et que la responsabilité en soit imputée à une personne ou une instance qui encourt dès lors un blâme (2015 : 20). Cette situation génère des attaques que Benoit nomme persuasive attacks : des tentatives « *de créer (ou renforcer) une attitude négative envers la cible* » Ruth Amossy (2018 : 9). Le modèle de communication de crise de Benoit offre une perspective sur la manière dont une organisation peut gérer une crise pour restaurer son image. Selon lui, en adoptant les bonnes stratégies de réparation de l'image, une organisation peut non seulement survivre à une crise, mais aussi renforcer sa réputation et sa confiance auprès du public. Benoit a identifié cinq stratégies principales pour restaurer l'image d'une organisation à savoir :

- le déni ou la négation : l'organisation peut nier toute implication dans la crise ou affirmer qu'il n'y a pas eu de crise ;

- l'évitement : l'organisation peut prétendre ne pas être responsable de la crise, par exemple en blâmant un facteur extérieur ou une autre entité ;

- la réduction de l'offense : l'organisation peut chercher à minimiser la gravité de la crise ou à souligner les aspects positifs ;

- la correction : l'organisation peut promettre de résoudre le problème ou de prendre des mesures pour éviter qu'une telle crise ne se reproduise à l'avenir ;

- la mortification : l'organisation peut présenter des excuses ou exprimer des remords pour la crise.

Il faut noter que, dans son premier ouvrage publié en 2015, Benoit ne fait pas de différence entre « restauration de l'image » et « réparation de l'image », mais, plus tard il va établir une nuance entre les deux concepts. C'est dans cette optique que Ruth Amossy indique que : « *Benoit, dans la deuxième édition revue de son livre dit qu'il vaut mieux parler de réparation que de restauration, terme qu'il avait utilisé en un premier temps et qui laisse entendre (à tort selon lui) qu'une réhabilitation totale serait possible. Un point de vue que remettent d'ailleurs en question Paissa et Rigat en arguant que " si sa restauration parfaite est impossible, au niveau théorique, cela n'empêche pas qu'une visée restauratrice domine une pratique discursive singulière".* ».

L'idée de réparation ou de restauration de l'image développée par William L. Benoit (2015) et plus spécifiquement l'axe du déni encadré est la technique adoptée par notre entreprise cible. Théoriquement, cette contribution s'attèle à analyser la stratégie développée par l'entreprise Africa Food Distribution pour réparer l'image de ses marques Broli et Armanti indexées d'être du riz en plastique. La présentation de cette stratégie suit sous un cheminement précis.

1.2. Méthodologie

La présentation de la méthodologie de ce travail consiste à évoquer, tour à tour, la technique de collecte ou d'investigation, la modalité d'analyse et l'axe d'interprétation des données. Nous montrerons ainsi la posture discursive prise par Africa Food Distribution pendant la crise dite de « riz plastique », qui touchait deux de ses marques, Broli et Armanti, en 2018.

Pour ce travail, nous avons procédé à la construction d'un corpus constitué de documents écrits venant des réactions d'Africa Food Distribution au moment de la crise ; à savoir, le communiqué de presse officiel de l'entreprise, l'interview accordée aux journalistes par son Directeur commercial et marketing et la correspondance de démission adressée au GICAM. Pour une meilleure exploitation des informations recueillies sur les documents collectés et afin d'aboutir à des résultats crédibles, nous avons procédé à l'analyse du discours de l'entreprise Africa Food Distribution sur la base du corpus ainsi constitué. L'analyse et l'interprétation du champ lexical de l'autovictimisation nous permettront de mettre en évidence les concepts servant à illustrer la posture linguistique et la stratégie discursive adoptée par cette société dans sa communication avec ses publics au moment où la crise, qui avait atteint son apogée entre décembre 2018 et janvier 2019, faisait rage, et où il était question de redorer le blason des marques de riz Broli et Armanti.

2. La réaction d'Africa Food distribution pendant la crise

La présente section consistera à présenter les différentes réactions d'Africa Food ainsi que l'analyse qui ressort du traitement de cette riposte.

2.1. La Riposte d'Africa Food Distribution

Aucune organisation n'est à l'abri des crises. Elles peuvent prendre des proportions inquiétantes si leur gestion est mal planifiée. C'est à travers Facebook et WhatsApp que l'entreprise Africa Food Distribution a pris connaissance de la polémique autour de son riz de marque Broli et Armanti (Solière Paka, 2019 : 42). C'est d'ailleurs à travers ces réseaux qu'est née la crise. L'entreprise Africa Food Distribution n'est pas restée indifférente face aux multiples interrogations et inquiétudes de ses clients. Pour mieux comprendre les différentes actions menées par cette société et destinées à juguler la crise survenue en décembre 2018, l'Entreprise va réagir à travers les actions ci-après.

i. Le communiqué officiel du 29 décembre 2018

Le 29 décembre 2018, le Directeur général d'Africa Food Distribution, Evariste Hellé, au plus fort de la crise, publie un communiqué sur la page Facebook d'AFD et sur le site Internet www.africafooddistribution.com (consulté le 10 mars 2024) avec pour objet « Campagne dans les réseaux sociaux ». Voici dans son intégralité ledit communiqué.

« Des campagnes récurrentes de dénigrement de notre entreprise à travers nos marques Broli et Armanti à la solde d'intérêts inavoués et malveillants écument actuellement les réseaux sociaux dans le but manifeste d'oblitérer durablement l'image de marque de nos produits.
De tels procédés déloyaux sont préjudiciables et ruineux pour notre économie dans son ensemble.

*En réaction à cette cabale injustifiée, nous tenons à rassurer l'opinion nationale et internationale d'une part, et d'autre part notre clientèle ainsi que tous nos consommateurs, que l'intégrité sanitaire et qualitative de tous nos produits alimentaires est garantie par la conformité rigoureuse à toutes les exigences administratives et réglementaires en vigueur dans notre pays en matière d'importation de produits alimentaires, ainsi qu'à tous les standards et normes internationaux reconnus. » (*www.africafooddistribution.com).

ii. La réaction du Directeur commercial et marketing d'AFD dans les colonnes du journal Eco Matin

Dans une interview accordée au journal *Ecomatin*[121], le Directeur marketing et commercial de l'entreprise Africa Food Distribution Gisèle Yimba a réagi le 04 janvier 2019 au sujet de la crise que traversait sa société. Pour elle : *« Nous réaffirmons qu'il n'existe pas dans nos produits du riz à base de matières plastiques (...) Nous en avons pour preuves les tests d'analyses additionnelles effectués (...) Il s'agit d'une campagne de dénigrement à la solde d'intérêts inavoués et malveillants. Je tiens à dénoncer une manipulation grossière visant à ternir l'image de notre société. »*.

Il faut dire que cette réaction intervient après la réunion présidée par le ministre du Commerce, Luc Magloire Mbarga Atangana, le 03 janvier 2019 et qui a réuni les responsables de la société Africa Food Distribution (AFD), les représentants du ministère de l'Agriculture et du Développement rural, de l'Agence des Normes et de la Qualité (ANOR) et des associations des consommateurs. L'objectif de cette concertation était de faire taire la polémique sur la qualité des riz Broli et Armanti (Fred Bihina, Cameroon-Info.Net, 04 janvier 2019).

iii. La correspondance adressée au GICAM par Africa Food Distribution

Dans une correspondance adressée le 8 janvier 2019 à Célestin Tawamba, président du Groupement Interpatronal du Cameroun (Gicam), Africa Food Distribution, détenteur de la marque Broli, décide de se retirer de l'un des syndicats des patrons d'entreprises au Cameroun. La société importatrice des marques de Riz Broli et Armanti au Cameroun claque ainsi la porte parce que, selon elle, elle n'a pas été soutenue par le GICAM, lorsqu'elle a été victime d'un dénigrement sur les réseaux sociaux concernant la fiabilité de son produit sur le marché camerounais. Dans la correspondance, Evariste Helle, directeur général de Africa Food a indiqué que : *« Notre société (AFM), membre du groupe GICAM, est depuis plusieurs mois la cible de plusieurs campagnes de diffamation et de manipulation orchestrées par un mauvais joueur, dont la seule stratégie est de gagner le monopole du*

---

[121] Organe de presse écrite camerounais spécialisé dans les sujets économiques.

marché ». (Mounir Luqman, *https://www.237actu.com)*. Notre entreprise cible adopte comme stratégie le discours d'autovictimisation, dont l'élucidation est une préoccupation du présent travail.

2.2. Un discours d'autovictimisation construit autour d'un champ lexical

À ce jour, Africa Food Distribution est propriétaire des marques BROLI, NobleCourt, Brolinut, Rubie&You et distributeur exclusif des marques Armanti, Bob's, les Whisky AndyPlayer, Black Jack et vin et le mousseux Lambrini entre autres. C'est une entreprise qui a réussi à se construire dans un univers où la concurrence reste farouche où, pour exister, il faut se recréer en permanence en proposant des produits différents. En décembre 2018, l'entreprise fait face à une grande crise qui touche ses marques Broli et Armanti, dans leur segment riz. Cette crise trouve son origine dans les réseaux sociaux avec la diffusion d'une vidéo sur laquelle un homme politique, Jean Marc Ngoss, tenant un sachet de riz Broli, fait savoir qu'il s'agit en réalité de particules de plastiques commercialisés sous forme de riz. En guise d'illustration, il va d'ailleurs, sur la même vidéo, former une boule et la jeter sur le sol. Lorsque la boule va rebondir, il dira : « *regardez ce qu'on fait manger aux gens* ». La vidéo, devenue virale, déclenche une vague d'indignation qui va gagner la toile. Plusieurs médias nationaux et étrangers vont reprendre l'information contenue dans cette vidéo et, en quelques jours seulement, Africa Food Distribution se retrouve au cœur d'une crise.

Image 1 : Jean Marc Ngoss dénonçant la qualité du riz de marque Broli et Armanti

Acculée de toute part, l'entreprise est obligée de réagir. Cette réaction est faite par plusieurs sorties constituées d'éléments langagiers qui illustrent le positionnement discursif de l'entreprise Africa Food Distribution dans la crise ayant touché ses deux marques commerciales Broli et Armanti.

i. L'autovictimisation dans le discours d'Africa Food Distribution à travers le communiqué du 29 décembre 2018

Lorsqu'il a appris ce qui se disait dans les réseaux sociaux et dans les médias au sujet du riz de marques Broli et Armanti, le directeur général d'Africa Food Distribution, Evariste Hellé, a publié un communiqué intitulé « Campagne dans les réseaux sociaux ». Il y emploie un lexique d'autovictimisation pour illustrer la position de son entreprise relativement à cette crise. Le contenu du communiqué ressort clairement le lexique qui soutient le discours de l'entreprise. Que ce soit les groupes nominaux, les verbes ou les éléments de caractérisation, tous laissent ressortir des occurrences et des interprétations qui illustrent le discours de l'entreprise.

- Au niveau des groupes nominaux, les occurrences identifiées sont notamment : « intérêts inavoués et malveillants », « procédés déloyaux », « cabale injustifiée ». Ceux-ci laissent ressortir que cette organisation expose des techniques de dépréciation utilisées par ses détracteurs dans le but d'écorcher l'image de ses marques.

- Au niveau des verbes employés dans le communiqué, la société parle notamment de « écument » et d'« oblitérer ». Ce qui, en procédant à leur interprétation, montre que, pour Africa Food Distribution, ses marques subissent une publicité négative visant à ternir son image. Elle est donc ici une victime entre les mains de ses détracteurs.

- Relativement aux éléments de la caractérisation, il est mis en évidence les mots « malveillants, durablement », « préjudiciables », « ruineux ». Des expressions qui laissent paraitre au niveau de l'interprétation que les détracteurs des marques de riz Broli et Armanti ont utilisé la désinformation dans le but de nuire à ces deux marques d'Africa Food Distribution. L'entreprise se présente donc comme une victime d'une campagne de désinformation orchestrée par ses détracteurs. Ceci est matérialisé par des éléments langagiers dont les occurrences laissent voir que AFD se présente comme une victime de manœuvres orchestrées par des tiers.

ii. Le discours d'autovictimisation d'Africa Food Distribution dans l'interview accordée par son Directeur commercial et marketing à Eco Matin

L'interview accordée au journal *Eco Matin* par le Directeur commercial et marketing d'Africa Food Distribution, Gisèle Yimba, reprécise le discours de l'entreprise au sujet de la crise qu'elle a traversé entre décembre 2018 et janvier 2019. Ce discours est mis en exergue par le champ lexical de l'autovictimisation qui le structure. En effet, dans cette interview, le

Directeur commercial et marketing fait usage des occurrences qui montrent qu'elle dénonce les pratiques calomnieuses qui sont utilisées dans le but de salir l'image de l'entreprise et de ses marques. L'entreprise est alors, selon ses dires, victime de sabotage par le moyen de la communication mensongère. Elle utilise des groupes nominaux, tels que « campagne de dénigrement », « intérêts inavoués et malveillants », « manipulation grossière ». Dans le même ordre d'idées, Gisèle Yimba, dans son propos, fait comprendre que son entreprise est victime de « stratégies de sabotage » qui sont peu conformes et qui relèvent de la « ruse », « des calculs vicieux ». En convoquant un élément de la caractérisation qui est « Malveillant », elle laisse également voir dans son discours que l'on tente de dénaturer son entreprise. Ainsi, on note que le lexique de victimisation est visible aussi bien dans l'emploi de groupes nominaux, de verbes que d'éléments de la caractérisation. Là aussi, la sortie de l'entreprise met en évidence le fait qu'elle pointe un doigt accusateur vers des personnes qui veulent nuire à la bonne réputation de sa structure qu'elle présente comme la victime. Africa Food Distribution, par cette intervention, se constitue également en victime dans cette crise.

iii. Le discours d'autovictimisation d'Africa Food Distribution dans la correspondance adressée au GICAM

Le discours de l'entreprise dans cette correspondance est mis en lumière à travers son champ lexical d'autovictimisation où Africa Food Distribution se présente comme étant la cible d'attaques menées par un de ses concurrents qu'elle qualifie d'ailleurs de « mauvais joueur ». Pour elle, ces attaques sont le fruit d'une « stratégie » pensée. Dans une autre occurrence, la structure parle d'une « campagne de diffamation et de manipulation ». L'émetteur met en lumière les mauvaises pratiques mises en œuvre par ceux qui veulent lui nuire. Cette entreprise, selon elle, est victime d'actes diffamatoires de la part de la concurrence. Elle désigne donc « un mauvais joueur ». Le « un » est révélateur de ce que l'entreprise n'ait pas identifié clairement le concurrent qu'elle estime être commanditaire de ces attaques contre elle. Mais elle est sûre de l'existence d'un « mauvais jeu ». L'autre occurrence identifiée est le terme « cible ». Ce qui dénote qu'Africa Food Distribution se présente comme un acteur à abattre et qui a des ennemis qui ont décidé de le détruire.

Dans cette correspondance, les occurrences « stratégie », « Campagne de diffamation et de manipulation », « un mauvais joueur », « orchestrées », « cible » sont la matérialisation du discours de victimisation de soi que développe cette société.

Selon Eithan Orkibi (2019), si la « victimisation » est le processus par le biais duquel un individu ou un groupe sont culturellement construits ou socialement reconnus comme « victime », l'« autovictimisation » est la pratique discursive par laquelle un orateur construit sa propre image ou identité de victime. Dans la mesure où le titre de « victime » désigne un statut social conféré aux individus et aux groupes sur la base de critères entérinés, l'autovictimisation est une pratique discursive particulière : elle permet à un à l'orateur de se présenter en victime sur la scène sociale.

Le processus de « victimisation » consiste ainsi non seulement dans le fait empirique d'être la cible d'un crime, d'une agression ou de tout autre type de préjudice socialement reconnu, mais aussi dans la pratique sociale et culturelle qui consiste à qualifier un individu ou un groupe de « victime ». La rhétorique d'autovictimisation d'Africa Food Distribution l'amène donc dans ses différentes sorties publiques à se présenter comme étant la cible d'une stratégie visant à la déstabiliser. Elle cite un « mauvais joueur » qui serait derrière cette campagne destinée à lui nuire. Dans le domaine du sport, il y a des règles préétablies et chaque joueur à visage découvert est contraint de les respecter. Si ce n'est pas le cas, il devient un mauvais joueur. En clair, cette entreprise estime qu'un concurrent qui ne respecte pas les règles de la saine concurrence a décidé par le biais de moyens peu conventionnels d'orchestrer une campagne de sabotage contre elle.

En fin de compte, cette articulation démontre que le discours d'Africa Food Distribution est celui de l'autovictimisation. L'entreprise déclare être la cible d'un complot ourdi au travers d'une stratégie par des tiers, par un concurrent puisqu'elle parle « d'un mauvais joueur ». C'est donc un discours de victimisation de soi et de diabolisation de l'adversaire. Les différentes occurrences identifiées dans ses éléments de langage montrent que cette société se présente comme une victime. Ce qui est d'ailleurs une stratégie lorsqu'une entreprise traverse une crise.

3. le discours d'autovictimisation : une stratégie adoptée par Africa Food Distribution pour réparer l'image de ses marques

Il n'est pas superflu de rappeler que la communication de crise représente l'ensemble des dispositifs et actions de communication que déploie une entreprise pour gérer une situation délicate. L'objectif principal de la communication de crise consiste à informer le public, et les collaborateurs en vue d'atténuer les effets négatifs induits. Toute organisation, qu'elle soit privée, publique ou associative, peut un jour être confrontée à une crise. Une crise mal gérée peut en effet entraîner des conséquences graves, voire dramatiques, sur l'organisation. Solière Paka (2019 : 60) dont nous avons déjà présenté le travail centré sur l'évaluation de l'impact de la crise du « riz plastique » des marques Broli et Armanti, affirme « *Les consommateurs des marques de riz Broli et Armanti ont suivi de bout en bout la crise. Certains ont décidé de ne plus les consommer, convaincus de la mauvaise qualité de ces riz pouvant nuire à leur santé malgré les assurances faites par les instances de contrôle qualité.* » (Idem, p 60). C'est donc dire que cette étude a révélé qu'au plus fort de la crise, l'image de ces deux marques s'est vue détériorée auprès des consommateurs. Ce qui est un phénomène presque normal lorsqu'une structure ou une marque vit ce type de situation.

Lorsqu'Africa Food Distribution s'adresse au public et se réfère au sujet sur lequel il est incriminé à savoir la mauvaise qualité de son riz de marques Broli et Armanti, une stratégie communicationnelle centrale se dégage de son discours. Elle repose sur sa présentation de soi comme cible des attaques. L'entreprise ne se contente pas d'un déni total : elle pointe un doigt accusateur vers un concurrent qu'elle accuse dans sa correspondance de démission adressée au GICAM comme « un mauvais joueur » qu'elle accuse de complot pour nuire à son image et à celle de ses marques. Voici les points essentiels qu'elle avance par le biais de ses messages :

- Le riz Broli et Armanti est de bonne qualité ;

- L'entreprise Africa Food Distribution fait face à une campagne de dénigrement aux intérêts inavoués et malveillants ;

- la campagne de manipulation lancée est une stratégie qui vise à ternir son image ;

- Les campagnes de diffamation et de manipulation contre cette entreprise sont « *orchestrées par un mauvais joueur, dont la seule stratégie est de gagner le monopole du marché* ».

Au premier abord, il s'agit de ce que Ruth Amossy (2010) dénomme le « *retravail de l'*éthos *préalable* » ou de ce que William Benoit qualifie de « réparation d'image ». Africa Food Distribution est une entreprise solidement implantée au Cameroun depuis avril 2004 par la volonté de son fondateur, Evariste Helle, lorsqu'elle a commencé à distribuer le vin de marque Serviola puis l'huile de palme raffinée Brölio. En 2018 au moment où survient la crise, l'entreprise est propriétaire des marques Broli, Noble Court, Brolinut, Rubie & You et distributeur exclusif des marques Armanti, Bob's, des Whiskys Andy Player, Black Jack et des vins Le mousseux et Lambrini entre autres. Des marques que l'on retrouve notamment dans le segment du riz, du vin, de la mayonnaise, des boîtes de conserve, des pâtes alimentaires, etc. Toute chose qui l'inscrit dans des marchés très fortement concurrentiels. L'entreprise est donc solidement implantée. Voici comment Solière Paka décrit Africa Food Distribution : « En *quinze ans sur le marché, AFD a réussi à imposer ses produits auprès des Camerounais. Ses marques ne passent plus inaperçues sur le marché. C'est le résultat d'une stratégie de distribution bien pensée. Aujourd'hui, les produits d'Africa Food Distribution sont présents dans les 10 régions du Cameroun et au-delà des frontières. L'entreprise est désormais représentée au Tchad, en Guinée*

Équatoriale et en République centrafricaine, entre autres. Dans sa stratégie, elle ambitionne de couvrir une bonne partie du continent africain. » (2019 : 20) Il est donc clair que c'est une entreprise en pleine expansion qui est attaquée dans les réseaux sociaux en décembre 2018. Son discours d'autovictimisation qu'elle construit en réaction aux propos tenus contre ses marques de riz Broli et Armanti est une stratégie qui l'amène à pointer un doigt accusateur vers des entités extérieures. Elle nie tout ce qui est dit sur ces marques et attaque même ses concurrents, parmi lesquels ce « mauvais joueur » qu'elle dénonce dans sa correspondance adressée au GICAM. Nous sommes bien dans le domaine de la communication de crise, destinée à réduire les dégâts causés à l'image, à la marque ou à l'organisation et à protéger autant que possible sa réputation. Wiliam L. Benoit (2015) identifie comme cela a été indiqué dans le positionnement théorique de ce travail cinq stratégies principales pour réparer l'image d'une organisation :

- le déni ou la négation : l'organisation peut nier toute implication dans la crise ou affirmer qu'il n'y a pas eu de crise. Benoit présente deux variantes à cette option stratégique : d'abord, un déni sans équivoque, indiquant que l'acte défavorable n'a pas eu lieu, qu'il n'a causé aucun tort, ou encore que l'entreprise n'a pas commis l'acte. L'organisation tente alors de se dégager de toute responsabilité. Ensuite, la stratégie du bouc émissaire en faisant porter le blâme à une

autre personne physique ou morale.

- l'évitement : l'organisation peut prétendre ne pas être responsable de la crise, par exemple en blâmant un facteur extérieur ou une autre entité.

- la réduction de l'offensive : l'organisation peut chercher à minimiser la gravité de la crise ou à souligner les aspects positifs.

- la correction : l'organisation peut promettre de résoudre le problème ou de prendre des mesures pour éviter qu'une telle crise ne se reproduise à l'avenir.

- la mortification : l'organisation peut présenter des excuses ou exprimer des remords pour la crise.

Dans la théorie de la réparation d'image, le discours d'Africa Food Distribution construit autour d'un lexique d'autovictimisation correspond au déni sans équivoque chez William Benoit, qui consiste en une stratégie dans laquelle l'organisation peut tout nier. L'entreprise nie toute existence de plastique dans son riz et pointe un doigt accusateur sur ses adversaires qui orchestrent des « *campagnes de diffamation et de manipulation* » visant à « *ternir l'image de notre société* », selon les dires de son Directeur commercial et marketing, Gisèle Yimba (in https://ecomatin.net). Le discours d'autovictimisation de cette société s'inscrit donc dans une stratégie de communication de crise, plus précisément dans la réparation de l'image et il s'agit chez William L. Benoit du déni sans équivoque où la société rejette tout en bloc, car selon elle, tout ceci relève de « *plusieurs campagnes de diffamation et de manipulation* » *(in https://www.237actu.com).* Dans la terminologie de la théorie de la réparation d'image, on peut dire que la réaction d'Africa Food Distribution consiste en une tactique de « déni » (« je suis innocent ») suivie d'une tactique d'« attaque de l'accusateur » définie ainsi : « *attaquer l'accusateur tente de former de nouvelles attitudes par rapport à lui afin de discréditer l'attaque* » (Benoit 2015 : 29). Ainsi, tout en qualifiant les accusations formulées sur ses marques de « campagne de dénigrement » où la société indique d'ailleurs par la voix de son Directeur commercial et marketing que « *Nous réaffirmons qu'il n'existe pas dans nos produits du riz à base de matières plastiques (...) Nous en avons pour preuves les tests d'analyses additionnelles effectués* » (Gisèle Yimba, Idem). L'entreprise accuse indirectement un concurrent. Elle ne le cite pas directement ; ce qui est proche de ce que Thierry Libaert (2010) qualifie d'attaque indirecte. Le discours d'autovictimisation de l'entreprise a un seul objectif : réparer l'image de ses marques Broli et Armanti par une accusation indirecte de son concurrent qui se cacherait derrière cette campagne de déstabilisation dans les réseaux sociaux et dans les médias classiques. Il est donc clair que la stratégie discursive d'Africa Food Distribution est celle de l'autovictimisation où l'entreprise, afin de réparer l'image de ses deux marques, écornée par la crise, opte pour le déni sans équivoque chez (William Benoit 2015) qui consiste à construire un discours dans lequel on est innocent. Pour AFD, les accusations sont fausses et sont plutôt « *une manipulation grossière visant à ternir l'image de notre société.* » (Gisèle Yimba, https://ecomatin.net). La société a ainsi choisi d'accuser ses concurrents, notamment ce concurrent qui veut avoir le monopole.

Conclusion

Ce travail amène à questionner, sous un angle de réparation d'image, la stratégie discursive convoquée par cette entreprise pour faire face à la crise qui l'a secouée entre décembre 2018 et janvier 2019. Il est adossé sur la question centrale ci-après : comment Africa Food Distribution a-t-elle communiqué pendant la crise qu'elle a traversée en décembre 2018, où son riz de marques Broli et Armanti était accusé d'être du plastique ? En d'autres termes quelle a été la stratégie discursive adoptée par cette entreprise pour réparer l'image desdites marques ? C'est la théorie de la réparation de l'image de William L.Benoit, plus spécifiquement son axe du déni, qui a été convoquée pour mener à bien cette contribution dont la méthodologie est articulée autour de la construction d'un corpus constitué de messages des responsables d'Africa Food Distribution et d'une analyse avec pour outil le champ lexical de l'auto victimisation en usage par cette société. Notre entreprise cible se présente comme étant la cible de concurrents extérieurs qui veulent conserver le monopole dans le marché. Ce discours rejoint l'une des stratégies énoncées par William L. Benoit qui est celui du déni, plus précisément le déni sans équivoque qui postule que l'acte défavorable n'a pas eu lieu, qu'il n'a causé aucun tort, ou encore que l'organisation tente de se dégager de toute responsabilité. Justement, ce discours d'autovictimisation d'Africa Food Distribution consiste à montrer que les accusations de riz plastique sont fausses sur toute la ligne et qu'elles sont une construction de concurrents « aux intérêts inavoués », dont un concurrent qualifié de « mauvais joueur ». Ce qui rejoint et valide l'hypothèse de cette recherche qui, en rappel, est la suivante : Afin de réparer l'image de ses marques commerciales Broli et Armanti, Africa Food Distribution a construit un discours d'autovictimisation qui indique que les accusations sur les réseaux sociaux et les médias classiques sont le fait d'une campagne de dénigrement pensée et mise en œuvre par la concurrence. Cette recherche a ainsi permis de montrer qu'une entreprise qui traverse une crise peut mobiliser un discours spécifique d'autovictimisation afin de réparer l'image de ses marques attaquées par des tiers.

Références bibliographiques

Amang a Ngon (2023), « Changements communicationnels induits par la crise de la Covid-19 : une exploration de la communication des entreprises camerounaises », International Journal of Accounting, Finance, Auditing, Management and Economics, 2023, 4 (5-2), pp. 297-310.

Christian Dianoux et Béatrice Siadou-Martin (2020), « Éclairages sur la communication des entreprises lors de la crise de la COVID-19 : que dire et comment le dire ? » Dans Projectics / Proyéctica / ProjectiqueProjectics / Proyéctica / Projectique 2020/3 (n° 27) 2020/3 (n° 27), pp.9-20.

Dimitri Lapierre, Clément Laverdet (2022), Psychologie environnementale : 100 notions clés, pp.74-77.

Orkibi, Eithan « Auto-victimisation et discours politique : émotions, résonance culturelle et mobilisation dans la rhétorique de B. Netanyahou », Argumentation et Analyse du Discours [En ligne], 23 | 2019, mis en ligne le 18 octobre 2019, consulté le 14 juin 2024. URL : http://journals.openedition.org/aad/3666 ; DOI:https://doi.org/10.4000/aad.

Fred Bihina in www.Cameroon-Info.Net,04 janvier 2019, consulté le 11 mars 2024.

Gerlach, Luther P. & Virginia H. Hine (1970), *People, power, change : movements of social transformation*, Indianapolis : Bobbs-Merrill

Jacoby, Tami Amanda (2015), « A Theory of Victimhood : Politics, Conflict and the Construction of Victim-based Identity », *Millennium* 43 : 2, 511-530, DOI: 10.1177/0305829814550258

Jensen, SuneQvortrup. 2011. « Othering, identity formation and agency », *Qualitative Studies* 2 : 2, 63-78, DOI : 10.7146/qs.v2i2.5510

Holstein, Jaims A. & Gale Miller (1990), « Rethinking Victimization : An Interactional Approach to Victimology », *Symbolic Interaction* 13 : 1, 103-122DOI : 10.1525/si.1990.13.1.103

Hughes, Robert (1993), *Culture of Complaint*, Oxford University Press.

https://ecomatin.net/, consulté le 11 mars 2024

https://www.237actu.com, consulté le 14 juin 2024

Ornella NtangaTshisuaka (2014), *les Enjeux d'une stratégie de communication de crise face au déficit de production d'électricité. Cas de la société nationale d'électricité SNEL*, Université de Kinshasa, RD Congo.

Ruth Amossy (2018), « Analyser la réparation d'image dans le discours électoral : bilan et perspectives » Dans *Langage et société* 2018/2 (N° 164), pages 9 à 23.

Thierry Libaert, "Les caractéristiques de la crise", in La communication de crise (2020), pages 7 à 32.

Solière Paka (2019), « Communication de crise et réseaux sociaux : le cas des riz Broli et Armanti en ''plastique'' », Mémoire de master, Institut Supérieur Matamfen, Yaoundé.

Steven, Fink, (1986), *Crisis Management: planning for the inevitable*, American Management Association.

Thierry Libaert (2020 : 51) « Les stratégies de communication de crise », *in La communication de crise*, pages 51 à 74.

William L. Benoit (2015), *Accounts, Excuses, and Apologies: A Theory of Image Restoration Strategies. New York*, State University of New York Press.

www.africafooddistribution.com, consulté le 10 mars 2024.

Section 4 :

Storytelling et intelligence économique : quels enjeux sur le développement du Cameroun

Richard Bertrand ETABA ONANA

Introduction

Le concept d'intelligence économique est sibyllin et syncrétique. Il fait l'objet de définitions interminables, qui donnent lieu à des débats intenses, tant au niveau théorique qu'au niveau pratique. Pour Azeumo (2013), la première définition de l'intelligence économique moderne date de 1967, par Harold Wilensky, dans un ouvrage intitulé, *L'intelligence organisationnelle*, qui définit l'intelligence économique comme l'activité de production de connaissances servant les buts économiques et stratégiques d'une organisation, recueillie et produite dans un contexte légal et à partir de sources ouvertes. Le rapport de Martre (1994) définit ce concept comme « l'ensemble des actions coordonnées de recherche, de traitement et de distribution en vue de son exploitation, de l'information utile aux acteurs économiques. Ces diverses actions sont menées légalement avec toutes les garanties de protection nécessaires à la préservation du patrimoine de l'entreprise, dans les meilleures conditions de qualité, de délais et de coût ». De l'avis de Bretonès et Saïd (2006), « Pour l'I.E[122]. L'intelligence est souvent définie comme la découverte et l'explication des contextes cachés, inhérents à la prise de décisions appropriées dans de nombreuses affaires et domaines économiques ». D'Almeida (2001) conçoit l'intelligence économique comme une habileté à comprendre finement et globalement un environnement complexe et à prendre la bonne décision. Pour Dumas (1991), l'intelligence économique pose la question de l'action collective ou action organisée dans l'optique du couple information/action dont la clé se trouve dans la génération de connaissances actionnables.

L'examen de toutes ces définitions, qui sont loin d'être exhaustives, montre bel et bien que la communication est une dimension oubliée, pourtant, comme le dit si bien Moinet (2009a : 54), « la communication apparaît [...] comme la clé de voûte de tout processus d'intelligence

[122] I.E est un acronyme qui veut dire Intelligence économique.

économique. Elle permet, en effet, de replacer le rôle de l'intuition dans le cadre plus stratégique du potentiel de situation, de pallier les inerties contre-productives de l'approche planificatrice et de questionner la formation des décideurs censés piloter leurs organisations à partir des informations stratégiques produites par le système d'intelligence économique » (sic). Conceptuellement, il est facile de comprendre comment la connaissance peut être considérée comme une composante intégrale de l'I.E. et par conséquent de la prise de décision.

Il est établi aujourd'hui que la communication est au centre de tout processus décisionnel. Pour mieux gérer une institution, il faut mettre sur pied une stratégie de communication pouvant permettre d'atteindre les objectifs escomptés. Tous les secteurs d'activités doivent, sans doute, avoir recours à la communication pour leur épanouissement. Que deviendront nos sociétés, nos institutions si l'on ne communiquait pas ? Selon Auguste Comte et la pensée positiviste, il faut « savoir pour prévoir, afin de pouvoir ». Au regard d'une brève revue de la littérature (Moinet (2009a et 2009b) ; Libaert et Moinet (2012) ; David (2005), le malheureux constat fait est que, dans tout le processus d'intelligence économique, la communication apparaît comme le parent pauvre. Juillet et Racouchot (2012 : 161) diront à ce sujet qu'en France, « le monde de la communication et celui de l'intelligence économique ne se connaissent pas ou peu. Ils ont le plus souvent l'un de l'autre une mécompréhension assez stupéfiante, enfermée qu'ils sont dans des *a priori* qui se réduisent à des stéréotypes, voire des caricatures ».

Cette réflexion se propose de montrer que l'ambition de l'Afrique subsaharienne d'être une réserve mondiale de développement peut être assouvie si et seulement si, dans le processus d'intelligence économique, elle présente des caractéristiques lui permettant de ne pas se confondre avec les autres et de la distinguer de son environnement. Ce qui est fait ailleurs ne peut pas aussi être appliqué avec succès en Afrique. Son ipséité doit avoir pour fondement son système de communication qui, sans doute, s'appuierait sur certaines spécificités africaines en matière de transmission des messages, notamment le récit, via la stratégie du storytelling - où les « histoires » peuvent se succéder aux discours, aux arguments et aux données chiffrées - et de ses exigences. La réflexion aura pour assise scientifique la théorie générale des systèmes de Luc Von Bertalanffy (1972), où les éléments constitutifs du système sont en interrelation. Les secteurs agricole, éducatif et culturel camerounais serviront de base dans notre démonstration. Il est question de montrer, via observations et analyses faites sur le fonctionnement du système économique camerounais, comment le storytelling peut permettre à l'économie camerounaise de prendre de l'envol, puisque « parler, c'est interagir ». Le plan de notre réflexion s'articule comme suit : 1. Cadre théorique et méthodologique ; 2. Quelques spécificités camerounaises en matière de transmission des messages ; 3. L'intelligence économique sous le prisme de la communication ; 4. Le storytelling, quels enjeux dans la démarche de l'intelligence économique ?

1. Cadre théorique et méthodologique

Dans cette réflexion, l'économie camerounaise est vue comme un système. Selon la perception de Bertalanffy (1973), le système « est un ensemble d'unités en interrelations mutuelles ». L'idée d'interrelation mutuelle est importante dans cette définition. S'il n'y a pas d'interrelation entre les éléments, dit Bertalanffy, il n'y a pas de système. C'est un ensemble organisé d'éléments interdépendants, tel qu'un changement d'un des éléments affecte automatiquement tous les autres, de sorte que l'ensemble du système se recompose. Selon Bertalanffy (1973 : XV), les systèmes sont « partout autour de nous » et « il ne suffit pas d'étudier les constituants et les processus de façon isolée, il faut encore résoudre les problèmes décisifs que posent l'organisation et l'ordre qui les unissent ; ils résultent de l'interaction dynamique des parties et rendent leur comportement différent selon qu'on les étudie isolément ou comme appartenant à un tout ». L'intelligence économique peut donc être vue comme un système et tous les acteurs de son processus comme des éléments qui le composent et le font tourner. Le système de fonctionnement de l'intelligence économique de l'Afrique doit lui être singulier et ne devrait pas se borner au mimétisme des systèmes occidentaux. Parmi les différents secteurs pouvant booster le système économique camerounais, l'on peut citer : l'agriculture, l'éducation, la culture, la santé. Ces différents secteurs doivent donc être en interrelation mutuelle. Le secteur santé peut permettre à l'agriculture de se développer et vice versa. La théorie générale des systèmes permet d'établir une interrelation entre ces différents secteurs à l'effet de mieux faire tourner l'économie.

Sur la base des résultats des enquêtes menées lors de nos travaux antérieurs, nous montrerons comment la communication narrative peut influencer positivement l'économie camerounaise, compte tenu de nos spécificités en matière de transmission des messages.

2. Quelques spécificités camerounaises en matière de transmission des messages

La communication peut être définie comme le fait de transmettre un ou plusieurs messages d'un émetteur à un ou plusieurs récepteurs au moyen d'un ou de plusieurs codes. Elle peut être orale, écrite, gestuelle. Elle peut aussi s'établir entre deux ou plusieurs personne(s) en présentiel ou via les canaux numériques. La communication orale africaine a donc ses spécificités. Selon Modo Asse (2000 : 93), « En prenant l'exemple de la communication orale, il existe des différences entre l'oralité africaine et les autres ; « Une épopée africaine telle que le « Mvet de Ndzana NgaZogo », ou la « Guerre d'Akomo Mba contre Mama » est construite et se dit différemment qu'une épopée classique ». La communication africaine a une méthodologie qui lui est propre et qui est transmise de génération en génération. C'est à ce sujet que Fame Ndongo, (1996 : 8) cité par Modo Asse (2000 : 96) dira : « si la communication est un art et une technique d'essence universelle (...), il n'en demeure pas moins vrai que chaque civilisation a ses schémas psychosociologiques, ses canons esthétiques, ses modes de pensée et ses modèles culturels qui, à travers des invariants pérennes, forgent sa "Weltanschauung", sa vision du Monde, sa manière d'Être et de Paraître, son art de Vivre ».

Au Cameroun, dépendamment des aires culturelles, la communication peut se faire par le chant (Épopée de Ndzana Nga Zogo), par le tam-tam, par les gestes, des signaux et aussi par des récits. Dans ce dernier cas, nous pouvons citer les histoires de la grand-mère ou du grand-père, au clair de la lune au village, au temps jadis, et qui restent encore gravées dans nos mémoires. Et les langues utilisées étaient des langues locales camerounaises. Cette technique de récit, qui a une fonction mémorielle, peut participer au développement du système économique camerounais.

3. L'intelligence économique sous le prisme de la communication

Lorsqu'on évoque le concept d'intelligence économique, de manière explicite, ce sont les sciences de gestion qui sont interpellées au premier rang. Or, dans le processus d'intelligence économique, les sciences de l'information et de la communication sont bien présentes. Il est question dans cette sous-section de présenter la démarche de l'intelligence économique et de montrer que la communication, bien négligée, en est un des maillons forts.

3.1. Le processus d'intelligence économique

Selon le rapport de Martre, l'intelligence économique vise la recherche tous azimuts de l'information utile. Et « L'information utile est celle dont ont besoin les différents niveaux de décision de l'entreprise ou de la collectivité, pour élaborer et mettre en œuvre de façon cohérente la stratégie et les tactiques nécessaires à l'atteinte des objectifs définis par l'entreprise dans le but d'améliorer sa position dans son environnement concurrentiel » (Martre, 1994). Pour Juillet et Racoucho (2012 : 161), « Cette information, il faut non seulement l'acquérir, mais encore la protéger et la traiter ». De l'avis de ces auteurs, l'efficacité d'une intelligence économique est sous-tendue par le triptyque « l'acquisition et le traitement optimisé de l'information (sans renseignement ou information, rien ne peut se faire) ; la protection de cette information, puisque le concurrent, l'adversaire ou l'ennemi font la même chose que nous ; enfin, la communication » (*ibid.*). Plusieurs questions nous taraudent l'esprit dès cet instant : comment sommes-nous parvenus à savoir que telle institution ou bien notre institution a besoin de telle ou telle information ? Comment procéder pour l'obtenir ? Comment la protéger ? Comment l'exploiter aux fins de satisfaire au besoin de l'institution ? La réponse à ce questionnement nécessite la mise sur pied de toute une dynamique visant l'obtention et l'exploitation d'une information utile.

Dans la pratique effective de l'intelligence économique visant à obtenir cette information, le rapport de Martre (1994) distingue 4 types d'intelligence économique :

- L'information économique de niveau primaire qui utilise l'information dont l'accessibilité est plus grade et la rareté est la moindre ;
- L'information économique de niveau secondaire dont l'accessibilité est aisée ou de difficulté moyenne, mais qui peut être méconnue et la rareté moyenne ;
- L'information économique tactique ou de terrain dont l'accessibilité est difficile (interviews, communications orales) et dont la rareté est importante ;
- L'information économique de puissance ou stratégique qui repose sur le traitement de l'information dont l'accessibilité est sophistiquée, difficile et délicate (identification des intentions et des capacités futures d'un concurrent) et la rareté est grande.

L'information est au cœur du processus de l'intelligence économique. Comment obtenir donc une information sans connaissance ? Beaumard (1999 : 60) dira à ce sujet que :

> *Les actuels dirigeants mondiaux, nés pour la plupart dans des maisons sans ordinateur, note-t-il, ont été profondément influencés par la cybernétique. Dans un monde cybernétique, la vie économique et sociale est vue comme un système ; les valeurs sont classées, les systèmes économiques modélisés ; les structures sociales font l'objet de typologies et l'on invente des idéologies pour faire coller l'ensemble. Dans un tel monde, les dirigeants ne mettent pas longtemps à comprendre que l'information est le pouvoir, et la systématisation de cette information, la structure de ce pouvoir. Information et vision. L'histoire leur a, jusque-là, donné implicitement raison. Le pouvoir étant centralisé, l'information devait l'être tout autant...*

A posteriori, il est clair que l'information n'est plus synonyme de pouvoir, c'est plutôt la communication. Ces deux notions sont liées et Perriault (2000 : 9) le démontre bien :

> *Il serait étrange, lance-t-il, de dissocier information et communication, car ce sont bel et bien les mêmes acteurs, hommes et société, qui les pratiquent. Si nous maintenons cette opposition, cela signifie en clair que nous partons, non pas de l'homme et de la société, mais de leurs techniques : presse, documentation, etc. Les sciences humaines et sociales nous considèreront à bon droit comme une discipline technicienne, alors qu'elles sont nos sœurs.*

Il est donc clair que, dans le processus de la mise sur pied d'un outil d'aide à la décision, la communication apparaît à tous les niveaux. Un éleveur, par exemple, doit savoir comment écouler son bétail et le bénéfice tiré de son activité à court, moyen et long terme. On ne doit pas s'engager dans une activité par suivisme, il faut rechercher la bonne information et la partager. Il en est de même d'un apprenant qui s'engage à mener des études dans tel ou tel domaine, il doit savoir là où il va et ce qu'il compte faire ou devenir. Cette connaissance permettra d'éviter de former des éternels chômeurs ou chercheurs d'emploi. La communication est donc consubstantielle à la démarche de l'intelligence économique.

3.2. La communication au cœur du processus de l'intelligence économique

Si nous admettons avec Favier et Hihajadene (2004) que l'objectif de l'intelligence économique est de comprendre et d'influencer son environnement et que la question du sens et de sa construction est centrale, l'intelligence économique doit être envisagée comme une situation complexe et paradoxale qui contribue à la construction des médiations de l'information spécialisée, et qui vise à assurer le positionnement d'une organisation dans un contexte donné (Couzinet, 2005 : 21). De ce fait,

> *L'intelligence économique et le système d'information qu'elle mobilise peuvent être compris comme cette intelligence particulière de l'action, comme la forme moderne de la métis grecque qui engage la recherche du succès dans le domaine de l'action (...) L'intelligence économique n'est pas seulement un art de la gestion de l'information, un art de la guerre (au sens où a été créée en France une École de guerre économique), elle est aussi et surtout un art d'une habileté à comprendre finement et globalement un environnement complexe et à prendre la bonne décision* (D'Almeida, 2001, pp. 50-51).

Cette suggestion D'Almeida laisse apparaître deux notions : information et action. Ce couplage information/action est avant tout, de l'avis de Bruté de Rémur (2006 : 192), une question de communication.

Dans le rapport de Martre (1994 : 70), la communication est bien présente ; l'intelligence économique « *transforme l'organisation de l'entreprise. Elle opère des décloisonnements et détermine de nouveaux modes de communication. Aux différents niveaux de la structure, elle modifie les qualifications d'un grand nombre de salariés et transforme la nature des relations sociales, ainsi que le contenu de la concertation avec les syndicats.* »

Évoquée bien sûr, effleurée sans doute, mais rarement intégrée aux réflexions et pratiques de l'intelligence économique, la communication est le parent pauvre des pratiques d'intelligence économique et l'analyse communicationnelle apparaît comme la grande absente des recherches sur la question, nous dira Moinet (2009b : 166). Le rapport de Martre fait bien allusion ici à la communication-participation et l'un de ces nouveaux modes de communication aujourd'hui peut être le storytelling, basé sur l'influence.

Un examen minutieux de la démarche de l'intelligence économique montre que la principale visée est l'influence, qui consiste, à en croire Juillet et Racouchot (2012 : 162), « à amener celui que l'on veut influencer à changer son paradigme de pensée, à modifier ses fondamentaux ». Dans la stratégie d'influence, ajouteront-ils « On lui offre la possibilité de réviser ses positions, en mesurant la validité des informations que l'on porte à sa connaissance ou en l'amenant par la séduction à d'autres niveaux de perception que ceux auxquels il avait initialement accès ». Pour parvenir à une véritable influence, l'on doit avoir recours à la communication qui apparaît bien dans le triptyque (acquisition et traitement optimisé de l'information ; protection de cette information et communication de ladite information) du processus de la démarche de l'intelligence économique. Dans cette perspective, nous avons des choix à opérer selon notre logique communicationnelle. Si le but est de diffuser l'information vers les cibles à l'effet de les aviser des dangers potentiels, les sensibiliser et susciter leurs actions, on peut avoir recours à la communication classique. La communication d'influence peut intervenir dans la perspective où les informations obtenues seront utilisées contre les potentiels concurrents. Un cacaoculteur doit avoir des informations sur le cacao et ses dérivés, les potentiels acheteurs, etc. Les informations reçues doivent lui permettre d'entreprendre des actions qui lui permettront de booster sa production.
La recherche en intelligence économique doit, selon Libaert et Moinet (2012 : 6), se structurer autour des cinq enjeux scientifiques du « tournant communicationnel » :

- La discontinuité entre l'homme et les outils qu'il a pour communiquer avec autrui ;
- La construction de la communication, processus plus complexe que la transmission de l'information ;

- La question des représentations du récepteur ;
- La gestion de l'altérité ;
- L'importance de l'incommunication, qui rappelle que le sens de la communication est moins le partage de valeurs ou d'intérêts communs, que la construction d'une cohabitation (Wolton, 2007, p. 196-197).

Dans le processus de l'intelligence économique, la communication est donc bel et bien présente. Elle intervient à tous les niveaux d'intervention. Toujours de ces auteurs,

> *dans la pratique communicationnelle des organisations, l'interpénétration des deux champs est manifeste. Loin de se réduire au domaine de la communication commerciale avec qui elle fut longtemps confondue, l'intelligence économique concerne tant le volet des disciplines à l'exemple de la communication d'influence ou financière, que celui des outils, que ceux-ci soient relatifs à la communication événementielle, aux relations presse ou à la communication digitale » (Libaert & Moinet, 2012 : 7).*

La communication est le barycentre du processus d'intelligence économique. François et Huyghe (2009) diront à ce sujet que « les forces attaquantes fondent la légitimité de leurs actions à partir de l'art de la rhétorique et de la qualité de leurs réponses à une problématique locale, régionale ou mondiale. Elles évitent d'inventer de faux arguments ou de recourir aux mensonges et aux omissions ». La rhétorique et le comportement des acteurs de l'intelligence économique apparaissent donc comme une force agissante, sans oublier la véracité des arguments. L'implémentation de cette rhétorique nécessite des outils linguistiques et culturels propres à une institution, qui, dans le cadre des pays africains, peuvent être implémentés par le storytelling.

4. Le storytelling, quels enjeux dans la démarche de l'intelligence économique ?

Une bonne communication réside sur une bonne stratégie qui est définie par Baumard (2012) comme « la capacité de définir une raison d'être – un dessein – qui assure la pérennité et l'épanouissement de ce qui est, et de ce qui sera ». Dans le cadre de la communication, cette stratégie sera le storytelling qui sera appliqué à la démarche stratégique.

4.1. Le storytelling, technique de communication efficiente

Examinons de près cette pensée de Roland Barthès :

sous ses formes presque infinies, le récit est présent dans tous les temps, dans tous les lieux, dans toutes les sociétés ; le récit commence avec l'histoire même de l'humanité ; il n'y a pas, il n'y a jamais eu nulle part aucun peuple sans récit ; toutes les classes, tous les groupes humains ont leurs récits, et bien souvent ces récits sont goûtés en commun, par des hommes de culture différente, voire opposée : le récit se moque de la bonne et de la mauvaise littérature : international, transhistorique, transculturel, le récit est là, comme la vie (Barthès, 1966).

Cette pensée montre combien le récit est important dans la vie d'un être humain. Il permet de raconter le monde, de l'expliquer. De nos jours, le récit apparaît sous plusieurs formes (journal, cinéma, littérature...). Au sein des communautés humaines, le récit participe à la transmission des interdits, des valeurs, de l'identité, de la mémoire, de l'histoire. C'est donc quoi un récit ?

Le récit, tel que l'analyse Paul Ricœur (1983, 1984, 1985), est un acte de langage possédant un effet performatif. Nos actes sont interprétés par autrui comme un texte qui parle de nous et, corollairement, selon Godin (2014 : 129) « chaque récit ravive en nous nos motivations et nos finalités. Une action n'existe pas indépendamment de son sens, et c'est le récit qui le lui donne. Un récit n'est pas une fuite hors du monde réel au profit d'un monde imaginaire, mais un travail opéré sur soi-même, sur sa relation au monde et aux autres. Il nous aide à construire notre soi-même, il a une fonction *pratique* ». La lecture de Ricœur du récit permet de faire une nette distinction entre storytelling, récit et narration.

Le terme *storytelling* n'est pas un récit, et encore moins une narration. Un récit, en effet, selon Godin (*op. cit.*) « Est un discours ordonné qui met en scène, par le moyen des mots, une histoire, c'est-à-dire une suite chronologique d'événements touchant des faits et des individus déterminés. Il émane nécessairement d'un locuteur singulier, il exprime un point de vue particulier sur le monde. Ainsi, peut-on comprendre qu'une même « histoire » puisse donner lieu à des récits différents ». La narration, quant à elle, désigne un récit détaillé, où l'on distinguera : la situation initiale, l'élément perturbateur, les péripéties, les moyens de la résolution, et la résolution. Elle peut, comme le récit, être écrite ou orale et évoquer des faits réels ou imaginaires.

Selon Jean-Michel Adam,

Pour qu'il y ait récit, il faut d'abord la représentation d'une succession temporelle d'actions. Il faut ensuite qu'une transformation plus ou moins importante de certaines propriétés initiales des actants soit réalisée ou échoue. Il faut enfin qu'une mise en intrigue structure et donne un sens à cette succession d'actions et d'événements dans le

> *temps. La réalisation de cette dernière condition permet de ne pas confondre un récit proprement dit et une simple description ou relation d'actions ou le portrait d'un personnage par ses actes »* (Adam, in Charaudeau et Maingueneau, 2002 : 484).

Le récit se caractérise par la « succession d'événements, la notion de processus et la transformation des prédicats dans le temps » (D'Almeida, 2004 : 27) et selon le *Dictionnaire d'analyse du discours* (article « Récit ») par trois points essentiels : une succession temporelle d'actions, la transformation des propriétés initiales des actants, la mise en intrigue. La mise en intrigue permet, selon le *Dictionnaire d'analyse du discours*, « de ne pas confondre un récit proprement dit et une simple description ou relation d'actions ». Elle consiste à « mettre dans un certain ordre textuel [...] la suite des événements et des actions qui constituent l'histoire racontée » (*ibid.*).

Le storytelling est défini par Salmon (2008 : 223) cité par Boittiaux (2021 : 32) comme une pratique, mais aussi un dispositif, « dans lequel s'opposent ou collaborent les forces sociales et des institutions, des narrateurs et des contre-narrateurs, des techniques d'encodage et de formatage, sans oublier la parole fragmentée qui palpite et se réverbère sans cesse dans la médiasphère ». Boittiaux (2021 : 32), quant à lui, le définit comme « un usage du récit et un type de récit caractérisés par la mise en récit de contenus et de formes qui ne sont pas familiers du récit ». Au regard de ces observations, le storytelling apparaît comme une technique de communication qui permet de véhiculer des idées fortes, de séduire et de convaincre par l'émotion plus que par l'argumentation, de partager des anecdotes intrigantes, de favoriser l'identification à des enjeux et, par conséquent, de susciter la curiosité des apprenants et leur adhésion. En d'autres termes, pour reprendre les termes d'Yves Jeanneret (2014) sur l'évolution des formes, le *storytelling*, « instrument » professionnel de communication, est passé au stade de l'objet « instrumentalisé ».

À travers la narration, le storytelling est une technique relativement ancienne du marketing et dont l'enjeu général vise à susciter l'intérêt et l'adhésion en racontant des histoires aux publics. Encore appelé communication narrative, le storytelling consiste en l'utilisation des codes narratifs pour faire passer des informations. Le « récit » du storytelling est pris dans la temporalité immédiate et urgente de la campagne (commerciale ou électorale) (Godin, 2014 : 131).

Dans le processus d'intelligence économique, il peut bien s'adapter. Il permet de capter et de retenir l'attention ; d'établir des fils conducteurs -vu que les histoires construisent des liens causaux, temporels et narratifs- ; de favoriser la mémorisation – on oublie rarement les histoires entendues- ; d'engager émotionnellement, car elles mobilisent des représentations émotionnelles pour engager et persuader dans le but de provoquer une réaction des destinataires, qui se sentent concernés ; d'imaginer et se projeter, puisque les histoires permettent de voir plus grand et plus loin. Tout bien considéré, l'on peut déduire que les histoires ont un pouvoir, puisque le cerveau humain est réceptif aux histoires et en raffole.

Les observations faites sur les acteurs des secteurs agricole, éducatif, culturel, pour ne citer que ceux-ci, montrent que la rumeur, les préjugés et des on-dit alimentent le quotidien des citoyens et sont pris pour argent comptant. Si nous prenons, par exemple le secteur éducatif, jadis, l'enseignement technique était réservé aux faibles. L'enseignement général était considéré comme le plus indiqué pour une réussite. À la fin de la formation, l'on s'attendait à être recruté et avoir un « bureau de grand fonctionnaire ». Aujourd'hui, cette conception a de lourdes conséquences, le taux de chômage est élevé et, lors des concours, les places réservées aux candidats de niveau baccalauréat sont convoitées par les titulaires d'une licence, d'un master, voire d'un doctorat. Pourtant, que l'on ait suivi une formation professionnelle ou bien d'une formation générale, l'on peut toujours être un créateur d'emploi et non un demandeur d'emploi. La bonne information n'est pas toujours disponible et le storytelling via les réseaux socionumériques, par exemple, peut aider à la prise d'une bonne décision.

Toutefois, cette pratique est critiquée de nos jours par des chercheurs, l'accusant de manipulation. Bonnet, Camille-Delahaye et Sebbah (2021 : 8) diront à ce sujet que « Le *storytelling* porte en son sein le soupçon du mensonge (comme l'indiquent les nombreux débats sur la notion), l'histoire étant perçue comme une fiction manipulatrice, anathème qui rejoint la défiance envers la persuasion, la mise à l'index du *pathos* (qu'il soit lié au ludisme ou à l'appel à l'émotion) dans la tradition platonicienne ». Selon Steve Denning, théoricien le plus connu du *storytelling* aux États-Unis cité par Godin (2014 : 133), « la communication traditionnelle reposait sur la trilogie de reconnaissance d'un problème/analyse/préconisation d'une solution. À partir du moment où cette méthode a atteint ses limites avec le public moderne, blasé par la communication classique, rendu sceptique et méfiant, le *storytelling* lui substitue une nouvelle triade : capter l'attention/stimuler le désir de changement/emporter la conviction grâce à l'utilisation d'arguments. Or, comme le dit si bien Godin (2014 : 133), « La logique du *storytelling* n'est pas censée être celle du mensonge cynique. Bien au contraire ! Le *storytelling* valorise la sincérité et l'authenticité, c'est-à-dire la valeur de vérité, mais considérée de façon purement formelle ». Le storytelling dont il est question dans notre réflexion est donc celui dont parle ici Godin et non un storytelling politique. Il est question, rappelons-le, de la gestion d'une bonne information dans une perspective économique. Un récit étant un discours qui demande à être cru, il se pose comme un objet de croyance. On y adhère dès lors qu'il se présente comme véridique, renchérit

Godin (*ibid.*), et, de ce fait, un storytelling frelaté serait préjudiciable à l'institution.

Le storytelling a des applications dans plusieurs secteurs d'activités. Ses applications professionnelles ont commencé aux États-Unis, en politique sous l'ère Reagan. Depuis 2017, en France, le storytelling a gagné en notoriété. Dans un sens plutôt restrictif, le livre de Christian Salmon et l'adoption du mot, storytelling par les médias pour parler des élections présidentielles américaines et françaises ont limité le concept à son utilisation politique. Selon Wilfrid Gerber, Jean-Christophe Pic et Alina Voicu (sd : 10), « Ses applications pour l'entreprise vont être conceptualisées au début des années 2000 par Steve Denning, ancien patron du Knowledge Management de la Banque mondiale, dans le domaine du management et de l'accompagnement du changement. Puis, le storytelling va s'étendre à la communication de marque, au marketing, etc. ». Il peut donc être appliqué à l'entreprise, étant donné qu'il facilite la mise en récit des messages de communication pour faire connaître une marque ou un projet, faire adhérer les parties prenantes (partenaires, supérieurs hiérarchiques, banquiers, financeurs, collaborateurs, clients, fournisseurs, médias, etc.) et agir sur leurs comportements. L'histoire, à la différence d'une information présentée de façon purement rationnelle et froide, mêle raison et émotion. La mise en récit permet aux parties prenantes de comprendre le sens général du ou des messages, de mieux les retenir et de s'en faire les porte-parole vis-à-vis de leur entourage (op. cit.), à l'effet d'intéresser leurs principaux acteurs dans le système d'intelligence économique.

4.2. Quelques applications du storytelling dans le processus d'intelligence économique camerounais

Que ce soient la communication commerciale, la communication d'influence, la communication financière, la communication événementielle et la communication digitale, bref, dans tout type de communication, le storytelling reste une stratégie efficace, pouvant permettre à une entreprise d'émerger. Comme l'explique Dumas (1991 : 40), « l'intelligence – c'est-à-dire la compréhension et la connaissance – qui émerge de l'organisation ne peut faire émerger […] que si les individus font fonctionner les boucles récursives information, organisation et en particulier communication ». Chez Wilensky (1967) cité par Moinet (2009b : 161), l'intelligence est entendue comme le recueil, l'interprétation et la valorisation systématique de l'information pour la poursuite de ses buts stratégiques. Mais attention. Pour l'auteur américain, il ne s'agit pas d'un processus d'accumulation d'informations, mais plutôt de production de connaissances, par les gouvernements et les industriels, et en cas de nécessité, dans le cadre de stratégies collectives. Le storytelling intervient ici dans une logique de conviction. Il s'agit d'apprendre à raconter pour convaincre. Dès lors intervient la rhétorique qui est définie par Guscetti (2011 : 24), comme ce qui « permet, grâce aux mots et aux arguments, de convaincre, conduire et de provoquer le changement et ce qui rend l'orateur persuasif, éloquent et capable de donner du sens ». Pour cet auteur, « Le storytelling peut permettre de faire évoluer l'opinion et les représentations [...] il peut induire des changements dans la culture et les habitudes sociales (Guscetti, 2011 : 71). S'inspirant de la théorie des actes de langage d'Austin (1962) et Searle (1969), l'on remarque que le *storytelling* s'envisage à l'aune de ses effets perlocutoires, de l'ordre du *faire faire* et du *faire croire*. Raconter devient un outil et le *storytelling* un moyen pour réaliser des objectifs pratiques de l'ordre de la conviction. Une définition pragmatique du storytelling serait donc, « la capacité à raconter une histoire. Une histoire belle et adaptée qui convainc et provoque l'adhésion. Une histoire en lien avec son activité professionnelle, sa prestation, son idée, son produit. Mais aussi une histoire en lien avec la réalité de celui qui va l'écouter (Guscetti, 2011 : 72). Comment donc réussir un bon storytelling dans une démarche d'intelligence économique ?

Pour exister, diront juillet et Racouchot (2012 : 167), « toute structure ou toute entité vivante doit se différencier, donc présenter des caractéristiques permettant de ne pas la confondre avec les autres, de la distinguer de son environnement. L'individu lui-même n'existe que par ses caractères différenciants, sous peine d'être fondu dans un agrégat, lequel devra de toute façon se différencier à son tour des autres agrégats ». Le storytelling à l'africaine via la mise en valeur des langues et des cultures africaines permettra, sans doute, à notre économie de prendre son envol. Pour y parvenir, le *storyteller* doit pouvoir raconter une histoire belle et adaptée au contexte africain. Cette adaptation passe par une bonne identification du problème à résoudre dans notre histoire de proposer une solution originale audit problème.

Sur le plan agricole, à l'heure actuelle au Cameroun, l'on assiste depuis le début de la fin d'année 2023 à une envolée du prix du kilogramme de cacao, avoisinant les 5500 FCFA. Pour la croissance économique et le développement de ce secteur agricole, nous observons, dans certains villages, la réticence des cacaoculteurs à ouvrir des comptes bancaires. Les achats se font par paiement numéraire, exposant nos vieux cacaoculteurs à une insécurité atypique, et même, les plongeant dans une incertitude à tenir l'intercampagne. Au terme d'une vente, un cacaoculteur peut se retrouver avec des dizaines de millions en espèces et s'exposer aux agressions de toute nature. L'objectif visé ici est donc la sécurité des vies et des biens de ces cacaoculteurs. Cette sécurisation des fonds via des banques à un triple enjeu économique : elle permettra aux vendeurs de bien assurer l'intercampagne qui dure parfois 9 mois et leur permettra de s'approvisionner en produits d'entretien des champs ; les concernés pourront aussi bénéficier des crédits bancaires leur permettant de développer d'autres secteurs d'activités ; la banque pourra aussi générer des fonds via les intérêts relatifs aux crédits. La prise en charge médicale de ces cacaoculteurs ne sera pas aussi négligée. Au vu de ces problèmes, et connaissant dès lors nos cacaoculteurs et leurs difficultés, des *storytellings* pourraient être construits à l'effet de les amener à adhérer à cette volonté économique. En storytelling, comme le dit si bien Guscetti (2011 : 100), « afin d'entrer dans l'histoire, il faut comprendre les différents personnages et les difficultés qu'ils rencontrent. Le conteur va devoir identifier et verbaliser des émotions. Le récit gagnera en intensité grâce aux émotions ». Seront donc pris en compte, par exemple, le niveau d'instruction, la langue, la culture et leurs convictions religieuses.

Sur le plan de l'éducation, le ministre camerounais de l'Emploi et de la Formation professionnelle, dans ses interviews à la presse, démontre la pertinence des formations professionnelles au grand dam des filières classiques, telles que l'histoire, la géographie, etc. Or, le développement économique peut passer par ces offres de formation là. Un storytelling basé sur l'histoire pour le développement ou la recherche en histoire pour le développement pourra remettre en confiance les apprenants dans ces disciplines et les encourager à œuvrer, au terme de leur formation, pour le développement du pays. On pourra, par exemple, monter des storytellings montrant les débouchés dans ces disciplines et les diffuser via les réseaux sociaux numériques.

Le patrimoine culturel camerounais étant riche et varié, il peut également constituer un facteur de développement. Il suffit de calquer le modèle égyptien où les pyramides de Gizeh attirent chaque jour de nombreux visiteurs. Une communication narrative présentant ce que le patrimoine culturel camerounais peut apporter à son économie permettra, sans doute, aux acteurs qui y sont impliqués de sortir de leur léthargie.

Conclusion

Tout bien considéré, l'enquête documentaire et les observations faites lors de nos enquêtes antérieures montrent bel et bien que la communication reste le parent pauvre dans le processus de l'intelligence économique, pourtant elle intervient à tous les niveaux dans la démarche de l'intelligence économique. L'hypothèse émise par Farchy et Froissart (2006 : 14) est que, si la communication n'a pas été plus présente dans l'analyse économique, c'est sans doute parce qu'elle remet en cause un certain nombre de ses présupposés, comme la rationalité limitée ou le principe même du marché et de sa main invisible. D'autres raisons peuvent être la scission qui existe entre l'information et la communication. Or, dans ledit processus, information et communication doivent s'ajointer. Toutefois, la communication reste « la clé de voûte de l'intelligence économique ». L'intelligence économique a été abordée ici comme un système où les différents acteurs sont en interrelation. Via le mode de communication ayant recours au storytelling où les histoires peuvent émouvoir et amener la cible à changer de comportement, l'économie africaine peut prendre son envol. Il n'est pas question de l'histoire pour l'histoire, il faut une histoire adaptée au contexte et dans une langue bien comprise par la population cible et une histoire vraie. Tous les secteurs d'activité sont concernés. Il y a donc péril en la demeure, et les décideurs africains ont intérêt à valoriser les résultats des travaux de recherche qui sont menés dans la perspective du développement économique de l'Afrique, en tant que réserve mondiale de développement.

Références bibliographiques

ADAM J.-M. (2002). Récit. Charaudeau, P. et Maingueneau, D. (dir.), *Dictionnaire d'analyse du discours*, Le Seuil, 484-487.

AUSTIN, J. L. (1962). *How to do things with Words*. Oxford : Clarendon Press.

AZEUMO, S. W. (2013). L'intelligence économique camerounaise (IEC). *L'intelligence économique camerounaise (IEC)*, 1-94.

BAUMARD, P. (1999). La guerre du savoir a commencé. *L'Expansion Management Review*, 60-69.

BAUMARD, P. (2012). *Le vide stratégique*, Paris, CNRS éditions.

Bertalanffy, L. V. (1973). *Théorie générale des systèmes. Physique, biologie, psychologie, sociologie, philosophie*, Paris, Dunod.

Boittiaux, J. (2021). Des experts au royaume Du storytelling : Disneyland raconte son art », in *Revue internationale des sciences commerciales : communication et management. Recherche-Pratique*, Vol.18, N° 1.

BONNET, V., CAMILLE-DELAHAYE, P. et SEBBAH, B. (2021). Le storytelling, le récit entre construction et atomisation de l'image et du discours. *Revue internationale des sciences commerciales : communication et management. Recherche-Pratique*, Vol.18, N° 1.

BRETONÈS, D. et SAÏD, A. (2006). Intelligence économique (I.E) et Management des connaissances (K.M) : deux facettes complémentaires d'une même problématique. *Colloque « En route vers Lisbonne » - 9 et 10 novembre 2006.*

BRUTÉ DE REMUR, D. (2006). *Ce que l'intelligence économique veut dire*, Paris : Éditions d'Organisation.

COUZINET, V. (2005). Intelligence économique et Sciences de l'Information et de la Communication : quelles questions de recherche ? *Organisation des connaissances dans les systèmes d'information orientés utilisation, Actes du colloque international de ISKO-France des 28-29 avril 2005 recueillis et publiés par Amos David,* Presses universitaires de Nancy, p 13-26.

D'ALMEIDA, N. (2004). Les organisations entre récits et médias. *Canadian Journal of Communication*, Vol. 29, 25 - 46.

D'ALMEIDA, N. (2001). *Les promesses de la communication.* Paris, Presses universitaires de France.

DAVID, A. (2005). L'Intelligence économique et les Systèmes d'Information : Problématiques et approches de solutions. http://hal.inria.fr/inria-00000255/en/.

DUMAS, P. (1991). *Information et action.* Habilitation à Diriger des Recherches, Université du Sud Toulon-Var.

FAME, N., (1996). *Un regard africain sur la communication. À la découverte de la géométrie circulaire*, Ed. Saint-Paul, Yaoundé.

FARCHY, J., FROISSART, P. Le paradoxe de l'économie et de la communication ». *Hermès,* n° 44, 2006, 9-16.

FAVIER, L., HIHAJADENE, M. (2004). Les outils de veille et d'intelligence économique. *Méthodes avancées pour les systèmes de recherche d'informations*, Paris : Hermès-Lavoisier, pp. 219-237.

FRANÇOIS, L., HUYGHE, F.-B. (2009). *Contre-pouvoirs – De la société d'autorité à la démocratie d'influence*, Paris, Ellipses.

GERBER, W., PIC, J.-C. et VOICU, A. (sd). *Le Storytelling pas à pas*, Vuibert Pratique.

GODIN, C. (2014). « Politique : quand le récit remplace le réel », in *Cités* 2014/1 (n° 57), pages 121 à 138, en ligne surhttps://www.cairn.info/revue-cites-2014-1-page-121.htm.

GUSCETTI, J. M. (2011). *Storytelling. L'art de convaincre par le récit.* Genève : Slatkine.

JEANNERET Y. (2014). *Critique de la trivialité : les médiations de la communication, enjeu de pouvoir*, Éditions Non standard, Paris.

JUILLET, A. et RACOUCHOT, B. (2012). L'influence, le noble art de l'intelligence économique. *Communication et organisation*, 42 | 2012. http://journals.openedition.org/communicationorganisation/3921. https://doi.org/10.4000/communicationorganisation.3921

LIBAERT, T. et MOINET, N. (2012). La communication, clé de voûte de l'intelligence économique. *Communication et organisation,* 42 | 2012. https://doi.org/10.4000/communicationorganisation.3828

MARTRE, H. (1994). *Intelligence économique et stratégie des entreprises*, Rapport du groupe de travail du Commissariat général du Plan, Paris : La Documentation française.

MODO, A. (2000). La communication africaine : problèmes et perspectives. *Fréquence Sud,* N° 15. https://journals.uct.ac.za/esstic/index.php/frequence_sud/issue/view/15.

MOINET, N. (2009a). Du « savoir pour agir » au « connaître est agir » L'intelligence économique face au défi de la communication. *Les Cahiers du numérique,* 2009/4 (Vol. 5), 53-77.https : //www.cairn. info/revue-les-cahiers-du-numerique-2009-4-page-53.htm.

MOINET, N. (2009b). L'épistémologie de l'intelligence économique face au défi de la communication. *Revue internationale d'intelligence économique*, 2009/2 (Vol 1), 159-173. https://www.cairn.info/revue-internationale-d-intelligence-economique-2009-2-page-159.htm.

PERRIAULT, J. (2000). Un discours SIC orienté vers l'action. *La lettre d'Inforcom,* n° 58.

Searle, J. (1969). *Speech Acts : An Essay in the Philosophy of Language.* Cambridge : Cambridge UniversityPress.

RICŒUR, P. (1983, 1984 et 1985), *Temps et récit*, trois volumes, Paris, Seuil.

WILENSKY, H. (1967). *Organizational Intelligence: Knowledge and Policy in Government and Industry*, New York: Basic Books.

WOLTON D. (2007). De l'information aux sciences de la communication. *Hermès* n° 48, *Racines oubliées des sciences de la communication*, Paris, CNRS Éditions, 2007, p. 189-202.

Chapitre 6 :

L'intelligence économique aux prises avec le droit

Section 1 :

L'intelligence juridique en Afrique subsaharienne : aspects juridiques de l'intelligence économique

Adama Sel COULIBALY,

Guenbour SAIDA
et
Aly Sory OUERE

Introduction

Dans un monde globalisé, numérisé et interconnecté, l'intelligence économique (IE) – « *maîtrise et protection de l'information stratégique utile aux acteurs économiques* » (Delbecque, É. & Pardini, G, 2008) devient cruciale pour stimuler la compétitivité en Afrique, notamment subsaharienne. L'IE trouverait ses racines dans le renseignement commercial, une pratique ancienne remontant à l'Antiquité (ibid.). L'IE présente toutefois une perspective théorique innovante par rapport à son ancêtre (ibid.)

Aujourd'hui, la prise de conscience de l'importance de l'IE s'étend des États aux entreprises multinationales (Moussa Abdou, 2022), aux moyennes et petites entreprises, ainsi qu'aux communautés économiques régionales (CER). Cela se manifeste par l'adoption d'outils, de pratiques et d'un cadre législatif (Rabi T, 2O21) visant à garantir une compétitivité équitable sur la scène internationale. Dans cette perspective, le droit permet de protéger le patrimoine informationnel et faire face à la globalisation et à la concurrence internationale. La maîtrise de l'information stratégique devient donc cruciale pour le succès commercial et la pérennité des entreprises.

Concrètement, l'IE englobe des activités de veille, de sécurisation de l'information stratégique et d'influence, toutes menées dans le respect de la légalité. Ces actions se déploient à travers trois grandes étapes : la veille, la protection et le partage de l'information, et l'influence adaptés selon le niveau de maturité et le secteur de l'entreprise. Il est crucial de souligner que toutes les méthodes ne sont pas acceptables pour obtenir de l'information stratégique, d'où l'importance de maîtriser les aspects juridiques de l'IE – « *intelligence juridique* » (Warusfel B, 1999).

Cet article explore les divers aspects juridiques de l'IE dans le contexte spécifique de l'Afrique subsaharienne[123], et met en lumière les défis et perspectives façonnant cette discipline émergente. L'intelligence juridique met l'accent sur la connaissance et l'exploitation stratégique des réglementations locales, régionales, et internationales pour les acteurs de l'IE. Elle soulève pour les entreprises des questions juridiques et éthiques quant à la collecte, l'utilisation, le partage ainsi que la protection des informations sensibles et/ou stratégiques – les données personnelles, la propriété intellectuelle (brevets, marques déposées, droits d'auteur), les pratiques anticoncurrentielles (abus de position dominante, ententes, pratiques restrictives de concurrence), etc. La préoccupation majeure des États devant ces enjeux juridiques est une régulation globale (Gilles J-P et Perrat J, 2003) et surtout intelligente. La problématique traitée consiste à savoir : **dans quelle mesure l'intelligence juridique peut être mobilisée comme instrument de management stratégique et de compétitivité par les entreprises et les investisseurs étrangers en Afrique subsaharienne ?**

Notre étude se veut, un cadre de compréhension approfondie des enjeux de la pratique de l'intelligence juridique. Elle offre une base essentielle pour le déploiement de cette dernière dans le contexte africain, en évolution constante. En adoptant une méthode analytique, il s'agit d'une part d'examiner les enjeux de l'intelligence juridique en Afrique subsaharienne (I), et son intégration par les entreprises africaines ou les entreprises étrangères implantées en Afrique subsaharienne, d'autre part (II).

1. les enjeux de l'intelligence juridique en Afrique subsaharienne

Les juristes aussi s'intéressent à l'IE ; et cherchent à définir le cadre juridique de son exercice. Cette recherche conduit le juriste à qualifier *d'intelligence juridique,* par analogie à l'IE, ce qui serait sa dimension juridique. Ainsi, la doctrine voit dans l'intelligence juridique une discipline neuve, calquée sur l'IE, réelle et nécessaire, marquée de spécificités propres à la pensée juridique et à l'exercice des métiers du droit (Chaouis V p.)

L'intelligence juridique met l'accent sur la connaissance et l'exploitation stratégique des réglementations locales, régionales, et internationales par les acteurs privés et publics. Cette première partie de notre étude se borne à mettre en lumière, les enjeux de l'intelligence juridique pour les entreprises, sociétés multinationales, petites et moyennes entreprises (1.1) pour la

[123] L'appellation « Afrique subsaharienne » fait l'objet de controverse ; toutefois, certaines organisations et institutions internationales (ONU, Banque mondiale, FMI…) considèrent comme Afrique subsaharienne tous les pays du continent africain en excluant cinq (5) pays (Algérie, Égypte, Libye, Maroc, Tunisie).

réalisation d'un objectif stratégique global – protection du patrimoine informationnel des entreprises africaines (1.2).

1.1. Les enjeux de l'intelligence juridique pour les entreprises

L'intelligence juridique peut se définir comme « (…) l'ensemble des techniques et des moyens permettant à un acteur – privé ou public – de connaître l'environnement juridique dont il est tributaire, d'en identifier et d'en anticiper les risques et les opportunités potentiels, d'agir sur son évolution et de disposer des informations et des droits nécessaires pour pouvoir mettre en œuvre les instruments juridiques aptes à réaliser ses objectifs stratégiques ». Cette définition de WARUSFEL (1999) n'est pas la seule ; mais elle a l'avantage de mettre en lumière ce qui caractérise l'intelligence juridique à savoir :

- L'usage d'un ensemble de techniques et moyens ;
- La connaissance de l'environnement juridique ;
- La capacité à identifier et anticiper les risques ;
- La capacité à identifier les opportunités potentielles ;
- La capacité à agir sur l'évolution des risques et des opportunités ;
- La capacité à mobiliser des informations utiles ;
- La capacité à mobiliser des instruments juridiques pour réaliser ses objectifs stratégiques.

L'intelligence juridique a donc plusieurs tiroirs. Les firmes, PME et start-ups doivent savoir et pouvoir tirer profit de ces tiroirs. Elles peuvent y trouver des outils de défense ou d'attaque, voire les deux à la fois.

L'un des tiroirs de l'intelligence juridique contient « les techniques et moyens » dont la mise en œuvre implique une *ingénierie juridique*. L'ingénierie juridique renvoie à la capacité des juristes à élaborer ou concevoir un dispositif juridique spécifique permettant la réalisation d'un objectif stratégique global (Aliouat, B, Roquilly, Ch. 1996). Cela suppose, une connaissance et une maîtrise de son environnement juridique.

En effet, la réalisation d'un objectif stratégique a lieu soit dans un cadre juridique préexistant ; et le juriste –juriste d'entreprise, conseil juridique ou avocat – l'adapte à la situation particulière de la personne qu'il représente (entité privée ou publique) pour y tirer profit. Ou bien il n'y a rien pour encadrer la stratégie adoptée par les acteurs économiques ; elle est nouvelle, innovante. Et le juriste doit innover, en élaborant de nouvelles stipulations contractuelles, de nouveaux contrats – innommés ou *sui generis* –, de nouveaux montages, des plus simples aux plus complexes (Paillusseau J, 2008). En plus, il doit intégrer à ces innovations contractuelles des outils d'intelligence juridique, tels que l'« approche Projet » la « méthode 360 »

(Chapus V , op, cit) la « méthode 5i »[124] développée par (Lucas, M. Chapuis, V. 2021), etc., pour voir au-delà du Droit.

Nous citons à titre d'exemple, les juristes de la firme Price Minister (devenue firme Rakuten le 17 juin 2010) réputés pour leurs moyens de lutte efficace anti-contrefaçons[125] ; notamment le dispositif juridique de « Garantie anti-contrefaçon ». Cette Garantie Anti-Contrefaçon permet à un acheteur d'être intégralement remboursé dans les cas où il reçoit un produit contrefait[126]. Ce dispositif est aujourd'hui connu et mis en œuvre par les juristes africains.

Le savoir-faire[127] des juristes de la firme Price Minister a été sollicité par les juges britanniques dans le cadre d'une expertise, qui consistait à évaluer le degré de bonne foi ou d'engagement réel de la firme eBay pour lutter contre les produits contrefaits (Aliout B, 2010). En l'espèce, la firme eBay avait pourtant mis en place un programme, dit « VeRO » *(Verified Rights Owners)*, qui permet à tout détenteur de marque de le prévenir de la présence d'un produit contrefait.

D'un côté, la sollicitation des juristes de la firme PriceMinister peut être analysée comme une forme de contribution, une influence, un agissement indirect – au moyen de soft Law – sur l'évolution de son environnement juridique. De l'autre, les dispositifs juridiques « Anti-contrefaçon », précités peuvent s'interpréter comme une mesure de prévention – en amont –, de défense et/ou d'attaque – en aval – qui s'intègre dans une démarche globale d'IE[128].

---

[124] Inter-métiers ; Intergénérations ; Inter-cultures ; Inter-pays ; international.

[125] V° Contrefaçon « imitation frauduleuse ou fabrication d'une chose au préjudice de celui qui avait seul le droit de la fabriquer (…) plus particulièrement en matière de propriété intellectuelle – atteinte portée au droit de propriété littéraire, artistique, industrielle. » Cornu, G (2022) *Vocabulaire juridique*, Association Henri Capitant, 14e éd., Quadrige, PUF.

[126] La Garantie Anti-Contrefaçon Rakuten « (…) si malgré tous les contrôles mis en œuvre par Rakuten, un Acheteur reçoit une contrefaçon, il lui suffit de nous l'indiquer. Le Service Client de Rakuten prendra alors contact avec lui afin qu'il procède à la réexpédition du produit chez Rakuten. S'il s'agit réellement d'une contrefaçon, l'Acheteur sera intégralement remboursé du montant de sa commande et des frais exposés. Rakuten prendra parallèlement des mesures à l'encontre du Vendeur. » : https://help.fr.shopping.rakuten.net/hc/fr/articles/4408692218898-La-lutte-contre-la-contrefa%C3%A7on-sur-Rakuten#:~:text=Gr%C3%A2ce%20%C3%A0%20la%20%C2%AB%20Garantie%20Anti,suffit%20de%20nous%20l'indiquer : Consulté le 14/02/2024.

[127] Sur le sens de « Savoir-faire », voyez Règlement (UE) n°330/2010 du 20 avril 2010 Article premier (1. g.).

[128] Warusfel, B (1999) « *Intelligence économique et pratiques juridiques* », Revue de l'Intelligence économique, n° 5.

Un autre tiroir de l'intelligence juridique permet d'« agir sur l'évolution des risques et des opportunités ». Dans cette optique, il faut savoir mobiliser les instruments juridiques conjointement comme moyens de défense et d'offensive pour réaliser ses objectifs stratégiques globaux (Warsufel B, 1999). Les champions en la matière sont les grands déposants mondiaux de brevets et marques, identifiés dans les puissances économiques et les plus innovantes[129]. Pour illustrer nos propos, nous citons l'affaire *Polaroïd Corp. VS CodakCo*[130]. En l'espèce, la firme Polaroïd a mobilisé le droit des propriétés industrielles, notamment ses brevets pour orchestrer une longue action judiciaire gagnante contre Kodak, sur le marché des appareils photo instantanés. Cette action judiciaire a permis à la firme Polaroïd d'obtenir des dommages et intérêts de 909 millions de dollars. En plus d'un large avantage concurrentiel, car Kodak a dû fermer son usine de fabrication, le tout engendrant une perte de 2 milliards 400 millions de dollars (Rivette, K.-G. & Kline, D. 2000).

L'exemple précité et les situations similaires conduisent des auteurs (Champaud, C. et Danet, D. 2006 ; Danet, D et Collard, Ch. 2008 ; Warusfel, B 1999 ; B. Aliouat, 1996 ; Aliouat, B. 2010) à analyser certains pouvoirs de monopole, de leadership ou de rentiers situationnels, de stratégies judiciaires systématiques à l'encontre de concurrents émergents qui auraient pu fragiliser leurs perspectives d'entrée ou de maintien sur un marché et leurs capacités d'innovation technologique. Dans cette perspective, l'intelligence juridique entraîne une « coopétition » qui conduit les firmes, PME et start-ups à opter le plus souvent pour des contrats de licence, concessions, franchise participative, laissant toute latitude aux acteurs dominants pour éviter des situations critiques et prohibitives.

Ainsi, le droit devient un instrument d'efficacité et de management stratégique pour les firmes et PME. Ce phénomène est brillamment exposé par Alain Supiot dans ses cours au Collège de France (*La Gouvernance par les nombres 2012-2014)*. En parlant de la *Doctrine de Law and Economics,* il note qu'elle fait du droit « un instrument de mise en œuvre du calcul économique » basé sur la technique du bilan – coûts/avantages – ou du jeu – gains/pertes. Le droit est alors perçu par les firmes et PME comme un moyen

[129] Les six pays ayant enregistré le plus grand nombre de brevets internationaux accordés au niveau mondial au cours de l'année 2021 : La Chine (607.758) en première position, suivie des États-Unis (286.205) du Japon (256. 890) de la Corée du Sud (156.972), L'Allemagne (69.672) et enfin du Royaume-Uni (20.009) :
https://fr.statista.com/statistiques/866316/classement-pays-demandes-brevets-internationaux/ : consulté le 21/02/2024.

[130] *"Polaroid Wins $909 Million From Kodak: Photography: The firms have been involved in a patent-infringement suit for years. Analysts had expected the award to be much larger." Los Angeless Time: https://www.latimes.com/archives/la-xpm-1990-10-13-fi-1997-story.html : consulted 21/02/2024.*

pour cultiver leurs « astuces juridiques » (Aliout B, op. cit.) et « ruses stratégiques » (ibid.) Le tout, dans un contexte de stratégie d'alliance, de partenariat, de coopération et de compétition. Dès lors, la mission du juriste semble réduite à la création de valeur pour l'entreprise ; il n'est plus au service d'un corps de règles sacrées imposées aux décideurs. En ce sens, il a une mission de veille et de protection des valeurs de l'entreprise, notamment le patrimoine informationnel.

1.2. La protection du patrimoine informationnel de l'entreprise

Au-delà de sa fonction de coercition, le droit serait à la fois une science d'organisation (Paillusseau, J, 1989) et d'information (Warusfel, B, op.cit : p.2). Or, l'information, quelle qu'elle soit, se transforme en connaissances, dès lors qu'elle est rendue pertinente et actionnable par les individus (Moinet N et Guilhon A, 2016) – managers, personnels salariés, etc. En ce sens, toute entité publique ou privée dispose d'un patrimoine informationnel. Le patrimoine informationnel est souvent considéré comme un patrimoine en soi (Caprioli et al. 2007), ou un des éléments du patrimoine immatériel (Warsufel B 2001) de l'entreprise (privée ou publique).

Patrimoine informationnel. À défaut d'une définition légale, nous proposons de définir le patrimoine informationnel comme un ensemble d'actif incorporel ouvert au public, ou partagé sous confidentialité, ou tenu secret, conférant à son titulaire un avantage substantiel et décisif sur ses concurrents.

Parmi les composants du patrimoine informationnel, on peut citer, entre autres : les droits d'auteur et droits connexes (les marques de fabrique ou de commerce ; les indications géographiques ; les dessins et modèles ; les brevets d'invention ; les topographies de circuits intégrés) ; les bases de données personnelles ; les secrets d'affaires : innovation en cours, toute connaissance ou tout renseignement de nature commerciale, scientifique, industrielle, sur quelques supports, ayant une valeur économique et/ou stratégique, protégée par la confidentialité.

Pour protéger le patrimoine informationnel, il faut mobiliser un arsenal juridique. Il s'agit d'une approche pluridisciplinaire du droit pour protéger tant la valeur créée que celle en cours de création par une entité. En ce sens, l'intelligence juridique devient un « facteur de ressources et d'opportunités » pour les firmes et PME ; et le droit (donnée ou information) est transformé en une connaissance construite, susceptible d'influencer le jeu stratégique et concurrentiel (hégémonique ou de leadership).

La protection du patrimoine informationnel peut être réalisée, *a priori*, par voie contractuelle ; et *a posteriori* par les modes alternatifs de règlement des différends (MARD[131]), mais surtout par voie d'arbitrage (institutionnel ou judiciaire), ou encore par la saisine du juge étatique. La protection contractuelle a lieu surtout par des clauses contractuelles. Il existe une kyrielle de clauses contractuelles, faites toujours sur mesure : Clause de confidentialité ou de secret ; Clause de non-concurrence ; Clause de non-débauchage ; Clause pénale ; Clause d'assiduité aux négociations ; Clause de résultat et de préemption de droits de propriété intellectuelle ; clause compromissoire ou compromis d'arbitrage, clause de médiation, etc. Quant à la protection judiciaire, elle se base généralement sur le droit commun – droit applicable par défaut : droit civil, droit commercial, droit pénal, etc. –, et passe obligatoirement par le juge étatique. Ici, il convient de souligner qu'en Afrique subsaharienne, le droit commun est épars, souvent difficilement lisible (Konate M, 1993), en dépit des efforts d'harmonisation entrepris dans le cadre de l'OHADA via des « Actes uniformes », du droit UEMOA, du droit OAPI, droit CIMA, etc.

Donc, les firmes, PME et start-ups, détentrices de patrimoine informationnel, pratiquant ou souhaitant pratiquer l'IE, doivent tenir compte de ses aspects juridiques – l'intelligence juridique. Dès lors, elles pourront agir en connaissance de cause. Aussi, sans pour autant rentrer dans les détails, nous nous bornons à citer quelques agissements répréhensibles dans la pratique d'IE, entre autres : les pratiques commerciales trompeuses ; les pratiques restrictives de concurrence ; les ententes ; les abus de position dominante ; la corruption ; le trafic d'influence ; l'escroquerie ; le faux et usage de faux ; l'extorsion ; le chantage ; la violation de la vie privée ; l'usurpation d'identité ; la violation du secret de la correspondance ; la violation du secret professionnel ; la violation des secrets de fabrication ; l'abus de confiance ; l'atteinte aux droits de la personne ; l'intrusion informatique ; le piratage informatique ; l'espionnage ; la violation du secret-défense…

Ainsi, à l'ère de l'ubérisation, de l'économie numérique, et l'essor des start-ups disruptives *« Game changers »* qui bouleversent l'industrie traditionnelle, le droit devient pour les firmes et PME un levier de mise en œuvre des stratégies de différenciation, d'innovation, de croissance externe, d'internationalisation, ou de structures de gouvernance. La maîtrise de son environnement juridique permet de rester compétitif, de prévenir, à défaut, de se défendre ou combattre efficacement les pratiques anticoncurrentielles. Dans cette perspective, le droit est analysé comme une des dimensions

[131] Voyez le Rapport de la Cour d'appel de Paris (2021), *La promotion et l'encadrement des modes amiables de règlement des différends.*

importantes de la vie de l'entreprise et des fonctionnements du marché, à côté des dimensions financières, sociales, technologiques… L'engagement du top management (Belcher A, 2021) dans les pratiques de l'intelligence juridique est crucial pour sa réussite.

Enfin, le développement d'IE, et sa dimension juridique – intelligence juridique –, dans les firmes, PME, et start-ups africaines, pourrait s'appuyer sur une réelle synergie public-privé. En raison des réseaux d'information, des relais d'influence et l'expertise sur les problématiques de sécurité économique. D'où la nécessité d'une collaboration accrue entre les secteurs public et privé, ainsi que l'adaptation permanente des cadres juridiques pour soutenir le développement responsable de l'IE dans la région.

2. l'intelligence juridique, un vecteur de stratégie globale d'ie des entreprises en Afrique subsaharienne

Comme nous l'avons dit tantôt, l'intelligence juridique permet à la fois aux acteurs, quels qu'ils soient, de connaître d'abord leur environnement juridique pour ensuite mieux identifier et gérer les risques juridiques de leurs activités. De nos jours, sa pratique est plus qu'une nécessité dans le contexte africain, en particulier subsaharien, pour tous les acteurs intervenant dans l'adoption, l'application ou le respect des lois relatives au monde des affaires. Ici, nous n'aborderons que la pratique de l'intelligence juridique par les entreprises évoluant en Afrique subsaharienne à l'exclusion des pays magrébins. Nous sommes bien conscients des difficultés que cela comporte d'autant plus que la culture juridique en Afrique subsaharienne est plurielle, n'en parlons pas de l'intelligence juridique que les entreprises y évoluant pourraient être amenées à pratiquer. C'est pourquoi nous n'ambitionnons pas d'épuiser cette question de la pratique de l'intelligence juridique par les entreprises qui évoluent en Afrique subsaharienne. Ici, nous ferons l'économie d'une approche détaillée de la pratique de l'intelligence juridique dans chaque pays d'Afrique Subsaharienne. Plutôt est-il question de relever les manifestations générales et les potentiels défis de la pratique de l'intelligence juridique en Afrique subsaharienne selon qu'elle est pratiquée par les investisseurs étrangers ou les entreprises locales subsahariennes.

En Afrique comme ailleurs dans le monde, l'intelligence juridique est un outil de plus en plus usité dans le monde des affaires, les entreprises en particulier, à l'effet de mieux interagir aussi bien entre elles qu'avec les pouvoirs politiques, le tout sur fond de compétitivité. Eu égard au fait qu'il y a des règles juridiques qui organisent les interactions aussi bien entre les entreprises elles-mêmes qu'entre ces dernières et les pouvoirs publics et tout autre acteur privé, l'intégration des considérations juridiques aux stratégies globales d'intelligence économique des entreprises s'avère irréfutablement une nécessité pour ces dernières (V. Chapuis, 2021). Au surplus, l'intelligence juridique est un élément fondamental et déterminant de la réussite des stratégies d'intelligence économique.

Naturellement, la pratique de l'intelligence juridique par les entreprises évoluant en Afrique subsaharienne ne saurait nullement faire exception à cet état de fait. En analysant la pratique de l'intelligence juridique par les entreprises en Afrique subsaharienne, nous nuancerons la pratique de l'intelligence juridique selon qu'elle est faite par les entreprises *extra espace* de provenance *extra espace* subsaharien, donc, les investisseurs étrangers, et selon qu'elle est faite par les entreprises locales subsahariennes.

2.1. La pratique de l'intelligence juridique par les investisseurs étrangers

De nos jours, la décision d'investir d'un opérateur économique étranger dans un pays d'Afrique subsaharienne est indéniablement la résultante d'une pratique d'intelligence juridique sur l'environnement du climat des affaires. Faut-il rappeler à cet effet que la donne juridique n'est pas négligeable dans la détermination du caractère bon ou mauvais du climat des affaires d'un pays. Et cela, pour plusieurs raisons.

En effet, la connaissance du cadre juridique par l'investisseur est déterminante pour la réussite de son projet d'investissement. Mieux, selon Jennifer Marchand, « *les entreprises s'implantent dans les territoires où l'ordre juridique leur est le plus favorable* » (J. Marchand, 2015). En vue de paraître davantage attractive vis-à-vis des investisseurs étrangers, la quasi-totalité des pays africains se livre à l'adoption de cadres juridiques les plus séduisants en vue de drainer le plus de capitaux étrangers possible. Cela est moins une préoccupation dans notre étude. Seule nous importe la façon dont les investisseurs étrangers usent de ces cadres juridiques dans leurs stratégies d'implantation sur le continent africain, en particulier l'espace subsaharien.

La pratique de l'intelligence juridique par les investisseurs étrangers opérant en Afrique subsaharienne se fait comme ailleurs dans le monde durant tout le cycle de vie du projet d'investissement. C'est-à-dire que l'intelligence juridique est présente dans les stratégies de l'investisseur étranger, et ce, aux phases *ante* et *post* établissement de l'investissement. L'intelligence juridique est davantage cruciale dans la phase *ante*-établissement tant c'est d'elle que tient toute la décision d'investir. En effet, la pratique de l'intelligence juridique au cours de la phase ante-établissement consiste en la familiarisation de l'investisseur en question avec le cadre juridique qui régira son investissement en vue de l'identification des risques et avantages juridiques et économiques pour leur minimisation, voire leur évitement, s'agissant des risques, ou encore pour leur concrétisation et leur maximisation, quant aux avantages (Lietbethcolens et al 2013). En procédant ainsi, plusieurs approches peuvent être de mise par l'investisseur étranger en vue de l'appréhension du cadre juridique de son investissement futur. Et, le sait-on, dans cette phase, les investisseurs étrangers sont davantage concernés par les obligations internationales (la signature d'accords internationaux relatifs aux investissements dont les plus connus sont les traités bilatéraux d'investissement) de l'État relativement à la protection des investisseurs étrangers et de leurs biens, mais également par la législation locale et plus précisément en ce qu'elle a trait au traitement des investissements étrangers (fiscalité, le droit financier, le droit social, le droit minier, etc.).

En addition, les actions qui peuvent être requises de l'investisseur étranger dans sa pratique de l'intelligence juridique peuvent être la veille juridique sur l'environnement juridique du monde des affaires de façon globale et en ce qu'elle porte sur l'investissement ou peut être utilisée par l'investisseur pour la maximisation de son profit. Cette pratique de l'intelligence juridique permet d'avoir une appréhension continuellement à jour du cadre juridique et, ainsi, approprier, anticiper, voire dissuader les changements normatifs qui peuvent intervenir. L'effet dissuasif que peut avoir la pratique de l'intelligence juridique sur le pouvoir normatif de son État d'accueil mérite que l'on s'y attarde. À ce sujet, il n'est pas rare que les investissements étrangers se réalisent sur fond de promesse de gel du pouvoir normatif pour une durée donnée et sur un certain nombre de domaines donnés. Cette pratique est fréquente dans les opérations d'investissement étranger en Afrique subsaharienne. Partant, en assurant efficacement la veille juridique, l'investisseur étranger pourrait facilement opposer les promesses de stabilité normative à toute volonté de changement législatif ou réglementaire de la part de l'État qui remettrait en cause négativement ladite stabilité. En faisant cela, il est fort possible, d'une part, que l'État d'accueil sursoie, voire abandonne l'adoption de nouvelles lois, remettant ainsi en cause la stabilité juridique promise à un investisseur donné. D'autre part, l'État peut fournir des garanties de non-impact de l'investissement ou réparer le préjudice dont souffrirait l'investisseur étranger.

Se basant sur le contexte d'Afrique subsaharienne, il est clair que l'intelligence juridique est davantage nécessaire pour les investisseurs étrangers. Eu égard aux spécificités, en termes de défis et surtout d'organisation d'un point de vue juridique, que comportent les économies des pays d'Afrique subsahariens, tout investisseur étranger y opérant ou le souhaitant devrait s'armer de techniques d'intelligence juridique, quelques-unes sus-évoquées, en vue d'une meilleure appréhension de ces contextes juridiquement parfois instables, imprévisibles et très changeants. Le tout au gré des changements de gouvernants, de régime politique ou de la survenance de crises sociales. Partant, face aux potentielles vicissitudes du climat des affaires d'un point de vue juridique, les vertus de la pratique de l'intelligence juridique sont davantage expressives. En fait, à la faveur de l'intelligence juridique, les vicissitudes du climat des affaires peuvent être maîtrisées, voire positivement mises à profit, dans certains cas, par l'investisseur étranger.

2.2. La pratique de l'intelligence juridique par les entreprises locales

Pour les entreprises locales subsahariennes, l'utilité de la pratique de l'intelligence juridique est et demeure la même que s'agissant des investisseurs étrangers. Certains aspects méritent d'être soulignés concernant la pratique de l'intelligence juridique par les entreprises subsahariennes dans leur environnement juridique de rattachement.

À l'effet de mieux appréhender leurs environnements juridiques, les entreprises subsahariennes commencent à se livrer à la pratique de ce qu'il convient d'appeler l'intelligence juridique. Et ce, soit en mobilisation directe de leurs ressources humaines et matérielles à cet effet, soit en externalisant cette tâche à des tiers, tels que les cabinets d'avocat, de conseils juridique, fiscal ou encore de recrutement de personnel. Au niveau interne, la manifestation de cette pratique est de confier les tâches de gestion des questions juridiques de l'entreprise, de veille juridique constante et de l'exploitation positive des cadres juridiques des affaires à un personnel spécialiste en droit et dont les compétences sont en phase avec les domaines d'intervention de l'entreprise ou à un organe interne de l'entreprise commis spécialement aux questions juridiques de cette dernière. Au niveau externe, le recours aux conseils juridiques de tiers, une activité également en plein essor en Afrique subsaharienne, s'identifie au fait que les entreprises subsahariennes tant pour leur fonctionnement normal que pour la réalisation de projets spécifiques se remettent à l'expertise juridique de tiers sus-évoqués. Aussi, cela peut consister en l'abonnement à des plateformes numériques de banques de données juridiques leur permettant d'accéder aux textes juridiques dans des termes facilement accessibles, mais également d'être constamment à jour quant aux changements dont ceux-ci peuvent faire l'objet.

De ce qui précède, la capacité des entreprises subsahariennes à s'inscrire dans la dynamique de l'intelligence juridique est digne d'intérêt. Cela est d'autant plus important qu'une meilleure pratique de l'intelligence juridique nécessite une certaine maturité structurelle de l'entité ou de l'acteur qui la pratique (B. Louvet, 2004). Or, le sait-on tous qu'en termes de structuration, le monde des entreprises subsahariennes accuse du retard par rapport aux entreprises d'autres contrées de par le monde, notamment émergentes ou encore développées. Au surplus, l'informel pèse toujours en ce sens que, dans plusieurs pays africains, les entreprises n'ont pas toujours intégré les différentes formes juridiques de structuration de l'entreprise que les législations nationales prévoient.

Au demeurant, il appert clair que la pratique de l'intelligence juridique dans l'espace subsaharien demeure principalement l'apanage des grandes entreprises, les petites la pratiquant à peine alors que l'informel en est un frein important. Toute chose qui renvoie au problème de structuration sus-évoqué. De ce qui précède, l'on peut admettre que le succès de la pratique de l'intelligence juridique par les entreprises subsahariennes requiert nécessairement et de prime abord des solutions aux défis institutionnels auxquels le monde des entreprises fait face en Afrique subsaharienne.

Toutefois, les entreprises subsahariennes ont un avantage de plus dans la pratique de l'intelligence juridique sur les investisseurs étrangers. Cela est d'autant plus vrai qu'elles sont davantage à même de maîtriser la culture et les normes de leur environnement juridique que les investisseurs étrangers qui d'ailleurs, dans la plupart des cas, ont recours à l'expertise juridique locale dans la conduite de leurs stratégies d'intelligence juridique.

Un défi d'actualité commun, aux entreprises subsahariennes et aux investisseurs étrangers, qui mérite d'être affronté par de l'intelligence juridique, c'est l'appropriation par ces derniers des avantages et des inconvénients de la zone de libre-échange continentale africaine (ZLECAf). En effet, le lancement de la ZLECAf est annonciateur de promesses en termes de prospérité économique pour les pays subsahariens, en particulier, dans le monde des affaires. Cela implique entre autres l'expansion des chaînes de valeur régionales à l'échelle africaine et l'agrandissement de la taille des marchés[132]. Les entreprises subsahariennes de même que les investisseurs étrangers peuvent profiter de ces deux implications de la ZLECAf pour se projeter à l'échelle africaine, en particulier subsaharienne en y élargissant leurs productions (créations de filiales ou de succursales, par exemple) ou encore y écoulant leurs produits. Toute chose qui ne saurait aller sans une parfaite connaissance des règles juridiques (d'abord des instruments juridiques de la ZLECAf, mais également de la législation des pays membres concernés) par les entreprises subsahariennes et les investisseurs étrangers. Leur familiarisation avec le droit de la ZLECAf présente l'avantage de leur permettre d'anticiper les défis que leur pose ce droit, notamment en termes d'intensification de la concurrence, d'innovation, etc. En grosso modo, la pratique de l'intelligence juridique par les entreprises subsahariennes et les investisseurs étrangers, basée notamment sur le droit de la ZLECAf, peut permettre à ceux-ci de tirer le

---

[132] Sur les impacts de la ZLECAF sur les entreprises, voir par exemple Moubarack Lo et AmayeSy (2022), *Défis, opportunités, impacts et facteurs de succès de la ZLECAf,* in : Policy Paper, Policy Center for the New South, Numéro 13/22, septembre 2022, 22 pages, disponible en ligne sur [https://www.policycenter.ma/sites/default/files/2022-09/PP_13-22_Moubarack%20Lo.pdf].

meilleur parti de cette dernière et surtout de se prémunir de ses externalités négatives telles que les pratiques anticoncurrentielles et la concurrence déloyale[133].

Conclusion

L'intelligence juridique est un pilier fondamental de l'IE[134], son développement continu est essentiel pour répondre aux défis d'une économie mondialisée et digitalisée. En exploitant efficacement les politiques publiques d'accompagnement, des entreprises, les pratiques d'intelligence juridiques, pourraient à terme permettre aux entreprises africaines de maximiser leur chance de réussite, et renforcer leur position sur la scène nationale, régionale, voire internationale. Pour ce qui est des investisseurs étrangers, il faut tenir compte dans notre espace de leur préoccupation, notamment la sécurité juridique, les risques sociopolitiques.

Somme toute, l'intelligence juridique semble être une tendance du droit moderne d'intégrer les réflexions stratégiques et d'influencer la formulation des stratégies retenues par les entreprises (Aliouat B, 2010) et investisseurs. C'est dans cette optique que certains auteurs parlent de stratégie juridique (Masson A, 2009) et de performance juridique (Wafurel B, 2010). Enfin, une des critiques adressées à l'intelligence juridique est sans doute l'instrumentalisation stratégique du droit sous certaines limites ; et un glissement vers un droit post-moderne (Maisani Pauline, Wiener Florence, 1994).

Références bibliographiques

Aliouat, B. (2010). *Les stratégies de propriété intellectuelle et leur ingénierie juridique : Une nouvelle approche managériale du droit fondée sur le recours à la ruse. La Revue des Sciences de Gestion*, 245-246, 21-33. https://doi.org/10.3917/rsg.245.0021.

Cornu, G (2022), Vocabulaire juridique, Association Henri Capitant, 14e éd., Quadrige, PUF.

Benoît Louvet, (2004) *Le droit est une arme de l'intelligence économique,* in : L'USINENOUVELLE, disponible en ligne sur

---

133 Voir notamment l'avant-projet du Protocole sur la politique de la concurrence de la ZLECAF ; Reena das Nair, *Concurrence, Intégration régionale et entreprise appartenant à des Femmes: DANS LE CONTEXTE DE LA ZONE DE LIBRE-ÉCHANGE CONTINENTALE AFRICAINE (ZLECAF),* in : Shetrades, Centre du Commerce international, disponible en ligne sur [https://intracen.org/file/shetradesafcftacompetitionfrpdf].

134 Warusfel, B (2011), « *L'intelligence juridique, complément nécessaire de l'intelligence économique* », Revue de sciences-Po, mars-avril, pp. 26-29.

[https://www.usinenouvelle.com/article/le-droit-est-une-arme-de-l-intelligence-economique.N40184].

Delbecque, É. & Pardini, G. (2008). Les politiques d'intelligence économique. Presses universitaires de France. https://doi.org/10.3917/puf.delbe.2008.01.

E. Caprioli et al. (2007) Rapport CIGREF, La protection du patrimoine informationnel : https://www.cigref.fr/cigref_publications/RapportsContainer/Parus2007/Protection_patrimoine_informationnel_CIGREF_FEDISA_2007_web.pdf : consulté le 24-04-2024.

E. Jaboeuf, (2021) L'intelligence juridique au service du droit : https://www.lemondedudroit.fr/decryptages/77507-intelligence-juridique-droit.html

Frison-Roche, M. (2006). Droit et économie de la régulation. Vol. 4 : Les engagements dans les systèmes de régulation. Presses de Sciences Po. https://doi.org/10.3917/scpo.friso.2006.01.

GILLY, J.-P ; PERRAT, J (2003) « La dynamique institutionnelle des territoires : entre gouvernance locale et régulation globale » Cahier du GRES - N° 2003 – 5.

Harbulot, C. (2012). Manuel d'intelligence économique. Presses universitaires de France. https://doi.org/10.3917/puf.harbu.2012.01.

Jennifer Marchand, (2015) *IDE et compétitivité territoriale, le voyage ou la libre circulation des capitaux à l'aune de l'attractivité des territoires,* in Lycette Condé (dir.), Variations juridiques sur le thème du voyage, Presses de l'Université Toulouse Capitole, pp. 169-180.

Katja Gehne et Romulo Brillo, (2017), *Stabilization Clauses in International Investment Law: Beyond Balancing and Fair and Equitable Treatment*, In: BeitragezumTransnationalenWirtschaftsrech, Numéro 143, mars, pp.6-7.

KONATE, M. - I *L'OHADA et les autres législations communautaires : UEMOA, CEMAC, CIMA, OAPI, CIPRES, etc.Ohadata D-11-93 : https://www.ohada.com/documentation/doctrine/ohadata/D-11-93.html?download=pdf : consulté le 25-04-2024.*

LiesbethColen, MietMaertens et Johan Swinnen, (2013) *Determinants of foreign direct investment flows to developing countries: the role of international investment agreement*s in: Olivier De Schutter, Johan Swinnen et Jan Wouters (ed.), Foreign Direct Investment and Human Development : The law and economics of international investment agreements, Routledge, Londres& New York, p. 116.

Moinet, N. & Guilhon, A (dir), (2016), *Intelligence économique. S'informer, se protéger, influencer, Éditions Pearson.*

Mathis, K., Tor, A. (eds) (2021), Law and Economics of Regulation. Economic Analysis of Law in European Legal Scholarship, vol. 11. Springer, Cham. https://doi.org/10.1007/978-3-030-70530-5_14.

Masson A, Robinson, G (Ed.) (2021) Mapping Legal Innovation, Trends and Perspectives, Springer Cham, DOI https://doi.org/10.1007/978-3-030-47447-8 .

Masson, A, (dir.) (2009), Les stratégies juridiques des entreprises. Éd. Larcier, 560 p.

Maler, H. (2014). Le droit à l'information, ses conditions et ses conséquences. Savoir/Agir, 30, 113-119. https://doi.org/10.3917/sava.030.0113

Moubarack Lo et Amaye Sy (2022), *Défis, opportunités, impacts et facteurs de succès de la ZLECAf,* in : Policy Paper, Policy Center for the New South, Numéro 13/22, septembre 2022, 22 pages, disponible en ligne sur [https://www.policycenter.ma/sites/default/files/2022-09/PP_13-22_Moubarack%20Lo.pdf].

Maisani Pauline, Wiener Florence (1994), *Réflexions autour de la conception post-moderne du droit.* In : Droit et société, n° 27, pp. 443-464. DOI : https://doi.org/10.3406/dreso.1994.1285

Mahiou Ahmed (1993) *La Communauté économique africaine.* Annuaire français de droit international, vol. 39, pp. 798-819. DOI : https://doi.org/10.3406/afdi.1993.3158.

MOUSSA ABDOU I. (2022) *« Intelligence économique, une Nouvelle Pratique managériale au Service du Développement des Firmes Multinationales africaines »,* Revue internationale des Sciences de Gestion Vol. 5 : N° 4, pp. 947-966 : https://doi.org/10.5281/zenodo.7430246.

Paillusseau, J (1989) *« Le droit est aussi une science d'organisation », Revue de Droit commercial, n° 42, pp. 1 et s. Paillusseau J (2008), L'influence de la mondialisation sur le droit des activités économiques. Ohtrimestrielle*adata, D-08-07.

RABHI, T (2021) *« Mondialisation et harmonisation ; vers l'émergence d'un cadre normatif à caractère régional des affaires africain, Cas Maroc-OHADA »* Les Annales de l'université d'Alger 1 Vol. 35 - N° Spécial, pp. 379-392.

Rapport Cour d'appel de Paris (2021), *La promotion et l'encadrement des modes amiables de règlement des différends. https://www.cours-appel.justice.fr/sites/default/files/2021-03/Rapport%20Promotion%20et%20encadrement%20des%20MARD%205%20mars%202021_0.pdf : consulté le 14-04-2024.*

Salomé, L (2022*), L'appropriation par la Chine du droit international de la cybersécurité dans sa politique juridique extérieure. Institut EGA.*

Schreider, T (2020), Cybersecurity Law, Standards and Regulations. 2nd Edition, Rothstein Publishing.

Supiot, *A (2015) La gouvernance par les nombres,* éd. Fayard.

Tarnaud, N., Bourgeois, C. & Babin, L. (2018). *Les professions réglementées à l'épreuve de l'ubérisation du droit : vers un monde sans avocat ?*

Management & Sciences sociales, 25, 103-117. *https://doi.org/10.3917/mss.025.0103*.

Véronique Chapuis, *L'intelligence juridique, une discipline d'avenir pour les juristes,* in : Village de la justice, publié en novembre 2021, disponible en ligne sur [https://www.village-justice.com/articles/intelligence-juridique-une-discipline-avenir-pour-les-juristes,40759.html]

V. Chapuis (2021), L'Intelligence juridique, une discipline en construction. https://www.ege.fr/infoguerre/lintelligence-juridique-une-discipline-en-construction.

Warusfel, B (1999), *Intelligence économique et pratiques juridiques* », Revue de l'Intelligence économique, n° 5.

Warusfel, B(2001) *Entreprises innovantes et propriété intellectuelle : les limites de la protection juridique du patrimoine immatériel. In, Laperche (dir.) Propriété industrielle et innovation : La "nouvelle économie" fausse-t-elle le jeu ? L'Harmattan, pp. 49-69.*

Warufel, B (2010) *« L'intelligence juridique, une nouvelle approche pour les praticiens du droit »*, Le Monde du Droit, N° 43, Dossier spéc. 1-15.

Warusfel, B (2011), *L'intelligence juridique, complément nécessaire de l'intelligence économique*, Revue des Sciences-Po, mars-avril, pp. 26-29.

Section 2 :

Notule sur un angle mort de l'intelligence économique en Afrique : l'intelligence juridique

Jean Marie Noel NDZINA NOAH

Introduction

À l'ère actuelle, le droit apparaît comme une arme de guerre économique, mais reste opaque pour les décideurs. Ce constat naguère fait par Christian Harbulot, directeur de l'École de Guerre économique, devait féconder une commande légitimée par la doctrine à savoir que *« l'Intelligence juridique devait s'enseigner et se déployer »* (V. Chapuis, 2021). Tel ne semble pas vraiment le cas pour les États d'Afrique subsaharienne francophone, qui du reste, semblent minorer, voire ignorer l'intelligence juridique, appendice naturel de l'intelligence économique qu'ils traitent d'ailleurs avec une légèreté déconcertante.

Pour assurer la performance ou la survie de leurs entreprises dans un monde en proie à de nombreuses transformations qui influencent ou qui opèrent dans le champ économique (H. Natou, 2020 : 181), les dirigeants sont astreints à une conversion de leurs pratiques managériales et donc à la politique juridique devant accompagner celles-ci. En effet, on observe que des phénomènes comme la mondialisation, la digitalisation ou encore les déstabilisations par des facteurs externes, comme les pandémies, les tensions géopolitiques majeures, sont des vecteurs d'un monde des affaires plus exigeant et plus exposé à l'instabilité (Bouthinon-Dumas, 2021 : 88). Ces éléments représentent en quelque sorte un véritable « état de guerre économique » (Laïdi, 2010, 2021 ; Delbecque et Harbulot, 2011). Dans ce contexte, les entreprises doivent faire face à une concurrence rude et à des risques nouveaux qui sont autant de challenges à leur capacité de résilience. Elles sont également exposées à des risques tous azimuts de sorte que des problèmes à première vue mineurs sont susceptibles d'occasionner des pertes financières ruineuses. La vulnérabilité s'accroît avec l'émergence de la cybercriminalité ou la prédation, voire la préhension frauduleuse du patrimoine immatériel des entreprises à travers la contrefaçon, la récupération de leurs données, ou l'entretien de campagnes malveillantes fondées sur des rumeurs (Bouthinon-Dumas, 2021 : 88). Pour se préserver de pareils scandales et crises qui peuvent se muer en désastres économiques, il est essentiel de faire preuve d'une vigilance nouvelle qui a des implications à la fois sur le terrain de l'exploitation de l'information et de la mobilisation des instruments juridiques adéquats. De façon réciproque, il s'avère à l'observation que certaines entreprises qui enregistrent des réussites remarquables ont su tirer parti, mieux que leurs concurrents, des armes de l'information, de l'influence et du droit (Bouthinon-Dumas, 2021 : 88).

Toutes ces considérations légitiment un recours impératif à l'intelligence économique qui, en tant que matière transversale, ne peut se désintéresser du droit (B. Marusfel, 1995 : 1 & 2) ceci pour au moins deux raisons. D'abord, parce qu'à rebours de l'espionnage économique qui constitue une infraction ou, autrement dit, une violation des règles de droit, elle est légale (J-P Dufau, 2010 : 2) c'est-à-dire conforme à la loi. Ensuite, parce qu'elle comporte une composante juridique essentielle qui prend la dénomination d'*« intelligence juridique »* (B. Manenc, 2013 : 80 ; Manoir de Juave, 2008 : 30) entendue comme le droit de l'intelligence économique (O. De Maison Rouge, 2012a). Par définition donc, l'intelligence juridique s'entend comme la dimension juridique de l'intelligence économique. C'est la saisie de l'intelligence économique par le droit.

Même si son *« histoire reste à écrire »* (V. Chapuis, 2021), les auteurs en donnent des définitions convergentes. Ainsi, pour B. Warusfel, l'intelligence juridique désigne *« l'ensemble des méthodes, des moyens et des techniques permettant à un acteur – public ou privé – de comprendre l'environnement juridique dont il est tributaire, d'en identifier et d'anticiper sur les risques et les opportunités potentiels, d'agir sur son évolution et de disposer des informations et des droits nécessaires pour pouvoir mettre en œuvre les instruments juridiques aptes à réaliser ses objectifs stratégiques »* (Warusfel, 2012). Reprenant en partie cette définition, mais la complétant, Véronique Chapuis l'appréhende comme *« l'ensemble des méthodes, des moyens et des techniques permettant à un acteur – public ou privé - de comprendre l'environnement juridique tant de droit dur (promulgué par les États) que de droit souple (conçu par les acteurs de gré à gré) dont il est tributaire ou qui peut l'impacter, en le reliant aux enjeux politiques, opérationnels, économiques, sociétaux, financiers, sociaux, scientifiques ou autres qui y sont liés, afin d'intégrer le droit en amont dans les décisions et agir sur son application ou sur son évolution. Elle utilise les méthodes de l'Intelligence économique, ses propres méthodes, dont le marketing du droit, l'innovation juridique, le legal design, le "legaloperation", le droit clair, etc. »* (Chapuis, 2021).

Science de l'information juridique, l'intelligence juridique offre la possibilité aux opérateurs économiques et aux pouvoirs publics d'exploiter un ensemble de données permettant de mettre les processus de prise de décisions en phase avec l'environnement juridique. En somme, l'intelligence juridique figure comme arme de guerre économique et politique, générant pour les décideurs un accroissement de leur influence permis par l'accès à une connaissance affûtée du cadre juridique. L'intelligence juridique insiste sur une bonne compréhension des aspects juridiques qui peuvent affecter une structure. Elle inclut la surveillance des réformes juridiques à impact économique opéré et à opérer. Elle exige une bonne maîtrise du contentieux, que ce soit de droit public ou de droit privé.

De nombreux travaux ont déjà été réalisés sur l'intelligence juridique dans les pays occidentaux industrialisés. Ceux-ci témoignent de l'intérêt accordé à la question dans ces pays qui en ont assurément déjà perçu l'utilité. Mais cette perception ne semble pas avoir la même intensité dans les États d'Afrique subsaharienne francophone au point où l'on se trouve légitime à s'interroger sur l'existence même de la matière. Pourtant, ces États qui n'ignorent pas les questions relatives à l'intelligence économique (R. Bonnet, G. Gweth et C. Harbulot, 2010) ne sauraient, par voie de conséquence, échapper à celles relatives à l'intelligence juridique. À l'observation, la curiosité appelle à s'intéresser à l'état des lieux de l'intelligence juridique, question de voir si l'on peut même en parler. La question se pose donc de savoir quelle place est réservée à l'intelligence juridique dans les ordres juridiques africains. Cette préoccupation présente un double intérêt théorique et pratique. Au plan théorique, elle permet de mettre en évidence la place résiduelle accordée à l'intelligence juridique d'une part, dans les études consacrées aux droits africains et d'autre part, dans les enceintes de formation et de savoirs juridiques. En filigrane se profile un désir de construire une intelligence juridique propre à l'Afrique. Au plan pratique, l'étude permet d'abord de voir comment les acteurs du champ économique mobilisent cette *« arme de guerre »*. Elle fournit donc l'opportunité d'interpeller ou de sensibiliser, s'il en est besoin, les opérateurs économiques (qu'ils soient publics ou privés) sur la nécessité de la matière, à laquelle ils doivent porter une attention particulière dans la structuration de leurs organisations. Sans doute, la contribution de l'intelligence économique s'avère indispensable pour le développement et même la survie des entreprises et des économies des pays africains. Le recours aux textes, à la pratique et à la doctrine, permet d'établir que l'intelligence juridique constitue en Afrique une matière en hibernation parce que son existence réelle (I) tranche fort malheureusement avec son ignorance formelle (II).

1. L'existence réelle de l'intelligence juridique

L'intelligence juridique, qui correspond à la dimension juridique de l'intelligence économique, existe bel et bien dans les ordres juridiques africains. Néanmoins, cette existence est plus réelle que formelle. Parler de l'existence réelle de l'intelligence juridique appelle à montrer qu'elle fait partie de la réalité juridique. Autrement dit, il convient de tenter une mise en évidence des règles juridiques y référant et une identification des pratiques juridiques s'y rattachant afin d'aboutir à la reconnaissance d'un objet spécifique. Cette existence doit se traduire par ailleurs par la conscience des méthodes de l'intelligence juridique dans la pratique. Somme toute, l'existence réelle de l'intelligence juridique se traduit par la reconnaissance des traits de son objet (A) et la conscience de ses méthodes (B).

1.1. La reconnaissance des traits de l'objet de l'intelligence juridique

L'observation de la vie juridique des pays africains est révélatrice de pratiques et règles rattachables à l'objet de l'intelligence juridique. Il s'agit de saisir les règles visant à exploiter rentablement l'information juridique. Autrement dit, il s'agit de comprendre le droit dans un but de performance et de rentabilité économique. Un tel souci se manifeste de deux manières à savoir l'affirmation de droits permettant le déploiement de l'intelligence économique d'une part et les éléments pratiques traduisant le besoin des services d'intelligence juridique d'autre part.

i. L'affirmation de droits y référant

Sans les épuiser, vu les contraintes imposées par les consignes de rédaction, il convient d'évoquer les plus évocateurs de l'intelligence juridique et les plus aptes à en faciliter le déploiement. Y prennent place notamment le droit, mieux la liberté d'entreprendre, le droit à l'information, la liberté d'aller et venir. La liberté d'entreprendre emporte celle de choisir les moyens permettant à son exploitation de se développer. Cette liberté emporte donc le droit de mobiliser l'intelligence juridique même si les textes ne disposent explicitement sur la question. L'affirmation de cette liberté dans un pays est une caution donnée à l'intelligence juridique.

S'agissant du droit à l'information juridique, il en constitue le principal aliment. Corollaire du droit général à l'information, il doit être exercé dans les limites légales au risque de transmuer en espionnage économique qui constitue une infraction. Le droit à l'information recouvre un droit de solliciter l'information et parfois un devoir d'informer incombant aux détenteurs de ladite information. Le défaut d'un droit à l'information peut constituer un obstacle dirimant à la mise en œuvre de l'intelligence juridique. D'ailleurs, il ne suffit pas que le droit à l'information soit posé, faudrait-il encore que son effectivité soit garantie. Le juriste en intelligence juridique se doit donc d'exploiter toutes les opportunités que lui offre la loi pour recueillir l'information utile à la prise de décision. Le droit à l'information juridique doit être interprété de façon extensive tant le droit doit faire l'objet de publicité pour être connu de tous ses destinataires. Encore que plane au-dessus de leurs têtes, comme une épée de Damoclès, l'adage selon lequel nul n'est censé ignorer la loi (Akam Akam, 2009). Cet adage appelle déjà l'intérêt pour l'intelligence juridique de tous, *a fortiori* les acteurs du champ des activités économiques. Ceux-ci, en considération des vertus attachées à l'intelligence juridique, doivent circonstanciellement se muer en professionnels de l'information (en l'occurrence, les journalistes) et, en cette qualité, aller conquérir l'information juridique nécessaire à la prise de décision. Somme toute, le spécialiste de l'intelligence juridique doit être un bon journaliste, dans la quête, voire la conquête de l'information juridique, un juriste dans le traitement de l'information acquise ou conquise et un bon conseiller dans l'utilisation de l'information juridiquement exploitée. La reconnaissance de l'objet de l'intelligence juridique se traduit également par l'identification de pratiques susceptibles d'y être rattachées.

ii. L'identification de pratiques s'y rattachant

La scène juridique fournit des pratiques qui révèlent le besoin de l'intelligence juridique. Ces pratiques consistent notamment en la création au sein des organisations d'un service spécialement chargé de la gestion des affaires juridiques. L'on peut dès lors constater que les entreprises sollicitent régulièrement les services des juristes pour répondre à leurs préoccupations en la matière. De même, s'agissant des organismes publics, ils sont presque tous dotés d'une structure des affaires juridiques dont la dénomination peut varier d'une structure à l'autre. Ces organismes sont généralement chargés de veiller à l'adaptation de leurs structures respectives à l'environnement juridique. Les chefs des institutions n'hésitent donc pas à y recourir, que ce soit avant la prise de décision ou après lorsque sa structure doit répondre des actes délictueux résultant de son activité décisionnelle. Ce que l'on peut déplorer concernant les structures privées est qu'elles ne recourent aux juristes que par à-coup et de façon ponctuelle. Pour les structures publiques, l'on doit regretter d'énormes pertes financières générées par un contentieux de plus en plus prolifique. Ce qui n'est sans doute que la preuve d'une défaillance de la mobilisation de l'intelligence juridique.

Au total, à l'observation de la vie juridique des pays d'Afrique subsaharienne, il apparaît des règles et pratiques qui attestent l'existence latente de l'intelligence juridique. La conscience de ses méthodes incline également à une telle conclusion.

1.2. La conscience des méthodes

L'une des variables justificatives d'une préoccupation repose sur une méthode et des techniques distinctives (J-L Loubet del Baye, 2000 : 27). L'intelligence juridique a des méthodes qui permettent de reconnaître sa présence dans un contexte généralement marqué par la minorisation de la matière. L'idée de conscience des méthodes réfère au fait que la reconnaissance des méthodes de l'intelligence juridique ne relève pas de l'évidence. Elle est plutôt déduite de suppositions et de convictions tirées de la pratique des services des questions juridiques des organisations. Les méthodes et techniques mobilisées par les juristes des services des affaires juridiques des entreprises et organisations sont au nombre de deux à savoir le recours naturel à l'analyse juridique (1) d'une part et la mobilisation d'une démarche spécifique (2) d'autre part.

i. Le recours naturel à l'analyse juridique

L'Intelligence juridique ne peut être pertinemment mobilisée sans égard aux techniques de l'analyse juridique. Celles-ci s'articulent généralement autour de la dogmatique et de la casuistique. La dogmatique s'entend tout d'abord comme l'analyse de l'ensemble des textes juridiques relatifs à l'objet d'étude ; elle inclut par ailleurs l'analyse des « écrits », entendus comme les œuvres de l'esprit des juristes (Abane Engolo, 2009). La casuistique, quant à elle, renvoie à la manière dont le droit est appliqué par les différentes parties prenantes (Nlep, 1986). La mobilisation de ces composantes de l'analyse juridique par le juriste de l'intelligence juridique n'est pas un doute. Elle découle du lien même avec la qualité de juriste. Quel qu'en soit le métier, le juriste recourt d'abord à la lecture et à l'interprétation des textes en vigueur. Par la suite, il doit pouvoir procéder à la traduction dans la pratique desdits textes non sans s'en servir dans les cas postérieurs qui lui seront soumis. Le juriste de l'intelligence juridique, qui n'est qu'un traducteur du droit positif dans la réalité, doit donc avoir pour boussole principale le droit positif et mobiliser en conséquence l'analyse juridique. Quel que soit le résultat obtenu, l'intelligence juridique pratiquée au sein des pays africains au sud Sahara met en œuvre l'analyse juridique incontournable, voire décisive, de la qualité de juriste. Au-delà, le travail du juriste de l'Intelligence juridique étant orienté pour l'essentiel vers l'anticipation, celui-ci ne saurait ignorer la méthode comparative ou historique. À cette méthode, l'identité de l'intelligence se décline à l'aune de l'usage d'une démarche spécifique.

ii. L'usage d'une démarche spécifique

La démarche du juriste de l'intelligence juridique ne se limite pas à l'analyse juridique pure. La spécificité de cette démarche repose sur l'attitude positive et négative du juriste. S'agissant de l'attitude positive, elle consiste pour le juriste à capter l'information décisive soit juridique à impact stratégique, soit stratégique à impact juridique et détecter les signaux faibles (V. Chapuis, 2021). Des spécialistes de la matière appréhendent même l'intelligence juridique comme une « démarche polymorphe et transversale d'ingénierie juridique au profit de l'intelligence économique » (O. De Maison-Rouge, 2012b). Relativement à l'attitude négative, elle invite le juriste spécialiste en intelligence juridique à « veiller à ne pas avoir un discours trop technique, déconnecté des enjeux, voire anxiogène » (Chapuis, 2021). C'est, somme toute, sa capacité à apporter des réponses appropriées aux problèmes juridiques susceptibles d'entraîner des pertes à une organisation. Après avoir pressenti des pertes que pourrait générer un procès devant le juge, le juriste pratiquant l'intelligence juridique doit pouvoir préférer la voie de la négociation et la suggérer au détenteur du pouvoir de décision. Ainsi présenté, rien ne prouve la non-mobilisation de pareilles techniques que même l'intuition pourrait suggérer. Néanmoins, il serait souhaitable que de telles mesures soient formalisées et bien structurées dans le cadre de l'intelligence juridique pour être bien rentables. Mais malheureusement, l'aspect formel et structurel fait l'objet de négligence.

2. La négligence formelle de l'intelligence juridique

Lorsque l'on explore l'univers juridique africain, il est fort frappant de constater une négligence qui frise même l'ignorance de l'Intelligence juridique par les acteurs du système juridique. De fait, non seulement la doctrine brille par son désintérêt (A), mais également elle échappe à l'institutionnalisation (B).

2.1. Le désintérêt doctrinal

Il est fort visible, le constat de désintérêt de la doctrine pour les questions relatives au droit de l'intelligence économique, autrement appelé l'intelligence juridique (1) incitant l'étude à consacrer des lignes à un appel à manifestation d'intérêt pour la matière (2).

i. La manifestation du désintérêt

Le constat d'un désintérêt de la doctrine pour une matière n'est pas spécifique à l'intelligence juridique. Le professeur Pekassa Ndam (2019) mettait déjà en évidence de pareilles attitudes de la doctrine africaine pour les matières dites « périphériques » dont relève sans doute le droit de l'intelligence économique. Cela se manifeste par une carence de travaux en matière d'intelligence juridique. En fait, la matière souffre sur le continent de la friche doctrinale de sorte que sont en effet difficilement repérables des ouvrages, thèses, mémoires ou article consacrés au droit de l'intelligence économique. Pourtant, la question a déjà donné lieu à de nombreux travaux en Occident, qui ne manquent pas d'attiser la curiosité sur l'inertie caractéristique de la doctrine juridique africaine.

En science économique, pourtant l'intelligence économique intéresse de plus en plus les auteurs pour le cas camerounais (S. W. Azeumo, 2013), sénégalais (C. Dugoin, 2021) ou africains en général (R. Tsafack Nanfosso, 2006 ; R. Tsafack Nanfosso, 2004 ; H. Saber, 2020 ; Konate, L., Mortier, S., E. Darankou, 2022 ; Kherrazi, S. 2020 ; F. Jeanne-Beylot, 2021 ; Houre, N. 2020). Cette abondante littérature en science économique tranche malheureusement avec une friche accusée en matière juridique. L'intelligence juridique est sans doute comptée parmi ces matières peu fréquentées par les chercheurs au regard de la production doctrinale y relative (G.M. PekassaNdam, 2014 : 283). Ce qui peut paraitre paradoxal au regard du contexte lié à l'ambition des pouvoirs publics de développer le secteur de l'entreprise et de manière générale l'économie nationale. Encore que l'intérêt de l'intelligence économique pour le droit est un impératif vital pour les entreprises (Bertrand Warusfel, 2012). Qu'est-ce qui pourrait donc expliquer cela ?

ii. L'explication du désintérêt

L'explication du désintérêt de la doctrine africaine pour le droit de l'intelligence économique peut tenir à plusieurs raisons : les premières sont certainement exogènes c'est-à-dire qu'elles influencent le chercheur qui s'y plie contre son gré ; d'autres sont endogènes c'est-à-dire qu'elles dépendent du chercheur.

S'agissant des raisons exogènes, elles sont liées à la structuration des programmes académiques qui tendent à mettre l'accent sur les matières dites fondamentales. Par cette attitude, les autorités académiques impriment à l'idée des apprenants dès l'origine à ne s'intéresser qu'aux matières dites fondamentales. Celles dites périphériques étant condamnées par ce fait aux oubliettes. Le professeur Gérard Martin Pekassa fait d'ailleurs observer à ce propos qu'il est généralement conseillé aux candidats au concours d'Agrégation du CAMES (Conseil africain et Malgache pour l'Enseignement supérieur) de présenter des travaux dans des matières dites fondamentales (GM Pekassa Ndam, 2019 : 284). Cela poussant le chercheur à mettre d'abord la focale sur des matières fondamentales au détriment de celles subsidiaires.

S'agissant des raisons endogènes, celles-là qui tiennent au chercheur lui-même, il convient de noter qu'une certaine audace est requise de lui, laquelle lui commande de s'intéresser à toutes les questions concernant le droit. L'orientation des programmes académiques ne doit pas pousser au désintérêt pour certaines matières, tant l'idéal est que l'univers du droit tout entier puisse être exploré. La présente notule, qui constitue donc un appel à manifestation d'intérêt, vise à ce titre à attirer l'attention sur la nécessité de travaux en matière de droit de l'intelligence juridique en Afrique.

2.2. Le défaut d'institutionnalisation

La reconnaissance institutionnelle du droit de l'intelligence économique pourrait passer par deux voies à savoir l'aménagement textuel et l'enseignement. Toutefois, il est donné de constater que non seulement il n'existe pas un texte régissant la pratique de l'Intelligence économique (1), mais également l'on peut constater l'absence de la matière parmi les unités d'enseignement académique (2).

i. Le défaut d'aménagement textuel

Il n'existe pas de texte juridique régissant la matière de l'intelligence économique, lequel devait fournir la matière première principale d'analyse de la matière. Pourtant, la pratique de l'intelligence économique est réelle. Ce qui peut avoir des conséquences désastreuses dans la pratique. Puisque l'activité d'intelligence économique est réputée légale, l'absence de texte peut occasionner une crainte chez les entreprises désireuses de la pratiquer de peur d'être abusivement sanctionnées pour espionnage économique, tant la probabilité d'un glissement est grande. De plus, une entreprise prédatrice pourrait facilement se livrer à une activité d'espionnage déguisée sous le prétexte d'intelligence économique qui du reste n'est pas formellement interdite.

En l'état actuel, ce droit consiste en l'existence d'une combinaison de lois et règlements visant à assurer la protection des intérêts économiques et industriels des États et des entreprises. Dans ce contexte est attendue l'adoption d'un texte juridique relatif à l'intelligence économique. Il pourra s'agir d'un texte législatif ou réglementaire. Ce dernier semble plus adapté à la flexibilité que requiert le droit économique, même si la loi offre un peu plus de garanties de sécurité. La difficulté est accrue avec l'inexistence dans la nomenclature des enseignements des facultés de droit d'un enseignement relatif à l'intelligence juridique.

ii. Le défaut d'enseignement académique

L'une des activités qui pourraient faire vivre avec plus d'assurance l'intelligence juridique comme discipline juridique est l'enseignement entendu au sens de l'institutionnalisation d'une unité d'enseignement spécifique. Relativement à l'enseignement, il y a lieu de constater un double vide.

D'une part, l'inexistence au sein des facultés africaines de droit, dans la liste des enseignements des cycles classiques et professionnels, d'une unité d'enseignement sur l'intelligence juridique.

D'autre part, l'absence de programme de formation en intelligence juridique. Pourtant, comme le dit Madame Véronique Chapuis (2021), « l'Intelligence juridique devrait s'enseigner et se déployer ». Même si cette recommandation a déjà enregistré des manifestations d'avec les formations organisées par le Centre africain de veille et d'Intelligence économique (CAVIE), qui enseigne également l'Intelligence juridique, cette formation doit investir les milieux académiques. D'ailleurs, en France, par exemple, l'École de Guerre économique (EGE) est spécialisée pour offrir des formations en intelligence économique, y compris en intelligence juridique, qui en est la couverture juridique.

Conclusion

En définitive, à la préoccupation de savoir quelle place occupe l'intelligence dans les États d'Afrique subsaharienne, il en ressort d'une part, une matière qui existe de manière latente avec un objet aux contours et au contenu empreints d'imprécision et une méthode qui la tient distante des autres matières. D'autre part, une matière malheureusement ignorée par les acteurs du système juridique, en l'occurrence la doctrine qui produit peu d'écrits en la matière, et les pouvoirs publics qui, non seulement n'ont pas jusqu'ici adopté de texte sur le sujet, mais n'ont pas institué de matière y relative. Une libération des énergies s'impose donc afin de restituer à cette matière tout son intérêt.

Références bibliographiques

R. Bonnet, G. Gweth et C. Harbulot (2008), « Intelligence économique en Afrique », *EGE.*

H. Bouthinon-Dumas (2021), « Intelligence économique et stratégies juridiques », *Revue Interdisciplinaire Droit et Organisations (RIDO),* N° 4, p. 87-107.

V. Chapuis, (2021), « La pratique de l'intelligence juridique », in https://www.ege.fr/la-pratique-de-l-intelligence-juridique

O. de Maison-Rouge, *Le droit de l'intelligence économique. Patrimoine informationnel et secrets d'affaires*, Éditions Lamy, Collection Lamy Axe Droit, Rueil-Malmaison, 2012, 312 p

B. Manenc, « Le droit de l'intelligence économique », in *Sécurité et stratégie* N° 12, Vol. 1, 2013, p.79-8.

G. M. PekassaNdam (2019), « Doctrine et diffusion du droit dans l'espace africain francophone », in F. Hourquebie (dir.), La doctrine dans l'espace africain francophone, DOESAF, « Droits africains », p. 273-300.

B. Warusfel (1995), « Intelligence économique et droit », *Cahiers de la Fonction publique et de l'Administration*, N° 140, novembre 1995, pp. 13-15.

Les auteurs

Sous la direction de
***Christian Abolo Mbita et Roger Tsafack Nanfosso** :*

Mireille Abiala Ambiana, Alain Assomo, Thomas Atenga, Jean Pierre Biwoni Ayissi, Hind Bourras, Adama Sel Coulibaly, Richard Etaba Onana, Narcisse Ekongolo Makake, Benjamin Fomba Kamga, Mouchili Majidou Fonkoumou, Victor Kitio, Mostafa Lekhal, Joseph Eric Fidèle Mayi, Arsène Mba Fokwa, Gilles Brice Mbakop, Sigismond Hervey Mvele, Jacques Albert Monty, Zinsou Daniel Nakou, Serges Nana Simen, Jean Michel Noël Ndzina Noah, Outman Soussi Nouftail, Erith Ngogue, Berthe Melika Obama Mewali, Fleur Nadine Njock, Aly Sory Ouere, Barnabé Okouda, Hyppolite Oumtogo, Fatima-Ezzahra Rafie, Bernadette Estelle Tapsoba, Guenbour Saida, Joseph Tedou, André Dumas Tsambou, Wendsongré Jean Claude Yanogo.

Christian Abolo Mbita est professeur titulaire et enseignant permanent à l'Université de Yaoundé 2 (Cameroun), où il dirige le Laboratoire de Recherche en Sciences et Techniques de l'Information et de la Communication (LRESTIC). Il est également conseiller technique au ministère de l'Économie, de la Planification et de l'Aménagement du territoire (MINEPAT). Par ailleurs, il est associé senior au sein du Cabinet Media and Law Conseil, où il dirige le département de l'Intelligence économique.

Mireille Abiala Ambiana est chargée de cours en sciences économiques et gestion, enseignante-chercheure à la faculté des sciences économiques et de gestion de l'université de Yaoundé II.

Alain Assomo est maître de conférences en sciences de l'information et de la communication et enseignant à l'ESSTIC, université de Yaoundé II. Il est aussi chercheur au laboratoire de recherche en sciences et techniques de l'information et de la communication (LRESTIC), où il s'occupe des problématiques liées aux organisations.

Thomas Atenga est professeur titulaire des Sciences de l'Information et de la Communication à l'Université de Douala.

Jean Pierre Biwoni Ayissi est docteur PhD en science politique. Chargé de cours à la faculté des sciences juridiques et politiques de l'université d'Ebolowa au Cameroun, il se passionne des questions de sociologie de l'État et d'économie politique internationale. Il est membre du groupe de recherche sur le parlementarisme et la démocratie en Afrique (GREPDA), puis membre de l'association américaine de science politique.

Bourras Hind est enseignante-chercheure, maître de conférences à la faculté d'économie et de gestion de Béni-Mellal, Université Sultan Moulay Slimane de Béni-Mellal (Maroc).

Adama Sel Coulibaly est doctorant en droit privé à la faculté des sciences juridiques, économiques et sociales et afilié au laboratoire de recherche en management des organisations, droit des affaires et développement durable (LARMODAD), sous la direction du Pr. Guenbour Saida, au sein de l'université Mohammed V de Rabat (Maroc).

Richard Etaba Onana est enseignant à l'école supérieure des sciences et technique de l'information et de la communication de l'université de Yaoundé II (Cameroun). Il est aussi chercheur au *laboratoire* de recherche en sciences et techniques de l'information et de la communication *(LRESTIC)* de la même université.

Narcisse Ekongolo Makake est enseignant-chercheur, maître de conférences à l'ESSTIC. Il est aussi membre du laboratoire de recherche en science et techniques de l'information et de la communication (LRESTIC) de l'université de Yaoundé 2 (Cameroun).

Benjamin Fomba Kamga, professeur titulaire, est enseignant-chercheur à la faculté des sciences économiques et de gestion et par ailleurs chef de département de l'analyse des Politiques économiques à l'université de Yaoundé II au Cameroun.

Mouchili Majidou Fonkoumou, docteur/PhD en Sciences de gestion, est enseignant permanent à la faculté des Sciences économiques et de Gestion de l'université de Maroua, au Cameroun.

Victor Kitio est docteur Ph. D. en Sciences économiques, Expert en Intelligence économique et stratégique.

Mostafa Lekhal est professeur titulaire à la faculté des sciences juridiques, économiques et sociales de l'université Mohammed Premier d'Oujda, au Maroc. Il est également chercheur au laboratoire universitaire de recherche en instrumentation et gestion des organisations.

Joseph Eric Fidèle Mayi est enseignant à l'école supérieure des sciences et techniques de l'information et de la communication de l'université de Yaoundé II (Cameroun). Il mène aussi des recherches au sein du laboratoire de recherche en sciences et techniques de l'information et de la communication *(LRESTIC)* de la même université.

Arsène Mba Fokwa est docteur Ph. D. en Sciences économiques, chargé de cours à la faculté des sciences économiques et de gestion de l'Université de Ngaoundéré (Cameroun).

Gilles Brice Mbakop, docteur Ph. D. en Sciences économiques, chargé de cours à la faculté des sciences économiques et de gestion appliquée de l'Université de Douala (Cameroun).

Sigismond Hervey Mvele est maître de conférences, agrégé en sciences de gestion, ainsi que doyen de la faculté des sciences économiques et de gestion de l'université d'Ebolowa. Il est en outre coordonnateur de l'ufd/seg et Directeur du laboratoire de marketing de ladite université. Il est auteur de plusieurs publications scientifiques en management et marketing.

Jacques Albert Monty, est enseignant à l'école supérieure des sciences et technique de l'information et de la communication de l'université de Yaoundé II (Cameroun). Il est aussi membre du *laboratoire* de recherche en sciences et techniques de l'information et de la communication *(LRESTIC)* de la même université.

Zinsou Daniel Nakou est docteur en sciences de gestion de l'université Julius Nyerere de Kankan (République de Guinée). Il mène des recherches au laboratoire de recherche entreprise et développement (LAED) de l'école supérieure polytechnique (ESP), équipe de recherche en GRH, organisation et stratégies/entrepreneuriat, PME et développement local, basé à Dakar, au Sénégal.

Serges Nana Simen est professeur titulaire, agrégé des universités en sciences de gestion, enseignant à l'université Cheikh Anta Diop (UCAD), (Sénégal). Il est aussi chercheur au laboratoire de recherche entreprise et développement (LAED) de l'école supérieure polytechnique (ESP), équipe de recherche en GRH, organisation et stratégies/entrepreneuriat, PME et développement local, basé à Dakar au Sénégal.

Jean Michel Noël Ndzina Noah est maître-assistant CAMES en droit, chercheur au centre d'études et de recherches constitutionnelles, administratives et financières (CERCAF) et enseignant au département de droit public interne à la faculté des sciences juridiques et politiques de l'université de Yaoundé II au Cameroun.

Soussi Nouftail Outman est Enseignant-chercheur, Maître de conférences habilité à la Faculté des Sciences juridiques, économiques et sociales de Salé, Université Mohammed V de Rabat (Maroc), spécialiste en Finance, Entrepreneuriat et Développement.

Erith Ngogue est Ingénieur Statisticien Economiste, Chef de Division à l'Insititut national de la statistique (INS) du Cameroun.

Berthe Melika Obama Mewali est journaliste à la Division de la Communication du ministère de la Défense (Cameroun) et chercheure associée au Centre de Recherche et d'Études politiques et stratégiques (CREPS).

Fleur Nadine Njock est enseignante à l'école supérieure des sciences et techniques de l'information et de la communication de l'université de Yaoundé II (Cameroun). Elle est également membre du laboratoire de recherche en sciences et techniques de l'information et de la communication *(LRESTIC)* de la même université.

Aly Sory Ouere est doctorant en droit public à la faculté des sciences juridiques, économiques et sociales-Agdal, et afilié au laboratoire d'études et de recherche juridique et politique de l'université Mohammed V de Rabat (Maroc).

Barnabé Okouda est Ingénieur de la statistique, diplômé en gestion de la politique économique (GPE) de l'université de Yaoundé II ; Directeur Exécutif du centre d'analyse et de recherche sur les politiques économiques et sociales du Cameroun (CAMERCAP-PARC), un think tank rattaché au MINEPAT et affilié à l'ACBF (african capacity building foundation), et membre de plusieurs réseaux de think tanks en Afrique et dans le monde ; chef de département de la coordination statistique, de la coopération et de la recherche à l'institut national de la statistique (INS) au Cameroun, il est membre du groupe d'experts des Nations unies sur les indicateurs de développement durable (IAEG-SDG) et du high-level group for partnership, coordination and capacity-building for the 2030 agenda (HLG-PCCB) au sein de la commission statistique des nations unies et enseignant associé en théorie statistique, gestion et planification des politiques publiques, et management des organisations dans plusieurs établissements de formation au Cameroun et à l'étranger ;

Hyppolite Oumtogo, docteur en économie et spécialiste en développement du secteur privé, est un haut responsable de la chambre de commerce et d'industrie du Burkina Faso (CCI-BF).

Fatima-Ezzahra Rafie est enseignante (Maître de conférences) à la faculté des sciences juridiques, économiques et sociales de l'université Mohammed Premier d'Oujda, au Maroc. Elle est également chercheuse au laboratoire universitaire de recherche en instrumentation et gestion des organisations.

Guenbour Saida est professeur titulaire de droit privé à la faculté des sciences juridiques, économiques et sociales et directeur du laboratoire de recherche en management des organisations, droit des affaires et développement durable (LARMODAD), au sein de l'université Mohammed V de Rabat (Maroc).

Bernadette Estelle Tapsoba experte junior en communication et management des entreprises et des organisations, diplômée de l'école supérieure de commerce et d'informatique de gestion (ESCO-IGES)

Joseph Tedou est ingénieur statisticien et économiste hors échelle. Il est le directeur général de l'institut national de la statistique (INS) du Cameroun.

Roger Tsafack Nanfosso est agrégé des sciences économiques, officier des palmes académiques françaises et officier des palmes académiques de l'ordre international du CAMES. Il est professeur titulaire (Cameroun et CAMES), président de la conférence des chefs des institutions universitaires du Cameroun (CONCIU), président de la conférence des recteurs des universités francophones d'Afrique et de l'Océan Indien (CRUFAOCI), secrétaire général de l'association internationale des économistes de langue française (AIELF), membre de *l'american economic association (AEA)*, et doyen du collège des sciences sociales de l'académie des sciences du Cameroun. Il est auteur ou co-auteur d'une vingtaine d'ouvrages et d'une centaine d'articles publiés en Afrique, en Europe, en Amérique et en Chine et ses domaines d'expertise incluent entre autres les sciences économiques, la microéconomie, le renforcement des capacités, le management des organisations et la gestion de la politique économique. Il dirige le REMA (Laboratoire de recherche en microéconomie appliqué).

André Dumas Tsambou, docteur PhD en sciences économiques, est chargé d'études au groupement des entreprises du Cameroun (GECAM) et chercheur au centre d'études et de recherche en économies et gestion de l'université de Yaoundé II.

Wendsongré Jean Claude Yanogo est Doctorant en sciences sociales appliquées, au département des sciences sociales et enseignant au département des sciences administratives de l'université du Québec en Outaouais (UQO).

Structures éditoriales du groupe L'Harmattan

L'Harmattan Italie
Via degli Artisti, 15
10124 Torino
harmattan.italia@gmail.com

L'Harmattan Hongrie
Kossuth l. u. 14-16.
1053 Budapest
harmattan@harmattan.hu

L'Harmattan Sénégal
10 VDN SICAP AMITIE 3
BP 45034 Dakar-Fann
direction@senharmattan.com

L'Harmattan Cameroun
Tsinga/Derrière polyclinique FECAFOOT
BP 11486 Yaoundé
Jacques.koukam@harmattan.fr

L'Harmattan Burkina Faso
Villa 281, secteur 23 623, rue 14.32
Ouagadougou
zagbie@outlook.fr

L'Harmattan Guinée
Almamya, rue KA 028 OKB Agency
BP 3470 Conakry
harmattanguinee@yahoo.fr

L'Harmattan RDC
185, avenue Nyangwe
Commune de Lingwala - Kinshasa
matangilamusadila@yahoo.fr

L'Harmattan Congo
219, avenue Nelson Mandela
BP 2874 Brazzaville
deunovmikhael@gmail.com

L'Harmattan Mali
Immeuble Mgr Jean Marie Cissé
Aci Hamadallaye
BP 145 Bamako
syllaka@yahoo.fr

L'Harmattan Togo
Djidjole - Maison Amela
face EPP BATOME
02 BP 20680 Lomé
didieramela11@gmail.com

L'Harmattan Côte d'Ivoire
Résidence Karl - Cité des Arts
Abidjan-Cocody
03 BP 1588 Abidjan
harmattan.ivoire@gmail.com

L'Harmattan Bénin
Rue 604, (Immeuble à l'entrée
de la rue UCAO- Cite de Saint-Jean)
Cotonou
stepcorpus@gmail.com

Nos librairies en France

Librairie internationale
16, rue des Écoles
75005 Paris
librairie.internationale@harmattan.fr
01 40 46 79 11
www.librairieharmattan.com

Librairie des savoirs
21, rue des Écoles
75005 Paris
librairie.sh@harmattan.fr
01 46 34 13 71
www.librairieharmattansh.com

www.ingramcontent.com/pod-product-compliance
Lightning Source LLC
LaVergne TN
LVHW011225061026
849535LV00001BA/185
* 9 7 8 2 3 3 6 5 3 7 0 6 1 *